# HISTOIRE
# D'ANGLETERRE

## ALFRED LE GRAND.

Il se cacha, vêtu en paysan, dans la cabane d'un vacher qui avait en le soin de ses troupeaux.

# HISTOIRE
# D'ANGLETERRE

## PAR DAVID HUME

CONTINUÉE JUSQU'A NOS JOURS

### PAR SMOLLETT, ADOLPHUS ET AIKIN

TRADUCTION NOUVELLE

Précédée d'un Essai sur la Vie et les Écrits de Hume

### PAR M. CAMPENON

De l'Académie Française

TOME PREMIER

PARIS

FURNE ET Cⁱᵉ, LIBRAIRES-ÉDITEURS

RUE SAINT-ANDRÉ-DES-ARTS, 55

M DCCC XXXIX

# ESSAI
## SUR LA VIE ET LES ÉCRITS
### DE
# DAVID HUME.

David Hume doit être compté parmi ces écrivains dont les noms, cités dans l'Europe entière, sont devenus un des titres de gloire du dix-huitième siècle. On peut le regarder comme un des philosophes les plus hardis de cette mémorable époque, et peut-être comme le premier de tous les historiens modernes. C'est surtout à ce dernier titre qu'il est en possession du suffrage universel.

Le séjour assez long qu'il a fait en France, ses relations avec un grand nombre d'hommes distingués de notre nation, l'éclatante justice qu'il n'a pas craint de lui rendre dans ses ouvrages et au sein d'une nation rivale qui était la sienne, tous ces motifs doivent ajouter pour nous un nouvel intérêt au récit des circonstances dont se compose la vie de cet écrivain célèbre.

David Hume naquit à Édimbourg, le 26 janvier 1711. La famille de son père était une branche de celle des comtes de Home ou Hume; sa mère était fille de sir David Falconer, président de la chambre de justice. Mais, malgré l'illustration de son origine, ses parents étaient peu favorisés de la fortune; et comme il était le dernier de leurs enfants, son patrimoine fut très peu de chose. Il était encore fort jeune lorsqu'il perdit son père, qui avait la réputation d'homme d'esprit. Il demeura avec un frère aîné et une sœur sous la conduite de sa mère, femme d'un rare mérite, qui, quoique belle et jeune encore, se consacra tout entière au soin d'élever ses enfants. Hume se distingua par quelques succès dans le cours de sa première éducation; il conçut de bonne heure un goût très vif pour les lettres; ce goût devint la passion dominante de sa vie, et la source de tous ses plaisirs.

Son application et l'esprit de discernement qu'il montrait dès lors firent croire à sa famille qu'il était propre à l'étude des lois. Mais il n'éprouvait que de l'aversion pour toute autre étude que celle des lettres et de la philosophie. *Pendant qu'on me croyait courbé sur un Voët ou un Vinnius,* dit-il dans une courte notice, laissée par lui-même, sur sa propre vie, *Cicéron et Virgile étaient les auteurs que je dévorais secrètement.* Cependant, comme ces habitudes studieuses s'accordaient mal avec son peu de fortune, et que d'ailleurs l'excès de l'application avait déjà fatigué sa santé, il fallut bien se résoudre à essayer d'un autre genre de vie. En 1734, il se rendit à Bristol, pour entrer dans le commerce; mais s'étant bientôt aperçu qu'il n'avait aucune aptitude pour cette profession, il passa en France, dans la vue d'y continuer ses études littéraires au sein de la retraite, et de ne rien négliger pour devenir un jour ce que la nature voulait qu'il fût. Dès son arrivée dans ce pays, il arrêta le plan de vie qu'il suivit ensuite ponctuellement et avec succès. Il résolut de suppléer par beaucoup d'économie à la fortune qui lui manquait, afin de garder son indépendance et de la faire servir au développement de ses facultés.

Ce fut durant son séjour en France, d'abord à Reims, mais principalement à la Flèche, en Anjou, qu'il écrivit son premier ouvrage, le *Traité de la nature humaine,* refondu depuis et publié de nouveau sous un autre titre. Ses opinions étaient déjà pour la plupart fixées; il se montra dans ce traité tel qu'il fut toujours, sceptique et même incrédule.

Après avoir passé trois années en France de la manière la plus conforme à ses goûts, Hume se rendit à Londres, où, peu de temps après son arrivée, il publia son Traité. Cet ouvrage n'eut aucun succès, et, pour me servir de ses expressions, *ne put même obtenir l'honneur d'exciter quelques murmures parmi les dévots.* On voit qu'il aspirait dès lors au genre de célébrité le moins digne d'envie. Il ne fut pourtant pas aussi complètement trompé dans ses espérances qu'il le prétend, car il parut dans un journal littéraire de cette époque une réfutation de son livre, réfutation qui se faisait assez remarquer par la vigueur du raisonnement et l'amertume de la critique pour qu'on l'attribuât alors au célèbre Warburton.

Quelque malheureux que fût ce début, Hume, que la nature avait doué d'une ardeur et d'une persévérance peu communes, reprit aisément courage, et, se retirant à la campagne, poursuivit ses études avec une ferveur nouvelle.

En 1742, il fit imprimer à Édimbourg ses *Essais moraux, politiques et littéraires.* L'accueil favorable que reçut cet ouvrage lui fit bientôt oublier son premier échec; et il faut convenir que cette fois il méritait de trouver plus d'approbateurs.

Ces Essais, en y joignant la seconde partie qu'il publia en 1751, se composent de petits traités, tous plus ou moins remarquables, sur des matières de politique, d'économie politique, de morale et de littérature.

Ceux qui ont pour objet le commerce, le luxe, l'argent, l'intérêt de l'argent, les impôts, le crédit public, la balance du commerce, sont estimés et quelquefois consultés par les personnes livrées à l'étude de l'économie politique. Les idées de l'auteur sur les principes de cette science y sont même exposées avec tant de justesse et d'une manière si ingénieuse, qu'un de ses amis, Adam Smith, ne dédaigna point de les rassembler et de les développer dans son *Traité de la richesse des nations*, ouvrage qui étendit sa réputation à toute l'Europe. Mais l'honneur d'avoir indiqué la route que Smith parcourut ensuite avec tant de succès appartient tout entier à Hume.

On remarque des aperçus nouveaux, et souvent des vues profondes, dans les Essais sur les premiers principes du gouvernement, sur la liberté et le despotisme, le contrat primitif, l'obéissance passive, la polygamie et le divorce, les partis, l'indépendance du parlement, la question de savoir si le gouvernement d'Angleterre penche plus vers l'état républicain que vers la monarchie absolue. Mais on y trouve aussi, comme dans presque tous ses écrits philosophiques, des paradoxes, de la subtilité, quelquefois même des principes évidemment erronés. Les Essais sur l'amour et le mariage, la superstition et le fanatisme, l'avarice, l'impudence et la modestie, la dignité de la nature humaine, offrent le même mélange de qualités et de défauts. Enfin, ceux qui traitent du progrès des arts et des sciences, de l'étude de l'histoire, de l'éloquence, de la simplicité et des ornements du style, méritent d'être lus par les gens de lettres, qui ne pourront s'empêcher d'y reconnaître toujours beaucoup d'esprit, et quelquefois la pénétration d'un homme supérieur. On est frappé, en lisant les *Essais* de Hume, de la variété prodigieuse et de l'étendue de ses connaissances. Aucun écrivain n'a envisagé son sujet sous plus de faces; aucun n'a porté un regard plus curieux sur tout ce qui mérite de fixer la pensée de l'homme.

Hume continua de vivre à la campagne, avec sa mère et son frère, et y reprit l'étude de la langue grecque, qu'il avait, dit-il, beaucoup trop négligée dans sa première jeunesse. En 1745, il se chargea de terminer l'éducation du riche marquis d'Annandale, fonction assez opposée en apparence à l'humeur indépendante qu'il avait manifestée jusqu'alors. Aussi ne s'en acquitta-t-il que pendant une année, et dans l'espoir sans doute que le sacrifice passager qu'il faisait de ses goûts naturels et de ses habitudes le mettrait en état de s'y livrer ensuite avec plus de sécurité sur ses moyens d'existence. Il convient lui-même que le produit de ses émoluments, pendant l'année qu'il passa dans la famille d'Annandale, ajouta beaucoup à sa petite fortune. Ce fut sans doute par le même motif qu'il se résolut à suivre, en qualité de secrétaire, le général Saint-Clair, que le gouvernement venait de charger d'une expédition pour le Canada.

L'expédition n'eut pas lieu ; mais le général ayant été nommé, l'année suivante, envoyé extraordinaire près les cours de Vienne et de Turin, Hume, qui ne l'avait point quitté, prit encore le parti de le suivre dans son ambassade, et cette fois ce fut en qualité de secrétaire et d'aide-de-camp. Il paraît que, pendant les deux années qu'il passa auprès du général, Hume ne songea qu'à jouir des agréments d'une vie assez dissipée, et à profiter de tous les avantages de sa situation nouvelle. Durant tout ce temps, il négligea les grandes études qui jusqu'alors avaient été son unique occupation. Mais aussi ce fut la seule interruption qu'elles éprouvèrent dans tout le cours de sa vie. Grâce à son économie, à sa vie frugale et à la simplicité de ses mœurs, il put achever ainsi de se faire, avec les appointements attachés à son double titre, une fortune, selon lui, à peu près indépendante, quoique ses amis, mieux partagés que lui sans doute, fussent disposés à sourire lorsqu'il leur disait, en vantant sa richesse : *Je suis maintenant propriétaire de mille livres sterling.*

Il était resté persuadé que si son premier ouvrage n'avait pas eu plus de succès, il fallait en chercher la cause moins dans le fond du sujet que dans la manière dont il l'avait traité. Il ne se dissimulait point qu'il s'était rendu coupable d'une témérité assez commune en écrivant de trop bonne heure ou plutôt en publiant ses écrits avec trop de précipitation. Il s'appliqua donc à refondre la première partie de son *Traité de la nature humaine*, et la divisa en plusieurs petits Essais qu'il intitula : *Recherches sur l'entendement humain*. L'ouvrage, ainsi refait, fut publié pendant son séjour à Turin, et ne fut pas plus heureux sous sa nouvelle forme.

C'est le plus étendu, mais non pas le meilleur de ses écrits philosophiques. Le pyrrhonisme le plus outré s'y dévoile sans retenue. Les raisonnements n'y sont trop souvent que des paradoxes, ou même quelquefois que des sophismes présentés sous une forme spécieuse. D'ailleurs les parties n'en sont point assez liées, et ne forment point entre elles un système complet. Il est juste pourtant d'y reconnaître en beaucoup d'endroits un esprit de l'ordre le plus élevé, une raison puissante, et beaucoup de sagacité. La philosophie de Hume, appropriée sur quelques points à notre nature, n'aurait pas encouru la réprobation des bons esprits, s'il avait su s'arrêter dans son scepticisme et respecter les vérités qui sont la base de toute morale.

Il rapporte la liaison des idées à trois principes : 1° l'analogie, 2° le temps et l'espace, 3° la cause et l'effet. Ces mots de *cause* et d'*effet* lui paraissent impropres, ou du moins le sens qu'on leur attribue ne lui paraît point exact. Il ne voit rien qui prouve que ce qu'on appelle effet soit le produit de ce qu'on appelle cause. L'homme qui n'aurait vu qu'une seule fois un objet suivi d'un autre ne supposerait point entre ces deux objets une liaison nécessaire. L'habitude seule de les voir réunis, et je ne sais quel instinct aveugle, nous font admettre cette liaison ; mais l'habitude et l'instinct peuvent nous tromper. L'un de ces deux objets peut même n'être qu'une illusion de notre esprit à l'aspect de l'autre, auquel nous l'avons vu souvent réuni. Dans l'impuissance où nous sommes de concevoir ce qui fait agir la cause et l'attache essentiellement à l'effet, nous devons nous contenter de la définir, *un objet tellement suivi d'un autre objet que tous les objets semblables au premier soient toujours suivis d'objets semblables au second* ; ou, en supposant que le second puisse n'être qu'une illusion de notre esprit à la vue du premier, *un objet tellement suivi d'un autre objet que la présence du premier fasse toujours penser au second*.

Hume, comme on voit, accorde bien peu de chose à l'autorité de l'expérience. Le résultat d'un pareil système est même, de son propre aveu, que l'expérience ne peut nous guider dans nos jugements, et qu'il n'y a point de fait dont nous soyons rigoureusement assurés. Selon lui, l'univers pourrait bien n'exister que dans notre entendement. Nous n'avons pour preuve du contraire que le témoignage des sens : or, il est reconnu que les sens nous trompent. Nous ne pouvons nous assurer si les choses dont ils nous montrent les images existent pour nous autrement qu'en images, c'est-à-dire existent hors de nous. Ainsi l'on ne peut pénétrer bien avant dans la philosophie, sans se mettre en opposition continuelle avec l'intelligence commune, sans reconnaître l'incertitude et la divagation de cette faculté qu'on est convenu d'appeler la raison, et sans demeurer convaincu que le parti le plus sage à prendre pour le philosophe, est de se réfugier dans l'obscure mais tranquille région du doute, et d'être toujours circonspect et retenu dans ses jugements. Mais ce scepticisme absolu doit se renfermer dans les spéculations de l'esprit ; car, dans la pratique, il est utile de suivre l'instinct sensitif qui nous fait supposer l'existence et la liaison des choses. Telle est, à peu près, l'idée qu'on peut prendre des points principaux de la philosophie de Hume, relativement à nos facultés intellectuelles.

Ajoutons que, dans l'exagération de son scepticisme, il attaque sans ménagement l'existence de Dieu, le dogme d'une vie future, et celui du libre arbitre. Il est singulier de voir avec quelle hardiesse ce grand détracteur de l'intelligence humaine creuse jusqu'aux fondements de la métaphysique, et cherche à tout pénétrer. Cet homme qui recommande la circonspection dans les recherches philosophiques perd lui-même toute retenue. On dirait qu'en décriant, en rabaissant sans cesse la raison humaine, il excepte la sienne de cette proscription. Après l'avoir vu combattre de toutes ses forces les doctrines qui sont le fondement de toute croyance, on n'est pas peu surpris de le voir en quelque sorte se condamner lui-même dans le passage suivant : « Ceux qui s'efforcent de « désabuser les hommes de ces sortes de préjugés » (et ces préjugés sont l'existence de Dieu et l'immortalité de l'âme) « sont peut-être de bons « raisonneurs ; mais je ne saurais les reconnaître pour bons citoyens, ni « pour bons politiques, puisqu'ils affranchissent les hommes d'un des « freins de leurs passions, et qu'ils rendent l'infraction des lois de la jus- « tice et de la société plus facile et plus sûre. » Que penser de celui qui connaît si bien à cet égard les devoirs d'un honnête homme, et qui, dans l'espoir de faire un peu de bruit, n'hésite pas à les enfreindre? car il paraît que ce fut le désir de la célébrité qui lui mit la plume à la main plus encore que l'amour de ce qu'il croyait la vérité.

Il faut plaindre Hume de n'avoir pas eu les espérances de l'homme de bien, comme il faut le blâmer d'avoir voulu les détruire. Certes, on ne peut lui contester une raison peu commune ; mais cette raison avait des bornes, et sa curiosité n'en voulait point reconnaître. Il eût fallu d'ailleurs, pour éviter les erreurs où il est tombé, consulter à la fois la raison et le sentiment ; la perfection de l'homme moral consiste dans l'alliance et comme dans l'équilibre de ces deux facultés. Hume avait malheureusement une âme peu sensible ; ce pressentiment secret, cet instinct d'une vie à venir, si puissant dans l'homme bien organisé, cédait peut-être dans ce philosophe à l'orgueil de cette raison audacieuse qui révoquait en doute ce qu'elle ne savait pas comprendre. La conviction de notre immortalité ne peut être entière que lorsqu'elle dérive à la fois du sentiment intérieur et des lumières de la raison.

Un mot qu'on rapporte de Hume peut servir à expliquer son éloignement pour les idées religieuses. Une personne lui confiait un jour ses peines : Vous avez, répondit le philosophe, une ennemie qui vous empêchera d'être heureux ; c'est votre sensibilité. — Eh quoi, s'écria cette personne avec étonnement, n'auriez-vous point de sensibilité? — Non. — Vous ne souffrez point quand vous voyez souffrir? — Non ; ma raison me dit seulement qu'il est bien d'apaiser la douleur.

Hume, à son retour d'Italie, eut le chagrin de trouver toute l'Angleterre en rumeur au sujet d'un livre assez hardi du docteur Middleton, tandis que le sien, bien plus audacieux, était entièrement négligé. Mais tous ces dédains du public ne firent pas sur lui beaucoup d'impression ; c'est du moins ce qu'il assure lui-même.

En 1749, il retourna auprès de son frère à la campagne, car il avait perdu sa mère. Il y écrivit la seconde partie de ses *Essais,* qu'il intitula *Discours politiques.* Ce fut aussi là qu'il refit entièrement la seconde partie de son *Traité de la nature humaine,* et en composa un ouvrage nouveau, sous le titre de *Recherches sur les principes de la morale.*

Cependant il apprit dans sa retraite que ses premiers ouvrages, excepté le malheureux traité, commençaient à fixer les regards du public, que le débit en allait croissant, et qu'il était temps d'en préparer de nouvelles éditions. Il en parut même plusieurs réfutations dans le cours de l'année; et Hume jugea, dit-il, au ton railleur et violent du docteur Warburton, que ses écrits obtenaient enfin l'estime des connaisseurs. Il prit dès-lors la résolution de ne répondre à aucune attaque; résolution dont il ne s'écarta jamais. Comme il n'était pas d'un caractère irascible, il lui fut facile d'éviter toute dispute littéraire. Ces symptômes d'une réputation naissante ne pouvaient manquer d'encourager un homme disposé naturellement à voir plutôt le bon que le mauvais côté des choses; c'est lui qui nous apprend que telle était la disposition de son esprit; et il pense avec raison que cet avantage naturel vaut mieux que toutes les richesses du monde.

Il quitta la campagne en 1751, pour aller habiter Édimbourg, où il publia, l'année suivante, ses *Discours politiques*, qu'il cite comme le seul de ses ouvrages qui ait obtenu, à son apparition, un véritable succès. Il eut la satisfaction de le voir très bien accueilli, non seulement en Angleterre, mais même chez l'étranger. Il n'en fut pas de même, à beaucoup près, de ses *Recherches sur les principes de la morale*.

Cet ouvrage, qu'il regardait comme le meilleur de tous ses écrits, et qui se trouve, dans quelques-unes de ses conséquences, le plus favorable aux idées religieuses, quoiqu'elles n'y occupent aucune place, parut à Londres, l'année qui suivit son retour de la campagne, sans exciter la moindre attention.

Plusieurs philosophes ont expliqué la morale uniquement par la raison; d'autres par le sentiment. Hume discute ces deux systèmes, et les trouvant l'un et l'autre insuffisants, les réunit pour en former le sien. Il cherche à la fois dans le sentiment et dans la raison les principes de la morale. Il accorde, il est vrai, trop d'influence au *principe d'utilité*. Mais il convient qu'il est des vertus, telles que la bienveillance, l'amitié, la reconnaissance, la compassion, qu'on ne peut expliquer par l'intérêt personnel, et dont la source ne peut être dans l'amour de soi. Il faut, de son aveu, nécessairement admettre un instinct moral donné par la nature; il faut croire que la constitution primitive de notre âme nous porte à rechercher le bonheur de nos semblables, nous le rend aussi précieux que le nôtre. La raison nous montre la différence des suites que peuvent avoir nos actions, et l'humanité nous fait pencher en faveur de celles qui sont bienfaisantes et désintéressées. Notre entendement ne peut se soumettre nos affections, ni mettre en jeu nos facultés actives. Les vérités qu'il nous fait découvrir, lorsqu'elles sont indifférentes, n'ont guère d'influence sur notre conduite. Mais ce qui est noble, ce qui est généreux saisit notre cœur et nous excite vivement à l'embrasser. La vertu étant désirable pour elle-même, sans aucune vue de récompense, il doit y avoir en nous je ne sais quel sens secret qu'elle affecte, il doit y avoir une sorte de goût intérieur, quelque nom qu'on lui donne, qui distingue le bien et le mal moral, qui s'attache à l'un et rejette l'autre. On ne peut assigner d'autre principe à ce sentiment moral que cette volonté suprême qui, en fixant les différents ordres des êtres, a donné à chacun la nature qui lui est propre.

Il est assez étrange que ce même philosophe qui reconnaît en nous une si noble disposition, ferme les yeux sur les desseins manifestes de l'Être de qui nous la tenons ; et qu'en élevant ainsi l'homme d'une part à une si grande hauteur au-dessus des animaux, il le rabaisse de l'autre jusqu'à eux en resserrant ses destinées dans les bornes de la vie terrestre. Comment, après avoir rendu cet hommage à la dignité de notre nature et s'être ainsi séparé de ces malheureux sophistes qui trouvent dans l'intérêt la base de la morale, a-t-il pu favoriser leurs déplorables systèmes et s'accorder avec eux pour affaiblir, par de vains raisonnements, l'espérance d'une vie meilleure ! Mais il est impossible à tout lecteur sensé de ne pas tirer de ses aveux sur le sentiment moral, des conséquences tout à fait opposées aux principes désolants qu'il a développés ailleurs.

La même année, l'ordre des avocats d'Édimbourg choisit Hume pour son bibliothécaire. Cette place, très peu lucrative, n'avait pour lui d'autre avantage que de mettre à sa disposition une grande quantité de livres. Il profita de cette ressource en homme qui en sent tout le prix, et forma dès ce moment le projet d'écrire l'histoire d'Angleterre. Mais, effrayé à la seule idée d'un tableau qui devait comprendre une étendue de dix-sept siècles, il n'entreprit d'abord que l'histoire du règne des Stuarts, époque féconde en grands événements comme en grandes leçons, et qui, sous ce double rapport, lui parut digne d'exercer tout son talent. Il ne se dissimula point les difficultés d'un tel sujet ; mais en les sondant, il crut se sentir le courage et l'impartialité nécessaires pour les vaincre. Les Anglais reprochaient à ceux de nos écrivains qui avaient déjà retracé le règne de Louis XIV dans ses rapports avec l'histoire d'Angleterre, de s'être laissé dominer par un sentiment d'enthousiasme assez exalté pour avoir égaré quelquefois leur jugement. Si ce reproche est fondé, il faut convenir aussi que jusqu'à David Hume, ceux des historiens anglais qui avaient essayé de traiter la même époque, s'étaient livrés, en parlant de la France, à un système de détraction qu'auraient dû leur interdire à la fois la bienséance et la vérité. Le dissentiment religieux s'était joint encore à la rivalité nationale, pour écarter toute impartialité de leurs récits. Incapable de céder aux mêmes préventions, Hume voulut se frayer une route nouvelle à travers ces écueils. Il se promit d'exposer sous leur vrai jour les temps, les événements et les hommes ; de tenir la balance égale entre les exagé-

rations des deux côtés, et de faire entendre, au milieu de tant de voix discordantes et passionnées, la voix tôt ou tard persuasive de la vérité, et le langage toujours calme de la modération. Au lieu de ces portraits vagues et dessinés par l'humeur ou l'envie, il se proposa de donner à chaque personnage sa physionomie propre. Dans la narration des faits, il s'étudia surtout à en démêler les causes, les rapports, ou la dépendance ; et, tout en frappant l'imagination par des tableaux animés, il voulut satisfaire encore la raison par la justesse et l'à-propos de ses réflexions. Pour mieux se garder de toute espèce d'influence, il prit le parti de se confiner dans sa retraite ; et après s'être livré tout entier à cette grande et noble tâche, il termina en deux ans le règne des deux premiers Stuarts, qu'il publia à Édimbourg, au mois d'octobre 1754. Au grand étonnement de l'auteur, cette première partie n'obtint pas le moindre succès. Il faut ici l'entendre lui-même. « Je croyais être, dit-il, le seul
« historien qui eût négligé l'intérêt présent, dédaigné l'autorité domi-
« nante et tous les préjugés populaires ; et, comme le sujet était à la por-
« tée de tous les esprits, j'attendais un grand succès de l'ouvrage. Mais je
« fus cruellement trompé dans mon attente. Il s'éleva contre moi un cri gé-
« néral d'improbation et même de haine. Anglais, Écossais, Wighs, Irlandais
« et Tories, clergé et sectaires, philosophes et dévots, patriotes et courti-
« sans, tous s'unirent dans leur fureur contre l'homme qui avait osé ré-
« pandre une larme généreuse sur le sort de Charles I$^{er}$ et du comte de
« Strafford. Quand les premiers transports de cette espèce de rage furent
« passés, l'ouvrage tomba dans l'oubli, ce qui était pour moi bien plus
« mortifiant. M. Millar, mon libraire, m'apprit que, dans le cours d'un an,
« il n'en avait vendu que quarante-cinq exemplaires. A peine se trouva-
« t-il dans les trois royaumes un homme distingué dans les lettres qui
« pût en soutenir la lecture. Je dois excepter le docteur Herring, primat
« d'Angleterre, et le docteur Stone, primat d'Irlande, qui m'écrivirent,
« chacun de leur côté, de ne point me décourager. »

Cette fois pourtant le philosophe, vivement sensible à l'injustice de ses compatriotes, fut sur le point de perdre courage. Une autre circonstance le disposait encore à l'abattement. Il s'était mis sur les rangs pour la chaire de philosophie morale d'Édimbourg. Mais les mêmes hommes qui dédaignaient les sages travaux de l'historien avaient toujours présents à la mémoire les principes avancés par le philosophe dans ses premiers écrits ; et l'impression en était assez vive encore pour former un obstacle à ses prétentions, et rendre infructueuses toutes ses démarches. Le clergé d'Écosse se déclara ouvertement contre lui dans cette circonstance, quoique, parmi ses membres les plus distingués, il comptât des amis, tels que Robertson et Hugues Blair. Le motif de cette opposition était si peu équivoque que quelques écrits récents où ses principes étaient combattus, furent une puissante recommandation en faveur de M. Balfour, son compétiteur, à qui la chaire fut donnée. Hume éprouva d'abord un tel déplaisir de tant de contrariétés, il en conçut tant d'éloignement pour ses compatriotes, qu'il prit la résolution d'abandonner sans retour l'Angleterre, et de changer son nom, pour aller finir obscurément ses jours dans quelque ville de France. Mais la guerre qui survint entre les deux nations ne lui permit pas d'exécuter ce projet. Peu à peu son ressentiment se calma; et le volume suivant de son histoire étant considérablement avancé, il rappela ses forces et se remit à l'ouvrage.

Le clergé d'Écosse était alors divisé en deux partis, dont l'un se piquait d'un grand rigorisme de principes. Les membres les plus fervents de ce dernier parti, encouragés par le succès de l'attaque dirigée tout nouvellement contre l'éditeur d'un ouvrage de lord Bolingbroke, qu'ils avaient fait citer devant le jury de Middlesex, tentèrent de renouveler contre Hume le même genre de poursuites. Au mois de mai 1755, l'assemblée générale du clergé, réunie à Édimbourg, sous la présidence de lord Cathcart, commissaire du roi, procéda à l'examen des écrits de ce philosophe. On attaqua hautement dans cette assemblée les principes qu'il y professait. On les considéra comme subversifs de toute religion, soit naturelle, soit révélée, comme pouvant exercer l'influence la plus pernicieuse sur les mœurs publiques; et l'on alla jusqu'à recommander à tous les membres du clergé la plus grande vigilance à préserver leurs paroissiens de la contagion de pareilles doctrines. Heureusement pour Hume, une question d'une tout autre nature vint détourner de cette affaire l'attention de l'assemblée. Elle renvoya l'examen de ses ouvrages à un comité qui devait lui faire un rapport sur tous les points où les dogmes de la religion naturelle étaient évidemment attaqués. Mais cette mesure n'eut pas de suite; il en fut quitte cette fois pour quelques inquiétudes sur sa place de bibliothécaire.

Malgré ces petites tribulations, il continuait son histoire avec autant d'ardeur et de persévérance que si le public eût accueilli ce qu'il en avait déjà publié. En 1756, il en fit paraître deux nouveaux volumes embrassant la période qui s'écoula depuis la mort de Charles I<sup>er</sup> jusqu'à la révolution de 1688, et complétant ainsi l'histoire de la maison de Stuart. L'attaque dirigée contre lui par le clergé lui fut en quelque sorte favorable en donnant un peu plus d'éclat à la publication de cette seconde partie, qui, non seulement fut bien reçue, mais tira même de l'oubli la première.

La patrie de Hume offrait alors une réunion assez imposante d'hommes supérieurs dans les lettres et la philosophie. La chaire de philosophie du collége royal d'Aberdeen était occupée par Thomas Reid, qui portait déjà dans ses leçons sur l'analyse des idées cette force de raisonnement qu'on retrouva depuis dans ses écrits métaphysiques. Adam Smith, appelé récemment à la chaire de philosophie morale de Glascow, y préludait par le succès de la parole à la réputation qui l'attendait comme écrivain. Ferguson se livrait tout entier aux savants travaux qui allaient illustrer son nom. Hugues Blair offrait, dans le ministère de la prédication évangélique, quelques modèles de cette éloquence naturelle et simple dont il devait un jour développer les préceptes; et Robertson, entouré de tous les documents qui pouvaient l'éclairer sur les règnes de Jacques VI et de Marie Stuart, était au moment de donner à l'Angleterre un spectacle jusqu'alors assez nouveau pour elle, celui d'un pasteur presbytérien qui, écrivant l'histoire de son pays, sacrifie à la vérité les intérêts de tous les partis et les passions de toutes les sectes. Hume, bien digne assurément de tenir sa place entre ces écrivains, les comptait presque tous au nombre de ses amis. Peut-être est-ce ici le lieu de remarquer qu'il faisait alors partie, avec plusieurs d'entre eux, d'une société connue sous le nom de club Poker. Ce club, qui se composait d'hommes de lettres, d'ecclésiastiques éclairés et d'habiles jurisconsultes, paraît avoir été le berceau de la société d'Édimbourg. Ce n'était dans l'origine qu'une association d'hommes instruits, mais sans fortune pour la plupart, que le plaisir de dîner ensemble réunissait à des jours déterminés. Quand la société se forma, on pouvait se procurer facilement et à bas prix un petit vin léger qui était le breuvage favori de ses membres. Une augmentation considérable dans le prix de ce vin entraîna la dispersion des convives et la dissolution de la société. Elle se réunit cependant quelque temps après sous un autre nom, et acquit dès-lors une célébrité qui s'accrut de jour en jour, jusqu'à ce que Robertson lui donna des règlements, lui fit adopter un plan de travaux, et obtint pour elle le titre de *Société royale d'Édimbourg*.

En 1757, Hume prit le parti de se démettre de ses fonctions de bibliothécaire. Tout porte à croire que sa démission ne fut point volontaire, et qu'il fut contraint de la donner par les mêmes motifs qui avaient soulevé contre lui le clergé d'Écosse. Il eut pour successeur Ferguson.

Quelque temps après il fit un voyage à Londres, où il publia son *Histoire naturelle de la Religion* avec quelques morceaux *sur la Tragédie*, et sur *la règle du Goût*. Quoi qu'en dise Hume, cet ouvrage produisit une sorte de sensation. C'est peut-être de tous ses écrits celui dont la tendance générale est le plus favorable au déisme; ce qui n'empêcha point qu'on ne l'attaquât vivement. Il en parut un assez grand nombre de réfutations. La plus remarquable est celle que Hume attribue au docteur Hurd, mais dont Warburton était le véritable auteur. *Ce pamphlet*, dit-il assez plaisamment, *me consola un peu du froid accueil qu'on faisait à mon livre.*

Il eut, cette même année, un motif plus légitime de se récrier contre les jugements du public. Pendant qu'il s'occupait de ses travaux en historien digne de ce titre; son compatriote Smollett formait une entreprise rivale de la sienne, à la demande d'une société de libraires. Appuyé par quelques hommes qui s'étaient emparés de toutes les avenues de la littérature, et sûr d'avance du prix de son travail, Smollett termina en moins de trois ans sa volumineuse Histoire, qui parut à Londres en 1757, avec un succès que signalèrent trois éditions successives rapidement épuisées. Hume fut révolté d'une si injuste préférence. Il en conçut un ressentiment que trois ans après il exhalait encore avec une amertume qu'il cherchait à communiquer à ses amis. Mais, comme les derniers volumes de son Histoire des Stuarts avaient été accueillis, non pas à beaucoup près aussi bien que l'ouvrage de son concurrent, mais du moins assez favorablement, et que d'ailleurs il comptait sur la justice du temps, qui tôt ou tard saurait les mettre l'un et l'autre à leur place, il persista dans sa résolution de continuer son travail. Il en publia à Londres, en 1759, une nouvelle partie qui s'étend depuis l'avénement de la maison de Tudor jusqu'au règne des Stuarts. On est étonné de lire dans sa notice sur sa propre vie qu'elle ne fut guère mieux reçue que les premiers volumes de la précédente. Cette assertion est démentie par tous les témoignages contemporains. Il paraît même que des trois parties qui composent cette Histoire, ce fut celle qu'on apprécia le mieux et dont le succès eut le plus d'éclat. On pouvait bien ne pas adopter ses jugements, ne point partager ses opinions; mais son livre était recherché, et cette fois du moins on se montra juste envers son talent.

Cette année fut pour la littérature écossaise une époque brillante, puisque ce fut presque en même temps que deux compatriotes de Hume, qui étaient aussi ses amis, Adam Smith et Robertson, publièrent, l'un sa *Théorie des sentiments moraux*, et l'autre son *Histoire d'Écosse*.

Il régna dès-lors entre Hume et Robertson une amitié plus étroite encore, que l'absence même ne put affaiblir et qui ne cessa qu'à la mort du premier. On voit par leur correspondance qu'avant d'entreprendre l'*Histoire du règne de Charles-Quint*, Robertson avait eu le projet d'écrire celle d'Angleterre; projet qu'il était sans doute capable de bien exécuter, mais qu'il abandonna, malgré les brillantes propositions des libraires, malgré les encouragements et les instances même du gouvernement, qui ne put le faire consentir à se mettre en concurrence avec son ami. Peut-être est-il permis de douter que le ministre Robertson, quelques gages qu'il eût déjà donnés de l'indépendance de ses opinions, eût égalé sur tous les points l'impartialité courageuse de David Hume.

Quoi qu'il en soit, il est doux de penser que l'amitié qui s'établit entre ces deux hommes, doués tous deux de talents extraordinaires, tous deux animés de la plus ardente émulation, cultivant l'un et l'autre la même branche de littérature, et citoyens d'une même ville, ne fut jamais dégradée par l'envie, ni même altérée par la différence de leurs opinions sur plusieurs points essentiels. Ce fut Hume lui-même qui fournit à Robertson le moyen de faire connaître son *Histoire de Charles-Quint* (1) sur le continent, par une traduction, et qui plus heureux encore pour son ami qu'il ne l'avait été pour son propre compte, réussit à lui trouver un interprète dont l'élégante version reproduit dans notre langue tous les genres de mérite de l'écrivain original.

En dépit de toutes les critiques dont ses écrits purent être encore l'objet, Hume continua de vivre heureux et paisible au sein de la retraite, occupé de ses travaux et surtout de ses devoirs d'historien, et suivant d'un œil satisfait les progrès de sa renommée, qui s'étendait de jour en jour dans sa patrie et se répandait au loin dans l'Europe. Une nouvelle partie de son Histoire d'Angleterre, la dernière dans l'ordre de son travail, mais la première dans l'ordre des temps, vint clore, en 1761, cette grande composition qui embrasse depuis l'invasion de Jules-César jusqu'à la révolution de 1688. C'est là surtout que Hume se montre dans tout l'éclat, dans toute la maturité de son talent. On ne saurait allier plus de clarté à plus de précision, plus d'élégance à plus de profondeur et de sagacité; on ne saurait s'élever à une plus grande hauteur au-dessus des préventions de tout genre. Juste envers tous les partis qui avaient divisé sa nation, il l'est encore envers les autres pays, et particulièrement envers la France. Il porte la lumière dans les époques les plus obscures. Toujours concis et serré, rejetant toujours ce qui lui paraît superflu, sans jamais omettre rien d'essentiel, il saisit en traits rapides et justes la physionomie de chaque personnage dominant, de chaque prince, de chaque siècle. Habile surtout à démêler les causes et la liaison des événements, il ne fatigue point son lecteur par un détail minutieux des opérations militaires; mais il en expose les principales circonstances et en fait connaître les résultats. Les mœurs et le caractère de sa nation, les lois et le gouvernement, les jeux de la fortune, la lutte des passions, les grands attentats, les grandes erreurs, les ressorts des vastes entreprises; voilà les principaux objets sur lesquels il aime à fixer notre attention. En un mot, son Histoire d'Angleterre est à la fois l'ouvrage d'un excellent esprit, d'un politique profond, et d'un grand écrivain.

Il avait cinquante ans révolus lorsqu'il mit la dernière main à ce monument, dont la littérature anglaise s'enorgueillit à si juste titre. Les libraires avaient payé son manuscrit avec une libéralité jusqu'alors sans exemple en Angleterre. Il avait acquis une fortune non seulement indépendante, mais voisine de l'opulence; il en sentait d'autant plus le prix qu'il la devait tout entière à un long et noble exercice de ses talents, et

---

(1) Histoire du règne de l'empereur Charles-Quint, traduite de l'anglais par M. Suard.

qu'il pouvait se rendre le témoignage de n'avoir jamais mendié les faveurs du pouvoir, ni sollicité le patronage des grands. Sa carrière littéraire était à peu près terminée. Retiré dans son pays natal, il se promettait d'y passer philosophiquement le reste de ses jours, et d'y jouir en paix de sa renommée toujours croissante, lorsqu'en 1765 le comte d'Hertford, qui ne le connaissait que de réputation, l'invita de la manière la plus flatteuse à le suivre dans son ambassade à Paris, pour y remplir les fonctions de secrétaire de cette ambassade.

Quelque attrayante que fût cette offre, Hume refusa d'abord. Les relations habituelles avec les grands n'avaient jamais été de son goût, et depuis que sa fortune lui permettait de se passer d'eux, cette répugnance avait dû prendre plus d'empire. Son refus avait encore un autre motif qu'il n'a pas craint d'avouer. Il appréhendait qu'un homme de son âge et de son caractère n'eût quelque peine à s'assujettir à l'étiquette du grand monde de Paris, et à se plier aux usages et au ton de ce qu'on y appelait la bonne compagnie. Cependant le comte d'Hertford insista, et son invitation fut cette fois si pressante, qu'elle triompha de tous les scrupules et de toutes les répugnances de Hume, qui partit avec lui pour la France. Il eut, dit-il, mille raisons par la suite de se féliciter de sa liaison avec l'ambassadeur aussi bien qu'avec le général Conway, son frère.

Ceux qui ne connaissent point les singuliers effets de la mode et de l'engouement se feraient difficilement une idée de l'accueil qu'il reçut à son arrivée. On conçoit sans peine que l'audace de ses écrits philosophiques avait dû l'accréditer d'avance auprès du baron d'Holbach, d'Helvétius et de quelques encyclopédistes, alors dans toute la ferveur du prosélytisme. Ils s'empressèrent en effet de lui faire les honneurs de la capitale, et les principaux d'entre eux formèrent autour de lui comme une sorte de cortége au milieu duquel il reçut chaque jour de nouveaux hommages. Mais l'enthousiasme se propagea. Une partie de la société de Paris était alors dominée par un grand nombre d'hommes légers et frondeurs, dont la plupart, sans avoir peut-être jamais réfléchi sur les grandes questions traitées par le philosophe écossais, avaient trouvé assez commode d'embrasser une doctrine qui, en les affranchissant du joug de la religion, les mettait encore à leur aise à l'égard de quelques devoirs de morale. C'était une bonne fortune pour ces esprits superficiels que l'apparition d'un homme à qui l'on ne pouvait refuser ni l'étude, ni l'instruction dont ils étaient dépourvus, et dont les écrits semblaient donner une sorte de base au système qu'ils avaient adopté sans examen. Ils s'unirent donc tout naturellement aux encyclopédistes pour fêter David Hume, qui fut pendant quelque temps l'homme à la mode. Mais ce qui peut étonner davantage, c'est que l'engouement ait gagné jusqu'à Versailles, et que le philosophe ait reçu à la cour à peu près le même accueil qu'à la ville.

Hume, que sa patrie n'avait point accoutumé à de pareils honneurs, dut trouver assez piquant de faire connaître à ses compatriotes l'espèce de culte dont il était l'objet parmi nous. Voici comment il s'exprime à cet égard dans une lettre adressée de Paris à Robertson, le 1ᵉʳ décembre 1763 : « Je ne me repais ici que d'ambroisie, je ne m'abreuve que de
« nectar, je ne respire que l'encens et ne marche que sur des fleurs.
« Toutes les personnes que je rencontre, hommes ou femmes, et parti-
« culièrement ces dernières, croiraient manquer à un devoir de rigueur,
« en se dispensant de me faire un long et pompeux compliment. Ce qui
« m'arriva la semaine dernière, où j'eus l'honneur d'être présenté aux
« fils du dauphin à Versailles, est sans contredit une des scènes les plus
« curieuses de ma vie. L'aîné de ces jeunes princes, le duc de Berry, à
« peine âgé de dix ans, me parla des amis et des admirateurs que j'avais
« ici, et me dit qu'il se mettait au nombre des derniers, d'après le plai-
« sir que lui avaient procuré quelques passages de mes écrits. Son frère,
« le comte de Provence, qui a deux ans de moins, voulut bien me dire
« que j'avais été long-temps désiré et impatiemment attendu en France et
« qu'il se promettait beaucoup d'agrément de la lecture de mon Histoire.
« Enfin mon étonnement fut au comble, lorsque j'entendis le jeune comte
« d'Artois, le dernier des fils du dauphin, balbutier quelques mots qui
« me parurent faire partie d'un compliment qu'on lui avait sans doute
« appris, et que l'enfant n'avait pas bien retenu. Tous ces honneurs m'é-
« taient probablement rendus par l'ordre exprès du dauphin, qui dans
« toutes les occasions s'exprime sur mon compte de la manière la plus
« flatteuse. »

Ce récit, qu'on pourrait croire exagéré par les illusions de l'amour-propre, n'était que l'exposé fidèle des hommages qu'on lui prodiguait de toutes parts. M. Suard et M. l'abbé Morellet, qui eurent l'un et l'autre des relations fréquentes avec Hume (1), convenaient que son séjour à Paris avait été pour lui comme une longue fête ; et Grimm, narrateur

---

(1) Parmi les personnages vivants qui ont eu des relations particulières avec Hume, on doit citer M. le comte de Lauraguais, depuis duc de Brancas ; voici quelle fut, pour M. de Lauraguais, l'origine de ces relations. L'ambassadeur d'Angleterre occupait, avec David Hume, l'hôtel Grimberg, rue Saint-Dominique. L'hôtel fut mis en vente, et le nouvel acquéreur ayant voulu en prendre possession sur-le-champ, le comte d'Hertford, qui n'avait point de bail, fut évincé, et se trouva sans logement. M. de Lauraguais, qui n'a cessé d'être obligeant, et qui le fut souvent avec magnificence, proposa à l'ambassadeur et au secrétaire d'ambassade d'habiter son hôtel, l'hôtel de Lassay, qui forme aujourd'hui une partie du palais Bourbon. Cette offre fut acceptée. C'est là que M. de Lauraguais a connu particulièrement David Hume, qu'il peint comme un homme du commerce le plus doux, sans prétentions, sans éclat, aussi simple dans la conversation qu'il était spirituel et quelquefois subtil dans ses écrits.

assez véridique des événements qui se passaient sous ses yeux, confirme ce témoignage dans sa correspondance. « M. Hume, dit-il » (sous la date de janvier 1766, au moment où Hume repassait en Angleterre, après trois ans de séjour à Paris), « M. Hume doit aimer la France, il y a reçu « l'accueil le plus distingué et le plus flatteur. Paris et la cour se sont « disputé l'honneur de se surpasser. Ce qu'il y a de plaisant, c'est que « toutes les jolies femmes se le sont arraché, et que le gros philosophe « écossais s'est plu dans leur société (1). »

Il n'est pas étonnant que David Hume ait pris goût à cette vie de délices. On remarque en effet dans toutes les lettres qu'il adresse de Paris à ses amis de Londres ou d'Édimbourg, un sentiment de prédilection marquée pour le caractère des Français. On y voit qu'il aimait surtout nos mœurs, et les préférait à celles de son pays. Il embrasse dans l'expression de sa reconnaissance jusqu'aux ministres, qui ont mis à sa disposition tous les dépôts, toutes les sources où il pouvait puiser des documents historiques. Enfin, soit ressentiment contre la longue injustice de ses compatriotes à son égard, soit inclination naturelle pour la France, soit reconnaissance de l'accueil qu'il y reçoit, il ne cache point à ses amis d'Angleterre combien il désire de ne plus quitter un pays qui lui offre tant d'agréments.

Il serait injuste de ne pas faire honneur aux rares talents et à la sage impartialité de l'historien d'une bonne partie des hommages décernés au philosophe. Les travaux historiques de David Hume étaient depuis long-temps connus et appréciés de nos meilleurs écrivains. Son livre était entre les mains de tous ceux qui pouvaient le lire dans la langue originale. C'est avec une surprise mêlée de joie qu'ils avaient reconnu dans son style plusieurs des expressions, des tournures et même des formes distinctives de notre langage. L'équité de leur jugement avait devancé et peut-être même décidé en sa faveur le suffrage tardif de l'Angleterre. Enfin, long-temps avant qu'il fût question de son voyage en France, l'abbé Prévôt et madame Belot, depuis présidente de Meynières, s'étaient occupés de mettre son Histoire d'Angleterre à la portée d'un plus grand nombre de lecteurs par une traduction dont le succès ne pouvait être douteux : tant de circonstances flatteuses pour l'écrivain agissaient plus puissamment sans doute sur un orgueil bien placé que cette curiosité générale, ce vain empressement dont il était l'objet. Ajoutons encore que l'aménité de ses mœurs, la douceur de son caractère et la facilité de son commerce, ne tardèrent point à lui acquérir parmi nous d'honorables amis dont le suffrage et l'appui lui donnaient un titre de plus à la considération publique, et l'on trouvera tout simple qu'il ait formé le dessein

---

(1) Correspondance littéraire du baron de Grimm, première partie, tome 5, page 126.

de terminer ses jours dans un pays où ses talents ne lui avaient attiré que des admirateurs et des amis.

Il paraît avoir été particulièrement flatté de l'idée que les Français pourraient le lire dans leur propre langue. On en peut juger par une lettre à Robertson où il entre dans quelques détails sur cette traduction. Il y juge avec indulgence, mais y apprécie avec assez de justesse les qualités et les défauts de ses deux interprètes; et, comme lui-même dans son Histoire avait soigneusement écarté de ses récits tout détail superflu, on n'est pas étonné de le voir tout près de donner la préférence au travail patient de madame Belot (1), sur la manière leste et expéditive de l'abbé Prévôt. *Madame Belot,* écrit-il à Robertson, *a un style naturel et facile. Elle s'est quelquefois méprise sur le sens véritable, mais j'ai revu tout son manuscrit.*

Dans l'été de 1765, lord Hertford quitta son secrétaire d'ambassade, devenu son ami, pour aller en Irlande, où il était nommé vice-roi. Hume demeura comme chargé d'affaires, jusqu'à l'arrivée du nouvel ambassadeur, qui n'eut lieu qu'à la fin de l'année. Il convient lui-même qu'il sentit alors plus vivement que jamais le désir de se fixer dans un lieu où tout semblait lui promettre un avenir aussi doux que le présent. Mais après d'assez longs combats ce fut l'amour du pays natal qui prévalut. Il se décida à regagner l'Angleterre, et partit dans le mois de janvier de 1766, promettant à ses amis de revenir passer de longs jours au milieu d'eux, ne leur cachant aucun des regrets de cette séparation, et se chargeant de conduire à Londres Jean-Jacques Rousseau, qui, par un des plus fâcheux éclats de son humeur inquiète et soupçonneuse,

---

(1) Madame Belot était la veuve d'un avocat. Sa famille avait fait soigner son éducation ; elle avait appris, étant très jeune, à peu près assez d'anglais pour entendre cette langue, et se faire entendre au besoin de ceux qui la parlaient. La mort de son mari l'ayant laissée sans aucune fortune, elle imagina de se faire une ressource de ce qui n'avait été d'abord pour elle qu'un moyen d'agrément. Elle se mit au lait pour toute nourriture, vendit le peu qu'elle possédait afin de pouvoir payer un maître d'anglais, et se livra entièrement à l'étude de cette langue. L'abbé Prévôt venait de publier sa traduction de l'histoire de la maison de Stuart, quand madame Belot, informée que d'autres occupations le détournaient de continuer ce travail, entreprit de traduire l'histoire des maisons de Tudor et de Plantagenet. Il paraît, d'après une lettre originale de l'abbé Prévôt que j'ai sous les yeux, qu'à peu près dans le même temps M. Suard et l'abbé Coyer avaient eu chacun séparément la même idée. Il est certain qu'ils y renoncèrent l'un et l'autre, et il est naturel de croire qu'ils y furent déterminés par l'intérêt qu'inspiraient la position malheureuse de madame Belot et la manière honorable dont elle cherchait à en sortir. Le nom de Hume lui porta bonheur. Sa traduction réussit, et, au moyen des amis nombreux et puissants que David Hume s'était faits en France, elle obtint de la cour une petite pension qui, jointe au produit de son ouvrage, la mit pour toujours à l'abri du besoin. Elle épousa depuis le président de Meynières. Hume, de retour en Angleterre, entretint pendant assez long-temps une correspondance avec cette dame. J'ai eu entre les mains une lettre fort détaillée qu'il lui écrivit lors de ses démêlés avec J.-J. Rousseau. Cette lettre contient plusieurs circonstances qu'il avait eu la discrétion de ne point révéler dans l'exposé qu'il publia de sa conduite avec l'auteur d'*Emile*.

devait bientôt ramener les regards de tout Paris sur son compagnon de voyage.

On se rappelle en partie les circonstances de ce malheureux démêlé. Lorsque Rousseau, décrété de prise de corps pour la publication d'*Émile*, avait été forcé de sortir de France, Hume, qui se trouvait alors à Édimbourg, et qui entendait dire de tous côtés qu'il allait passer en Angleterre, s'était empressé de le recommander à ses amis de Londres, et lui avait écrit à lui-même pour lui offrir une retraite dans sa maison d'Édimbourg. Rousseau, sans accepter alors cette offre généreuse, s'y était montré fort sensible. Trois ans après, réduit à quitter la Suisse, il se détermina à chercher un asile en Angleterre, vint joindre Hume à Paris et le suivit à Londres, où ils vécurent ensemble jusqu'à ce que Rousseau allât habiter la campagne de Wootton. Hume ne négligea rien de ce qui pouvait rendre le séjour de l'Angleterre agréable à son hôte; il mit beaucoup d'empressement à lui faire accepter tous les services qu'il voulait bien ne pas refuser; et il venait même d'obtenir pour lui une assez forte pension du roi d'Angleterre, lorsqu'il s'éleva tout à coup entre eux un différend qu'on était loin de prévoir.

On sait que Rousseau refusa la pension qui lui était offerte; qu'il soupçonna Hume d'être l'auteur d'une lettre supposée du roi de Prusse, insérée dans les journaux anglais, lettre qu'Horace Walpole finit par avouer; qu'il l'accusa de ne l'avoir attiré en Angleterre que pour dégrader sa réputation et l'humilier par de prétendus services; que le philosophe écossais, frappé d'étonnement à cette étrange accusation, n'y vit que l'ingratitude d'un cœur mal fait, y répondit avec ressentiment, et se crut enfin obligé, pour démentir les bruits injurieux que répandaient sur son compte les amis de Rousseau, de publier sa correspondance avec ce dernier, en y joignant un commentaire où il s'exprime en homme profondément blessé. Hume et Rousseau trouvèrent chacun à Paris de chauds défenseurs; mais les amis communs qu'ils y avaient se déclarèrent pour le premier, et l'opinion générale fut en sa faveur.

Quelques personnes l'ont blâmé d'avoir répondu autrement que par le silence à des imputations tellement injurieuses, et tout à la fois si nettement articulées, qu'il fallait en conclure ou que celui qui les avançait avait perdu toute raison, ou que celui qu'elles attaquaient était étranger à tout sentiment d'honneur. Horace Walpole, qui, par sa prétendue lettre du roi de Prusse, avait fourni un grief de plus à Jean-Jacques, et qui par cela même était tenu à donner son avis avec plus de circonspection que tout autre, n'hésita point à se ranger parmi ceux qui reprochaient à Hume d'avoir livré au public toutes les pièces de ce scandaleux débat. Peut-être, en effet, le silence eût-il été le parti le plus sage; mais si l'on pense à l'amère surprise que dut éprouver David Hume, en voyant tous les témoignages de son dévouement et de son affection dénaturés par celui qui en était l'objet, et représentés comme autant de piéges que la haine et la perfidie avaient dressés pour perdre un malheureux ; si l'on réfléchit que la gravité des accusations n'en établissait ni l'impossibilité, ni même l'invraisemblance à tous les yeux ; que le *factum* éloquent où se trouvaient consignés tous ces rêves d'une imagination malade courait Londres et Paris, et ne manquait pas de lecteurs disposés à y croire ; on conviendra du moins que, pour ne point repousser tant de calomnies par le même moyen qui servait à les répandre, il eût fallu une résignation que la philosophie ne donne pas toujours.

Après six mois de séjour à Londres, et lorsque sa rupture avec Jean-Jacques était à peu près consommée, Hume revint à Édimbourg, avec le même dessein qu'auparavant, de s'y ensevelir dans la retraite. Il y vécut ainsi jusqu'en 1767, époque où il s'en arracha de nouveau pour aller remplir à Londres, auprès du général Conway, alors membre du ministère, la place de sous-secrétaire d'État, que lui avait fait obtenir ce général. Il n'occupa guère que pendant deux années cette place importante, dont les émoluments grossirent encore sa fortune. Il possédait, lorsqu'il la quitta, un revenu de mille livres sterling, en y comprenant une assez forte pension du roi, qui lui avait été accordée, en 1763, à la sollicitation du comte d'Hertford. Il avait acquis enfin dans sa patrie une considération égale à son mérite ; sa gloire littéraire achevait de s'affermir en Europe ; insensiblement son Histoire d'Angleterre avait triomphé de toutes les préventions ; et, ce qui mettait le comble à tant de biens, il jouissait d'une santé florissante, qui, en lui permettant de les goûter dans toute leur plénitude, lui laissait encore l'espérance de les goûter long-temps. C'est avec cette douce perspective qu'il reprit le chemin d'Édimbourg, bien déterminé cette fois à n'en plus sortir, quelque proposition qu'on pût lui faire.

Depuis cette époque, sa vie ne présente rien qui soit digne d'attention ; elle n'offre plus durant six ans que le spectacle assez uniforme d'un bonheur calme et sédentaire, qui ne fut pas un instant troublé.

Tout semblait lui promettre une longue vieillesse, lorsqu'au printemps de 1775, à peine âgé de soixante-quatre ans, il éprouva tout à coup un dérangement sensible dans les entrailles. Il n'en conçut d'abord aucune inquiétude ; mais au bout de quelques mois, se sentant de plus en plus affaiblir, il jugea lui-même son mal incurable. Témoins de son dépérissement rapide, ses amis lui conseillèrent d'entreprendre un voyage aux eaux de Bath, dans l'espoir que le mouvement de la route et l'effet des eaux pourraient rétablir sa santé ou du moins suspendre les progrès du mal. Il se rendit à leur conseil, sans partager leur espérance, et ne voulut quitter Édimbourg qu'après avoir mis ordre à toutes ses affaires. Ce fut alors qu'il écrivit la notice sur sa propre vie que nous avons consultée dans ce travail. Ce petit écrit, qui n'a guère que de neuf à dix pages, est remarquable sous plus d'un rapport. On y voit Hume, sentant la vie prête à lui échapper, jeter un dernier regard sur les travaux qui ont rempli sa carrière, et se peindre lui-même avec autant d'impartialité que s'il traçait le caractère d'un de ses personnages historiques. L'éloge, il est vrai, l'emporte sur le blâme; il se peut que ses amis n'aient eu rien à ajouter à l'idée qu'il y donne de son caractère; mais aussi ses ennemis n'ont eu le droit d'en rien retrancher. Voici comment il y parle de son état : « Je compte maintenant sur une prochaine dissolution. Le « mal dont je suis attaqué m'a causé très peu de douleur; et, ce qu'il y « a de plus étrange, malgré le dépérissement de mes forces, je n'ai pas « éprouvé un seul instant de trouble et d'abattement de l'âme; en sorte « que s'il était un temps de ma vie où il me fût permis de revenir, « je serais tenté de choisir ce dernier période. Je n'eus jamais plus « d'ardeur pour l'étude, ni plus de gaieté en société. Je considère « d'ailleurs que la mort, en frappant un homme à soixante-cinq ans, « ne fait que lui épargner quelques années d'infirmité; et quoique j'aie « lieu d'espérer que ma réputation littéraire prendra de nouveaux ac- « croissements, je sais que je n'aurais plus que peu d'années à en « jouir : il est difficile d'être plus détaché de la vie que je ne le suis à « présent. »

Il se mit en route pour Londres à la fin d'avril 1776. A Morpeth, il trouva John Home et Adam Smith, ses amis, qui, n'étant point informés de son départ, se rendaient à Édimbourg dans l'intention de le voir. Cette rencontre le surprit agréablement. A son arrivée à Londres, il éprouva un grand bien de l'exercice et du changement d'air, et fut en état de supporter la route jusqu'à Bath, où les eaux lui furent d'abord si salutaires qu'il se vit au moment de révoquer l'arrêt qu'il avait porté contre lui-même, et de concevoir quelque espérance de guérison. Mais les symptômes fâcheux reparurent bientôt avec leur violence accoutumée, et la maladie reprenant son cours, il jugea qu'il était temps de retourner en Écosse, s'il voulait fermer les yeux au sein de sa patrie. Au moment de quitter Bath, il écrivit à ses amis pour leur annoncer son départ, leur envoyer son itinéraire, et les inviter à dîner le lendemain de son retour à Édimbourg. C'était un dîner d'adieu qu'il voulait leur donner; et parmi ceux que réunit à sa table l'illustre moribond, se trouvèrent Adam Smith, Hugues Blair, Ferguson, John Home, le docteur Black, et lord Elibank.

Depuis son retour dans sa ville natale, Hume sentit de jour en jour les approches plus rapides de la mort. Il sortait encore le matin en chaise à porteurs, pour quelques visites d'amitié dans son voisinage. Le soin de revoir et de corriger ses ouvrages pour une édition qui devait paraître quand il ne serait plus, la lecture de quelques livres amusants, l'entretien de ses amis, et souvent le soir une partie de whist, son jeu favori, remplissaient le reste de ses journées. Sa sérénité fut la même jusqu'au dernier moment. Smith en rapporte un trait assez remarquable. Il entrait dans la chambre de Hume, au moment où celui-ci venait de recevoir une lettre du colonel Edmondstone, qui semblait lui adresser un dernier adieu, en lui citant quelques vers où Chaulieu (1) exprime la douleur qu'il éprouve à se séparer pour jamais du marquis de Lafare. Smith, craignant que le ton de cette lettre n'eût frappé trop vivement l'esprit du malade, essaya de le tromper sur son état, en lui représentant que sa gaieté et sa vivacité étaient telles encore qu'il pouvait entretenir quelque espérance. Hume, loin de se prêter à cette ruse de l'amitié, répondit qu'il sentait, à sa désorganisation intérieure, que ses jours étaient à leur terme. Il ajouta que c'était pour lui une grande satisfaction de laisser en mourant ses amis et sa famille dans l'état le plus prospère; qu'aucun regret ne troublait sa fin, et qu'il était si loin d'avoir à se plaindre de la destinée, que, lisant dernièrement un des dialogues de Lucien, sur la mort, et, passant en revue tous les prétextes que les hommes ont coutume de fournir à Caron pour ne point entrer dans la fatale barque, il n'avait pu en trouver un seul qui lui fût applicable. Il n'avait point, disait-il, de maison à achever, point de filles à établir, point d'ennemi dont il voulût se venger; en un mot, il ne voyait rien qui pût lui donner droit même au plus petit délai. « Qu'ai-je donc de mieux à faire, continuait-il, que de prendre congé de mes amis et de mes parents, dans la meilleure situation où je puisse me séparer d'eux? » Puis, s'amusant à imaginer les prétextes qu'il pouvait au besoin alléguer à Caron, et les réponses que celui-ci pouvait faire, « je le prierais bien, ajouta-t-il, de m'accorder le temps nécessaire pour juger par moi-même de la manière dont le public accueillera les corrections que je viens de faire à mes ouvrages. Mais Caron ne manquerait pas de me répondre : Quand vous aurez été témoin de l'accueil fait à ces corrections, vous voudrez encore en faire de nouvelles : il n'y a pas de fin à de pareils prétextes : mon cher ami, entrez, s'il vous plaît, dans ma barque. »

Cette fermeté d'âme, cette indifférence pour la vie, l'accompagnèrent

---

(1) Probablement les vers suivants, qui font en effet partie d'une petite pièce de Chaulieu sur la mort du marquis de Lafare :

> Je te perds pour jamais, ami tendre et fidèle,
> Toi dont le cœur, toujours conforme à mes désirs,
> Goûtait avec le mien la douceur mutuelle
> De partager nos maux ainsi que nos plaisirs.

jusqu'à son lit de mort. C'est de là qu'il voulut tourner encore une fois ses regards vers cette France où il avait goûté ce que le bonheur a de plus doux, ce que la gloire a de plus enivrant. Cinq jours avant d'expirer, il écrivit à la comtesse de Boufflers une lettre de condoléance sur la mort du prince de Conti, en la prévenant que sa réponse ne pourrait plus arriver jusqu'à lui.

Il légua par son testament une somme assez considérable à d'Alembert, et fit un legs semblable à ses compatriotes Adam Smith et Ferguson. Il laissait de plus à Adam Smith tous ses manuscrits, en le priant de publier ses *Dialogues sur la religion naturelle,* et de supprimer tout ce qui n'aurait pas été écrit dans les cinq dernières années de sa vie. Enfin, dans une instruction relative à ses funérailles, il assignait une somme de cent livres sterling pour qu'on lui érigeât un tombeau, avec une inscription qui portât seulement son nom, la date de sa naissance et celle de sa mort, laissant, disait-il, à la postérité le soin d'ajouter le reste. Cet illustre écrivain s'éteignit sans douleur, le 25 août 1776.

David Hume était d'une taille élevée, et ses proportions répondaient à sa taille. Sa tête surtout était d'un volume remarquable. Sa physionomie respirait la bienveillance ; ses manières étaient simples, naturelles, et annonçaient un fonds de bonhomie. Il parlait peu, mais toujours avec justesse, et quelquefois avec sel. Cependant, s'il faut en croire Grimm et Horace Walpole, ses contemporains, sa conversation manquait de facilité, de grâce et de chaleur.

Quant à son caractère, Hume était d'un commerce à la fois agréable et sûr. La modération était une de ses qualités distinctives. Quoique la gloire littéraire eût été la passion de toute sa vie, l'indifférence ou même l'injustice du public envers plusieurs de ses ouvrages, et les vives attaques dont il s'était vu l'objet, n'aigrirent jamais son humeur. Ses dispositions à cet égard étaient si connues que quelques uns de ses antagonistes, avant de publier des écrits dirigés contre lui, ne craignirent pas de les lui soumettre pour le prier de les revoir. Jean-Jacques Rousseau rapporte même qu'il se chargea de corriger les épreuves et de veiller à l'édition d'un ouvrage de ce genre, dont l'auteur était absent.

Pour achever de faire connaître cet homme remarquable, nous citerons ce qu'il dit de lui-même à la fin de sa notice. : « Ma conversation n'avait
« rien qui déplût aux jeunes gens, ni aux oisifs, ni aux hommes studieux
« et instruits ; et, comme je trouvais un plaisir particulier dans la société
« des femmes honnêtes, je n'ai pas eu lieu d'être mécontent de la manière
« dont j'en ai été traité. En un mot, quoiqu'il n'y ait guère eu d'homme
« distingué, en quelque genre que ce soit, qui n'ait eu à se plaindre de la
« calomnie, je n'ai jamais senti l'atteinte de sa dent envenimée ; et,
« quoique je me sois exposé assez légèrement à la fureur des factions poli-

« tiques et religieuses, elles ont paru se dépouiller en ma faveur de leur
« férocité ordinaire. Mes amis n'ont jamais eu besoin de justifier aucune
« circonstance de ma conduite, ni aucun travers de mon caractère. Ce n'est
« pas que les fanatiques n'eussent été disposés, comme on peut bien le
« croire, à répandre des fables à mon désavantage; mais ils n'ont jamais pu
« en imaginer une seule qui eût quelque apparence de probabilité.

# HISTOIRE D'ANGLETERRE.

## CHAPITRE PREMIER.

Les Bretons. — Les Romains. — Les Saxons. — L'Heptarchie. — Les royaumes de Kent, de Northumberland, d'Est-Anglie, de Mercie, d'Essex, de Sussex, de Wessex.

### LES BRETONS.

Le désir naturel que tous les peuples civilisés ont de connaître les exploits et les aventures de leurs ancêtres fait regretter communément que l'histoire des siècles reculés soit toujours si enveloppée d'obscurité, d'incertitude et de contradictions. Des esprits curieux et oisifs portent volontiers leurs recherches dans l'antiquité, au-delà du temps où commencent les monuments littéraires ; mais ils ne réfléchissent pas que l'histoire des évènements passés se perd ou se défigure sitôt qu'elle n'est confiée qu'à la simple tradition. D'ailleurs les commencements des nations barbares, quand même ils pourraient être connus, paraîtraient insipides à des hommes nés dans un siècle plus éclairé. Les convulsions, les troubles d'un état policé forment ordinairement la partie la plus intéressante de son histoire ; mais les révolutions inopinées, violentes et accidentelles, qui arrivent chez les barbares, sont si fort l'ouvrage du caprice, se terminent si souvent par des excès de cruauté, et se ressemblent tellement, qu'elles nous rebutent par leur uniformité seule : il est plus heureux que regrettable pour les lettres que de pareils fastes soient ensevelis dans l'oubli. Le seul moyen certain que les nations puissent avoir pour satisfaire leur curiosité sur leur première origine est de considérer la langue, les mœurs et les coutumes de leurs ancêtres, et de les comparer avec celles des nations voisines. Les fables, que l'on a substituées à l'histoire que l'on ignorait, devraient tomber dans le mépris. S'il faut faire quelques exceptions à cette règle générale, ce ne peut être qu'en faveur des anciennes fictions grecques, qui sont si célèbres et si agréables qu'elles seront toujours l'objet de l'attention du genre humain. Nous négligerons donc les traditions antiques, ou plutôt les temps fabuleux de la Bretagne, pour examiner seulement l'état de ses habitants tel qu'il était lors de l'invasion des Romains. Nous ne jetterons qu'un coup d'œil rapide sur les évènements qui accompagnèrent cette conquête, parce qu'ils appartiennent plutôt à l'histoire romaine qu'à celle d'Angleterre ; nous nous hâterons de parcourir les temps obscurs et dénués d'intérêt des annales saxonnes, et nous réserverons une narration plus circonstanciée pour les temps où la vérité est si bien établie qu'elle pourra instruire et intéresser à la fois le lecteur.

Tous les auteurs anciens s'accordent à représenter les premiers habitants de la Bretagne comme une colonie de Gaulois et de Celtes qui vinrent du continent pour peupler cette île. En effet, leur langue, leurs mœurs, leur gouvernement et leur religion étaient semblables : on n'y apercevait que les petites différences que la communication avec les peuples limitrophes et le temps devaient nécessairement introduire. Les Gaulois, surtout ceux qui occupaient cette partie des Gaules contiguë à l'Italie, avaient acquis, par leur commerce avec leurs voisins méridionaux, quelque degré de perfection dans les arts. Ces progrès s'étaient peu à peu étendus du côté du nord, et il n'en était parvenu que de très-faibles notions dans la Bretagne. Les navigateurs ou les commerçants grecs et romains, car il n'y avait alors guère d'autres voyageurs, revenaient faire dans leur patrie les relations les plus révoltantes de la férocité des Bretons ; et ils l'exagéraient, selon l'usage, pour exciter encore davantage l'étonnement de leurs compatriotes. La partie du sud-est de la Bretagne, avant le siècle de César, avait cependant déjà fait les premiers pas et les plus nécessaires vers une forme de gouvernement civil ; et la population s'y était augmentée à mesure que l'agriculture y avait fait des progrès (1). Les autres habitants de l'île n'avaient que des pâturages, se vêtaient de peaux de bêtes, habitaient des cabanes dans les forêts et les lieux marécageux dont leur pays était couvert, et changeaient aisément d'habitation lorsqu'ils y étaient engagés ou par l'espoir du pillage, ou par la crainte de l'ennemi : la seule convenance des pâturages pour leurs troupeaux suffisait pour les déterminer à passer d'un lieu à un autre ; et, comme ils ignoraient les jouissances recherchées de la vie, leurs besoins étaient aussi bornés que leurs possessions.

Les Bretons étaient divisés en plusieurs petites nations ou tribus : ces peuples, naturellement guerriers, ne possédant que leurs armes et leurs troupeaux, chérissaient trop les douceurs de la liberté pour qu'il fût possible à leurs princes ou *chieftains* de les asservir. Le gouvernement, quoique monarchique (2), était libre, comme celui de toutes les nations celtiques : le bas peuple semble même avoir joui d'une plus grande liberté chez eux que chez les nations gauloises (3) dont ils descendaient. Chaque état était intérieurement divisé en différentes factions (4), et toujours agité par la jalousie et la haine que lui inspiraient les états voisins. Ainsi, pendant que les arts de la paix étaient encore inconnus, la guerre occupait presque uniquement les habitants de la Bretagne ; et l'honneur de s'y distinguer faisait le principal objet de leur ambition.

La religion des Bretons formait une des plus considérables parties de leur gouvernement. Leurs prêtres, ou druides, avaient sur eux l'autorité la plus étendue ; outre le ministère des autels et la direction de toute discipline religieuse, ils présidaient encore à l'éducation de la jeunesse, étaient affranchis de toutes les charges de la guerre et de toute espèce de taxes, connaissaient des affaires civiles et criminelles, décidaient souverainement de tous les différends entre les états comme entre les particuliers, et quiconque refusait de se soumettre à leurs décrets s'exposait aux châtiments les plus sévères ; on prononçait une espèce de sentence d'excommunication contre le rebelle ; tout accès aux sacrifices et au culte public lui était interdit ; on ne lui permettait aucun commerce avec ses concitoyens, même pour l'usage ordi-

(1) Cæsar, lib. 4. — (2) Diod. Sic. l. 4. — (3) Cæsar, lib. 6. — (4) Tacit. Agr.

naire de la vie ; on évitait généralement sa société, comme profane et dangereuse ; on le privait de la protection des lois (1) ; enfin la mort était l'unique ressource qui lui restât contre la misère et l'opprobre dont on l'accablait. C'est ainsi que les rênes du gouvernement, trop lâches par elles-mêmes pour contenir des peuples grossiers et turbulents, se fortifiaient du moins par les terreurs de la superstition, sans lesquelles ils n'auraient point eu de frein.

Nulle espèce de joug sacré ne fut plus terrible que celui des druides ; indépendamment des peines sévères que la religion les autorisait à infliger dans ce monde, ils inculquaient la doctrine de la transmigration éternelle des âmes, et par là donnaient autant d'étendue à leur autorité qu'en pouvait avoir la crainte servile de leurs dévots. Ces druides célébraient leurs mystères dans des bocages sombres ou autres réduits obscurs ; afin de jeter un voile plus épais sur leurs cérémonies, ils ne communiquaient leur doctrine qu'aux seuls initiés, et leur défendaient absolument d'en rien écrire, de peur qu'elle ne fût exposée à tomber sous les yeux profanes du vulgaire. Ils immolaient des victimes humaines sur leurs autels ; souvent les dépouilles de la guerre étaient offertes à leurs divinités, et ils condamnaient aux tortures les plus rigoureuses quiconque osait détourner la moindre partie de l'offrande consacrée. Ces trésors se conservaient dans les bois, sans autre garde que la terreur des vengeances (2) célestes ; et cet empire, obtenu si long-temps sur la cupidité des hommes, doit être regardé comme un prodige plus étonnant que l'art de les exciter aux efforts les plus violents et les plus extraordinaires. Jamais culte idolâtrique n'eut autant d'ascendant sur le genre humain que celui des druides en avait sur les anciens Gaulois et sur les Bretons. Les Romains se convainquirent, après les avoir conquis, qu'il serait impossible de les accoutumer aux lois et aux institutions de leurs maîtres tant que ce culte se maintiendrait ; ils furent obligés à la fin de l'abolir par des lois pénales, espèce de violence qui jusqu'alors n'avait été employée en aucune occasion par ces conquérants généreux.

(1) Cæsar, lib. G. — (2) *Ib.*

## LES ROMAINS.

Les Bretons subsistaient depuis long-temps dans cet état de barbarie, mais d'indépendance, lorsque César, ayant parcouru et soumis toutes les Gaules, jeta les yeux sur l'île de Bretagne. Elle ne pouvait l'attirer ni par ses richesses ni par sa célébrité; mais, enflammé du désir de porter les armes romaines sur une terre nouvelle, alors presque inconnue, ce conquérant saisit un court intervalle que la guerre des Gaules lui laissa pour faire une invasion dans cette île. Les naturels du pays, instruits des projets de César contre eux, sentirent l'inégalité de leurs forces, et tâchèrent de l'apaiser par des soumissions, qui cependant ne retardèrent pas l'exécution de son dessein. Après avoir essuyé quelque résistance, il descendit, à ce qu'on présume, à Deal, et ayant remporté plusieurs avantages sur les Bretons, il en exigea des otages pour garants de leur obéissance. Dès que ce traité fut conclu, César se trouva forcé, par la nécessité de ses affaires et par l'approche de l'hiver, de ramener ses troupes dans les Gaules. Les Bretons, revenus de leur premier effroi, négligèrent d'exécuter ce qu'ils avaient promis au général romain, et ce fier vainqueur résolut l'été suivant de les punir de l'inexécution du traité. Il débarqua de nouveau en Bretagne, suivi d'une armée plus considérable que celle de l'année précédente; il rencontra aussi une résistance plus régulière de la part des Bretons, qui s'étaient rassemblés sous la conduite de Cassivelaunus, un de leurs princes; cependant ils furent défaits à chaque action. César s'avança dans le pays, passa la Tamise en présence de l'ennemi, prit et brûla la capitale de Cassivelaunus, disposa de la souveraineté des Trinobantes en faveur de son allié Mandubratius, et, ayant encore obligé les Bretons à lui demander grâce, il retourna dans les Gaules avec son armée, après avoir soumis la Bretagne à l'autorité romaine plus en apparence qu'en réalité.

Les guerres civiles qui s'allumèrent ensuite, et qui préparèrent les voies à l'établissement du pouvoir monarchique chez les Romains, sauvèrent la Bretagne du joug réel que ces maîtres du monde étaient prêts à lui imposer. Auguste, successeur de César, satisfait d'avoir détruit la liberté de son propre pays, négligea la gloire attachée au titre de conquérant : persuadé au contraire que les inconvénients d'une domination trop vaste, qui avaient renversé les fondements de la république, pourraient aussi renverser l'empire, il recommanda fortement à ses successeurs de ne jamais étendre davantage les possessions des Romains. Tibère, jaloux de la renommée que ses généraux pourraient acquérir, fit de ce conseil d'Auguste un prétexte à son inaction. Les saillies extravagantes de Caligula contre la Bretagne, lorsqu'il la menaçait d'une invasion, ne servirent qu'à jeter du ridicule sur l'empire et sur lui-même. Les Bretons avaient ainsi joui sans trouble de leur liberté pendant près d'un siècle, lorsque les Romains, sous le règne de Claude, songèrent sérieusement à les subjuguer. Sans chercher à justifier leurs hostilités par des motifs plus équitables que ceux qu'ont allégués les modernes Européens dans leur conquête de l'Afrique et de l'Amérique, ils envoyèrent une armée attaquer la Bretagne; Plautius, habile général, qui commandait ces troupes, remporta quelques victoires, et fit des progrès considérables. Claude lui-même, jugeant cette entreprise assez avancée pour qu'il pût la consommer en personne, se transporta en Bretagne : il y reçut les soumissions de plusieurs peuples bretons, tels que les Cantii, les Atrobates, les Regni et les Trinobantes, qui habitaient les parties de l'île situées au sud-est, et qui, ayant des possessions fixes et des mœurs policées, achetèrent volontiers la paix aux dépens de leur liberté. Les autres Bretons, sous les ordres de Caractacus, continuèrent de faire une résistance opiniâtre. Les Romains eurent peu d'avantages sur eux jusqu'à l'arrivée d'Ostorius Scapula, que Rome nomma pour succéder à Plautius. Ce nouveau général poussa ses conquêtes, pénétra dans le pays des Silures, nation belliqueuse établie sur les bords de la Saverne, défit Caractacus en bataille rangée, le fit prisonnier, et l'envoya à Rome, où le caractère magnanime et courageux de ce guerrier vaincu lui procura un meilleur traitement que celui que ces conquérants avaient coutume d'accorder aux princes captifs.

Malgré ces infortunes, les Bretons n'étaient pas encore subjugués; et les Romains ambitieux regardaient cette île comme un camp où il leur restait toujours des lauriers à cueillir. Suétonius Paulinus, revêtu, sous le règne de Néron, du commandement de l'armée en Bretagne, se préparait à immortaliser son nom par quelque victoire signalée sur les farouches habitants de ce pays. Instruit que l'île de Mona, aujourd'hui Anglesey, était la principale retraite des druides, il résolut d'attaquer et de réduire une place devenue le centre de leur superstition et leur refuge dans leurs désastres. Les Bretons s'efforcèrent de s'opposer à la descente de Suétonius dans cette île sacrée, en exaltant la valeur et le fanatisme. Les femmes et les prêtres, mêlés aux soldats sur les rivages, le parcouraient les cheveux épars, en agitant des torches enflammées. Ce spectacle, accompagné de hurlements, de cris et de malédictions effroyables, portait plus de terreur dans l'âme étonnée des Romains que les armes seules n'auraient pu leur en inspirer. Mais Suétonius, exhortant ses soldats à braver les imprécations et les menaces d'une troupe de fanatiques dont ils méprisaient le culte, les excita au combat, fondit sur les insulaires, les mit en fuite, brûla les druides dans les mêmes feux qu'ils avaient préparés pour leurs ennemis captifs, détruisit tous les bocages et les autels consacrés, et se flatta qu'après avoir ainsi triomphé de la religion des Bretons, il ne lui serait pas difficile de les soumettre bientôt à la domination romaine. Il fut trompé dans son attente : les Bretons profitèrent de son absence, reprirent tous les armes sous les ordres de Boadicea, reine des Iceni, qui avait été traitée de la manière la plus outrageante par les tribuns romains, et attaquèrent avec succès plusieurs places où leurs insolents vainqueurs avaient fait des établissements. Suétonius se hâta d'aller protéger Londres, qui était déjà une colonie florissante des Romains. Mais en arrivant, il trouva qu'il valait mieux, pour la sûreté générale, abandonner cette ville à la fureur de l'ennemi. Londres fut réduite en cendres, et tous les habitants qui restèrent dans ses murs furent massacrés. On passa au fil de l'épée, sans distinction, les Romains et les étrangers, au nombre de soixante-dix mille. Il semblait qu'en rendant la guerre si sanglante, les Bretons voulussent anéantir tout espoir de paix et d'accommodement. Suétonius se vengea de tant de cruautés dans une bataille rangée et décisive, où périrent, à ce qu'on rapporte, quatre-vingt mille Bretons. Boadicea même préféra de terminer sa vie par le poison au malheur de tomber entre les mains d'un vainqueur irrité (1). Immédiatement après cette victoire, Néron rappela Suétonius de son gouvernement. On jugea qu'il y avait souffert et exercé trop d'actes de barbarie pour être propre à ramener et à contenir des insulaires aussi aigris qu'alarmés. Après quelque intervalle, Vespasien envoya Céréalis commander en Bretagne. Ce nouveau gouverneur y accrut encore par son courage la terreur des armes romaines. Julius Frontinus succéda à la fois à l'autorité et à la réputation de Céréalis; mais le général qui établit finalement la domination des Romains dans cette île, fut Julius Agricola, qui la gouverna avec beaucoup de gloire et de sagesse pendant les règnes de Vespasien, de Titus et de Domitien.

Ce grand homme forma un plan régulier pour subjuguer la Bretagne, et pour rendre cette acquisition utile aux vainqueurs : il porta ses armes triomphantes du côté du nord, défit les Bretons en toutes rencontres, pénétra dans les forêts et les montagnes les plus inaccessibles de la Calédonie, rangea tout sous l'obéissance de l'empire dans les parties méridionales de l'île, et en chassa devant lui, comme des bêtes féroces, les habitants intraitables, qui préféraient la guerre et la mort au joug d'un conquérant. Agricola les défit même dans une action décisive où ils combattirent sous leur chef Galgacus. Ensuite le général romain établit une chaîne de garnisons entre les détroits de Clyde et de Forth, de manière qu'il coupa toute communication des parties les plus sauvages et les plus arides de l'île aux provinces romaines, et qu'il mit ces dernières à l'abri des incursions des barbares naturels du pays (2).

Pendant ces travaux militaires, Agricola ne négligea pas les arts de la paix. Il introduisit les lois et la politesse parmi les Bretons; leur apprit à désirer et à se procurer toutes les commodités de la vie, les familiarisa avec la langue et les mœurs romaines, les instruisit des sciences et des lettres, enfin employa tous les expédients possibles pour rendre les chaînes qu'ils avaient reçues

(1) Tacit. Ann. l. 14. — (2) Tacit. Agr.

de lui légères et douces. Ces peuples, ayant déjà éprouvé l'impuissance où ils étaient de résister aux Romains, se plièrent à leur domination, s'incorporèrent peu à peu avec leurs maîtres, et devinrent en quelque sorte une partie de ce vaste empire.

Ce fut la dernière conquête durable que firent les Romains; et les Bretons, une fois soumis, cessèrent de donner de l'inquiétude à leurs vainqueurs. La Calédonie seule, défendue par des montagnes arides et par le mépris que les Romains avaient pour ses habitants, envoya quelquefois ravager les parties les plus cultivées de l'île. Pour mieux assurer les frontières de l'empire, Adrien, qui visita la Bretagne, construisit un rempart entre la rivière de Tyne et le détroit de Solway : Lollius Urbicus, sous Antonin-le-Pieux, en éleva un autre là où Agricola avait précédemment établi ses garnisons : Sévère, qui fit une expédition en Bretagne, et qui porta ses armes jusqu'aux extrémités des parties septentrionales de cette île, ajouta de nouvelles fortifications au boulevard d'Adrien; et, pendant tout le règne des empereurs, la tranquillité fut si profonde en Bretagne, qu'à peine quelques historiens font mention de ce qui s'y passa. Il n'y arriva d'autres évènements que quelques séditions des légions romaines qu'on y avait mises en quartier, et quelques usurpations de la dignité impériale par les gouverneurs romains. Les naturels du pays, désarmés, découragés et soumis, avaient perdu tout désir et même toute idée de leur première indépendance.

Mais l'heure était venue où cet édifice énorme, ce fameux empire romain, qui avait porté à la fois dans une si grande partie de la terre l'esclavage, l'oppression, la paix et la civilisation, allait se briser et se dissoudre pour jamais. L'Italie et le centre de l'empire, plongés depuis si long-temps dans un lâche repos, avaient entièrement perdu tout esprit belliqueux; ces contrées, peuplées alors d'une race d'hommes énervés, étaient également disposées à recevoir un joug étranger ou celui de la tyrannie de leurs propres chefs. Les empereurs furent même obligés de recruter leurs légions dans les provinces frontières, où le génie de la guerre, quoique languissant, n'était pas encore totalement éteint. Ces troupes mercenaires, secouant le frein des lois et des institutions civiles, établirent un gouvernement militaire aussi dangereux au souverain qu'au peuple. La progression de ces mêmes désordres introduisit au service des Romains les barbares qui habitaient les autres frontières. Lorsque ces fières nations eurent joint la discipline à leur courage naturel, elles ne se laissèrent plus contenir par la politique impuissante des empereurs, accoutumés à employer l'une à la destruction de l'autre. Enhardis par leurs propres forces, et attirés par la perspective d'une riche proie, les barbares du côté septentrional attaquèrent à la fois, sous le règne d'Arcadius et d'Honorius, toutes les frontières de l'empire romain; après avoir assouvi leur avidité par le pillage, ils commencèrent à désirer des établissements dans les provinces dévastées : les barbares les plus éloignés, qui occupaient les habitations abandonnées par ceux-ci, étendirent leurs possessions, s'avancèrent, et, pour ainsi dire, pressèrent de leur masse l'état romain déjà accablé du fardeau qu'il supportait. Au lieu d'armer le peuple pour sa défense, les empereurs rappelèrent toutes les légions éparses, dans lesquelles seules ils avaient confiance, et rassemblèrent toutes les forces militaires pour couvrir la capitale et le centre de l'empire. La nécessité de se conserver au dedans l'emporta sur l'ambition de conquérir au dehors, et l'ancien point d'honneur de ne jamais resserrer les limites de l'empire romain fut abandonné lorsqu'on le vit si près de sa chute.

La Bretagne était garantie, par sa situation, des incursions furieuses des barbares; et les Romains, se souciant peu de cette province éloignée, en retirèrent les légions qui la défendaient, pour les employer à protéger l'Italie et la Gaule. Mais si la mer mettait l'île des Bretons à l'abri des entreprises des barbares, cette île avait sur ses propres frontières des ennemis qui profitèrent du moment où elle se trouvait sans défense. Les Pictes et les Écossais, qui habitaient les parties septentrionales au-delà du boulevard d'Antonin, firent des incursions sur les terres de leurs efféminés et pacifiques voisins. Indépendamment du dégât momentané dont ils affligeaient la Bretagne, ils la menaçaient de l'assujettir entièrement, ou, ce qu'elle craignait encore davantage, de la piller et de la ravager. Les Pictes semblent descendus d'une tribu ou colonie de Bretons, qui, ayant été chassée vers le nord par Agricola, s'y était mêlée aux anciens habitants : les Écossais tiraient de même leur origine des Celtes, s'étaient d'abord établis en Irlande, avaient émigré sur les côtes situées au nord-ouest de cette île, et depuis long-temps s'enhardissaient à venir, de leur nouvelle habitation aussi bien que de l'ancienne, infester la province romaine. Ces deux peuples, sachant leurs voisins les plus riches livrés à leurs propres forces, renversèrent les fortifications que les empereurs, ou leurs généraux, avaient fait élever ; et, quoique ennemis naturellement peu redoutables, ils trouvèrent les Bretons eux-mêmes si peu aguerris, qu'ils n'en éprouvèrent aucune résistance. La Bretagne, accoutumée à recourir aux empereurs pour la défendre comme pour la gouverner, demanda du secours à Rome. On lui envoya une légion, qui, supérieure aux Pictes et aux Écossais, les repoussa, les mit en déroute chaque fois qu'ils en vinrent aux mains, et, les ayant chassés dans leurs anciennes limites, s'en retourna triomphante à la défense des provinces méridionales de l'empire. La retraite de cette légion occasionna une nouvelle invasion de l'ennemi. Les Bretons s'adressèrent aussi de nouveau à Rome, et en obtinrent encore une légion, qui les secourut avec le même succès que la première ; mais les Romains, réduits à l'extrémité sur leurs propres foyers, et fatigués de ces expéditions lointaines, annoncèrent aux Bretons qu'ils ne devaient plus compter sur leur appui ; ils les exhortèrent à s'armer eux-mêmes pour leur sûreté, et leur firent sentir que, puisqu'ils recouvraient leur ancienne indépendance, ils devaient la conserver par leur courage. Pour abandonner l'île de meilleure grâce, les Romains aidèrent ses habitants à relever le mur de Sévère, qui avait été construit tout en pierre de taille, ouvrage pour lequel les Bretons n'avaient pas alors d'ouvriers assez habiles. Dès qu'ils eurent rendu ce dernier service à la Bretagne, les Romains l'abandonnèrent à elle-même, et lui dirent un dernier adieu vers l'an 448, après avoir été, pendant environ quatre siècles, les maîtres de la plus grande partie de cette île.

## LES BRETONS.

Les lâches Bretons regardèrent leur nouvelle liberté comme un présent funeste ; ils n'étaient nullement disposés à suivre le

sage conseil que les Romains leur avaient donné, de s'armer pour leur propre défense. Aussi incapables d'affronter les périls de la guerre que de se charger des soins du gouvernement civil, ils se trouvèrent également hors d'état de prendre et d'exécuter aucune mesure contre les incursions des barbares. Gratien et Constantin, qui peu auparavant avaient arboré la pourpre en Bretagne, et transporté sur le continent la fleur de la jeunesse de cette province, périrent dans la tentative infructueuse qu'ils firent pour s'emparer du trône impérial. La malheureuse île se trouva ainsi privée de ceux qui pouvaient le mieux la secourir dans l'extrémité où elle était réduite. Les Pictes et les Ecossais, sachant que les Romains l'avaient abandonnée, la considérèrent comme une proie dont ils étaient sûrs, et attaquèrent avec des forces supérieures le mur qu'on venait de rétablir du côté du nord. Les Bretons, déjà vaincus par leur propre crainte, et jugeant leurs remparts une défense trop faible pour eux, quittèrent indignement leur poste, et laissèrent le pays entièrement ouvert aux ennemis. Ces barbares traînèrent à leur suite la dévastation et la mort, sans que leur férocité naturelle pût être adoucie par l'état déplorable et la conduite soumise des habitants. Les infortunés Bretons eurent une troisième fois recours à Rome, qui leur déclara sa résolution de ne se plus mêler de leurs affaires. Ætius, par sa valeur et sa grandeur d'ame, soutenait alors l'empire chancelant; il rendit pour un moment quelque vigueur au génie des Romains si dégénérés, et rétablit, jusqu'à un certain point, leur ancienne discipline. Les ambassadeurs de Bretagne lui remirent une lettre de leurs compatriotes, qui portait pour titre : *Les gémissements des Bretons*. Le contenu de cette épître répondait à ce début : « D'un côté, disaient-ils, les bar-
« bares nous chassent vers la mer, et de l'autre, la mer nous re-
« jette sous le fer des barbares. Ainsi nous n'avons plus que l'hor-
« rible alternative de périr par l'épée, ou dans les flots. » Mais Ætius, pressé par les armes d'Attila, l'ennemi le plus terrible que l'empire eût jamais eu, n'avait pas de temps à perdre à écouter les plaintes de malheureux alliés, qui ne pouvaient invoquer en leur faveur que la seule générosité de ce vertueux général. Les Bretons, que ses refus réduisirent au désespoir, abandonnèrent

leurs habitations et le labourage, pour chercher un asile dans des forêts et dans des montagnes, où ils furent également assaillis par l'ennemi et par la faim. Les barbares eux-mêmes commencèrent à éprouver les horreurs de la famine qu'ils avaient causée en ravageant la campagne. Fatigués d'ailleurs par les Bretons dispersés, qui n'avaient pas osé leur résister en corps, mais qui les harcelaient sans cesse, ils prirent le parti de se retirer dans leur propre pays avec les dépouilles qu'ils purent emporter.

Les Bretons profitèrent de cet intervalle de tranquillité pour retourner à leurs occupations accoutumées. La belle saison qui arriva ensuite seconda leurs travaux industrieux, leur fit oublier les misères passées, et leur rendit l'abondance de toutes les choses nécessaires à la vie. On ne peut guère supposer quelque chose de plus à un peuple grossier, qui, sans le secours des Romains, n'avait pas assez d'habileté dans l'art de la maçonnerie pour élever un rempart de pierres. Cependant les moines historiens qui rapportent ces évènements déplorent le luxe des Bretons dans ces temps-là, et attribuent à ce vice toutes les calamités qui suivirent, au lieu d'en accuser leur imprudence et leur lâcheté.

Les Bretons, entièrement occupés à jouir des avantages actuels de ce moment de paix, ne prirent aucune précaution contre le retour de leurs ennemis, qui, encouragés par leurs premiers succès et par la conduite pusillanime des insulaires, les menacèrent bientôt d'une nouvelle invasion. Nous ne savons pas exactement quelle était l'espèce de gouvernement civil que les Romains avaient laissé en Bretagne lors de leur départ; mais il paraît probable que les grands s'arrogeaient, chacun dans leur district, une sorte d'autorité souveraine, quoique précaire, et qu'ils vivaient en quelque sorte indépendants les uns des autres. A ce défaut d'union entre eux se joignirent encore les disputes théologiques; les disciples de Pélage, né en Bretagne, s'étant multipliés considérablement, le clergé s'alarma de leur nombre, et s'attacha plus ardemment à les détruire qu'à repousser l'ennemi public. Déchirés par les divisions intestines, et menacés d'une invasion étrangère, les Bretons n'écoutèrent plus que leurs craintes présentes; et, suivant le conseil de Vortigern, prince de Dumnonium, qui, malgré tous les vices qu'on lui connaissait, avait la principale autorité sur eux, ils envoyèrent une députation en Germanie pour inviter les Saxons à venir les protéger et les secourir.

## LES SAXONS.

De toutes les nations barbares connues dans les temps anciens ou modernes, les Germains semblent avoir été les peuples les plus distingués par leurs mœurs et leurs institutions politiques. Ils ont toujours porté au plus haut degré la valeur et l'amour de la liberté, seules vertus qu'on puisse chercher parmi des hommes encore féroces, où les lois de la justice et de l'humanité sont ignorées. Le gouvernement monarchique même, établi en quelques endroits de la Germanie, car il ne le fut pas universellement, n'avait qu'une autorité très limitée. Quoique le souverain fût ordinairement choisi dans la maison royale, il était obligé de consulter et de suivre le vœu de la nation dans toutes les mesures qu'il avait à prendre. Lorsqu'il s'agissait de quelque affaire importante, tous les guerriers s'assemblaient en armes, et les hommes qui avaient le plus de crédit dans l'état employaient la voie de la persuasion pour obtenir leurs suffrages. Ces guerriers exprimaient leur approbation en frappant sur leurs boucliers, ou leur improbation par des murmures. Il n'était pas question de calculer strictement la pluralité des voix au milieu d'une multitude toujours emportée d'un côté ou d'un autre comme un torrent rapide. Les opérations du gouvernement, ainsi déterminées par un consentement général, s'exécutaient avec autant de célérité que de vigueur. Pendant la guerre même, les Germains obéissaient moins à l'autorité de leur prince qu'à la force de son exemple. Mais, en temps de paix, toute union civile était en grande partie dissoute, et les chefs inférieurs administraient la justice d'une manière indépendante, chacun dans son département particulier. Ces chefs étaient élus par les suffrages du peuple dans les grandes assemblées ou conseils nationaux. Quoiqu'on eût égard à la noblesse, les qualités personnelles, et surtout la valeur, procuraient aux candidats cette honorable mais périlleuse distinction. Les guerriers de chaque tribu se dévouaient à leur chef avec l'affection et la constance la plus inébranlable; ils décoraient son cortége en temps de paix, combattaient pour lui en temps de guerre, et l'aidaient de leurs conseils dans l'administration de la justice. Tous étaient animés d'un même désir de gloire. Mais si l'émulation les rendait rivaux dans les combats, elle n'altérait jamais l'attachement inviolable qu'ils avaient voué à leur chef, ou qu'ils s'étaient une fois juré les uns aux autres. Mourir pour l'honneur de leur corps était parmi eux le comble de la gloire : survivre au contraire à sa défaite ou à la mort du chef était le sceau de l'infamie. Ils emmenaient à la guerre leurs femmes et leurs enfants, qu'ils animaient de leurs sentiments belliqueux. Échauffés par tout ce qui peut avoir quelque empire sur le cœur humain, ils étaient invincibles dans toutes les occasions où ils n'avaient pas à combattre les autres Germains, leurs voisins et leurs égaux par le courage, les mœurs et les institutions, ou les Romains, leurs supérieurs sous les rapports du nombre, des armes, et de la discipline (1).

Les chefs et les autres guerriers étaient entretenus et défrayés par le travail de leurs esclaves et des autres membres de l'état qui n'entraient point dans l'ordre militaire, et qui lui devaient leur propre sûreté. Ces contributions, levées en faveur des gens de guerre, ne leur fournissaient rien de plus que la simple subsistance : ainsi la gloire et la considération étaient l'unique prix de leurs périls et de leurs fatigues. Tous les arts inventés pour embellir la vie étaient inconnus aux Germains; ils négligeaient même le labourage, et, loin de chercher à le perfectionner, ils semblaient craindre les améliorations de cette espèce. Les chefs faisaient tous les ans une nouvelle distribution de terres parmi les habitants de chaque village, pour les empêcher de prendre l'esprit de propriété, et de donner aux progrès de l'agriculture l'attention qu'on voulait tourner uniquement vers les expéditions militaires, occupation principale des Germains.

Les Saxons avaient été quelque temps regardés comme une des plus braves tribus de ces peuples belliqueux, et étaient devenus la terreur de toutes les nations voisines. Ils s'étaient répandus des

---

(1) Cæsar, l. 6. — Tacit. de Mor. Germ.

parties septentrionales de la Germanie et de la Chersonèse cimbrique, et avaient pris possession de toutes les côtes de la mer, depuis l'embouchure du Rhin jusqu'au Jutland, d'où ils inquiétèrent long-temps par leurs pirateries l'orient et le midi de la Bretagne et le nord des Gaules. Pour arrêter leurs incursions, les Romains avaient établi un officier sous le titre de comte des côtes saxonnes; et comme l'art de la navigation ne peut fleurir que chez une nation civilisée, les Romains paraissaient avoir toujours repoussé les Saxons plus aisément que la plupart des autres barbares qui les attaquèrent. La dissolution de la puissance romaine invitait les Saxons à renouveler leurs incursions sur l'empire ébranlé; la députation de la Bretagne leur fut agréable dans ces circonstances; elle les détermina facilement à tenter une entreprise à laquelle ils étaient d'eux-mêmes assez portés.

Hengist et Horsa, deux frères qui jouissaient du plus grand crédit parmi les Saxons, étaient également célèbres par l'éclat de leur valeur et de leur naissance; on les croyait, ainsi que la plupart des princes saxons, descendus de Woden, que cette nation adorait comme un dieu, et qui passait pour être leur bisaïeul; cette origine ajoutait beaucoup au respect qu'on avait pour eux. Nous n'entreprendrons pas d'en chercher une plus reculée à ces princes et à ce peuple. On sent combien ce serait un travail infructueux que de rechercher dans ces siècles de barbarie l'histoire d'un peuple, quand on voit que ses premiers chefs, dont quelque historien digne de foi fasse mention, étaient regardés comme les arrière-petits-fils d'une divinité fabuleuse ou d'un homme divinisé par l'ignorance. Ce serait vainement que l'industrie des antiquaires, guidée par d'imaginaires analogies de noms, ou par des traditions incertaines, essaierait de percer l'obscurité profonde qui couvre les premières annales de ces nations.

Hengist et Horsa avaient remarqué que les autres provinces de la Germanie étaient habitées par un peuple belliqueux et pauvre, et que les riches provinces des Gaules avaient déjà été conquises ou ravagées par d'autres Germains; ils persuadèrent à leurs compatriotes de tenter la seule expédition où ils pussent signaler

---

(1) Chron. sax. p. 13. — Nennius, cap. 8.

leur courage et s'enrichir. Ils embarquèrent leurs troupes sur trois vaisseaux vers l'an 449 ou 450 (1), et conduisirent seize cents hommes dans l'île de Thanet, d'où ils marchèrent promptement au secours des Bretons contre leurs ennemis septentrionaux. Les Écossais et les Pictes se trouvèrent hors d'état de résister à la valeur de ces auxiliaires ; et les Bretons, s'applaudissant d'y avoir eu recours, se flattèrent de jouir dans la suite d'une sécurité constante sous la protection d'un peuple si brave.

Mais Hengist et Horsa, jugeant par la victoire facile qu'ils venaient de remporter sur les Pictes et les Écossais, qu'il leur serait aisé de subjuguer les Bretons mêmes, qui n'avaient pas pu résister à d'aussi faibles ennemis, résolurent de conquérir et de combattre pour s'agrandir, et non pour défendre leurs timides alliés. Ils envoyèrent instruire la Saxe des richesses et de la fertilité de la Bretagne ; ils firent représenter que la conquête en serait certaine, si on voulait l'entreprendre ; que les Bretons, déshabitués depuis un grand nombre d'années du métier des armes, séparés de l'empire romain, dont ils avaient été long-temps sujets, ne connaissaient aucun principe d'union entre eux, et n'étaient susceptibles ni d'amour pour leur nouvelle liberté, ni d'attachement pour leur patrie (2). Les vices et la lâcheté de Vortigern, chef de ce peuple, fortifiaient encore l'espoir de l'asservir. Les Saxons, frappés d'une si agréable perspective, envoyèrent à Hengist et à Horsa un renfort de cinq mille hommes, qui les joignit en Bretagne avec dix-sept vaisseaux. Les Bretons commencèrent à craindre leurs nouveaux alliés, dont ils voyaient le nombre s'accroître tous les jours, mais ils n'imaginèrent d'autre remède qu'une docilité sans bornes pour des hôtes qu'ils tremblaient d'irriter. Cet expédient fut inutile : les Saxons leur cherchèrent querelle sur le paiement des subsides et la fourniture des provisions, levèrent aussitôt le masque, s'unirent avec les Pictes et les Écossais, et exercèrent ouvertement des hostilités contre les malheureux qu'ils étaient venus protéger.

Les Bretons, réduits à de telles extrémités, et indignés de la perfidie de ces auxiliaires, furent forcés de prendre les armes. Ils

---

(1) Chron. sax. p. 12. — (2) Idem.

déposèrent Vortigern, qui leur était devenu odieux par ses vices, et par les maux que ses mauvais conseils leur avaient attirés. Ils élurent à sa place son fils Vortimer, et livrèrent plusieurs batailles à l'ennemi. Quoique ceux qui ont écrit les annales saxonnes et bretonnes se disputent réciproquement l'honneur de ces actions, et attribuent la victoire chacun à leurs compatriotes, les progrès que firent les Saxons prouvent que l'avantage était ordinairement de leur côté. Cependant dans une bataille donnée à Eaglesford, aujourd'hui Ailsford, Horsa, le général saxon, fut tué, et le commandement de l'armée combinée resta tout entier entre les mains d'Hengist. Ce général actif, continuellement renforcé par des troupes fraîches qu'on lui envoyait de la Germanie, ravagea la Bretagne jusque dans ses extrémités les plus reculées ; et, voulant surtout répandre la terreur de ses armes, il n'épargna ni âge, ni sexe, ni condition, partout où il conduisait ses forces victorieuses. Les édifices publics et particuliers des Bretons furent réduits en cendres, et leurs prêtres massacrés sur les autels mêmes : les évêques et la noblesse ne furent pas plus ménagés que le vulgaire : le peuple, fuyant dans les déserts et les montagnes, poursuivi, atteint, tombait en monceaux sous le fer d'un vainqueur cruel ; quelques malheureux sauvèrent leur vie en acceptant des fers ; d'autres, abandonnant leur pays natal, allèrent chercher un asile dans la province armorique. Ils y furent reçus avec tant d'humanité par un peuple qui parlait la même langue qu'eux, et qui avait les mêmes mœurs, qu'ils s'établirent dans ce pays, auquel ils donnèrent le nom de Bretagne.

Les historiens bretons attribuent l'accès facile que les Saxons s'ouvrirent en Bretagne à l'amour dont Vortigern s'enflamma pour Rovena, fille d'Hengist : ils prétendent que le prince saxon, aussi habile politique que grand guerrier, sut en tirer parti pour fasciner les yeux de l'imprudent monarque. Les mêmes auteurs ajoutent que Vortimer mourut ; que Vortigern, étant rétabli sur le trône, accepta une fête d'Hengist à Stonehenge, au milieu de laquelle trois cents personnes de la plus haute noblesse bretonne furent indignement égorgées, et que le roi même fut retenu prisonnier. Mais ces anecdotes paraissent avoir été inventées par les écrivains gallois pour pallier la molle résistance que leurs compatriotes firent d'abord, et pour expliquer les progrès rapides et les ravages affreux des Saxons.

Après la mort de Vortimer, Ambrosius, né Breton, mais d'origine romaine, fut revêtu de l'autorité souveraine, et régna sur ses compatriotes. Il fit les derniers efforts, et ce ne fut pas sans succès, pour les animer à se réunir contre les Saxons. Les nouveaux démêlés aigrirent la haine réciproque des deux peuples, et réveillèrent l'esprit belliqueux des anciens Bretons, qui paraissait tombé depuis long-temps dans une si fatale léthargie. Cependant Hengist, malgré leur courage renaissant, garda toutes les possessions qu'il avait acquises en Bretagne; mais, pour diviser les forces et l'attention de l'ennemi, il fit venir une nouvelle tribu de Saxons sous le commandement de son frère Octa, et d'Ebissa, fils d'Octa, et l'établit dans le Northumberland. Il resta lui-même dans les parties méridionales de l'île, où il jeta les fondements du royaume de Kent, qui comprenait le comté de ce nom, Middlesex, Essex, et une portion de Surrey, et en fixa le siége à Canterbury, où il régna environ quarante ans. Hengist mourut vers l'année 488, laissant ses états à son neveu et à sa postérité.

Les succès d'Hengist excitèrent l'avidité des autres habitants des régions du nord de la Germanie. Plusieurs fois, sous différents chefs, ils s'attroupèrent, et fondirent sur l'île de Bretagne pour l'envahir. Leurs armées étaient composées en grande partie de Saxons, d'Anglais et de Jutes, trois tribus qui portaient indifféremment les noms de Saxons et d'Anglais, et qui, parlant la même langue et étant gouvernées par les mêmes lois, étaient naturellement engagées par ces motifs, et par leur intérêt commun, à se joindre contre les anciens habitants. Les Bretons se défendirent quelque temps, quoique avec des forces inégales; mais leur résistance s'affaiblit tous les jours; ils n'eurent guère de relâche jusqu'au moment où ils furent chassés dans la province de Cornouailles et dans le pays de Galles : l'éloignement de ces contrées et leurs montagnes inaccessibles purent seuls les mettre à l'abri des incursions.

Le premier état saxon qui se forma en Bretagne après celui de Kent fut le royaume de la Saxe méridionale. Ælla, chef saxon, vint, en 477 (1), à la tête d'une armée de Germains, descendit sur les côtes situées au midi, et se disposa à s'emparer de tout le territoire d'alentour. Les Bretons, armés alors, défendirent vigoureusement leurs possessions, et n'en furent expulsés qu'après plusieurs batailles gagnées par leurs courageux adversaires. L'action la plus mémorable dont les historiens fassent mention est celle de Meacredes-Burn, où les Saxons, quoiqu'ils paraissent avoir remporté la victoire, souffrirent une perte assez considérable pour retarder les progrès de leur conquête. Mais Ælla, renforcé par de nouvelles troupes qu'on lui avait envoyées de Germanie, rouvrit la campagne, et mit le siége devant Andred-Ceaster : cette place fut défendue par la garnison et les habitants avec une valeur extraordinaire. Les Saxons, irrités par tant de fatigues et de dangers, redoublèrent leurs efforts, emportèrent la place, et passèrent au fil de l'épée, sans distinction, tous ceux qu'ils y trouvèrent. Cet avantage décisif assura les conquêtes d'Ælla, qui prit le titre de roi, et étendit sa domination sur la province de Sussex et une grande partie de celle de Surrey. Il fut arrêté dans ses progrès du côté de l'est par le royaume de Kent, et vers l'ouest par une autre colonie de Saxons déjà maîtres de ces contrées.

La situation du pays dans lequel ces Saxons s'étaient établis leur fit donner le nom de Saxons occidentaux; ils y avaient débarqué en 495, sous le commandement de Cerdic et de Kenric son fils (2). Les Bretons, instruits par leur expérience, se tenaient sur leurs gardes et étaient si bien préparés à recevoir l'ennemi, qu'ils donnèrent bataille à Cerdic le jour même de son débarquement, et, quoique vaincus, disputèrent encore long-temps leur liberté. Jamais aucune autre colonie de Saxons n'avait rencontré une résistance si vigoureuse, ni employé tant de courage et de persévérance à pousser ses conquêtes. Cerdic fut obligé de tirer des troupes des royaumes de Kent et de Sussex, aussi bien que de la Germanie. Il fut joint par une armée fraîche, sous les ordres de Porte et de ses deux fils, Bleda et Megla (3). Fortifié par ces secours, il livra en 508 une bataille sanglante aux Bretons, com-

---

(1) Chron. sax. p. 14. — (2) *Idem*, p. 15 — (3) *Idem*, p. 17.

mandés par Nazan-Léod, leur chef, qui fut victorieux au commencement de l'action, et mit en déroute l'aile où Cerdic commandait lui-même. Mais Kenric, qui avait l'avantage à l'autre aile, accourut dégager son père, et rétablit le combat, qui finit par ramener la victoire du côté des Saxons. Nazan-Léod périt avec cinq mille hommes de son armée, mais laissa les Bretons plus affaiblis que découragés par sa mort. La guerre continua, quoique avec un succès assez suivi du côté des Saxons, à qui les épées courtes et la manière de combattre de près donnaient de grands avantages sur les insulaires, dont les flèches n'étaient redoutables qu'à une certaine distance. Bientôt Cerdic, par son activité, seconda la fortune qui le favorisait ; pour étendre ses conquêtes, il assiégea Mount-Badon, autrement Banesdowne, près Bath, où s'étaient retirés les plus opiniâtres des Bretons vaincus. Les Bretons méridionaux, réduits à cette extrémité, implorèrent le secours d'Arthur, prince des Silures, qui, par sa valeur héroïque, soutenait la destinée chancelante de sa patrie. C'est ce même Arthur, si célébré par les chants de Thaliessin et des autres bardes, où tant de fables mêlées au récit de ses exploits ont donné lieu de douter de son existence même. Mais quoique les poètes défigurent l'histoire par leurs fictions, et altèrent étrangement la vérité partout où, comme en Bretagne, ils sont les seuls historiens, il y a toujours un fondement vrai à leurs exagérations les plus fortes. Il est certain, par exemple, que les Bretons firent lever le siége de Badon en 520, et que les Saxons furent complètement vaincus dans une bataille rangée. Ce désastre arrêta les progrès de Cerdic, mais ne fut pas suffisant pour lui faire perdre ce qu'il avait conquis. Lui et son fils Kenric, qui lui succéda, fondèrent le royaume des Saxons occidentaux ou de Wessex, composé des provinces de Hants, de Dorset, de Wilts, de Berks et de l'île de Wight, et laissèrent leurs possessions à leur postérité. Cerdic mourut en 534, et Kenric en 560.

Tandis que les Saxons s'établissaient ainsi vers le midi, leurs compatriotes ne dirigeaient pas leurs entreprises sur d'autres cantons avec moins d'activité. En 527, une nombreuse colonie d'aventuriers, conduite par plusieurs chefs, descendit sur la côte orientale de la Bretagne, et, après plusieurs combats, dont l'histoire ne nous a conservé aucun détail, fonda trois nouveaux royaumes dans cette île. Uffa prit le titre de roi des Anglais orientaux ou Estangles en 575 ; Crida, celui de roi de Mercie en 585 ; et Erkenwin, celui de roi de Saxe orientale ou d'Essex environ dans le même temps ; mais l'année est incertaine. Ce dernier royaume fut un démembrement de celui de Kent, et comprenait Essex, Middlesex et partie d'Hertfordshire. Celui des Anglais orientaux ou d'Estanglie se formait des comtés de Cambridge, de Suffolk et de Norfolk ; et celui de Mercie s'étendait sur toutes les provinces centrales, depuis les bords de la Saverne jusqu'aux frontières de ces deux autres royaumes.

Aussitôt après le débarquement d'Hengist, les Saxons avaient été s'établir dans le Northumberland ; mais ils y éprouvèrent une résistance si opiniâtre, ils parvinrent avec tant de lenteur à subjuguer les habitants, leur domination était si mal assurée, que pendant long-temps aucun de leurs princes n'osa s'arroger le titre de roi. A la fin, en 547 (1), Ida, prince saxon d'une grande bravoure, qui prétendait, ainsi que les autres princes de cette nation, descendre de Woden, amena un renfort considérable de la Germanie, et mit les Northumbres en état de pousser et d'affermir leurs conquêtes en Bretagne. Il soumit entièrement le comté appelé aujourd'hui Northumberland, l'évêché de Durham, quelques-unes des provinces de l'Écosse situées au sud-est, et prit alors la couronne et le nom de roi de Bernicie. Environ dans le même temps, Ælla, autre prince saxon, ayant conquis le Lancashire et la plus grande partie de l'Yorkshire, fut reconnu roi de Deïri. Ces deux couronnes se réunirent sur la tête d'Éthilfrid, petit-fils d'Ida ; il épousa Acca, fille d'Ælla, expulsa Edwin, frère de cette princesse, et se fit un des plus puissants royaumes qu'eussent les Saxons : ce royaume porta le nom de Northumberland. L'étendue que les possessions d'Éthilfrid avaient dans le pays nommé à présent Écosse est incertaine ; mais on ne peut pas douter que tout le plat pays et spécialement les côtes orientales de ce pays ne fussent peuplés en grande partie de Germains, quoique les expéditions faites par les divers aventuriers saxons

(1) Chron. sax. p 19.

aient échappé à l'exactitude de l'histoire. La langue purement saxonne que l'on parle dans ces provinces est une preuve plus forte de ce fait que tout ce qu'y opposent les annales imparfaites ou plutôt fabuleuses des historiens écossais.

## L'HEPTARCHIE.

C'est ainsi que l'heptarchie ou les sept royaumes saxons fut établie en Bretagne après un siècle et demi de troubles et de combats. Toute la partie méridionale de l'île, excepté le pays de Galles et le Cornouailles, changea absolument d'habitants, de langage, de coutumes, et d'institutions politiques. Les Bretons avaient fait de tels progrès dans les arts, et leurs mœurs s'étaient tellement civilisées sous la domination des Romains, qu'ils s'étaient bâti vingt-huit villes considérables, sans compter un grand nombre de villages et de maisons de campagne; mais les conquérants féroces qui les subjuguèrent ensuite les replongèrent à tous égards dans leur ancienne barbarie. Le peu de naturels du pays qui ne fut pas massacré ou chassé fut réduit au plus vil esclavage. Quoique les autres peuples du nord, les Francs, les Goths, les Vandales, les Bourguignons, semblables à un torrent fougueux, eussent inondé les provinces méridionales de l'empire, aucun d'eux ne les avait ravagées avec tant de fureur, ni traité les anciens habitants avec tant de barbarie. Comme les Saxons attaquèrent la Bretagne à différentes reprises et en corps séparés, les Bretons, d'abord peu belliqueux, s'aguerrirent, et les hostilités, prolongées par cette défense même, devinrent plus destructives pour les deux partis, et surtout pour le vaincu. Les premiers Germains qui entreprirent d'envahir la Bretagne, au lieu d'achever seuls leur conquête, furent obligés de tirer des secours de leur pays, et de partager avec tous les gens de bonne volonté qu'ils s'associèrent les dépouilles et les possessions des anciens habitants. Dès lors le seul moyen qu'il y eut de pourvoir à l'établissement et à la subsistance de ces nouveaux colons fut d'exterminer les Bretons : d'où il résulte qu'on trouve dans l'histoire peu de conquêtes aussi ruineuses que celle qui fut faite par les

Saxons, et peu de révolutions aussi terribles que celle qu'ils opérèrent.

Tant qu'il fallut disputer le terrain aux Bretons à la pointe de l'épée, les différents princes saxons agirent d'intelligence et furent unis d'intérêt; mais, lorsque les insulaires furent totalement relégués dans les arides provinces de Galles et de Cornouailles, et qu'ils n'inquiétèrent plus leurs vainqueurs, la discorde s'introduisit parmi les princes de l'heptarchie. Quoiqu'un d'entre eux paraisse toujours avoir obtenu ou s'être arrogé un ascendant marqué sur tous les autres, son autorité, si on peut la regarder comme régulière et légale, était extrêmement limitée. Chaque état n'en était pas moins régi comme s'il eût été entièrement séparé et indépendant du reste. La guerre, les révolutions et les troubles étaient donc inévitables parmi un peuple turbulent et militaire. Ces événements, quelque confus et embrouillés qu'ils soient, vont devenir l'objet de notre attention. Mais indépendamment de la difficulté de faire un seul tableau de l'histoire de sept royaumes distincts, il reste encore un grand sujet de découragement pour l'écrivain, dans l'incertitude et la sécheresse des faits qui nous ont été transmis. Les moines, seuls annalistes qu'il y eût alors, vivaient éloignés des affaires publiques, et regardaient le gouvernement civil et toutes ses opérations comme fort au-dessous du gouvernement ecclésiastique. Non-seulement ils partageaient l'ignorance et la barbarie alors universelles, mais ils réunissaient à la plus aveugle crédulité le goût des prodiges et le penchant à l'imposture, vices presque inséparables de leur état et de leur manière de vivre. L'histoire de ces siècles est chargée de noms et vide de faits; ou bien ces faits nous sont transmis si dépouillés de leurs causes et de leurs circonstances, que l'écrivain le plus profond et le plus éloquent doit désespérer de les rendre instructifs ou amusants aux lecteurs. La vaste érudition et la riche imagination de Milton même y ont échoué; et ce grand homme n'hésite pas de dire que les transactions confuses et les batailles de l'heptarchie saxonne ne méritent pas plus d'être retracées avec détail que les combats des milans et des corbeaux. Cependant, pour lier ensemble jusqu'à un certain point ces événements, nous donnerons un récit succinct de la succession des rois et des révolutions les plus remarquables de chaque royaume en particulier, en commençant par celui de Kent, qui fut fondé le premier.

## ROYAUME DE KENT.

Escus succéda à son père Hengist dans le royaume de Kent; mais il paraît qu'il ne posséda pas les talents militaires de ce conquérant, qui ouvrit le premier l'entrée de la Bretagne aux armes saxonnes. Tous les Saxons que le désir d'acquérir de la gloire ou des établissements animait allèrent se ranger sous les étendards d'Ælla, roi de Sussex, qui faisait la guerre aux Bretons avec les plus heureux succès, et qui jetait les fondements d'un nouveau royaume. Escus se contenta de posséder en paix celui de Kent, qu'il laissa en 512 à son fils Octa, dans le temps que les Saxons orientaux établissaient leur monarchie, et démembraient de la sienne les provinces d'Essex et de Middlesex. La mort d'Octa, après un règne de vingt-deux ans, plaça Hermenric son fils sur le trône en 534. Ce prince ne fit rien de mémorable pendant trente-deux ans qu'il régna, si ce n'est d'associer son fils Ethelbert au gouvernement, pour assurer la couronne à sa maison, et prévenir les révolutions toujours fréquentes dans une monarchie barbare et turbulente.

Ethelbert releva la gloire de sa maison, qui languissait depuis plusieurs générations. L'inaction de ses prédécesseurs, et la situation du pays, à l'abri de toutes les hostilités des Bretons, semblaient avoir fort énervé le génie belliqueux des Saxons du royaume de Kent; les premières tentatives que fit Ethelbert pour agrandir ses états et illustrer son nom ne furent pas heureuses. Il perdit deux batailles contre Ceaulin, roi de Wessex, et se vit obligé de céder à ce monarque ambitieux la supériorité dans l'heptarchie. Ceaulin ne conserva aucune modération après sa victoire, et, en subjuguant le royaume de Sussex, excita la jalousie de tous les autres princes. Ils se liguèrent contre lui. Ethelbert, à la tête de l'armée combinée, le combattit de nouveau, et remporta un avantage complet et décisif. Ceaulin mourut peu de temps après, et Ethelbert succéda à l'ascendant que ce prince avait pris sur l'heptarchie, ainsi qu'à ses projets ambitieux : excepté le roi de Northumberland, il réduisit tous les autres princes sous son entière dépendance, et s'empara du royaume de Mercie, le plus vaste des royaumes saxons. Cependant ce prince, craignant qu'il ne se formât contre lui une ligue semblable à celle qui l'avait mis lui-même en état de renverser Ceaulin, eut la prudence de restituer le trône de Mercie à Webba, héritier légitime, et fils de Crida, fondateur de cette monarchie; mais, toujours guidé par l'ambition plus que par la justice, il fit cette restitution à des conditions si dures, que Webba ne fut pour ainsi dire que l'humble tributaire de son artificieux bienfaiteur.

L'événement le plus heureux et le plus mémorable qui signala le règne du grand Ethelbert fut l'introduction de la religion chrétienne parmi les Saxons-Anglais. L'espèce de superstition adoptée par les Germains en général, et surtout celle des Saxons, était des plus grossières et des plus absurdes : comme ils la fondaient simplement sur la tradition et sur des fables transmises religieusement par leurs ancêtres, et qu'elle n'était ni réduite en système, ni appuyée par des institutions politiques, comme celle des druides, il paraît qu'elle avait fait peu d'impression sur les esprits, et qu'elle céda aisément son empire à la nouvelle doctrine. Woden, dont les Saxons croyaient que tous leurs princes descendaient, était regardé parmi eux comme le dieu de la guerre, et, par une conséquence naturelle, était devenu leur déité suprême, et le premier objet de leur culte. Ils se persuadaient que s'ils parvenaient à lui plaire par leur valeur, car ils faisaient beaucoup moins de cas des autres vertus, ils seraient admis après leur mort dans son palais, où, couchés mollement sur des lits de repos, ils se rassasieraient d'une bière délicieuse qu'on leur servirait dans les crânes des ennemis qu'ils auraient tués dans les combats. Animés par cette idée du paradis, qui flattait à la fois la vengeance et l'intempérance, les deux passions dominantes des barbares, ils méprisaient les dangers de la guerre, et irritaient par leurs préjugés religieux leur férocité naturelle contre les vaincus. Nous connaissons peu les autres dogmes : nous savons seulement que les Saxons étaient idolâtres; qu'ils rendaient un culte au soleil et à la lune; qu'ils adoraient le dieu du tonnerre, sous le nom de Thor; qu'ils avaient des images dans leurs temples; qu'ils offraient des sacrifices; qu'ils croyaient aux enchantements et aux sortiléges; enfin, qu'ils admettaient en général une sorte de système religieux qu'ils tenaient pour sacré, mais qui, semblable aux autres superstitions, porte le sceau de la plus grande extravagance aux regards de ceux qui n'y sont pas familiarisés dès le berceau.

L'état de guerre dans lequel les Saxons vivaient toujours avec les Bretons devait naturellement les éloigner de recevoir le christianisme, qui leur était enseigné par des ennemis si implacables. Peut-être même que les Bretons, comme Gildas et Bède leur en font le reproche, n'étaient guère disposés à communiquer la doctrine du salut éternel à d'aussi cruels vainqueurs; mais un peuple civilisé, quoique subjugué par les armes, conserve toujours une supériorité sensible sur des nations ignorantes et barbares : tous les autres peuples du nord, qui avaient envahi l'Europe, s'étaient déjà laissé persuader d'embrasser la foi chrétienne, qu'ils avaient trouvée établie dans l'empire : il était impossible que les Saxons, informés de ce changement, n'eussent pas une sorte de vénération pour une doctrine devenue dominante chez leurs compatriotes. Malgré leur ignorance, ils avaient dû apercevoir que les progrès de l'esprit humain s'étaient beaucoup plus étendus dans les provinces du midi que chez eux; il était donc assez simple qu'ils cédassent à cette supériorité de lumières, aussi bien qu'au zèle des conversions, qui distinguait dès lors les habitants des états chrétiens.

Mais ces causes auraient pu demeurer encore long-temps sans effet, si un événement favorable n'eût pas préparé l'introduction du christianisme dans le royaume de Kent. Ethelbert avait, du vivant de son père, épousé Berthe, fille unique de Caribert, roi de Paris (1), un des descendants de Clovis, conquérant des Gaules; mais, avant de conclure cette alliance, il avait été obligé de stipuler que la princesse aurait le libre exercice de sa religion, condition qu'il ne fut pas difficile d'obtenir des Saxons idolâtres. Berthe amena un évêque français à Canterbury : zélée pour la

---

(1) Greg. de Tours, l. 9, chap. 26.

propagation de sa foi, elle fut très assidue à ses exercices de piété, tâcha, par une conduite irréprochable, d'accréditer la sainteté de sa religion, et employa toute son adresse et la douceur de son caractère pour en convaincre son époux. La bonté familière avec laquelle cette princesse vivait au milieu de sa cour, et son empire sur Ethelbert, avaient si bien frayé la voie à la prédication de l'Évangile, que Grégoire, surnommé le Grand, alors pontife romain, espéra de réussir dans le projet qu'il avait déjà conçu avant son exaltation, de convertir les Saxons-Anglais.

Lorsque Grégoire n'était encore qu'un simple prélat, il eut occasion de remarquer au marché public de Rome quelques jeunes Saxons que des négociants de cette ville avaient achetés de leurs propres parents en Bretagne, et qu'à leur tour ils exposaient en vente : frappé des proportions admirables de leur personne, et de cette fleur de jeunesse qui brillait sur leur visage, Grégoire s'informa de quel pays pouvaient être de si beaux hommes. On lui répondit qu'ils étaient *Angles* (1). « On devrait « plutôt les appeler *Angels*, répliqua-t-il en jouant sur le mot : « c'est bien dommage que le prince des ténèbres ait une si belle « proie, et qu'une si magnifique enveloppe couvre une âme vide « de la grâce et de la justice. » Grégoire poussant plus loin ses questions sur leur province, on lui apprit que c'était le *Deïri*, l'une des divisions du Northumberland : « *Deïri*, reprit-il : *c'est « bien ; ils sont appelés à la miséricorde de Dieu, qui les dérobe à « sa colère, De irá*, ajouta-t-il en faisant allusion à ce mot latin ; « *mais comment nomme-t-on le roi de ce pays ?—Ælla* ou *Alla*, lui « dit-on.—*Alleluia*, s'écria-t-il ; *il faudra que nous tâchions de faire « chanter les louanges de Dieu dans ce royaume.* » Frappé de toutes ces allusions, qui lui paraissaient si heureuses, il résolut d'entreprendre lui-même une mission en Bretagne, en obtint la permission du pape, et se prépara pour ce dangereux voyage. Mais Grégoire était si aimé à Rome, que les Romains ne voulurent jamais consentir qu'il s'exposât à tant de périls : ils s'opposèrent à son départ, et il fut obligé de renoncer à ce pieux dessein.

Les controverses entre les païens et les chrétiens n'étaient pas

---

(1) On entend aisément qu'*Angles* signifie Anglais, et *Angels*, Anges.

encore refroidies; mais aucun pontife avant Grégoire n'avait porté aussi loin que lui l'excès du zèle contre le culte des faux dieux. Il déclara la guerre à tous les précieux monuments des anciens, et même à leurs écrits, trop sublimes pour être à la portée de ses lumières et de son goût, si l'on en juge par ce que l'on connaît de son esprit et de son style par ses ouvrages. Ambitieux de signaler son pontificat par la conversion des Saxons établis en Bretagne, il choisit un moine de Rome, appelé Augustin, qu'il envoya, avec quarante associés à cette mission, prêcher l'Évangile dans cette île. Ces missionnaires, épouvantés des risques qu'ils couraient en proposant une nouvelle doctrine à un peuple si féroce, dont ils ne savaient même pas la langue, s'arrêtèrent quelque temps en France, renvoyèrent Augustin pour représenter au pape les dangers et les difficultés de cette entreprise, et le supplier de les en dispenser. Mais Grégoire les exhorta au contraire à la poursuivre, leur conseilla de prendre des interprètes parmi les Francs, qui parlaient encore la même langue que les Saxons, et les recommanda aux bons offices de la reine Brunehaut, qui avait alors usurpé la puissance souveraine en France. Cette princesse, quoique souillée de tous les crimes dont la perfidie et la cruauté sont capables, avait ou affectait d'avoir un zèle ardent pour la propagation de la foi chrétienne. Grégoire même convient que le succès de cette mission fut dû en grande partie au secours de Brunehaut.

Augustin, à son arrivée dans le royaume de Kent, en 597, trouva les périls qu'il avait prévus fort au-dessous de ce qu'il les croyait. Ethelbert, déjà disposé en faveur du christianisme, assigna l'île de Thanet pour demeure à Augustin, et lui permit, peu de temps après, d'entrer en conférence avec lui. Ce prince, craignant cependant que ces prêtres qui venaient de si loin annoncer une religion inconnue ne jetassent sur lui quelque sortilége, prit la précaution de leur donner audience en plein air, où il imaginait que la force de leur magie s'évaporerait plus aisément. Ce fut là qu'Augustin, par l'organe de ses interprètes, instruisit Ethelbert des dogmes de la foi chrétienne, et promit à ce prince la béatitude éternelle, et un royaume sans bornes dans le ciel, s'il consentait à recevoir cette doctrine salutaire. « Vos paroles

« et vos promesses sont magnifiques, répondit Ethelbert ; mais
« comme elles sont nouvelles et douteuses, je ne puis m'y fier
« totalement, et abandonner les principes que mes ancêtres ont
« si long-temps conservés. Cependant soyez les bien-venus, de-
« meurez ici en paix ; et puisque vous avez entrepris un si long
« voyage seulement, à ce qu'il semble, pour ce que vous croyez
« être notre avantage, je vous ferai donner tout ce qui vous est
« nécessaire, et je vous permets d'enseigner votre doctrine à mes
« sujets. »

Augustin, encouragé par une réception si favorable, redoubla de zèle, et prêcha l'Evangile aux Saxons de Kent. Il attira leur attention par l'austérité de mœurs, la vie pénitente, les abstinences, et l'abnégation de soi-même, dont il donnait l'exemple. Lorsqu'il les eut étonnés par une manière de vivre si contraire à la nature, il lui fut plus aisé de leur faire croire aux miracles qu'on prétend qu'il opéra pour les convertir. Tant de motifs de persuasion, joints à la faveur déclarée que la cour marquait aux missionnaires, déterminèrent un grand nombre de Kentois à recevoir le baptême ; le roi même le demanda. Sa conversion multiplia le nombre des prosélytes parmi ses sujets ; mais il n'employa rien de plus pour leur faire adopter la doctrine nouvelle. Augustin pensa que dans les commencements de sa mission il fallait prendre les dehors de la plus grande douceur, et il dit à Ethelbert que le service de Jésus-Christ devait être volontaire, et qu'il ne fallait employer aucune violence pour étendre une religion si sainte.

La nouvelle de ces conquêtes spirituelles causa une joie extrême aux Romains, qui s'enorgueillissaient alors autant de ces paisibles trophées, qu'autrefois leurs ancêtres de leurs triomphes sanglants et des victoires les plus éclatantes. Grégoire écrivit à Ethelbert une lettre où, après lui avoir appris que la fin du monde approchait, il l'exhortait à signaler son zèle pour la conversion de ses sujets, à user de rigueur contre le culte des idoles, et à construire l'édifice du salut sur les exhortations, les menaces, les caresses et les châtiments ; méthode mieux adaptée aux temps, et plus conforme aux maximes ordinaires des papes que la tolérance d'Augustin. Le pontife décida aussi plusieurs points de discipline relatifs au gouvernement de la nouvelle église de Kent, sur lesquels le missionnaire l'avait consulté. Outre des questions qu'il n'est pas nécessaire de rapporter ici, Augustin demandait : *Si le mariage devait être permis entre cousins-germains ?* A quoi le pape répondit que cette liberté avait jadis été accordée par la loi romaine, mais que l'expérience ayant prouvé qu'aucune postérité ne pouvait jamais naître de ces sortes de mariage, il les défendait. *Si une femme enceinte pouvait être légitimement baptisée ?* Et Grégoire jugea qu'il n'y avait point d'opposition. *Combien de temps après sa naissance un enfant pouvait recevoir le baptême ?* Et le saint père ordonna que ce fût dès la naissance même, si le cas l'exigeait. *Combien de temps un mari était obligé de vivre séparé de sa femme après ses couches ?* et il fut décidé que ce serait jusqu'à ce qu'elle eût fini d'allaiter son enfant, devoir auquel Grégoire exhorte toutes les femmes. *Combien de temps il fallait qu'un homme, après avoir eu commerce avec sa femme, laissât passer pour entrer dans l'église ou pour recevoir les sacrements ?* Il fut répondu qu'à moins qu'il n'eût approché de son épouse sans désirs, et purement pour l'intérêt de la propagation de son espèce, il n'était point exempt de péché ; mais que, dans tous les cas, il était nécessaire qu'il se purifiât par la prière et l'ablution avant d'entrer dans l'église et de communier, et qu'il ne devait pas, même après ces précautions, se présenter immédiatement à la sainte table. Il y avait d'autres questions et décisions encore plus indécentes et plus ridicules. Il paraît en total que, si les rapports entre les manières d'être ont quelque influence, Grégoire et son missionnaire étaient plus propres que des hommes d'un esprit plus fin à faire des progrès sur les Saxons ignorants et grossiers.

Pour faciliter encore plus l'introduction du christianisme, Grégoire enjoignit à Augustin d'enlever les idoles des autels où elles étaient placées, mais de ne pas détruire les autels mêmes. « On attirera plus aisément le peuple, *disait le saint père*, au culte « des chrétiens, lorsqu'il le verra célébrer dans les mêmes lieux « qu'il est accoutumé à regarder comme sacrés. » Il voulut encore mettre à profit l'usage où étaient les païens d'offrir des sacrifices et de se régaler des offrandes avec leurs prêtres ; il recommanda donc au missionnaire d'engager les Saxons à tuer leurs bœufs et leurs moutons près de l'église les jours des fêtes chrétiennes, et de se livrer alors à ces jouissances de table auxquelles ils étaient habitués. Ces complaisances politiques montrent que, malgré son ignorance et ses préjugés, Grégoire avait quelques notions de l'art de gouverner les hommes. Augustin fut sacré évêque de Canterbury. Il reçut du pape la primatie sur toutes les églises de Bretagne, et le pallium, gage de cette dignité (1). Grégoire l'avertit aussi de ne pas trop se vanter d'avoir le don des miracles ; et comme Augustin, glorieux du succès de sa mission, semblait se croire en droit d'étendre son autorité sur les évêques des Gaules, le pape l'informa qu'ils étaient entièrement hors de sa juridiction.

Le mariage d'Ethelbert avec Berthe, et plus encore sa conversion à la foi chrétienne, établirent entre ses sujets, les Français, les Italiens, et d'autres nations du continent, une correspondance qui tendait à les tirer de l'ignorance et de la barbarie où jusquelà toutes les peuplades saxonnes étaient ensevelies. Ce monarque rédigea aussi, avec le consentement des états de son royaume, un corps de lois, les premières lois écrites qui eussent été promulguées par les conquérants venus du nord. Son règne fut à tous égards glorieux pour lui, et utile à son peuple. Il gouverna le royaume de Kent pendant cinquante ans, mourut en 616 (2), et laissa son trône à son fils Eadbald.

Ce prince, enivré d'une passion dévorante pour sa belle-mère, abjura le christianisme, qui ne permettait pas ces mariages incestueux, et son peuple retourna, comme lui, à l'idolâtrie. Laurentius, successeur d'Augustin, trouva le culte chrétien entièrement abandonné, et se prépara à retourner en France pour s'épargner la mortification de prêcher sans fruit l'Évangile à des infidèles. Mellitus et Justus, qui avaient été sacrés évêques de Londres et de Rochester, étaient déjà sortis du royaume, quand Laurentius, avant de renoncer tout à fait à sa dignité, essaya encore de ramener le roi au christianisme. Il se présenta à ce prince, et, se dépouillant de ses habits, lui montra son corps déchiré et meurtri de coups. Eadbald parut surpris qu'on eût osé traiter avec tant

(1) Chron. sax. p. 23, 24. — (2) Idem, p. 25.

de cruauté une personne si respectable ; mais Laurentius assura que ce châtiment était l'effet du courroux de saint Pierre ; que ce prince des apôtres lui était apparu dans une vision, et l'avait marqué du sceau de sa colère, pour le punir d'avoir eu l'intention d'abandonner son troupeau. Soit qu'Eadbald fût frappé de ce miracle, ou déterminé par quelque autre motif, il fit divorce avec sa belle-mère, et rentra dans le sein du christianisme, auquel son peuple revint avec lui. Eadbald n'atteignit ni à la réputation glorieuse ni à l'autorité de son père, et mourut en 640, après un règne de vingt-cinq ans (1), laissant deux fils, Erminfrid et Ercombert.

Ercombert, né d'Emma, princesse française, quoique le plus jeune, trouva le moyen de monter sur le trône. Bède le loue de deux exploits mémorables, celui d'avoir établi le jeûne du carême dans son royaume, et celui d'en avoir entièrement extirpé l'idolâtrie (2) ; car malgré les préférences accordées aux dogmes que le saint père faisait prêcher aux Saxons, elle avait été tolérée jusqu'alors par les monarques précédents. Ercombert régna vingt-quatre ans, et eut pour successeur son fils Egbert, qui en régna neuf. Ce prince est renommé pour avoir encouragé les sciences, mais flétri par le meurtre de ses deux cousins-germains, fils d'Erminfrid, son oncle. Les auteurs ecclésiastiques le louent d'avoir donné des terres à sa sœur Domnona dans l'île de Thanet, où elle fonda un monastère.

La barbare précaution d'Egbert n'eut pas le fruit qu'il en attendait, et ne put affermir la couronne sur la tête de son fils Edric. Lothaire, frère d'Egbert, s'empara du trône, et, pour l'assurer à sa famille, associa Richard son fils à l'administration. Edric, l'héritier dépouillé, eut recours à Edilwach, roi de Sussex, pour l'aider à rentrer dans ses droits. Appuyé de ce prince, il livra bataille à son oncle, qui fut défait et tué dans le combat. Richard s'enfuit en Germanie, et mourut enfin à Luques, ville de Toscane. William de Malmesbury attribue la mauvaise fortune de Lothaire à deux crimes : l'un d'avoir été complice du meurtre de ses deux cousins ; l'autre d'avoir méprisé les reliques.

---

(1) Chron. Sax. p. 30. — (2) Chron. Sax. p. 31. Ann. Beverl. p. 80.

Lothaire régna onze ans, et son successeur Edric deux seulement. A la mort de ce dernier, arrivée en 686, Widred, son frère, s'empara de la couronne; mais comme la succession venait d'être divisée par tant de révolutions et d'usurpations, des brigues et des cabales se formèrent parmi la noblesse; elle invita Cedwalla, roi de Wessex, et son frère Mollo, d'entrer à main armée dans le royaume. Ces princes le dévastèrent en effet; mais la mort de Mollo, tué dans une escarmouche, laissa respirer un moment cette monarchie. Widred en profita pour rétablir les affaires; et, après un règne de trente-deux ans (1), laissa la couronne à sa postérité. Eadbert, Ethelbert et Alric, ses descendants, montèrent successivement sur le trône. Après la mort de ce dernier, arrivée en 794, la maison royale de Kent se trouva éteinte, et tous les chefs de faction qui purent espérer de se faire rois jetèrent l'état dans le plus affreux désordre. Egbert, qui s'empara le premier de la puissance souveraine, ne régna que deux ans; Cuthred, frère du roi de Mercie, en régna six; et Baldred, branche illégitime de la maison royale, dix-huit. Après un règne orageux et précaire, il fut enfin expulsé, en 723, par Egbert, roi de Wessex, qui parvint à dissoudre l'heptarchie et à réunir ces différents royaumes sous sa domination.

## ROYAUME DE NORTHUMBERLAND.

Adelfrid, roi de Bernicie, ayant épousé Acca, fille d'Ælla, roi de Deïri, et chassé Edwin, encore enfant, frère de cette princesse, forma une monarchie de toutes les provinces situées au nord de l'Humber, et prit un grand ascendant sur l'heptarchie. Il répandit aussi la terreur des armes saxonnes chez tous les peuples voisins, et par ses victoires sur les Pictes, les Écossais et même les Gallois, recula de tous côtés les bornes de ses états. Tandis qu'il faisait le siége de Chester, les Bretons marchèrent avec toutes leurs forces pour engager le combat avec lui. Une troupe de douze cent cinquante moines du monastère de Bangor les suivit : ces moines s'arrêtèrent à une petite distance du champ de bataille,

---

(1) Chron. Sax. p. 52.

pour encourager les combattants par leur présence et leurs exhortations. Adelfrid demanda ce que c'était que ce nouveau corps, qu'on n'était point accoutumé à voir dans les armées ; on lui apprit que ces prêtres venaient pour prier contre lui : « Ils « sont donc autant nos ennemis, dit-il, que ceux qui se préparent « à nous combattre. » Aussitôt il envoya un détachement qui tomba sur eux, et en fit un tel carnage, qu'à peine cinquante sauvèrent leur vie par la fuite. Les Bretons, consternés de ce désastre, furent entièrement défaits. Chester se rendit, et Adelfrid, poursuivant sa victoire, s'empara de Bangor, et démolit le monastère de fond en comble. C'était un bâtiment si vaste qu'il y avait la distance d'un mille d'une porte à l'autre ; il contenait deux mille cent moines, qui s'y soutenaient, dit-on, du produit de leur travail.

Quelque heureux que fussent les événements de la guerre pour Adelfrid, le jeune Edwin, qu'il avait si injustement dépouillé de la couronne de Deïri, lui causait de secrètes inquiétudes que la prospérité ne pouvait calmer. Ce prince, parvenu à l'âge d'un homme fait, errait de contrée en contrée, toujours exposé aux attentats de l'usurpateur de son trône. Il trouva enfin un asile à la cour de Redwald, roi des Estangles, où son courage, ses manières affables et ses mœurs douces lui attirèrent l'affection générale. Cependant Redwald était fortement sollicité par le roi de Northumberland de lui livrer ou de faire mourir ce fugitif intéressant. Les agents d'Adelfrid tâchaient, par des présents ou par des menaces, de résoudre le roi d'Estanglie à cette action barbare, et lui déclaraient la guerre en cas de refus. Après avoir rejeté plusieurs fois une proposition si révoltante, Redwald, ébranlé par son intérêt, commença d'écouter moins sa générosité ; il balança même entre la voix de l'honneur et les conseils de la politique, au point de retenir le dernier ambassadeur d'Adelfrid pour avoir le temps de se déterminer sur une matière si délicate. Quoique Edwin fût informé de l'irrésolution de son ami, il n'en persista pas moins à rester en Estanglie. Fatigué de lutter contre son mauvais sort, il pensa que, si la protection de cette cour lui manquait, il valait mieux mourir que de prolonger une vie si exposée aux persécutions de son puissant rival. Tant de confiance dans la bonne foi et l'amitié de Redwald, jointe aux autres qualités aimables d'Edwin, mit la reine dans ses intérêts : elle représenta vivement et avec succès au roi son époux de quelle infamie il se couvrirait en livrant à une mort certaine un prince malheureux qui était venu se jeter entre ses bras pour y trouver un refuge contre son persécuteur. Redwald se détermina donc à prendre un parti plus magnanime, celui de prévenir les hostilités de l'usurpateur, et de l'attaquer avant qu'il fût instruit de sa résolution, et qu'il eût fait ses préparatifs de guerre. Il se mit sur-le-champ en campagne, porta son armée dans le royaume de Northumberland, et livra bataille à Adelfrid. Ce prince y fut vaincu et tué, après s'être vengé de cette irruption soudaine par la mort de Regner, fils de Redwald. Les fils d'Adelfrid, Eanfrid, Oswald et Oswy, encore enfants, furent emmenés en Écosse, et Edwin prit possession de la couronne de Northumberland.

Edwin fut le plus grand des princes de l'heptarchie qui régnèrent de son temps. Il se distingua à la fois par l'ascendant qu'il eut sur les autres royaumes, et par la justice exacte de son administration dans le sien. Il tira ses sujets de la vie corrompue à laquelle ils étaient accoutumés, et les contint sous le joug d'une police si sévère, que, sous son règne, il passa en proverbe qu'une femme ou un enfant pouvait porter à toute heure et partout une bourse d'or, sans craindre de la perdre par la violence ou la ruse. L'histoire nous transmet un exemple bien glorieux pour ce prince de l'amour que ses serviteurs lui portaient. Cuichelme, roi de Wessex, son ennemi, se trouvant trop faible pour faire une guerre ouverte à un monarque si puissant, résolut d'avoir recours à la perfidie, et de le faire assassiner. Il employa un nommé Eumer à cet horrible attentat. L'assassin obtint audience, sous le prétexte de quelques dépêches dont il se disait chargé de la part de Cuichelme, tira un poignard qu'il tenait caché, et s'élança pour le plonger dans le cœur du roi. Lilla, officier de l'armée d'Edwin, épouvanté du péril de son maître, et n'ayant aucun moyen plus prompt et plus sûr de l'en garantir, le couvrit de son propre corps. Eumer avait dirigé le coup avec tant de force, que son poignard, après avoir percé Lilla, blessa encore le roi; mais avant qu'il pût lever le bras une seconde fois, les gardes le massacrèrent (1).

Les Estangles conspirèrent contre Redwald leur roi, et le firent périr. Ils offrirent sa couronne à Edwin, dont ils avaient connu la valeur et la capacité pendant qu'il demeurait parmi eux en Estanglie; mais Edwin, pénétré de reconnaissance pour son bienfaiteur, les obligea de se soumettre à Earpwold, fils de Redwald. Earpwold fut revêtu en effet de la pourpre royale, mais il ne jouit cependant que d'une autorité très limitée sous la protection du monarque northumbre.

Edwin, après son avénement au trône, épousa Ethelburge, fille d'Ethelbert, roi de Kent. Cette princesse, animée du désir de suivre les glorieuses traces de sa mère, qui avait été l'instrument de la conversion de son époux et de ses sujets, emmena avec elle en Northumberland le savant évêque Paulin. Non-seulement elle s'était réservé, par une clause de son contrat de mariage, l'exercice libre de la religion chrétienne, qui lui avait été facilement accordé, mais elle usa de tout l'empire qu'elle pouvait avoir sur le roi pour lui persuader d'embrasser lui-même cette doctrine. Edwin, en prince toujours guidé par la prudence, hésita d'abord sur une semblable proposition : il promit d'examiner les principes du christianisme, et, s'il était convaincu de leur excellence, de les adopter. Il eut en conséquence plusieurs conférences avec Paulin, discuta les arguments pour et contre avec ses ministres les plus sages, s'en occupa souvent lui-même dans le calme de la solitude, pour mieux approfondir cette question importante; et, après une longue et sérieuse recherche de la vérité, se déclara en faveur de la foi chrétienne. Le peuple suivit bientôt son exemple; ce ne fut pas cependant celui qui le frappa le plus. Coifi, grand-prêtre des faux dieux du pays, s'étant converti à la suite d'une conférence publique avec Paulin, porta le dernier trait de conviction dans les cœurs, en abjurant, en brisant lui-même les idoles qu'il avait si long-temps adorées, et qu'il renversa pour expier son idolâtrie.

Le grand Edwin périt, avec son fils Osfrid, dans une bataille

---

(1) Bède, l. 1, cap. 9. Chron. Sax. p. 2ᵛ.

contre Penda, roi de Mercie, et Cædwalla, roi des Bretons. Cet événement, qui arriva dans la quarante-huitième année de son âge et la dix-septième de son règne, divisa la monarchie de Northumberland, qu'il avait réunie dans sa personne. Eanfrid, le fils d'Adelfrid, revint d'Écosse avec ses frères Oswald et Oswy, et prit possession du royaume de Bernicie, son héritage paternel. Osric, cousin-germain d'Edwin, s'empara du Deïri, le patrimoine de sa maison, mais auquel les fils d'Edwin avaient un droit plus juste. Eanfrid, l'aîné de ces princes, alla se rendre à Penda, qui le fit égorger ; son frère cadet, Vuscfræa, et Yffi, fils d'Osfrid, et par conséquent petit-fils d'Edwin, se réfugièrent dans le royaume de Kent ; mais, ne s'y trouvant pas en sûreté, ils se retirèrent en France, sous la protection du roi Dagobert, et y moururent (1).

Osric, roi de Deïri, et Eanfrid, roi de Bernicie, retournèrent au paganisme. Ils entraînèrent vraisemblablement leurs peuples dans leur apostasie, puisque Paulin, le premier archevêque d'York, et qui les avait convertis, crut devoir suivre Ethelburge, la reine douairière, lorsqu'elle se retira dans le royaume de Kent. Ces deux rois northumbres périrent peu de temps après ; Osric dans une bataille contre Cædwalla, roi des Bretons, et Eanfrid par la perfidie de ce même prince. Oswald, frère d'Eanfrid, et de la maison de Bernicie, réunit encore le royaume de Northumberland en 634, et y rétablit la religion chrétienne. Il gagna contre Cædwalla une bataille sanglante et vaillamment disputée. Ce fut le dernier effort vigoureux que les Bretons firent contre les Saxons. Les moines (2) qui ont écrit l'histoire de ce temps-là exaltent beaucoup la sainteté et la charité d'Oswald ; ils prétendent que ses reliques ont opéré des miracles. Ils citent particulièrement un cheval malade qui fut guéri en approchant du lieu où Oswald avait été enterré (3).

Ce prince mourut en combattant contre Penda, roi de Mercie. Il eut pour successeur son frère Oswy, qui s'affermit sur le trône de Northumberland en faisant mourir Oswin, fils d'Osric, et dernier roi de la maison de Deïri (4). Egfrid, fils d'Oswy, lui suc-

---

(1) Bède, l. 2, cap. 20. — (2) Matth. West. p. 115. Simeon Dunelm. cap. 2. Chron. Sax. p. 31. — (3) Bède, l. 3, cap. 9. — (4) Will. Malm. l. 1, cap. 3. Matth. West. p. 118.

céda, et périt dans une bataille contre les Pictes. Il ne laissa point d'enfants, parce que Adelthride sa femme refusa d'enfreindre un vœu de chasteté qu'elle avait fait (1). Alfred, frère naturel d'Egfrid, monta sur le trône, et régna heureusement pendant dix-neuf ans. Son sceptre passa après lui entre les mains d'Osred, son fils, enfant de huit ans. Ce prince n'en régna que onze, et fut tué par Kenred, son parent, qui ne conserva la souveraine puissance qu'environ une année, et périt à son tour de la même manière. Osric, et après lui Celwulph, fils de Kenred, furent couronnés. Celwulph abdiqua en 738 en faveur d'Eadbert, son cousin-germain, qui suivit lui-même cet exemple, et finit par se retirer dans un monastère. (2) Oswolf, fils d'Eadbert, fut tué dans une sédition, un an après son avénement au trône, duquel Mollo, qui n'était pas de la famille royale, s'empara. Ailred, prince du sang, conspira contre Mollo, et le fit périr dans les piéges qu'il lui tendit. Cet Ailred jouit peu de la couronne qu'il venait d'acquérir ainsi, et fut chassé par ses propres sujets. Ethelred, son successeur, et fils de Mollo, eut le même sort. Celwold, élu après lui, et qui était frère d'Ailred, fut déposé et massacré par le peuple. Osred, son neveu, remplit sa place, et, après un règne d'un an, la laissa libre à Ethelbert, autre fils de Mollo, dont la mort fut aussi tragique que celle de la plupart de ses prédécesseurs. Après lui le Northumberland tomba dans une anarchie totale. Tant de révolutions funestes avaient fait perdre au peuple tout attachement pour son gouvernement et pour ses princes, au point qu'il se trouva tout préparé à recevoir le joug étranger qu'enfin Egbert, roi de Wessex, lui imposa.

## ROYAUME D'ESTANGLIE.

L'histoire de ce royaume ne contient rien de mémorable que la conversion au christianisme d'Earpwold, le quatrième roi, et petit-fils d'Uffa, fondateur de cette monarchie. L'empire qu'Edwin, roi de Northumberland, avait pris sur les princes de l'heptarchie, força Earpwold à cette démarche; mais bientôt après,

---

(1) Bède, l. I, cap. 19. — (2) Chron. Sax. cap. 59.

sa femme, qui était idolâtre, le ramena à l'idolâtrie, et il ne put résister à la séduction qui avait égaré les plus sages de tous les hommes. Après sa mort, qui fut violente, comme celle de la plupart des princes saxons dont le monastère ne fut pas le dernier asile, Sigebert, son successeur et son beau-frère, qui avait été élevé en France, rétablit le christianisme et introduisit le goût du savoir dans ses états. Quelques auteurs prétendent qu'il fonda l'université de Cambridge, ou plutôt quelques écoles dans ce lieu. Il est presque impossible, et tout-à-fait inutile, de s'étendre sur ce qui regarde les Estangles ou Anglais orientaux. Quel avantage ou quel plaisir offrirait au lecteur une longue liste de rois aussi barbares que leurs noms, Egric, Annas, Ethelbert, Ethelwald, Aldulf, Elfwold, Beorne, Ethelred, Ethelbert, qui tour à tour s'égorgèrent, se chassèrent, se succédèrent, et remplirent obscurément le trône de ce royaume? Ethelbert, le dernier de ces princes, fut assassiné par Offa, roi de Mercie, en 792, et ses états furent ensuite unis à ceux de l'assassin, comme nous allons le rapporter.

## ROYAUME DE MERCIE.

La Mercie, le plus vaste, sinon le plus puissant royaume de l'heptarchie, comprenait toutes les provinces centrales de l'Angleterre. Comme ses frontières s'étendaient jusqu'à celles des six autres royaumes, aussi bien qu'au pays de Galles, il reçut son nom de cette circonstance. (1) Wibba, fils de Crida, fondateur de cette monarchie, fut placé sur le trône par Ethelbert, roi de Kent, mais demeura tellement sous la dépendance de son bienfaiteur, qu'il n'eut qu'une autorité très limitée. Après sa mort, le roi de Kent disposa de la couronne de Mercie en faveur de Ceorl, parent de Wibba, qui se vit ainsi préféré à Penda, fils du dernier monarque, et dont l'esprit inquiet parut dangereux. Penda était ainsi parvenu à l'âge de cinquante ans avant de monter sur le trône, sans que son caractère fougueux et téméraire, toujours prompt à lui faire prendre les armes, fût mûri par la sagesse, ou

---

(1) *Merck*, mot saxon, signifie *borne*, d'où est dérivé *Mercie*.

tempéré par le temps, l'expérience et la réflexion. Lorsqu'il régna, il vécut toujours en guerre avec tous les états voisins, et se rendit, par son injustice et sa violence, aussi odieux à ses sujets qu'aux étrangers. Sigebert, Egric et Annas, trois rois des Estangles, périrent en combattant contre lui, ainsi qu'Edwin et Oswald, les deux plus grands princes qui aient régné sur le Northumberland. Enfin, Oswy, frère d'Oswald, l'ayant défait et tué en bataille rangée, délivra le monde de ce tyran. Penda, son fils, obtint la couronne de Mercie en 655, et régna sous la protection d'Oswy, dont il avait épousé la fille. Cette princesse, élevée dans la foi chrétienne, employa avec succès tout son crédit pour attirer son époux et ses sujets à sa religion. Ainsi le beau sexe eut le mérite d'introduire le christianisme dans presque tous les royaumes les plus considérables de l'heptarchie saxonne. Penda mourut d'une mort violente (1). Son fils Wolfhere lui succéda, et après avoir réduit sous son obéissance les royaumes d'Essex et d'Estanglie, il laissa la couronne à son frère Ethelred. Ce prince, quoique naturellement pacifique, prouva qu'il n'était pas sans talents pour la guerre : indépendamment d'une expédition glorieuse qu'il fit contre le royaume de Kent, il repoussa Egfrid, roi de Northumberland, qui était entré à main armée dans ses états, et tua, dans une bataille, Elfwin, frère de ce prince. Cependant, disposé à s'accommoder avec Egfrid, il lui paya une somme d'argent, comme compensation pour la perte de son frère. Après un règne heureux de trente années, il abdiqua la couronne en faveur de Kendred, fils de Wolfhere, et se retira dans le monastère de Bardney (2). Kendred fit le même présent à Ceolred, fils d'Ethelred, et entreprit un pèlerinage à Rome, où il passa sa vie dans les exercices d'une dévotion ardente et d'une pénitence austère (3). La place de Ceolred fut remplie par Ethelbald (4), arrière-neveu de Penda, par Alwy, son frère. Cet Ethelbald, massacré dans une sédition, eut pour successeur Offa, qui était encore un des collatéraux de Penda, par Eawa, son autre frère, mais plus éloigné d'un degré.

---

(1) Hugo Candidus, p. 4, dit qu'il perdit la vie par la trahison de la reine, à la persuasion de laquelle il s'était converti. Mais ce fait n'est rapporté que par cet historien seul.
(2) Bède, l. 5, cap. 24. — (3) Malm. l. 1, cap. 4. Bède, l. 5, cap. 24. — (4) Ingulph, page 2.

Offa, qui monta sur le trône en 755 (1), eut quelques grandes qualités, et fut heureux dans ses expéditions militaires contre Lothaire, roi de Kent, et Kenwulph, roi de Wessex. Il défit le premier dans une bataille sanglante à Otford, sur le Darent, et réduisit ses états sous sa dépendance. Il remporta une victoire complète sur le second à Bensington en Oxfordshire, conquit cette province, ainsi que celle de Glocester, et les annexa à ses autres possessions. Mais ces succès furent souillés par le meurtre d'Ethelbert, roi d'Estanglie, et par l'usurpation de ce royaume. Ce jeune prince, à qui on accorde un mérite rare, avait recherché la main d'Elfrida, fille d'Offa; il fut invité à se rendre, avec toute sa suite, à Hereford pour y célébrer son mariage. Au milieu des fêtes et des réjouissances, Offa donna ordre qu'on l'arrêtât secrètement, et lui fit trancher la tête. Quoique Elfrida, qui abhorrait la trahison de son père, eût eu le temps d'avertir les seigneurs estangles qui avaient suivi Ethelbert de se tenir sur leurs gardes, et qu'ils se fussent enfuis dans leur pays, Offa n'en réussit pas moins à le subjuguer dès qu'une fois il eut éteint la famille royale (2). Ce prince perfide, pour réhabiliter sa réputation, ou pour apaiser les remords de sa conscience, fit humblement sa cour au clergé. Il s'imposa toutes les minutieuses pratiques de dévotion qu'on estimait si fort dans ce siècle de superstition et d'ignorance. Il abandonna le dixième de ses biens à l'église, fit de magnifiques donations à la cathédrale d'Hereford, et alla en pèlerinage à Rome, où sa puissance et ses richesses ne pouvaient manquer de lui procurer l'absolution du pape. Pour se rendre le souverain pontife encore plus favorable, il promit de lui payer tous les ans une somme, destinée à l'entretien d'un collége anglais à Rome, et, afin de tirer cette somme de ses sujets, il leva une taxe d'un *penny* (3) sur chaque maison louée trente *pence* par an (4). Cette imposition, levée ensuite sur toute l'Angleterre, fut communément appelée le denier de S. Pierre (5), et, quoique accordée d'abord en pur don, fut exigée par le pape comme tribut. Offa porta son hypocrisie encore plus loin : il feignit d'être en commerce avec le ciel, et d'avoir appris par la voie des révélations

(1) Chron. Sax. p. 50. — (2) Brompton, p. 750, 751, 752. — (3) Penny, sou d'Angleterre. — (4) Pence, pluriel de penny. — (5) Higden, liv. 5.

que les reliques de saint Alban, martyr, reposaient à Verulam, où il dota richement un monastère. Malmesbury, l'un des meilleurs des anciens historiens d'Angleterre, prévenu et touché par tous ces actes de piété, avoue qu'il a peine à décider ce qui domine dans la conduite d'Offa, ou de ses crimes, ou de ses bonnes actions. Ce prince mourut en 794, après un règne de trente-neuf ans (1).

Ce monarque était devenu si puissant dans l'heptarchie, que l'empereur Charlemagne rechercha son alliance et son amitié. Une pareille démarche honorait d'autant plus Offa, qu'alors les princes qui n'étaient pas voisins avaient peu de commerce entre eux. Cet empereur aimait et protégeait les sciences et les savants dans un siècle où ils étaient rares. Offa, à sa prière, lui envoya Alcuin, ecclésiastique très célèbre par son savoir, qui reçut de grands honneurs de Charlemagne, et même devint le guide de ses études. La principale raison qui avait fait désirer à l'empereur d'attirer Alcuin en France était le besoin d'opposer ses lumières à l'hérésie de Félix, évêque d'Urgel en Catalogne; cet hérésiarque soutenait que Jésus-Christ, considéré dans sa nature humaine, devait plutôt être appelé le fis adoptif que le fils naturel de Dieu. Cette hérésie fut condamnée au concile de Francfort, composé de trois cents évêques, et tenu en 794. Telles étaient les questions qu'on agitait alors, et qui occupaient l'attention, non-seulement des moines érudits, mais des plus grands princes et des plus sages (2).

Egfrith succéda à son père Offa, mais ne lui survécut que cinq mois (3), et laissa la couronne à Kenulph, descendant de la maison royale. Ce prince déclara la guerre à Egbert, roi de Kent, le fit prisonnier, lui fit couper les mains et crever les yeux, et mit Cuthred, son propre frère, en possession de ce royaume. Kenulph fut massacré dans une révolte des Estangles, dont son prédécesseur Offa avait usurpé la couronne. Il laissa son fils Kenelm encore mineur; sa sœur Quendrade le fit périr dans la même

---

(1) Chron. Sax. p. 65.
(2) Offa, pour fortifier son pays contre les Gallois, fit faire un rempart ou fossé de cent milles de long, tiré de Basingwerke, dans le Flintshire, à la mer du sud, près de Bristol. *Voyez* la Description du pays de Galles, par Speed.
(3) Ingulph. p. 7. Bromptou. p. 776.

année pour se saisir du gouvernement; mais elle fut supplantée par son oncle Ceolulf, qu'à son tour Beornulf détrôna deux ans après. Le règne de cet usurpateur, qui n'était pas de la maison royale, fut court et malheureux : les Saxons défirent ce prince, et ses propres sujets, les Estangles, l'assassinèrent. Ludican, son successeur, éprouva le même sort (1). Wiglaff monta sur ce trône chancelant, et trouva les affaires dans un désordre si étrange, qu'il ne put s'affermir ni résister à la fortune d'Egbert, qui réunit tous les royaumes saxons en une vaste monarchie.

## ROYAUME D'ESSEX.

Ce royaume ne fit pas une grande figure dans l'heptarchie, et l'histoire en est très imparfaite. Erkwin fonda cette monarchie, et eut Sleda son fils pour successeur. Sebert, fils de Sleda, régna de même après son père; et, comme il était neveu d'Ethelbert, roi de Kent, ce prince lui persuada d'embrasser la foi chrétienne (2). Ses fils, Sexted et Seward, lui succédèrent ensemble, retombèrent dans l'idolâtrie, et furent tués très peu de temps après dans une bataille contre les Saxons occidentaux. Bède (3), pour nous donner une idée de la manière sobre dont on vivait dans ces temps grossiers, dit que ces deux rois marquèrent un désir extrême de manger un pain blanc que l'évêque Mellitus distribuait à la communion. Il leur en refusa, à moins qu'ils ne consentissent à recevoir le baptême, et ils se vengèrent de son refus en le chassant de leurs états. Les noms des autres princes qui régnèrent successivement en Essex sont Sigebert-le-Petit, Sigebert-le-Bon, qui rétablit le christianisme; Swithelm, Sigheri, Offa. Ce prince, ayant fait vœu de virginité, malgré son mariage avec Keneswitha, princesse mercienne, fille de Penda, alla en pèlerinage à Rome, et s'enferma, pour le reste de sa vie, dans un cloître. Selred, son successeur, régna trente-huit ans, et fut le dernier de la famille royale, dont l'extinction jeta le royaume dans les plus grands troubles, et le mit enfin sous la dépendance de celui de Mercie (4). Switherd parvint à la couronne le premier

---

(1) Ann. Beverl. p. 87.— (2) Chron. Sax. p. 24. — (3) Bède, l. 2, cap. 5.— (4) Malm. l. 1, cap. 6.

par concession des princes merciens : sa mort la fit tomber sur la tête de Sigeric, qui finit sa vie dans un pèlerinage à Rome : Sigered lui succéda ; et ce prince, incapable de défendre ses états, se soumit aux armes victorieuses d'Egbert.

## ROYAUME DE SUSSEX.

L'histoire de ce royaume, le moins étendu de l'heptarchie, est encore plus défectueuse que celle d'Essex. Ælla, qui l'avait fondé, laissa la couronne à son fils Cissa, dont le règne fut remarquable par sa durée de soixante-seize ans. De son temps, les Saxons méridionaux tombèrent presque totalement sous la dépendance du royaume de Wessex, et l'on sait à peine les noms des rois, pour ainsi dire simples titulaires de cette souveraineté. Adelwalch, le dernier d'eux tous, fut vaincu et tué dans une bataille contre Ceadwalla, roi de Wessex. Les deux fils, encore enfants, que laissa Adelwalch tombèrent entre les mains du vainqueur, qui les fit égorger. L'abbé de Retford tenta tout ce qui lui était possible pour obtenir leur grâce, mais obtint seulement que cette exécution barbare serait différée jusqu'à ce qu'ils eussent été baptisés. Berethun et Audhun, deux seigneurs renommés, s'opposèrent quelque temps à la domination des West-Saxons ; mais leur résistance ne servit qu'à prolonger les maux de leur patrie ; et la conquête de ce royaume fut le premier pas que firent les Saxons occidentaux pour s'emparer de l'unique monarchie de l'Angleterre (1).

## ROYAUME DE WESSEX.

Le premier établissement du royaume de Wessex, dans lequel se fondirent finalement tous les autres états saxons, rencontra d'abord de grands obstacles. Les Bretons, alors aguerris, ne cédèrent pas leurs possessions à ces usurpateurs sans combattre pour les défendre. Cerdic, le fondateur de cette monarchie, et son fils Kenric, livrèrent plusieurs batailles aux naturels du pays, et

---

(1) Brompton, p. 800.

furent souvent vainqueurs, et quelquefois vaincus. Le génie belliqueux des Saxons, ainsi exercé fréquemment, se surpassa lui-même dans cette colonie. Ceaulin, fils et successeur de Kenric, qui commença son règne en 560, fut encore plus ambitieux et plus entreprenant que ses prédécesseurs, fit une guerre continuelle aux Bretons, et ajouta une grande partie des provinces de Devon et de Sommerset à ses autres possessions. Encouragé par ses succès, et porté sur les ailes de la victoire, il envahit les autres états saxons de son voisinage, devint redoutable à tous, et provoqua ainsi une confédération générale contre lui. Cette ligue triompha sous la conduite d'Ethelbert, roi de Kent; Ceaulin, haï de ses sujets, dont il s'était aliéné tous les cœurs à force de vexations, tombé alors dans le mépris par les revers de la fortune (1), fut chassé du trône, et mourut dans l'exil et dans la misère. Cuichelme et Cuthwin, ses fils, régnèrent d'abord ensemble après lui; mais le dernier fut expulsé en 591, et le premier mourut en 593. Cealric leur succéda, et eut Ceobald pour successeur dans la même année 593 (2). La mort de Ceobald, arrivée en 611, fit passer la couronne à Kynegils. Ce prince embrassa la religion chrétienne à la sollicitation d'Oswald, roi de Northumberland, qui avait épousé sa fille, et qui était puissance première dans l'heptarchie. Kenwalch remplaça Kynegils, et mourut en 672; sa succession fut si disputée, que Sexburga, sa veuve, femme d'un mérite rare (3), garda les rênes du gouvernement jusqu'à sa mort, qui arriva deux ans après celle de son époux. Escwin parvint alors paisiblement à la couronne, et ne régna que deux ans; Kentwin en régna neuf. Ceodwalla, son successeur, n'obtint pas le sceptre sans obstacle, mais il devint un grand prince, c'est-à-dire, selon les idées de ce temps-là, fut entreprenant, guerrier et victorieux. Il subjugua entièrement le royaume de Sussex, et l'annexa au sien. Il fit des incursions dans le royaume de Kent; mais Widred, qui en était roi, fit une résistance vigoureuse, et tua, dans une escarmouche, Mollo, frère de Ceodwalla. Enfin Ceodwalla, rassasié de guerre et de lauriers sanglants, fut tout à coup saisi d'un accès de dévotion : il donna des biens considérables

---

(1) Chron. Sax. p. 22. — (2) Higden, l. 5. Ann. Beverl. p. 94. — (3) Bède, l. 4, cap. 12. Chron. Sax. p. 41.

à l'église, fit un pèlerinage à Rome, où il reçut le baptême, et mourut en 689. Ina, son successeur, hérita de ses vertus guerrières, mais y en ajouta de plus précieuses encore, la justice, la sagesse et la prudence. Il fit la guerre aux Bretons dans la province de Sommerset, et, l'ayant enfin subjuguée, traita les vaincus avec une générosité inconnue jusqu'alors aux conquérants saxons. Il permit aux propriétaires de rester en possession de leurs terres, encouragea les mariages et les alliances entre eux et ses anciens sujets, et les associa au privilége des mêmes lois. Il augmenta et confirma ses lois, et quoique troublé par quelques fermentations intestines, son règne, de trente-sept ans, peut être regardé comme un des plus heureux et des plus glorieux de l'heptarchie. Vers le déclin de sa vie, il fit un pèlerinage à Rome, et à son retour s'enferma dans un cloître où il mourut (1).

Quoique les rois de Wessex eussent tous été du sang de Cerdic, le fondateur de la monarchie, il s'en fallait bien que l'ordre de la succession fût toujours régulièrement observé. Souvent un héritier plus éloigné avait trouvé le moyen d'exclure le plus proche. Ina donc, n'ayant point eu d'enfants, laissa la couronne, par son testament, à Adelard (2), son parent de très loin, et frère de sa femme Ethelburga, qu'il aimait beaucoup. Cette disposition ne fut pas suivie sans difficulté. Oswald, prince du sang, qui avait des droits plus prochains au trône, prit les armes pour les soutenir (3); mais il subit la loi du plus fort, et mourut peu de temps après : Adelard devint alors possesseur tranquille; et en 741 son cousin Cudred lui succéda (4). Le règne de ce prince fut illustré par une grande victoire qu'Edelhun, son général, remporta sur Ethelbald, roi de Mercie (5). La mort de Cudred ouvrit le chemin de la puissance souveraine à Sigebert, son parent. Celui-ci gouverna si mal, que ses sujets se révoltèrent, le chassèrent, et élurent Cenulph à sa place. Le prince détrôné se réfugia auprès du duc Cumbran, gouverneur d'Hampshire, qui joignit à tous ses généreux procédés pour lui des conseils salutaires sur sa conduite future, et des observations judicieuses sur sa conduite passée. L'ingrat Sigebert ne récompensa tant de bons offices qu'en assas-

---

(1) Bède, l. 5, cap. 7. Chron. Sax. p. 52. Higden, l. 5. — (2) Will. Mall. l. 1, cap. 2. — (3) Brompton, p. 768. — (4) Chron. Sax. p. 55. — (5) Brompton, p. 769. Chron. Sax. p. 56.

sinant en trahison son bienfaiteur. Après une action si infâme, il fut généralement abandonné, et contraint de se cacher dans les déserts et dans les forêts. A la fin, un domestique de Cumbran le découvrit, et le tua pour venger la mort de son maître.

Cenulph, parvenu au trône par l'expulsion de Sigebert, fut heureux dans quelques expéditions contre les Bretons de Cornouailles; mais il perdit ensuite une partie de sa réputation par ses mauvais succès contre Offa, roi de Mercie.

Kynehard, frère de Sigebert, le roi déposé, lui donna aussi de continuelles inquiétudes. Ce scélérat, chassé du royaume, se tint sur les frontières, attendant l'occasion d'attaquer son rival. Le roi avait une intrigue galante avec une jeune femme qui demeurait à Merton, dans la province de Surrey (1); il s'y rendit secrètement, et fut tout à coup environné pendant la nuit par Kynehard et sa troupe, qui, malgré sa résistance courageuse, le massacrèrent, lui et toute sa suite. Le peuple et la noblesse des environs coururent aux armes le lendemain, et vengèrent le meurtre de leur roi en passant au fil de l'épée tous ceux qui avaient eu part à cet attentat. Cet événement arriva en 784.

Brithric s'empara ensuite du gouvernement, quoiqu'il n'appartînt à la famille royale que dans un degré très éloigné; mais il ne jouit pas sans trouble du rang où il était monté. Eoppa, neveu du roi Ina, et fils d'Ingild, mort avant ce prince, fut père d'Eta, et aïeul d'Alchmond, qui donna naissance à Egbert. Ce jeune prince, orné des qualités les plus brillantes, donnait une jalousie dévorante à Brithric, par le double avantage d'avoir de justes droits au trône, comme plus proche héritier, et d'être l'idole du peuple. Egbert sentit le danger d'inspirer des inquiétudes au roi régnant, et se retira secrètement en France. Il y reçut l'accueil le plus favorable de Charlemagne, et, en vivant à la cour, en servant dans les armées de ce monarque, le plus habile et le plus généreux qu'ait eu l'Europe pendant plusieurs siècles, il acquit ce mérite supérieur qui, dans la suite, le fit régner avec tant d'éclat. Familiarisé avec les mœurs des Français, la plus célèbre, selon Malmesbury, de toutes les nations occidentales par sa valeur et

(1) Flor. Wigorn. p. 576. Chron. Sax. p. 57, 65.

par son urbanité, il apprit à polir la rudesse et la barbarie du caractère saxon : ainsi les infortunes de sa jeunesse devinrent la source de sa gloire et de sa prospérité.

Egbert ne fut pas long-temps sans trouver l'occasion de déployer ses talents. Brithric, roi de Wessex, avait épousé Eadburga, fille naturelle d'Offa, roi de Mercie, femme également abhorrée par sa cruauté et son incontinence. Elle n'en avait pas moins eu l'art de prendre un grand empire sur son époux; et souvent, pour assouvir ses propres fureurs, elle l'avait excité à faire périr les grands seigneurs de son royaume. Lorsque ce moyen d'exercer ses vengeances lui manquait, elle n'hésitait pas à se charger elle-même du soin d'attenter à leur vie. Elle avait préparé une coupe de poison qu'elle destinait à un jeune favori du roi, et qui, à ce titre seul, s'était attiré la jalousie de cette furie : malheureusement le roi but dans la coupe fatale en même temps que son favori, et expira sur-le-champ. Cet événement, joint à ses autres crimes, rendit Eadburga si odieuse, qu'elle fut obligée de fuir en France, et Egbert en fut rappelé aussitôt par la noblesse pour remplir le trône de ses ancêtres. Il y monta dans la dernière année du huitième siècle.

Dans tous les royaumes de l'heptarchie, un ordre régulier était ou inconnu ou mal observé; de là résultait qu'un prince régnant était continuellement agité de défiance contre tous les princes du sang, et les considérait toujours comme des rivaux dont la mort seule pouvait assurer sa puissance et sa tranquillité. Cette cause funeste, ainsi que l'enthousiasme dominant en faveur de la vie monastique, et des mérites du vœu de chasteté, même dans l'état du mariage, avaient entièrement éteint la famille royale dans tous ces royaumes, excepté celui de Wessex. Les jalousies, les inquiétudes et les conspirations, d'abord concentrées entre les princes du sang, s'étaient répandues parmi la noblesse des différents états saxons. Egbert était l'unique rejeton de ces premiers conquérants qui avaient subjugué la Bretagne, et fondé leur autorité sur une origine sacrée, en se faisant descendre de Woden, la divinité suprême de leurs aïeux; mais ce prince, quoique favorisé par de si heureuses circonstances pour asservir les Saxons ses voisins, les laissa tranquilles quelque temps, et préféra de tourner ses armes contre les Bretons de Cornouailles, qu'il défit en plusieurs batailles. Une invasion de Bernulf, roi de Mercie, rappela Egbert dans ses états et interrompit sa conquête.

Avant qu'Egbert fût parvenu à la couronne, les Merciens touchaient au moment d'établir leur autorité souveraine sur toute l'heptarchie : ils avaient déjà assujetti les Estangles, et donné des rois tributaires aux royaumes de Kent et d'Essex; le Northumberland était plongé dans les horreurs de l'anarchie; aucun état libre ou puissant ne restait que celui de Wessex, encore était-il d'une étendue très inférieure à celle de la Mercie, et ne pouvait se soutenir que par les grandes qualités de son souverain. Egbert, à la tête de son armée, marcha contre les ennemis, les rencontra à Ellandum, dans le Wiltshire, leur livra bataille, remporta une victoire complète, et en fit un tel carnage, qu'il porta le coup mortel à la puissance des Merciens. Pendant que, profitant de sa victoire, il entrait en personne dans leur pays, du côté d'Oxfordshire, et menaçait le centre de leurs possessions, il envoya une armée sous les ordres de son fils aîné Ethelwolph dans le royaume de Kent, en expulsa Baldred, le roi tributaire, et s'empara de ce pays. Le royaume d'Essex fut conquis avec la même facilité. Les Estangles, indignés du joug mercien, que la violence et la trahison leur avaient fait subir, et dont ils éprouvaient sans doute la tyrannie, prirent les armes, et se mirent sous la protection d'Egbert. Le roi de Mercie marcha contre eux, fut battu et tué; deux ans après, Ludican, son successeur, eut le même sort. Ces révoltes et des calamités facilitèrent les entreprises d'Egbert, qui pénétra dans le cœur du royaume de Mercie, et subjugua aisément des peuples désunis et découragés. Pour les engager à se soumettre plus aisément, il consentit que Wiglef, un de leurs compatriotes, gardât le titre de roi, tandis qu'il en exerçait lui-même l'autorité. L'anarchie actuelle du Northumberland parut un moment propice à Egbert pour pousser encore plus loin le succès de ses armes triomphantes. Les Northumbres, hors d'état de lui résister, d'ailleurs désirant d'avoir enfin une forme de gouvernement fixe, envoyèrent des députés à ce conquérant dès qu'il parut, pour se donner à lui et lui prêter serment de fidélité comme à leur souverain. Il leur accorda, comme aux

Merciens et aux Estangles, la permission d'élire un roi parmi eux, qui lui payât tribut et restât sous sa dépendance.

C'est ainsi que tous les royaumes de l'heptarchie se réunirent et ne formèrent plus qu'une vaste monarchie, environ quatre cents ans après la première irruption des Saxons en Bretagne. Les heureux exploits et la politique prudente d'Egbert réussirent enfin en ce que tant d'autres princes avaient en vain si fréquemment tenté. Les royaumes de Kent, de Northumberland et de Mercie, qui successivement avaient aspiré à la domination générale, étaient alors incorporés à son empire, et les autres royaumes subordonnés paraissaient prêts à subir volontiers le même sort. Ses possessions avaient à peu près la même étendue que ce qu'on appelle aujourd'hui proprement l'Angleterre. C'est ainsi que les Anglo-Saxons parvinrent à la gloire d'établir une monarchie civilisée, tranquille dans son intérieur, et à l'abri de toute invasion étrangère. Ce grand événement arriva l'an 827.

Quoique les Saxons fussent fixés depuis long-temps dans l'île de Bretagne, ils ne paraissaient pas avoir fait des progrès beaucoup plus considérables que les Germains, leurs ancêtres, dans les arts, la politesse, les sciences, l'humanité, la justice et la soumission aux lois. Le christianisme même, dont un des avantages était d'avoir ouvert la communication entre ces peuples et les états les plus policés de l'Europe, avait peu réussi jusqu'alors à les tirer de leur ignorance et à rendre leurs mœurs plus douces. Comme cette religion leur était parvenue par le canal impur de Rome, elle entraîna avec elle un limon de superstition et de crédulité aussi funeste au développement de l'esprit humain qu'à la morale. La vénération pour les saints et pour leurs reliques semblait presque avoir pris la place du culte de l'Être suprême : les pratiques monacales paraissaient plus méritoires que les vertus actives. La connaissance des causes naturelles était négligée en faveur des miracles dont on se plaisait universellement à se repaître : les libéralités au profit de l'église expiaient toutes les mauvaises actions contre la société : on apaisait les remords que la cruauté, le meurtre, la trahison, les complots sanguinaires, et tous les crimes les plus atroces pouvaient laisser après eux dans les âmes, non en réformant une vie coupable, mais par des actes de pénitence extérieurs, par des hommages serviles rendus aux moines, et par une dévotion basse et rampante (1). Le respect qu'on s'imposait pour le clergé était si excessif, que partout où un homme en habit ecclésiastique était rencontré, fût-ce sur un grand chemin, le peuple l'environnait en foule, se prosternait devant lui, et recevait comme autant d'oracles chaque parole qu'il daignait prononcer (2); les vertus militaires même, si inhérentes, pour ainsi dire, à toutes les tribus saxonnes, commençaient à s'engourdir; la noblesse préférait la sûreté et l'oisiveté du cloître au tumulte de la guerre et aux éloges de la renommée; les grands seigneurs ne se glorifiaient plus que de l'administration des monastères qu'ils avaient fondés. La couronne même était si fort appauvrie par les dons continuels qu'elle faisait à l'église, et auxquels les états du royaume avaient la faiblesse de consentir, qu'elle ne pouvait plus récompenser la valeur et les services militaires, ni soutenir le poids des charges du gouvernement.

Un autre inconvénient, suite nécessaire de ce christianisme altéré, était l'attachement superstitieux qu'il prescrivait pour Rome, et l'assujettissement des royaumes à cette puissance étrangère. Les Bretons ne s'étaient jusqu'alors imposé aucune subordination au pontife romain, et leur gouvernement ecclésiastique avait toujours été réglé par leurs synodes et leurs conciles nationaux; mais les Saxons ayant été instruits de leur religion par des moines romains, le plus profond respect pour le saint-siège fut un des préceptes qu'on leur inculqua, et celui qu'ils regardaient comme le premier de tous. Les pèlerinages à Rome leur furent recommandés à titre d'actes de piété agréables à Dieu. Non seulement les grands seigneurs et les femmes de qualité entreprenaient cet ennuyeux voyage, mais les rois abdiquaient leur couronne, et allaient chercher un passeport pour le ciel aux pieds du

---

(1) Ces abus étaient communs à toutes les églises de l'Europe; mais du moins les prêtres d'Italie, d'Espagne et des Gaules, les compensaient par les services qu'ils rendaient à la société. Pendant plusieurs siècles, ces prêtres furent presque tous Romains, ou, pour mieux dire, d'anciens naturels du pays. Ils conservèrent la langue et les lois romaines, et quelques restes de leur première urbanité. Mais les prêtres de l'heptarchie, après les missionnaires qu'on y avait envoyés d'abord, furent tous Saxons, et presque aussi ignorants, aussi barbares que les laïques. Ils contribuèrent donc peu aux progrès de la société dans les arts et dans les sciences.

(2) Bède, l. 3, chap. 26.

souverain pontife. Des reliques nouvelles, continuellement expédiées de cet inépuisable atelier de superstitions, et accréditées par les miracles inventés dans les couvents, agissaient sur les esprits étonnés de la multitude. Enfin chaque prince s'assurait les éloges des moines, seuls historiens qu'il y eût alors, en proportion non de ses vertus civiles ou militaires, mais de son attachement pour leur ordre et de son humble soumission à Rome.

Le saint-père, enhardi par l'aveugle obéissance à laquelle le peuple paraissait disposé, poussait tous les jours plus loin ses usurpations sur la liberté des églises anglaises. Wilfrid, évêque de Lindisferne, le seul prélat qu'il y eût dans le Northumberland, mit la dernière main à leur assujettissement dans le huitième siècle, en appelant à Rome de la décision d'un synode anglais qui avait resserré l'étendue de son diocèse par l'érection de quelques nouveaux évêchés. Le pape Agathon s'empressa de favoriser l'exemple d'un appel au saint-siége, et Wilfrid, quoique le prélat le plus mondain et le plus orgueilleux de son temps, jouissait d'une telle réputation de sainteté aux yeux du peuple, qu'enfin il gagna sa cause. Le grand moyen dont Wilfrid se servait pour effrayer les esprits était d'accréditer que saint Pierre, à qui la garde des clés du ciel avait été confiée, refuserait certainement d'y laisser entrer quiconque manquerait de respect à son successeur. Cette invention, habilement proportionnée aux esprits vulgaires, eut le plus grand empire sur le peuple pendant plusieurs siècles, et n'est pas encore aujourd'hui tout à fait impuissante dans les pays catholiques.

Si cette misérable superstition avait du moins produit la paix et la tranquillité générale, ce bon effet aurait compensé les maux qu'elle traînait à sa suite; mais, outre l'avidité ordinaire aux hommes pour le pouvoir et les richesses, elle fit naître des controverses frivoles dans la théologie, d'autant plus fatales qu'elles ne se terminaient pas comme les autres, en cédant au droit de possession. Les disputes qui s'allumèrent en Bretagne furent parfaitement ridicules, et tout à fait dignes de ce temps d'ignorance et de barbarie. Il restait dans toutes les églises chrétiennes quelques difficultés assez embrouillées pour déterminer quel devait être le dimanche de Pâques; ce qui demandait un calcul compliqué du cours du soleil et de la lune. Les missionnaires qui étaient parvenus à convertir les Écossais et les Bretons suivaient un calendrier différent de celui qu'on observait à Rome lorsque Augustin avait converti les Saxons. Ce n'était pas tout : les prêtres avaient généralement coutume de tonsurer leur tête : mais la forme donnée à cette tonsure par les premiers différait de celle des autres. Les Bretons et les Écossais défendaient leur usage par son *antiquité;* les Romains et les Saxons, leurs disciples, s'appuyaient de l'*universalité* du leur. Cependant il fallait qu'il y eût une règle commune qui fixât le jour de l'année et le quantième de la lune pour célébrer la pâque. On convenait aussi que les prêtres ne pouvaient, sans la plus grande impiété, se dispenser de la tonsure; mais les Romains et les Saxons appelaient leurs antagonistes schismatiques, parce qu'ils célébraient la pâque le jour de la pleine lune de mars, si elle tombait un dimanche, au lieu d'attendre le dimanche suivant ; et parce qu'ils se tonsuraient d'une oreille à l'autre, au lieu de tracer cette tonsure en forme circulaire sur le sommet de la tête ; ils assuraient encore, pour les rendre plus odieux, que cette manière de célébrer cette fête s'accordait tous les sept ans avec celle des Juifs (1). Enfin, pour consacrer la forme de leur propre tonsure, ils la faisaient valoir comme étant le symbole de la couronne d'épines que notre Sauveur avait portée dans sa passion, tandis que la tonsure des Bretons et des Écossais était de l'invention de Simon Magus, qui n'avait point eu d'égard à ce pieux rapport (2). Ces discussions avaient excité dès le commencement tant d'aigreur entre les prêtres bretons et romains, qu'au lieu de concourir à la conversion des Saxons idolâtres, ils s'excluaient réciproquement de toute communion ensemble, et se regardaient de part et d'autre à peu près comme des païens. Les disputes à ce sujet durèrent plus d'un siècle, et finirent, non parce que les combattants en aperçurent la folie, ce qui aurait été un trop grand effort de raison, mais parce que le rituel romain triompha de celui des Ecossais et des Bretons (3). Wilfrid, évêque de Lindisferne, se fit un grand mérite auprès de la cour de Rome et des Saxons méridio-

---

(1) Bède, l. 2, chap. 19. — (2) Eddius, sect. 24. — (3) Bède, l. 5, chap. 16, 22.

naux d'avoir extirpé le quatorzième schisme (c'est ainsi qu'il appelait cette contestation) du royaume de Northumberland, dans lequel le voisinage des Écossais l'avait d'abord introduit.

Théodore, archevêque de Canterbury, assembla, en 680, à Hatfield, un synode composé de tous les évêques de Bretagne, où fut accepté et ratifié le décret du concile de Latran, convoqué par Martin Ier contre l'hérésie des monothélites. Le concile et le synode décidèrent, en contradiction avec ces hérétiques, que, quoique la nature divine et la nature humaine en Jésus-Christ ne fissent qu'une seule personne, elles avaient chacune leurs inclinations, leur volonté, leurs actes, et leurs sentiments distincts, et que l'unité de la personne n'emportait pas l'unité du for intérieur. Cette opinion ne paraît pas encore facile à comprendre, mais on ne peut imaginer avec quelle chaleur et quelle violence on voulut alors l'établir, si on n'a pas lu l'histoire ecclésiastique de ce temps-là. Le décret du concile de Latran donne aux monothélites les noms d'impies, d'exécrables, de scélérats, d'abominables, et même de diaboliques, et les anathématise à toute éternité.

Les Saxons avaient admis l'usage des images dès le premier moment où ils avaient reçu le christianisme; et peut-être que, sans quelques-uns de ces ornements extérieurs, cette religion n'aurait pas fait des progrès si rapides parmi ces idolâtres, mais ils ne rendaient aucune espèce de culte à ces images, et ne leur adressaient aucune prière. L'abus ne s'en introduisit parmi les chrétiens qu'après que le second concile de Nicée eut prescrit de les honorer.

## CHAPITRE II.

Les Anglo-Saxons. — Egbert. — Ethelwolph. — Ethelbald et Ethelbert. — Ethered. — Alfred-le-Grand. — Édouard I$^{er}$, surnommé l'Ancien. — Athelstan. — Edmund. — Edred. — Edwy. — Edgar. — Édouard-le-Martyr.

### EGBERT.

La réunion des royaumes de l'heptarchie en un seul état, quoique faite par une conquête si récente, semblait être fortement cimentée sous Egbert. Les habitants des différentes provinces avaient renoncé à tout désir de se révolter contre ce conquérant, et de rétablir l'indépendance de leur premier gouvernement. Leur langue, leurs coutumes, leurs lois, leurs institutions civiles et religieuses, étaient partout à peu près les mêmes. Comme la race des anciens rois de ces états assujettis était entièrement éteinte, les peuples transférèrent volontiers leur serment de fidélité à un prince si digne de régner sur eux par l'éclat de ses victoires, la vigueur de son administration, et le sang illustre dont il était né. Une même forme de gouvernement leur ouvrait aussi l'agréable perspective de la tranquillité. Il était très vraisemblable que dans la suite ils seraient plutôt redoutables à leurs voisins qu'exposés à leurs insultes et à leurs incursions; mais ce point de vue si flatteur fut bientôt obscurci par l'arrivée des Danois, qui, pendant plusieurs siècles, tinrent les Saxons dans des inquiétudes continuelles, exercèrent contre eux les ravages les plus cruels, et finirent par les réduire à la plus dure servitude.

Malgré son caractère humain et généreux, l'empereur Charlemagne avait été entraîné par un zèle excessif à persécuter dans la Germanie, qu'il avait subjuguée, les Saxons idolâtres qui la peuplaient. Non-seulement il avait souvent porté le fer et la flamme dans leur pays, mais, de sang-froid, il les avait décimés pour les châtier de leurs révoltes, et les avait contraints par ses édits rigoureux d'embrasser, au moins en apparence, la religion chrétienne. Cette doctrine, qui s'était aisément introduite parmi les Saxons de Bretagne par la persuasion et par l'adresse, révolta les Germains lorsqu'elle leur fut violemment imposée par Charlemagne. Les plus distingués et les plus braves de ces païens avaient fui vers le nord, dans le Jutland, pour échapper aux persécutions de l'empereur. Les peuples de cette contrée avaient à peu près les mêmes mœurs que les Germains ; ils les reçurent volontiers, et consentirent bientôt à les seconder dans des expéditions qui pouvaient à la fois les venger de leurs fiers vainqueurs, et faire subsister un grand nombre d'habitants dont ces provinces septentrionales étaient surchargées. Ils envahirent les provinces de France que la postérité de Charlemagne, dégénérée et désunie, laissait exposées à l'ennemi. Ils s'y firent connaître sous le nom général de Normands, qui leur fut donné à cause de la situation de leur pays, et devinrent la terreur de toutes les provinces maritimes, et même des provinces intérieures. Ils furent tentés aussi de visiter l'Angleterre dans une de leurs fréquentes incursions. Capables, par une invasion subite, de remporter de grands avantages sur un peuple qu'aucune force navale ne défendait, qui avait perdu sa discipline militaire, et dont la nouvelle religion était odieuse aux Danois comme aux anciens Saxons, ils ne firent nulle distinction entre les royaumes anglais et français dans les hostilités qu'ils commirent contre eux. La première descente des Normands dans l'île de Bretagne eut lieu en 787, lorsque Brithric régnait sur le Wessex. Quelques-uns débarquèrent dans ce royaume pour s'informer de l'état du pays. Lorsque le magistrat du lieu les interrogea sur le motif de leur entreprise, et les cita à comparaître devant le roi pour en rendre compte, ces pirates le massacrèrent, remontèrent sur leurs vaisseaux et s'enfuirent chez eux. Ils donnèrent ensuite l'alarme au Northumberland en 794, et pillèrent un monastère ; mais leurs vaisseaux ayant été brisés par une tempête, et leur chef tué dans une escarmouche, le reste fut battu et passé au fil de l'épée par les habitants. Cinq ans après qu'Egbert eut établi sa domination sur l'Angleterre, les Danois descendirent dans l'île de Shepey, la pillèrent et se rembarquèrent impunément. Ils ne furent pas si heureux dans l'expédition qu'ils tentèrent l'année suivante, lorsque, débarquant de trente-cinq vaisseaux qu'ils avaient armés, ils furent attaqués par Egbert à Charmouth, dans le Dorsetshire. Le combat fut sanglant; mais, malgré le grand nombre des leurs qu'ils perdirent, ils conservèrent le poste qu'ils avaient pris, et se retirèrent en bon ordre. Instruits par l'expérience qu'il fallait s'attendre à une résistance vigoureuse de la part de ce vaillant prince, ils s'allièrent avec les Bretons de Cornouailles, et, étant descendus deux ans après dans cette province, firent avec leurs confédérés une incursion dans le comté de Devon. Mais Egbert les rencontra à Hengesdown, les combattit et les tailla en pièces. Pendant que l'Angleterre était dans cet état d'inquiétude, et se maintenait plus par des expédients journaliers que par un plan régulier d'administration, Egbert, qui seul était capable de remédier à ces calamités nouvelles, vint malheureusement à mourir, et laissa le gouvernement à son fils Ethelwolph.

## ETHELWOLPH.

Ce prince n'avait ni l'habileté ni le courage de son père, et était plus propre à gouverner un couvent qu'un royaume. Il commença son règne par démembrer de ses états les nouveaux pays conquis d'Essex, de Kent et de Sussex, pour les donner à son fils aîné Athelstan; mais il ne paraît pas que ce partage ait entraîné aucun inconvénient, parce que la terreur continuelle des invasions danoises empêchait toutes dissensions intérieures. Une flotte de ces pirates, composée de trente-trois voiles, parut à Southampton, mais fut repoussée avec perte par Wolfhère, gouverneur du pays voisin. Dans la même année, Ethelhelm, gouverneur du Dorsetshire, secondé des habitants, en chassa une autre qui était venue descendre à Portsmouth. Cependant elle ne fut mise en déroute qu'après un combat furieux où la victoire lui coûta la vie (1). L'année suivante, les Danois firent encore plusieurs incursions en Angleterre : l'Estanglie, Lindesey et Kent (2) furent le théâtre de divers combats, ou du moins d'escarmouches; quoique repoussés quelquefois, ils remplirent toujours leur objet

---

(1) Chron. Sax. p. 75. H. Hunting. l. 5. — (2) Matth. West. p. 156.

principal, celui de piller le pays et d'emporter leur butin. Ils évitaient d'en venir à une affaire générale, qui n'aurait pas bien servi leurs vues. Leurs vaisseaux étaient petits, et pouvaient aisément remonter les baies et les rivières, d'où ils les tiraient à terre; après quoi ils formaient des retranchements autour d'eux, y établissaient une partie de leurs gens pour les garder, se dispersaient dans tout le pays, enlevaient ce qu'ils rencontraient d'habitants, de troupeaux et d'effets de quelque valeur, regagnaient leurs vaisseaux, et disparaissaient tout à coup. Si les forces militaires de la province qu'ils attaquaient étaient assemblées, car ils ne laissaient pas le temps d'en appeler d'éloignées, ou ils étaient en état de les repousssr et de continuer leurs ravages sans obstacles, ou ils fuyaient vers leurs vaisseaux, mettaient à la voile et allaient surprendre quelque autre canton qui ne fût pas sur ses gardes. Ils tenaient ainsi de tous côtés l'Angleterre en alarme, et les habitants d'une province n'osaient secourir ceux d'une autre, de peur que, pendant leur absence, leurs familles et leurs possessions ne fussent exposées à la fureur de ces barbares, dont la cruauté ne ménageait personne. Les prêtres et les moines, qui ordinairement avaient été épargnés pendant les guerres civiles de l'heptarchie, furent les principales victimes sur lesquelles les Danois idolâtres exercèrent leur rage. Le danger était égal dans toutes les saisons, et on ne pouvait se croire un moment en sûreté par l'absence actuelle de l'ennemi.

Ces incursions étaient presque devenues annuelles. Les Danois, enhardis par leurs succès contre la France et l'Angleterre (car ces deux royaumes éprouvaient de même cette calamité), attaquèrent le dernier en si grand nombre, qu'ils semblaient le menacer d'une entière servitude. Mais les Anglais, plus belliqueux que les Bretons, que, peu de siècles auparavant, ils avaient traités avec une furie semblable, se mirent en défense aussi vigoureusement que le danger l'exigeait. Ceorl, gouverneur de Devonshire, livra bataille à un corps de Danois à Wiganburgh, le mit en déroute et en fit un massacre affreux. Le roi Athelstan attaqua d'autres Danois près des côtes de Sandwich, coula à fond neuf de leurs vaisseaux, et dispersa le reste. Cependant un corps de ces barbares hasarda, pour la première fois, de prendre ses quartiers d'hiver en Angleterre. De nouvelles troupes danoises, portées sur trois cent cinquante vaisseaux, vinrent le renforcer au printemps : elles s'avancèrent de l'île de Thanet, parage qu'elles avaient choisi, brûlèrent les villes de Londres et de Canterbury ; mirent en fuite Brithric, qui gouvernait alors la Mercie sous le titre de roi, pénétrèrent jusqu'au cœur de Surrey, et dévastèrent toutes les places qu'elles trouvèrent sur leur route. Ethelwolph, réveillé par un péril si pressant, marcha contre elles, à la tête des West-Saxons, conduisit Ethelbald, son second fils, avec lui, leur donna bataille à Okely, et remporta une victoire sanglante. Cet avantage ne procura qu'un instant de repos aux Anglais. Les Danois conservaient leur établissement dans l'île de Thanet. Ils furent attaqués par Ealher et Huda, gouverneurs de Kent et de Surrey ; mais, quoique défaits au commencement de l'action, ils reprirent la supériorité, repoussèrent les assaillants, tuèrent les deux gouverneurs, et se portèrent ensuite à l'île de Shepey, où ils établirent leurs quartiers d'hiver pour étendre plus loin leurs ravages.

La situation mal affermie de l'Angleterre n'empêcha point Ethelwolph de faire un pèlerinage à Rome, où il mena le quatrième et le plus cher de ses fils, Alfred, âgé alors de six ans. Il y passa un an dans des exercices de dévotion, dont le plus essentiel ne fut pas oublié, c'est-à-dire l'article des largesses à l'église de Rome. Outre les présents qu'il fit aux ecclésiastiques les plus distingués, il fixa à perpétuité un don annuel au saint-siège, de trois cents mancus, dont un tiers était destiné pour l'entretien des lampes de saint Pierre, un autre pour l'entretien de celles de saint Paul, et le troisième pour le pape même. Ethelwolph, en revenant dans ses états, épousa Judith, fille de Charles-le-Chauve ; mais lorsqu'il arriva en Angleterre, il y trouva des troubles auxquels il ne s'était pas attendu.

Son fils aîné Athelstan étant mort, Ethelbald, le second, qui s'était emparé des rênes du gouvernement, forma, de concert avec une partie des grands du royaume, le projet d'exclure son père d'un trône dont son caractère faible et superstitieux semblait le rendre indigne. Le peuple se partagea entre les deux princes, et les horreurs d'une guerre civile parurent près de se joindre aux autres calamités qui désolaient les Anglais ; mais

Ethelwolph eut la faiblesse de céder à la plus grande partie des prétentions de son fils. Il lui abandonna une partie de ses états, et, ne gardant pour lui-même que celle qui était située à l'orient, et qu'on regardait alors comme la moins considérable et la plus exposée, il donna la souveraineté des provinces occidentales à Ethelbald. Ethelwolph convoqua immédiatement après les états de tout le royaume, et fit avec la même facilité une donation très importante et perpétuelle à l'église.

Ces temps d'ignorance ne favorisaient que trop l'ambition des ecclésiastiques; ils devenaient tous les jours plus puissants et plus redoutables; en avançant les opinions les plus absurdes et les plus intéressées, quoiqu'ils rencontrassent quelquefois des obstacles longs et difficiles à surmonter dans les intérêts contraires des laïques, ils n'en trouvaient jamais dans leur raison et dans leur esprit. Le clergé, peu satisfait encore des donations de terres que les princes saxons et les grands lui avaient faites, et des offrandes journalières de la dévotion du peuple, avait jeté un œil d'envie sur un revenu considérable dont il réclamait la propriété en vertu d'un droit sacré et incontestable. Quoique les ecclésiastiques n'eussent pas fait une étude profonde des saintes écritures, ils y avaient cependant découvert que sous la loi des Juifs les prêtres jouissaient de la dixième partie de toutes les productions de la terre : oubliant alors qu'ils enseignaient eux-mêmes que la partie morale de la loi de Moïse était seule obligatoire pour les chrétiens, ils prétendirent que ce don était une propriété perpétuelle conférée par le ciel aux ministres des autels. Pendant quelques siècles, les homélies et les sermons ne tendirent qu'à établir cette assertion; et l'on aurait imaginé, d'après ces discours, que tous les devoirs du christianisme se renfermaient dans le paiement exact de la dîme au clergé (1). Encouragés par le succès de ces maximes, les ecclésiastiques hasardèrent de leur trouver des preuves dans le Lévitique, et étendirent la loi jusqu'à exiger le dixième de toute industrie, de tout objet de commerce, du salaire des ouvriers, et de la paie des soldats (2). Quelques canonistes allèrent même jusqu'à soutenir que le clergé avait droit

(1) Fra Paolo, sopra i beneficii ecclesiastici, p. 51, 52, édit. Col. 1675.
(2) Spel. Conc. tom. I, 268.

à la dîme des profits que les courtisanes pouvaient tirer de leur prostitution. Il y avait cependant des paroisses instituées en Angleterre par Honorius, archevêque de Canterbury, depuis près de deux cents ans, sans que cette taxe eût pu y être imposée. Les ecclésiastiques saisirent donc l'occasion favorable de faire une acquisition si importante pendant le règne d'un prince faible et superstitieux, et tandis que le peuple, désolé par les incursions des Danois et en redoutant toujours de nouvelles attaques, était susceptible de ce sentiment de crainte qui s'enveloppe des apparences de la piété. L'établissement de la dîme parut un acte si méritoire aux Anglais, que, comptant avec assurance sur un secours surnaturel, ils négligèrent les moyens ordinaires de pourvoir à leur sûreté; ils consentirent que, même dans l'extrémité où ils se trouvaient alors réduits, les revenus de l'église fussent affranchis de toutes les taxes que le gouvernement était obligé d'imposer pour la défense nationale.

## ETHELBALD ET ETHELBERT.

Ethelwolph ne vécut que deux ans après avoir fait ce don à l'église. Par son testament il partagea le royaume entre ses deux fils aînés, Ethelbald et Ethelbert. Le premier eut la partie occidentale; la partie orientale échut au second. Ethelbald, prince dont les mœurs étaient très corrompues, épousa Judith, sa belle-mère; ce mariage incestueux déplut au peuple. Mais, ému par les remontrances de Swithun, évêque de Winchester, Ethelbald consentit au divorce. Son règne fut court; et Ethelbert son frère, entre les mains duquel l'autorité divisée se trouva réunie, régna cinq ans d'une manière plus digne de sa naissance et de son rang. Cependant le royaume fut toujours infesté par les Danois; ils saccagèrent Winchester, mais ils furent battus devant cette place. Un autre corps de ces pirates qui avait établi ses quartiers dans l'île de Thanet, ayant trompé les Anglais, sur la foi d'un traité, fit tout à coup une irruption dans le pays de Kent, et y exerça de grands ravages.

## ETHERED.

Ethelbert eut Ethered son frère pour successeur. Malgré le courage avec lequel ce prince défendit ses états, son règne fut sans cesse inquiété par les incursions des Danois. Alfred, le plus jeune de ses frères, le seconda dans toutes ses entreprises, et sacrifia généreusement au bien public le ressentiment qu'il aurait pu avoir de se trouver exclu par Ethered du patrimoine considérable que son père lui avait laissé en partage.

La première descente que les Danois firent sous le règne d'Ethered fut chez les Estangles : ces peuples, plus attachés à leurs intérêts présents qu'à la sûreté commune, traitèrent en particulier avec l'ennemi, et lui fournirent des chevaux, qui le mirent en état de faire une irruption par terre dans le Northumberland. Il prit la ville d'York, et la défendit ensuite contre Osbricht et Ælla, deux princes northumbres, qui périrent dans un assaut. Les Danois, encouragés par leurs succès et par la supériorité qu'ils avaient acquise dans l'art de la guerre, se hasardèrent de s'éloigner des côtes, sous les ordres d'Hinguar et d'Hubba, leurs chefs. Ils pénétrèrent dans la Mercie, et établirent leurs quartiers d'hiver à Nottingham, d'où ils menacèrent de subjuguer tout le royaume. Les Merciens implorèrent le secours d'Ethered dans cette occasion pressante. Ce prince, accompagné de son frère Alfred, conduisit une armée formidable à Nottingham, et obligea les Danois d'abandonner ce poste et de se retirer dans le Northumberland. Leur humeur inquiète et leur avidité pour le pillage ne leur permirent pas d'y séjourner long-temps ; ils fondirent sur l'Estanglie, battirent et firent prisonnier Edmond, roi de ce pays, et l'égorgèrent ensuite de sang-froid. Ils exercèrent depuis les cruautés les plus inouïes sur le peuple, et particulièrement sur les monastères, et donnèrent lieu aux Estangles de se repentir amèrement d'avoir secouru l'ennemi commun, pour n'en obtenir qu'un relâche momentané auquel succédaient tant d'horreurs.

Les Danois prirent ensuite position à Reading, d'où ils infestèrent les provinces voisines. Les Merciens, tentés de se soustraire à l'obéissance d'Ethered, refusèrent de se joindre à lui pour les chasser. Ce prince, accompagné d'Alfred, fut réduit à marcher contre l'ennemi avec les seuls West-Saxons, ses sujets héréditaires. Les Danois, ayant été défaits dans une action, se renfermèrent dans leurs murs; mais ils firent bientôt une sortie vigoureuse, mirent les Saxons occidentaux en fuite et les forcèrent de lever le siége. Immédiatement après, il y eut une affaire à Aston, dans la province de Berkshire, où, dans le commencement de la journée, les Anglais furent au moment d'une déroute générale. Alfred s'était avancé avec une division de son armée : ayant été tourné par l'ennemi sur un terrain très désavantageux, il se trouva dans le plus grand péril. Ethered, qui entendait alors la messe, refusa de marcher au secours de son frère jusqu'à ce que la célébration fût finie. Mais comme il battit ensuite les Saxons, les prêtres ne manquèrent pas d'attribuer cette victoire, et non pas le danger qu'Alfred avait couru, à la piété du monarque. La bataille d'Aston ne termina pas la guerre; il s'en donna une autre peu de temps après, à Basin, où les Danois furent plus heureux. De nouvelles troupes de leur pays les ayant joints, ils devinrent tous les jours plus redoutables aux Anglais. Au milieu de ces troubles, Ethered mourut d'une blessure qu'il avait reçue dans une action contre les Danois, et laissa l'héritage de ses embarras et de ses infortunes, plus que de sa grandeur, à son frère Alfred, qui était alors âgé de vingt-deux ans.

## ALFRED.

Ce prince avait donné dès sa plus tendre jeunesse les présages heureux des vertus éclatantes et des talents supérieurs qui, dans les temps les plus difficiles, sauvèrent sa patrie d'une ruine totale. Ethelwolph, son père, un an après être revenu de Rome avec lui le renvoya dans cette cour, suivi d'un cortége nombreux (1). Le bruit de la mort de ce monarque s'étant répandu, le pape Léon III sacra Alfred (2), soit que le saint père n'entendit que pronostiquer la grandeur future du jeune prince, soit qu'il prétendit, même dès lors, au droit de conférer les couronnes. Alfred, à son

---

(1) Chron. Sax. p. 77. — (2) Asser. p. 2. Will. Malm. l. 2, chap. 2.

retour dans son pays, captiva tous les jours davantage la tendresse de son père; mais on lui laissa prolonger les jeux de l'enfance si long-temps, que son instruction en souffrit, et à l'âge de douze ans il ignorait encore les premiers éléments des lettres. Son génie s'éveilla d'abord à la lecture qu'il entendit des poëmes saxons, dont la reine faisait ses délices. Ce genre de littérature, susceptible de grands progrès, même parmi des peuples barbares, développa les sentiments nobles et élevés qu'il avait reçus de la nature. Encouragé par la reine et aiguillonné par sa propre inclination, il apprit bientôt à lire ces ouvrages, et passant à l'étude du latin, il trouva dans cette langue des auteurs qui élevèrent encore son caractère héroïque, et qui dirigèrent ses vues généreuses. Livré tout entier à ces agréables occupations, son avénement au trône fut plutôt pour lui une occasion de regret qu'un sujet de joie : mais destiné à la royauté de préférence aux enfants de son frère, par le testament de son père, titre d'une grande autorité parmi les Anglo-Saxons, appelé par le vœu unanime de la nation autant que par la situation critique des affaires publiques, il s'arracha au paisible amour des lettres pour s'appliquer à la défense de son peuple. A peine avait-il achevé les funérailles de son frère, qu'il fut obligé d'entrer en campagne pour faire tête aux Danois, qui s'étaient emparés de Wilton, et qui exerçaient leurs ravages ordinaires sur tous les environs. Il marcha contre eux avec le peu de troupes qu'il avait pu rassembler sur-le-champ, donna une bataille, et remporta le premier avantage : mais il voulut poursuivre trop loin sa victoire; la supériorité du nombre des ennemis l'accabla, et lui enleva l'honneur de la journée. La perte des Danois fut cependant si considérable, que, craignant qu'il ne vînt à Alfred un renfort de troupes, ils traitèrent avec lui à la seule condition de pouvoir faire leur retraite en sûreté, et promirent de quitter le royaume. On les conduisit en conséquence à Londres, où il leur fut permis de prendre leurs quartiers d'hiver; mais, respectant peu leurs engagements, ils recommencèrent bientôt les hostilités contre toutes les provinces voisines. Burrhed, roi de Mercie, dans les états duquel Londres était située, s'accommoda avec eux, et obtint à prix d'argent qu'ils se retireraient à Lindesey en Lincolnshire, province qu'ils avaient déjà ravagée. Comme elle ne leur offrait plus de quoi exercer leur fureur et leur avidité, ils fondirent de nouveau sur la Mercie, dans un canton qu'ils espérèrent trouver sans défense, s'établirent à Repton en Derbyshire, et mirent toute la contrée à feu et à sang. Burrhed, désespérant de triompher d'un ennemi qu'aucune force ne pouvait abattre et qu'aucun traité ne pouvait lier, abandonna son royaume, s'enfuit à Rome, et se retira dans un monastère. Ce prince était beau-frère d'Alfred, et fut le dernier qui porta le titre de roi de Mercie.

Les West-Saxons étaient alors la seule puissance qui restât en en Angleterre; mais, malgré le courage et l'habileté d'Alfred, ils étaient hors d'état de résister aux efforts de cette foule de barbares qui les attaquaient de tous côtés. Une nouvelle multitude de Danois, sous les ordres de trois princes, Guthrum, Oscital, et Amund, vint se joindre aux troupes qui étaient à Repton; bientôt la nécessité de pourvoir à sa subsistance força cette armée de se diviser. Une partie, commandée par Haldène, un des *chieftains*, marcha vers le Northumberland, où elle fixa ses quartiers; l'autre se porta sur Cambridge, d'où elle délogea l'été suivant, et s'empara de Wereham, dans le comté de Dorset, le centre même des possessions d'Alfred.

Ce prince harcela si vivement ces Danois, et les serra de si près, qu'il les réduisit à traiter avec lui, et à stipuler qu'ils évacueraient ses états. Trop instruit de leur perfidie accoutumée pour se fier à leurs promesses, il leur fit jurer sur les saintes reliques d'observer le traité qu'ils venaient de conclure. Ce n'est pas qu'il attendît d'eux quelque vénération pour les choses sacrées; mais il espéra que, s'ils violaient un pareil serment, leur impiété attirerait sur eux la vengeance du ciel. Peu susceptibles de cette crainte, et sans même chercher de prétexte, ils tombèrent tout à coup sur l'armée d'Alfred, la mirent en déroute, marchèrent vers l'ouest, et se rendirent maîtres d'Exeter. Le monarque rassembla de nouvelles forces, et, redoublant de courage et d'activité, leur livra huit batailles en une année, et les réduisit à la dernière extrémité. Il écouta cependant encore des propositions de paix de leur part, et consentit qu'ils s'établissent dans quelques parties de l'Angleterre, pourvu qu'ils n'ouvrissent point l'entrée du royaume à d'autres dévastateurs; mais pendant que ce prince attendait l'exécution d'un traité qu'il paraissait être de leur intérêt même d'observer, il apprit qu'un autre corps des leurs venait de débarquer ; que toutes leurs troupes dispersées s'étaient réunies ; qu'elles avaient surpris Chippenham, ville alors considérable, et qu'elles continuaient leurs dégâts ordinaires dans tout le pays des environs.

Ce dernier événement abattit tout à fait le courage des Saxons, et les mit au désespoir. Voyant qu'après toutes les calamités, toutes les pertes, toutes les fatigues qu'ils avaient essuyées, après tous les combats qu'ils avaient soutenus pour se défendre, une nouvelle bande de barbares, aussi affamée de butin que de carnage, était encore descendue chez eux, ils se crurent abandonnés du ciel et dévoués aux fureurs de ces essaims de brigands que l'inépuisable nord vomissait sans cesse contre eux. Quelques-uns de ces infortunés habitants se retirèrent dans le pays de Galles, ou s'enfuirent au-delà des mers ; d'autres se soumirent aux conquérants, dans l'espoir de désarmer leur cruauté par une obéissance servile. Chaque Saxon était si consterné, si occupé de sa propre conservation, que tous alors fermèrent l'oreille aux exhortations d'Alfred, qui les encourageait à faire un dernier effort sous sa conduite pour sauver leur roi, leur patrie, et leur liberté. Ce prince fut même obligé de quitter les marques de la royauté, de congédier ses serviteurs, et de chercher un asile sous les déguisements les plus bas, pour se dérober à la poursuite et à la rage des ennemis. Il se cacha, vêtu en paysan, et vécut quelque temps ainsi dans la cabane d'un vacher qui avait eu le soin de quelques-uns de ses bestiaux. Tous les historiens ont rapporté un incident du séjour d'Alfred chez ce villageois ; et cette anecdote a été conservée par la tradition populaire, sans avoir rien de mémorable que ce qu'y attache l'intérêt qu'inspirent la grandeur et la vertu réduites à de tels revers de fortune. La femme de ce pâtre, qui ne connaissait pas le rang de son hôte, le voyant un jour occupé au coin du feu à rajuster son arc et ses flèches, le chargea de prendre soin de gâteaux qui cuisaient, pendant qu'elle vaquerait à quelque autre affaire domestique. Alfred, l'esprit rempli de tout autre chose, négligea le soin qu'on lui avait confié : la bonne femme, trouvant à son retour les gâteaux brûlés, réprimanda le roi très durement, et lui reprocha son empressement à manger ses gâteaux, et sa négligence à les faire cuire (1).

Lorsque Alfred s'aperçut que les recherches des ennemis se ralentissaient, il rassembla quelques gens à lui, et se retira au centre d'un marais formé par les eaux stagnantes de la Thone et du Parret, dans le Sommersetshire. Il y trouva deux acres de terre ferme, sur laquelle il bâtit une habitation qu'il fortifia, mais qui le mettait encore plus en sûreté par les routes inconnues et impraticables qui y conduisaient, et par les forêts et les marais dont il était environné de tous côtés. Cette place, qu'il nomma Æthelingay ou l'île des Nobles (2), s'appelle aujourd'hui Athelney. Il fit de là fréquemment des sorties imprévues sur les Danois, qui sentirent souvent la force de son bras sans savoir d'où le coup était parti. Ce prince y subsista, lui et sa petite troupe, du pillage qu'il faisait en se procurant la consolation de la vengeance. Ces légers succès rouvrirent les cœurs à l'espérance; on se flatta peu à peu que, malgré les infortunes actuelles, des victoires plus importantes pourraient enfin récompenser sa valeur.

Il se tenait ainsi caché, mais non pas dans l'inaction, depuis un an, lorsque la nouvelle d'un événement heureux parvint jusqu'à lui et l'enhardit à rentrer en campagne. Hubba, général des Danois, après avoir porté dans tout le pays de Galles la dévastation, le fer, et la flamme, avait fait voile vers le Devonshire avec vingt-trois vaisseaux, était descendu à terre et assiégeait le château de Kinwith, situé près de l'embouchure de la petite rivière de Tau. Oddune, comte de Devonshire, et toute sa suite, s'y étaient retirés. Ce seigneur, se voyant près de manquer de provisions, et surtout d'eau, résolut d'échapper, par quelque tentative hardie, à la nécessité de se rendre à ces ennemis féroces. Il fit une sortie vigoureuse sur eux avant le lever du soleil, les surprit, les mit en déroute, les poursuivit, en massacra un grand nombre, tua Hubba, et enleva le fameux *réafen*, étendard enchanté dans lequel ils avaient une extrême confiance. Il représentait la figure d'un corbeau : les trois sœurs d'Hinguar et d'Hubba l'avaient en-

(1) Asser. p. 9. Matth. West. p. 170.
(2) Chron. Sax. p. 85. Will. Malm. l. 2, cap. 4. Ethelw. l. 4. Ingulph. p. 26.

chanté; et, par ses divers mouvements, il pronostiquait, à ce que les Danois croyaient, le bon ou le mauvais succès de toutes leurs entreprises.

Lorsque Alfred aperçut cette étincelle d'un courage renaissant parmi ses sujets, il quitta sa retraite; mais, avant de les rassembler sous les armes et de les exciter à quelque expédition qui, si elle n'était pas heureuse, pouvait devenir très funeste dans les circonstances présentes, il résolut d'observer lui-même la situation de l'ennemi, et de juger de ce qu'il était convenable d'oser. Dans cette vue, il s'introduisit dans le camp des Danois sous le déguisement d'un joueur de harpe, et le parcourut ainsi sans éveiller de soupçons : il les amusa tellement par sa musique et par sa gaieté, qu'ils lui firent un très bon accueil et le menèrent dans la tente de Guthrum, leur prince, où il demeura quelques jours, remarqua l'indolente sécurité des Danois, le mépris qu'ils avaient pour les Anglais, le peu de précautions qu'ils prenaient lorsqu'ils faisaient leurs fourrages ou allaient ravager le pays, et l'intempérance avec laquelle ils consommaient ce qu'ils avaient pillé. Encouragé par ces apparences favorables, Alfred envoya secrètement des gens de confiance aux plus considérables de ses sujets, leur indiqua un rendez-vous à Brixton, sur la lisière de la forêt de Selwood, et leur ordonna d'amener leurs vassaux armés. Les Anglais, qui avaient espéré de mettre un terme à leurs calamités en se pliant à la plus humiliante soumission, trouvaient alors l'insolence et la cupidité du vainqueur plus insupportables que leurs fatigues et leurs périls passés. Ils accoururent avec transport, au jour marqué, se ranger sous les ordres de leur souverain. Dès qu'ils l'aperçurent, ils poussèrent des cris de joie et d'amour (1); ils ne pouvaient rassasier leurs yeux du plaisir de voir ce monarque chéri qu'ils avaient cru mort depuis long-temps, et dont la voix et les regards, exprimant l'espérance du succès, les appelaient à la liberté et à la vengeance.

Alfred, à la tête de cette troupe déterminée, marcha sur-le-champ à Eddington, où les Danois étaient campés, profita de la connaissance des lieux, qu'il avait acquise précédemment, et di-

---

(1) Asser. p. 10. Chron. Sax. p. 85. Simeon Dunelm. p. 128.

rigea son attaque sur les quartiers de l'ennemi les moins défendus. Les Danois, surpris de voir une armée de ces mêmes Anglais qu'ils considéraient comme entièrement asservis, plus étonnés encore d'apprendre qu'Alfred était à leur tête, ne firent qu'une faible résistance, et, malgré la supériorité du nombre, prirent la fuite et se laissèrent tailler en pièces. Les débris de cette armée vaincue et le prince qui la commandait se réfugièrent dans une place fortifiée, où Alfred les assiégea. Bientôt réduits aux dernières extrémités de la misère et de la famine, ils eurent recours à la clémence du vainqueur et se rendirent à discrétion. Le roi, non moins généreux que vaillant, leur donna la vie, et même forma le plan de les amener, d'ennemis mortels qu'ils étaient, à devenir sujets et alliés fidèles. Il se proposa de repeupler les royaumes d'Estanglie et de Northumberland dévastés par les incursions fréquentes des Danois, en y établissant Guthrum et les siens. Il espéra que ces nouveaux colons s'adonneraient enfin à l'agriculture et à l'industrie, lorsque, par la crainte de ses armes et par l'épuisement du pays, ils ne pourraient plus vivre de pillage, et qu'ils lui serviraient même de remparts contre les irruptions de leurs compatriotes. Mais avant de stipuler des conditions si douces, Alfred exigea des vaincus que, pour gage de leur soumission et de leur disposition à la bonne intelligence avec les Anglais, ils embrassassent la religion chrétienne. Guthrum et son armée n'avaient point d'éloignement pour cette proposition ; ils y acquiescèrent, et, sans instructions, sans controverses, sans conférences, reçurent tous le baptême. Le roi tint Guthrum sur les fonts, lui donna le nom d'Athelstan, et l'adopta pour son fils.

Le succès de cet expédient sembla répondre aux espérances d'Alfred. La plupart des Danois s'établirent paisiblement dans leurs nouvelles positions. Quelques corps moins nombreux de la même nation, épars dans la Mercie, furent distribués dans les cinq villes de Derby, Leicester, Stamford, Lincoln et Nottingham, et de là furent appelés les *Five-Burgers*. Les plus mutins passèrent en France, où ils allèrent chercher fortune sous les ordres d'Hastings. Le reste se tint tranquille, à la réserve d'une tentative légère que d'autres Danois risquèrent encore en remontant la Tamise pour faire une descente à Fulham, d'où ils regagnèrent promptement leurs vaisseaux lorsqu'ils eurent trouvé le pays en état de défense; et Alfred fut délivré pendant plusieurs années des ravages de ces barbares.

Il employa cet intervalle de calme à ramener l'ordre dans l'état ébranlé par tant de secousses. Il établit des institutions civiles et militaires, introduisit parmi ses sujets l'amour de la justice et le goût de l'industrie, et pourvut à les garantir du retour des calamités qu'ils avaient souffertes. On doit le regarder, à plus juste titre que son grand-père Egbert, comme le seul monarque qui régnait sur tous les Anglais (nom que les Saxons portaient alors généralement), car la Mercie était enfin annexée à sa couronne; et Ethelbert, son beau-frère, n'y commandait que sous le titre de comte. Quoique les Danois qui peuplaient l'Estanglie et le Northumberland fussent encore quelque temps gouvernés immédiatement par leurs propres princes, tous reconnaissaient la domination d'Alfred et obéissaient à son autorité supérieure. Comme l'égalité entre les sujets est la vraie source de la concorde, il donna les mêmes lois aux Danois et aux Anglais, et les mit entièrement sur le même pied dans l'administration de la justice civile ou criminelle. L'amende imposée pour le meurtre d'un Danois était égale à celle du meurtre d'un Anglais : c'était là surtout le symbole de l'égalité.

Après avoir rebâti les villes ruinées et particulièrement Londres, détruite par les Danois sous le règne d'Ethelwolph, le roi forma une milice régulière pour la défense du royaume. Il eut soin que tous ses sujets fussent armés et enregistrés, leur assigna diverses fonctions dans l'état, qu'ils devaient exercer tour à tour, distribua une partie d'entre eux dans les châteaux et les forteresses qu'il construisit dans des lieux convenables, en destina une autre à se tenir prête à marcher à la moindre alarme, et à se rassembler en des places indiquées pour les rendez-vous, et en laissa pour la culture des terres un nombre suffisant, qu'il faisait passer ensuite dans le service militaire. Tout le royaume était comme une grande garnison, et les Danois ne paraissaient pas plutôt quelque part, qu'il s'y trouvait assez de forces pour les repousser sans dégarnir d'autres endroits d'hommes et d'armes.

Mais Alfred, persuadé que la meilleure manière de résister à un ennemi qui faisait ses incursions par mer, était de se mettre en force contre lui sur cet élément, se forma une marine, défense naturelle d'une île, et dont cependant jusqu'alors on avait entièrement négligé de pourvoir l'Angleterre. Il augmenta le nombre et perfectionna la construction des vaisseaux de son royaume, forma ses sujets à l'art de la navigation et à la tactique navale, et distribua ses vaisseaux de guerre en différentes rades autour de l'île, de manière qu'ils pussent sûrement rencontrer les vaisseaux danois avant ou après la descente de leurs troupes, et les poursuivre dans toutes leurs incursions. Quoiqu'il fût toujours possible aux Danois de débarquer subitement sur les côtes, généralement désolées par leurs ravages fréquents, du moins les flottes anglaises s'opposaient à leur retraite; ils n'en étaient pas quittes alors pour abandonner leur butin, leur destruction totale expiait les désordres qu'ils avaient commis.

Alfred parvint à repousser ainsi plusieurs irruptions de ces pirates, et à maintenir son royaume en paix et en sûreté pendant quelques années. Une flotte de cent vingt vaisseaux de guerre protégeait les côtes. Ils étaient bien fournis de machines de guerre et d'habiles matelots frisiens et anglais; car ce prince suppléait au défaut de ses propres sujets en engageant des étrangers à son service, et conservait de cette manière une supériorité constante sur ces petites troupes de brigands qui avaient si longtemps infesté l'Angleterre; mais à la fin, Hastings, le fameux chef danois, ayant ravagé toutes les provinces de France le long des bords de la mer et des rivières de Loire et de Seine, fut obligé de quitter ce pays, plutôt par la dévastation même qu'il y avait portée que par la résistance des habitants. Il parut à la hauteur des côtes de Kent avec une flotte de trois cent trente voiles. La plus grande partie de son monde débarqua dans le Rother et s'empara du fort d'Apuldore. Ce guerrier, commandant en personne une escadre de quatre-vingts vaisseaux, entra dans la Tamise, et, fortifiant Milton, dans le pays de Kent, répandit ses troupes dans cette province, et y mit tout à feu et à sang. Alfred, à la première nouvelle de cette descente, accourut défendre son peuple à la tête d'une troupe de soldats choisis qu'il entretenait toujours auprès de sa personne, rassembla les miliciens de toutes parts, et se mit en campagne avec des forces supérieures à celles de l'ennemi. Tous les partis danois que le besoin ou l'amour du pillage avait éloignés de leur camp furent coupés par les Anglais, et, au lieu d'augmenter son butin, le gros de l'armée des pirates se trouva lui-même enfermé dans ses retranchements, et obligé de subsister de ce qu'il avait apporté de France. Ennuyés de cette position, qui ne pouvait à la longue que leur devenir funeste, les Danois, maîtres d'Apuldore, décampèrent subitement, dans l'intention de marcher vers la Tamise et de passer dans le pays d'Essex ; mais ils n'échappèrent pas à la vigilance d'Alfred : il les combattit à Farnham, les mit en fuite, prit tous leurs chevaux et leurs bagages, et chassa les fuyards sur leurs vaisseaux, qui les transportèrent, en remontant la Colne, à Mersey, dans l'Essex, où ils se cantonnèrent. Hastings, dans le même temps, et sans doute de concert, fit un mouvement semblable, abandonna Milton, et se rendit maître de Bamflète, près l'île de Canvey, dans la même province ; il y éleva promptement des fortifications pour se défendre contre la puissance d'Alfred.

Malheureusement pour les Anglais, Guthrum, prince des Danois estangles, était mort, ainsi que Guthred, gouverneur des Northumbres. Ces deux colonies, naturellement inquiètes, n'étant plus contenues par l'autorité de leurs chefs, et se trouvant enhardies à l'aspect d'un corps si nombreux de leurs compatriotes, se révoltèrent, secouèrent le joug d'Alfred, et, reprenant leurs habitudes invétérées de guerre et de brigandage, s'embarquèrent sur deux cent quarante vaisseaux, et parurent devant Exeter, au couchant de l'Angleterre. Alfred ne perdit pas un moment à faire tête à ce nouvel ennemi ; il laissa quelques troupes à Londres, pour recevoir Hastings et les autres Danois, marcha sur-le-champ vers l'ouest contre les rebelles, tomba sur eux avant qu'ils se fussent mis en défense, et les poursuivit jusqu'à leurs vaisseaux en les taillant en pièces. Ils firent voile vers Sussex, et commencèrent à piller les environs de Chichester ; mais le bon ordre qu'Alfred avait établi partout suffit ici, sans sa présence, pour la sûreté de la place : ils y essuyèrent une résistance vigoureuse ; plusieurs d'entre eux furent tués, et quelques-uns de leurs vaisseaux pris. Ce second échec les força de se remettre en mer, découragés de former d'autres entreprises.

Dans ces entrefaites, les Danois qui attaquaient l'Essex, s'étant joints au corps qu'Hastings commandait, pénétrèrent jusque dans le cœur du pays, et le dépouillèrent de tout ce qu'ils purent piller ou détruire ; mais ils eurent bientôt lieu de se repentir de leur témérité. L'armée anglaise laissée à Londres, secondée par un corps des habitants, attaqua les retranchements de l'ennemi à Bamflète, défit la garnison, en massacra une grande partie, et enleva la femme et les deux fils d'Hastings. Alfred traita généreusement ses prisonniers, et même les rendit à Hastings, à condition qu'il sortirait du royaume.

Mais quoique le roi se fût délivré si honorablement de ce dangereux ennemi, il n'avait pas encore asservi ou expulsé le reste des Danois. Ces peuples, naturellement pirates, suivaient volontiers le premier chef heureux qui leur donnait l'espoir de les conduire au pillage ; mais dès qu'une fois ils avaient tenté une expédition, quoiqu'ils y échouassent, il n'était pas si facile de les résoudre à l'abandonner et à revenir chez eux honteux et sans butin. Après le départ d'Hastings, la plupart de ces Danois se réunirent, prirent et fortifièrent Shobury, à l'embouchure de la Tamise, y laissèrent garnison, et, côtoyant la rivière, vinrent jusqu'à Boddington, dans le Glocester. Là, renforcés par la jonction de quelques Gallois, ils élevèrent des retranchements et se préparèrent à la défense. Le roi les investit et les bloqua de très près avec toutes ses troupes. Comme en les tenant ainsi il avait lieu de compter sur leur défaite certaine, il résolut de ne rien confier au hasard et de les prendre par famine plutôt que par un siége régulier. Réduits en effet à de si terribles extrémités que plusieurs d'entre eux moururent de faim, après avoir mangé leurs chevaux, n'ayant plus d'autre ressource que celle du désespoir, ils firent une sortie furieuse sur les Anglais : la plus grande partie des Danois périt dans cette action ; cependant il s'en sauva un nombre considérable. Ceux-ci errèrent quelque temps en Angleterre, toujours poursuivis par la vigilance d'Alfred ; ils attaquèrent Leicester avec succès, se défendirent dans Hartford, et s'enfuirent à Quatford, où ils furent enfin battus et subjugués. Ce qui en resta se dispersa de lui-même parmi les autres Danois d'Estanglie et de Northumberland, ou se remit en mer pour exercer la piraterie sous le commandement du Northumbre Sigebert. Ce flibustier, bien instruit des dispositions navales d'Alfred, avait fait construire des vaisseaux d'une nouvelle forme, plus hauts, plus longs, et plus légers que ceux des Anglais; mais le roi se ressaisit habilement de ses avantages en en faisant construire aussitôt de supérieurs à ceux des Northumbres. Il fit voile contre ces aventuriers pendant qu'ils ravageaient les provinces occidentales, prit vingt de leurs bâtiments, et, après avoir fait juger les prisonniers à Winchester, il les fit pendre comme pirates et ennemis de tout le genre humain.

Cette sévérité employée à propos, et les ordres prudents donnés partout pour mettre le royaume en état de défense, y rétablirent une profonde tranquillité, et l'assurèrent pour l'avenir. Les Danois estangles et northumbres firent les plus humbles soumissions à Alfred dès qu'il parut sur leurs frontières, et il prit le parti de les gouverner par lui-même, sans leur donner comme auparavant un vice-roi de leur propre nation. Les Gallois ayant aussi reconnu son autorité, ce prince se voyait parvenu, par sa prudence, sa justice et sa valeur, à établir son empire sur toutes les parties méridionales de l'île, depuis le canal jusqu'aux frontières d'Écosse, lorsqu'il mourut dans la vigueur de son âge et de son génie, après un règne glorieux de vingt-neuf ans et demi. Il avait obtenu et mérité le surnom de Grand, et le titre de fondateur de la monarchie anglaise.

Le mérite éminent qu'il fit éclater dans sa vie publique et privée peut soutenir avantageusement le parallèle avec tous les monarques et tous les citoyens fameux dont les fastes du monde ont immortalisé la mémoire. Ce prince semble être en effet ce chef-d'œuvre d'imagination que, sous le nom de sage, les philosophes se sont plu à peindre, plutôt par le plaisir d'enfanter une belle fiction que dans l'espoir qu'elle se réalisât jamais. Toutes les vertus d'Alfred étaient si heureusement tempérées les unes par les autres, si parfaitement combinées, si actives, qu'elles se contenaient réciproquement dans les justes bornes que chacune devait se prescrire. Il sut concilier le courage le plus ardent et la modération la plus froide, la persévérance la plus constante et la flexibilité la plus souple, la justice la plus sévère et la plus grande douceur, le commandement le plus ferme et les manières les plus affables, les connaissances les plus étendues, le goût le plus vif pour les sciences, et les talents les plus brillants pour la guerre ; ses vertus civiles et militaires captiveraient presque également notre admiration, si les premières, plus rares parmi les princes, et certainement plus utiles, n'appelaient pas de préférence nos éloges. On eût dit que la nature, désirant qu'il s'annonçât par un éclat extérieur, l'avait encore comblé de tous les avantages personnels : la force du corps, la majesté de la taille, la noblesse du maintien, la régularité des traits, et ce don précieux d'une physionomie ouverte, agréable, et caressante. La fortune seule trahit sa gloire en le plaçant dans un siècle barbare, où il fut privé d'historiens dignes de transmettre son nom à la postérité. Nous souhaiterions qu'ils eussent fait son portrait avec des couleurs plus fortes et des coups de pinceau plus détaillés, pour que nous pussions du moins apercevoir quelques taches, quelques ombres dont, comme homme, il est impossible qu'il ait été tout à fait exempt.

Nous ne donnerions cependant qu'une idée imparfaite du mérite d'Alfred, si nous bornions notre récit à ses exploits militaires, et si nous ne rapportions pas plus particulièrement ses institutions relatives à la justice, et les preuves de son zèle pour l'encouragement des sciences et des arts.

Après avoir vaincu, établi ou chassé les Danois, il trouva le royaume dans une situation déplorable, désolé par les ravages de ces barbares, et plongé dans tous les désordres qui pouvaient perpétuer sa misère. Quoique les grandes armées des Danois ne subsistassent plus, les campagnes étaient couvertes de leurs soldats épars, qui, accoutumés à vivre de pillage, devenus incapables de travail, et ayant naturellement les mœurs féroces, commettaient des violences au-delà de ce que leurs besoins les y excitaient. Les Anglais mêmes, réduits à la plus extrême indigence par des déprédations continuelles, avaient brisé le frein du gouvernement ; ceux qui étaient pillés un jour se joignaient par désespoir le lendemain à la même troupe de voleurs pour dépouiller et ruiner leurs propres concitoyens. Tels étaient les maux que la vigilance et l'activité d'Alfred avaient à guérir.

Pour rendre l'exécution de la justice stricte et régulière, ce prince divisa toute l'Angleterre en comtés ou provinces; ces provinces se subdivisaient encore en *hundreds* ou cantons, et ces cantons en *tithings* ou dizaines de familles. Chaque maître de maison répondait de la conduite de sa famille, de ses esclaves, et même de ses hôtes, s'ils séjournaient plus de trois jours chez lui. On incorporait ensemble dix maîtres de maisons contiguës, qui, sous le nom de *tithings*, *dizenaires* ou *fribourgs*, c'est-à-dire cautions, formaient une communauté, et répondaient réciproquement de leur conduite; un homme appelé *tithingman*, *headbourg*, ou *borsholder*, c'est-à-dire chef d'une communauté, les présidait. Chaque homme qui ne se faisait pas enregistrer dans quelque *tithing* était puni comme un proscrit; et personne ne pouvait changer d'habitation sans avoir obtenu un certificat du chef de la communauté à laquelle il appartenait d'abord.

Lorsque quelqu'un dans une *tithing* ou communauté était accusé d'un crime, on sommait le chef de ces dizenaires d'être sa caution, et s'il refusait de répondre de lui et de sa justification, l'accusé était mis en prison jusqu'à son jugement. S'il s'enfuyait avant ou après avoir donné caution, le *borsholder* et les dizenaires étaient sujets à un examen, et exposés aux peines prononcées par la loi. On leur donnait trente et un jours pour représenter le criminel; si ce temps s'écoulait sans qu'il fût découvert, ledit chef et deux membres de sa communauté ou dizenaires étaient obligés de comparaître avec trois membres principaux de trois communautés voisines, faisant douze en tout, pour affirmer qu'ils n'étaient complices ni du crime ni de la fuite du coupable. Si le dizenaire ne pouvait trouver le nombre prescrit pour attester leur innocence et celle de leur communauté, cette *tithing* était condamnée à une amende envers le roi proportionnée à la gravité du crime. Au moyen de cette institution de police, chacun se trouvait obligé pour son propre intérêt de veiller attentivement sur la conduite de ses voisins, et servait en quelque sorte de garant de la conduite de ceux qui formaient sa communauté, d'où ces dizenaires reçurent aussi le nom de *frank-pledges*, c'est-à-dire répondants.

Une distribution si régulière du peuple, et tant de gêne pour retenir chacun dans son habitation, peuvent n'être pas nécessaires lorsque les sujets sont accoutumés à l'obéissance et à la justice : on pourrait même regarder de pareils règlements comme contraires à la liberté et au commerce dans un état policé ; mais ils étaient bien entendus pour réduire des peuples effrénés et fiers sous le joug salutaire des lois et du gouvernement. Alfred eut soin de tempérer ces rigueurs par d'autres institutions favorables à la liberté des citoyens. Rien n'était plus avantageux au peuple et d'une exécution plus aisée que son plan pour l'administration de la justice : le *borsholder*, ou chef, convoquait l'assemblée de toute sa communauté pour décider des moindres différends survenus entre quelques-uns des membres de ce petit corps. Dans les affaires de plus grande importance, en cas d'appel de la *tithing* ou de contestations entre les membres de ces diverses communautés, la cause était portée devant le canton, qui se composait de dix *tithings* ou de cent familles de personnes libres, et s'assemblait régulièrement une fois en quatre semaines pour juger les procès. Les formalités que ces cantons observaient méritent d'être rapportées comme étant l'origine des jurés, institution admirable en elle-même et ce que l'esprit de l'homme a jamais imaginé de mieux pour maintenir les libertés nationales et l'administration de la justice. Douze *free-holders*, c'est-à-dire francs-tenanciers, étaient choisis et prêtaient serment avec le *hundreder*, c'est-à-dire le magistrat présidant cette division, d'administrer une justice impartiale, et procédaient ensuite à l'examen de l'affaire soumise à leur jugement. Outre ces assemblées de canton, qui se tenaient tous les mois, il y en avait une autre tous les ans indiquée pour faire inspection plus générale de la police du district, pour instruire des crimes, redresser les abus, les prévarications des magistrats, et pour obliger chaque particulier à déclarer de quelle communauté il était membre. Là le peuple, à l'exemple de ses ancêtres, les anciens Germains, s'assemblait en armes, d'où un canton s'appelait quelquefois *wapentake* (1); et cette cour servait à la fois à maintenir la discipline militaire et la distribution de la justice civile (2).

La cour immédiatement supérieure à celle des cantons était la cour du comté, ou l'assemblée de la province, qui se tenait deux fois l'année : l'une après la Saint-Michel, l'autre après Pâques. Elle était formée de tous les francs-tenanciers de la province, qui avaient voix égale dans la décision des causes. L'évêque et l'alderman (3) la présidaient. L'objet direct de cette cour était de recevoir les appels des cantons et des communautés, et de terminer les contestations élevées entre les membres de différents cantons. Autrefois l'alderman était revêtu de l'autorité militaire et civile; mais Alfred, qui sentit que cette double puissance rendait la noblesse dangereuse et indépendante, nomma un shérif dans chaque province, pour seconder l'alderman dans les fonctions judiciaires; l'office particulier de ce shérif était de défendre les droits de la couronne dans les provinces, et de percevoir les amendes imposées, qui ne composaient pas alors la moindre partie des revenus publics.

En cas de défaut de justice, il y avait une voie d'appel de toutes les cours au roi même, en son conseil. Comme le peuple, persuadé des lumières et de l'équité d'Alfred, plaçait toute sa confiance en lui, souvent ce prince se trouvait surchargé des appels de toutes les provinces d'Angleterre. Il était infatigable à expédier les causes; mais il s'aperçut que cette branche de son administration absorbait tout son temps, et il résolut d'obvier à cet inconvénient en corrigeant l'ignorance et la corruption des magistrats inférieurs, qui y donnaient lieu. Il encouragea la noblesse de son royaume à s'instruire des lois et des lettres; il choisit les comtes et les shérifs parmi les hommes les plus renommés pour leur probité et leur savoir; il châtia sévèrement toute malversation dans les offices; il déplaça tous les comtes qu'il ne trouva pas capables d'exercer leurs fonctions, et permit seulement à quel-

---

(1) Division de province, ainsi nommée parce que les habitants rendaient leurs armes, en signe de sujétion, à leur seigneur

(2) Spelman, au mot *Wapentake*.

(3) *Aldermar.*, parmi les Danois, signifiait un comte. Aujourd'hui les aldermen sont associés au principal magistrat civil d'une ville incorporée.

ques-uns des plus anciens de servir par député, en attendant que leur mort fît place à de plus dignes successeurs.

Pour guider encore plus sûrement les lumières et l'équité des magistrats, Alfred forma un corps de lois, perdu maintenant, mais qui a servi long-temps de base à la jurisprudence anglaise, et qu'on regarde généralement comme la source de ce que nous appelons le *droit commun*. Ce prince fixa des assemblées régulières des états d'Angleterre deux fois l'année à Londres, ville qu'il répara, qu'il embellit, et qu'il rendit ainsi la capitale du royaume. La ressemblance de ces institutions avec les coutumes des anciens Germains, avec les usages des autres conquérants septentrionaux, et avec les lois saxonnes pendant l'heptarchie, nous empêche de regarder Alfred comme le seul auteur de ce plan de gouvernement; elle nous porte plutôt à penser qu'en homme sage il se contenta de réformer, d'étendre et de suivre les institutions qu'il avait trouvées antérieurement établies. Mais en total sa législation eut un si grand succès que tout prit sur-le-champ une face nouvelle en Angleterre : les vols et les crimes de toute espèce furent réprimés, ou par le châtiment, ou par la réformation des coupables. La police publique se faisait avec tant d'exactitude, que l'on raconte qu'Alfred, par manière de défi, suspendit des bracelets d'or près des grands chemins et que personne n'osa y toucher. Cependant, au milieu des actes de sévérité qui maintenaient ce bon ordre, Alfred conserva les égards les plus sacrés pour la liberté de son peuple; et le testament de ce prince est un monument précieux de sa façon de penser sur cet article · il y dit expressément qu'il serait juste que les Anglais pussent toujours rester aussi libres que leurs pensées.

La saine morale et les connaissances de l'esprit sont presque inséparables dans tous les temps, si ce n'est dans tous les individus : le soin qu'Alfred prit d'exciter ses sujets à cultiver les sciences fut une des branches utiles de sa législation, et tendit à réformer les anciennes mœurs dissolues et barbares des Anglais; mais le choix de ce moyen d'y réussir était moins l'effet des vues politiques du roi que de son goût naturel pour les lettres. Lorsqu'il parvint au trône, les désordres du gouvernement et les ravages des Danois avaient plongé les Anglais dans l'ignorance la plus grossière; les monastères étaient détruits, les moines égorgés ou dispersés, leurs bibliothèques réduites en cendre, et par conséquent les seuls asiles que l'érudition eût alors totalement anéantis. Alfred se plaint lui-même qu'à son avénement à la couronne il ne trouva pas, au midi de la Tamise, une personne en état d'interpréter le missel latin, et très peu dans les parties septentrionales qui eussent même atteint ce degré de savoir; mais ce prince attira dans son royaume les hommes les plus savants de l'Europe; il établit partout des écoles pour l'instruction de son peuple; il fonda ou du moins fit réparer l'université d'Oxford, lui accorda plusieurs priviléges, des revenus, des immunités, et enjoignit, par une loi formelle, à quiconque possédait deux *hydes* (1) de terre ou davantage, d'envoyer étudier ses enfants. Il ne donna des emplois dans l'église et dans l'état qu'à ceux qui avaient acquis quelques connaissances. A la faveur de tous ces expédients, il eut la satisfaction, avant sa mort, de voir la face des affaires sensiblement changée. Il se félicite lui-même, dans un de ses ouvrages qui subsiste encore, des progrès que les sciences avaient déjà faits en Angleterre sous sa protection.

Mais ce qu'Alfred employa de plus efficace pour faire naître l'amour de l'étude fut son propre exemple et l'assiduité constante avec laquelle il s'y livra, malgré la multitude et l'urgence des affaires dont il était accablé. Il partageait ordinairement sa journée en trois portions égales : l'une pour son sommeil et la réparation de ses forces par les aliments et l'exercice, l'autre pour le travail du gouvernement, et la troisième pour l'étude et la piété. Afin de mesurer exactement ses heures, il faisait usage de flambeaux d'un volume semblable, qu'il allumait les uns après les autres dans une lanterne, expédient digne de ce siècle grossier où l'art des cadrans et le mécanisme des montres et des horloges étaient entièrement inconnus. C'est ainsi que, par une distribution régulière de son temps, et malgré les fréquentes maladies dont il fut attaqué, ce héros, qui livra en

---

(1) Deux hydes de terre font environ quatre arpents, mesure de France. Une hyde contient de quoi occuper une charrue.

personne cinquante batailles ou combats, tant sur terre que sur mer, put encore acquérir plus de connaissances et même composer plus d'ouvrages que les hommes les plus studieux, les plus maîtres de leurs loisirs et de leur application, n'ont pu le faire dans des siècles plus heureux.

Persuadé qu'en tout temps, et spécialement dans les siècles d'ignorance et de mauvaise éducation, les peuples ne sont guère susceptibles d'instruction spéculative, Alfred s'attacha à faire passer ses idées morales à la faveur des apologues, des allégories, des maximes, des historiettes en vers. Non-seulement il répandit parmi ses sujets les anciens ouvrages de cette espèce qu'il trouva écrits en langue saxonne, mais il exerça sa veine dans le même genre, et traduisit du grec les élégantes fables d'Esope. Il donna aussi des traductions saxonnes des deux historiens Bède et Orose, et des Consolations de la Philosophie par Boëce. Enfin, Alfred ne crut point au-dessous de la dignité d'un souverain, d'un législateur, d'un guerrier et d'un politique, de guider lui-même ses sujets dans la carrière des belles-lettres.

Ce prince ne négligea pas davantage l'encouragement des arts vulgaires et mécaniques qui sont liés plus sensiblement, si ce n'est plus étroitement, aux intérêts de la société. Il attira de tous côtés les étrangers industrieux pour repeupler ses provinces désolées par les ravages des Danois. Il introduisit et favorisa les manufactures de toute espèce, et quiconque inventa ou perfectionna quelque art ingénieux ne resta point sans récompense sous son règne. Il excita ses sujets les plus actifs à s'appliquer à la navigation, pour étendre le commerce dans les pays éloignés, et pour acquérir des richesses en éveillant l'industrie de leurs compatriotes. Il réservait la septième partie de son revenu pour l'entretien d'un certain nombre d'ouvriers qu'il employa constamment à rebâtir les villes, les châteaux, les palais et les monastères ruinés. La Méditerranée et les Indes lui fournirent même des marchandises précieuses, aussi bien que les commodités de la vie. Ses sujets apprirent, en voyant ces fruits des arts paisibles, à respecter le vertueux amour de la justice et du travail, qui seul peut les faire éclore. Enfin, de son vivant et après sa mort, Alfred fut regardé, autant par les étrangers que par ses peuples, comme le plus grand prince après Charlemagne qui eût paru en Europe depuis long-temps, et comme un des plus sages et des meilleurs dont le nom eût jamais honoré l'histoire d'aucune nation.

Alfred eut de sa femme Ethelswitha, fille d'un comte mercien trois fils et trois filles. Edmond, l'aîné, mourut pendant la vie de son père, sans laisser de postérité; Ethelward, le plus jeune, animé du même goût que son père avait eu pour les lettres, se voua au repos de la vie privée; et Édouard, le second de ces princes, succéda à la couronne. Il est appelé Édouard l'Ancien, comme étant le premier roi d'Angleterre qui ait porté ce nom.

## ÉDOUARD L'ANCIEN.

Ce prince, égal à son père par ses talents militaires, lui était inférieur du côté de l'érudition. Il se trouva livré, dès qu'il parvint au trône, à la vie turbulente destinée aux princes, et même à tous les hommes, dans des temps où, peu contenus par les lois ou la justice, peu occupés par les travaux de l'industrie, ils ne nourrissaient leur inquiétude que de guerres, de révoltes, de troubles, de brigandages et de dévastations. Ethelwald, cousin germain d'Édouard, et fils d'Ethelbert, le frère aîné d'Alfred, prétendit avoir droit à la couronne, arma ses partisans, prit possession de Winbourne, et parut déterminé à s'y défendre et à soutenir ses prétentions jusqu'à la dernière extrémité (1). Mais lorsque le roi, à la tête d'une armée nombreuse, s'approcha de la ville, Ethelwald, certain d'être accablé par des forces si supérieures, s'enfuit. Il se retira d'abord en Normandie, d'où il passa dans le Northumberland, avec l'espoir que les Northumbres, récemment subjugués par Alfred et déjà ennuyés du repos, saisiraient, à la nouvelle de la mort de ce grand prince, la première occasion et le moindre prétexte de se révolter. L'événement ne trompa point son attente, et les Northumbres se déclarèrent pour lui. Ethelwald, ayant ainsi lié ses intérêts à ceux des colonies danoises, fit une incursion au-delà de la mer, et, formant un corps de ces flibustiers, ranima la cupidité de tous ceux qui

(1) Chron. Sax. p. 100. H. Hunting. l. 5, p. 352.

avaient été accoutumés à vivre de rapines. Les Danois estangles se joignirent à son parti ; les *Five-Burgers*, qui habitaient le cœur de la Mercie, commencèrent à s'émouvoir, et les Anglais se virent encore menacés de ces troubles dont la valeur et la politique d'Alfred venaient à peine de les délivrer. Les rebelles, commandés par Ethelwald, fondirent sur les provinces de Glocester, d'Oxford et de Wilts. Après les avoir mises à feu et à sang, ils se retirèrent avec leur butin pour éviter la rencontre du roi, qui marchait à eux à la tête de son armée. Cependant Édouard, résolu de ne pas laisser ses préparatifs inutiles, conduisit ses forces en Estanglie, et, usant de représailles, répandit parmi les Estangles la désolation qu'ils avaient portée dans ses provinces. Rassasié de vengeance et chargé de butin, il ordonna de faire retraite ; mais l'autorité de ces anciens rois, très faible en temps de paix, n'était pas beaucoup plus respectée en temps de guerre. Les peuples de Kent, avides de pillage, malgré les ordres répétés d'Édouard, osèrent rester derrière lui, et prirent leurs quartiers dans le Bury. Cette désobéissance tourna heureusement pour le prince dans la suite. Les Danois attaquèrent ces troupes du pays de Kent, et en éprouvèrent une résistance si courageuse qu'ils achetèrent l'avantage de gagner le champ de bataille par la perte de leurs plus braves officiers, et entre autres par celle d'Ethelwald, qui périt dans l'action. Le roi, délivré d'un concurrent si dangereux, fit la paix avec les Estangles à des conditions très favorables.

Pour rétablir la tranquillité en Angleterre aussi parfaitement qu'il était possible alors, il ne restait plus qu'à soumettre les Northumbres, qui secondés par les Danois dispersés dans la Mercie, infestaient continuellement le cœur du royaume. Édouard, afin de diviser les forces de ses ennemis, arma une flotte pour les attaquer par mer. Il se flatta que lorsque la flotte croiserait sur leurs côtes, du moins ils ne s'écarteraient plus, et veilleraient chez eux à leur propre défense ; mais les Northumbres étaient moins jaloux de conserver leurs possessions qu'animés du désir du pillage. Persuadés que les principales forces d'Angleterre étaient embarquées sur cette flotte, ils crurent l'occasion favorable, et entrèrent avec toutes leurs troupes sur les terres d'Édouard. Ce prince, qui les attendait, les attaqua lorsqu'ils revenaient à Tetenhall, dans le comté de Stafford, les tailla en pièces, se ressaisit de tout ce qu'ils avaient pillé, et les poursuivit jusque dans leur propre pays.

Tout le reste du règne d'Édouard fut une suite continuelle de victoires sur les Northumbres, les Estangles, les Five-Burgers, et les Danois étrangers, qui, de la Normandie et de la Bretagne, avaient tenté une invasion. Il fut aussi attentif à mettre son royaume en état de défense que courageux à attaquer les ennemis. Il fortifia les villes de Chester, d'Eddesbury, de Warwick, de Cherbury, de Buckingham, de Towcester, de Maldon, d'Huntingdon, et de Colchester. Il livra deux batailles rangées à Temsford et à Maldon. Il vainquit Thurketill, fameux chef danois, et le força d'aller avec sa suite chercher des aventures et du butin en France. Il subjugua les Estangles, et les contraignit à lui prêter serment de fidélité. Il expulsa les deux rivaux Reginald et Sidroc, princes du Northumberland, et acquit pour le moment la domination de cette province : plusieurs colonies de Bretons se soumirent à lui; les Écossais même, qui, pendant le règne d'Egbert, et sous la conduite de Kenneth, leur roi, avaient augmenté leur puissance en assujettissant totalement les Pictes, furent obligés de donner des marques de soumission à Édouard. Il avait été secondé dans tous ses exploits glorieux par la prudence et l'activité d'Ethelfleda, sa sœur, veuve d'Ethelbert, comte de Mercie, et qui, après la mort de son époux, avait conservé le gouvernement de la province. Cette princesse, ayant été fort mal d'une couche pénible, avait refusé ensuite à son époux de s'exposer aux mêmes risques, non qu'elle fût dominée par quelque superstition, chose si commune dans ce temps-là, mais parce qu'elle trouvait toute occupation domestique indigne de son caractère mâle et ambitieux. Elle mourut avant le roi son frère, qui se chargea, pendant le reste de son règne, de gouverner immédiatement la Mercie, confiée jusqu'alors à l'autorité d'un gouverneur. La Chronique saxonne fixe la mort d'Édouard en 925. Son royaume passa à Athelstan, son fils naturel.

## ATHELSTAN.

L'irrégularité qui se trouvait dans la naissance de ce prince n'était pas alors un motif suffisant pour l'exclure du trône. Capable de régner par son mérite et par son âge, il fut préféré aux fils légitimes d'Édouard, trop jeunes encore pour gouverner un royaume si exposé aux invasions du dehors et aux factions du dedans. Cette élection mécontenta cependant quelques esprits, et Alfred, un des plus puissants seigneurs d'Angleterre, osa conspirer contre Athelstan. Cet événement est rapporté par plusieurs historiens avec des circonstances merveilleuses que le lecteur est libre d'attribuer ou à l'imposture des moines qui les inventèrent, ou à leurs artifices qui trouvèrent moyen de les réaliser. Alfred, arrêté, dit-on, sur des soupçons assez forts, mais sans aucune preuve certaine de son crime, nia constamment la conspiration qu'on lui imputait. Il offrit même, pour se justifier, d'affirmer son innocence devant le pape, dont la personne passait alors pour tellement sacrée qu'on n'espérait pas échapper à la vengeance immédiate du ciel, si on risquait de faire un faux serment en sa présence. Le roi accepta l'épreuve, et Alfred fut conduit à Rome. Soit qu'il se sentît innocent, ou qu'il méprisât la superstition reçue jusqu'à la braver, il hasarda le serment que l'on demandait de lui aux pieds du pape Jean, qui remplissait alors le trône pontifical. A peine eut-il articulé les paroles fatales, qu'il tomba dans des convulsions affreuses, dont il mourut trois jours après. Le roi, comme si le crime eût été démontré par cette catastrophe, confisqua tous les biens d'Alfred au profit du monastère de Malmesbury, avec la certitude qu'après un tel prodige on ne douterait jamais de la justice de cet arrêt.

La domination d'Athelstan ne fut pas plutôt affermie sur ses sujets anglais, qu'il tâcha d'assurer le gouvernement en se précautionnant contre les révoltes des Danois, qui avaient causé tant d'embarras à ses prédécesseurs. Il marcha dans le Northumberland, et voyant que le joug anglais n'y était porté qu'avec impatience, il crut devoir donner le titre de roi à Sithric, seigneur danois, et l'attacher à ses intérêts, en lui faisant épouser sa sœur

Editha. Mais cet expédient politique eut des suites funestes. Sithric mourut un an après; et ses deux fils, Anlaf et Godfrid, nés d'un premier mariage, se prévalurent de l'élévation de leur père pour se fonder des droits à la souveraineté du Northumberland, et s'en emparèrent sans attendre le consentement d'Athelstan. Ce monarque les chassa bientôt tous deux. Anlaf se retira en Irlande, et Godfrid en Ecosse, où régnait alors Constantin, qui le protégea quelque temps. Cependant le prince écossais, menacé et sollicité tour à tour de la part d'Athelstan, promit enfin de lui livrer l'infortuné réfugié; mais, détestant au fond de son cœur une semblable trahison, il fit avertir Godfrid de prendre la fuite. Après avoir subsisté quelques années du métier de pirate, le fugitif mourut, et termina ainsi les inquiétudes qu'il donnait au roi. Ce monarque, pour se venger de la conduite de Constantin, entra en Ecosse à main armée, ravagea ce royaume sans obstacle, et réduisit les Écossais à un état si déplorable que leur souverain fut obligé, pour conserver sa couronne, de s'abaisser aux soumissions les plus humbles. Les historiens anglais assurent que Constantin fit hommage de son royaume à Athelstan. Ils ajoutent que les courtisans du monarque victorieux le pressant de saisir une si belle occasion de subjuguer entièrement l'Écosse, il leur répondit qu'il était plus glorieux de donner que de conquérir des royaumes; mais ces annales, déjà si incertaines et si imparfaites en elles-mêmes, perdent tout crédit lorsque les préventions et les haines nationales peuvent y avoir part. Les historiens écossais qui, sans approfondir davantage la question, nient absolument ce fait, semblent être plus dignes de confiance.

Soit que Constantin ne dût la conservation de sa couronne qu'à la modération d'Athelstan, qui ne voulut pas user de tous ses avantages sur lui; soit qu'il la dût à la politique de ce monarque, qui préféra l'humiliation d'un ennemi à la conquête d'un peuple mécontent et mutin, il trouva plus de motifs de ressentiment que de reconnaissance dans la conduite que le prince anglais avait tenue avec lui. Il se ligua avec Anlaf, qui avait rassemblé un nombre considérable de pirates danois qui écumaient les mers d'Irlande, et avec quelques princes gallois, épouvantés de l'accroissement de puissance d'Athelstan. Tous ces confédérés, à la tête d'une armée formidable, firent de concert une irruption en Angleterre. Athelstan rassembla aussi ses forces, rencontra les ennemis près de Burnsbury, dans le Northumberland, et les défit en bataille rangée. Cette grande victoire fut attribuée principalement à la valeur de Turketul, chancelier d'Angleterre; car dans ces siècles de troubles personne n'était assez occupé par quelque place que ce fût dans le gouvernement civil pour renoncer tout à fait au métier des armes (1).

Les historiens rapportent une circonstance assez digne de remarque dans ce qui se passa pendant cette guerre. A l'approche de l'armée anglaise, Anlaf crut qu'il ne pouvait pas s'exposer trop pour s'assurer un heureux succès. Il eut recours à la ruse déjà mise en usage par le grand Alfred contre les Danois; et à son exemple, il s'introduisit dans le camp ennemi sous l'habit d'un ménestrel : ce stratagème lui réussit pour le moment : il amusa si bien les soldats qui s'étaient attroupés autour de lui, qu'ils le menèrent à la tente du roi; après l'avoir fait jouer pendant que le prince et ses courtisans étaient à table, on le congédia avec une récompense considérable. Il eut la prudence de ne la pas refuser, mais sa fierté ne lui permettant pas de garder cet argent, il s'avisa de l'enterrer avant de partir, croyant n'être aperçu de personne. Cependant un soldat d'Athelstan, qui avait servi autrefois sous Anlaf, frappé au premier aspect de la ressemblance du prétendu ménestrel avec ce prince, avait conçu quelques soupçons, et résolut d'observer toutes ses démarches; il le vit enfouir ce qu'il venait de recevoir, et en conclut que cet homme n'était autre qu'Anlaf déguisé. Le soldat courut porter la nouvelle de sa découverte à Athelstan, qui le blâma de ne l'avoir pas averti assez tôt pour qu'il pût se rendre maître de la personne de son ennemi. Mais le soldat répondit qu'il avait autrefois prêté serment de fidélité à Anlaf, qu'il ne se serait jamais pardonné d'avoir trahi son premier maître, et qu'après une telle perfidie Athelstan même aurait eu raison de se défier de lui. Athelstan loua en effet les principes de générosité du soldat, et réfléchit ensuite sur ce qu'il devait faire pour se garantir de ce qu'il avait lieu de prévoir. Il

---

(1) L'office de chancelier, parmi les Anglo-Saxons, ressemblait plus à celui de secrétaire d'état qu'à celui de notre chancelier actuel.

changea la place de sa tente. Un évêque qui arriva le même soir avec un renfort de troupes, car les ecclésiastiques n'étaient pas alors moins guerriers que les magistrats, occupa avec tout son monde la place vacante par ce mouvement, et la précaution du roi se trouva fort sage. Les ténèbres de la nuit ne se furent pas plutôt étendues qu'Anlaf fondit sur le camp des Anglais, et, s'ouvrant un passage jusqu'à l'endroit où il avait laissé la tente d'Athelstan, massacra l'évêque avant qu'il eût le temps de se mettre en défense.

Plusieurs princes danois et gallois périrent dans l'action de Burusbury. Constantin et Anlaf se sauvèrent avec peine, laissant la plus grande partie de leur armée sur le champ de bataille, et Athelstan jouit d'une profonde tranquillité dans ses états après cet heureux événement. Ce prince est regardé comme un des plus habiles et des plus actifs de ceux qui régnèrent dans ces temps reculés. Il fit une loi remarquable, et si propre à l'encouragement du commerce, qu'il fallait avoir alors un esprit supérieur pour l'imaginer. Elle établissait que tout négociant qui aurait entrepris à ses frais trois longs voyages sur mer serait élevé au rang de *thane*, c'est-à-dire anobli. Athelstan mourut à Glocester en 941, après un règne de seize ans. Son frère légitime Edmond lui succéda.

## EDMOND.

Les commencements du règne d'Edmond furent troublés par les inquiets Northumbres, qui épiaient toutes les occasions de se révolter; mais le roi marcha tout à coup à la tête de son armée dans leur pays, et terrifia tellement les rebelles, qu'ils eurent recours aux plus humbles soumissions pour l'apaiser. Dans l'intention de lui donner le plus sûr gage de leur obéissance, ils offrirent d'embrasser le christianisme, religion que les Anglo-Danois avaient souvent professée lorsqu'ils se trouvaient réduits à l'extrémité par leurs vainqueurs, que par cette raison ils regardaient comme le symbole de la servitude, et qu'ils abjuraient dès qu'ils pouvaient le faire sans danger. Edmond, se fiant peu à la sincérité de cette conversion forcée, crut devoir se précautionner contre les Five-Burgers, qui habitaient les cinq villes de Mercie où on leur avait permis autrefois de s'établir ; il prit donc le parti de les transférer ailleurs, parce qu'ils profitaient toujours des moindres troubles pour introduire dans le cœur du royaume les Danois rebelles ou les Danois étrangers. Il déposséda aussi les Bretons de la principauté de Cumberland, qu'il conféra à Malcolm, roi d'Écosse, sous la condition de lui en rendre foi et hommage, et de protéger le côté du nord contre les incursions que les Danois pourraient tenter.

Edmond était très jeune lorsqu'il parvint à la couronne ; cependant son règne fut court et sa mort violente. Un jour qu'il célébrait une fête dans le comté de Glocester, il aperçut un certain Leof, voleur signalé, qu'il avait banni du royaume, et qui avait eu l'audace d'entrer dans le lieu où il dînait, et de s'asseoir à l'une des tables dressées pour les gens de la cour. Indigné de tant d'insolence, Edmond lui ordonna de sortir : ce misérable refusa d'obéir ; le roi, emporté par son caractère naturellement fougueux, et qu'une telle insulte irritait encore, se jeta inconsidérément sur lui et le saisit par les cheveux. Leof, poussé à bout, tira un poignard et en frappa Edmond, qui mourut sur-le-champ de sa blessure. Cet événement arriva en 946, et dans la sixième année du règne de ce prince. Il laissa des enfants mâles, mais si jeunes, qu'étant incapables de gouverner le royaume, son frère Edred fut proclamé son successeur.

### EDRED.

Le règne d'Edred, comme celui de ses prédécesseurs, fut agité par les révoltes et les incursions des Danois-Northumbres. Ces peuples, fréquemment réprimés, n'étaient jamais entièrement ni fidèles, ni soumis à la couronne d'Angleterre. L'avénement d'un roi leur parut une circonstance favorable pour en secouer le joug ; mais Edred, à la tête d'une armée, les fit rentrer dans le devoir, porta le fer et la flamme dans leur pays pour les châtier de leur rébellion, les obligea de renouveler leur serment de fidélité, et se retira aussitôt après avec ses troupes. L'obéissance des Danois ne dura qu'autant que leur frayeur. Animés du désir de se venger du dégât qu'Edred avait commis chez eux, réduits même par la nécessité à subsister de pillage, il se soulevèrent de nouveau et furent encore subjugués. Le roi, instruit alors par son expérience, prit des précautions plus sûres pour les contenir à l'avenir. Il mit garnison anglaise dans leurs villes les plus considérables, et leur donna un gouverneur anglais, chargé de veiller sur leurs moindres mouvements et de les réprimer à la première apparence de fermentation. Il obligea aussi Malcolm, roi d'Écosse, de lui renouveler son hommage pour les possessions qu'il tenait en Angleterre.

Edred n'était pas sans talent et sans goût pour la guerre et la vie active; mais, asservi sous l'empire de la superstition la plus vulgaire, il livrait aveuglément sa conscience à la direction de Dunstan, appelé communément saint Dunstan, abbé de Glastenbury. Cet homme, qu'il avait avancé aux plus grandes charges, cachait sous l'apparence de la sainteté l'ambition la plus excessive et la plus insolente. Il profita de la confiance sans réserve dont le roi l'honorait pour appeler en Angleterre de nouveaux ordres religieux, qui bouleversèrent l'état des affaires ecclésiastiques et fomentèrent les plus grands troubles lors de leur établissement.

Depuis l'introduction du christianisme parmi les Saxons, il y avait eu des monastères en Angleterre : ces fondations s'étaient extrêmement multipliées par les donations des princes et des grands. Tant d'œuvres pies n'avaient leur source que dans l'ignorance et la crainte. En proie aux remords, suite inévitable du crime, auquel ils étaient si souvent entraînés, la plupart de ces magnifiques fondateurs ne connaissaient d'autre moyen d'apaiser Dieu que de répandre avec profusion leurs libéralités sur les ecclésiastiques. Jusqu'alors les moines étaient une espèce de prêtres séculiers : ils vivaient dans les couvents à peu près comme les chanoines vivent aujourd'hui dans leurs chapitres; loin d'être retranchés de la société, ils se mêlaient avec elle, tâchaient de s'y rendre utiles, s'occupaient de l'éducation de la jeunesse, disposaient à leur gré de leur loisir et de leurs divers talents, n'étaient point assujettis aux règles rigides d'un ordre, ne faisaient point de vœu d'obéissance implicite à leurs supérieurs, et, sans quitter leur communauté, pouvaient toujours choisir entre le mariage et le célibat. Mais une piété mal entendue avait produit en Italie une nouvelle espèce de moines, appelés bénédictins. Ceux-ci, portant plus loin les principes édifiants de la mortification, se séparaient totalement du monde, renonçaient à toute liberté, et se faisaient un mérite d'observer la chasteté la plus inviolable. Ces maximes et ces pratiques, inventées d'abord par un zèle outré, furent de suite applaudies et protégées par la politique de la cour de Rome. Le souverain pontife, qui réussissait chaque jour à s'arroger une souveraineté universelle sur les ecclésiastiques, sentit que le célibat pouvait seul, en rompant leurs liens avec la puissance civile, en les privant de tout autre objet d'ambition, les porter à travailler sans cesse avec ardeur à l'agrandissement de leur ordre. Il ne se dissimulait pas qu'aussi longtemps qu'il serait permis aux moines de se marier et d'avoir des enfants, on ne pourrait les assujettir à aucune règle stricte, ni les rendre servilement soumis à leurs supérieurs, comme il fallait qu'ils le fussent pour exécuter promptement et avec zèle les ordres émanés de Rome. On commença donc à recommander le célibat comme le devoir indispensable des prêtres, et le pape entreprit de faire renoncer tout le clergé des églises occidentales au privilége du mariage. Ce système politique était sans doute heureusement conçu; mais il était très difficile de le faire réussir, parce qu'il avait à combattre le penchant le plus fort de la nature humaine : d'ailleurs, les liaisons avec le sexe féminin, qui en général portent à la dévotion, devenaient, dans cette circonstance, très contraires au projet du saint père. Il n'est donc pas surprenant que ce sublime raffinement de politique ait rencontré les plus grands obstacles : les intérêts de la hiérarchie se trouvaient si singulièrement opposés aux inclinations des prêtres, que, malgré les efforts continuels de la cour de Rome, on trouvera tout simple qu'il ait fallu près de trois siècles pour établir cette réforme hardie.

Comme les évêques et les prêtres de paroisse vivaient en particulier dans le sein de leurs familles, et étaient plus répandus dans le monde que les cloîtrés, on espérait peu qu'ils se prêtassent à ce changement; et les motifs employés pour les faire renoncer au mariage étaient moins spécieux. Mais le souverain pontife jeta d'abord les yeux sur les moines comme sur la base de son autorité ; il résolut de leur prescrire des règles austères, de leur procurer une réputation de sainteté par les apparences des mortifications les plus rigides, et de rompre toutes les liaisons qu'ils avaient conservées et qui contrariaient son plan. Sous prétexte de réformer des abus, suite en quelque sorte inévitable de l'ancienneté des établissements, il avait donc déjà introduit les règles sévères de la vie monastique dans tous les pays méridionaux de l'Europe, et il se préparait à faire une pareille tentative en Angleterre. L'esprit faible et superstitieux d'Edred, le caractère impétueux de Dunstan, en offrirent l'heureuse occasion au pape, qui ne manqua pas de la saisir.

Dunstan était né de parents nobles, au couchant de l'Angleterre, et avait été élevé par son oncle Alffhelm, alors archevêque de Canterbury. Il embrassa l'état ecclésiastique, et s'acquit quelque considération à la cour d'Edmond. On avait cependant prévenu ce prince contre lui; en l'accusant d'avoir des mœurs relâchées. Dunstan, naturellement ambitieux, voyant sa fortune retardée par l'effet de ces préventions, résolut de réparer ses imprudences en se précipitant dans les excès de la dévotion. Il se retira entièrement du monde, se bâtit une cellule si petite qu'il ne pouvait s'y tenir debout, ni étendre ses membres lorsqu'il était couché, et s'y livra perpétuellement ou à la prière, ou au travail des mains. Il est vraisemblable que son cerveau s'altéra peu à peu par cette solitude absolue, et enfanta les chimères que cet anachorète même et ses stupides dévots prirent pour des visions surnaturelles, et qui le firent passer pour un saint parmi le peuple. Il s'imagina un jour que le diable, dont il disait recevoir des visites fréquentes, mettait plus d'ardeur qu'à l'ordinaire dans ses tentations : Dunstan, impatienté de tant d'importunités, saisit, avec des pincettes rougies au feu, l'esprit malin par le nez, comme il passait sa tête dans sa cellule, et le tint ainsi jusqu'à ce qu'il fît retentir tout le voisinage de ses hurlements. Ce grand exploit s'accrédita réellement dans le public; il a été transmis à la postérité par un auteur que l'on peut regarder, relativement à son siècle, comme un écrivain assez élégant. Cette rêverie fit à Dunstan une réputation que la piété la plus solide, et encore moins les vertus les plus sublimes, ne lui auraient pas procurée dans les siècles même les plus éclairés.

Soutenu par la réputation qu'il avait obtenue dans sa retraite, il reparut à la cour, et prit tant d'ascendant sur Edred, qui venait de succéder à la couronne, que ce prince lui confia, non-seulement la direction de sa conscience, mais celle des affaires les plus importantes du gouvernement. Il fut placé à la tête des finances (1), et, possédant à la fois du pouvoir à la cour et du crédit parmi le bas peuple, il devint en état de tout entreprendre avec succès. Reconnaissant que son élévation était l'ouvrage de l'opinion qu'on avait de l'austérité de ses mœurs, il se déclara partisan zélé des règles rigides, et, après les avoir introduites dans les couvents de Glastenbury et d'Abingdon, il s'attacha à rendre cette réforme générale dans le royaume.

Les esprits y étaient déjà soigneusement préparés : quelques-uns des premiers prédicateurs du christianisme parmi les Saxons avaient porté jusqu'à l'extravagance les éloges d'une chasteté inviolable ; les plaisirs de l'amour avaient été représentés comme incompatibles avec la perfection chrétienne, et l'on regardait la privation de tout commerce avec les femmes comme une pénitence si méritoire, qu'il n'y avait point de crimes qu'elle n'expiât. Il résultait de ces maximes la conséquence naturelle qu'au moins ceux qui officiaient à l'autel devaient s'y présenter purs à cet égard. Quand la doctrine de la transsubstantiation, qui s'insinuait alors (2), fut totalement adoptée, le respect qu'on eut pour la présence réelle de Jésus-Christ dans l'eucharistie donna une nouvelle force à cette opinion. Les moines savaient à quel point ces opinions populaires pouvaient leur être utiles et leur procurer de considération personnelle ; ils affectaient la vie et les mœurs les plus austères, s'excitaient aux pratiques de dévotion les plus outrées, déclamaient amèrement contre les vices et la prétendue licence du temps, et parlaient surtout avec véhémence de la vie dissolue du clergé séculier, leur rival : chaque exemple particulier de libertinage qu'ils pouvaient trouver dans cet ordre était cité comme la preuve d'une corruption générale ; et lorsque les sujets d'accusations flétrissantes leur manquaient contre les ecclésiastiques, leurs mariages devenaient une source

---

(1) Osborne, p. 102. Wallingford, p. 541. — (2) Spel. Conc. tom. I, p. 432.

d'invectives; ils prodiguaient à leurs femmes le nom de concubines, ou des noms encore plus injurieux. D'une autre part, le clergé séculier, nombreux, riche, et en possession des dignités ecclésiastiques, se défendait vigoureusement et usait de représailles contre ses adversaires. Les esprits étaient continuellement en agitation, et les différences les plus essentielles sur l'article de la religion, ou pour mieux dire les plus frivoles, ont rarement excité des troubles plus violents que ceux qui s'élevèrent alors : nous disons les différences les plus frivoles, parce que c'est une remarque générale que plus les points sur lesquels roulent les querelles théologiques sont imperceptibles, plus elles ont d'aigreur et d'opiniâtreté.

Les progrès des moines, devenus considérables, furent, en quelque sorte, interrompus par la mort d'Edred, leur partisan. Ce prince régna neuf ans; il laissa des enfants, mais dans un âge si tendre, que son neveu Edwy, fils d'Edmond, fut élevé au trône.

## EDWY.

Edwy n'avait pas plus de seize à dix-sept ans lorsqu'il parvint à la couronne. Sa figure était charmante, et, selon des témoignages authentiques, les vertus de son âme donnaient déjà les plus grandes espérances. Il aurait été l'idole de son peuple, si malheureusement, dès le commencement de son règne, il ne s'était pas brouillé avec les moines, dont la rage ne put être adoucie ni par les grâces de sa personne, ni par ses qualités morales, et qui ont poursuivi sa mémoire avec la vengeance implacable dont ils l'avaient persécuté pendant son règne, aussi court que malheureux. Une princesse du sang royal, jeune et belle, appelée Elgiva, avait touché le cœur sensible d'Edwy. Ce prince, dans l'âge bouillant où la fougue des passions ne connaît pas de frein, osa l'épouser, malgré l'avis de ses ministres les plus sages, les remontrances des prélats de son royaume, et le degré de parenté, prohibé par les canons, qui se trouvait entre elle et lui. Comme l'austérité que les moines affectaient les rendit très véhéments en cette occasion, Edwy conserva un vif ressentiment contre eux; il parut déterminé, en conséquence, à ne point favoriser leur projet d'expulser les prêtres séculiers de tous les couvents et de s'emparer de ces riches fondations. La guerre fut donc déclarée entre le roi et les moines; mais le premier eut bientôt lieu de se repentir d'avoir irrité des ennemis si dangereux. Le jour de son couronnement, la noblesse du royaume était assemblée dans une grande salle de festin, où elle se livrait à cette joie tumultueuse que l'exemple des anciens Germains avait introduite chez les Anglais. Edwy, attiré par des plaisirs plus doux, se déroba de sa cour et passa dans l'appartement de la reine, où les transports de sa passion pour elle n'étaient que peu gênés par la présence de la mère de cette princesse. Dunstan conjectura le motif de la retraite du roi, et se faisant suivre d'Odo, archevêque de Canterbury, sur lequel il avait pris un empire absolu, força l'entrée de cet appartement, accabla Edwy de reproches amers, n'épargna pas sans doute les épithètes insultantes à la reine, arracha son époux de ses bras, et le repoussa avec la plus audacieuse violence dans le lieu où les grands étaient demeurés à se réjouir. Edwy, malgré sa jeunesse et ce qu'il avait à craindre des préjugés du peuple, chercha et saisit courageusement l'occasion de se venger de l'insulte publique qu'il avait reçue. Il demanda compte à Dunstan de son administration des finances sous le règne d'Edred; et lorsque ce ministre refusa de le rendre, en affirmant que l'argent avait été dépensé par les ordres du feu roi, Edwy l'accusa de malversation dans sa place et le bannit du royaume. Mais la cabale du proscrit ne resta pas dans l'inaction pendant son absence; elle ne cessa de faire retentir aux oreilles du peuple les éloges de la sainteté de Dunstan, déclama contre l'impiété du roi et de la reine, et, après avoir ainsi aigri les esprits, s'enhardit à des attentats encore plus grands contre l'autorité royale. L'archevêque Odo envoya une troupe de soldats dans le palais, d'où on arracha la reine : on lui brûla le visage avec un fer chaud, pour détruire la beauté fatale dont Edwy s'était laissé séduire, et on la traîna en Irlande pour y subir un exil perpétuel (1). Edwy, trop convaincu que la résistance lui serait inutile, consentit à son divorce, qu'Odo

---

(1) Osborne, p. 84. Gervas., p. 1644.

prononça (1). Mais ce n'était pas encore le dernier coup que l'on méditait de porter à la malheureuse Elgiva. Cette aimable princesse, guérie de ses blessures, ne conservait même pas les cicatrices dont on s'était flatté que ses charmes seraient défigurés ; elle revenait en Angleterre pour voler dans les bras du roi, qu'elle regardait toujours comme son époux, lorsqu'un parti aposté sur sa route par Odo l'enleva. Sa mort seule pouvait procurer de la sécurité à Odo et aux moines, et la mort la plus cruelle devait assouvir leur vengeance : ils firent couper les jarrets à cette infortunée, qui expira peu de jours après à Glocester, dans les douleurs les plus aiguës.

Les Anglais, aveuglés par une superstition furieuse, au lieu de s'indigner d'une inhumanité si révoltante, s'écrièrent que les infortunes d'Edwy et de son épouse étaient le juste châtiment de la passion effrénée qui leur avait fait braver les lois ecclésiastiques. Ils allèrent jusqu'à se révolter contre leur souverain ; ils placèrent à leur tête Edgar, le plus jeune de ses frères, âgé de treize ans, le mirent aussitôt en possession de la Mercie, du Northumberland, de l'Estanglie, et chassèrent Edwy dans ses provinces méridionales. Afin qu'on ne pût douter à l'instigation de qui cette révolte s'était fomentée, Dunstan revint en Angleterre diriger Edgar et son parti. Il fut d'abord installé dans le siége de Worcester, ensuite dans celui de Londres ; enfin, après la mort d'Odo et l'expulsion violente de Brithelm, son successeur, dans celui de Canterbury, qu'il occupa long-temps. Les moines nous ont transmis la mémoire d'Odo, comme celle d'un homme très pieux ; Dunstan fut même canonisé, et eut sa place entre un grand nombre de saints de la même trempe qui déshonorent le calendrier romain, tandis que le malheureux Edwy fut excommunié et persécuté avec acharnement. Sa mort, arrivée peu de temps après, délivra ses ennemis des inquiétudes qu'il leur donnait, et laissa Edgar paisible possesseur du royaume (2).

---

(1) Hoveden, p. 425.

(2) Il y a une apparence de contradiction dans les historiens anciens sur quelques circonstances de l'histoire d'Edwy et d'Elgiva. On convient que ce prince ressentit une passion violente pour sa cousine germaine ou issue de germaine, qu'il épousa, quoique sa parente au degré défendu par les canons. On convient aussi qu'il fut arraché de force

## EDGAR.

Ce prince, parvenu si jeune au trône, déploya bientôt une capacité rare pour l'administration des affaires. Son règne est un des plus fortunés qu'offre l'ancienne histoire d'Angleterre. Loin de montrer de l'éloignement pour la guerre, il fit les préparatifs les plus sages contre les invasions qui pouvaient le menacer; et, par sa vigueur et sa prévoyance, il se mit en état, sans s'exposer à la moindre insulte, de suivre son inclination pour la paix et de travailler à maintenir et perfectionner la police de son royaume. Il entretint un corps de troupes disciplinées qu'il mit en quartier dans le nord, pour contenir les Northumbres mutins, et repousser les incursions des Écossais. Il construisit et soutint une marine puissante; et afin de pouvoir exercer les matelots, et montrer sans cesse un armement formidable à ses ennemis, il eut toujours trois escadres sur les côtes, et il leur ordonna de faire de temps en temps le tour de ses états (1). Les Danois étrangers n'osèrent approcher d'un pays qui paraissait en si bon état de défense; les Danois de l'intérieur virent qu'ils courraient à leur propre perte en s'insurgeant : et les souverains voisins, le roi d'Écosse, et les princes de Galles, de l'île de Man, des Orkneys, et même de l'Irlande, furent réduits à se soumettre à un monarque si redoutable. Sa supériorité

à sa femme le jour de son couronnement, et que cette femme fut traitée ensuite comme on l'a rapporté ci-dessus. La seule différence est qu'Osborne et quelques autres l'appellent la concubine et non la femme d'Edwy, au lieu que Malmesbury lui donne ce dernier titre. Mais cette différence est aisée à concilier ; car si Edwy épousa Elgiva malgré l'opposition de l'église, il est certain que les moines ne l'auront pas reconnue pour sa femme, et ne lui auront assigné que le rang de concubine. Ainsi nous pouvons regarder ce récit du fait comme exact en total, ou du moins comme le plus probable. Si Edwy n'avait eu qu'une maîtresse, on sent assez qu'il aurait été facile de le raccommoder avec l'église, et d'empêcher le clergé d'en venir à de telles extrémités contre lui ; mais le mariage de ce prince n'étant pas régulier, selon les canons, était une insulte à l'autorité ecclésiastique que rien ne pouvait expier.

(1) Plusieurs historiens anglais font monter les vaisseaux d'Edgar au nombre extravagant de trois mille ou trois mille six cents. *Voyez* Hoveden, p. 426; Flor. Wigorn. p. 607; Abbas Rieval., p. 360. Mais Brompton, p. 869, dit qu'Edgar avait quatre mille vaisseaux. Comment concilier ces autorités avec la vraisemblance et l'état de la marine du temps d'Alfred? W. Thorne ne porte ce nombre qu'à trois cents, ce qui est plus probable. La flotte d'Ethelred, fils d'Edgar, doit avoir été au-dessous de mille vaisseaux. Cependant la Chronique Saxonne, p. 137, dit que c'était la flotte la plus considérable qu'eût jamais eue l'Angleterre.

devint telle qu'elle aurait pu exciter une ligue générale contre lui, si sa puissance n'avait été assez affermie pour ôter à ses ennemis tout espoir de l'ébranler. On rapporte de lui qu'étant à Chester, et voulant aller par eau à l'abbaye de Saint-Jean-Baptiste, il obligea huit des rois ses tributaires à ramer pour conduire sa barque sur la Dee. Les historiens anglais aimaient à compter dans ce nombre Kennet III, roi d'Écosse : les historiens écossais nient le fait, ou prétendent que, si jamais leur souverain se reconnut vassal d'Edgar, il lui rendit hommage, non de sa couronne, mais des possessions qu'il avait en Angleterre.

Le principal moyen dont Edgar se servit pour maintenir son autorité et conserver la paix publique, fut de s'attacher à plaire à Dunstan et aux moines qui l'avaient d'abord placé sur le trône, d'autant plus que leurs prétentions à la haute sainteté et à la pureté des mœurs leur avaient acquis un grand ascendant sur le peuple. Il favorisa leur plan pour déposséder les chanoines séculiers de tous les monastères ; il n'accorda de places ou d'emplois qu'aux partisans des ordres religieux, permit à Dunstan de résigner le siége de Worcester entre les mains d'Oswald, une de ses créatures, et d'en placer une autre, Ethelwold, dans celui de Winchester, et il les consulta dans l'administration des affaires ecclésiastiques, et même de la plupart des affaires civiles. Quoique le génie ferme de ce prince l'empêchât de se laisser dominer par ces prélats, tant d'avantages se trouvaient de part et d'autre dans cette bonne intelligence, qu'ils agirent toujours de concert, et unirent leurs soins pour conserver la paix et la tranquillité intérieure.

Pour consommer le grand ouvrage de placer le nouvel ordre de moines dans tous les couvents, Edgar convoqua un concile des prélats et des chefs d'ordres religieux du royaume. Il y déclama lui-même contre la vie dissolue des prêtres séculiers, contre la forme irrégulière de leur petite tonsure, qui vraisemblablement ne ressemblait plus à la couronne d'épines ; contre leur négligence à remplir les fonctions de leur ministère, contre leur mélange avec les gens du monde : jouant, chassant, dansant, chantant comme eux, s'associant à tous leurs plaisirs impurs ; contre leur commerce public avec des concubines, nom sous lequel on suppose que le roi désignait leurs propres femmes : alors se tournant vers le primat Dunstan, il lui adressa ce discours, comme si le feu roi Edred, indigné d'apercevoir du haut des cieux tant de désordres, eût parlé par sa bouche : « C'est d'après vos conseils, « Dunstan, dit Edgar au nom de son père, que j'ai fondé des « monastères, bâti des églises, et appliqué mes trésors à soutenir « la religion et les maisons religieuses. Vous avez été mon conseil, « vous m'avez secondé dans toutes ces pieuses entreprises ; vous « dirigez ma conscience, je vous ai obéi en toutes choses. Lorsque « vous aviez recours à moi, quelles grâces vous ai-je refusées ? « Mes secours ont-ils jamais manqué aux malheureux ? Ne me « suis-je pas fait un devoir de protéger et d'enrichir le clergé et « les couvents ? N'écoutais-je pas vos instructions quand vous me « disiez que ces charités étaient plus agréables à mon créateur « que toutes les autres bonnes œuvres ? et n'ai-je pas établi un « fonds perpétuel pour le soutien de la religion ? Tous nos pieux « efforts ne sont-ils pas maintenant rendus inutiles par la vie dis- « solue des prêtres ? Non que je veuille en jeter le blâme sur vous, « Dunstan ; vous avez exhorté, raisonné, enseigné, prêché ; « mais il faut employer aujourd'hui des remèdes plus forts et plus « actifs ; vous devez joindre votre autorité spirituelle à la puis- « sance civile, et chasser du temple de Dieu ces scélérats et ces « usurpateurs. » Il est aisé d'imaginer que cette harangue eut tout l'effet qu'on en avait désiré, et que, lorsque le roi et les prélats concouraient ainsi avec les préjugés populaires, les moines ne pouvaient voir différer long-temps le succès de leur dessein : en effet, ils établirent leurs nouvelles règles dans presque tous les couvents.

Nous pouvons observer que les déclamations contre le clergé séculier sont ici, comme dans tous les historiens, énoncées en termes généraux ; mais il est difficile de croire que les plaintes contre les mœurs relâchées de cet ordre, ordinairement contenu par la décence seule de son caractère, sans parler d'autres motifs encore plus puissants, fussent en général aussi bien fondées qu'on le prétendait. Il est plus vraisemblable que les moines, attentifs à gagner le bas peuple par l'affectation d'une vie austère, peignaient des couleurs les plus noires les libertés innocentes que le clergé se permettait, et se préparaient ainsi les moyens d'accroître leur pouvoir et leur influence. Cependant Edgar se déclara, en bon politique, pour le parti dominant. Il est vrai que les moines, lui devant le succès de leurs prétentions, se trouvaient engagés à soutenir l'autorité royale pendant le règne de leur protecteur; mais ces prétentions favorisées devinrent dans la suite très dangereuses à ses successeurs et à l'état. Edgar seconda la politique de la cour de Rome en accordant à quelques monastères une exemption de la juridiction épiscopale; il permit aux abbayes, et même à celles de fondation royale, d'usurper le droit d'élire leurs abbés, et ne contesta point l'authenticité des fausses chartes produites comme anciennes, par lesquelles il paraissait que les premiers rois leur avaient concédé beaucoup de priviléges et d'immunités.

Tant de faveurs de la part d'Edgar lui ont valu les éloges les plus pompeux de la part des moines. Non-seulement ils nous le représentent comme un prince très actif et comme un grand politique, louanges auxquelles il semble avoir droit de prétendre, mais comme un homme très vertueux et même digne d'être canonisé; mais toute sa conduite, dissolue au plus haut degré, et qui viola les lois divines et humaines, décèle à la fois son hypocrisie en déclamant contre la licence du clergé séculier, et l'esprit intéressé de ses partisans en faisant un tel éloge de sa piété. Ces mêmes moines qui, selon Ingulf, très ancien historien, ne connaissaient aucune autre vertu morale ou chrétienne que l'obéissance et la chasteté, favorisaient les vices contraires d'Edgar, et étaient encore ses plus zélés panégyristes. L'histoire nous a pourtant conservé quelques détails sur ses amours; ce sont des échantillons sur lesquels nous pouvons conjecturer le reste.

Edgar força la clôture d'un couvent, enleva Editha, l'une des religieuses de cette maison, et employa la violence pour la soumettre à ses désirs effrénés. Dunstan le réprimanda d'une action si sacrilége, et l'obligea, pour le réconcilier avec le ciel, non pas de rompre avec sa maîtresse, mais de sacrifier le plaisir de se parer d'un ornement inutile, c'est-à-dire d'être sept ans sans porter sa couronne. Ce châtiment était bien au-dessous de celui qu'avait essuyé l'infortuné Edwy, lorsque, pour un mariage qui, à la rigueur, ne méritait que le nom d'irrégulier, on l'avait dépouillé de son royaume, on avait traité sa femme avec la plus révoltante cruauté, on l'avait accablée de calomnies, et l'on avait transmis son nom à la postérité sous les couleurs les plus odieuses. Mais tel est l'empire que l'hypocrisie et l'intrigue peuvent prendre sur le genre humain.

Edgar eut une maîtresse appelée Elfleda, avec laquelle sa liaison ne commença d'abord que par une espèce de hasard. Passant un jour par Andover, il y logea chez un gentilhomme dont la fille était un prodige de mérite et de beauté. Enflammé d'un premier coup d'œil, ce prince résolut de satisfaire sa passion naissante : comme il n'avait pas le temps d'employer pour la toucher les soins et les soupirs, il s'adressa directement à sa mère, lui déclara la violence de son amour pour sa fille, et sollicita la permission de passer la nuit prochaine avec elle. Cette mère était une femme vertueuse, incapable de déshonorer sa fille et sa maison par une si basse complaisance ; cependant, connaissant le caractère impétueux du roi, elle imagina qu'il serait plus facile et plus sûr de le tromper que de le refuser. Elle feignit donc de se prêter à ses intentions, mais elle ordonna à une jeune personne d'une figure assez agréable, qui était attachée à sa maison, de s'introduire dans le lit du roi lorsque toute la compagnie serait séparée par l'heure du repos. Dès le matin avant le point du jour, la demoiselle, conformément aux instructions de sa maîtresse, voulut se retirer ; mais Edgar, naturellement peu réservé dans ses plaisirs, et plus enflammé encore que la veille, n'y voulut point consentir, et lui persuada ou la contraignit de rester près de lui. Elfleda, rassurée par ses charmes et par l'amour qu'ils semblaient avoir inspiré au roi, ne fit vraisemblablement qu'une faible résistance, et le lever du soleil découvrit la supercherie. Mais Edgar avait été si content de cette nuit, qu'il pardonna l'échange à la vieille dame, et le confirma lui-même en fixant de bonne foi ses vœux sur Elfleda. Elle devint sa maîtresse déclarée, et conserva son empire sur le cœur du roi jusqu'à son mariage avec Elfrida.

Les circonstances de ce mariage furent encore plus singulières et plus criminelles. Elfrida était fille et héritière d'Olgar, comte de Devonshire : quoiqu'elle eût été élevée en province et n'eût jamais paru à la cour, toute l'Angleterre retentissait du bruit de sa beauté. Edgar, qui n'était jamais indifférent aux bruits de ce genre, sentit redoubler sa curiosité ordinaire par les éloges d'Elfrida qu'il entendait répéter. Réfléchissant qu'elle était née d'un sang illustre, il résolut de s'en assurer la possession à des conditions honorables, si ses charmes répondaient en effet à leur célébrité. Il communiqua son dessein au comte Athelwold, son favori ; mais avant de commencer aucune démarche auprès des parents de cette demoiselle, le roi prit la précaution d'ordonner à son confident d'aller les visiter, sous quelque prétexte, et de revenir lui faire un portrait fidèle de sa beauté. Lorsque Athelwold fut présenté à Elfrida, il trouva qu'elle était encore au-dessus de ce qu'on publiait à son avantage, en devint éperdument amoureux, et résolut de sacrifier à sa nouvelle passion les intérêts et la confiance de son maître. Il revint dire à Edgar que les richesses et la haute naissance d'Elfrida avaient pu seules faire exagérer ainsi les grâces de sa personne, et que sa beauté était si médiocre, qu'on ne la remarquerait pas dans une femme d'un rang inférieur. Après avoir détourné le roi de son projet par cette imposture, Athelwold laissa passer quelque temps, et saisit un jour l'occasion d'amener la conversation sur le compte d'Elfrida : il avoua que si l'éclat d'un beau nom et d'une grande fortune n'avait pu lui faire illusion comme aux autres sur ses appas, il avait cependant réfléchi qu'elle serait un parti avantageux pour lui ; qu'après tout, sa dot et l'honneur de son alliance compenseraient assez l'irrégularité de ses traits ; qu'enfin, si le roi le trouvait bon, il se proposerait pour gendre au comte de Devonshire, et qu'il ne doutait pas d'en obtenir le consentement, aussi bien que celui de sa fille. Edgar, enchanté d'un moyen d'élever son favori, non-seulement lui permit de négocier ce mariage, mais l'y encouragea et l'y servit lui-même en le recommandant auprès de la famille d'Elfrida, et Athelwold fut heureux. Cependant, craignant toujours que sa perfidie ne fût découverte, il mit tout en usage pour retenir sa femme en province et pour la dérober aux regards du roi.

La passion violente dont Athelwold s'était enivré lui avait d'abord fermé les yeux sur les suites dangereuses que sa conduite devait nécessairement avoir, et sur les avantages qu'en tirerait la foule, toujours nombreuse, des ennemis d'un favori. Edgar fut bientôt informé de la vérité; mais avant de se venger de l'infidélité d'Athelwold, il voulut se convaincre par lui-même de la certitude et de l'étendue de son crime : il lui annonça qu'il irait le voir dans son château, et qu'il comptait y faire connaissance avec la comtesse sa femme. Athelwold, au désespoir de ne pouvoir refuser cette faveur, demanda seulement au roi la permission de le précéder de quelques heures, afin de donner des ordres pour la réception de sa majesté. Il partit en effet le premier, dévoila tout le mystère à Elfrida, et la conjura, si elle prenait quelque intérêt à l'honneur et à la vie de son époux, de négliger assez sa parure et son maintien pour diminuer cette beauté fatale pour laquelle il avait trahi son ami et son souverain. Elfrida promit tout, quoiqu'elle fût très éloignée de vouloir tenir parole. Il s'en fallait de beaucoup qu'elle sût gré intérieurement à Athelwold d'une passion qui l'avait privée d'une couronne; et, connaissant le pouvoir de ses charmes, elle ne désespéra pas encore de parvenir au rang dont les artifices de son époux lui coûtaient la perte. Elle parut donc devant le roi avec tout ce que la magnificence, le bon goût et le désir de plaire peuvent ajouter à la beauté. Elle alluma à la fois dans le cœur d'Edgar la plus vive passion pour elle et le plus furieux désir de vengeance contre Athelwold. Il réussit cependant à dissimuler ces deux passions, et, ayant engagé cet ancien favori à une partie de chasse dans une forêt, il l'y poignarda de sa propre main, et il épousa publiquement Elfrida peu de temps après.

Nous ne devons pas finir l'histoire de ce règne sans en rapporter deux circonstances que tous les historiens ont remarquées. La réputation d'Edgar attira un grand nombre d'étrangers à sa cour, et ce prince les engagea, par son accueil et ses bienfaits, à se fixer en Angleterre. On prétend qu'ils y apportèrent tous les vices de leurs différents pays, et qu'ils contribuèrent à corrompre les mœurs simples des Anglais; mais comme cette simplicité de mœurs tant vantée, et souvent si mal à propos, ne les garantissait pas de la perfidie et de la cruauté, les plus grands de tous les vices, et les plus ordinaires aux peuples grossiers, on doit peut-être compter entre les événements heureux les liaisons qu'ils formèrent avec ces étrangers; car elles ne pouvaient qu'étendre les connaissances et les vues des Anglais, et les guérir des préjugés misérables et des manières agrestes qui caractérisent assez les insulaires.

Un autre événement remarquable de ce règne fut la destruction totale des loups en Angleterre, due à la police industrieuse d'Edgar. Il commença par donner assidument la chasse à ces animaux voraces; et, lorsqu'il s'aperçut qu'ils se retiraient dans les montagnes et dans les forêts du pays de Galles, il changea le tribut d'argent imposé aux princes gallois par Athelstan, son prédécesseur, en un tribut annuel de trois cents têtes de loups : cet expédient donna tant d'ardeur pour les tuer, que bientôt il n'en reparut plus dans cette île.

Edgar mourut après un règne de seize années, et dans la trente-troisième de son âge. Édouard, son fils, né du premier mariage qu'il avait contracté avec la fille du comte Ordmer, lui succéda.

## ÉDOUARD-LE-MARTYR.

Ce prince, âgé seulement de quinze ans à la mort de son père, ne parvint pas à la couronne sans difficultés et sans opposition. Elfrida, sa belle-mère, avait un fils âgé de sept ans, nommé Ethelred, qu'elle tenta d'élever au trône. Elle prétendit que le premier mariage d'Edgar offrait des nullités incontestables; et, comme elle avait eu beaucoup de crédit sous le règne du feu roi, elle avait trouvé moyen de se faire des partisans qui soutinrent toutes ses prétentions. Mais les droits d'Édouard s'étayaient de plusieurs circonstances avantageuses pour lui. Il était appelé à la succession par le testament du roi son père; il approchait de sa majorité, et pouvait tenir bientôt lui-même les rênes du gouvernement. La principale noblesse, effrayée du caractère impérieux d'Elfrida, craignait que le choix de son fils n'augmentât l'autorité de cette princesse, si même il ne lui assurait pas la régence; mais surtout Dunstan, à qui sa réputation de sainteté avait donné un crédit absolu sur le peuple, se déclarait pour Édouard, sur qui il avait déjà pris un grand ascendant, et il était déterminé à exécuter le testament d'Edgar en sa faveur. Pour déconcerter les prétentions contraires, Dunstan se hâta de sacrer et de couronner ce jeune prince à Kingston, et tout le royaume se soumit à lui sans autre résistance.

Il était très essentiel à Dunstan et aux moines de placer sur le trône un roi qui fût favorable à leur cause. Le clergé séculier conservait toujours en Angleterre des partisans, qui désiraient qu'il restât en possession des couvents et de l'autorité ecclésiastique. A la première nouvelle de la mort d'Edgar, Alfère, duc de Mercie, avait expulsé les nouveaux ordres de moines de tous les monastères qui étaient dans sa province; mais Elfwin, duc d'Estanglie, et Brithnot, duc des Saxons orientaux ou Est-Saxons, les protégeaient dans leurs territoires, et s'intéressaient fortement à faire exécuter les lois promulguées en leur faveur. Pour discuter ces différends, on convoqua plusieurs synodes, qui, selon l'usage de ces temps-là, étaient composés partie de noblesse laïque, et partie d'ecclésiastiques. Le clergé séculier perdit sa cause dans ces assemblées, et, à ce qu'il paraît, malgré les vœux secrets, sinon l'opposition ouverte, de tous les grands de la nation. Les moines eurent sans doute plus d'adresse à forger des miracles pour appuyer leurs raisons; ou, ayant eu le bonheur d'acquérir, par leurs prétendues austérités, une grande réputation de piété, leurs miracles s'accréditaient plus aisément parmi le bas peuple.

Dunstan, s'étant aperçu, dans un de ces synodes, que la pluralité des voix était contre lui, se leva, et dit hardiment qu'il venait d'avoir sur l'heure même une révélation, et que le ciel prononçait en faveur des religieux. L'assemblée fut si frappée de ce prodige, ou probablement si intimidée par la populace, qu'elle cessa de délibérer. Dans un autre synode, une voix, sortie d'un crucifix, se fit entendre, et déclara que l'établissement des moines était fondé sur la volonté du ciel, et qu'on ne pouvait s'y opposer sans impiété. Mais le miracle qui s'opéra dans le troisième fut encore plus effrayant : le plancher de la salle où l'on était assemblé s'enfonça tout à coup, et un grand nombre de membres du synode furent blessés ou tués. On remarqua que Dunstan avait empêché le roi de s'y trouver ce jour-là, et que la solive sur laquelle sa propre chaise portait fut la seule qui resta en place; mais, au lieu de suggérer le soupçon de quelque supercherie, ces circonstances furent regardées comme la preuve la plus signalée de l'interposition immédiate de la Providence en faveur de ces favoris du ciel.

Édouard ne vécut que quatre ans après son avénement à la couronne : pendant ces quatre années, il ne se passa rien d'intéressant pour l'histoire; la mort de ce prince fut seule mémorable et tragique. Il avait conservé la candeur la plus rare; et comme ses intentions étaient toujours droites et pures, il ne trouvait en lui-même aucun motif de se défier des autres. Malgré les obstacles que sa belle-mère avait opposés à son droit d'hérédité, et quoiqu'elle eût formé un parti en faveur de son propre fils, il ne cessa point d'avoir les plus grands égards pour elle, et même continua de donner à son frère les preuves de l'affection la plus tendre. Édouard chassait un jour dans la province de Dorsetshire, le hasard le conduisit près de Corfe-Castle, où résidait la reine Elfrida; il en profita pour aller lui rendre une visite sans être accompagné d'aucune personne de sa suite, et par-là procura à cette princesse une occasion qu'elle souhaitait depuis long-temps. Lorsqu'il eut pris congé d'elle et qu'il fut remonté à cheval, il demanda quelque rafraîchissement; et, tandis qu'il tenait la coupe sur ses lèvres, un domestique de la reine s'approcha de lui et lui porta un coup de poignard par derrière. Le prince, se sentant blessé, donna des éperons à son cheval; mais bientôt la perte de son sang le fit évanouir; il tomba, ses jambes s'embarrassèrent dans les étriers, et il fut traîné en cet état jusqu'à ce qu'il expirât. Son corps fut retrouvé à ces traces sanglantes, et enterré sans cérémonie à Wareham par les gens de sa maison.

La jeunesse, l'innocence et la mort tragique de ce prince, firent naître parmi le peuple un tel intérêt pour lui, que l'on se persuada qu'il s'opérait des miracles sur sa tombe. On lui donna le nom de martyr, quoique ce meurtre n'eût été commis pour aucune cause de religion. Elfrida érigea plusieurs monastères, et fit diverses œuvres de pénitence pour expier son crime; mais ces témoignages d'hypocrisie ou de remords ne purent jamais lui rendre l'estime du public, malgré la facilité d'en imposer, dans ce siècle d'ignorance, par des actes de piété extérieure.

## ETHELRED.

Le repos dont les Danois avaient laissé jouir si long-temps l'Angleterre semblait dû à deux causes : l'une était les établissements que ces peuples s'étaient procurés dans le nord de la France, où ils occupaient les familles qui surchargeaient leur pays à peupler et à défendre ces nouvelles possessions ; l'autre cause était l'énergie et l'esprit guerrier d'une longue suite de princes anglais, qui mirent le royaume en état de défense par mer et par terre, et prévinrent ou repoussèrent toutes les entreprises du dehors. Mais un nouvel essaim de ces barbares, sortis des régions septentrionales, ne pouvant plus espérer de subsistance en Normandie, parut menacer l'Angleterre ; elle prévit, avec raison, que ces Danois étrangers seraient tentés de visiter une île où la mémoire de leurs anciens succès pouvait les rappeler ; où même ils se flattaient d'être secondés par leurs compatriotes établis depuis long-temps dans ce royaume, mais peu unis avec les naturels du pays, et qui n'étaient pas bien corrigés de leurs premières habitudes de guerre et de pillage. Comme le roi régnant était mineur, et que même, après avoir atteint sa majorité, il ne montra jamais assez de courage et de capacité pour gouverner ses propres sujets, encore moins pour repousser un ennemi formidable, ses peuples avaient lieu d'attendre d'une si dangereuse crise les plus terribles calamités.

Les Danois, avant d'oser tenter à force ouverte d'envahir l'Angleterre, y firent d'abord une petite incursion pour juger comment ils seraient reçus. Portés sur sept vaisseaux, ils descendirent près de Southampton, ravagèrent la province, et se retirèrent impunément, chargés de butin. Six ans après, ils firent une tentative semblable du côté de l'ouest, et eurent le même succès. Lorsqu'ils virent les affaires dans une situation si différente de ce qu'elles leur avaient paru précédemment, ils encouragèrent leurs compatriotes à rassembler des forces plus considérables, et les flattèrent de l'espoir de plus grands avantages. Ils débarquèrent (991) dans le pays d'Essex, sous le commandement de deux chefs, et, ayant défait et tué à Maldon Brithnot, duc de cette province, qui, avec une poignée d'hommes, s'était hasardé à les attaquer, ils dévastèrent toutes les provinces voisines. Ethelred, à qui les historiens donnent le surnom d'*Indolent* (unready), au lieu d'exciter ses sujets à défendre courageusement leur honneur et leurs biens, se rendit aux conseils de Siricius, archevêque de Canterbury, appuyés de ceux de la plus grande partie d'une noblesse dégénérée ; il marchanda le départ de l'ennemi, et obtint, en lui payant la somme de dix mille livres sterling, qu'il quitterait le royaume. Ce honteux expédient eut le succès qu'on devait en attendre : les Danois reparurent l'année suivante à la hauteur des côtes orientales, dans l'espoir de subjuguer un peuple qui, au lieu d'avoir recours aux armes, vrai moyen d'éloigner l'ennemi, se défendait avec de l'argent, qui ne pouvait que l'attirer. Mais les Anglais, ayant senti leur imprudence pendant cet intervalle, avaient tenu un grand conseil, et avaient résolu d'assembler à Londres une flotte capable de repousser l'invasion. Ces mesures si sages devinrent infructueuses par la trahison d'Alfric, duc de Mercie, dont les annales de ce siècle ne parlent qu'avec horreur, tant ses perfidies répétées et les malheurs qu'elles attirèrent sur sa patrie ont déshonoré son nom. Ce seigneur avait succédé, en 983, à son père Alfère, dans cet important gouvernement. Il en fut privé deux ans après, et banni du royaume (1). Toutes ses intrigues et tout le pouvoir qu'il s'était acquis, trop excessif pour un sujet, purent à peine le faire rentrer dans sa patrie et dans ses emplois. Cette expérience du crédit et de la mauvaise volonté de ses ennemis lui fit sentir qu'il ne devait se reposer de sa sûreté, ni sur ses services, ni sur l'affection de ses concitoyens, mais sur l'attachement et la soumission de ses vassaux, et sur les calamités publiques, qui rendraient à chaque révolution son secours nécessaire. Plein de cette idée, il prit le parti de s'opposer à tout ce qui pourrait affermir l'autorité royale, ou rendre sa propre situation dépendante et précaire. Comme les Anglais avaient formé le plan d'entourer et de détruire la flotte danoise dans le havre, il avertit sous main les pirates du

---

(1) Chron. Sax. pag. 125. Chron. S. Petri de Burgo, pag. 31.

danger dont ils étaient menacés : lorsqu'à cette nouvelle ils se remirent en mer, Alfric, avec l'escadre qu'il commandait, déserta la nuit qui précéda le combat qu'on devait livrer, et déconcerta ainsi tous les efforts de ses compatriotes. Ethelred, outré de cette perfidie, s'assura de la personne d'Alfgar, fils d'Alfric, et lui fit arracher les yeux; mais tel était l'ascendant du duc, que, malgré sa trahison, et la fureur qu'il devait ressentir de la vengeance qu'on en avait tirée, le roi fut forcé de lui confier de nouveau le gouvernement de Mercie. Cette conduite de la cour, si cruelle, si faible, et si imprudente à tous égards, méritait et pronostiquait à la fois les maux terribles qui allaient désoler l'état.

Les peuples du nord, bien convaincus qu'alors l'Angleterre était sans défense, y firent une descente formidable sous les ordres de Sweyn, roi de Danemark, et d'Olave, roi de Norwége. Ils remontèrent l'Humber, et mirent tout à feu et à sang. Lindesey fut pillée, et Banbury totalement détruite; tous les Northumbres, quoique la plupart Danois d'origine, se virent contraints à se joindre aux vainqueurs, ou à souffrir leurs cruautés. On assembla une armée nombreuse pour repousser l'ennemi, et il y eut une action générale; mais les Anglais furent abandonnés au milieu de la bataille par leurs trois chefs, tous trois de race danoise, Frena, Frithegist, et Godwin, qui, soit lâcheté, soit trahison, donnèrent aux troupes qu'ils commandaient l'exemple d'une fuite honteuse.

Encouragés par ce succès, et plus encore par le mépris que de si faibles ennemis leur inspiraient, les pirates hasardèrent d'attaquer le centre du royaume. Ils entrèrent dans la Tamise avec quatre-vingt-quatorze de leurs vaisseaux, assiégèrent Londres, et menacèrent cette ville d'une entière destruction; mais les citoyens, alarmés d'un péril si pressant, et étroitement unis entre eux par l'intérêt commun, firent une résistance plus vigoureuse que, d'après la lâcheté de la noblesse, les Danois ne devaient s'y attendre. Enfin, après avoir beaucoup souffert, les assiégeants furent obligés de renoncer à leur entreprise. Pour se venger, ils ravagèrent le pays d'Essex, de Sussex et d'Hampshire, où ils se pourvurent de chevaux, qui les mirent en état de pénétrer dans les provinces les plus centrales et d'y porter la désolation. Dans cette extrémité, Ethelred et la noblesse eurent recours au premier expédient dont ce prince s'était servi ; il envoya des ambassadeurs aux deux rois du nord pour leur promettre des vivres et un tribut, à condition qu'ils cesseraient toutes leurs hostilités, et qu'ils évacueraient sur-le-champ le royaume. Sweyn et Olave y consentirent, et prirent tranquillement leurs quartiers à Southampton, où la somme de seize mille livres sterling leur fut payée. Olave fit même un voyage à Andover, où résidait Ethelred ; il y reçut la confirmation par la main des évêques anglais, ainsi que plusieurs riches présents du roi. Ce fut là qu'il promit de ne jamais rentrer en ennemi dans le royaume d'Angleterre, et il tint exactement sa parole. L'église romaine honore sa mémoire sous le nom de saint Olave ; et, malgré la prévention assez générale contre la sainteté de la plupart de ceux qui furent canonisés dans ces temps d'ignorance, ce prince paraît avoir été réellement un homme de mérite. Sweyn, moins scrupuleux qu'Olave, fut cependant obligé de se retirer avec ses troupes, lorsque son confédéré s'éloigna.

Cet accommodement ne suspendit que peu de temps les misères des Anglais. Les pirates danois reparurent bientôt dans la Saverne : après avoir dévasté la principauté de Galles, le pays de Cornouailles, et celui de Devon, ils firent voile vers les côtes méridionales, entrèrent dans la Tamar, et achevèrent la désolation de ces provinces ; ils retournèrent ensuite dans le canal de Bristol, et, pénétrant dans le pays par l'Avon, ils s'étendirent dans les environs, qu'ils mirent à feu et à sang jusqu'en Dorsetshire. Bientôt ils changèrent le théâtre de la guerre ; et, après avoir ravagé l'île de Wight, entrèrent dans la Tamise, dans la Medway, et assiégèrent Rochester, où ils défirent en bataille rangée les habitants du pays de Kent. Après cette victoire, toute la province fut saccagée par le fer, la flamme, le pillage, et ne fut plus qu'une scène de massacre et d'horreur. Tant de calamités forcèrent enfin les Anglais de s'occuper de la défense commune par terre et par mer ; mais la faiblesse du roi, les divisions des grands, la perfidie de quelques-uns, la lâcheté des autres, le défaut de concert entre eux tous, rendirent toutes leurs opérations infructueuses. Leurs flottes et leurs armées, ou venaient trop tard attaquer l'ennemi, ou étaient repoussées avec déshonneur, et les peuples se trouvaient également ruinés par la résistance et par la soumission. Devenus incapables de prudence et d'unanimité dans le conseil, de courage et d'habileté à la guerre, les Anglais eurent recours à la honteuse ressource dont ils avaient déjà éprouvé l'insuffisance ; ils offrirent aux Danois d'acheter la paix. Ces dévastateurs, enhardis par la pusillanimité de leurs adversaires, leur imposaient continuellement des conditions plus dures, et ils portèrent alors leurs demandes jusqu'à la somme de vingt-quatre mille livres sterling, que les Anglais furent assez vils et assez imprudents pour leur donner. Le départ des Danois leur procura encore un repos momentané, dont ils s'empressèrent de jouir, comme s'il avait dû être inaltérable, sans faire aucun préparatif pour être en état de résister plus vigoureusement à la première invasion que l'on pourrait faire chez eux.

Indépendamment de la somme qu'ils avaient reçue, les Danois avaient un autre motif pour abandonner l'Angleterre, quelque affaiblie qu'elle parût ; ils étaient appelés en Normandie par leurs compatriotes, que les armes de Robert, roi de France, y pressaient alors vivement, et qui avaient peine à se conserver l'établissement si utile pour eux-mêmes, et si glorieux pour leur patrie, qu'ils s'étaient fait dans cette province. Il est vraisemblable aussi qu'Ethelred, observant l'étroite union qui subsistait entre tous les Danois, quoiqu'ils habitassent différents pays et vécussent sous divers gouvernements, désira de s'allier avec ces peuples redoutables : en conséquence de ce projet, et se trouvant veuf alors, il demanda Emma, sœur de Richard II, duc de Normandie, et l'obtint. On la conduisit la même année en Angleterre, où leur mariage fut célébré.

Vers la fin du neuvième siècle, et le commencement du dixième, le nord, qui n'était pas encore épuisé par cette multitude de familles, ou plutôt de nations, sorties successivement de son sein, envoya au dehors une nouvelle peuplade, non pas de conquérants, comme autrefois, mais de pirates et de dévastateurs, qui infestaient les contrées occupées jadis par ses belliqueux enfants. Alors vivait Rollo, petit prince ou chieftain de Danemark, dont bientôt la valeur et l'habileté attirèrent l'attention de ses compatriotes; il excita, dès sa jeunesse, la jalousie du roi de Danemark, qui attaqua son étroite mais indépendante principauté. Las de ne pouvoir réussir à s'en emparer par la force, il eut enfin recours à la trahison. Ce monarque tendit à Rollo le piége d'une fausse paix, et tombant tout à coup sur lui, au milieu de sa sécurité, massacra le frère de ce jeune prince, ainsi que ses plus braves officiers, et le réduisit à se sauver lui-même en Scandinavie. Un grand nombre des anciens sujets de Rollo, les uns par attachement pour sa personne, les autres fatigués de l'oppression du monarque danois, joignirent leur premier maître dans sa retraite, se rangèrent sous ses étendards, et lui offrirent de le suivre dans toutes ses entreprises. Au lieu de tenter de recouvrer son héritage paternel, que les Danois lui auraient disputé vigoureusement, Rollo projeta une expédition plus facile et plus importante; il résolut, à l'exemple de ses compatriotes, de faire sa fortune en pillant les contrées méridionales les plus riches de l'Europe. Il rassembla un corps de troupes, composé, comme ceux de tous ces aventuriers, de Norwégiens, de Suédois, de Frisiens, de Danois, et d'autres volontaires de différentes nations, tous accoutumés à une vie errante, et ne se plaisant qu'à la guerre et au pillage. La réputation de Rollo lui attira de toutes parts des associés; une vision qu'il prétendit avoir eue pendant son sommeil, et qui, selon sa manière de l'interpréter, lui pronostiquait les plus grands succès, devint encore pour ces hommes ignorants et superstieux un motif puissant de s'attacher à lui.

La première tentative de Rollo fut sur l'Angleterre, vers la fin du règne d'Alfred, lorsque ce grand monarque, après avoir fixé Guthrum et sa troupe en Estanglie, et quelques autres de ces pirates dans le Northumberland, eut ramené la paix dans sa patrie désolée, et établi parmi les Anglais les meilleures institutions tant militaires que civiles. Le prudent Danois, jugeant qu'il y avait peu d'avantages à espérer sur un pareil peuple gouverné par un tel prince, tourna bientôt ses vues sur la France, qui lui parut moins bien défendue contre ses entreprises : il en ravagea donc l'intérieur ainsi que les provinces maritimes, pendant les règnes de l'usurpateur Eudes, et du faible Charles-le-Simple. La France, hors d'état de résister à un chef qui joignait à la valeur de ses compatriotes toute la politique des nations les plus civilisées, fut obligée de recourir à l'expédient employé par Alfred, c'est-à-dire d'offrir un établissement à ces guerriers dans quelques-unes des provinces dépeuplées par leurs armes.

La raison pour laquelle les Danois s'étaient conduits pendant un grand nombre d'années si différemment des Goths, des Vandales, des Francs, des Bourguignons, et des Lombards, était la grande différence qu'il y avait entre leur méthode de faire la guerre et celle de ces diverses nations; différence que leur position particulière les forçait nécessairement de conserver. Les autres peuples, vivant dans le cœur du continent, faisaient des incursions par terre sur l'empire romain ; lorsqu'ils pénétraient au-delà de ses frontières, ils étaient obligés de mener avec eux leurs femmes et leurs enfants, qu'ils ne pouvaient pas espérer de revoir de si tôt, et qui autrement n'auraient pu participer au pillage. Cette circonstance les engageait à se former des habitations dans les provinces qu'ils avaient parcourues, et se répandant ensuite dans le pays, ils trouvaient leur intérêt à protéger les possessions et l'industrie du peuple qu'ils venaient de subjuguer : les Danois, au contraire, et les Norwégiens, par l'effet de leur situation maritime, et ne pouvant subsister que par la pêche dans leur pays inculte, s'étaient adonnés à la navigation, et, dans leurs excursions militaires, suivaient la méthode employée contre l'empire romain par les anciens Saxons : ils faisaient des descentes en petites troupes avec leurs vaisseaux, ou plutôt leurs bateaux, et, après avoir ravagé les côtes, retournaient chargés de butin vers leurs familles, dont ils n'auraient pu se faire accompagner commodément dans des expéditions si hasardeuses. Mais lorsqu'ils augmentèrent leurs armements, lorsqu'ils firent des incursions jusque dans le centre des provinces, et qu'ils furent assez en force pour rester avec sûreté au milieu de l'ennemi même, ils embarquèrent leurs femmes et leurs enfants, et, ne se souciant plus de retourner dans leur stérile patrie, ils saisirent volontiers l'occasion de s'établir dans les climats chauds et dans les fertiles campagnes du midi.

Telle était la position de Rollo et des siens, lorsque Charles leur proposa de leur abandonner une partie de la province anciennement appelée Neustrie, et d'acheter la paix avec eux à cette condition rigoureuse. Quand on fut d'accord sur tous les articles du traité, une seule circonstance blessa le fier Danois : on demandait qu'il rendît foi et hommage de cette province à Charles, dans l'humble posture que la loi féodale impose aux vassaux. Rollo refusa long-temps de se soumettre à ce qu'il regardait comme une bassesse ; cependant, ne voulant pas perdre une acquisition de cette importance pour une pure cérémonie, il sacrifia son orgueil à son intérêt, et se reconnut dans toutes les formes vassal du monarque français. Charles accorda sa fille Gisla en mariage à Rollo, et, pour se l'attacher encore davantage, lui fit don d'un territoire considérable, outre ce qu'il s'était obligé de lui céder par le traité. Quelques seigneurs de la cour de France ayant dit au conquérant danois qu'en reconnaissance d'un présent si magnifique il fallait qu'il se jetât aux pieds du roi pour le remercier, Rollo répondit qu'il refuserait plutôt le présent ; et ce ne fut qu'avec peine qu'on lui persuada de faire faire au moins ce remerciement par un de ses officiers. Le Danois chargé de cette commission, indigné d'un pareil ordre, et méprisant un prince si peu guerrier, saisit le pied de Charles, comme dans l'intention de le porter à sa bouche pour le baiser, et renversa le monarque par terre en présence de tous ses courtisans. La nation française, trop convaincue de sa faiblesse actuelle, crut devoir dissimuler le ressentiment de cette insulte.

Rollo, parvenu alors au déclin de sa vie, fatigué de guerres et de déprédations, ne s'appliqua plus qu'à former son établissement avec sagesse dans la contrée qu'il venait d'acquérir, et qui porta depuis le nom de Normandie. Il la partagea entre ses capitaines et le reste des siens : il suivit pour ce partage les coutumes de la loi féodale, alors généralement adoptées dans les pays méridionaux de l'Europe, et qui convenaient aux circonstances particulières de ce temps-là. Il traita les Français soumis à son gouvernement avec autant de douceur que d'équité, policia les peuples féroces qui l'avaient suivi dans cette conquête, établit les lois et le bon ordre dans ses états, et, après une vie passée dans le trouble, les ravages, et les horreurs de la guerre, mourut paisiblement, à un âge assez avancé, et laissa ses possessions à sa postérité.

Guillaume Ier, qui lui succéda, gouverna le duché vingt-cinq ans : pendant son administration, les Normands se mêlèrent entièrement avec les Français, apprirent leur langue, imitèrent leurs manières, et firent des progrès si rapides dans la civilisation, qu'à la mort de Guillaume, son fils Richard, quoique mineur, recueillit son héritage, preuve certaine que les Normands commençaient à se policer, que leur gouvernement était alors affermi sur ses lois et ses institutions civiles, et que sa stabilité ne dépendait pas entièrement de l'habileté du souverain. Après un règne de cinquante-quatre ans, Richard eut pour successeur son fils, qui porta le même nom que lui, et parvint à la couronne en 996, quatre-vingt-cinq ans après le premier établissement des Normands en France. C'est ce duc de Normandie qui donna sa sœur Emma en mariage à Ethelred, roi d'Angleterre, et qui forma dès-lors une alliance avec un pays que sa postérité était destinée à conquérir bientôt.

Les Danois étaient établis en Angleterre long-temps avant qu'ils le fussent en France; mais, quoique la ressemblance de leur langue avec celle des Saxons dût les inviter à se lier plus tôt avec les naturels du pays, ils avaient trouvé jusque-là si peu d'urbanité dans les mœurs anglaises, qu'ils n'avaient rien perdu de leur ancienne férocité, et ne se glorifiaient que de leur caractère national, c'est-à-dire de la bravoure militaire : les exploits anciens et récents de leurs compatriotes aidaient à fortifier cette espèce de vanité. Les princes anglais, surtout Athelstan et Edgar, persuadés de la supériorité des troupes danoises, en entretenaient toujours des corps qui étaient en quartier dans les campagnes, et en molestaient les habitants. Ces mercenaires étaient parvenus à un tel degré de luxe, selon les anciens auteurs anglais, qu'ils peignaient leurs cheveux tous les jours, se baignaient une fois la semaine, et changeaient souvent d'habits : ces soins efféminés et leur valeur guerrière les avaient, dit-on, rendus si agréables au beau sexe, qu'ils séduisirent les femmes et les filles des Anglais, et déshonorèrent un grand nombre de familles; mais ce qui leur aliéna encore plus les habitants, fut qu'au lieu de les défendre contre les invasions, ils étaient toujours prêts à se joindre aux Danois étrangers, et à seconder les violences et le pillage des brigands de leur nation. La haine allumée entre les Anglais et les Danois par ces griefs multipliés était à son dernier période, lorsque Ethelred, par une politique assez familière aux princes faibles, prit la résolution barbare de faire massacrer tous les Danois qui se trouveraient dans ses états (1). On donna des ordres secrets pour que cette exécution se fit partout le même jour. La fête de Saint-Brice, qui tombait un dimanche (13 nov.), jour où les Danois avaient coutume de se baigner, fut choisie pour ce dessein. Il est inutile de répéter ce qu'on nous a transmis des détails horribles d'une pareille boucherie. La rage du bas peuple, excitée par les perfidies des Danois, autorisée par la cour, et enflammée par l'exemple, ne distingua point l'innocent du coupable, n'épargna ni sexe, ni âge, et ne put s'assouvir que par les tourments et la mort de ces malheureuses victimes. Gunilda même, sœur du roi de Danemark, qui avait épousé le comte Paling et embrassé le christianisme, fut arrêtée par le conseil d'Edric, comte de Wilts, et condamnée à mort par Ethelred, après avoir vu égorger son mari et ses enfants. La malheureuse princesse, dans l'agonie du désespoir, prédit que son sang, répandu avec tant de cruauté, serait vengé par la ruine totale et prochaine de la nation anglaise.

Jamais prophétie ne fut mieux accomplie, et jamais politique barbare ne devint plus funeste à ses auteurs. Sweyn et ses Danois, qui n'attendaient qu'un prétexte pour faire une invasion en Angleterre, parurent à la hauteur des côtes occidentales, et menacèrent de tirer une vengeance complète du meurtre de leurs compatriotes. Ils s'emparèrent d'abord d'Exeter, favorisés par

---

(1) Presque tous les anciens historiens parlent de ce massacre des Danois comme s'il eût été universel, et qu'il n'en fût pas échappé un seul dans toute l'Angleterre. Mais ils étaient presque les seuls habitants des royaumes de Northumberland et d'Estanglie, et étaient en grand nombre dans la Mercie. Cette catastrophe est donc absolument impossible : il y aurait eu de leur part une grande résistance, et les guerres les plus sanglantes en auraient été la suite, ce qui n'arriva point. Ce récit, fait par Wallingford, quoique isolé, doit être admis comme le seul véritable. On prétend que le nom de *Lurdane*, c'est-à-dire lord danois, donné à un vagabond qui vit aux dépens d'autrui, dérive de la conduite qu'avaient tenue ces Danois mis à mort. Mais les princes anglais avaient été les maîtres pendant plusieurs générations, et n'avaient sur pied qu'un corps de cette nation. Il paraît donc vraisemblable que ce fut seulement ce corps de troupes danoises qui fut égorgé.

la négligence ou la trahison du comte Hugues, seigneur normand, qui avait été fait gouverneur de cette place, à la recommandation de la reine Emma (1). Ils commençaient à répandre la désolation dans la campagne, lorsque les Anglais, prévoyant ce qu'ils avaient à craindre d'un ennemi féroce et outragé, prirent les armes avec plus de célérité et en plus grand nombre qu'à l'ordinaire, et semblèrent vouloir faire une résistance vigoureuse ; mais tous ces préparatifs devinrent inutiles par la perfidie du duc Alfric, auquel on avait confié le commandement des troupes, et qui, feignant d'être malade, refusa de conduire l'armée contre les Danois, jusqu'à ce qu'enfin, découragée par la mauvaise conduite de son général, elle se dispersa. Alfric mourut peu de temps après. Edric, gendre du roi, et qui avait beaucoup de crédit sur l'esprit de ce prince, mais encore plus traître qu'Alfric, lui succéda dans le gouvernement de la Mercie et le commandement de l'armée anglaise. Une famine horrible, produite en partie par l'intempérie des saisons, et en partie par l'abandon de l'agriculture, acheva de combler la misère des habitants : le pays, dévasté par les Danois, épuisé par les expéditions infructueuses de ses propres troupes, fut réduit dans l'état le plus déplorable, et enfin à la honte d'acheter une paix momentanée en payant à l'ennemi la somme de 30,000 livres sterling.

Les Anglais employèrent cet intervalle de repos à faire des préparatifs contre le retour des Danois, qu'ils avaient raison de prévoir comme prochain. On fit une loi qui ordonnait à tous les propriétaires de huit *hydes* (2) de terres, de fournir un cavalier avec son armure complète ; et à tous les propriétaires de trois cent dix *hydes*, d'équiper un vaisseau pour la défense des côtes. Lorsque cette flotte, qui consistait en près de huit cents vaisseaux, fut assemblée (3), toutes les espérances qu'on avait conçues de son succès furent trahies par les factions, les haines, et les dissensions de la noblesse. Edric avait excité son frère Brightric à accuser de trahison Wolfnorth, gouverneur de Sussex, et

---

(1) Chron. Sax. p. 135. H. Hunting, p. 360.

(2) Mesure anglaise qui contient l'étendue qu'une charrue anglaise peut labourer dans une journée.

(3) Il y avait 243,600 hydes de terres en Angleterre ; ainsi les vaisseaux équipés devaient se monter à 785. La cavalerie fut composée de 30,450 hommes.

père du fameux Godwin. Wolfnorth, convaincu de la mauvaise volonté et du crédit de son accusateur, ne trouva d'autre moyen de pourvoir à sa sûreté que de passer du côté des Danois avec vingt vaisseaux. Brightric le poursuivit avec une flotte de quatre-vingts voiles ; mais elle fut dispersée par une tempête, qui la fit échouer sur la côte, où Wolfnorth l'attaqua, brûla, coula à fond, et détruisit tout ce qui était échappé à la tempête (1). La nullité du roi était peu capable de réparer ce désastre. La perfidie d'Edric renversait tous les plans de défense qu'on pouvait former, et la flotte anglaise, déconcertée, découragée et dispersée, fut à la fin obligée de rentrer dans ses différents ports.

Il est presque impossible, et il serait ennuyeux de rapporter en détail toutes les calamités dont les Anglais eurent à gémir dans la suite. L'histoire de ces temps malheureux n'offre plus à nos regards que des villes fumantes et saccagées, la désolation des campagnes, les incursions des Danois dans toutes les parties du royaume, et leur cruelle activité à porter le fer et la flamme dans tous les coins qui avaient pu échapper à leur première furie. La narration interrompue et coupée des anciens historiens est elle-même l'image de la nature de cette guerre ; des invasions si soudaines qu'elles auraient mis en danger l'état le mieux gouverné, et dont toutes les parties de l'administration se seraient mutuellement secondées pour le défendre, devinrent funestes à un royaume où la consternation, la défiance réciproque et la discorde régnaient seules. Les gouverneurs d'une province refusaient de marcher au secours d'une autre, et tremblaient à leur tour lorsqu'ils étaient enfin obligés de prendre les armes pour défendre leurs propres gouvernements. On assemblait des conseils généraux, mais on n'y prenait aucune résolution, ou aucune des résolutions qu'on y avait prises n'était exécutée. Le seul expédient que tous les Anglais se trouvèrent unanimement d'accord d'employer, fut la ressource, aussi imprudente que honteuse, d'acheter encore la paix en donnant aux Danois la somme de 48,000 livres sterling.

Ce traité déshonorant ne procura pas même aux Anglais le court intervalle de repos qu'ils en avaient attendu. Les Danois,

(1) Chron. Sax., p. 137. Will. Malm., p. 63. Hoveden, p. 430.

au mépris de leurs engagements, continuèrent leurs hostilités, levèrent une nouvelle contribution de 8,000 livres sterling sur le seul comté de Kent, égorgèrent l'archevêque de Canterbury, qui avait refusé d'autoriser cette exaction, et ne laissèrent à la noblesse anglaise d'autre parti à prendre que de se soumettre au monarque danois, de lui prêter serment de fidélité, et de lui livrer des otages pour garants de son obéissance. Ethelred, également épouvanté de la violence de l'ennemi et de la trahison de ses propres sujets, s'enfuit en Normandie, où il avait déjà envoyé la reine Emma et ses deux fils Alfred et Édouard. Richard reçut ses infortunés hôtes avec une générosité qui fait honneur à sa mémoire.

Ethelred était en Normandie depuis six semaines tout au plus lorsqu'il apprit que Sweyn était mort à Gainsborough, avant d'avoir eu le temps de s'affermir dans ses nouveaux états. Les prélats et la noblesse d'Angleterre profitèrent de cet événement pour envoyer une députation en Normandie inviter Ethelred de revenir dans son royaume. Ils lui marquèrent le désir de rentrer sous les lois de leur légitime souverain, et l'espérance que, instruit par l'expérience, il éviterait désormais les erreurs dont les suites avaient été si terribles pour lui et pour ses sujets. Mais la conduite d'Ethelred ne fut pas meilleure, et, après avoir repris les rênes du gouvernement, il montra la même incapacité, la même indolence, la même lâcheté et la même crédulité qui l'avaient exposé tant de fois aux insultes de ses ennemis. Edric, son gendre, malgré ses trahisons répétées, conserva encore assez de crédit à la cour pour rendre suspects au roi deux des plus grands seigneurs de la Mercie, Sigefert et Morcar; il les attira chez lui, où il les fit assassiner. Ethelred parut participer à l'infamie de cette action, en confisquant leurs biens, et en confinant la veuve de Sigefert dans un couvent. Cette dame joignait un mérite rare à la plus grande beauté, et pendant une visite que le prince Edmond, fils aîné du roi, lui rendit dans sa retraite, il conçut pour elle une passion si violente qu'il la tira du couvent, et l'épousa bientôt après sans le consentement du roi, son père.

Les Anglais ne trouvèrent pas dans Canute, fils et successeur de Sweyn, un ennemi moins terrible que le prince dont la mort venait de les délivrer. Il ravagea la côte orientale avec une fureur implacable, et mit à terre à Sandwich tous les otages anglais, après leur avoir coupé les mains et le nez (1). Ses affaires l'obligèrent d'aller en Danemark; mais il revint bientôt, et continua ses déprédations le long des côtes du midi. Il fondit même sur les provinces de Dorset, de Wilts et de Sommerset, où une armée était assemblée contre lui, sous le commandement du prince Edmond et du duc Edric. Ce dernier persévérait dans ses coupables intrigues; et, après avoir tenté vainement de se saisir de la personne du prince, il trouva le moyen de disperser l'armée, et passa ouvertement alors dans le parti de Canute avec quarante vaisseaux.

Malgré cet événement malheureux, Edmond ne fut point déconcerté; il leva de nouvelles forces en Angleterre, et se mit en état de donner bataille à l'ennemi. Le roi avait eu des preuves si fréquentes de l'infidélité de ses sujets, qu'il n'osait plus prendre la moindre confiance en eux. Il resta donc à Londres, sous le prétexte d'une maladie, mais réellement dans la crainte qu'ils n'eussent le dessein d'acheter la paix en le livrant à l'ennemi. Les troupes demandèrent à grands cris que leur souverain vînt se mettre à leur tête pour marcher contre les Danois. Son refus les découragea tellement, que tous ces grands préparatifs devinrent inutiles à la défense du royaume. Edmond, privé de tout moyen régulier de faire subsister ses soldats, fut réduit à imiter les ravages exercés par les Danois. Après avoir fait quelques expéditions infructueuses dans le nord, qui était entièrement soumis à Canute, il se retira à Londres, déterminé du moins à y défendre jusqu'à la dernière extrémité les faibles restes de la liberté anglaise. Il trouva cette ville dans le trouble qu'y répandait la mort du roi. Ce prince venait d'expirer après un règne de trente-cinq ans, aussi honteux que fatal. Il laissa deux fils de son premier mariage, Edmond, qui lui succéda, et Edwy, que Canute massacra dans la suite. Ses deux fils du second lit, Alfred et Édouard, furent envoyés par la reine Emma en Normandie, immédiatement après la mort d'Ethelred.

(1) Chron. Sax., p. 145. Will. Malm., p. 71.

## EDMOND COTE-DE-FER.

Ce prince, à qui son intrépidité fit donner le surnom de Côte-de-fer, aurait eu assez de talent et de courage pour empêcher sa patrie de tomber dans l'état déplorable où elle était réduite, mais il en avait cependant trop peu pour la relever de cet abîme de misères. Entre toutes les infortunes dont gémissaient les Anglais, l'inimitié et la perfidie qui régnaient parmi la noblesse et les prélats n'étaient pas les moins dangereuses. Edmond jugea que le meilleur moyen d'arrêter les progrès de ces maux funestes était d'ouvrir la campagne de bonne heure, et d'occuper son armée contre l'ennemi commun. Après avoir remporté quelque avantage à Gillingham, il fit ses préparatifs pour décider dans une action générale du sort de sa couronne. Il présenta la bataille aux ennemis, commandés par Canute et Edric, à Scoerston, dans le comté de Glocester. La fortune se déclara pour lui au commencement de la journée; mais Edric, ayant coupé la tête d'un certain Osmar qui ressemblait à Edmond, la mit au bout d'une pique, la promena en triomphe dans tous les rangs, et cria aux Anglais qu'il était temps pour eux de prendre la fuite à l'aspect de la tête de leur souverain. Edmond s'aperçut de la consternation qui se répandait parmi ses troupes, et quoiqu'il ôtât son casque pour les rassurer, en se montrant à leurs regards, tout ce que son activité et sa valeur purent produire fut de laisser la victoire incertaine. Edric prit alors une route plus sûre pour perdre ce prince : il repassa dans l'armée anglaise, comme ramené à son devoir. Edmond savait que ce traître était puissant et accrédité en Angleterre; il ne connaissait probablement aucun autre grand du royaume dans lequel il pût avoir plus de confiance, et il fut obligé, malgré les perfidies multipliées d'Edric, de lui donner un commandement important dans son armée. Bientôt après, il y eut une seconde bataille à Assington, dans le comté d'Essex : Edric prit la fuite dès le commencement de l'action, et occasionna la défaite entière des Anglais et le massacre d'une grande partie de la noblesse. Cependant l'infatigable Edmond trouva des ressources ; il assembla une autre armée à Glocester, et il était encore en état de tenir la campagne et de disputer le terrain, lorsque la noblesse anglaise et la noblesse danoise, également fatiguées de ces troubles, obligèrent leurs rois d'en venir à un accommodement, et de partager le royaume entre eux par un traité. Canute se réserva la partie située au nord, c'est-à-dire la Mercie, l'Estanglie et le Northumberland, qu'il avait déjà en sa puissance; la partie méridionale fut laissée à Edmond. Ce prince ne survécut à cette transaction qu'environ un mois : il fut assassiné par deux de ses chambellans, complices d'Edric, qui ouvrit ainsi au Danois Canute la route du trône d'Angleterre.

## CANUTE-LE-GRAND.

Les Anglais, incapables de défendre leur patrie et de conserver leur indépendance sous un prince aussi actif et aussi brave qu'Edmond, ne pouvaient s'attendre après sa mort qu'à subir le joug de Canute : brave et actif lui-même, il avait l'avantage de se trouver à la tête d'une armée formidable, et d'être favorisé par la minorité d'Edwin et d'Édouard, les deux fils du feu roi. Cependant ce conquérant, d'ordinaire peu scrupuleux, affecta de voiler son usurpation sous des prétextes plausibles. Avant de s'emparer de l'héritage qui appartenait à ces deux princes, il convoqua une assemblée générale des états d'Angleterre, pour disposer de la succession ouverte. Il suborna quelques grands pour attester qu'il avait été verbalement convenu dans le traité de Glocester qu'en cas de la mort d'Edmond, Canute lui succéderait au trône, ou serait tuteur de ses enfants, car les historiens varient sur cette circonstance. Ce témoignage, soutenu de la puissance redoutable de Canute, détermina les états à mettre sur-le-champ ce monarque en possession de la couronne. Peu tranquille tant que les jeunes princes qu'il en dépossédait seraient vivants, mais convaincu qu'il se rendrait odieux s'il les faisait périr en Angleterre, il les envoya au roi de Suède, son allié, en le priant de le délivrer de ses craintes par leur mort sitôt qu'ils seraient arrivés dans ses états. Le monarque suédois, trop généreux pour se prêter à cette cruauté, mais ne voulant pas s'attirer une querelle avec Canute, en protégeant les deux princes proscrits, les envoya à Salomon, roi de Hongrie, pour qu'ils fussent élevés à sa cour. Edwin, l'aîné des princes anglais, épousa dans la suite la sœur de Salomon, et mourut sans postérité. Édouard, son frère cadet, obtint en mariage Agathe, fille de l'empereur Henri II, et belle-sœur du roi de Suède. Edgar Atheling, Marguerite, depuis reine d'Écosse, et Christine, qui se retira dans une maison religieuse, furent les fruits de cette union.

Quoique Canute fût parvenu au faîte de son ambition en montant sur le trône d'Angleterre, il fut obligé d'abord, pour s'y maintenir, de faire de grands sacrifices, c'est-à-dire de distribuer aux principaux de la noblesse des gouvernements et des places de la plus grande importance. Il créa Thurkill comte ou duc d'Estanglie, car ces deux titres étaient alors à peu près synonymes. Yric eut le Northumberland, et Edric la Mercie; de sorte qu'il ne se réserva que l'administration du Wessex. Mais il saisit ensuite la première occasion favorable qui se présenta de dépouiller Thurkill et Yric de leurs gouvernements, et les bannit du royaume. Il fit mourir aussi plusieurs seigneurs anglais dont la fidélité lui était suspecte, et qu'il haïssait pour en avoir manqué à l'égard de leur souverain légitime. Le traître Edric même, ayant eu l'audace de reprocher à Canute les services qu'il lui avait rendus, fut condamné à mort, exécuté, et son cadavre jeté dans la Tamise : digne récompense de toutes ses perfidies et de sa rébellion.

Canute se trouva aussi forcé, au commencement de son règne, de charger le peuple d'impôts, afin de pouvoir récompenser les Danois qui s'étaient attachés à sa fortune. Il leva à la fois la somme de 72,000 livres sterling, outre celle de 11,000 qu'il tira de Londres seule. Dans sa conduite sévère à l'égard de cette ville, il entrait sans doute le motif politique de la châtier de son affection pour Edmond, et d'avoir résisté sous le dernier règne aux armes des Danois, dont elle avait soutenu courageusement deux siéges (1). Mais ces rigueurs furent imputées à la nécessité.

---

(1) Will. Malm., p. 72. Dans un de ces siéges, Canute détourna le cours de la Tamise, et conduisit ses vaisseaux, par ce moyen, au-dessus du pont de Londres.

En prince sage, Canute sentit que le peuple anglais, privé alors de tous chefs redoutables, plierait volontiers sous son joug, s'il l'adoucissait par la justice et l'égalité de son administration. Ce monarque renvoya en Danemark tout ce qu'il put congédier, sans inconvénient, de la multitude de Danois qui l'avaient suivi : il tint une assemblée générale des états du royaume, où il rétablit les coutumes saxonnes ; dans la distribution de la justice, il ne mit aucune différence entre les Danois et les Anglais, et eut soin, par une exacte exécution des lois, de protéger les vies et les propriétés de tous ses peuples. Les Danois se mêlèrent peu à peu avec ses nouveaux sujets, et tous se trouvèrent heureux de respirer en paix, après avoir souffert les uns et les autres tant de calamités en se disputant la puissance.

Le séjour des enfants d'Edmond dans un pays aussi éloigné que la Hongrie était, excepté leur mort, ce qu'il y avait de plus avantageux, selon Canute, pour la sûreté de son gouvernement. Il ne lui restait d'autre inquiétude qu'à l'égard d'Alfred et d'Édouard, que leur oncle Richard, duc de Normandie, soutenait et protégeait. Richard avait même préparé un grand armement pour tenter de rétablir les princes anglais sur le trône de leurs ancêtres. Quoique sa flotte fût dispersée par une tempête, Canute vit tout ce qu'il pouvait avoir à craindre de l'inimitié d'un peuple aussi belliqueux que les Normands. Le désir d'acquérir l'amitié du duc engagea le roi à lui demander sa sœur Emma, en promettant que, s'il naissait des enfants de cette union, il leur assurerait la couronne d'Angleterre. Richard accepta la proposition, et envoya Emma dans ce royaume, où son mariage se fit immédiatement après son arrivée. Quoique les Anglais la désapprouvassent de donner sa main à l'ennemi mortel de son premier époux et de sa famille, ils virent avec plaisir à la cour une reine à laquelle ils étaient déjà accoutumés, et qui les connaissait. Ainsi non-seulement Canute s'assura par ce mariage l'alliance de la Normandie, mais encore l'affection et la confiance de son propre peuple. Le duc ne survécut pas long-temps à cette union ; il laissa son duché à son fils aîné, du même nom que lui. Ce dernier mourut un an après son père, et eut pour successeur son frère Robert, prince habile et plein de valeur.

Canute, ayant assez affermi son autorité en Angleterre pour ne plus craindre de révolution, fit un voyage en Danemark pour repousser l'attaque du roi de Suède. Le comte Godwin, à la tête d'un corps considérable d'Anglais, avait suivi son maître. Ce seigneur trouva dans cette circonstance l'occasion de signaler son zèle et sa capacité, de manière qu'il prévint le roi en faveur de la nation anglaise, s'acquit à lui-même l'amitié de ce prince, et jeta dès lors les fondements de l'immense fortune de sa maison. Il était posté près du camp des Suédois : remarquant un moment favorable pour les attaquer, il fondit sur eux pendant la nuit, les chassa de leurs retranchements, les mit en désordre, poursuivit son avantage, et remporta une victoire complète. Le lendemain matin, Canute, à l'aspect du camp des Anglais, où il ne restait pas un soldat, ne douta plus que ces troupes, peu affectionnées, n'eussent passé du côté de l'ennemi, mais il fut agréablement détrompé en apprenant qu'elles étaient alors à la poursuite des Suédois vaincus. Il fut si enchanté de ce succès et de la manière dont l'action s'était passée, qu'il donna sa fille en mariage à Godwin, eut toujours en lui dans la suite la plus entière confiance, et le combla des distinctions les plus flatteuses.

Dans un autre voyage que Canute fit en Danemark, il attaqua le royaume de Norwége, en dépouilla le juste mais peu guerrier Olaüs, et en garda la possession jusqu'à la mort de ce prince. Parvenu alors, par sa bravoure et par ses conquêtes, au plus haut degré de puissance où il pût aspirer, n'ayant plus ni guerres ni intrigues qui l'occupassent, il sentit le vide de toutes les grandeurs humaines, et combien peu l'ame en pouvait être satisfaite. Également fatigué pour ainsi dire de la gloire et de l'agitation de sa vie, il commença à songer à cette existence future vers laquelle se tourne si naturellement l'attention de l'homme, rassasié de prospérités ou accablé de traverses. Malheureusement l'esprit dominant du siècle donna une fausse direction à la piété de ce prince : au lieu d'expier et de réparer les actes de violence qu'il avait à se reprocher, il se livra totalement à ces pratiques extérieures de dévotion que les moines accréditaient comme les plus méritoires. Il bâtit des églises, fonda des monastères, enrichit les ecclésiastiques, assigna des revenus pour l'entretien de plusieurs chapelles à Assington et dans d'autres lieux, et ordonna d'y réciter des prières pour le repos de l'âme de ceux qui étaient morts en combattant contre lui ; il entreprit même un pèlerinage à Rome, où il séjourna un temps considérable. Il obtint du pape quelques priviléges pour les écoles anglaises établies dans cette ville, et engagea tous les princes sur les états desquels il avait été obligé de passer à renoncer aux énormes taxes et droits de péage qu'ils avaient coutume d'exiger des pèlerins anglais. Ce fut par ces actes de piété, autant que par son administration équitable et sage, qu'il gagna en grande partie les cœurs de ses sujets.

Canute, le plus grand et le plus puissant prince de son temps, roi de Danemark, de Norwége, et d'Angleterre, ne pouvait manquer d'obtenir le tribut d'adulation que les courtisans paient aux princes même les plus médiocres et les plus faibles. Un de ces flatteurs, parlant un jour avec emphase de la grandeur de ce monarque, s'écria que rien ne lui était impossible : on rapporte que Canute, à ces mots, se fit conduire sur le bord de la mer, et que, dans le moment du flux, lorsque les eaux montaient, il leur ordonna de se retirer et d'obéir à la voix du maître de l'Océan. Il feignit ensuite d'attendre quelque temps cette marque de leur soumission ; mais lorsque les vagues continuèrent de s'avancer vers lui, et commencèrent même à le mouiller, il se tourna vers ses courtisans, et leur fit remarquer que toutes les créatures de l'univers étaient faibles et dépendantes, que la puissance suprême résidait dans un seul Être, qui tenait tous les éléments dans sa main, qui pouvait dire à l'Océan, *va jusque-là et pas plus loin*, et qui, d'un simple signe de tête, renversait dans la poussière les plus superbes monuments de l'orgueil et de l'ambition des hommes.

La seule action mémorable que Canute fit après son retour de Rome fut une expédition contre Malcolm, roi d'Écosse. Sous le règne d'Ethelred, on avait imposé la taxe d'un schelling par *hyde* sur toutes les terres d'Angleterre ; on appelait communément cet impôt le *danegelt*, parce que le produit en était employé, ou à se procurer à prix d'argent la paix avec les Danois, ou à faire des préparatifs pour repousser leurs invasions. Ce prince avait exigé que la même taxe fût payée par les terres de Cumberland, que tenaient les Écossais ; mais Malcolm, prince guerrier, répondit qu'étant toujours en état de repousser les Danois par ses propres forces, il ne voulait ni acheter la paix de ses ennemis, ni payer d'autres personnes pour leur résister. Ethelred, offensé de cette réponse, qui renfermait un reproche indirect de sa conduite, entra dans le Cumberland à main armée. Mais en vain il en ravagea la campagne (1); Malcolm ne devint pas plus docile ni plus complaisant. Canute, après son avénement au trône, somma le roi d'Écosse de se reconnaître vassal de la couronne d'Angleterre pour le Cumberland : Malcolm refusa cet acte de soumission, sous prétexte qu'il ne le devait qu'aux princes qui héritaient de ce royaume par le droit du sang. Canute n'était pas d'humeur à supporter cette insulte, et le roi d'Ecosse s'aperçut bientôt que le sceptre n'était plus dans les débiles mains de l'irrésolu Ethelred. Dès que Canute parut sur les frontières à la tête d'une armée formidable, Malcolm convint que Duncan, son petit-fils et son héritier, qu'il mit en possession du Cumberland, en rendrait foi et hommage, et que les souverains d'Écosse se reconnaîtraient toujours vassaux de l'Angleterre pour cette province.

Après cette expédition, Canute passa quatre ans en paix, et mourut à Shaftsbury (2), laissant trois fils, Sweyn, Harold, et Hardicanute. Sweyn, qu'il avait eu de son premier mariage avec Alfwen, fille du comte d'Hampshire, fut couronné roi de Norwége; Hardicanute, dont Emma était la mère, eut le Danemark pour son partage, et Harold, du même lit que Sweyn, régna en Angleterre.

## HAROLD PIED-DE-LIÈVRE.

Dans le traité fait avec Richard, duc de Normandie, Canute avait stipulé que les fils d'Emma succéderaient à la couronne d'Angleterre; mais ce prince se crut délivré de cet engagement par la mort de Richard, ou craignit qu'il ne fût dangereux de laisser un état récemment conquis et mal assuré entre les mains d'un prince aussi jeune que Hardicanute. Il nomma donc par son

---

(1) Chron. Abb. S. Petri de Burgo, p. 37.— (2) Chron. sax., p. 334. Will. Malm., p. 76.

testament Harold pour son successeur. Non-seulement ce prince était sur les lieux, mais tous les Danois le favorisaient, et il était en possession des trésors de son père, qui pouvaient lui être très utiles, s'il lui fallait employer la force ou l'intrigue pour s'affermir sur le trône; d'un autre côté, Hardicanute avait pour lui les suffrages des Anglais, qui, parce qu'il était né au milieu d'eux, et de la reine Emma, le regardaient comme leur compatriote: les articles du traité fait avec le duc de Normandie parlaient en sa faveur; mais, par-dessus tout, le comte Godwin avait embrassé sa cause; Godwin, le seigneur le plus puissant du royaume, particulièrement dans la province de Wessex, la principale résidence des anciens Anglais (1). Les affaires semblaient annoncer une guerre civile, lorsque la noblesse attachée aux deux concurrents employa sa médiation pour les concilier. Il fut convenu que Harold aurait la ville de Londres et toutes les provinces situées au nord de la Tamise, et que Hardicanute posséderait la partie méridionale. Emma fixa sa résidence à Winchester, et fut chargée de l'administration dans le partage échu à son fils jusqu'à ce qu'il pût venir gouverner par lui-même.

Dans ces entrefaites, Robert, duc de Normandie, mourut pendant un pèlerinage qu'il était allé faire à la Terre-Sainte. Son fils, encore mineur, lui succéda: les deux princes anglais, Alfred et Édouard, ne trouvant plus d'appui chez le nouveau souverain, saisirent avec joie l'occasion d'aller, accompagnés d'une nombreuse suite, voir la reine Emma, leur mère, qui paraissait être dans une position si florissante à Winchester. Mais cette expectative si riante devint tout à coup lugubre. Le comte Godwin était gagné par les artifices de Harold, qui lui avait fait espérer d'épouser sa fille; tandis que ce traité se tenait encore secret, les deux tyrans complotèrent la perte des princes anglais. Harold invita Alfred, avec les plus tendres démonstrations d'amitié, de venir à Londres; mais lorsqu'il eut atteint Guilford, les vassaux de Godwin fondirent sur les gens de sa suite, en tuèrent environ six cents de la manière la plus cruelle, le firent prisonnier, lui arrachèrent les yeux, et le conduisirent au monastère d'Ely, où il mourut peu de temps après. Édouard et Emma, instruits du

---

(1) Chron. Sax. p. 154. Will. Malm. p. 76.

sort de ce malheureux prince, présage de ce qu'ils avaient eux-mêmes à redouter, s'enfuirent, le premier en Normandie, et l'autre en Flandre. Harold, triomphant du succès de sa sanguinaire politique, s'empara alors, sans résistance, des possessions assignées à son frère.

Telle fut l'unique action mémorable que ce prince fit pendant un règne de quatre ans. Ce trait de son odieux caractère, et les avantages de sa personne, indiqués par le surnom de *pied-de-lièvre*, qui lui fut donné à cause de sa légèreté à la course, sont tout ce que nous connaissons de lui. Il mourut le 14 avril 1039, très peu regretté, très peu estimé de ses sujets, et laissant la succession ouverte à son frère Hardicanute.

## HARDICANUTE.

Hardicanute, ou Canute-le-Hardi, ce qui signifie le robuste, car il est principalement connu par sa force corporelle, n'avait pas abandonné ses droits héréditaires, quoique son long séjour en Danemark l'eût privé de sa part dans la division du royaume. Il était résolu, dès avant la mort de Harold, à recouvrer par les armes ce qu'il avait perdu ou par sa propre indolence, ou par la fatalité des événements. Il avait assemblé une flotte de soixante voiles, sous le prétexte d'aller en Flandre rendre visite à la reine douairière, et se préparait à faire une descente en Angleterre, lorsqu'il apprit que son frère venait d'expirer. Cette nouvelle le détermina à se rendre sur-le-champ à Londres, où il fut reçu en triomphe et reconnu roi sans opposition.

Le premier acte que Hardicanute fit de son autorité donna aux Anglais un mauvais présage de sa conduite future : profondément irrité contre Harold pour avoir joui de la part qui aurait dû lui échoir dans la succession de Canute, et pour avoir fait périr son frère Alfred; dévoré du désir impuissant de se venger d'un mort, il fit exhumer et jeter dans la Tamise le cadavre de Harold : des pêcheurs le trouvèrent et l'enterrèrent à Londres; le roi le sut, le fit exhumer de nouveau et rejeter encore dans la rivière; mais il fut pêché une seconde fois, et alors enterré avec le plus grand secret. Godwin, courtisan aussi servile qu'insolent, consentit à être l'instrument de son maître dans cette action dénaturée.

Ce seigneur n'ignorait pas qu'il était généralement soupçonné d'avoir été complice de la mort d'Alfred, et que ce crime le rendait odieux au roi; peut-être pensa-t-il qu'en affectant cette espèce de rage contre Harold, il se disculperait d'avoir été son conseil et son confident. Mais Edouard, invité par Hardicanute, son frère maternel, de se rendre à la cour d'Angleterre, dès son arrivée se porta accusateur de Godwin, et demanda justice du meurtre d'Alfred. L'accusé tenta d'apaiser le roi, en lui donnant une magnifique galère ornée d'une poupe dorée, et conduite par quatre-vingts rameurs, dont chacun avait au bras un bracelet d'or du poids de seize onces, et était vêtu et armé de la manière la plus somptueuse. Hardicanute, ébloui d'un spectacle si superbe, oublia promptement le meurtre de son frère, et, sur la seule affirmation de Godwin, le déclara innocent de ce crime.

Quoique avant son avénement au trône Hardicanute y eût été appelé par les vœux des Anglais, sa mauvaise conduite lui fit bientôt perdre l'amour de ses sujets. Mais ce qui les aigrit le plus contre lui fut d'avoir renouvelé l'impôt du *danegelt*, et contraint la nation à payer une somme considérable pour défrayer la flotte qui avait transporté ce prince du Danemark à Londres. Les mécontents firent entendre partout leurs murmures; le bas peuple se souleva à Worcester, et massacra deux des collecteurs. Le roi, furieux de tant de résistance, jura de détruire cette ville : il ordonna en conséquence à trois grands du royaume, Godwin, duc de Wessex, Siward, duc de Northumberland, et Leofric, duc de Mercie, d'exécuter ses menaces à la rigueur. Ils furent obligés de mettre le feu à la ville proscrite et de la livrer au pillage du soldat; mais ils sauvèrent la vie aux habitants, qu'ils confinèrent dans une petite île de la Severn, appelée Beverley, jusqu'à ce que leur intercession pût émouvoir la clémence du roi.

Ce gouvernement violent fut de courte durée. Après un règne de deux ans, Hardicanute mourut aux noces d'un seigneur danois, qu'il avait honorées de sa présence. Son intempérance habituelle était si connue, que, malgré la constitution robuste de ce monarque, sa mort subite ne causa pas plus de surprise que de chagrin à ses sujets.

## ÉDOUARD-LE-CONFESSEUR.

A la mort de Hardicanute, l'occasion la plus favorable s'offrait aux Anglais de recouvrer leur liberté et de secouer le joug danois, sous lequel ils gémissaient depuis si long-temps. Sweyn, roi de Norwége, aîné des fils de Canute, était absent; et, comme les deux derniers rois n'avaient point laissé de postérité, il ne paraissait de leur race aucun prétendant à la couronne que les Danois pussent appuyer. Le prince Édouard se trouvait heureusement à la cour lors de la mort de son frère : quoique les descendants d'Edmond Côte-de-Fer fussent les véritables héritiers de la maison saxonne, leur séjour dans un pays aussi éloigné que la Hongrie devenait, pour un peuple tel que celui d'Angleterre, peu accoutumé à respecter l'ordre de succession dans le choix de ses souverains, un motif suffisant pour les exclure du trône. Tout délai pouvait être dangereux; et il était essentiel de profiter du moment où les Danois, consternés, inquiets pour eux-mêmes, sans chefs et sans avoir eu le temps de se concerter ensemble, n'oseraient s'opposer au cri unanime de la nation.

Mais ce concours merveilleux de circonstances, si favorable à Édouard, pouvait demeurer sans effet si Godwin entreprenait de le traverser : le crédit, les alliances, l'habileté de ce grand seigneur, lui avaient procuré de tout temps une influence considérable sur les affaires; cette influence augmentait encore dans des conjonctures subites, toujours inséparables d'une révolution, et où le moment d'agir, saisi ou négligé, devient si décisif. Toutes ces considérations tenaient les esprits en suspens sur la conduite qu'aurait Godwin, et, à cet égard, les craintes balançaient les espérances. D'un côté, c'était dans le Wessex, province presque entièrement peuplée d'Anglais, que ce seigneur avait le plus de crédit et d'autorité. Il était donc à présumer qu'il seconderait le vœu de ce peuple en rétablissant la maison saxonne sur le trône, et en humiliant les Danois, dont lui-même devait encore craindre l'oppression autant que les Anglais : d'un autre côté, une haine déclarée subsistait entre Édouard et Godwin à l'occasion du meurtre d'Alfred, dont le dernier avait été accusé publiquement par le prince; une offense si grave semblait ne pouvoir, malgré tous les services subséquents, admettre un pardon sincère. Mais leurs amis communs interposèrent leur médiation, leur représentèrent la nécessité de se réconcilier, et les obligèrent de mettre de côté toute défiance et tout esprit de vengeance, pour concourir à rendre la liberté à leur patrie. Godwin exigea seulement qu'Édouard, pour gage de la sincérité de leur accommodement, promît d'épouser sa fille Editha. Lorsqu'il se fut fortifié contre ses craintes par cette alliance, il convoqua le conseil général de la nation à Gillingham, et prit toutes les mesures nécessaires pour assurer la succession de la couronne à Édouard. Les Anglais se déclaraient unanimement et avec zèle en sa faveur; les Danois au contraire étaient divisés et découragés. Après quelques légères oppositions qui s'élevèrent dans l'assemblée, et qu'à peine on écouta, Édouard fut couronné roi avec les plus vives démonstrations d'amour et de respect.

Le triomphe du parti anglais, au moment de cet avantage décisif et signalé, se fit sentir d'abord par quelques insultes et quelques violences contre les Danois; mais le nouveau roi gagna bientôt l'affection de ceux-ci par la douceur de son caractère, et peu à peu toutes distinctions entre les deux peuples disparurent. Ils se mêlèrent dans la plupart des provinces; ils parlaient à peu près la même langue; leurs mœurs et leurs lois ne différaient guère; les dissensions domestiques qui troublaient le Danemark empêchaient cette puissance de faire aucune entreprise sur l'Angleterre qui pût réveiller la haine nationale (1); et, comme les Normands assujettirent peu de temps après les Danois et les Anglais sous le même joug, l'histoire ne fait plus mention depuis d'aucune différence parmi les vaincus. Cependant la joie de leur délivrance actuelle fit tant d'impression sur les Anglais, qu'ils instituèrent une fête annuelle pour célébrer ce grand événement, et cette institution s'observait encore dans quelques provinces du temps de Spelman (2).

(1) Dans l'année 1046, les Danois firent une invasion en Angleterre avec vingt-cinq vaisseaux. Ce fut la seule qu'il y eut sous ce règne. Chron. Sax. p. 158. Le roi Édouard supprima l'impôt appelé le *danegelt*. Brompton, p. 942. Chron. Dunstaple, t. I, p. 18.

(2) Spel. Glossaire, au mot *Hocday*.

L'amour du peuple, qui avait placé Édouard sur le trône, ne fut pas même refroidi par le premier acte de l'administration de ce prince : il se ressaisit de tous les dons que ses prédécesseurs immédiats avaient faits, entreprise dont les conséquences sont ordinairement très dangereuses. La pauvreté connue de la couronne convainquit la nation que ce coup d'autorité était absolument nécessaire ; d'ailleurs, comme la perte tombait principalement sur les Danois, qui avaient obtenu d'importantes concessions des rois précédents, leurs compatriotes, en récompense de les avoir aidés à subjuguer le royaume, les Anglais virent volontiers leurs tyrans réduits à leur pauvreté première. La sévérité d'Édouard à l'égard de sa propre mère, quoique rigoureuse aux yeux de quelques personnes, ne fut pas non plus généralement désapprouvée. Il avait jusque là vécu assez froidement avec cette princesse ; il se croyait en droit de lui reprocher de l'avoir négligé, lui et son frère, pendant le temps de leur mauvaise fortune ; il avait remarqué que les qualités supérieures de Canute, et ses bons procédés pour la reine, l'ayant rendue entièrement indifférente sur ce qu'elle devait à la mémoire d'Ethelred, elle avait aussi donné la préférence à ses enfants du second lit, et toujours regardé Hardicanute comme son favori. Les mêmes raisons avaient sans doute fait perdre à cette princesse l'affection des Anglais : quoique ses bienfaits envers les moines les eussent attachés à ses intérêts, la masse de la nation ne fut pas fâchée de la voir dépouiller par Édouard des trésors immenses qu'elle avait amassés. Il la confina pour le reste de sa vie dans un monastère, à Winchester, mais ne porta pas plus loin sa rigueur envers elle. La fable de sa complicité du meurtre de son fils Alfred, dont on raconte qu'Édouard l'accusa ; celle de son commerce criminel avec l'évêque de Winchester, et enfin l'épreuve de marcher pieds nus sur neuf socs de charrue rougis au feu, qu'on prétend qu'elle subit sans se brûler, pour se justifier, sont des inventions des moines historiens, que la sotte admiration de la postérité pour le merveilleux répandit et accrédita.

Les Anglais s'étaient flattés que l'avénement d'Édouard au trône les délivrerait pour toujours de la domination étrangère ; mais ils éprouvèrent bientôt qu'ils ne devaient pas encore se regarder comme à l'abri de ce malheur. Le roi, élevé en Normandie, avait contracté des liaisons intimes avec plusieurs Normands, ainsi que le goût et l'habitude de leurs mœurs : la cour d'Angleterre fut bientôt remplie de ces étrangers ; la faveur d'Édouard, et leur supériorité réelle sur les Anglais d'alors sous le rapport de la culture de l'esprit, les firent distinguer, et mirent à la mode leur langue, leurs coutumes, et leurs lois. L'étude de la langue française devint générale en Angleterre. Les courtisans affectaient d'imiter les usages de cette nation dans leurs parures, leurs équipages et leurs amusements : les avocats même ne parlaient et n'écrivaient qu'en français ; l'église surtout sentit l'influence de ces étrangers. Ulf et Guillaume, deux Normands, autrefois chapelains d'Édouard, furent nommés aux évêchés de Dorchester et de Londres. Robert, autre Normand, eut le siége de Canterbury, et conserva toujours la plus haute faveur auprès de son maître, dont en effet il était digne par ses talents. Si la prudence du roi et le besoin de maintenir son autorité lui faisaient accorder presque tous les emplois civils et militaires aux Anglais, il s'en dédommageait en faisant tomber aux Normands toutes les dignités ecclésiastiques ; et, comme les derniers possédaient sa confiance, ils avaient secrètement la plus grande part dans les affaires publiques, et excitaient la jalousie des Anglais, surtout celle du comte Godwin.

Ce seigneur puissant, non-seulement était duc ou comte de Wessex, mais avait joint à son gouvernement les provinces de Kent et de Sussex. Son fils aîné, Sweyn, jouissait de la même autorité dans les provinces d'Oxford, de Berks, de Glocester, et d'Hereford ; son second fils, Harold, était duc d'Estanglie et gouverneur d'Essex : le pouvoir exorbitant de cette maison était soutenu de richesses immenses et d'alliances illustres ; et les talents ainsi que l'ambition de Godwin concouraient à rendre ce pouvoir encore plus dangereux. Un prince d'un génie plus vaste et plus ferme que celui d'Édouard aurait eu de la peine, dans sa position, à conserver la dignité de la couronne : Godwin, emporté par un caractère impérieux, oubliait souvent le respect dû à son souverain, dont l'animosité contre un sujet si fier était fondée sur des considérations personnelles aussi bien que politiques, et sur des torts tant récents qu'anciens. Pour remplir ses engagements, le roi avait en effet épousé Editha, fille de Godwin ; mais cette alliance était entre eux une nouvelle source d'inimitiés : la haine d'Édouard pour le père passa jusqu'à la fille ; et cette princesse, malgré les charmes de sa personne et de son caractère, ne put jamais acquérir la confiance et l'affection de son époux. On a même prétendu que, pendant toute sa vie, il s'était abstenu avec elle des priviléges du mariage. L'admiration absurde qu'on avait alors pour la chasteté fit louer avec emphase celle d'Édouard par les moines qui écrivaient l'histoire ; et cette particularité de sa conduite n'a pas peu contribué à lui procurer les titres de saint et de confesseur.

Le prétexte le plus populaire sur lequel Godwin pût fonder ses mécontentements contre le roi et son administration, était l'influence des Normands dans les affaires publiques. Les plaintes qu'il en fit hautement allumèrent une haine déclarée entre lui et les favoris d'Édouard. Bientôt leur animosité mutuelle se signala plus activement que par des déclamations. Eustache, comte de Boulogne, étant venu faire sa cour au roi, passa par Douvres à son retour ; un homme de son équipage se rendit au logement qui lui avait été marqué : comme on refusa de l'y recevoir, il tenta de s'en emparer par la force, et dans la lutte blessa le maître du logis. Les habitants se vengèrent de cette violence par la mort de l'étranger ; le comte et sa suite prirent les armes et massacrèrent le bourgeois blessé : le tumulte se grossit, on en vint aux mains ; près de vingt personnes furent tuées de chaque côté, et Eustache, accablé par le nombre, se vit forcé de fuir, pour dérober sa vie à la fureur de la populace. Il rebroussa chemin et vint demander à Édouard justice de l'insulte qu'il avait reçue. Le roi entra dans sa querelle avec chaleur, et parut indigné qu'un étranger de cette distinction, qu'il avait invité de se rendre à sa cour, eût été exposé, sans aucune cause légitime, à ce qu'il croyait, à l'insolence et à l'animosité de son peuple. Il donna ordre à Godwin de se transporter promptement à Douvres, place comprise dans l'étendue de son gouvernement, et de châtier les habitants de cette ville. Godwin, plus jaloux d'aigrir que de réprimer l'animosité populaire contre les Normands, refusa d'obéir, et s'efforça de rejeter tout le blâme de la rixe sur le comte de Boulogne et sur sa suite. Édouard, blessé dans un endroit si sensible, vit la nécessité d'exercer l'autorité royale, et menaça Godwin, s'il persistait dans sa désobéissance, de lui faire éprouver les plus terribles effets de son ressentiment.

Le comte, s'apercevant qu'une rupture ouverte devenait inévitable, et enchanté de s'embarquer dans une affaire où il était certain d'être soutenu par ses compatriotes, fit des préparatifs pour se défendre, ou plutôt pour attaquer Édouard. Il rassembla donc secrètement une armée nombreuse, sous prétexte de remédier à quelques désordres sur la frontière du pays de Galles, et s'approcha de Glocester, où le roi résidait sans troupes pour la sûreté de sa personne, et sans défiance. Ce prince eut recours alors à Siward, duc de Northumberland, et à Leofric, duc de Mercie, deux seigneurs puissants, que leur jalousie de l'élévation de Godwin engageait, autant que leur devoir, à défendre leur maître dans ce moment critique. Ils se rendirent promptement près de lui avec ceux de leurs vassaux qu'ils purent rassembler à la hâte; mais trouvant le danger encore plus grand qu'ils ne l'avaient prévu, ils donnèrent ordre de passer en revue toutes les forces militaires qui pouvaient être dans leurs gouvernements, et de les amener sans délai au secours de l'autorité royale. Pendant cet intervalle, Édouard tâcha de gagner du temps en entamant des négociations de paix. Godwin, persuadé qu'il le tenait en son pouvoir, et voulant sauver les apparences, donna dans le piége : ainsi, faute de sentir qu'après avoir été si loin il ne devait plus rien ménager s'il voulait réussir, il perdit l'occasion favorable de se rendre maître du gouvernement.

Quoique les Anglais n'eussent pas une haute opinion du génie et de la fermeté du roi, ils aimaient en lui son humanité, sa justice, sa piété, et le sang de leurs anciens souverains naturels, dont il descendait. Ils accoururent en foule de tous côtés pour le garantir du péril qui le menaçait. Son armée, devenue alors formidable, l'enhardit à se mettre en campagne, et marchant à Londres, il convoqua le grand conseil de la nation pour juger la rébellion de Godwin et de ses fils. Ils assurèrent d'abord qu'ils attendraient leur jugement avec intrépidité; mais ayant tenté en vain d'engager leurs adhérents à persister dans leur révolte, ils offrirent de comparaître à Londres, pourvu qu'on leur donnât des otages pour garants de leur sûreté. Cette proposition étant rejetée, ils furent obligés de licencier le reste de leurs troupes et de prendre la fuite. Baudoin, comte de Flandre, reçut dans ses états Godwin et trois de ses fils, Gurth, Sweyn, et Tosti, le dernier desquels avait épousé la fille de ce prince : Harold et Leofwin, deux autres fils de Godwin, se réfugièrent en Irlande, et les biens du père et des enfants furent confisqués ; on donna à d'autres leurs gouvernements ; on enferma la reine Editha dans un monastère, à Warewel, et la splendeur de cette maison, auparavant si éclatante, parut être alors totalement anéantie.

Mais Godwin l'avait édifiée sur une base trop solide et trop fortement étayée par ses alliances, tant au dehors qu'au dedans du royaume, pour qu'il n'occasionnât pas de nouveaux troubles, et ne fît pas de nouveaux efforts pour opérer son rétablissement. Le comte de Flandre lui permit d'acheter et de louer des vaisseaux dans ses ports : Godwin les arma avec son monde et avec des volontaires de diverses nations, se mit en mer, et tenta une descente à Sandwich. Le roi, informé de ses préparatifs, équipa une flotte considérable, et supérieure de beaucoup à celle de l'ennemi. Avant qu'elle parût, le comte se retira dans les ports de la Flandre. La cour d'Angleterre, tranquillisée par sa fuite, et dépourvue de conseils vigoureux, laissa déserter ses matelots ; sa flotte fut bientôt hors d'état de rien entreprendre. Godwin qui s'attendait à cet événement, maintint la sienne prête à agir. Il se remit en mer, et fit voile vers l'île de Wight, où Harold le joignit avec une escadre qu'il avait rassemblée en Irlande ; alors Godwin, maître de la mer, entra dans tous les ports de la côte méridionale, s'empara de tous les vaisseaux qu'il y trouva, et somma les partisans qu'il avait dans ces provinces, autrefois soumises à son gouvernement, de le seconder pour qu'il pût faire rendre justice à lui-même, à sa famille et à sa patrie, contre la tyrannie des étrangers. Renforcé par la foule de ceux qui vinrent de tous côtés grossir son parti, il entra dans la Tamise, parut devant Londres, et y jeta le trouble et la consternation. Le roi seul semblait résolu de faire face au rebelle ; mais les grands, dont plusieurs favorisaient les prétentions de Godwin, pressèrent Édouard d'écouter ses propositions d'accommodement. La feinte soumission du comte, qui désavouait toute intention d'employer la force contre son souverain, et qui ne demandait qu'à se justifier lui-même en plein tribunal, lui prépara les moyens de se faire entendre et recevoir plus aisément. On convint donc qu'il donnerait des otages pour garants de sa bonne conduite à venir, et que le primat et tous les étrangers sortiraient du royaume. Par ce traité, on évita la guerre civile; mais il porta une grande atteinte à l'autorité royale, ou plutôt il l'anéantit. Édouard, trop convaincu qu'il n'était plus assez puissant pour garder avec sûreté en Angleterre les otages de Godwin, les envoya au jeune duc de Normandie, son parent.

La mort subite de Godwin, arrivée peu de temps après, tandis qu'il était à table avec le roi, l'empêcha de porter plus loin l'autorité excessive qu'il avait usurpée, et de réduire Édouard dans une dépendance encore plus dure (1). Le gouvernement de Wessex, Sussex, Kent et Essex, ainsi que la charge de grand-maître de la maison du roi, place qui avait de grandes prérogatives, passèrent à son fils Harold, aussi ambitieux que lui, mais plus adroit, plus insinuant, et plus vertueux. Sa conduite sage et modeste lui gagna la bienveillance d'Édouard, ou du moins refroidit la haine que ce prince avait long-temps nourrie pour sa famille. Harold, en s'attachant chaque jour de nouveaux partisans par sa générosité et son affabilité, parvint en silence, mais, par-là même, d'une manière plus dangereuse, à augmenter son crédit dans l'état. Le roi, qui n'avait pas assez d'énergie pour s'opposer directement aux progrès de ce courtisan habile, ne sut d'autre expédient pour les arrêter que le plus hasardeux de tous, celui d'opposer un rival à Harold : il le choisit dans la maison de Leofric, duc de Mercie, dont le fils Algar était pourvu du gouvernement d'Estanglie, que Harold avait eu avant sa dis-

---

(1) L'ingénieux auteur de l'article *Godwin*, dans la *Biographia Britannica*, a tâché de justifier la mémoire de ce seigneur, en supposant que toutes les annales d'Angleterre avaient été falsifiées par les historiens normands après la conquête ; mais cette supposition parait avoir peu de fondement, puisque ces mêmes historiens ont presque tous parlé avec éloge de Harold, fils de Godwin, qu'il eût été bien plus de l'intérêt des Normands de noircir.

grâce. Cette politique de balancer un parti par un autre produit toujours des factions, et même des troubles civils entre des grands seigneurs si puissants dans un pays ; d'ailleurs, elle demandait une main plus ferme que celle d'Édouard pour assurer l'équilibre. Bientôt le crédit et les intrigues de Harold dépouillèrent Algar de son gouvernement ; mais la protection de Griffith, prince de Galles, qui avait épousé sa fille, jointe à l'appui de son père Leofric, lui fit rendre le gouvernement d'Estanglie, et obligea Harold de se réconcilier avec lui. Leur bonne intelligence ne fut pas de longue durée : Harold profitant de la mort de Leofric, arrivée bientôt après, chassa de nouveau Algar, et le contraignit de quitter le royaume. Le fugitif fit une irruption dans l'Estanglie, à la tête d'une armée de Norwégiens, et ravagea le pays ; mais sa mort, qui suivit de près cette expédition, délivra Harold d'un rival si redoutable : Édouard, fils aîné d'Algar, lui succéda à la vérité au duché de Mercie ; mais la balance que le roi avait désiré d'établir entre ces deux maisons puissantes pencha totalement du côté de Harold, qui n'eut plus de concurrent à craindre.

La mort de Siward, duc de Northumberland, ouvrit encore une nouvelle carrière à son ambition. Siward, entre autres actions glorieuses de sa vie, s'était fait beaucoup d'honneur en Angleterre dans la conduite de la seule guerre étrangère qu'il y eut sous le règne d'Édouard. Duncan, roi d'Écosse, prince d'un caractère doux, n'avait pas la vigueur qui eût été nécessaire pour gouverner un peuple si turbulent et si divisé par les factions et les haines des grands. Macbeth, homme puissant dans l'état, et allié de près à la couronne, peu content d'avoir humilié l'autorité royale, porta plus loin sa criminelle audace ; il fit périr son souverain, chassa en Angleterre Malcolm Kenmore, fils et héritier de ce prince, et usurpa la couronne. Siward, dont la fille avait épousé Duncan, protégea, par l'ordre d'Édouard, les tristes restes de la famille royale d'Écosse. Il marcha dans ce royaume à la tête d'une armée, défit et tua Macbeth en bataille rangée, et rétablit Malcolm sur le trône de ses ancêtres. Ce service, ajouté à ses premières liaisons avec la famille royale d'Écosse, augmenta son crédit dans le nord ; mais, comme il avait perdu Osborne, son fils aîné, dans l'action contre Macbeth, la gloire qu'il recueillit lui coûta dans la suite la grandeur de sa maison : lorsqu'il mourut, son second fils, Waltheof, parut trop jeune pour qu'on lui confiât le gouvernement du Northumberland, et l'heureux Harold l'obtint pour son propre frère Tosti.

On rapporte deux particularités de la vie de Siward qui prouvent à quel point l'honneur lui était cher, et à quel degré il portait son caractère martial. Lorsqu'il apprit la mort de son fils Osborne, il en fut inconsolable jusqu'à ce qu'il sût que la blessure qu'il avait reçue était dans le sein, et qu'il s'était conduit avec la plus grande valeur pendant l'action. Lorsqu'il sentit que sa propre fin approchait, il ordonna à ses domestiques de le revêtir de son armure ; après quoi il se tint assis sur son lit, l'épée à la main, déclarant qu'il attendrait patiemment sa dernière heure dans cette posture, la seule digne d'un guerrier.

Édouard, épuisé par les soins du gouvernement et par ses infirmités, s'aperçut qu'il touchait au déclin de sa vie. Ce prince, n'ayant point d'enfants, crut devoir songer à régler la succession de la couronne. Il envoya en Hongrie inviter Édouard, fils de son frère aîné, et le seul héritier de la maison saxonne, à se rendre auprès de lui. Ce prince, dont les droits héréditaires auraient été incontestables, se transporta en Angleterre avec ses enfants. Edgar, surnommé Atheling, Marguerite, et Christine ; mais sa mort, qui survint peu de jours après, jeta le roi dans de nouveaux embarras. Il prévit que l'ambition et la puissance de Harold lui ayant suggéré le projet de monter sur le trône dès qu'il serait vacant, Edgar, jeune et sans expérience, ne pourrait l'emporter sur un rival si cher au peuple et si entreprenant. La haine qu'Édouard avait eue long-temps pour Godwin ne le disposait pas à couronner le fils de ce rebelle ; il ne pouvait penser, sans une extrême répugnance, à augmenter la grandeur d'une famille qui s'était élevée sur les débris de l'autorité royale, et qui, par le meurtre du prince Alfred, son frère, avait tellement contribué à affaiblir la maison saxonne. Au milieu de ces incertitudes, Édouard jeta secrètement les yeux sur son parent, Guillaume, duc de Normandie, comme sur la seule personne dont la puissance, la réputation et l'habileté, pussent soutenir les dispositions qu'il jugerait à propos de faire, à l'exclusion de Harold et de sa maison.

Ce fameux Guillaume, fils naturel de Robert, duc de Normandie, et de Harlette, fille d'un tanneur de Falaise, parvint très jeune à un degré d'élévation dont sa naissance semblait l'éloigner pour jamais. A peine avait-il neuf ans, lorsque son père résolut d'entreprendre un pèlerinage à Jérusalem, acte de dévotion à la mode, et qui avait remplacé les pèlerinages à Rome. Comme ce voyage entraînait plus de fatigues et de dangers que celui d'Italie, et qu'il conduisait à la source première du christianisme, il paraissait aussi plus saint et plus méritoire. Le duc Robert assembla, avant son départ, les états de son duché, et les informa de son dessein. Il les engagea à prêter serment de fidélité à Guillaume, son fils naturel, auquel, en cas de mort pendant son pèlerinage, et n'ayant point d'enfants légitimes, il voulait assurer sa succession. Ce prince était trop prudent pour ne pas prévoir que le caractère naturellement inquiet de la noblesse normande, les prétentions des autres branches de la famille ducale, et la puissance du monarque français, ne laisseraient pas son pèlerinage et le choix d'un tel successeur sans inconvénients. Mais son zèle l'emporta sur toutes ses réflexions; peut-être même que plus ces considérations étaient importantes, plus il s'applaudissait de les sacrifier à ce qu'il regardait comme un devoir de religion.

Robert mourut en effet pendant son pèlerinage, comme il l'avait appréhendé, et la minorité de son fils fut accompagnée des troubles et des orages inévitables dans une position telle que la sienne : les grands, délivrés du frein de l'autorité souveraine, animés les uns contre les autres de toute la fureur des factions et des haines personnelles, firent de la Normandie un théâtre affreux de guerre et de dévastation. Roger, comte de Toni, et Alain, comte de Bretagne, prétendirent avoir des droits sur ce duché. Henri Ier, roi de France, crut aussi l'occasion favorable pour diminuer la puissance d'un vassal dont l'établissement s'était fait originairement à main armée, et qui avait long-temps paru redoutable à son souverain. La régence nommée par Robert eut beaucoup de peine à maintenir le gouvernement contre ces différentes et dangereuses attaques ; lorsque le jeune prince fut parvenu à sa majorité, il se trouva réduit dans un état déplorable ; mais les talents supérieurs qu'il déploya bientôt pour la guerre et pour le cabinet encouragèrent ses partisans et remplirent ses ennemis de terreur. Il fit face lui-même de tous côtés aux rébellions de ses sujets et aux invasions étrangères, dont sa bonne conduite et sa valeur le firent également triompher. Il força le roi de France de lui accorder la paix à des conditions raisonnables, écarta tous ses concurrents à la souveraineté, fit rentrer tous les barons normands dans leur devoir à son égard, et les contraignit de suspendre les effets de leur haine mutuelle. La sévérité naturelle de son caractère se fit sentir dans sa manière rigoureuse d'administrer la justice. Lorsqu'il eut éprouvé les heureux effets de ce plan de gouvernement, sans lequel les meilleures lois devenaient, dans ce temps-là, entièrement impuissantes, il adopta pour sa maxime qu'une conduite inflexible était le premier devoir d'un souverain.

La tranquillité que Guillaume avait rétablie dans ses états lui avait procuré le loisir d'aller rendre une visite au roi d'Angleterre pendant le temps de l'exil de Godwin. Il reçut un accueil proportionné à la grande réputation qu'il s'était acquise, au degré de parenté qui l'unissait à Édouard, et aux obligations que ce monarque avait à la famille du duc de Normandie. Lors du retour de Godwin et de l'expulsion des Normands, favoris du roi, Robert, archevêque de Canterbury, avait, avant de partir, suggéré à Édouard d'adopter Guillaume pour son successeur, projet favorisé par l'aversion du roi pour Godwin, par sa prévention pour les Normands, et son estime pour le duc même. Ce prélat reçut donc la commission de le prévenir des intentions qu'on avait en sa faveur, et fut le premier qui ouvrit à l'imagination de ce prince cette ambitieuse expectative. Mais Édouard, irrésolu et faible dans ses desseins, jugeant que les Anglais acquiesceraient plus aisément au rétablissement de la branche saxonne qui était en Hongrie, avait, dans ces entrefaites, invité les enfants de son frère à se rendre en Angleterre, pour qu'il les reconnût héritiers de son trône. La mort de son neveu, l'inexpérience et les dispositions peu brillantes du jeune Edgar firent bientôt reprendre au roi ses premières vues sur le duc de Normandie. Cependant l'éloignement d'Édouard pour toutes les entreprises hasardeuses l'engagea non-seulement à différer l'exécution de celle-ci, mais encore à la tenir secrète à tous ses ministres.

Tandis qu'il s'en occupait ainsi mystérieusement, Harold commençait d'agir plus à découvert, redoublait ses soins pour s'assurer la faveur du peuple, affermissait son crédit, et se frayait le chemin du trône, qu'un vieillard accablé d'infirmités allait bientôt cesser de remplir. Mais il restait toujours un obstacle qu'il lui importait de lever le premier. Lorsque le comte Godwin avait été rétabli dans ses biens, ses charges et ses honneurs, il avait donné des otages pour garants de sa bonne conduite à venir, entre autres, un de ses fils et un de ses petits-fils, qu'Édouard faisait garder en Normandie. Quoique Harold ignorât que le duc fût son concurrent à la royauté, il se voyait avec inquiétude des parents si proches encore prisonniers dans une cour étrangère. Il craignait que Guillaume ne les retînt, en faveur d'Edgar, comme un frein à l'ambition de ceux qui prétendraient à la couronne. Harold fit donc valoir à Édouard sa soumission sincère et sa fidélité inébranlable ; il représenta le peu de nécessité, après en avoir fait une si longue et si constante épreuve, de retenir encore des otages exigés dans les premiers moments de la pacification des dissensions civiles. Ces sollicitations, soutenues du crédit de ce seigneur en Angleterre, extorquèrent le consentement du roi pour que le fils et le petit-fils de Godwin fussent mis en liberté. Sitôt que Harold eut obtenu cette grâce, il partit pour la Normandie, suivi d'un cortége nombreux. Une tempête le jeta sur les côtes de Picardie, où Gui, comte de Ponthieu, ayant appris son naufrage et son rang, le retint prisonnier, et demanda une somme exorbitante pour sa rançon. Harold trouva le moyen d'instruire le duc de Normandie de sa situation, et lui fit dire que, tandis qu'il était en chemin pour se rendre à sa cour, chargé d'une commission du roi d'Angleterre, la cupidité du comte de Ponthieu lui faisait essuyer le traitement le plus dur.

Guillaume attacha de l'importance à cet événement, et supposa que, s'il pouvait une fois gagner Harold par les promesses ou par les menaces, rien ne l'embarrasserait désormais sur la route du trône d'Angleterre, et qu'Édouard ne trouverait plus de difficultés à exécuter les favorables intentions qu'il avait pour lui. Il envoya donc un ambassadeur à Gui pour demander la liberté du prisonnier; et ce petit souverain, n'osant hasarder un refus à l'égard d'un si grand prince, remit Harold entre les mains de l'envoyé normand, qui le conduisit à Rouen. Guillaume le reçut avec tous les témoignages possibles de considération et d'amitié. Après lui avoir paru très disposé à lui rendre les otages, il amena l'occasion de lui confier le grand secret de ses vues sur la couronne d'Angleterre, et du testament qu'Édouard se proposait de faire en sa faveur. Il sollicita Harold de le seconder dans cette affaire, lui réitéra les protestations de la plus vive reconnaissance s'il voulait s'y prêter, et lui insinua qu'une maison dont la grandeur était difficile à soutenir contre la haine et les défiances du roi, pourrait tout attendre d'un autre souverain qui lui devrait son trône. Harold fut étonné de la confidence du duc; mais il comprit qu'il ne recouvrerait jamais sa liberté, et qu'il obtiendrait encore moins celle de son frère et de son neveu, s'il refusait ses bons offices à Guillaume. Il feignit d'entrer dans ses desseins, se désista lui-même de toutes prétentions à la royauté, et promit d'entretenir avec le zèle le plus sincère les dispositions d'Édouard, et d'appuyer les démarches du duc de Normandie. Pour lier plus étroitement Harold à ses intérêts, non seulement Guillaume lui offrit sa fille en mariage, mais il exigea de lui qu'il scellât ses promesses par un serment; et, afin de rendre ce serment plus imposant, il employa un artifice digne de l'ignorance et de la superstition de ce siècle. Il fit cacher secrètement sous l'autel les reliques de quelques martyrs les plus respectés : lorsque Harold eut prononcé le serment, Guillaume lui montra ces reliques, et l'avertit d'être fidèle à un engagement contracté d'une manière si terrible. Le seigneur anglais fut d'abord surpris; mais il dissimula son émotion, renouvela toutes ses promesses, et partit après avoir donné et reçu toutes les marques d'une confiance réciproque entre le duc de Normandie et lui.

Lorsque Harold se vit libre, l'ambition, casuiste habile, justifia à ses yeux le dessein de violer un serment extorqué par la crainte, et dont l'exécution entraînerait peut-être l'assujettissement de sa patrie à une puissance étrangère. Il continua toujours de rechercher soigneusement la bienveillance du peuple, d'accroître le nombre de ses partisans, de familiariser les Anglais avec l'idée de le voir succéder à la couronne, de ranimer leur aversion pour les Normands, et, par un étalage affecté de son crédit et de son pouvoir, de détourner le craintif Édouard de réaliser ses intentions en faveur de Guillaume. Dans ces entrefaites, l'heureuse fortune de Harold amena encore deux incidents qui lui procurèrent les applaudissements unanimes, et ajoutèrent à la réputation de vertu et d'habileté qu'il s'était acquise.

Les Gallois, quoique ennemis moins formidables que les Danois, étaient accoutumés depuis long-temps à infester les frontières occidentales : après avoir pillé le plat pays, ils se retiraient ordinairement dans leurs montagnes, à l'abri de toute poursuite, et en ressortaient, à la première occasion favorable, pour recommencer leurs déprédations. Griffith, qui les gouvernait alors, s'était distingué dans ces incursions, et avait rendu son nom si redoutable aux Anglais, que Harold ne pouvait rien faire de plus agréable au peuple et de plus glorieux pour lui-même, que d'abattre un ennemi si dangereux. Il forma donc le plan d'une expédition contre les Gallois, prépara quelque infanterie légère pour les poursuivre dans leurs refuges, quelque cavalerie pour balayer la plaine, et une escadre pour attaquer leurs côtes maritimes. Il employa toutes ces forces à la fois contre eux, profita vigoureusement de ses moindres avantages, ne laissa pas respirer ces peuples un instant, et les réduisit enfin à une si grande extrémité, que, pour prévenir leur destruction totale, ils sacrifièrent leur prince, lui coupèrent la tête, l'envoyèrent à Harold, et se soumirent à deux seigneurs gallois qu'Édouard nomma pour les gouverner (1). L'autre incident ne fit pas moins d'honneur à Harold.

Tosti, son frère aîné, avait été créé duc de Northumberland ; mais, emporté par un caractère violent et tyrannique, il avait traité les Northumbres avec tant de cruauté, qu'ils se soulevèrent contre lui et le chassèrent de son gouvernement. Morcar et Edwin, deux frères tout puissants dans le pays, et petits-fils du fameux

---

(1) Chron. Sax. p. 170. Will. Malm. p. 73.

duc Leofric, entrèrent dans cette révolte. Morcar ayant été élu duc, s'avança avec une armée vers Harold, que le roi avait chargé de réduire et de châtier les Northumbres. Avant que les armées en vinssent aux mains, Morcar, bien instruit de la générosité du général anglais, tenta de justifier sa conduite; lui représenta celle de Tosti comme si indigne de son rang, qu'un frère même ne pouvait la tolérer sans en partager en quelque sorte la honte; ajouta que les Northumbres, accoutumés à une administration légale, et la regardant comme un de leurs droits naturels, ne désiraient que de se soumettre au roi; mais qu'ils demandaient un gouverneur qui eût égard à leurs priviléges; qu'ils avaient appris de leurs ancêtres à préférer la mort à la servitude, et qu'ils s'étaient mis en campagne, résolus de périr plutôt que de supporter encore les horreurs qu'ils avaient souffertes si long-temps; qu'enfin ils comptaient que Harold, après y avoir réfléchi, ne protégerait pas dans un autre une conduite barbare dont il s'était toujours tellement éloigné lui-même dans son propre gouvernement. Cette courageuse rémontrance fut appuyée d'un détail de faits si bien prouvés, que Harold crut qu'il était de son honneur d'abandonner les intérêts de son frère. Il alla rendre compte à Édouard de ce qui s'était passé, et lui persuada de pardonner aux Northumbres, et de confirmer le choix qu'ils avaient fait de Morcar pour leur gouverneur. Harold épousa même la sœur de ce seigneur, et procura par son crédit le gouvernement de Mercie à Edwin. Tosti, furieux de sa chute, quitta le royaume et se réfugia en Flandre, auprès du comte Baudouin, son beau-père.

En se mariant à la sœur de Morcar, Harold rompait toutes mesures avec le duc de Normandie, et lui prouvait assez qu'il ne fallait plus compter sur le serment qu'il avait extorqué de lui. Il se trouvait alors dans une situation qui le dispensait de dissimuler. La conduite qu'il venait de tenir avec les Northumbres était un modèle de modération qui lui assurait l'amour de ses concitoyens; il voyait presque toute l'Angleterre dans ses intérêts, tandis qu'il possédait le gouvernement de Wessex, Morcar celui de Northumberland, et Edwin celui de Mercie. Il aspira donc hautement à la couronne, et soutint que, puisque d'un commun aveu il était nécessaire d'en exclure l'imbécile Edgar, le seul héritier vivant qu'il y eût, personne n'était si capable de remplir le trône qu'un homme d'une maison illustre et puissante, d'un âge mûr, éclairé par une longue expérience, d'un courage éprouvé, d'une habileté reconnue, et qui, né dans le royaume, saurait le garantir de la tyrannie des étrangers. Édouard, accablé du poids de la vieillesse et des infirmités, ne se trouva pas en état de lutter contre des circonstances si difficiles. Mais, quoique d'anciennes préventions l'empêchassent de seconder les vues d'Harold, il ne fit que des démarches faibles et irrésolues pour assurer la succession au duc de Normandie (1). Tandis que le roi flottait au milieu de ces incertitudes, il fut surpris par la maladie qui le mit au tombeau, le 5 janvier 1066, dans la soixante-cinquième année de son âge, et la vingt-cinquième de son règne.

Ce prince, auquel les moines ont donné les titres de saint et de confesseur, fut le dernier de la ligne saxonne qui gouverna l'Angleterre. Son règne fut heureux et paisible; mais il dut moins cette prospérité à son propre génie qu'aux circonstances du temps. Les Danois, occupés ailleurs, ne firent aucune de ces in-

(1) L'histoire de ce qui se passa entre Édouard, Harold et le duc de Normandie, est rapportée si différemment par les anciens écrivains, qu'il y a peu de passages importants de l'histoire d'Angleterre où l'on trouve autant d'incertitude. J'ai suivi le récit qui m'a paru le plus conséquent et le plus vraisemblable. Il ne l'est pas qu'Édouard ait jamais fait un testament en faveur du duc, encore moins que cet acte ait été ratifié par les états du royaume, comme quelques auteurs l'assurent. Ce testament aurait été connu de tout le monde, et produit par le conquérant, auquel il aurait donné un droit si plausible et réellement si juste. Mais la manière douteuse et ambiguë dont Guillaume paraît avoir toujours parlé de ce titre prouve qu'il ne pouvait alléguer que les intentions connues du roi en sa faveur; intentions qu'il se plaisait d'appeler un testament. Il y a en effet une charte de Guillaume, conservée par le docteur Hickes, tome I, où il s'appelle lui-même *rex hœreditarius*, ce qui signifiait héritier par testament. Mais un prince revêtu de tant de puissance, et fort de tant de succès, peut avancer les prétentions qu'il veut. Il suffit, pour réfuter ces prétentions, d'observer qu'il y a une très grande diversité de sentiments parmi les historiens sur un point où ils devraient tous s'accorder, s'il était réel.

Quelques historiens, et particulièrement Malmesbury et Matthieu de Westminster, attestent que Harold n'avait aucune intention de passer en Normandie, mais que, se promenant en bateau pour son plaisir sur la côte, il fut poussé par la tempête sur les terres de Gui, comte de Ponthieu : mais outre que cette anecdote n'est pas vraisemblable en elle-même, et qu'elle est contredite par la plupart des anciens auteurs, elle est réfutée par un monument très curieux et très authentique récemment découvert. C'est une tapisserie conservée dans le palais ducal de Rouen, que l'on suppose avoir été faite par les ordres de Mathilde, femme du duc ; elle est du moins d'une grande antiquité : Harold y est représenté comme prenant congé du roi Édouard, pour aller exécuter quelque commission, et montant sur son vaisseau avec une nombreuse suite. Le dessein de délivrer son frère et son neveu, retenus en otages, est le motif le plus probable qu'on puisse donner à ce départ; et c'est ainsi qu'en parlent Eadmer, Hoveden, Brompton, et Simeon de Durham. On trouve une description plus étendue de cette pièce de tapisserie dans l'*Histoire de l'Académie de Littérature*, tome IX, page 535.

cursions en Angleterre qui avaient été si inquiétantes pour tous ses prédécesseurs, et si fatales à quelques-uns. La facilité de son caractère laissa prendre le timon des affaires à Godwin et à son fils Harold : ces deux grands seigneurs, puissants et habiles, maintinrent la paix et la tranquillité domestique tant que l'autorité fut dans leurs mains. Ce qu'il y a de plus digne d'éloge dans le gouvernement d'Édouard est l'attention particulière qu'il donna à l'administration de la justice ; il compila, pour cet effet, un corps de lois qu'il tira des lois d'Ethelbert, d'Ina, et d'Alfred. Cette compilation, perdue aujourd'hui (car les lois qui passent sous le nom d'Édouard lui sont postérieures) (1), fut long-temps l'objet de l'affection des Anglais.

Édouard-le-Confesseur est le premier qui ait touché les écrouelles, ou le mal de roi. L'opinion qu'on avait de la sainteté de ce prince persuada au peuple qu'il les guérissait. Ses successeurs regardèrent ensuite comme une partie de leur grandeur et de leur puissance de s'attribuer le même don, et d'entretenir la même confiance dans le public ; elle s'était continuée jusqu'à notre temps : cet usage n'a été abandonné que par la maison aujourd'hui régnante, qui s'est aperçue que le bas peuple même cessait d'y croire, et qu'il était ridicule aux yeux des gens éclairés.

## HAROLD.

Harold avait si bien pris ses mesures avant la mort du roi qu'il monta sur le trône dès qu'il fut vacant, et que son avénement occasionna aussi peu de trouble que s'il avait succédé à Édouard en vertu du droit héréditaire le plus incontestable. Les citoyens de Londres étaient ses partisans zélés : les évêques et le clergé avaient embrassé ses intérêts, et toute la haute noblesse, unie à lui par des alliances ou par l'amitié, appuya son élévation. A peine fut-il question des droits d'Edgar Atheling, encore moins des prétentions du duc de Normandie. Harold assembla ses partisans, et en reçut la couronne, sans s'embarrasser de soumettre la question à

(1) Spelm. au mot *Belliva*.

la libre délibération des états (1). S'il se trouva quelques mécontents de cette élection, ils furent obligés de cacher leurs sentiments, et le nouveau souverain prit le silence général pour un consentement tacite. Il fonda aussi ses droits sur les suffrages supposés du peuple qui paraissaient unanimes. Il fut donc couronné et sacré par Aldred, archevêque d'York, le lendemain même de la mort d'Édouard, et toute la nation parut applaudir à son élévation.

La première alarme qu'eut le nouveau roi vint du dehors et de son propre frère Tosti, qui s'était exilé volontairement en Flandre. Furieux du succès de l'ambition de Harold, à laquelle il croyait avoir été sacrifié lui-même, il fit retentir la cour de Baudouin de ses plaintes sur l'injustice qu'il avait essuyée, lia les intérêts de cette maison à sa vengeance, et tâcha de former des intrigues avec la noblesse mécontente d'Angleterre; il envoya ses émissaires en Norwége pour exciter les flibustiers de ce royaume à prendre les armes; il offrit à leurs espérances le parti avantageux qu'ils pouvaient tirer de la situation mal affermie des affaires dans les premiers moments de l'usurpation du nouveau roi, et, pour rendre cette confédération plus formidable, il fit un voyage en Normandie, persuadé que Guillaume, qui avait épousé Mathilde, autre fille de Baudouin, vengerait volontiers sa propre injure ainsi que celle de Tosti, en secondant de ses conseils et de ses forces le projet de faire une invasion en Angleterre.

Lorsque le duc de Normandie apprit la nouvelle des intrigues et de l'élévation de Harold, il en fut d'abord vivement indigné; mais, pour colorer ses prétentions au même trône, il avait envoyé en Angleterre des ambassadeurs, chargés de reprocher à Harold son manquement de foi, et de le sommer de résigner immédiatement la couronne. Harold répondit aux ambassadeurs que le serment qu'on l'accusait d'avoir trahi lui avait été dicté par une crainte bien fondée; et ne pouvait jamais, par cette raison, être regardé comme obligatoire; qu'il n'avait point été autorisé par le feu roi, ni par les états d'Angleterre, qui seuls

---

(1) Plusieurs historiens disent que Harold fut élu régulièrement par les états; quelques-uns prétendent qu'Édouard le nomma son successeur par son testament.

pouvaient disposer de la couronne, à en offrir la succession au duc de Normandie; que si un particulier avait osé faire cette démarche, ou même jurer volontairement d'appuyer les prétentions du duc, ce serment était illicite, et que le devoir de celui qui l'aurait fait serait de saisir la première occasion de le rétracter; qu'il avait obtenu la couronne en vertu des suffrages unanimes de la nation; qu'il se rendrait indigne d'une telle faveur s'il ne maintenait pas avec la plus grande vigueur les libertés nationales dont la conservation lui était confiée; que si le duc tentait la voie des armes pour s'ouvrir le chemin de la royauté, il éprouverait ce que peut une nation bien unie, conduite par un prince pénétré des devoirs que lui imposait sa dignité, et résolu de n'abandonner les rênes du gouvernement qu'avec la vie. Guillaume s'attendait à cette réponse, et, avant de la recevoir, était déterminé à faire une tentative en Angleterre. Échauffé par son courage, son ressentiment, et son ambition, et ne consultant rien de plus, il brava les difficultés qu'il devait trouver en attaquant un si grand royaume avec des forces si inférieures, et ne vit dans cette entreprise que ce qui pouvait la favoriser. Il considéra que, depuis le règne de Canute, l'Angleterre avait presque toujours joui d'une profonde tranquillité pendant près de cinquante ans, et qu'il faudrait du temps avant que ses soldats, énervés par une si longue paix, fussent disciplinés, et que ses généraux eussent acquis de l'expérience. Il savait que ce royaume n'avait point de villes fortifiées, capables de prolonger la guerre, et qu'il lui faudrait hasarder toutes ses ressources dans une action décisive contre un ennemi aguerri, qui, étant une fois le maître de la campagne, serait en état de pénétrer partout. Il vit que, malgré les preuves que Harold avait données de sa vigueur et de son courage, il ne fallait qu'une secousse accidentelle et violente pour le renverser d'un trône nouvellement usurpé par l'intrigue, dont il avait exclu une ancienne famille en possession de le remplir, et qui chancelait déjà sous lui par sa propre instabilité. Enfin il se flatta que la témérité même avec laquelle il traversait les mers, abandonnait son propre pays, et ne se laissait aucun espoir de retraite, imposerait aux Anglais, et, en mettant ses soldats dans la nécessité de vaincre ou de périr, les encouragerait à soutenir la réputation des armes normandes.

Les Normands, en effet, s'étaient distingués depuis longtemps par leur bravoure entre toutes les nations européennes, et leur gloire avait alors atteint son plus haut période. Non-seulement ils s'étaient acquis par les armes un territoire considérable en France, et l'avaient défendu contre les entreprises continuelles des monarques français; non-seulement ils avaient fait plusieurs actions vigoureuses sous leur souverain actuel, mais ils venaient encore de ranimer l'éclat de leur ancienne renommée, par les exploits les plus périlleux et par les succès les plus étonnants, à l'autre extrémité de l'Europe. Une poignée d'aventuriers normands avaient pris un tel ascendant sur les Italiens et les Grecs, et même sur les Germains et les Sarrasins, qu'ils étaient parvenus à expulser ces étrangers, à se procurer un vaste établissement, et à jeter les fondements du riche royaume de Naples et de Sicile. Ces expéditions faites par des sujets de Guillaume, et dont plusieurs avaient été bannis de leur pays pour cause de faction ou de rébellion, encouragèrent ce prince altier à poursuivre ses audacieux desseins. Après de tels exemples de valeur et de succès, il eût rougi de renoncer à la conquête d'un pays voisin, où il pouvait être soutenu par toutes les forces de sa principauté.

La situation où était alors l'Europe donnait aussi à Guillaume l'espoir qu'outre ses braves Normands il pourrait employer contre l'Angleterre la fleur des guerriers qui étaient dispersés dans les autres états. La France, la Germanie, et les Pays-Bas, se trouvaient divisés et subdivisés en plusieurs petites principautés, ou plusieurs baronnies, par les progrès des institutions féodales. Les divers possesseurs ayant, sur leurs propres possessions, la puissance civile aussi bien que le droit des armes, agissaient, à bien des égards, comme des souverains indépendants, et maintenaient leurs propriétés et leurs priviléges, moins par l'autorité des lois que par leurs propres forces et leur courage. L'esprit guerrier s'était généralement répandu dans toute l'Europe. La plupart des seigneurs, fiers de leur petite souveraineté, se faisaient gloire de figurer dans les entreprises périlleuses, et en saisissaient vivement les occasions. Ils n'étaient accoutumés dès l'enfance qu'aux récits des victoires et des combats. Une noble émulation s'emparait de leur ame, et les excitait à chercher eux-mêmes de ces merveilleuses aventures qu'ils entendaient raconter avec tant d'éloges, et qui étaient si fort exagérées par la crédulité du siècle. Cependant, unis, quoique peu étroitement, par leur devoir à un seigneur suzerain et au grand corps de la communauté à laquelle ils appartenaient, chacun d'eux désirait d'étendre sa réputation au-delà de son propre territoire; ainsi, dans toutes les assemblées formées pour délibérer sur les affaires civiles ou les expéditions militaires, ou seulement pour les divertissements et la représentation, ils se faisaient tous un point d'honneur de s'éclipser réciproquement par le renom de leurs prouesses. De là vint l'esprit de la chevalerie, de là leur impatience à supporter la paix et la tranquillité; de là enfin leur empressement à s'engager dans les entreprises les plus téméraires, quelque peu intéressés qu'ils fussent à les voir échouer ou réussir.

La puissance de Guillaume, son courage, et son habileté, lui avaient procuré dès long-temps la prééminence sur tous ces petits princes ou barons; il n'en était point d'animé du désir de se distinguer par son adresse dans les exercices militaires, ou par sa valeur dans les combats, qui ne fût empressé d'aller se signaler à la cour et dans les armées du duc de Normandie. Ce prince les traitait avec toute l'hospitalité et la courtoisie du temps. Ils s'étaient attachés à lui, et avaient envisagé avidement la gloire et les richesses dont il leur promettait une ample moisson, s'ils le secondaient dans son expédition contre l'Angleterre. Plus l'entreprise était hardie, et plus elle convenait à leur esprit romanesque. Le bruit de ce projet d'invasion était déjà répandu partout; une foule de braves vinrent offrir leurs services à Guillaume; tous amenèrent leurs vassaux et leur suite; et il lui fut moins difficile de compléter ses levées que de choisir les sujets qui pouvaient avoir le plus d'expérience, ou de refuser les offres de la multitude de ceux qui briguaient l'honneur de servir sous un chef si célèbre.

Outre ces avantages, qu'il devait à sa valeur et à sa bonne

conduite, il avait à rendre grâce à la fortune qui le favorisait en levant plusieurs obstacles auxquels il était naturel qu'il s'attendît dans une entreprise où tous ses voisins se trouvaient si essentiellement intéressés. Conan, duc de Bretagne, ennemi mortel de Guillaume, dans le dessein de faire une diversion qui l'embarrasserait, saisit cette conjoncture pour réclamer le duché de Normandie, auquel il prétendait avoir des droits; il demanda que, dans le cas où Guillaume subjuguerait l'Angleterre, la possession du duché lui fût dévolue. Mais Conan mourut immédiatement après avoir fait cette démarche; et Hovel, son successeur, au lieu d'adopter la malignité, ou plutôt la prudence de Conan, seconda vivement les vues de Guillaume, et envoya son fils aîné, Alain Fergant, servir sous lui avec cinq mille Bretons. Les comtes d'Anjou et de Flandre encouragèrent leurs sujets à s'engager dans cette expédition. La cour de France même, qui aurait dû craindre l'agrandissement d'un vassal si dangereux, ferma les yeux dans cette occasion sur ses véritables intérêts, ou ne s'en occupa que mollement. Philippe I$^{er}$, le monarque français, alors régnant, était mineur. Guillaume, ayant communiqué son projet au conseil de ce prince, demandé du secours, et offert, en cas de succès, de faire hommage de la couronne d'Angleterre à la France, reçut ordre à la vérité d'abandonner cette entreprise; mais le comte de Flandre, son beau-père, qui était à la tête de la régence, favorisa sous main ses levées, et engagea la noblesse à s'enrôler sous ses drapeaux.

Non-seulement l'empereur Henri IV donna ouvertement la permission à tous ses vassaux de s'engager dans cette expédition, qui fixait l'attention de toute l'Europe, mais il promit de protéger le duché de Normandie pendant l'absence du souverain, et le mit par-là en état d'en tirer toutes les forces pour attaquer l'Angleterre. Mais l'allié le plus important que ses négociations lui procurèrent fut le pape, qui avait beaucoup d'empire sur les anciens barons, aussi dévots que vaillants. Après un progrès insensible pendant plusieurs siècles de ténèbres et d'ignorance, le pontife romain commençait alors ouvertement à élever sa tête altière au-dessus de tous les princes de l'Europe, à s'arroger le titre de médiateur, et même d'arbitre sur les différends des plus grands monarques, à interposer son autorité dans les affaires civiles, et à dicter ses volontés à ses humbles disciples, comme des lois souveraines. Il suffisait à Alexandre II, assis alors sur le siége pontifical, que Guillaume eût seul recours à son tribunal, et le rendît juge de sa querelle avec Harold, pour mettre le saint-père dans ses intérêts ; mais il y avait encore d'autres avantages qu'Alexandre prévoyait devoir résulter de la conquête de l'Angleterre par les armes normandes. Ce royaume, quoiqu'il eût été converti anciennement par les missionnaires romains, quoiqu'il eût même fait quelques pas vers une sorte de soumission à Rome, conservait toujours une grande indépendance dans son administration ecclésiastique, et, formant un petit monde en lui-même, séparé du reste de l'Europe, s'était jusque-là maintenu inaccessible aux prétentions exorbitantes dont la papauté étayait sa grandeur. Alexandre espéra donc que, si les barons français et normands réussissaient à subjuguer l'Angleterre, ils y introduiraient un respect plus dévotieux pour le saint-siége, et qui approcherait les églises anglaises d'une plus grande conformité avec celles du reste de l'Europe. Il se déclara en faveur de Guillaume, traita Harold de parjure et d'usurpateur, lança une excommunication contre lui et ses adhérents, et, pour encourager encore davantage le duc de Normandie, lui envoya une bannière bénite, et une bague qui renfermait un cheveu de saint Pierre. Ainsi fut couvert du manteau sacré de la religion tout ce qu'il y avait d'ambition et de violence dans cette invasion.

La plus grande difficulté que Guillaume eut à surmonter pour parvenir à faire ses préparatifs vint de la part de ses sujets de Normandie. Les états de ce duché étaient assemblés à Lillebonne; des secours leur furent demandés pour l'entreprise projetée, qui promettait tant de gloire et d'avantages à leur pays; mais la plupart des membres montrèrent autant de répugnance à donner des sommes beaucoup plus fortes que celles qu'on accordait ordinairement alors, qu'à risquer l'exemple d'aller servir loin de leur patrie. Le duc, persuadé qu'il serait inutile et contraire à ses intérêts de presser le corps des états sur cet article, conféra séparément avec les particuliers les plus riches de la province, et, commençant par ceux dont l'affection lui était le plus connue, il les engagea tous peu à peu à lui avancer l'argent dont il avait besoin. Le comte de Longueville, le comte de Mortagne, Odo, évêque de Bayeux, et spécialement Guillaume Fitz-Osborne, comte de Breteuil, et connétable de Normandie, le secondèrent avec chaleur dans ses négociations. Lorsqu'une personne se fut une fois engagée à contribuer, elle tâcha d'y porter les autres ; et à la fin les états eux-mêmes, en stipulant que ces contributions seraient sans conséquence pour l'avenir, promirent d'assister leur prince dans son expédition de tout ce qui pourrait dépendre d'eux.

Guillaume se trouva alors une flotte de trois mille vaisseaux, tant grands que petits, et une armée de soixante mille hommes, choisis parmi cette foule de braves venus de toutes parts le solliciter d'accepter leurs services. La discipline des soldats, la beauté et la vigueur des chevaux, l'éclat des armures, et surtout les grands seigneurs qui s'étaient rangés sous ses drapeaux, faisaient de son camp le spectacle le plus superbe et le plus martial. On comptait, entre ses plus célèbres guerriers, Eustache, comte de Boulogne, Aimeri de Thouars, Hugues d'Estaples, Guillaume d'Évreux, Geoffroi de Rotrou, Roger de Beaumont, Guillaume de Warrenne, Roger de Montgommeri, Hugues de Grandmesnil, Charles Martel, et Geoffroi Giffard. Guillaume promit à ces vaillants capitaines les dépouilles de l'Angleterre, comme le prix de leur bravoure, et leur dit, en leur montrant le rivage opposé, que c'était là le champ où ils devaient ériger des trophées à leurs noms, et fixer leur établissement.

Tandis que ces préparatifs formidables se faisaient, le duc de Normandie, attentif à augmenter le nombre des ennemis de Harold, ranima dans le cœur de Tosti l'ancien désir de vengeance dont il était dévoré, et l'excita à s'unir avec Harold Halfager, roi de Norwége, pour infester les côtes d'Angleterre. Tosti, ayant rassemblé soixante vaisseaux dans les ports de Flandre, mit à la mer, et, après avoir ravagé les côtes de l'est et du midi, fit voile vers le Northumberland, où il fut joint par Halfager, à la tête d'un armement de trois cents vaisseaux. Les flottes combinées entrèrent dans l'Humber, et débarquèrent leurs soldats : ils commençaient à étendre les hostilités de toutes parts, lorsque Morcar, comte de Northumberland, et Edwin, comte de Mercie, et beau-frère du roi, ayant rassemblé quelques troupes à la hâte, risquèrent de donner bataille, furent entièrement défaits, et obligés de prendre la fuite.

Harold, informé de ce désastre, accourut protéger ses sujets avec une armée, et marqua la plus grande ardeur de se montrer digne de la couronne qui lui avait été donnée. Quoiqu'il ne connût pas précisément toute l'étendue du péril dont il était menacé par le nombre des forces combinées contre lui, ce prince n'avait négligé aucun moyen de s'en garantir en gagnant l'affection du peuple. Son administration était si équitable et si prudente, que les Anglais ne voyaient aucun motif de se repentir de l'avoir choisi pour leur souverain. Ils se rendirent de tous côtés sous ses drapeaux; et sitôt qu'il eut atteint l'ennemi à Standford, il se trouva en état de lui offrir bataille. L'action fut sanglante; elle finit par la victoire complète du côté de Harold, la déroute entière des Norwégiens, et la mort de Tosti et de Halfager. Leur flotte même tomba au pouvoir du vainqueur, qui eut la générosité d'accorder la liberté à Olave, fils de Halfager, et de lui permettre de s'en retourner avec vingt vaisseaux. Mais Harold se réjouissait à peine de sa victoire, lorsqu'il reçut la nouvelle que le duc de Normandie était descendu avec une nombreuse armée sur les côtes méridionales de l'Angleterre.

La flotte et l'armée de Guillaume s'étaient assemblées, au commencement de l'été, à l'embouchure de la petite rivière de Dive, et toutes les troupes avaient été promptement embarquées; mais les vents, devenus contraires, les retinrent dans ce port. Cependant l'autorité du duc, l'excellente discipline maintenue parmi les matelots et les soldats, et le soin vigilant de leur fournir abondamment des provisions, empêchèrent toute espèce de désordre. Lorsque le vent fut favorable, ils mirent à la voile, et côtoyèrent jusqu'à Saint-Valeri. Là plusieurs vaisseaux se perdirent; et, comme les vents redevinrent contraires, l'armée imagina que le ciel se déclarait contre elle, et qu'elle était destinée à périr, malgré la bénédiction du pape. Ces guerriers, si intrépides contre les dangers réels, se laissaient aisément abattre par la crainte de périls imaginaires : plusieurs commençaient à se mutiner ; quelques-uns même abandonnaient déjà leurs enseignes, quand le duc, dans l'intention de ranimer leur espérance chancelante, ordonna de promener en procession les reliques de saint Valeri, et de faire des prières pour obtenir du ciel un temps propice. Les vents changèrent subitement ; et, comme leur variation arriva la veille de la fête de Saint-Michel, le patron de la Normandie, les troupes et les matelots crurent reconnaître le bras du Tout-Puissant dans ce concours de circonstances, et se mirent en mer avec la plus grande alégresse. Nul obstacle n'interrompit leur voyage : une flotte formidable que Harold avait assemblée, et qui croisait la mer tout l'été à la hauteur de l'île de Wight, venait de rentrer dans ses ports, sur la fausse nouvelle que Guillaume, découragé par la mauvaise saison et par d'autres accidents, avait suspendu ses préparatifs. L'armement de Normandie, s'avançant dans le plus bel ordre, arriva, sans aucune perte importante, à Pevensey en Sussex, où l'armée débarqua tranquillement. Au moment où le duc mettait le pied sur le rivage, il fit un faux pas et tomba ; mais il eut la présence d'esprit d'interpréter l'augure à son avantage, en s'écriant qu'il prenait possession du pays. Un soldat courut aussitôt à une cabane voisine, et arracha un peu de chaume qu'il présenta à son général, comme pour l'ensaisiner du royaume. La joie et la confiance de Guillaume et de toute son armée étaient si grandes, qu'elles ne furent même pas tempérées lorsque la nouvelle de la victoire de Harold sur les Norwégiens se répandit ; on eût dit au contraire que les Normands n'en attendaient l'arrivée de l'ennemi qu'avec plus d'impatience.

Cette victoire de Harold, quelque complète et quelque honorable qu'elle fût, était devenue essentiellement préjudiciable à ses intérêts, et doit être regardée comme la cause immédiate de sa ruine. Elle lui coûtait la perte de ses meilleurs officiers et de ses plus braves soldats, et il avait dégoûté le reste de ses troupes en leur refusant les dépouilles remportées sur les Norwégiens. Cette conduite était peu conforme à la générosité naturelle de son caractère ; mais le désir d'épargner au peuple les frais de la guerre où le duc de Normandie l'engageait occasionna vraisemblablement cette économie mal entendue. Il se hâta, par une marche prompte, de joindre incessamment l'ennemi; mais, quoiqu'il fût renforcé à Londres et en d'autres places par des troupes fraîches, il se trouva en arrivant aussi faible qu'il était parti, tant les fatigues et les mécontentements secrets firent déserter de ses vieux soldats. Gurth, son frère, homme à la fois prudent et courageux, commença alors à craindre l'événement; il représenta même au roi qu'il serait plus sage de traîner la guerre en longueur que de risquer une action décisive, et le pria du moins d'y ménager sa personne; il lui fit sentir que la situation désespérée du duc de Normandie exigeait de ce prince qu'il en vînt à la plus prompte décision, et qu'il confiât toute sa fortune au sort d'une bataille; mais que le roi d'Angleterre, dans son propre pays, aimé de ses sujets, pourvu de tous les secours nécessaires, certain qu'ils ne lui manqueraient pas, avait un moyen plus infaillible et moins dangereux de s'assurer la victoire; que les troupes normandes, enivrées des plus brillantes espérances d'un côté, et ne se voyant de l'autre aucune ressource en cas de défaite, combattraient jusqu'à la dernière extrémité; qu'étant composées de la fleur des guerriers du continent, elles devaient être regardées comme redoutables aux Anglais; que si on laissait amortir, faute d'action, ce premier feu, cette première ardeur qui rendaient les Normands terribles; si on les harassait par de légères escarmouches; s'ils venaient à manquer de provisions; s'ils étaient fatigués par les mauvais temps et les mauvais chemins pendant l'hiver qui s'approchait, ils deviendraient nécessairement pour leurs ennemis une proie facile à saisir sans effusion de sang; que, si on différait une action générale, les Anglais, frappés du danger imminent auquel ils verraient leurs possessions et leurs libertés exposées, accourraient de toutes parts au secours de leur monarque, et rendraient son armée invincible; que du moins, s'il croyait nécessaire de donner une bataille, il ne devait pas y exposer sa personne, mais réserver, en cas de désastre, quelque ressource à la liberté et à l'indépendance du royaume; qu'ayant eu le malheur de jurer, et cela sur les saintes reliques, d'appuyer les prétentions du duc de Normandie, il valait mieux donner le commandement de l'armée à quelqu'un qui, n'étant pas lié par la foi d'un serment si auguste, inspirerait au soldat plus de confiance et d'espoir dans l'heureux succès du combat.

Harold fut sourd à toutes ces représentations : aussi enorgueilli de ses prospérités passées qu'aiguillonné par son courage naturel, il résolut de livrer bataille en personne. Pour cet effet, il se rapprocha des Normands, qui avaient porté leur camp et leur flotte à Hastings, où ils avaient établi leurs quartiers. Il se croyait si certain de la victoire, qu'il envoya offrir une somme d'argent au duc, s'il voulait quitter le royaume sans effusion de sang ; mais son offre fut rejetée avec dédain ; et Guillaume ne voulant pas rester en arrière avec son ennemi, en fait de bravade, l'envoya sommer à son tour, par quelques moines, ou de lui céder la couronne, ou de lui en prêter foi et hommage, ou de soumettre leur différend à l'arbitrage du pape, ou de le décider avec lui dans un combat singulier. Harold répondit que le Dieu des batailles allait bientôt en décider lui-même.

Les Anglais et les Normands se préparèrent alors à cette importante décision ; mais il s'en fallut de beaucoup que l'aspect des deux camps fût le même la veille de la bataille : les Anglais passèrent la nuit dans la débauche, la joie, le désordre, et les Normands à prier et à remplir en silence les devoirs de leur religion. Vers le matin, le duc assembla les chefs les plus considérables de son armée, et leur fit un discours convenable à l'occasion : il leur représenta que l'événement qu'eux et lui désiraient depuis long-temps s'approchait ; que le sort de cette guerre reposait alors sur leur épée, et serait décidé en une seule action, que jamais troupes n'avaient eu de plus grands motifs de signaler leur courage, soit qu'elles considérassent ou le prix qui suivrait la victoire, ou leur inévitable destruction en cas de défaite ; que si leurs vieux et braves corps pouvaient une fois rompre ces nouvelles levées qui osaient si témérairement s'avancer contre eux, ils feraient tout d'un coup la conquête d'un royaume, et auraient droit à toutes ses richesses, comme récompense de leur valeur ; qu'au contraire, s'ils démentaient leur courage accoutumé, ils se trouveraient enfermés entre un ennemi furieux et la mer qui s'opposerait à leur retraite, et qu'une mort ignominieuse serait le châtiment certain de leur imprudente lâcheté ; qu'en rassemblant une armée si nombreuse et si brave, il avait employé tous les moyens de conquérir qui pouvaient être dans la puissance humaine ; que le général des ennemis lui donnait lieu, par sa conduite criminelle, d'espérer la faveur du ciel, qui réglait seul les événements des guerres et des batailles ; qu'un usurpateur, un parjure, anathématisé par le souverain pontife, et à qui sa propre conscience reprochait sa déloyauté, serait frappé de terreur à leur premier aspect, et s'annoncerait à lui-même le sort que ses crimes multipliés lui méritaient si justement. Guillaume rangea ensuite son armée sur trois lignes ; la première, commandée par Montgommeri, consistait en archers et en infanterie légère ; la seconde, commandée par Martel, était composée de ses plus braves bataillons, pesamment armés et leurs rangs très serrés ; sa cavalerie, à la tête de laquelle il se mit lui-même, formait la troisième ligne, et était disposée de manière qu'elle débordait l'infanterie et flanquait chaque aile de l'armée. Il fit donner le signal du combat, et toute l'armée s'ébranlant à la fois, en chantant l'hymne guerrière de Roland, fameux pair du temps de Charlemagne, s'avança dans le plus bel ordre et avec la plus grande alégresse vers l'ennemi.

Harold s'était saisi de l'avantage du terrain, et, ayant de plus tiré quelques tranchées pour assurer ses flancs, résolut de se tenir sur la défensive, et d'éviter toute affaire de cavalerie, arme dans laquelle il était inférieur. Les troupes de Kent furent placées à l'avant-garde, poste d'honneur qu'elles avaient toujours réclamé comme leur appartenant : les milices de Londres gardèrent l'étendard : le roi, accompagné de ses deux valeureux frères, Gurth et Leofwin, descendit de cheval, se mit à la tête de son infanterie, et annonça qu'il était déterminé à vaincre ou à périr dans le combat. La première attaque des Normands fut impétueuse, et les Anglais la reçurent avec une égale bravoure. Après un combat furieux, où l'avantage resta long-temps indécis, les premiers, embarrassés par les difficultés du terrain et pressés par l'ennemi, commençaient à plier, puis à reculer en désordre ; la confusion se mettait dans les rangs, lorsque Guillaume, se voyant au moment de sa ruine, accourut avec une troupe choisie au secours des siens. Sa présence rétablit le combat ; les Anglais furent obligés à leur tour de se retirer avec perte, et le duc, faisant avancer sa seconde ligne, renouvela l'attaque avec des troupes fraîches et un nouveau courage. Mais s'apercevant que les Anglais, soutenus par l'avantage du terrain et animés par l'exemple de leur prince, continuaient toujours la plus vigoureuse résistance, il essaya un stratagème très délicat à mettre en œuvre, mais qui paraissait assez sage dans une situation aussi critique que la sienne, où il était perdu s'il ne remportait pas une victoire décisive : il ordonna à ses soldats de lâcher pied, et d'attirer l'ennemi hors de son poste par cette feinte. Elle réussit comme il s'y attendait ; les troupes anglaises, sans expérience, échauffées par l'action, et ivres d'espoir, poursuivirent précipitamment les Normands dans la plaine. Guillaume alors donna l'ordre à son infanterie de faire face aux ennemis, tandis que sa cavalerie attaquerait en même temps leurs ailes. Toutes deux profitèrent de la terreur et de la surprise qu'elles répandirent dans ce moment critique et décisif. Les Anglais furent repoussés : on en fit un carnage affreux : cependant ils regagnèrent leur montagne, où l'intrépide Harold les ayant ralliés, ils se trouvèrent encore en état, malgré ce qu'ils avaient perdu, de conserver leur poste et de continuer le combat. Le duc essaya la même ruse une seconde fois avec le même succès ; mais, même après ce double avantage, il vit encore un gros corps d'Anglais qui, s'étant maintenu en bon ordre, paraissait déterminé à disputer la victoire jusqu'à la dernière extrémité. Guillaume ordonna à son infanterie pesamment armée de fondre sur ce corps, pendant que ses archers, placés derrière, feraient pleuvoir une grêle de traits sur les ennemis que leur position y exposait, et qui avaient à se défendre de l'épée et de la lance des attaquants. A la fin, cette disposition rendit le duc victorieux : Harold fut tué d'une flèche, tandis qu'il combattait vaillamment à la tête des siens. Ses deux frères eurent le même sort, et les Anglais, consternés par la mort de ces princes, lâchèrent pied de tous côtés, et furent poursuivis par les vainqueurs, qui en massacrèrent un grand nombre. Quelques-uns des fuyards osèrent cependant se tourner et faire tête à l'ennemi dans un fond, où ils se vengèrent un peu du carnage et de la honte de la journée ; mais l'arrivée du duc les obligea bientôt de chercher leur propre sûreté dans la fuite, et les ténèbres achevèrent de les dérober à la poursuite des Normands.

Ce fut ainsi que Guillaume, duc de Normandie, remporta la mémorable et décisive victoire de Hastings, après une bataille qui avait duré depuis le matin jusqu'au coucher du soleil, et qui semblait digne, par les prodiges de valeur que firent les deux chefs et les deux armées, de décider le destin d'un royaume puissant. Guillaume eut trois chevaux tués sous lui, et perdit près de quinze mille hommes. La perte fut encore plus considérable du côté des vaincus, indépendamment de la mort du roi et de ses deux frères. On porta le corps de Harold à Guillaume, qui le rendit généreusement à la mère de ce prince, sans rançon. L'armée normande ne quitta point le champ de bataille sans rendre solennellement grâces au ciel de la victoire qu'elle avait obtenue. Le duc, après avoir laissé reposer ses troupes, se prépara à pousser ses avantages aussi loin qu'ils pouvaient aller contre les Anglais divisés, consternés et défaits

# CHAPITRE III.

## GOUVERNEMENT ET MŒURS
### DES ANGLO-SAXONS.

Premier gouvernement des Saxons. — Succession des rois. — Wittenagemot. — Aristocratie. — Différents ordres de l'état. — Cours de justice. — Lois criminelles. — Règle des épreuves. — Forces militaires. — Revenus publics. — Valeurs des monnaies. — Mœurs.

Le gouvernement des Germains, comme celui de tous les peuples du nord qui s'établirent sur les ruines de Rome, fut toujours extrêmement libre. Ces fières nations, accoutumées à l'indépendance, et endurcies aux armes, étaient moins dominées par l'autorité qu'entraînées par la persuasion dans la soumission qu'elles marquaient à leurs princes. Le despotisme militaire, qui s'était introduit dans l'empire romain, et qui, avant l'irruption de ces conquérants, avait affaissé les esprits et détruit tout germe de science et de vertu, était incapable de résister aux efforts vigoureux d'un peuple libre. Ils firent une nouvelle époque pour l'Europe ; dès ce moment elle retrouva son ancienne énergie, et secoua le joug honteux du pouvoir arbitraire, sous lequel elle gémissait depuis si long-temps. Les constitutions libres, alors adoptées, quelque altération qu'elles aient subie dans la suite par les usurpations successives des souverains, conservent encore un air d'indépendance et d'administration légale, qui distingue les nations européennes ; et si cette partie du globe possède des sentiments de liberté, d'honneur, d'équité, et de bravoure, supérieurs au reste du monde, elle en doit principalement l'avantage à ces généreux barbares, qui les semèrent pour ainsi dire dans son sein.

Comme les Saxons qui avaient subjugué la Bretagne jouissaient d'une grande liberté dans leur propre pays, ils gardèrent avec persévérance ce trésor inestimable dans leur nouvel établissement, et y portèrent le même esprit d'indépendance dont ils avaient hérité de leurs ancêtres. Les *chieftains* (car ce nom leur convient mieux que celui de rois ou de princes) qui les commandaient dans ces expéditions militaires n'avaient sur eux qu'une autorité très limitée; comme les Saxons exterminèrent les anciens habitants plus qu'ils ne les soumirent, ils furent à la vérité transplantés dans un nouveau territoire, mais ils y conservèrent toutes leurs institutions civiles et militaires sans aucune altération. On ne parla que la langue saxonne dans l'île conquise; les noms même de lieux, qui souvent restent tels qu'ils sont tandis que la langue change entièrement, furent presque tous changés par les nouveaux conquérants. Ils établirent sans mélange les mœurs et les coutumes germaines; et le tableau d'une liberté fière et indomptable, que le vigoureux pinceau de Tacite nous a tracé, pourrait être dessiné d'après ces fondateurs du gouvernement anglais. Loin d'être revêtu d'un pouvoir arbitraire, le roi n'était considéré que comme le premier d'entre les citoyens; son autorité était plus attachée à son mérite personnel qu'à sa couronne; on le rapprochait même si fort du niveau des autres habitants, qu'un prix était fixé à sa tête et une amende légale levée sur son assassin : or, cette amende, quoique proportionnée à son rang, et plus forte que pour le meurtre d'un sujet, constatait assez la subordination du chef de la communauté.

On imagine aisément qu'un peuple indépendant, si peu retenu par le frein des lois et si peu instruit, n'était pas très exact à suivre régulièrement le droit héréditaire dans le choix des souverains. Quoique la famille royale fût extrêmement respectée, et qu'elle eût une supériorité reconnue, ou il n'y avait nulles règles établies, ou ces règles n'étaient jamais constamment observées lorsqu'il fallait remplir le trône vacant; c'étaient alors les circonstances actuelles que l'on consultait plutôt qu'aucun principe fixe. Nous ne prétendons cependant pas supposer que la couronne fût regardée comme entièrement élective, ni qu'il y eût un plan régulier, tracé par la constitution de l'état pour que les suffrages du peuple nommassent le successeur du prince dernier mort chaque fois que la succession était ouverte. Si un roi laissait après lui un fils en âge et en état de régner, ce fils montait au trône; s'il était mineur, son oncle, ou le premier prince du sang, y était élevé, et faisait passer le sceptre à sa postérité : en prenant d'avance de justes mesures avec les principaux de la nation, il était assez facile à un souverain de nommer son successeur. Tous ces changements, et même l'administration ordinaire du gouvernement, exigeaient le concours exprès, ou du moins le consentement tacite du peuple; mais la possession actuelle, de quelque façon qu'elle fût obtenue, devenait à ses yeux un droit incontestable auquel il acquiesçait; et l'exclusion une fois donnée, quelque injuste qu'elle pût être, ne laissait subsister en faveur du prince exclu qu'un souvenir faible et impuissant. Toutes les monarchies barbares donnent tant d'exemples de cette manière de se conduire, et ils sont si fréquents dans l'histoire des Anglo-Saxons, que nous ne pouvons, sans inconséquence, avoir une autre notion de leur gouvernement. L'idée d'une succession héréditaire est si naturelle aux hommes; il est si simple de l'appliquer même à l'autorité souveraine; l'usage reçu de transmettre les possessions particulières mène si aisément à celui de transmettre la puissance, qu'il semble devoir l'introduire dans toute société qui ne l'a pas exclu positivement par la perfection d'une constitution républicaine. Mais comme il y a une différence considérable entre un gouvernement et des possessions particulières; comme toute personne n'est pas également capable d'exercer l'un et de jouir des autres, un peuple qui n'est pas frappé des avantages généraux attachés à une règle constante, ne se soucie guère de s'assujettir à l'ordre de succession pour le choix de ses maîtres, et laisse souvent l'héritier légitime, lorsque cet héritier ne se trouve pas avoir l'âge et les talents nécessaires. Ainsi ces monarchies ne sont, exactement parlant, ni électives, ni héréditaires; et, quoique les intentions d'un prince y puissent être suivies lorsqu'il a désigné son successeur, on ne doit pas les regarder davantage comme à l'entière disposition du testateur. Quelquefois un souverain peut être élu par les suffrages des états; cependant il arrive plus souvent que les états reconnaissent celui qu'ils trouvent établi. Quelques grands seigneurs donnent l'exemple; le peuple, intimidé et gagné, obéit;

et pourvu que le prince régnant soit de la famille royale, il est bientôt reconnu pour le roi légitime.

On convient que nos connaissances sur l'histoire et les antiquités saxonnes sont trop imparfaites pour nous mettre en état de déterminer avec certitude toutes les prérogatives de la couronne et tous les priviléges du peuple, et de donner un plan exact de ce gouvernement. Il est vraisemblable aussi que les constitutions différaient dans les différents états de l'heptarchie, et qu'elles changèrent considérablement pendant le cours de six siècles qui s'écoulèrent depuis la première invasion des Saxons jusqu'à la conquête par les Normands (1). Mais la plupart de ces changements et de ces différences, ainsi que leurs causes et leurs effets, nous sont inconnus : il paraît seulement qu'en tout temps, et dans tous ces royaumes, il y avait un conseil national appelé *wittenagemot*, ou assemblée des sages (car c'est la signification du mot), dont le consentement était nécessaire pour passer des lois et pour ratifier les principaux actes publics de l'administration. Les préambules de toutes les lois d'Ethelbert, d'Ina, d'Alfred, d'Édouard-l'Ancien, d'Athelstan, d'Edmond, d'Edgar, d'Ethelred et d'Édouard-le-Confesseur, ceux même des lois de Canute, quoique ce prince fût une espèce de conquérant, mettent ce fait hors de doute, et portent la preuve que le gouvernement était partout légal et limité. Mais les anciens auteurs nous laissent ignorer quels étaient les membres qui formaient ce wittenagemot. On convient que les évêques et les abbés en composaient une partie essentielle (2). Il est évident aussi, par la teneur de ces anciennes lois, que le wittenagemot passait des statuts pour régler le gouvernement ecclésiastique aussi bien que le gouvernement civil ; et que ces dangereux principes par les-

(1) Nous sommes instruits d'un changement assez important dans la constitution saxonne. Les Annales Saxonnes, p. 49, nous apprennent que le roi avait dans les premiers temps la prérogative de nommer les ducs, les comtes, les aldermen, et les shérifs des provinces. Asser, auteur contemporain, nous informe qu'Alfred déposa tous les aldermen ignorants, et nomma des gens plus capables à leur place ; cependant les lois d'Édouard-le-Confesseur disent expressément, section 35, que les *heretoghs* ou ducs, et les shérifs, étaient choisis par les *freeholders* ou vassaux tenanciers dans le *folkmote*, cour de comté qui se tenait une fois l'an, où tous les francs-tenanciers prêtaient serment de fidélité au roi.

(2) Quelquefois les abbesses y étaient admises ; du moins elles signaient souvent les chartes ou dons du roi. Spelm. Gloss. au mot *Parliamentum*.

quels l'Église est totalement séparée de l'état étaient encore inconnus aux Anglo-Saxons. Il paraît aussi que les *aldermen* ou gouverneurs des provinces, qui, après le temps des Danois, furent souvent appelés comtes (1), étaient admis dans ce conseil, et donnaient leur consentement aux statuts publics. Mais, outre les prélats et les aldermen, on fait encore mention des *wites*, ou des sages, comme d'une branche distincte dans le wittenagemot; mais ni les lois ni l'histoire de cette période n'apprennent exactement ce qu'étaient ces sages. Cette question serait vraisemblablement difficile à résoudre, quand même on la discuterait avec impartialité; mais comme les partis modernes ont voulu avoir une opinion différente sur cet article, on a mis la plus grande opiniâtreté dans la discussion; et les arguments employés de côté et d'autre en sont devenus plus captieux et plus illusoires. Notre faction monarchique soutient que ces *wites* ou *sapientes* étaient les juges ou les hommes instruits de la loi : le parti populaire prétend qu'ils représentaient les bourgs, et formaient ce que nous appelons aujourd'hui les communes.

Les expressions employées par tous les anciens historiens, en parlant du wittenagemot, semblent contredire cette dernière supposition; ils en appellent presque toujours les membres, *principes*, *satrapœ*, *optimates*, *magnates*, *proceres;* dénominations qui semblent supposer une aristocratie et exclure les communes. Les bourgs étaient même si petits et si pauvres, par le peu de commerce qu'il y avait alors dans le pays, leurs habitants vivaient dans une telle dépendance des grands (2), qu'il

(1) Il paraît par les traductions anciennes des lois et des annales saxonnes, et par celle qu'a faite de Bède le roi Alfred, ainsi que par les écrits de tous les anciens historiens, que *comes* en latin, *alderman* en saxon, et *earl* en dano-saxon, étaient des mots absolument synonymes. Il y a seulement une clause dans une loi du roi Athelstan (voyez Spelm. Conc. p. 406) qui a induit en erreur quelques antiquaires, et leur a fait imaginer qu'un *earl* était supérieur à un *alderman*. Le *weregild*, c'est-à-dire l'amende imposée pour le meurtre d'un *earl*, y est fixé à 15,000 *trimsas*, comme celui d'un archevêque, au lieu que le meurtre d'un évêque et d'un alderman n'est taxé qu'à 8,000. Il faut avoir recours aux conjectures de Selden pour résoudre cette difficulté. Voyez ses *Titles of honour*, chap. 5, p. 603, 604. Il suppose que le titre de *earl*, dans le temps d'Athelstan, ne faisait que de commencer à être en usage en Angleterre, et ne se donnait alors qu'à l'*atheling*, c'est-à-dire au prince du sang héritier de la couronne. Cette remarque est confirmée par une loi de Canute, sect. 55, où un atheling et un archevêque sont mis sur le même pied. Dans une autre loi du même Athelstan, le *weregild* du prince, ou *atheling*, est porté à 15,000 trimsas. Voyez Wilkins, p. 71. Le prince est donc le même que celui qui est appelé *earl* dans la première loi.

(2) Traité des bourgs d'Angleterre, par Brady, p. 3, 4, 5, etc.

n'est pas du tout vraisemblable qu'ils fussent admis dans le conseil national. On est bien certain que les communes n'ont eu aucune part dans les gouvernements établis par les Francs, les Bourguignons, et les autres nations septentrionales; d'où nous pouvons conclure que les Saxons, qui se civilisèrent plus tard que ces autres colonies, n'eurent jamais l'idée d'accorder un privilége si extraordinaire au commerce et à l'industrie. La profession militaire était seule honorable parmi tous ces conquérants: les guerriers subsistaient de leurs possessions en terre: ils devenaient considérables par leur influence sur leurs vassaux, leurs clients, leurs fermiers, et leurs esclaves; et il faudrait de bien fortes preuves pour nous convaincre qu'ils admettaient à partager avec eux le pouvoir législatif des gens d'une classe aussi inférieure que les bourgeois. Tacite assure, à la vérité, que parmi les Germains, le consentement de tous les membres de la communauté était nécessaire dans toute délibération importante; mais il ne dit pas qu'ils eussent des représentants: cette ancienne pratique, dont parle l'historien romain, ne peut avoir eu lieu que dans les petites tribus, où tous les citoyens pouvaient sans inconvénients, être convoqués à l'assemblée générale dans les cas extraordinaires. Mais lorsque les principautés furent plus vastes, lorsque la différence entre les propriétés eut formé des distinctions plus marquées que celles qui résultent de la force et de la valeur personnelle, nous devons présumer que les assemblées nationales devinrent plus limitées à l'égard du nombre, et furent composées seulement des principaux citoyens.

Mais, quoique nous soyons obligés d'exclure les bourgeois ou les communes du wittenagemot saxon, il n'est guère possible de ne pas supposer qu'il y avait encore dans ces assemblées d'autres membres que les prélats, les abbés, les aldermen, et les juges ou membres du conseil privé: car, comme tous ceux-ci, excepté quelques ecclésiastiques (1), étaient anciennement nom-

(1) Il y a quelque raison de croire que les évêques étaient nommés quelquefois par le wittenagemot, et leur nomination confirmée par le roi. Eddius, cap. 2. Le roi nommait anciennement aux abbayes de fondation royale, quoique Edgar eût abandonné le droit d'élire aux moines, et qu'il ne se fût réservé que celui de ratifier l'élection. Ce droit fut souvent violé dans la suite; et les abbés, aussi bien que les évêques, furent bientôt tous choisis par la cour, selon ce que nous apprend Ingulf, auteur contemporain de la conquête des Normands.

més par le roi, s'il n'y avait pas eu d'autre autorité législative, sa puissance aurait été en quelque sorte despotique; ce qui est contraire à ce que rapportent tous les historiens, et aux coutumes de toutes les nations septentrionales. Nous pouvons donc conclure que les plus riches propriétaires de terres étaient de droit, et sans nulle élection, membres de l'assemblée nationale. Il y a lieu de penser que la propriété de quarante *hydes*, ou environ de quatre à cinq mille acres de terre, donnait l'honorable privilége d'entrer au wittenagemot. Il paraît, par ce que dit un ancien auteur (1), qu'une personne de la plus haute naissance, et même alliée à la couronne, n'était pas regardée comme *princeps* (terme dont se servent les anciens historiens lorsqu'il est question du wittenagemot), à moins qu'elle ne possédât cette étendue de terre. De ce qu'on y admettait tant de monde, il ne s'ensuit pas que ce conseil public dût être confus et sans ordre; car les terres étaient vraisemblablement partagées en Angleterre entre peu de mains pendant le temps des Saxons, du moins pendant la dernière partie de cette période; et comme on n'ambitionnait guère de faire son service à ce conseil, il n'y avait pas à craindre qu'il devînt trop nombreux pour dépêcher les petites affaires dont on y portait la discussion.

A quelque idée que nous puissions nous arrêter sur les membres qui constituaient le wittenagemot, dans lequel, conjointement avec le roi, résidait la législature, il est certain que le gouvernement anglo-saxon penchait absolument vers l'aristocratie avant la conquête des Normands. L'autorité royale était très limitée; et si le peuple entrait dans ce conseil, il y avait peu ou il n'y avait pas de poids et de considération. Nous devons conjecturer, sur ce que les historiens nous laissent entendre, quelle était alors l'immensité des richesses et de la puissance de plusieurs grands : ainsi, après la dissolution de l'heptarchie, et quand le roi vécut éloigné de ses provinces, ces riches propriétaires, qui demeuraient dans leurs possessions, ne purent qu'accroître leur autorité sur leurs vassaux, sur leurs gagistes ou *retainers*, et sur tous les habitants du voisinage. De là ce pou-

---

(1) Hist. Eliensis, lib. 2, cap. 40. Ce passage est remarqué par Dugdale, préface de son *Baron.* tom. I, et il en tire la même conséquence.

voir excessif de Harold, de Godwin, de Leofric, de Siward, de Morcar, d'Edwin, d'Edric, et d'Alfric, qui les mit en état de résister à celui du souverain même, et de se rendre absolument nécessaires au gouvernement. Les deux derniers, quoique odieux au peuple pour s'être unis avec les ennemis du dehors, n'en conservèrent pas moins leur crédit et leur influence sur les affaires publiques; d'où nous pouvons inférer qu'ils fondaient, l'un et l'autre, leur puissance, non pas sur l'affection populaire, mais sur l'étendue de leurs terres et sur les droits de leur maison. Il y eut un Athelstan, sous le règne du monarque de ce nom, que les historiens appellent alderman de toute l'Angleterre, et qui était regardé comme *demi-roi*, quoique son souverain fût lui-même un prince valeureux et habile. Nous trouvons que dans les derniers temps des Saxons, et dans ces derniers temps seuls, les grandes charges passaient du père au fils, et étaient devenues, en quelque sorte, héréditaires dans les familles (1).

Les circonstances qui accompagnèrent les invasions des Danois servirent aussi beaucoup à augmenter la puissance de la principale noblesse. Ces pirates faisaient de toutes parts des incursions imprévues, et chaque province était obligée de leur résister par ses propres forces, sous la conduite de ses nobles et de ses magistrats. Ainsi, par la même raison qu'une guerre générale que soutiennent les efforts réunis d'un état entier augmente ordinairement la puissance de la couronne, ces guerres particulières et ces incursions tournaient à l'avantage des aldermen et de la noblesse.

Parmi un peuple turbulent, militaire, si ennemi du commerce et des arts, si peu accoutumé aux travaux de l'industrie, la justice était communément très mal administrée, et il paraît que la violence et l'oppression régnaient sans obstacle. Le pouvoir excessif de l'aristocratie augmentait ces désordres, qui contribuaient à leur tour à le fortifier lui-même. Les citoyens, n'osant

---

(1) Roger Hoveden, expliquant pourquoi Guillaume-le-Conquérant fit Cospatric comte de Northumberland, dit : *Nam ex materno sanguine attinebat ad eum honor illius comitatûs. Erat enim ex matre Algithâ, filiâ Uthredi comitis.* Voyez aussi Sim. Dunelm. p. 205. Nous voyons dans ces exemples la même tendance à rendre les charges héréditaires qui plus anciennement s'était manifestée sur le continent, et y avait déjà opéré tous ses effets.

pas compter sur la protection des lois, étaient réduits à se dévouer au service de quelque chieftain dont ils suivaient les ordres, même jusqu'à troubler le gouvernement et vexer leurs compatriotes ; ces patrons les protégeaient, en récompense, contre les insultes ou les injustices des étrangers. De là nous apprenons, par les extraits du Domesday que le docteur Brady nous a donnés, que presque tous les habitants des villes même s'étaient mis sous la clientelle de quelque seigneur dont ils achetaient le patronage par un tribut annuel, et qu'ils étaient obligés de considérer comme leur souverain plus que le roi, ou même plus que la législature (1). Un client, quoique homme libre, était supposé appartenir tellement à son patron, que son meurtrier était condamné par la loi à payer une amende à ce dernier, pour le dédommager de la perte qu'il était censé avoir faite, de la même manière qu'on aurait payé le meurtre d'un esclave à son maître. Les gens d'un rang plus distingué, mais encore trop peu puissants pour se soutenir par leurs propres forces, entraient ensemble dans une confédération formelle, et composaient une espèce de communauté séparée, qui devenait souvent formidable à quiconque osait l'attaquer. Le docteur Hickes nous a conservé un pacte ou contrat saxon de cette nature, très curieux, qu'il appelle un *sodalitium*, et qui contient plusieurs particularités caractéristiques des mœurs et des coutumes de ce temps-là. Tous les associés y sont qualifiés gentilshommes de Cambridgeshire, et il y est dit qu'ils ont tous juré sur les saintes reliques d'observer leur confédération, et de se garder une fidélité réciproque ; ils promettent d'inhumer dans le lieu qu'il aura désigné celui de leurs associés qui viendrait à mourir, de contribuer aux frais de ses funérailles, et de suivre son convoi. Ils condamnent quiconque d'entre eux manquerait à ce dernier devoir à payer une mesure de miel. Ils s'engagent de voler mutuellement au secours de quiconque d'entre eux serait exposé à quelque danger, et même d'en instruire le shérif, et si ce magistrat négligeait de protéger la personne en péril, de le taxer à l'amende d'une livre ; si le président de la société se trouvait en défaut dans cette

(1) Traité des Bourgs, par Brady, p. 3, 4, 5, etc. Il en était de même des hommes libres de la campagne. *Voyez* préf. à son Hist. p. 8, 9, 10, etc.

circonstance, il s'impose à lui-même une pareille amende, à moins qu'il n'eût l'excuse légitime d'une maladie, ou des ordres à exécuter pour le service de son supérieur. Lorsqu'un des confédérés était tué, ils exigeaient la somme de huit livres du meurtrier; et s'il la refusait, ils poursuivaient judiciairement le paiement à frais communs : si l'un d'entre eux, étant pauvre, tuait quelqu'un, la société contribuait, dans la proportion convenue, à payer l'amende à laquelle il était condamné, c'est-à-dire un marc, si l'amende était de 700 schellings, moins si le mort était un paysan, et seulement la moitié si c'était un Gallois. Mais lorsqu'un des associés commettait un meurtre volontaire, et sans avoir été offensé, il fallait qu'il payât lui-même son amende. Dans le cas où un membre de cette confédération en aurait tué un autre injustement, non-seulement il payait l'amende ordinaire aux parents du défunt, mais encore celle de huit livres à la société, ou il était privé de ses avantages : alors tous ceux qui la composaient s'engageaient, sous peine de l'amende d'une livre, à ne jamais boire ou manger avec le coupable, excepté en présence du roi, de l'évêque, ou de l'alderman. Ce contrat d'association porte encore d'autres règlements convenables pour protéger les contractants, ainsi que leurs domestiques, contre toute violence, ou pour les venger de celles qui se seraient commises; et enfin pour empêcher entre eux toute expression injurieuse. L'amende qu'ils payaient dans ce dernier cas était une mesure de miel.

Il n'est pas douteux qu'une confédération de cette nature devait être une source féconde d'amitié et d'attachement, dans un temps où l'on avait perpétuellement à craindre des ennemis, des brigands et des oppresseurs, et où l'on n'attendait sa sûreté que de sa propre bravoure et de l'assistance de ses amis et de ses patrons. Comme les haines étaient plus violentes, les liaisons étaient aussi plus intimes, soit qu'elles fussent formées ou par le sang, ou par un choix libre. On avait des égards pour le plus petit degré d'affinité; on conservait une reconnaissance inaltérable des moindres services; la vengeance des injures se poursuivait rigoureusement, et par point d'honneur, et comme le meilleur moyen de s'en garantir à l'avenir. L'union civile étant faible, de nombreuses confédérations particulières en tenaient lieu, et procuraient aux individus la sécurité que leur innocence et les lois ne pouvaient seules leur garantir.

En total, malgré la liberté apparente, ou plutôt la licence des Anglo-Saxons, le corps du peuple était réellement beaucoup moins libre que sous les gouvernements où l'exécution des lois est la plus sévère, et où les sujets sont le plus strictement dans la subordination et la dépendance du magistrat civil. C'était l'effet de l'excès même de cette liberté. Chacun veut, à quelque prix que ce soit, se mettre à l'abri des insultes et des violences; partout où les hommes ne peuvent attendre de protection des lois et du magistrat, ils cherchent à mériter celle de quelques grands à force de déférence, ou ils s'agrègent pour ainsi dire dans des espèces de confédérations particulières qui agissent sous la direction d'un chef puissant. C'est ainsi que toute anarchie devient la cause immédiate de la tyrannie, si ce n'est sur l'état entier, du moins sur la plupart des sujets.

Les Saxons-Germains, comme les autres peuples de ce continent, étaient divisés en trois classes, les nobles, les libres, et les esclaves, et ils apportèrent ces distinctions avec eux en Bretagne.

Les nobles étaient appelés *thanes*, et étaient de deux espèces, les thanes du roi et les thanes du second ordre. Ceux-ci semblent avoir été dépendants des autres, et en avoir reçu des terres, dont ils payaient la rente, et pour lesquelles ils étaient obligés d'obéir aux ordres de leurs seigneurs en temps de paix et de guerre. Nous ne connaissons d'autres titres pour être élevé au rang des thanes, qu'une naissance noble et la possession de terres. Le premier fut toujours fort considéré de toutes les nations germaines, même dans leur état le plus barbare. Comme la noblesse saxonne, ayant peu de crédit, pouvait difficilement charger ses biens de beaucoup de dettes, et que le peuple avait trop peu de commerce et d'industrie pour accroître ses richesses, ces deux classes de personnes, quoiqu'elles ne fussent pas séparées par des lois positives, purent demeurer long-temps distinctes, et les grandes maisons se soutinrent pendant plusieurs siècles dans l'opulence et la splendeur. Il n'y avait point de classes moyennes qui pussent se mêler peu à peu avec les classes supérieures, et obtenir insensiblement des honneurs et des distinctions. Si, par quelque événement extraordinaire, une personne d'une classe obscure s'enrichissait, cette circonstance si singulière le faisait remarquer; il devenait l'objet de l'envie et de l'indignation de tous les nobles; il aurait même eu beaucoup de peine à conserver ce qu'il avait acquis et à se défendre de l'oppression, s'il n'avait pas sollicité et payé chèrement l'appui de quelque chieftain.

Il y a parmi les lois saxonnes deux statuts qui semblent tendre à confondre ces diverses classes : celui d'Athelstan, en vertu duquel un commerçant qui avait fait à ses dépens trois grands voyages par mer avait droit au rang de thane; et celui du même prince, qui accordait la même grâce au laboureur ou au *ceorle*, c'est-à-dire à l'artisan qui était parvenu à acheter cinq hydes de terres, et qui avait une chapelle, une cuisine, une salle et une cloche. Mais les exemples d'un paysan ou d'un ceorle tiré ainsi de sa classe étaient si rares, que la loi ne put jamais triompher des préjugés régnants; la distinction entre la noblesse et la roture subsista tout entière, et un thane de naissance avait toujours le plus grand mépris pour un thane légal ou factice. Quoique nos conjectures à cet égard ne soient pas appuyées sur les témoignages des anciens historiens, elles sont si bien fondées sur la nature même des choses, que nous devons les adopter comme des conséquences nécessaires et infaillibles de l'état du royaume dans ces temps reculés.

Lorsque les Normands conquirent l'Angleterre, il paraît, selon le Domesday, que les villes n'étaient guère plus considérables que les villages d'aujourd'hui (1). York même, quoiqu'elle ait toujours été la seconde, ou du moins la troisième des grandes villes d'Angleterre (2), et la capitale d'une grande province qui n'avait jamais été entièrement unie avec le reste, ne contenait alors que quatorze cent dix-huit familles (3). Malmesbury nous dit que ce qui distin-

---

(1) Winchester, étant la capitale de la monarchie des West-Saxons, était anciennement une ville considérable. Gul. Pict.

(2) Norwich contenait 738 maisons, Exeter 315, Ipswich 538, Northampton 60, Hertford 146, Canterbury 262, Bath 64, Southampton 84, Warwick 225. V. Brady, Treatise of Boroughs, p. 3, 4, 5, 6, etc. Ce sont les plus considérables dont il parle. Ce qu'il en rapporte est extrait du Domesday-Book.

(3) Traité des Bourgs, de Brady. Cette ville était divisée en six quartiers, indépendamment du palais de l'archevêque, et cinq de ces quartiers contenaient le nombre de familles

guait le plus la noblesse saxonne de la noblesse française ou normande, était que celle-ci dépensait beaucoup à bâtir des châteaux superbes, au lieu que l'autre dépensait ses biens immenses dans de vilaines maisons, en débauches, et à recevoir tous venants. Nous pouvons inférer de là que les arts en général étaient bien moins avancés en Angleterre qu'en France. Les grands seigneurs entretenaient un nombre considérable de domestiques fainéants et de gagistes externes (*retainers*); et comme ces grands seigneurs étaient assez puissants, même en France, pour troubler l'exécution des lois, nous pouvons juger du degré d'autorité que l'aristocratie avait en Angleterre. Lorsque le comte Godwin assiégea Édouard-le-Confesseur dans Londres, il rassembla de toutes parts ses domestiques, ses vassaux et ses *retainers*, et força son souverain de se soumettre aux conditions qu'il voulut lui imposer.

Le dernier rang de la classe des hommes libres était ce que les Anglo-Saxons appelaient les *ceorles*, c'est-à-dire artisans : dans les endroits où ils étaient industrieux, on les employait principalement aux travaux de la campagne ; de là les noms de *ceorle* et d'*husbandman*, c'est-à-dire de laboureur, devinrent en quelque sorte synonymes. Ils cultivaient les fermes des nobles ou thanes, et ils en payaient la rente. Il paraît que ces cultivateurs pouvaient être changés par leurs maîtres à volonté ; car il n'est fait presque aucune mention de baux parmi les Anglo-Saxons : l'orgueil des nobles et l'ignorance générale de l'art de l'écriture doivent avoir rendu ces contrats très rares, et retenu les cultivateurs dans une condition dépendante. Le prix annuel des fermes se payait alors principalement en nature (1).

La classe la plus nombreuse de toutes, et de beaucoup, paraît avoir été celle des esclaves ou *villains :* ils faisaient partie de ce que leurs seigneurs possédaient en propriété, et par conséquent étaient incapables d'acquérir aucune propriété eux-mêmes. Le docteur Brady nous assure (2), d'après le livre du Domesday,

rapporté ci-dessus ; ce qui, sur le pied de cinq personnes par famille, fait environ sept mille âmes. Le sixième quartier était ruiné de fond en comble.

(1) LL. *Inæ*, sect. 70. Ces lois fixaient la rente d'une hyde de terre ; mais il est difficile d'en faire l'évaluation sur nos mesures modernes

(2) Préface générale de son Histoire.

que, dans toutes les provinces d'Angleterre, ils occupaient la plus grande partie des terres, et que les *husbandmen* ou laboureurs, et plus encore les *socmen* ou fermiers, sortes de tenanciers qu'on ne pouvait congédier quand on voulait, étaient très rares en comparaison. Mais il n'en fut pas de même du temps des Germains, autant que nous pouvons recueillir de lumières à cet égard dans ce que Tacite en rapporte. Les guerres perpétuelles de l'heptarchie et les déprédations des Danois paraissent avoir été la cause de cette grande différence parmi les Anglo-Saxons. Les prisonniers faits dans les batailles ou enlevés dans les fréquentes invasions étaient alors réduits en esclavage, et, par le droit de la guerre, devenaient entièrement à la disposition de leurs maîtres. Les grandes propriétés des nobles, surtout s'il s'y joint une administration irrégulière de la justice, favorisent naturellement le pouvoir de l'aristocratie; mais plus encore si l'usage d'avoir des serfs est établi et devenu très commun. Non-seulement la noblesse possède l'influence que procurent toujours les richesses, mais aussi l'autorité que les lois lui donnent sur ses esclaves et ses *villains*. Alors il devient difficile et presque impossible à un particulier de se maintenir totalement libre et indépendant.

Il y avait deux espèces d'esclaves parmi les Anglo-Saxons; l'esclave-*household*, c'est-à-dire domestique, à la manière des anciens; et le *præsidial* ou *rustic*, à la manière des Germains (1) Ces derniers esclaves ressemblaient aux serfs qu'on voit en Pologne, en Danemark, et en quelques endroits de l'Allemagne. Le pouvoir d'un maître sur ses esclaves n'était pas sans bornes parmi les Anglo-Saxons comme parmi leurs ancêtres. Si un homme en battant son esclave lui cassait une dent ou lui crevait un œil, l'esclave recouvrait sa liberté (2); s'il était tué sur-le-champ, ou qu'il mourût dans les vingt-quatre heures après les coups reçus, le maître payait une amende au roi; mais si la mort était lente, le meurtre restait impuni (3). Vendre sa liberté ou celle de ses enfants fut toujours une chose usitée chez les Germains (4), et les Anglo-Saxons conservèrent cet usage.

---

(1) Spelm. Glossaire, au mot *Servus*. — (2) L. L. Ælf. sect. 20. — (3) L. L. Ælf. sect. 17. — (4) Tacit. de Mor. Germ.

Parmi ce peuple, les grands seigneurs et les abbés avaient une juridiction criminelle dans leurs territoires, et pouvaient punir sans appel tous les voleurs et les brigands qu'on y saisissait (1). Cette institution doit avoir eu un effet très contraire à ce qu'on en attendait, et elle assurait plutôt aux malfaiteurs une retraite qu'un châtiment dans les terres des seigneurs peu sincèrement disposés à punir les crimes et les violences.

Quoique au premier coup d'œil le gouvernement anglo-saxon paraisse avoir été en général aristocratique, il conservait cependant des restes considérables de l'ancienne démocratie, insuffisants, à la vérité, pour protéger la dernière classe du peuple sans le patronage de quelque grand seigneur, mais qui pouvaient fonder la sûreté de la *gentry* ou noblesse inférieure, et lui donner même quelque degré de considération. L'administration particulière de la justice par les cours de dizaïnaires (*decennary*), de cantons (*hundred*) et de comtés, était bien entendue pour défendre la liberté générale, et pour mettre un frein au pouvoir des nobles. Tous les *free-holders* ou francs-tenanciers se rendaient deux fois l'année dans les cours de comté ou *shiremotes*, et y recevaient les appels des cours inférieures. Ils y décidaient toutes les causes ecclésiastiques ou civiles, et l'évêque, conjointement avec l'*alderman* ou le comte, les présidait (2). Les affaires y étaient terminées de la façon la plus sommaire, sans longue plaidoirie, sans formalités, sans délais, et à la pluralité des voix ; l'évêque et le comte n'y avaient d'autre autorité que celle d'y maintenir le bon ordre parmi les francs-tenanciers, et de donner leur opinion (3). Lorsqu'il y avait eu un déni de justice pendant trois sessions par la cour du *hundred*, et ensuite par celle du comté, on appelait à la cour du roi ; mais on n'en venait là que dans les causes importantes. L'alderman de la province avait le tiers des amendes imposées par ces cours ; et comme la plupart des peines qu'on infligeait alors étaient pécuniaires, ce droit faisait une portion considérable des émoluments de son office. Les deux autres tiers, qui revenaient au roi, ne

---

(1) Higden, l. I, cap. 50. L. L. Edw. Confess. sect. 26. Spelm. Conc. tom. I, p. 415. Gloss. aux mots *Haligemot* et *Infangenthefe*.
(2) L. L. Edg. sect. 5. Wilkins, pag. 78. L. L. Canut. sect. 17. Wilk. p. 138.—(3) Dissertations d'Hickes, epist. 2, 3, 4, 5, 6, 7, 8.

faisaient pas non plus la moindre partie des revenus publics : tout franc-tenancier qui manquait trois fois de paraître à ces assemblées était condamné à payer une amende.

Comme l'ignorance de ces siècles rendait les actes et les écrits très rares, c'était à la *county-court*, ou à la cour des *hundred*, que l'on terminait les transactions les plus remarquables, afin d'en conserver un mémorial et de prévenir toutes futures contestations. On y publiait les testaments, on y affranchissait les esclaves, et on y concluait les ventes et les achats. Quelquefois, pour plus grande sûreté, on insérait ces actes dans les feuillets blancs de la Bible paroissiale, qui devenait ainsi une espèce de registre trop sacré pour qu'on le falsifiât. Il était même assez d'usage d'ajouter à ces actes une imprécation contre quiconque se rendrait coupable de ce crime.

Chez un peuple qui vit d'une manière aussi simple que les Anglo-Saxons, le pouvoir juridique est toujours plus important que le pouvoir législatif. Il n'y avait point de taxes imposées par les états, ou il y en avait très peu ; le nombre des règlements était très circonscrit, et la nation était gouvernée moins par des lois que par des coutumes dont l'interprétation s'étendait à l'infini. Quand on s'accorderait donc à convenir que le wittenagemot était entièrement composé de la principale noblesse, les county-courts, où tous les francs-tenanciers étaient admis, et qui réglaient toutes les affaires journalières de la vie, formaient une base très solide au gouvernement, et n'étaient pas une digue faible contre l'aristocratie. Mais il est un autre pouvoir supérieur encore aux pouvoirs juridique et législatif, c'est celui de servir ou de nuire par la voie de la force et de la violence, dont il est difficile d'obtenir satisfaction dans les cours de justice. Dans tous les gouvernements d'une vaste étendue, où l'exécution des lois est faible, ce pouvoir tombe naturellement entre les mains de la principale noblesse. C'est moins par les statuts publics qu'on peut déterminer avec précision jusqu'où il peut aller, que par de petits traits d'histoire, par des coutumes particulières, et quelquefois par les seules lumières de la raison et l'examen de la nature des choses. La loi accorda long-temps aux montagnards d'Écosse tous les priviléges des sujets bretons ; mais ce ne fut que très tard que le menu peuple put réellement en jouir.

Les historiens, et ceux qui s'occupent à faire des recherches dans l'antiquité, ne sont pas d'accord sur le degré d'autorité que pouvaient avoir tous les membres du gouvernement anglo-saxon. L'obscurité du sujet, quand même l'esprit de parti ne serait jamais entré dans cette discussion, aurait suffi pour produire ces divergences d'opinion ; mais le grand ascendant des seigneurs sur leurs esclaves et sur leurs vassaux, la clientèle des bourgeois, le défaut d'une condition mitoyenne dans la société, l'étendue de la monarchie, la faible exécution des lois, les troubles et les désordres continuels de l'état ; toutes ces circonstances réunies indiquent que le gouvernement anglo-saxon devint à la fin extrêmement aristocratique : les événements qui arrivèrent pendant les temps qui précédèrent immédiatement la conquête confirment cette conjecture.

Les peines que les cours de judicature anglo-saxonnes infligeaient aux criminels, et la manière d'administrer les preuves dans toutes les causes, paraissent assez bizarres, et ne ressemblent point du tout à ce qui se pratique actuellement parmi les nations civilisées.

Il faut d'abord concevoir que les anciens Germains s'éloignaient encore fort peu de l'état de nature : les confédérations sociales entre eux étaient plutôt militaires que civiles : ils avaient principalement en vue les moyens d'attaque et de défense contre les ennemis publics, et non pas ceux de se tenir en garde contre leurs compatriotes ; leurs possessions étaient si égales et si resserrées, qu'ils couraient peu de risque de les perdre ; et la valeur naturelle de ce peuple faisait que chacun se reposait sur soi-même et sur ses amis du soin de sa sûreté ou de sa vengeance. Ce défaut d'union politique resserrait davantage les nœuds des confédérations particulières ; une insulte faite à quelqu'un était regardée par tous ses parents et ses associés comme une injure commune, et ils étaient liés, par le point d'honneur autant que par le sentiment d'un intérêt commun, au devoir de venger sa mort, ou telle autre violence qu'il eût soufferte : ils usaient alors de représailles contre l'agresseur ; et si sa propre *clan*, ou tribu, le protégeait, comme cela était ordinaire et naturel, le différend s'étendait de proche en proche, et la nation se trouvait agitée par des troubles sans fin.

La tribu des Frisiens, l'une des tribus germaines, n'était jamais sortie de cet état de société grossière et sauvage, et elle conservait toujours, sans bornes et sans obstacles, le droit de représailles dans les querelles particulières. Mais les autres nations de la Germanie, du temps de Tacite, avaient fait quelques pas de plus vers l'établissement de l'union civile. Quoique ce fût toujours un point d'honneur indispensable pour chaque tribu de venger la mort ou l'injure d'un de ses membres, le magistrat avait cependant acquis le droit d'interposer son autorité dans les querelles, et de concilier les différends. Il obligeait la personne blessée ou insultée, ou les parents de la personne tuée, d'accepter un présent de l'agresseur et de sa famille, comme une compensation pour l'injure reçue (1), et d'abandonner tout autre moyen de vengeance. Mais, pour que l'accommodement ne devînt pas lui-même la source de nouvelles contestations, ce présent était fixé et certain, selon le rang de la personne tuée ou offensée. Il se faisait ordinairement en bestiaux, la principale propriété de ces peuples agrestes et grossiers. Un présent de cette espèce satisfaisait la vengeance de la famille offensée, en ce qu'il était une perte pour l'agresseur; il contentait son orgueil, en ce qu'il marquait une sorte de soumission; et il diminuait les regrets qu'elle pouvait avoir de la mort ou de l'outrage d'un de ses membres, en augmentant sa richesse. Ainsi la paix générale se trouvait rendue à la société, au moins pour un moment (2).

Mais lorsque les Germains eurent été quelque temps établis dans les provinces de l'empire romain, ils firent des progrès dans un genre de vie plus civilisé, et leur code criminel se perfectionna peu à peu. Le magistrat, dont l'office était de maintenir la paix publique, et de réprimer les haines particulières, se tint pour offensé lui-même par toute offense faite à un habitant de son district. Outre les dédommagements accordés à la personne lésée, ou à sa famille, il se crut en droit d'exiger une amende à

---

(1) Appelée par les Saxons *mægbota*.

(2) Tac. de Mor. Germ. Cet auteur dit que le prix des accommodements était fixé; ce qui doit avoir été fait par les lois et l'interposition du magistrat.

son profit, appelée le *fridwit*, comme une expiation du trouble causé, et comme la récompense de la peine qu'il avait prise à accommoder le différend. Lorsque cette idée, qui est si naturelle, fut une fois conçue, le souverain et le peuple l'adoptèrent avec empressement. Les amendes nombreuses qu'on levait augmentaient les revenus du roi; et le peuple sentait assez que son souverain serait plus vigilant à interposer ses bons offices lorsqu'il en tirerait un avantage si immédiat, et que les offenses deviendraient plus rares lorsqu'il faudrait d'abord réparer le tort fait à la personne offensée, et supporter encore cette addition de châtiment (1).

Ce court extrait contient l'histoire de la jurisprudence criminelle des nations du nord pendant plusieurs siècles. On peut juger de l'état de l'Angleterre à cet égard, pendant le temps des Anglo-Saxons, par la collection des lois anciennes que Lambard et Wilkins ont publiée. Le but principal de ces lois n'était pas de prévenir ou de supprimer entièrement les querelles particulières, ce que les législateurs savaient être impossible; mais seulement de les régler et de les modérer. Les lois d'Alfred enjoignent à quiconque sait que son ennemi ou son agresseur, après l'avoir outragé, est déterminé à rester dans sa propre maison, et dans *ses propres terres* (2), de ne point combattre avec lui avant de l'avoir sommé de lui donner des dédommagements. Si l'offensé est assez fort pour assiéger l'offenseur dans sa maison, la loi lui permet de la bloquer pendant sept jours sans attaquer la personne de son ennemi, et si l'offenseur consent pendant ce temps à se rendre et à rendre ses armes, son adversaire peut le retenir trente jours prisonnier, mais il est obligé de le remettre ensuite sain et sauf à sa famille, *et de se contenter de la compensation*. Les mêmes lois statuent que si le coupable s'enfuit dans un temple, ce sanctuaire ne doit pas être violé; que lorsqu'un attaquant n'a pas assez de forces pour assiéger son ennemi dans sa maison, il doit

---

(1) Outre l'amende payée aux parents du mort et au roi, le meurtrier était obligé de donner aussi une somme au maître dont il avait tué l'esclave ou le vassal, en compensation de sa perte. Cette amende s'appelait le *manbote*. Voyez Spelm. Gloss. aux mots *Fredum*, *Manbot*.

(2) L'addition de ces derniers mots en lettres italiques paraît nécessaire d'après ce qui suit dans la même loi.

demander du secours à l'alderman, et si l'alderman lui en refuse, il doit s'adresser au roi même, mais qu'il ne lui est permis d'assiéger cette maison qu'après le refus d'assistance de la part de ce suprême magistrat; que si quelqu'un rencontre son ennemi, ne sachant pas qu'il soit résolu de se tenir dans ses propres terres, il doit, avant de l'attaquer, le sommer de se rendre son prisonnier et de lui remettre ses armes; que dans ce cas il peut le garder trente jours; mais que, si l'accusé refuse de livrer ses armes, il peut le combattre alors légitimement; enfin qu'un esclave peut se battre pour la querelle de son maître, et un père pour celle de son fils, contre qui que ce soit, excepté contre son maître même.

Il était défendu par une loi du roi Ina de tirer vengeance soi-même d'aucune injure avant d'en avoir demandé d'abord une réparation sans avoir pu l'obtenir.

Le roi Edmond parle, dans le préambule de ses lois, des calamités universelles que la multiplicité des inimitiés et combats entre les familles occasionnaient, et il établit plusieurs moyens d'y remédier. Il ordonne, si un homme en tue un autre, qu'il puisse, avec l'aide de ses parents, expier son crime, en payant dans le terme d'un an l'amende fixée; mais que, si le meurtrier est abandonné de ses parents, il soit condamné à soutenir seul sa querelle contre la famille du mort. Ce prince dispense les parents du coupable d'entrer dans sa querelle, à la seule condition qu'ils n'auront aucun commerce avec lui, et qu'ils ne lui fourniront point d'aliments, *ni autres choses nécessaires à la vie*. Mais si quelqu'un d'eux, après cette rupture ouverte, le reçoit chez lui, *ou lui donne quelque assistance*, ils sont amendables envers le roi, et enveloppés nécessairement dans la suite du meurtre. Si les parents du mort exercent leur vengeance sur quelque autre que sur son meurtrier même, *lorsqu'il a été abandonné de sa famille*, tous leurs biens sont confisqués, et ils sont déclarés ennemis du roi et de tous ses amis. Il est aussi statué que les amendes pour le meurtre ne seront jamais remises par le roi, et que l'on ne tuera jamais un criminel réfugié dans une église ou dans quelques-unes des villes du prince. Edmond déclare lui-même que sa maison ne sera point un asile pour les meurtriers, jusqu'à ce qu'ils aient satisfait l'église par leur pénitence, et les parents du mort par une compensation. Il prescrit ensuite la manière de transiger sur ces sortes d'accommodements.

Ces tentatives d'Edmond pour gêner et pour diminuer les haines et les ligues héréditaires dans les familles, contrarièrent l'ancien esprit des barbares du nord, et tendirent à rendre l'administration de la justice plus régulière. Par la loi salique, tout homme pouvait, par une déclaration publique, se dispenser d'entrer dans les querelles de sa famille ; mais la loi le retranchait alors de cette famille, à laquelle il était censé ne plus appartenir, et le dépouillait de tout droit de succession, pour le punir de sa lâcheté.

Le prix de la tête du roi, ou son *weregild*, comme on appelait cette amende, était fixé par la loi à 30,000 *trimsas*, près de 1,300 livres sterling de monnaie actuelle ; de celle du prince, à 15,000 ; de celle d'un évêque ou d'un alderman, à 8,000 ; de celle d'un shérif, à 4,000 ; de celle d'un thane ou d'un ecclésiastique, à 2,000 ; de celle d'un ceorle, à 266. Les lois des Anglais réglaient tous ces prix. Par la loi mercienne, celui de la tête d'un ceorle était de 200 schellings ; de celle d'un thane, de six fois autant ; et de celle d'un roi, de six fois plus (1). Par la loi de Kent, la mort d'un archevêque était taxée plus haut que celle du roi (2), tant on respectait alors les ecclésiastiques. Il est entendu que si une personne se trouvait hors d'état de payer l'amende, elle n'avait plus rien à espérer de la protection des lois, et il était libre aux parents du mort de le venger comme ils le jugeaient à propos (3).

Quelques antiquaires ont pensé que ces compensations n'avaient lieu seulement que pour le meurtre involontaire ou accidentel, et non pas pour le meurtre prémédité ; mais on ne découvre aucune trace de cette distinction dans les lois, et elle est contredite par la pratique constante de toutes les autres nations barbares (4), par celle des anciens Germains (5), et par ce monument curieux de l'antiquité saxonne que Hickes nous a con-

---

(1) Wilkins, p. 71, 72. — (2) L. L. Ethelredi, apud Wilkins, p. 140.
(3) Tyrrel, introduct., tom. I, p. 126. Carte, tom. I, p. 366.
(4) Lindenbrogius, *passim*.—(5) Tacit. de Mor. Germ.

servé, et dont nous avons parlé ci-dessus. Il y a en effet une loi d'Alfred qui met le meurtre volontaire au rang des crimes capitaux (1); mais il paraît que ce n'était qu'une tentative de ce grand législateur pour établir une meilleure police dans le royaume, et qu'elle resta sans exécution. Par les lois de ce même prince, une conspiration contre la vie du roi s'expiait en payant une amende (2).

Le prix de toute espèce de blessures était aussi fixé par les lois saxonnes; une blessure d'un pouce de long sous les cheveux coûtait un schelling à celui qui l'avait faite; une autre de même grandeur sur le visage était taxée à deux, la perte d'une oreille à trente, et ainsi de suite. Il semble que ces lois n'eurent aucun égard au rang de la personne dans les amendes qu'elles imposaient. Les lois d'Éthelbert obligeaient tout homme coupable d'adultère avec la femme de son voisin de payer une amende à l'époux trahi et de lui acheter une autre femme.

Ces institutions ne sont pas particulières aux anciens Germains; elles paraissent être le progrès nécessaire de la jurisprudence criminelle chez tous les peuples libres, où la volonté du souverain n'a pas un pouvoir despotique. Nous les trouvons établies chez les anciens Grecs du temps de la guerre de Troie. Il est question de compensation de meurtre dans le discours de Nestor à Achille, au neuvième livre de l'Iliade, où on les appelle ἄποινα. Les Irlandais, qui n'avaient jamais eu de liaisons avec les peuples de la Germanie, avaient adopté le même usage, et l'ont conservé très tard : le prix de la tête d'un homme était nommé parmi eux son *eric*, ainsi que nous l'apprend sir John David. Les Juifs paraissent aussi avoir adopté la même coutume.

Le vol et le larcin étaient très fréquents chez les Anglo-Saxons. Pour opposer quelque digue à ces crimes, on avait défendu à toute personne de rien vendre ou acheter au-dessus de la valeur de vingt pence autre part que dans les marchés publics. Toutes les ventes quelconques devaient se faire devant témoins. Les bandes de voleurs troublaient extrêmement le repos du pays;

---

(1) L. L. Ælf. sect. 12. Wilkins, p. 29. Il est vraisemblable que, par meurtre volontaire, Alfred entendait un meurtre en trahison, commis par quelqu'un qui n'avait pas avec un autre une inimitié (*feud*) déclarée.—(2) L. L. Ælf. sect. 4. Wilkins, p. 35.

la loi décida qu'une compagnie de ces bandits, depuis sept jusqu'à trente-cinq, s'appellerait *turma* ou troupe; et toute compagnie plus nombreuse, une armée. Les peines décernées contre ces brigands étaient différentes, mais aucune n'était capitale. Si un homme pouvait découvrir que ses bestiaux volés fussent entrés dans la terre d'un autre, ce dernier était obligé de prouver leur sortie par leurs traces mêmes, ou d'en payer la valeur.

Le crime de rébellion, à quelque excès qu'il fût porté, n'était jamais puni de mort, et on en obtenait le pardon pour une somme d'argent. Les législateurs, prévoyant qu'il serait impossible de prévenir tous les désordres, imposèrent seulement une amende plus forte à toutes personnes qui en commettraient partout où seraient le roi, un alderman, ou un évêque. Un cabaret à bière paraît avoir été aussi un lieu privilégié, et les querelles qui s'y élevaient étaient punies plus sévèrement que si elles s'étaient élevées autre part.

Si les peines ordonnées contre les crimes parmi les Anglo-Saxons paraissent singulières, les épreuves ne l'étaient pas moins, et résultaient naturellement aussi de la situation de ces peuples. Quelques idées que nous puissions avoir de la franchise et de la candeur des nations grossières et barbares, il y a beaucoup plus de fausseté et même de parjure chez elles que chez les nations civilisées. La vertu, qui n'est autre chose que la raison développée et cultivée, ne fleurit jamais à certain point et n'est fondée sur de solides principes d'honneur que là où la bonne éducation est devenue générale, et où l'on apprend aux hommes les conséquences pernicieuses du vice, de la perfidie, et de l'immoralité. L'empire de la superstition même, quoique plus puissant sur les peuples peu éclairés, ne supplée que très faiblement au défaut de lumières et d'éducation. Nos ancêtres européens, qui employaient à tout moment le serment sur les croix et les reliques les plus sacrées, respectaient moins leurs engagements que ne fait leur postérité, qui, désabusée par l'expérience, a renoncé à ces inutiles garanties. Cette propension générale au parjure était encore augmentée par le défaut de discernement, trop ordinaire dans les juges, qui, ne pouvant pas discuter une affaire embrouillée, comptaient et ne pesaient pas les dépositions des témoins (1). De là vint la pratique ridicule d'obliger les accusés à fournir des *compurgateurs*, qui convenaient ne rien savoir du fait, et n'en attestaient pas moins avec serment qu'ils croyaient que la personne dont ils étaient cautions disait la vérité. Il y a eu des cas où ces compurgateurs ont été multipliés jusqu'au nombre de trois cents. L'usage des combats singuliers était aussi établi chez presque toutes les nations du continent, pour remédier aux faux témoignages. Quoique le clergé, en s'élevant contre cette sorte d'épreuve, la fît fréquemment abandonner, elle renaissait continuellement de l'expérience du peu de foi qu'il fallait ajouter aux dépositions des témoins. L'épreuve du duel devint enfin une espèce de jurisprudence, et la loi détermina les cas où l'on pouvait appeler au combat son adversaire, les témoins ou le juge lui-même (2). Quoique ces coutumes fussent absurdes, elles l'étaient encore moins que les autres épreuves anciennement d'usage parmi ces nations barbares, et que les Anglo-Saxons conservaient encore.

Lorsque la discussion d'un fait devenait trop difficile à éclaircir pour ces juges ignorants, ils recouraient à ce qu'ils appelaient le jugement de Dieu, c'est-à-dire au hasard, et ils avaient diverses manières de consulter cet oracle. Une d'elles était la décision de la croix, et voici comment elle se faisait : lorsqu'une personne était accusée d'un crime, elle s'en purgeait d'abord par un serment appuyé de onze compurgateurs ; elle prenait ensuite deux morceaux de bois, sur l'un desquels la figure d'une croix était marquée ; elle les enveloppait tous deux séparément dans de la laine, et les plaçait sur l'autel ou sur quelques reliques fameuses : après des prières solennelles, un prêtre, ou, à sa place, un enfant, prenait un de ces morceaux de bois ; s'il lui arrivait de prendre celui qui portait la figure de la croix, l'accusé était déclaré innocent, et coupable si c'était l'autre. Une telle pratique, ouvrage de la superstition, fut abolie en France

---

(1) Quelquefois les lois fixaient des règles générales assez commodes pour juger de la crédibilité des témoins : par exemple, le témoignage d'un homme dont la vie était estimée 120 schellings balançait celui de 6 céorles, dont la vie n'était évaluée qu'à 20 schellings par tête ; ainsi son serment équivalait à celui de ces six autres témoins. *Voyez* **Wilkins**, p. 72.

(2) *Voyez* Desfontaines et Beaumanoir.

par la superstition même. Louis-le-Débonnaire proscrivit cette épreuve, non parce qu'elle était incertaine, mais, disait-il, parce qu'elle profanait un signe sacré, en le mêlant aux disputes et aux contestations vulgaires des hommes (1).

L'*ordéal* était une autre sorte d'épreuve judiciaire en usage chez les Anglo-Saxons : elle se pratiquait, soit par l'eau bouillante, soit par le fer rouge. La première méthode était réservée au menu peuple, la seconde à la noblesse. L'eau ou le fer était d'abord consacré par beaucoup de prières, messes, jeûnes, exorcismes; ensuite l'accusé plongeait sa main dans l'eau bouillante jusqu'à une certaine profondeur, pour en retirer une pierre qu'on y avait jetée, ou bien il portait le fer rouge jusqu'à une certaine distance, après quoi on enveloppait sa main, et on scellait l'enveloppe d'un cachet; si au bout de trois jours, lorsqu'on l'examinait, il ne paraissait aucune marque de brûlure, il était déclaré innocent; si le contraire arrivait, on le tenait pour convaincu du crime (2). L'épreuve de l'eau froide était différente : on jetait l'accusé dans l'eau consacrée; s'il surnageait, il était justifié; s'il enfonçait, il était regardé comme coupable. Il est difficile de concevoir comment une personne pouvait échapper à sa condamnation par l'une de ces épreuves, et comment un criminel pouvait être convaincu par l'autre. Mais il y avait encore une autre méthode admirablement bien imaginée pour sauver les coupables qui avaient assez de confiance pour l'essayer : on consacrait un gâteau appelé *corsned*, et si l'accusé pouvait l'avaler et le digérer, son innocence était reconnue.

Si la loi féodale exista parmi les Anglo-Saxons, ce qui est douteux, elle ne s'étendait certainement pas sur toutes les terres, et elle n'entraînait pas les devoirs de foi et hommage, service, relief, tutelle, mariage, et autres fardeaux qui en étaient inséparables dans les royaumes du continent (3). Comme les Saxons expulsèrent ou détruisirent presque entièrement les anciens

---

(1) Du Cange, au mot *Crux*. (2) Quelquefois l'accusé marchait pieds nus sur du fer rouge.

(3) A la mort d'un alderman, ou d'un thane du premier et du second ordre, on donnait ses meilleures armes au roi, et c'est ce qu'on appelait son *heriot*; mais ce droit n'était pas de la nature d'un relief. Voyez Spelm. of tenures, p. 2. La valeur de ce heriot était fixé par les lois de Canute, sect. 69.

Bretons, ils s'établirent eux-mêmes dans cette île sur le même pied qu'étaient leurs ancêtres en Germanie. Ils n'avaient aucun motif pour adopter les institutions féodales, qui ne furent imaginées que pour entretenir en quelque sorte sur pied une armée toujours prête à réprimer les mouvements de révolte d'un peuple conquis. La peine et la dépense nécessaires pour défendre l'état s'imposaient également en Angleterre sur tous les terriens, et il était d'usage d'équiper et de fournir un soldat par chaque cinq hydes de terre. La *trinoda necessitas*, c'est-à-dire l'obligation du service militaire, celle de réparer les grands chemins, de construire et entretenir les ponts, était inséparable de toutes propriétés terriennes, même celles que pouvaient avoir l'église ou les monastères, à moins qu'une charte particulière ne les en exemptât (1). Les céorles ou les laboureurs étaient pourvus d'armes et obligés de servir chacun à leur tour (2). On comptait dans le royaume deux cent quarante-trois mille six cents hydes de terre; par conséquent les forces militaires se montaient ordinairement à quarante-huit mille sept cent vingt hommes, et dans les occasions extraordinaires on pouvait en mettre un plus grand nombre sur pied. Le roi et les nobles avaient quelques tenanciers militaires, qu'on appelait *sithcun-men*, et il y avait des terres annexées à la charge d'alderman et à quelques autres offices; mais elles n'étaient probablement pas d'une grande étendue, et ces officiers ne les possédaient que pour le temps qu'il plaisait au seigneur suzerain, comme au commencement de la loi féodale dans les autres pays de l'Europe.

Les revenus du roi consistaient principalement, à ce qu'il semble, dans ses domaines, qui étaient très vastes, et dans les taxes et les impôts qu'il levait probablement à discrétion sur les bourgs et les ports de mer situés dans ses domaines. Il ne pouvait aliéner aucune partie des terres de la couronne, même pour des usages pieux, sans le consentement des états (3). Le *danegelt* était un impôt d'un schelling mis par les états (4) sur chaque hyde de terre, soit pour payer les contributions que les Danois

---

(1) Spelm. Conc. tom. I, p. 256.—(2) Inæ, sect. 51.—(3) Spelm. Conc. tom. I, p. 540.— (4) Chron. Sax. p. 128.

exigeaient, ou pour mettre le royaume en état de défense contre ces pirates.

La livre saxonne, ainsi que la même monnaie frappée pendant quelques siècles après la conquête, avait trois fois le poids de notre livre actuelle. Elle valait quarante-huit schellings, et le schelling cinq pence; par conséquent un schelling saxon valait un cinquième de plus que le nôtre, et le penny saxon valait trois fois autant que notre penny ou sou (1). On peut faire une sorte de calcul, quoique peu certain, en comparant la valeur des espèces de ce temps à celle des denrées : par la loi d'Athelstan, une brebis était estimée un schelling, ce qui revient à quinze pence de notre monnaie, et sa toison deux cinquièmes de valeur de l'animal entier; ce qui est fort au-dessus de l'estimation actuelle. La raison de cette différence est probablement que les Saxons, ainsi que les anciens, ne portaient guère d'autres vêtements que ceux que l'on faisait avec des étoffes de laine. La soie et le coton étaient totalement inconnus parmi eux. Ils faisaient peu d'usage de la toile. Le prix d'un bœuf était six fois celui d'une brebis; et celui d'une vache, quatre. Si nous supposons que par le défaut d'agriculture les bestiaux devaient être alors beaucoup moins forts qu'ils ne sont à présent en Angleterre, nous pouvons calculer que l'argent était près de dix fois plus haut que le nôtre. Un cheval s'estimait environ trente-six schellings de notre monnaie, ou trente schellings saxons (2), et une jument un tiers de moins. On évaluait un homme à trois livres (3). On donnait huit schellings, avec le pâturage d'une vache, en été, et celui d'un bœuf en hiver, pour la nourriture d'un enfant la première année (4). William de Malmesbury regarde comme un prix exorbitant les quinze marcs, ou environ trente livres de notre monnaie d'à présent, que Guillaume-le-Roux donna d'un cheval (5). Entre les années 900 et 1000, Ednoth acheta une hyde de terre près de cent dix-huit schellings de monnaie actuelle (6). C'était un peu plus d'un schelling l'acre; ce qui paraît en effet avoir été le prix ordinaire, comme nous

---

(1) Fleetwood, Chron. Pretiosum, p. 27, 28, etc. — (2) Wilkins, p. 126. — (3) Wilkins, p. 126. — (4) L. L. Inæ, sect. 38. — (5) Page 121. — (6) Hist. Rames. p. 415.

l'apprenons d'autres auteurs (1). Vers l'an 966 (2), on vendait un beau cheval douze schellings. Du temps d'Ethelred, la valeur d'un bœuf était de sept à huit schellings, et celle d'une vache de six (3). Gervas de Tilbury dit que, sous le règne de Henri Ier, le pain pour cent hommes était taxé à trois schellings, c'est-à-dire à un schelling d'alors; car on croit que bientôt après la conquête la livre sterling fut divisée en vingt schellings: une brebis était estimée un schelling; et ainsi des autres choses à proportion. Au temps d'Athelstan, un bélier s'évaluait à un schelling ou quatre pence saxons (4). Les tenanciers de Shireburne étaient obligés de payer, à leur choix, six pence ou quatre poules (5). Vers 1232, l'abbé de Saint-Albans, allant faire un voyage, loua sept beaux et bons chevaux, et convint, s'il en mourait en chemin, de les payer au propriétaire trente schellings de notre monnaie la pièce (6). On remarquera que, dans tous les temps anciens, la culture du blé, spécialement du froment, étant une espèce de manufacture, cette denrée était toujours portée à un plus haut prix, proportionnellement aux bestiaux, qu'il ne l'est de nos jours (7). La Chronique Saxonne nous apprend (8) que, sous le règne d'Édouard-le-Confesseur, il y eut la plus horrible famine dont on ait jamais entendu parler; un quartier (9) de froment monta jusqu'à soixante pence, ou quinze schellings de notre monnaie actuelle: il était conséquemment aussi cher que s'il coûtait maintenant sept livres dix schellings sterling, prix qui excède de beaucoup la cherté qu'on éprouva pendant la grande famine qu'il y eut à la fin du règne d'Élisabeth, où l'on vendait un quartier de froment quatre livres. Les espèces, dans ce dernier temps, étaient à peu près sur le même pied qu'aujourd'hui. Ces famines si terribles prouvent certainement une mauvaise culture.

En total, il y a trois choses à considérer partout où il est question d'une somme d'argent dans les temps anciens: d'abord le changement de dénomination, d'où est résulté qu'une livre a

---

(1) Hist. Eliensis, p. 473.—(2) Hist. Eliensis, p. 471.— (3) Wilkins, p. 126.— (4) Wilkins, p. 56.—(5) Monast. anglic. tom. II, p. 528.— (6) Matth. Paris.(7) Fleetwood, p. 83, 94, 96, 98.—(8) Page 157.

(9) Mesure d'Angleterre, qui contient environ huit boisseaux.

été réduite au tiers de son ancien poids en argent; secondement, le changement arrivé dans la valeur par la plus grande quantité d'espèces, qui a réduit ce même poids d'argent à une valeur dix fois moindre, comparée avec les denrées, et par conséquent qui a réduit la livre sterling à la trentième partie de son ancienne valeur; troisièmement, le défaut de population et d'industrie, alors commun à tous les royaumes de l'Europe. Cette dernière circonstance rendait même la trentième partie de la somme plus difficile à lever, et il en résultait qu'une somme quelconque avait alors trente fois plus de poids et d'influence au dedans et au dehors que de notre temps; de la même manière, qu'une somme de cent mille livres est à présent plus difficile à percevoir dans un petit état, tel que la Bavière, et peut produire de plus grands effets sur ce petit état que sur l'Angleterre. Il n'est pas aisé de calculer cette différence; mais, en admettant qu'aujourd'hui l'Angleterre a six fois plus d'industrie et trois fois plus de population qu'elle n'en avait au temps de la conquête et pendant quelques règnes après, nous conclurons de cette supposition et de toutes les circonstances combinées ensemble, que chaque somme dont parlent les historiens doit être multipliée à présent plus de cent fois au-dessus d'une somme de la même dénomination.

Dans le temps des Saxons, on divisait également les terres entre tous les enfants mâles du père mort, selon la coutume de Gavelkind. Les substitutions étaient aussi d'usage alors. Ces terres étaient de deux espèces : les *bookland*, ou terres possédées en vertu de titres ou de chartes, et qui passaient comme pleine propriété aux descendants du possesseur; et les *folkland*, ou terres tenues à bail par les céorles et le menu peuple, que l'on pouvait congédier à volonté, et qui n'en étaient les fermiers que tant qu'il plaisait à leurs seigneurs.

La première tentative que l'on fit en Angleterre pour séparer la juridiction ecclésiastique de la juridiction civile fut la loi d'Edgar, qui ordonnait que toutes discussions du clergé fussent portées devant l'évêque (1). Les pénitences étaient alors très sé-

(1) Wilkins, p. 83.

vères ; mais, comme on pouvait les racheter à prix d'argent ou les faire accomplir par des substituts, elles devenaient peu difficiles pour les riches (1).

A l'égard des mœurs des Anglo-Saxons, tout ce qu'on en sait, c'est que le peuple était en général grossier, agreste, sans aucunes connaissances littéraires, maladroit dans les arts mécaniques, indocile aux lois et au gouvernement, dont il n'était pas accoutumé de porter le joug ; enfin, adonné à l'intempérance, à la débauche et au désordre. Sa meilleure qualité était le courage militaire, qu'aucune discipline, aucune règle ne dirigeait. L'infidélité des Anglo-Saxons envers leurs princes ou quiconque se fiait à eux est prouvée par l'histoire de leurs derniers temps, et leur défaut d'humanité, dans toute leur histoire. Les historiens normands même, malgré le peu de progrès des arts dans leur propre pays, ne parlent des Anglo-Saxons que comme d'une nation barbare, lorsqu'ils font le récit de l'invasion du duc de Normandie chez elle. Cette révolution mit le peuple en état de recevoir lentement du dehors les premières lueurs des sciences, et de polir peu à peu ses mœurs féroces et corrompues.

(1) Wilkins, p. 96, 97. Spelm. Conc. p. 475.

# GUILLAUME-LE-CONQUÉRANT.

## CHAPITRE IV.

Suites de la bataille d'Hastings. — Soumission des Anglais. — Établissement du gouvernement. — Retour du roi en Normandie. — Mécontentement des Anglais. — Leurs révoltes. — Rigueurs de l'administration normande. — Nouvelle révolte. — Nouvelles rigueurs du gouvernement. — Introduction de la loi féodale. — Innovation dans le gouvernement ecclésiastique. — Révolte des barons normands. — Dispute à l'égard des investitures. — Révolte du prince Robert. — Domesday-Book, ou terrier du royaume. — Nouvelle forêt. — Guerre avec la France. — Mort et caractère de Guillaume-le-Conquérant.

Rien ne peut exprimer la consternation des Anglais lorsqu'ils reçurent la nouvelle de la malheureuse journée d'Hastings, de la mort de leur roi, du massacre de leur principale noblesse, et de la dispersion du reste; mais, quelque considérable que fût la perte qu'ils avaient faite dans cette action fatale, elle pouvait encore se réparer chez une grande nation où le peuple était généralement armé, et où il y avait tant de seigneurs puissants dans les provinces qui auraient pu rassembler leurs vassaux, obliger le duc de Normandie de diviser ses forces, et vraisemblablement de les épuiser dans une multitude d'affaires et de rencontres. C'était ainsi que le royaume avait résisté si long-temps autrefois contre les invasions, et avait été peu à peu subjugué par les efforts continus des Romains, des Saxons et des Danois. Guillaume devait craindre de pareils obstacles dans sa téméraire entreprise; mais il y avait plusieurs vices dans la constitution du gouvernement des Anglo-Saxons, qui rendaient la défense de leur liberté très difficile aux Anglais dans une circonstance si critique. Le peuple avait perdu en grande partie toute fierté et toute ardeur nationale dans sa longue et récente soumission aux Danois. Comme Canute, pendant le cours de son administration, avait beaucoup adouci les rigueurs du droit de conquête, et qu'il avait gouverné équitablement les Anglais selon leurs propres lois, ils regardaient avec moins de terreur qu'autrefois la honte de porter un joug étranger, et ils trouvaient moins affreux de le recevoir que de soutenir des guerres sanglantes pour s'y soustraire. L'habitude contractée d'obéir aux princes danois, la dernière élection qu'ils avaient faite de Harold, ou du moins leur consentement à son usurpation, avaient attiédi leur attachement pour l'ancienne maison royale. D'ailleurs, ils regardaient depuis long-temps Edgar Atheling, le seul héritier de la ligne saxonne, comme incapable de les gouverner, même dans un temps de calme, et ils espéraient encore moins qu'il pût réparer les pertes énormes qu'ils venaient de souffrir, ni résister aux armes victorieuses du duc de Normandie.

Cependant, pour ne pas se manquer totalement à eux-mêmes dans des circonstances si pressantes, les Anglais firent quelques efforts pour rajuster les parties disjointes de leur gouvernement, et pour s'unir contre l'ennemi commun. Les deux puissants comtes, Edwin et Morcar, qui s'étaient enfuis à Londres avec les débris de l'armée, prirent la conduite des affaires dans cette occasion ; et, de concert avec Stigand, archevêque de Canterbury, homme qui jouissait d'un grand crédit et d'un revenu immense, ils proclamèrent Edgar roi, et tâchèrent de mettre le peuple en état de défense et de l'encourager à résister aux Normands. Mais l'impression de terreur que la dernière défaite avait laissée, et le voisinage des ennemis, augmentaient le trouble inséparable des grandes révolutions ; chaque résolution que l'on prenait était précipitée, incertaine, tumultueuse, déconcertée par la crainte ou par les factions, mal combinée, et encore plus mal exécutée.

Guillaume se mit en mouvement aussitôt après sa victoire, pour ne pas laisser à ses ennemis le loisir de revenir de leur consternation, de rasseoir leurs esprits, et de délibérer mûrement sur leur situation. Il résolut de poursuivre son entreprise, que la vigueur et la célérité seules pouvaient faire réussir. Sa première expédition fut contre Romney, dont il châtia sévèrement les habitants pour avoir traité avec cruauté quelques matelots et soldats normands jetés sur leurs côtes, ou par un coup de vent, ou par une erreur sur la route qu'ils devaient tenir. Ce prince prévit qu'il n'achèverait pas la conquête de l'Angleterre sans beaucoup de difficulté et sans opposition; il jugea donc nécessaire, avant de s'avancer plus loin dans le pays, de se rendre maître de Douvres, pour s'en faire une place de retraite en cas de revers, et un lieu de sûreté qui favorisât la descente des secours qu'il pourrait faire venir pour se mettre en état de poursuivre ses avantages. La terreur que sa victoire d'Hastings avait répandue était si grande, que la garnison de Douvres, quoique nombreuse et pourvue de toute espèce de munitions, capitula aussitôt. Les Normands se précipitèrent impétueusement dans la ville pour en prendre possession, et mirent d'abord le feu à quelques maisons; mais Guillaume, qui voulait se concilier l'esprit des Anglais par une apparence de modération et de justice, dédommagea les propriétaires du dégât qu'ils avaient souffert.

L'armée normande, hors d'état d'agir, par la dyssenterie dont la plupart des soldats étaient attaqués, fut obligée de rester huit jours à Douvres. Lorsqu'elle se trouva rétablie, le duc s'avança vers Londres à grands pas. Son approche redoubla le trouble et la confusion qui régnaient déjà dans les délibérations des Anglais: les ecclésiastiques en particulier, dont l'influence était puissante sur le peuple, se déclarèrent en sa faveur; presque tous les évêques et le haut clergé étaient même alors Français ou Normands; ils ne manquèrent pas de faire valoir la bulle du pape qui autorisait l'entreprise de Guillaume; en conséquence, ils soutinrent ouvertement que l'obéissance générale à ce conquérant était devenue un devoir. Le savoir profond de ces prélats, qui les avait élevés fort au-dessus des ignorants Saxons pendant le règne d'Édouard-le-Confesseur, faisait recevoir leurs opinions avec une foi implicite. Un jeune prince tel qu'Edgar, dont les qualités personnelles étaient jugées si médiocres, ne pouvait guère triompher des impressions que les discours du clergé faisaient sur l'esprit du peuple. La défaite d'un corps des troupes de Londres par cinq cents chevaux normands renouvela l'effroi causé par la grande déroute d'Hastings. La prompte réduction de tous les habitants de Kent ajouta encore au découragement de ceux de Londres (1).

---

(1) Gul. Pict. p. 205. On prétend que les habitants du pays de Kent capitulèrent pour conserver leurs priviléges.

Southwark (un de leurs faubourgs du côté du midi), brûlé sous leurs yeux, leur fit craindre le même sort pour leur ville, et personne ne songea plus qu'à sa propre conservation. Les comtes Edwin et Morcar même, désespérant de pouvoir résister efficacement, se retirèrent dans leurs provinces avec leurs troupes, et dès lors le peuple se disposa unanimement à se donner au vainqueur.

Aussitôt que Guillaume eut passé la Tamise à Wallingford, et eut atteint Berkamstead, le primat Stigand vint lui faire des soumissions; et, avant que le prince fût à la vue de la ville, toute la principale noblesse, et Edgar Atheling même, ce roi nouvellement élu, se rendirent à son camp, et l'assurèrent qu'ils étaient résolus de lui obéir. Ils le supplièrent d'accepter le trône, qu'ils regardaient alors comme vacant, et lui déclarèrent qu'ayant toujours été sous l'autorité royale, ils désiraient de suivre à cet égard l'exemple de leurs ancêtres, et qu'ils ne connaissaient personne de plus digne que lui de tenir les rênes du gouvernement.

Quoique ce fût le grand objet auquel l'entreprise de Guillaume tendait, il parut délibérer sur cette offre, et voulant d'abord conserver l'apparence d'une administration légale, il désira d'obtenir un consentement plus exprès et plus formel de la nation anglaise; mais Aimar d'Aquitaine, homme également respecté pour sa valeur dans les combats et pour sa prudence dans les conseils, lui représenta le danger du moindre délai dans une conjoncture si délicate, et Guillaume, écartant alors tout autre scrupule, accepta la couronne qui lui était offerte. On envoya immédiatement l'ordre de tout préparer pour la cérémonie de son couronnement; mais comme il craignait de se fier trop légèrement aux habitants de Londres, nombreux et vaillants, il fit élever des forts, pendant cet intervalle, pour les tenir en respect et pour mettre sa personne et son gouvernement en sûreté.

Stigand n'était pas fort en faveur auprès de Guillaume, qui ne pouvait lui pardonner de s'être élevé au siége de Canterbury en faisant expulser Robert le Normand, et de s'être acquis assez de crédit et d'autorité sur les Anglais pour se rendre redoutable à un monarque nouvellement établi. Il prétendit donc que le primat, ayant obtenu son *pallium* d'une façon irrégulière du pape

Benoît IX, usurpateur lui-même, ne devait point le sacrer, et ce prince en conféra l'honneur à Aldred, archevêque d'York. L'abbaye de Westminster fut le lieu choisi pour cette superbe cérémonie. Les plus grands seigneurs anglais et normands accompagnèrent le duc dans cette occasion. Aldred fit un discours très succinct, dans lequel il demanda aux premiers s'ils acceptaient Guillaume pour leur roi; l'évêque de Coutances fit la même question aux derniers, et tous y répondirent avec acclamation. Alors Aldred fit prononcer au duc le serment ordinaire du couronnement, par lequel il s'engageait à protéger l'église, à administrer la justice, et à réprimer toute violence; après quoi il le sacra et lui plaça la couronne sur la tête (1). Les spectateurs ne montrèrent qu'une joie unanime; mais dans ce moment même on vit éclater les plus violents symptômes de la jalousie et de la haine qui régnaient entre les deux nations, et qui s'accrurent continuellement pendant le règne de ce prince. Les soldats normands, postés dehors à la garde de l'église, entendant les cris qui retentissaient dans l'intérieur, imaginèrent que les Anglais avaient fait quelque acte de violence contre leur duc, et, sans autre éclaircissement, tombèrent sur la populace, et mirent le feu aux maisons voisines. L'alarme fut portée à la noblesse qui environnait ce prince. Les Anglais et les Normands, également effrayés, sortirent en foule pour se mettre à l'abri du danger dont ils se croyaient tous menacés, et ce ne fut qu'avec peine que Guillaume lui-même parvint à calmer ce tumulte.

Ainsi possesseur du trône en vertu d'une prétendue destination du feu roi Édouard, d'une élection irrégulière du peuple, et encore plus du droit de conquête, il alla de Londres à Berking, en Essex, où il reçut les soumissions de toute la noblesse qui n'avait pu assister à son couronnement. Edric, surnommé le Forestier, petit-neveu de cet Edric si fameux par ses perfidies multipliées sous les règnes d'Ethelred et d'Edmond, le comte Coxo, homme célèbre par sa bravoure, Edwin et Morcar même, comtes de Mercie et de Northumberland, ainsi que tous les autres grands

---

(1) Malmesbury, page 271, dit qu'il promit aussi de gouverner les Normands et les Anglais par les mêmes lois. Cette addition au serment accoutumé ne paraît pas sans vraisemblance, si l'on considère les circonstances du temps.

d'Angleterre, vinrent lui prêter serment de fidélité. Guillaume leur fit un accueil favorable, et les confirma dans la possession de leurs biens et de leurs titres. Tout prit l'apparence de la paix et de la tranquillité ; le roi ne s'occupa plus qu'à récompenser les étrangers qui lui avaient aidé à monter sur le trône, et à satisfaire les nouveaux sujets qui s'étaient si promptement soumis à sa domination.

Il se trouva en possession des trésors de Harold, qui étaient considérables, et ayant reçu de riches présents des hommes les plus opulents d'Angleterre qui désiraient de plaire à leur nouveau souverain, il distribua de grandes sommes à ses troupes. Ses libéralités leur donnèrent l'espoir d'obtenir avec le temps des établissements plus solides qu'ils avaient espérés de son expédition. Les ecclésiastiques du royaume et du dehors avaient beaucoup contribué à ses succès, et il ne manqua pas de leur témoigner sa reconnaissance et sa bienveillance particulière de la façon qui leur était le plus agréable. Il envoya au pape l'étendard de Harold, accompagné de plusieurs présents magnifiques. Tous les monastères et toutes les églises de France où l'on avait fait des prières pour la réussite de son entreprise reçurent des marques de sa générosité. Les moines anglais le trouvèrent aussi très bien disposé en faveur de leur ordre : il bâtit un nouveau couvent près d'Hastings, qu'il appela *Battle-Abbey*, dont, sous le prétexte de fonder des prières pour son ame et pour celle de Harold, il fit un monument perpétuel de sa victoire (1).

Ce prince établit en Angleterre cette exécution exacte de la justice qui avait obtenu tant d'éloges à son administration en Normandie. Pendant le cours même d'une révolution si violente, tous les désordres et toutes les vexations furent rigoureusement châtiés. Sa propre armée en particulier était assujettie à la plus sévère discipline ; et, malgré l'insolence ordinaire du soldat après la victoire, on prit soin, autant qu'il était possible, de ne pas exciter la jalousie des vaincus. Le roi parut attentif à cimenter l'union des Normands et des Anglais par des mariages et des al-

---

(1) Gul. Gemet. p. 288. Chron. Sax. p. 189. Matth. West. p. 226. M. Paris, pag. 9. Diceto, page 482. Ce couvent fut déclaré par Guillaume exempt de toute juridiction épiscopale. Monast. Angl. tom. 1, p. 311, 312.

liances réciproques, et à témoigner des égards et de l'affabilité à tous ceux de ses nouveaux sujets qui approchaient de sa personne. Il ne montra aucun signe de défiance, pas même sur le compte d'Edgar Atheling, héritier de l'ancienne maison royale. Il lui confirma au contraire les honneurs de comte d'Oxford, que Harold lui avait accordés, et il affecta de le traiter avec toute la tendresse qu'il se piquait de conserver au neveu d'Édouard-le-Confesseur, son bienfaiteur et son ami. Quoique Guillaume confisquât les biens de Harold et de ceux qui avaient combattu à Hastings pour la cause de ce prince, qu'il qualifiait du nom d'usurpateur, il parut disposé à se contenter des excuses plausibles de quiconque voulut se justifier de s'être opposé à ses prétentions. Il accorda même sa faveur à plusieurs de ceux qui avaient porté les armes contre lui. Il conserva les libertés et les immunités dont Londres et les autres villes d'Angleterre jouissaient, et parut désirer de remettre tout sur le même pied qu'autrefois. Son administration parut plutôt celle d'un monarque légitime que celle d'un conquérant, et les Anglais commencèrent à se flatter qu'ils avaient changé, non pas la forme de leur gouvernement, mais seulement la succession de leurs souverains, chose peu importante à leurs yeux. Pour concilier encore mieux ses nouveaux sujets à son autorité, Guillaume visita plusieurs provinces de l'Angleterre. Outre la splendeur de sa cour et la majesté de sa personne, qui imposaient au peuple, déjà frappé de sa réputation guerrière, les apparences de sa clémence et de sa justice lui captivèrent l'approbation des gens sages qui avaient l'œil sur ses premières démarches.

Mais au milieu de ces démonstrations de confiance et d'amitié dont Guillaume flattait les Anglais, il avait soin de placer le pouvoir réel entre les mains de ses Normands, et de se maintenir toujours en possession de l'épée, à laquelle il ne se dissimulait pas qu'il devait son avénement au trône. Il désarma la ville de Londres et les autres villes qui lui parurent les plus peuplées et les plus belliqueuses, bâtit des forteresses et des citadelles dans cette capitale, ainsi qu'à Winchester, Hereford, et dans les places les mieux situées pour commander le royaume ; mit des soldats normands en quartier dans toutes, et ne laissa nulle part aucune force capable de lui résister ou de lui nuire; donna les biens confisqués sur les Anglais à ses meilleurs capitaines, et assigna des fonds pour la paie de ses soldats. Ainsi, pendant que son administration civile lui donnait l'apparence tranquille d'un magistrat légal, ses institutions militaires étaient celles d'un maître et d'un tyran, ou du moins d'un prince qui se préparait à devenir l'un ou l'autre quand il lui plairait.

Cependant il avait tellement pacifié l'esprit des Anglais par ce mélange de vigueur et de douceur, qu'il crut pouvoir en sûreté aller revoir son pays natal, et y jouir de son triomphe et des félicitations de ses anciens sujets. Il laissa l'administration de son royaume entre les mains de son frère utérin Eudes, évêque de Bayeux, et de William Fitz-Osbeorn; mais afin que la régence fût moins exposée aux troubles, il emmena avec lui les plus grands seigneurs d'Angleterre, pour concourir à orner sa cour de leur présence et de la magnificence de leur suite, et surtout pour lui répondre de la fidélité de la nation. Entre ces grands étaient Edgar Atheling, le primat Stigand, les comtes Edwin et Morcar, Waltheof, fils du brave comte Siward, et plusieurs personnes considérables par leur fortune et leurs illustres maisons, ou par leurs dignités civiles ou ecclésiastiques. Rodolphe, oncle du roi de France, et plusieurs princes ou seigneurs puissants, qui, ayant contribué à l'entreprise de Guillaume, désiraient de partager la joie et les avantages du succès, allèrent le voir à l'abbaye de Fécamp, où il séjourna quelque temps. Les courtisans anglais, qui voulaient plaire à leur nouveau souverain, tâchèrent à l'envi de se surpasser par la pompe de leurs équipages et de leurs fêtes. Ils étalèrent tant de richesses et de magnificence, que les étrangers en furent étonnés. Guillaume de Poitiers, historien normand, qui était présent, parle avec admiration de leurs belles figures, de la richesse et du travail exquis de leur vaisselle d'argent, et de leurs superbes broderies, art dans lequel les Anglais excellaient alors. Il s'exprime même de manière à nous donner une haute idée de l'opulence et du goût cultivé de ce peuple (1). Mais, malgré

---

(1) Comme cet historien vante surtout leur vaisselle d'argent, ses éloges de la magnificence des Anglais prouvent seulement qu'il n'en était pas un bon juge. L'argent était alors dix fois plus haut qu'aujourd'hui, et vingt fois plus rare; par conséquent, de toutes les choses de luxe, la vaisselle plate devait être la moins commune.

l'extérieur de la joie et l'air de fête qu'avait cette cour, malgré l'accueil agréable que Guillaume faisait à ses nouveaux courtisans, il fut impossible de contenir entièrement l'arrogance des Normands ; et la noblesse anglaise s'amusa peu de tous ces plaisirs, au milieu desquels elle se regardait comme menée en triomphe par son fier vainqueur.

En Angleterre, les affaires prirent encore un plus mauvais tour pendant l'absence du souverain. Le mécontentement et les plaintes se multiplièrent de toutes parts ; il se forma des conspirations secrètes contre le gouvernement ; on en était déjà venu à des hostilités en plusieurs endroits, et tout semblait annoncer une révolution aussi rapide que celle qui avait placé Guillaume sur le trône. L'historien que nous avons cité ci-dessus, panégyriste déclaré de son maître, rejette ces troubles sur le caractère inconstant des Anglais, et loue hautement la justice et la douceur de l'administration d'Odo et de Fitz-Osbeorn ; mais d'autres historiens en imputent la cause, avec plus de vraisemblance, aux Normands, qui, méprisant un peuple si aisément soumis au joug, enviant ses richesses, et murmurant du frein qu'on avait mis à leur esprit de rapine, désiraient d'exciter cette nation à se soulever, pour motiver de nouvelles confiscations à leur profit, pour satisfaire leur cupidité insatiable, enfin pour réaliser les espérances sans bornes qui les avaient attirés dans cette entreprise.

Il est évident que la principale cause de ce changement dans les dispositions des Anglais dut être le départ de Guillaume, dont la présence était seule capable d'arrêter les vexations de ses capitaines et de contenir la mutinerie du peuple. Rien ne paraît en effet plus étrange que la conduite de ce prince, lorsque moins de trois mois après avoir subjugué une nation nombreuse, belliqueuse et turbulente, il visite sa patrie, alors dans une profonde tranquillité, qu'aucun de ses voisins ne menaçait, et laisse si long-temps ses sujets ombrageux à la merci d'une armée insolente et licencieuse. Si nous n'étions pas convaincus de la solidité du génie de Guillaume, et de la sagesse qu'il a montrée dans toutes les autres occasions, nous l'accuserions d'avoir eu dans celle-ci une vaine ostentation, qui le rendit impatient d'étaler sa pompe et sa magnificence aux yeux de ses anciens sujets ; mais il est plus naturel de croire que, dans une démarche si extraordinaire, il fut guidé par une politique secrète. Quoiqu'il eût d'abord jugé à propos de gagner l'affection du peuple par les apparences d'une administration légale, il sentit vraisemblablement qu'il ne pourrait ni assouvir l'avidité de ses capitaines, ni affermir son autorité chancelante, sans porter plus loin les droits de conquête, et sans se rendre le maître des possessions des Anglais. C'était donc peut-être pour se faire un prétexte à cette violence qu'il tâcha, sans découvrir son intention, de les entraîner ainsi à une révolte dont il ne craignait pas les conséquences, tandis qu'il retenait la principale noblesse anglaise en Normandie, qu'il avait une armée formidable et victorieuse cantonnée en Angleterre, et qu'il était à portée d'aller lui-même, d'un moment à l'autre, réprimer les désordres qui arriveraient. Cependant, comme aucun historien ancien ne lui prête ces vues tyranniques, il paraîtrait téméraire de les lui supposer affirmativement sur une simple conjecture.

Soit qu'on attribue à la vanité du roi ou à sa politique son voyage en Normandie, cette démarche fut la cause immédiate de toutes les calamités qui accablèrent les Anglais pendant son règne et les règnes suivants. Elle donna lieu aux défiances et aux inimitiés qui s'élevèrent entre eux et les Normands, et ne se calmèrent que lorsqu'une longue suite d'années eut peu à peu uni les deux nations en un seul peuple. Les habitans de Kent, qui s'étaient d'abord soumis au vainqueur, furent les premiers qui tentèrent de secouer le joug : d'intelligence avec Eustache, comte de Boulogne, qui avait aussi à se plaindre des Normands, ils attaquèrent, quoique sans succès, la garnison de Douvres. Edric-le-Forestier, dont les terres étaient situées sur les rives de la Severne, irrité par les déprédations de quelques officiers normands dans son voisinage, se ligua avec Blethyn et Rowallan, deux princes gallois, et tâcha de repousser la force par la force. Quoique ces hostilités ouvertes ne fussent pas très considérables, le mécontentement était général parmi les Anglais. Ils sentaient, mais trop tard, leur état de faiblesse, et commençaient déjà à faire l'expérience des insultes et des outrages auxquels une nation doit toujours s'attendre lorsqu'elle se réduit elle-même à cette méprisable situation. On forma secrètement dans tout le royaume une conspiration qui devait éclater le même jour par le massacre général des Normands, semblable à celui qu'on avait fait autrefois des Danois. La fermentation était devenue si nationale, si universelle, que les vassaux du comte Coxo ayant sollicité ce seigneur de se mettre à leur tête dans une révolte, et le trouvant résolu de rester fidèle à Guillaume, le tuèrent comme traître à sa patrie.

Le roi, informé de ces mouvements dangereux, hâta son retour en Angleterre; sa présence et les mesures vigoureuses qu'il prit déconcertèrent tous les projets des conjurés. Ceux d'entre eux qui s'étaient trop compromis pour être tranquilles, se décelèrent eux-mêmes en cherchant à se mettre en sûreté, ou par la fuite, ou en se cachant. Tandis que la confiscation de leurs biens multipliait encore les mécontents, elle procurait à Guillaume les moyens d'assouvir l'avidité de ses capitaines normands, et leur ouvrait l'expectative de nouvelles proscriptions. Le roi commença de regarder alors tous ses sujets anglais comme ses ennemis implacables, et de ce moment il conçut ou affermit la résolution de s'emparer de tout ce qu'ils possédaient, et de les réduire à l'esclavage le plus abject. Quoique la violence et la sévérité naturelle de son caractère le rendissent incapable de scrupules dans l'exécution de ce plan tyrannique, il eut assez d'art pour le déguiser, et pour conserver toujours quelques dehors de justice en opprimant son peuple. Il ordonna que tous les Anglais chassés despotiquement de leurs possessions par les Normands pendant son absence, y fussent rétablis (1); mais en même temps il fit revivre l'impôt du *danegelt*, aboli par Edouard-le-Confesseur, et qui avait toujours paru odieux à la nation.

Comme la vigilance de Guillaume tenait continuellement en respect les mécontents, les soulèvements qu'il y eut furent plus l'effet de l'emportement du bas peuple que celui de conspirations combinées et capables de fonder l'espoir de secouer le joug des Normands. Les habitants d'Exeter, à l'instigation de Githa, mère de Harold, refusèrent de recevoir une garnison normande, et,

---

(1) Chron. Sax. p. 173. Ce fait est une preuve démonstrative que les Normands avaient commis de grandes vexations pendant son absence, et qu'elles étaient la cause réelle de la rébellion des Anglais.

courant aux armes, furent renforcés par la jonction des habitants de Devonshire et de Cornouailles, leurs voisins. Guillaume se hâta d'aller punir cette rébellion. A son approche, les citoyens les plus sages et les plus considérables, s'apercevant que les forces ne seraient pas égales, persuadèrent au peuple de se soumettre et de donner des otages pour garants de son obéissance ; mais une mutinerie subite de la populace rompit cet accommodement : Guillaume parut devant les murailles de la ville, et ordonna que l'on crevât les yeux à un des otages, comme le premier signal de la sévérité à laquelle les rebelles devaient s'attendre s'ils persévéraient dans leur révolte. Les habitants, saisis de terreur, se rendirent à discrétion, se jetèrent aux pieds du roi, et implorèrent sa clémence. Ce prince, lorsque son cœur n'était pas endurci par la passion ou par la politique, n'était pas dépourvu de générosité ; il se détermina à faire grâce aux mutins, et mit des gardes à toutes les portes pour empêcher le pillage et l'insolence du soldat. Githa se sauva en Flandre avec ses trésors. Les révoltés de Cornouailles imitèrent l'exemple de ceux d'Exeter, et furent traités de même. Le roi ayant fait bâtir dans cette ville une citadelle dont il donna le commandement à Baudouin, fils du comte Gilbert, retourna à Winchester, et dispersa son armée dans ses quartiers d'hiver. Sa femme Mathilde, qui n'avait pas encore visité l'Angleterre, le joignit, et il la fit couronner alors par l'archevêque Aldred. Bientôt après elle augmenta sa famille par la naissance d'un quatrième fils, qu'il nomma Henri. Ses trois autres fils, Robert, Richard et Guillaume, résidaient toujours en Normandie.

Malgré la prospérité dont le roi paraissait jouir dans sa vie publique et privée, il avait à craindre les mécontentements des Anglais, qui s'aigrissaient tous les jours : des injures réciproques entre eux et les Normands rendirent leur commune haine incurable. L'empire de ces maîtres orgueilleux, dispersés dans tout le royaume, semblait intolérable aux naturels du pays. Partout où les Anglais rencontraient des Normands séparés ou en petites troupes, ils tombaient sur eux et rassasiaient leur vengeance en les massacrant. Mais une révolte qui se forma du côté du nord attira l'attention générale vers ces provinces, et parut annoncer des suites importantes. Edwin et Morcar, à la tête des rebelles, avant de prendre les armes, s'étaient assurés des secours de leur neveu Blethyn, prince de Galles, de Malcolm, roi d'Ecosse, et de Sweyn, roi de Danemark. Indépendamment des griefs de la nation anglaise, les deux comtes se trouvaient excités à cette révolte par le ressentiment d'injures particulières. Guillaume, dans l'intention de les attacher à ses intérêts, avait, lors de son avénement à la couronne, promis sa fille en mariage à Edwin; mais, ou le roi n'avait jamais pensé sérieusement à tenir cette promesse, ou, ayant changé son premier plan d'une administration douce en un système de rigueur, il crut assez inutile de gagner une seule famille, tandis qu'il mécontentait tout le royaume; ainsi, lorsqu'Edwin lui rappela sa parole, il n'obtint de ce monarque qu'un refus positif. Cette disgrâce, jointe à tant d'autres motifs de se plaindre, engagea Edwin et son frère à s'unir à leurs compatriotes irrités, et à faire un effort pour recouvrer leur ancienne liberté. Guillaume connaissait l'importance de la célérité lorsqu'il fallait éteindre le feu d'une révolte conduite par des chefs si puissants, et si conforme aux vœux du peuple. Comme ce prince avait son armée toujours prête, il s'avança à grandes journées vers le nord, et donna ordre pendant sa marche de fortifier le château de Warwick, dont il laissa Henri de Beaumont gouverneur, et celui de Nottingham, qu'il commit à la garde de Guillaume de Peverell, autre officier normand. Le roi arriva à York avant que les rebelles fussent en état de défense et eussent reçu les renforts étrangers qu'ils attendaient, excepté un petit corps de Gallois. Les deux comtes ne trouvèrent d'autre moyen de salut que d'avoir recours à la clémence du vainqueur. Archil, seigneur puissant dans ces provinces, imita leur exemple, et livra son fils pour otage de sa fidélité. Le peuple, ainsi abandonné de ses chefs, ne porta pas plus loin la résistance; mais le traitement que Guillaume fit aux principaux conjurés fut très différent de celui qu'il réserva au reste des factieux : il observa religieusement les conditions qu'il avait imposées aux premiers, et leur conserva pour le moment la propriété de tous leurs biens, tandis qu'il confisqua ceux des autres avec rigueur, pour en gratifier les Normands qui étaient venus chercher fortune à sa suite. Ces aventuriers, répandus par tout le pays et revêtus du pouvoir militaire, tenaient Edwin et Morcar en échec, et, pendant que le roi semblait épargner ces deux frères, les privaient de tout appui, et balançaient pour ainsi dire leur chute jusqu'au moment où il jugerait à propos de l'ordonner. La paix faite avec Malcolm, qui rendit hommage pour la province de Cumberland, acheva d'ôter à Edwin et à Morcar tout espoir de secours du dehors.

Les Anglais sentirent alors que leur destruction totale était projetée, et qu'au lieu d'un souverain qu'ils avaient d'abord espéré de gagner par leur soumission, ils s'étaient donné docilement un tyran, qui n'exerçait sur eux que le droit de conquête. Les premières confiscations faites sur les adhérents de Harold avaient sans doute paru très iniques, en s'étendant sur des gens qui n'avaient jamais juré fidélité au duc de Normandie, qui même ignoraient ses prétentions, et combattaient pour soutenir un gouvernement établi de leur propre choix dans leur patrie; cependant ces rigueurs, quelque contraires qu'elles fussent aux anciennes lois saxonnes, trouvaient leur excuse dans les besoins pressants du prince, et les personnes qui n'avaient pas été enveloppées dans le nombre des malheureux se flattaient de jouir désormais sans trouble de leurs biens et de leurs dignités. Mais la destruction successive de tant d'autres familles les convainquit que le roi ne voulait se reposer entièrement que sur l'appui et l'affection des étrangers; on ne s'attendit plus qu'à de nouvelles proscriptions et à de nouvelles violences, suites inévitables de ce plan d'administration oppressive. On observa qu'aucun Anglais ne possédait la confiance du prince, et n'était pourvu d'aucun commandement, d'aucune place qui pût donner de l'autorité, tandis que les étrangers, qu'une discipline rigoureuse aurait contenus à peine, étaient encouragés dans tous les actes d'insolence et de tyrannie qu'ils se permettaient contre les habitants. La prompte soumission du royaume dès la première invasion des Normands leur inspira du mépris pour une nation si aisément subjuguée, et les preuves de ressentiment qu'elle laissa échapper ensuite la rendirent un objet de haine : il ne lui restait plus aucun moyen de se faire estimer ou aimer de son souverain. Plusieurs Anglais, las d'une situation si fâcheuse, prirent le parti de se réfugier en pays étrangers, résolus de passer leurs jours loin de leur patrie opprimée, ou de n'y retourner que dans des circonstances plus heureuses, pour aider leurs concitoyens à sortir d'esclavage. Edgar Atheling même, en garde contre les caresses trompeuses de Guillaume, se laissa persuader par Gospatrik, seigneur northumbre très puissant, de se sauver en Écosse, où il emmena ses deux sœurs, Marguerite et Christine. Malcolm les reçut avec amitié, et bientôt après épousa Marguerite, l'aînée de ces princesses; et, partie pour fortifier son royaume en s'attachant tant d'étrangers, partie dans l'espérance de les employer eux-mêmes à renverser la grandeur croissante de Guillaume, il accueillit avec beaucoup de bienveillance tous les exilés anglais. Plusieurs d'entre eux s'établirent dans ses états et y commencèrent les grandes maisons qui s'y distinguèrent ensuite.

Pendant que les Anglais gémissaient sous un joug si dur, les étrangers même n'étaient guère plus heureux en Angleterre : environnés de tous côtés d'ennemis furieux qui ne laissaient échapper aucune occasion de leur nuire, et qui les menaçaient des plus sanglants effets de la vengeance publique, ils commencèrent à soupirer pour le repos et la sécurité qu'ils pouvaient goûter dans leur patrie. Hugues de Grantmesnil et Humphrey de Teliol, quoique ayant des emplois d'importance dans l'armée, demandèrent à quitter le service; d'autres imitèrent leur exemple : le roi, indigné de cette désertion, les en punit par la confiscation de tous les biens qu'ils avaient en Angleterre. Mais la générosité de ce prince pour les étrangers qui l'avaient suivi ne manqua pas d'en attirer un grand nombre d'autres à son service : ainsi la mutinerie des Anglais asservis ne fit qu'éveiller l'attention de Guillaume et de ses braves capitaines, de manière à les tenir toujours préparés à éteindre les premières étincelles des rébellions domestiques et à repousser les invasions du dehors.

Ces guerriers n'attendirent pas long-temps l'occasion de signaler leurs talents et leur courage. Godwin, Edmond et Magnus, trois fils de Harold, s'étaient retirés en Irlande immédiatement après la bataille d'Hastings. Dermot et d'autres princes du pays les y ayant reçus avec bonté, ils projetèrent de faire une invasion en Angleterre, et se flattèrent que tous les Anglais fugitifs en Danemark, en Ecosse, et dans la principauté de Galles, aidés des forces de ces différents pays, commenceraient à la fois les hostilités, et animeraient l'indignation de leurs compatriotes contre leurs impérieux vainqueurs. Les trois princes descendirent dans le Devonshire; mais ils y trouvèrent Brian, fils du comte de Bretagne, préparé à les recevoir à la tête de quelques troupes étrangères; ils furent défaits en plusieurs occasions, obligés de remonter sur leurs vaisseaux et de s'en retourner en Irlande, après avoir perdu beaucoup de monde. Les efforts des Normands se tournèrent alors du côté du nord, où les affaires étaient devenues plus pressantes. Les impatients Northumbres avaient attaqué Robert de Comyn, nommé gouverneur de Durham, et, l'ayant surpris par l'effet de sa négligence, le mirent à mort dans cette ville, avec sept cents hommes qui étaient auprès de sa personne. Cet exemple échauffa les habitants d'York, qui prirent les armes, massacrèrent Robert Fitz-Richard, leur gouverneur, et assiégèrent dans le château William Mallet, à qui la mort de Robert laissait le commandement. Peu de temps après, des troupes danoises, qui montaient trois cents vaisseaux, descendirent à terre, sous les ordres d'Osbeorn, frère de Sweyn (1), roi de Danemark, accompagné de Harold et de Canute, les deux fils de ce monarque (2). Edgar Atheling sortit d'Écosse et parut avec Gospatrik, Waltheof, Siward Beorn, Merlsweyn, Adelin, et d'autres chieftains, qui, à la faveur de l'espoir qu'ils donnaient du secours des Écossais, et par le crédit qu'ils avaient eux-mêmes dans ces contrées, persuadèrent aisément aux belliqueux et mécontents Northumbres, de se joindre au reste des rebelles. Mallet, afin de pourvoir mieux à la défense de la citadelle d'York, mit le feu à quelques maisons adjacentes. Mais cette précaution devint la cause immédiate de sa perte; les flammes se répandirent dans les rues voisines, et réduisirent toute la ville en cendres. Les habitants au désespoir, secondés par les Danois, profitèrent de la confusion pour attaquer le château, qu'ils emportèrent d'assaut,

---

(1) Ce nom de *Sweyn* est le même que celui plus connu de *Suenon*.
(2) Chron. Sax. p. 174.

et dont ils passèrent la garnison, au nombre de trois mille hommes, au fil de l'épée.

Ce succès devint le signal de la révolte à plusieurs autres parties de l'Angleterre, et fournit au peuple l'occasion de manifester sa haine pour les Normands. Hereward, grand seigneur de l'Estanglie, et célèbre par sa bravoure, assembla son parti, et s'établit dans l'île d'Ely, d'où il fit des incursions sur toutes les campagnes voisines (1). Les Anglais prirent les armes dans les provinces de Sommerset et de Dorset, et attaquèrent Montaigu, seigneur normand, qui en était gouverneur, tandis que les habitants de Devon et de Cornouailles investissaient Exeter, que le souvenir de la clémence de Guillaume retint constamment fidèle à ce prince. Edric-le-Forestier, secondé par les Gallois, mit le siége devant Shrewsbury, et fit tête au comte Briant et à Fitz-Osbeorn, qui commandaient de ce côté. Enfin, partout les Anglais, honteux de leur première soumission, parurent déterminés à tenter de concert les plus grands efforts pour briser leurs chaînes et pour expulser leurs oppresseurs.

Guillaume, ferme et tranquille au milieu de tant d'embarras, assembla ses troupes, et, les animant par l'attrait des nouvelles confiscations, marcha contre les révoltés du nord, qu'il regardait comme les plus formidables, et dont il savait que la défaite répandrait l'effroi parmi tous les autres. Attentif à joindre la politique à la force, il essaya avant son approche d'affaiblir ses ennemis en détachant les Danois de leurs intérêts. Par de riches présents, et en lui permettant de piller les côtes, il décida Osbeorn à se retirer en Danemark sans pousser plus loin les hostilités (2). Gospatrik, désespérant de réussir dans ses prétentions, s'en désista aussi, se soumit au roi, lui paya une somme d'argent en expiation de sa révolte, rentra en faveur, et obtint le comté de Northumberland; Waltheof, qui avait défendu long-temps York avec courage, fut séduit par ces dehors de clémence, et comme Guillaume estimait la valeur jusque dans son ennemi, ce seigneur n'eut pas à se repentir de sa confiance. Edric même, pressé par la nécessité, demanda grâce au vain-

---

(1) Chron. Abb. S. Petri de Burgo, p. 47. (2) Chron. Abb. S. Petri de Burgo, p. 47. Simeon Dunelm. p. 199.

queur, qui lui pardonna, et lui donna, peu de temps après, des marques de confiance et d'affection. Malcolm, arrivé trop tard pour soutenir ses confédérés, fut contraint de se retirer; et tous les rebelles des autres parties de l'Angleterre, excepté Hereward, qui persista dans sa désobéissance, se dispersèrent et laissèrent les Normands maîtres absolus du royaume. Edgar Atheling échappa à la poursuite de ses ennemis en se réfugiant encore en Écosse avec ceux qui l'accompagnaient.

Les dehors de clémence que Guillaume avait affectés avec les principaux chefs des mutins étaient seulement l'effet de ses artifices, ou de son estime particulière pour quelques-uns de ces grands seigneurs. Mais son cœur était endurci contre toute compassion pour le peuple : il ne se faisait scrupule d'aucun moyen, quelque sévère, quelque violent qu'il fût, lorsqu'il lui paraissait nécessaire pour appuyer son plan d'administration tyrannique. Convaincu du caractère inquiet des Northumbres, il résolut de les mettre pour jamais hors d'état de remuer : il envoya ordre de dévaster totalement ce fertile territoire, de soixante milles d'étendue, situé entre l'Humber et la Tees (1). Toutes les maisons furent réduites en cendres par les implacables Normands; ils enlevèrent les troupeaux et brisèrent les instruments du labourage. Les malheureux habitants de ce pays désolé furent obligés d'aller chercher leur subsistance dans les parties méridionales de l'Écosse, ou si quelques-uns restèrent en Angleterre, par la répugnance d'abandonner leur ancienne habitation, ils périrent misérablement de froid et de faim dans les bois. On calcule que ce trait de politique barbare coûta la vie à cent mille personnes : plaie incurable et profonde que Guillaume fit à la puissance de la nation pour remédier à un mal passager.

Le roi, entièrement maître d'un peuple qui lui avait donné des preuves si sensibles d'une rage et d'une haine impuissantes, résolut alors d'en venir aux dernières extrémités contre les naturels du pays, et de les réduire dans une situation où ils ne pussent désormais lui causer d'inquiétudes. Les révoltes et les

---

(1) Chron. Sax. p. 174. Chron. S. Petri de Burgo, p. 47. Brompton, p. 966. Knighton p. 2344. Anglia Sacra, t. 1, p. 702.

conspirations qui s'étaient formées dans la plupart des provinces du royaume avaient plus ou moins enveloppé dans le cas du crime de trahison presque tous les grands propriétaires de terres; le roi leur fit subir à la rigueur les peines de confiscation et de proscription ordonnées par la loi. A la vérité, il épargna presque toujours le sang des coupables; mais il confisqua leurs terres pour les réunir à son domaine, ou en disposer avec profusion en faveur des Normands et autres étrangers. Tandis que ce prince déclarait ainsi son intention d'abaisser, ou plutôt d'anéantir totalement la noblesse anglaise, il est aisé de croire qu'on observait à peine les formalités de la justice en exerçant de pareilles violences (1), et que le moindre soupçon avait autant de force que la preuve la plus incontestable contre un peuple ainsi dévoué à la persécution. Il suffisait à un Anglais d'avoir de la naissance, des richesses ou du crédit, pour paraître criminel; et la politique du roi, d'intelligence avec l'avidité des étrangers qui l'avaient suivi, produisit une révolution presque totale dans la propriété des terres du royaume. Des familles anciennes et honorables se trouvèrent réduites à la mendicité. La noblesse même fut traitée partout ignominieusement et avec mépris; elle éprouva la mortification de voir posséder ses châteaux et ses maisons de campagne par des Normands de la plus basse extraction ou de l'état le plus obscur (2), et d'être exclue de toutes les routes qui conduisaient à l'opulence ou aux emplois (3).

(1) Il reste un titre dans la maison de Sharneborne, par lequel il paraît que cette maison, qui était saxonne, fut rétablie dans ses biens après avoir prouvé son innocence, ainsi que d'autres maisons saxonnes qui se trouvaient dans le même cas. Quoique ce titre en ait imposé à d'aussi habiles antiquaires que Spelman ( *voyez* son Glossaire, au mot *Drenges* ) et Dugdale ( *voyez* Baron. tome I, p. 118 ), il est prouvé par le docteur Brady (*Answer to Petyt*, p. 11, 12 ) que c'est une pièce forgée, et regardée comme telle par Tyrrel, quoiqu'il fût défenseur opiniâtre des opinions de son parti. ( *Voy.* son Histoire, t. I, Introd. p. 51, 73. ) Ingulf, p. 70, nous dit que, dès le premier moment, Hereward, quoique absent pendant la conquête, fut dépouillé de ses biens, et ne put jamais y rentrer. Guillaume pilla même les monastères. Flor. Wigorn. p. 656 ; Chron. Abb. S. Petri de Burgo, p. 48; M. Paris, p. 5; Simeon Dunelm. p. 209; Diceto, p. 482; Brompton, p. 967; Knighton, p. 2344; Alur. Beverl. p. 130. Ingulf nous apprend que Ivo de Taillebois dépouilla le monastère de Croyland d'une grande partie de ses terres, dont on ne lui accorda aucun dédommagement.—(2) Order. Vitalis, p. 521. Matth. West. p. 225.

(3) L'obligation imposée à tous les habitants d'éteindre leur feu et leurs lumières, à une certaine heure, au son d'une cloche appelée le *courfcu*, est représentée, par Polydore Virgile, l. 9, comme une marque de la servitude des Anglais. Mais c'était un réglement de police que Guillaume avait établi précédemment en Normandie. ( *Voyez* Dumoulin, Hist. de Normandie, p. 160. ) La même loi était observée en Ecosse; L. L. Burgor, cap. 86.

Comme le pouvoir suit naturellement la propriété, la révolution seule des fortunes faisait la sûreté des étrangers, mais Guillaume prit soin aussi, par les nouvelles institutions qu'il établit, de retenir à jamais l'autorité militaire dans les mains de ceux à qui il devait la conquête du royaume. Ce prince introduisit en Angleterre la loi féodale, qu'il avait trouvée en vigueur en France et en Normandie, et qui, dans ces temps-là, était le fondement à la fois de la stabilité et des désordres de la plupart des gouvernements monarchiques de l'Europe. Il divisa toutes les terres de l'Angleterre, excepté le domaine de la couronne et très peu d'autres possessions, en baronnies, qu'il conféra aux principaux des siens, avec la réserve de services militaires et de redevances en argent. Ces grands barons, qui tenaient immédiatement de la couronne, aliénèrent une grande partie de leurs terres à d'autres étrangers, qu'on appela chevaliers ou vassaux : ceux-ci s'engageaient vis-à-vis de leur seigneur à lui rendre, en temps de guerre et de paix, les services et l'obéissance qu'il devait lui-même à son souverain. Tout le royaume contenait environ sept cents principaux tenanciers ou vassaux de la couronne, et soixante mille deux cent quinze *knights-fees*, c'est-à-dire chevaliers-tenanciers ou vassaux des grands barons. Comme aucun Anglais n'était admis dans la première classe de ces tenanciers, le petit nombre de ceux à qui la propriété de leur terre resta fut trop heureux d'être reçu dans la seconde, où, sous la protection de quelque grand seigneur de Normandie, chaque ancien propriétaire se chargeait, lui et sa postérité, d'un fardeau pesant, pour conserver des terres qu'il avait reçues libres de ses ancêtres. Le peu d'Anglais qui entra ainsi dans cette composition militaire et civile, car elle tenait de l'un et de l'autre, fut assujetti sous le joug étranger par une subordination si excessive, que la domination normande parut alors affermie sur une base inébranlable, et en état de défier tous les efforts de ses ennemis.

Pour mieux unir les différentes parties du gouvernement, et les lier en un seul système qui servît en même temps à la sûreté du royaume contre les étrangers, et au maintien de la tranquillité intérieure, Guillaume réduisit les revenus ecclésiastiques sous la même loi féodale. Quoiqu'il eût d'abord marqué beaucoup de zèle et de soumission pour l'église dans le temps de sa première invasion et au commencement de son règne, il ne lui imposa pas moins des services que le clergé regardait comme un esclavage insupportable et tout à fait indécent pour lui. Les évêques et les abbés furent obligés de fournir au roi pendant la guerre, et dès qu'ils en étaient requis, un certain nombre de chevaliers (*knights*), ou tenanciers militaires, proportionnément à l'étendue des terres de chaque évêché ou de chaque abbaye; et, dans le cas où ils y auraient manqué, ils étaient condamnés à la même peine que les laïques (1). Le pape et les ecclésiastiques s'élevèrent hautement contre ce qu'ils appelèrent une tyrannie; mais l'autorité du roi était si bien établie sur l'armée, qui tenait tout de sa libéralité, que la superstition, même dans le siècle où elle avait le plus d'empire, fut contrainte de plier sous la volonté suprême de ce monarque.

Cependant, comme le grand corps du clergé était composé d'Anglais, le roi avait lieu de craindre les effets de son ressentiment; il prit donc la précaution de dépouiller les Anglais de toutes les dignités considérables, et d'en revêtir des étrangers. La prévention d'Édouard-le-Confesseur en faveur des Normands avait déjà été si forte, que, soutenue de leur savoir supérieur, elle les avait élevés à la plupart des siéges épiscopaux d'Angleterre; dès auparavant la conquête, à peine restait-il plus de six ou sept prélats nés dans le royaume. Entre ceux-ci était Stigand, archevêque de Canterbury, homme qui, par sa dextérité dans les affaires, sa fermeté, la grandeur de sa maison et de ses alliances, ses richesses, le rang qu'il occupait dans l'état ecclésiastique, et enfin son crédit sur les Anglais, donnait beaucoup d'inquiétude au roi. Quoique ce prince eût blessé sensiblement le prélat lors de son avénement à la couronne, en se faisant sacrer par l'archevêque d'York, il ne cessait de l'accabler d'honneurs et de caresses, et évitait toutes les occasions de l'aigrir, jusqu'à ce qu'il pût saisir celle de le perdre totalement (2). L'extinction des dernières révoltes et l'asservissement entier des Anglais firent espérer à Guillaume que cet attentat, quelque violent

---

(1) M. Paris, p. 5. Anglia Sacra, t. I, p. 243. — (2) Parker, p. 164. Knyghton, p. 2344.

qu'il fût, serait en quelque sorte couvert par ses grands succès, et serait absorbé parmi tant d'autres révolutions qui intéressaient si profondément la liberté et la propriété de tout le royaume. Cependant, malgré ces avantages, le roi ne croyait pas pouvoir sans péril violer les égards qu'on était accoutumé d'avoir pour le primat, à moins que ce ne fût sous le prétexte que fournirait la nouvelle superstition qu'il tâchait d'introduire en Angleterre.

La doctrine qui exaltait le pape au-dessus de toutes les puissances de la terre s'était étendue, de la ville et de la cour de Rome, où elle avait pris sa source, jusque dans les états méridionaux de l'Europe, où, pendant ce siècle, elle dominait beaucoup plus que dans les royaumes du nord. Le souverain pontife Alexandre, qui avait aidé Guillaume dans sa conquête de l'Angleterre, s'attendait avec assez de vraisemblance que les Français et les Normands y feraient passer avec eux le même respect dont ils étaient pénétrés dans leurs propres pays pour son caractère sacré. Il comptait que ces conquérants anéantiraient l'indépendance spirituelle aussi bien que l'indépendance civile des Saxons, qui avaient jusque-là reconnu, à la vérité, la suprématie du siége de Rome, mais sans avoir beaucoup d'idée de ses droits à la domination et à l'autorité. Aussitôt donc que le prince normand parut solidement affermi sur le trône, le pape dépêcha Ermenfroy, évêque de Sion, en qualité de son légat en Angleterre. Ce prélat était le premier qu'on eût vu revêtu de ce caractère dans aucune partie des îles britanniques. Quoique Guillaume fût probablement déterminé par ses propres principes à donner cette marque de soumission à Rome, il résolut, selon son usage ordinaire, de faire servir cet incident à ses desseins politiques, et de dégrader les prélats anglais qui lui étaient devenus suspects. Le légat consentit à devenir l'instrument de sa tyrannie, et pensa sans doute que plus l'exercice de son pouvoir serait violent, et plus il confirmerait l'autorité de la cour dont sa commission était émanée. Il convoqua donc un concile des prélats et des abbés à Winchester, et, assisté de deux cardinaux, Pierre et Jean, il cita devant lui Stigand, archevêque de Canterbury, pour rendre compte de sa conduite (1). Ce primat fut

(1) Flor. Wigorn. p. 636.

accusé de trois crimes : d'avoir gardé à la fois le siége de Worcester et celui de Canterbury ; d'avoir officié avec le pallium de Robert, son prédécesseur, et d'avoir reçu le sien de Benoît IX, qui fut déposé ensuite pour simonie et pour s'être emparé illégitimement du saint-siége. Ces chefs d'accusation ne paraissaient que de purs prétextes pour perdre Stigand : le premier était un abus assez commun en Angleterre, et n'emportait pas de plus grande peine que de résigner un des deux siéges ; le second est un simple cérémonial, et le troisième une nécessité, puisque Benoît était alors le seul pape qui officiât ; d'ailleurs, les actes de ce pontife ne furent jamais annulés, et tous les prélats de l'église, particulièrement ceux des pays éloignés, ne pouvaient se dispenser de s'adresser à lui. Cependant la ruine de Stigand fut résolue sur ces seules fautes, et consommée avec la plus grande rigueur. Le légat le dégrada de sa dignité, le roi confisqua ses biens, et le fit jeter en prison, où il passa le reste de sa vie, accablé de toutes les horreurs de la misère. On sévit avec la même rigueur contre les autres prélats anglais ; Egelric, évêque de Sussex, et Egelmar, évêque de l'Est-Anglie, furent déposés par le légat et emprisonnés par ordre du roi ; plusieurs abbés des plus considérables éprouvèrent le même sort. Egelwin, évêque de Durham, quitta le royaume ; Wulfstan, évêque de Worcester, homme d'un caractère fort pacifique, fut le seul prélat anglais qui eut le bonheur d'échapper à cette proscription générale et de rester en possession de son évêché (1). Alfred, archevêque d'York, qui avait couronné Guillaume, était mort de chagrin depuis peu, et avait laissé sa malédiction à ce prince pour avoir violé le serment qu'il avait fait lors de son sacre, et pour la tyrannie effroyable avec laquelle il traitait ses sujets anglais.

C'était une maxime constante sous ce règne, et encore adoptée sous quelques règnes suivants, que toute personne née en Angleterre ne devait jamais parvenir à aucune dignité ecclésiasti-

---

(1) Brompton rapporte que Wulsian fut aussi déposé par le concile ; mais qu'ayant refusé de remettre sa crosse et son anneau à d'autre personne qu'à celle dont il les avait reçus, il alla au tombeau d'Edouard, et enfonça sa crosse si profondément dans la pierre, que lui seul fut capable de l'en arracher ; sur quoi Guillaume lui permit de garder son évêché. Ce trait peut être donné, entre beaucoup d'autres, comme un échantillon des miracles des moines. *Voyez* aussi les Annales de Burton, p. 284.

que, civile ou militaire. Ainsi après la déposition de Stigand, le roi nomma à sa place Lanfranc, moine du Milanais, célèbre par son savoir et sa piété. Ce prélat défendit très scrupuleusement les prérogatives de son siége; après un long procès soutenu devant le pape, il obligea Thomas, moine normand, élevé à l'archevêché d'York, de reconnaître la primatie de celui de Canterbury (1). Lorsque l'ambition est assez ingénieuse pour se déguiser sous les apparences du devoir et de l'équité à ceux même qu'elle fait agir, elle devient la plus inflexible et la plus incurable des passions humaines. Ce fut ainsi qu'elle rendit le zèle de Lanfranc infatigable pour étendre l'autorité du saint-siége, à laquelle il devait l'augmentation de la sienne propre, et ses efforts eurent tout le succès qu'il s'en était promis. L'empire de Rome sur l'Angleterre prit tous les jours de nouvelles forces: aussi favorisé par les sentiments des conquérants de ce royaume que par les anciens établissements monastiques qu'Edred avait introduits et qu'Edgar confirma, il atteignit bientôt au même degré où il avait été pendant quelque temps en France et en Italie (2). Il alla encore plus loin ensuite, et la distance des lieux même, qui en avait d'abord empêché les progrès, finit par les accélérer, en ce que les connaissances de l'esprit et l'éducation soignée furent plus tardives en Angleterre que dans les pays méridionaux, et y combattirent moins cet extrême dévouement au saint-siége.

Cet esprit de superstition devint très dangereux à quelques-uns des successeurs de Guillaume, et très incommode à presque tous. Mais le pouvoir arbitraire que ce prince s'était arrogé sur les Anglais, et sa grande autorité sur les étrangers, empêchèrent qu'il n'en éprouvât les inconvénients immédiats. Il retint le clergé dans un assujettissement aussi complet que ses sujets laïques, et ne permit à aucun d'eux, de quelque caractère qu'il fût revêtu, de résister à sa volonté suprême. Il leur défendit à tous de reconnaître pour souverain pontife quiconque n'aurait

---

(1) Chron. Sax. p. 575, 576. Ingulf, p. 92. M. Paris, p. 6. Diceto, p. 484. Brompton, p. 970, 971, 972.—(2) Matth. West. p. 228. Lanfranc écrivit pour la défense de la présence réelle contre Bérenger, et dans ces temps d'ignorance et de stupidité son ouvrage fut très applaudi.

pas été auparavant reconnu tel par lui-même; il exigea que tous les canons ecclésiastiques des conciles fussent d'abord soumis à son examen, et n'eussent de force qu'après sa ratification. Les bulles même et les lettres de Rome ne pouvaient être produites sans avoir reçu la sanction de son autorité; aucuns de ses ministres ou barons, de quelques crimes dont ils fussent coupables, n'étaient sujets aux censures spirituelles jusqu'à ce qu'il eût donné son consentement à leur excommunication. Ces règlements étaient dignes d'un souverain, et réunissaient la puissance ecclésiastique et la puissance civile, que les autres principes introduits par ce prince tendaient directement à séparer.

Mais les Anglais avaient la mortification cruelle d'éprouver que toute l'autorité que leur maître avait trouvé l'art d'acquérir ou d'étendre, était employée à les opprimer, et que le plan de leur servitude, accompagnée de toutes les indignités possibles, était formé de sang-froid par le prince, et suivi avec d'insultantes railleries par ses créatures. Guillaume avait même conçu le projet difficile d'abolir entièrement la langue anglaise, et, pour y réussir, il ordonna que dans toutes les écoles du royaume on apprît la langue française à la jeunesse, méthode continuée par la force de l'habitude jusqu'après le règne d'Édouard III, et qu'on n'a jamais totalement abandonnée en Angleterre. On plaida en français dans les cours supérieures. On dressa souvent les actes dans cette langue, et on y rédigea jusqu'à des lois. On n'en parla point d'autre à la cour, le français devint la langue des gens à la mode, et les Anglais, honteux de paraître anglais, affectèrent d'exceller dans cet idiome étranger. De cette attention de Guillaume et de la communication avec les autres états longtemps annexés à la couronne d'Angleterre, résulta ce mélange de français qui se trouve aujourd'hui dans la langue anglaise, et qui en compose la plus grande et la meilleure partie. Mais au milieu de ces efforts pour humilier la nation, le roi, touché des remontrances de plusieurs prélats et des vœux ardents du peuple, remit en vigueur quelques-unes des lois d'Édouard. Elles étaient sans doute peu avantageuses à la liberté générale; cependant elles répandirent une grande satisfaction, en ce qu'elles retraçaient un peu l'ancien gouvernement, et marquaient une sorte de complaisance à laquelle on n'était guère accoutumé de la part de cet impérieux vainqueur (1).

La situation des deux comtes Morcar et Edwin était devenue très désagréable. Quoiqu'ils fussent demeurés fidèles pendant la révolte générale de leurs compatriotes, ils n'avaient pas gagné la confiance du roi. Ils se trouvaient exposés à la malignité des courtisans, jaloux de leur opulence et de leur grandeur, et qui ne les distinguaient pas des autres Anglais dans les marques de leur mépris pour cette nation. Ces deux seigneurs, persuadés qu'ils avaient entièrement perdu leur crédit, et qu'ils ne devaient même pas espérer d'être long-temps en sûreté, se déterminèrent, mais trop tard, à courir les mêmes risques que leurs concitoyens. Tandis qu'Edwin se retirait dans ses terres du côté du nord, avec le projet d'y fomenter une rébellion, Morcar se réfugia dans l'île d'Ely avec le brave Hereward, qui, secondé par la situation inaccessible de la place, s'y défendait toujours contre les Normands. Mais cette tentative servit seulement à accélérer la ruine du peu d'Anglais qui avaient pu conserver jusque-là leur rang et leur fortune malgré les troubles précédents. Guillaume mit tout en usage pour réduire l'île d'Ely; il l'investit avec des bateaux plats, et ayant fait construire une chaussée longue de deux milles dans les marais environnants, il obligea les rebelles de se rendre à discrétion (2). Hereward seul s'ouvrit courageusement un passage l'épée à la main au travers des ennemis, et continua ses hostilités par mer contre les Normands, jusqu'au jour où Guillaume, charmé de sa valeur, lui fit grâce et le rétablit dans ses biens. Le comte Morcar et Egelwin, évêque de Durham, qui s'étaient joints aux mécontents, furent mis en

---

(1) Les antiquaires disputent beaucoup sur ce qu'étaient ces lois d'Édouard-le-Confesseur, tant désirées des Anglais, sous chaque règne, pendant un siècle et demi. L'ignorance où nous sommes à leur égard est un des plus grands défauts de l'histoire ancienne d'Angleterre. La collection des lois que l'on trouve dans Wilkins, et qui passent sous le nom d'Édouard, n'est qu'une mauvaise compilation de lois postérieures à ce prince. Celles que l'on trouve dans Ingulf sont authentiques, mais si imparfaites, et contiennent si peu d'articles favorables au peuple, que nous ne voyons pas qu'il eût sujet de les redemander avec tant d'instance. Il est vraisemblable que les Anglais voulaient parler du *droit commun*, tel qu'il était suivi sous Edouard, et qui, selon ce que nous pouvons conjecturer, était plus favorable à la liberté nationale que les institutions normandes. Les principaux articles en furent ensuite compris dans la grande charte.

(2) Chron. Sax. p. 181. Hoveden, p. 454. Matt. West. p. 227.

prison, où le dernier mourut quelque temps après. Edwin ayant tenté de se sauver en Écosse, fut trahi par quelques-uns des siens, et massacré par un parti de Normands, au grand regret des Anglais, et même de Guillaume, qui honora de ses généreuses larmes la mémoire de ce jeune seigneur, si aimable et si courageux (1). Le roi d'Écosse, espérant de profiter de ces mouvements en Angleterre, était tombé sur les provinces du nord de ce royaume; mais à l'approche du roi il se retira, et lorsqu'à son tour Guillaume entra en Écosse, Malcolm fut trop heureux de faire la paix et de rendre l'hommage accoutumé. Pour combler la prospérité du monarque anglais, Edgar Atheling, las de mener une vie fugitive et n'ayant plus aucun espoir de succès, se soumit de lui-même. Guillaume lui assigna un revenu considérable, et lui permit de vivre tranquillement dans sa patrie. Mais ces actes de générosité à l'égard des principaux chefs de factions furent souillés, comme à l'ordinaire, par une rigueur extrême contre les mécontents d'un ordre inférieur. Le roi fit couper les mains et crever les yeux à plusieurs des prisonniers qu'il avait pris dans l'île, et en cet état misérable il les dispersa dans les provinces, comme pour servir de monument de sa sévérité (2).

La province du Maine, en France, en vertu du testament de Herbert, le dernier comte, était tombée sous la domination de Guillaume quelques années avant qu'il eût conquis l'Angleterre; mais les habitants, peu satisfaits de ce nouveau gouvernement et aiguillonnés par Foulques, comte d'Anjou, qui avait quelques droits à cette succession, se soulevèrent, et chassèrent les magistrats que le roi leur avait donnés. Son entier affermissement en Angleterre lui laissa le loisir d'aller châtier cette atteinte portée à son autorité; mais ne voulant pas tirer de son royaume les troupes normandes qu'il y entretenait, il mit sur pied une armée considérable, presque toute composée d'Anglais (3), y joignit quelques corps levés en Normandie, et entra dans la province révoltée. Les Anglais parurent jaloux de se distinguer dans cette occasion et de recouvrer la réputation de cette bravoure qui les

(1) Chron. Abb. S. Petri de Burgo, p. 8.—(2) Hoveden, p. 424.—(3) Chron. Sax. p. 183.

avait caractérisés long-temps, mais que leur promptitude à recevoir un joug étranger avait en quelque sorte obscurcie et dégradée. Peut-être espéraient-ils aussi que leur zèle et leur activité leur regagneraient la confiance de leur souverain, comme leurs ancêtres avaient autrefois gagné l'affection de Canute, et qu'ils déracineraient enfin les préjugés défavorables qui subsistaient contre leur nation. Les opérations de Guillaume, secondées par de si braves troupes, firent bientôt rentrer le Maine dans son devoir. Les habitants furent obligés de se soumettre, et le comte d'Anjou renonça à ses prétentions.

Pendant que Guillaume terminait ses affaires du dehors, ces mêmes étrangers, qui devaient tout à sa générosité, et qui étaient les seuls objets de sa bienveillance et de ses égards, fomentaient les troubles les plus violents en Angleterre. Les seigneurs normands qui s'étaient engagés avec lui lorsqu'il tenta sa fameuse conquête avaient au plus haut degré l'amour de l'indépendance : quoiqu'ils eussent obéi sur le champ de bataille aux ordres de leur général, ils auraient regardé les acquisitions les plus riches avec dédain si on y avait attaché la condition de se soumettre, pour le gouvernement civil, à la volonté arbitraire d'un seul homme; mais le caractère impérieux de Guillaume, souvent excité à se montrer par la nécessité des affaires, enhardi par sa puissance absolue sur les Anglais, l'avait porté à étendre son autorité sur les Normands eux-mêmes trop loin pour que ce peuple libre et victorieux pût le souffrir sans murmure. Les mécontentements se répandirent parmi ces barons altiers, et gagnèrent jusqu'à Roger, comte d'Hereford, fils et héritier de Fitz-Osbeorn, le plus cher des favoris du roi. Ce seigneur projetant de marier sa sœur à Ralph de Guader, comte de Norfolk, crut qu'il était de son devoir d'en informer son maître et de lui demander son agrément; mais Guillaume, au lieu d'y souscrire, s'y opposa : Roger n'en conclut pas moins le mariage, et assembla tous ses amis et ceux de Guader pour en solenniser la fête (1). Là, les deux comtes, piqués du refus qu'ils avaient essuyé, et craignant le ressentiment du roi pour leur désobéissance, pri-

---

(1) Will. p. 104. Flor. Wigorn. p. 638. Dicelo, p. 486. Brompton, p. 974.

rent des mesures pour se révolter. Ils s'en ouvrirent au milieu du festin des noces, tandis que tous les convives étaient échauffés par le vin et la joie, déclamèrent sans ménagement contre l'administration despotique de Guillaume, contre sa tyrannie sur les Anglais, qu'en ce moment ils affectèrent de plaindre, contre sa conduite impérieuse avec les barons de la plus haute naissance, et contre son intention visible d'asservir les vainqueurs et les vaincus au même honteux esclavage. Parmi leurs griefs et leurs plaintes, l'humiliation de se soumettre à un bâtard ne fut pas oubliée (1) : on insista sur l'expectative certaine du succès d'une révolte appuyée par les Danois et par les Anglais mécontents. Tous les convives, animés des mêmes sentiments, et enflammés par le feu des plaisirs de la table, s'engagèrent solennellement à secouer le joug de l'autorité royale. Le comte Waltheof même, qui était présent, approuva inconsidérément la conspiration, et promit d'y concourir (2).

Ce seigneur, le dernier des Anglais qui conservât encore du crédit et du pouvoir, avait été reçu en faveur par Guillaume après sa capitulation d'York; il avait même épousé Judith, nièce de ce conquérant, et obtenu les comtés de Huntingdon et de Northampton. Gospatrik, comte de Northumberland, disgracié de nouveau à la cour d'Angleterre, s'étant réfugié en Écosse, où Malcolm lui donna le comté de Dunbar, Waltheof avait été nommé au gouvernement très important que le fugitif perdait dans sa patrie, et paraissait posséder de plus en plus la confiance et l'amitié de son souverain. Mais il est vraisemblable que la tyrannie exercée sur les Anglais effaçait dans l'âme généreuse de ce zélé patriote toute la satisfaction que son rang et sa faveur pouvaient lui procurer. Lorsqu'on lui ouvrit la perspective de la liberté de ses concitoyens, il se fixa donc précipitamment à ce point de vue, surtout dans un moment où les fumées du vin et l'impétueuse ardeur des autres conjurés ne lui permettaient pas de réfléchir sur les conséquences de cette entreprise téméraire. Mais, lorsqu'il eut repris son sang-froid, il prévit que la con-

---

(1) Guillaume rougissait si peu de sa naissance, qu'il affecta de prendre le titre de bâtard dans quelques-unes de ses lettres et de ses chartes.

(2) Chron. Abb. S. Petri de Burgo, p. 49. Diceto, p. 486.

spiration de ces barons mécontents échouerait contre l'autorité établie de Guillaume, ou que, si elle parvenait à la renverser, l'esclavage des Anglais, au lieu d'être allégé par cet événement, deviendrait plus insupportable sous une multitude de tyrans étrangers, factieux, ambitieux, et dont l'union ou la discorde serait également oppressive pour le peuple. Tourmenté par ces réflexions, il en fit part à son épouse Judith, dont la fidélité ne lui était nullement suspecte; mais Judith, qui avait donné secrètement son cœur à un autre, saisit cette occasion de perdre son facile et crédule époux. Elle fit instruire le roi de la conspiration, et en aggrava toutes les circonstances de manière à irriter le prince jusqu'à le rendre implacable. Dans ces entrefaites, le comte, encore indécis sur le rôle qu'il devait jouer, en parla au tribunal de la confession à Lanfranc, dans le jugement et la probité duquel il avait la plus grande confiance. Ce prélat le convainquit qu'il ne devait nulle fidélité aux barons rebelles, qui avaient surpris son consentement pour l'engager dans une action criminelle, et que son premier devoir était envers son souverain et son bienfaiteur; le second, envers lui-même et envers sa famille : il insista sur ce que, s'il ne saisissait pas l'unique moyen d'expier sa faute en la révélant à son maître, la témérité des conjurés était si grande, qu'ils donneraient à quelque autre que lui les moyens de se faire un mérite de la découverte. Waltheof, persuadé de la solidité de ces raisons, partit pour la Normandie où était Guillaume; mais, quoique ce prince lui fît un bon accueil et le remerciât de sa fidélité, le premier avis donné par Judith avait laissé une impression profonde dans l'ame du roi, et ôté au repentir de Waltheof tout son prix.

Les conjurés, ayant appris le départ du comte, en conclurent sur-le-champ que leur dessein était découvert, et coururent aux armes avant que leur plan fût bien combiné, et avant l'arrivée des Danois, sur lesquels ils fondaient surtout leur confiance. Walter de Lacy, baron tout-puissant dans ces provinces, secondé de l'évêque de Worcester, et de l'abbé d'Everham, leva quelques troupes, repoussa le comte de Hereford, l'empêcha de passer la Severne et de pénétrer dans le cœur du royaume. Le comte de Norfolk fut défait à Fagadun, près de Cambridge, par Eudes le régent, soutenu de Richard de Bienfaite, et de Guillaume de Garenne, les deux justiciers. On coupa le pied droit aux prisonniers qu'on fit dans cette action, pour les châtier de leur trahison. Norfolk s'enfuit à Norwich, et de là en Danemark, où la flotte danoise, qui avait fait une tentative infructueuse sur les côtes d'Angleterre (1), étant revenue, lui apprit que tous ses confédérés étaient dispersés, tués, mis en fuite ou faits prisonniers (2). Ralph, désespéré, se retira en Bretagne, où il possédait des terres et une juridiction considérables.

Le roi, qui hâta son retour en Angleterre pour faire rentrer les rebelles dans leur devoir, trouva en arrivant qu'il ne lui restait plus qu'à punir les coupables, ce qu'il exécuta avec beaucoup de sévérité. Plusieurs furent pendus; quelques-uns eurent les yeux crevés, et d'autres les mains coupées (3). Mais, selon sa maxime ordinaire, il traita le chef plus modérément; le comte de Hereford fut seulement condamné à la confiscation de ses biens, et à garder prison tant qu'il plairait au roi; ce prince aurait même été disposé à lui remettre cette dernière partie de son châtiment, si, par une nouvelle insolence, Roger ne l'avait pas décidé à rendre sa détention perpétuelle. Il s'en fallut bien que Waltheof, comme Anglais, fût traité avec la même humanité, quoiqu'il eût toujours été moins coupable que ses complices, et qu'il eût réparé son crime par le repentir et un prompt retour à son devoir. Guillaume, que sa nièce et ses courtisans, avides d'une si riche confiscation, obsédaient, le fit juger, condamner, et exécuter. Les Anglais, qui regardaient ce seigneur comme la dernière ressource de leur nation, gémirent amèrement sur son sort, et se persuadèrent que ses tristes restes opéraient des miracles pour attester son innocence et sa sainteté. L'infâme Judith, disgraciée peu de temps après, fut abandonnée de tout le monde, et passa le reste de sa vie dans l'opprobre, les remords, et l'indigence.

Rien ne manquait à l'entière satisfaction de Guillaume que le

---

(1) Chron. Sax. p. 185. M. Paris, p. 7.
(2) On croit que plusieurs des Normands fugitifs se retirèrent en Ecosse, où Malcolm les protégea aussi bien que les Anglais mécontents. De là viennent les nombreuses maisons françaises et normandes qui se trouvent encore dans ce pays.
(3) Chron. Sax. p. 185. H. Hunting. p. 469. Hoveden, p. 457.

châtiment de Ralph de Guader, et il repassa promptement en Normandie, dans l'intention d'épuiser sa vengeance sur ce criminel. Mais, malgré l'inégalité apparente du combat entre ce seigneur et le roi d'Angleterre, Ralph fut si bien défendu par le comte de Bretagne et le roi de France, qu'après l'avoir assiégé quelque temps dans la ville de Dol, Guillaume fut obligé de renoncer à son entreprise, et de faire avec ces puissants princes une paix dans laquelle Ralph fut compris (1). L'Angleterre resta tranquille pendant l'absence du roi, et il ne s'y passa rien de remarquable, excepté deux synodes ecclésiastiques que l'on convoqua, l'un à Londres, l'autre à Winchester. Dans le premier, on décida de la préséance entre les siéges épiscopaux, et quelques-uns d'eux furent transférés, des petits villages où ils étaient, à la ville la plus considérable du diocèse. Mais on traita dans le second d'une affaire plus importante.

Rien n'est si surprenant que l'adresse et la persévérance des papes à thésauriser pour ainsi dire leur puissance et leurs prétentions pendant tant de siècles d'ignorance. Chaque souverain pontife employait toutes les supercheries possibles pour accréditer des pratiques de piété imaginaires, et saisissait avec un zèle infatigable tout ce qui pouvait tourner à l'avantage de ses successeurs, quoiqu'il ne pût s'attendre à profiter lui-même du fruit de son travail. Ce fonds immense d'autorité spirituelle et civile, accumulé si patiemment, était alors entre les mains de Grégoire VII (Hildebrand), l'homme le plus entreprenant et le moins retenu par la crainte, la décence ou la modération, qui eût jamais rempli la chaire pontificale. Peu satisfait d'avoir secoué le joug des empereurs, qui jusque-là avaient été en possession de nommer le pape à chaque vacance du saint-siége, ou du moins de ratifier son élection, il osa tenter encore de séparer entièrement la puissance spirituelle de la puissance civile, et d'enlever aux profanes laïques le droit qu'ils s'étaient attribué de nommer aux évêchés, aux abbayes, et aux autres dignités spirituelles. Les souverains qui avaient long-temps exercé ce droit, et qui se l'étaient acquis, non pas en l'usurpant sur l'église, mais sur le

(1) Chron. Sax. p. 183. H. Hunting. p. 369.

peuple auquel il appartenait originairement, s'opposèrent vivement à cette prétention de la cour de Rome; Henri IV, alors empereur, défendit cette prérogative de sa couronne avec toute la vigueur et la fermeté qu'exigeait son importance. Le peu d'offices, ou civils, ou militaires, que les institutions féodales permettaient aux souverains d'accorder, rendaient la prérogative de conférer l'anneau pastoral et la crosse, un des plus beaux ornements du diadème, surtout pendant ces siècles de ténèbres, où l'aveuglement général procurait aux dignités ecclésiastiques une plus grande étendue de fortune et de puissance qu'il ne leur en appartenait naturellement. La superstition, fille de l'ignorance, armait le clergé d'une autorité presque sacrée. Comme les ecclésiastiques étaient alors les seuls hommes savants, leur intervention devenait nécessaire dans toutes les affaires civiles; ainsi une utilité réelle était encore ajoutée à la sainteté de leur caractère.

Lorsque les usurpations de l'église furent donc parvenues au point de maturité capable de l'enhardir à tenter d'arracher le droit des investitures à la puissance temporelle, toute l'Europe, et particulièrement l'Italie et l'Allemagne, fut agitée des plus violentes convulsions. De ce moment le pape et l'empereur se déclarèrent une guerre implacable. Grégoire eut l'audace de lancer ses foudres spirituelles contre Henri et ses adhérents, de le déclarer légitimement déposé, de dégager ses sujets de leur serment de fidélité; et, au lieu d'indigner les esprits par un attentat si téméraire sur l'autorité civile, il trouva le stupide peuple prêt à seconder ses prétentions les plus outrées. Tout ministre, domestique ou vassal de l'empereur, qui en avait reçu quelques mécontentements, couvrit sa rébellion du prétexte d'obéir à la religion. Sa mère même, brisant tous les liens de la nature, se laissa séduire jusqu'à autoriser par son propre exemple l'insolence des ennemis de son fils. Les autres souverains, trop peu attentifs sur les conséquences pernicieuses que ces entreprises du saint-siége pourraient avoir, s'en servirent pour favoriser leurs desseins actuels. L'esprit de controverse qui s'était répandu dans toutes les villes d'Italie engendra les Guelfes et les Gibelins, les deux factions les plus invétérées, et qui ont subsisté le plus longtemps, de toutes celles que le mélange de l'ambition et de la superstition a jamais produites. Indépendamment des assassinats innombrables, des troubles, des fermentations qu'elles occasionnèrent, on compte au moins soixante batailles sous le règne de Henri IV, et dix-huit sous celui de son successeur Henri V, où enfin les prétentions du pape l'emportèrent (1).

Le génie hardi de Grégoire, plus aiguisé qu'abattu par la résistance opiniâtre de l'empereur, étendit ses usurpations sur toute l'Europe. Il connaissait assez l'esprit humain pour savoir que l'étonner c'est le soumettre, et qu'il cède aux prétentions les plus impudentes dans le premier moment de sa surprise; ainsi il résolut de ne mettre aucune borne à la monarchie spirituelle, ou plutôt temporelle, qu'il voulait ériger. Il prononça une sentence d'excommunication contre Nicéphore, empereur d'Orient: Robert Guiscard, cet aventurier de Normandie, qui avait acquis le royaume de Naples, fut frappé des mêmes armes; Grégoire déposa Boleslas, roi de Pologne, et priva même cet état du titre de royaume : il tenta de traiter Philippe, roi de France, avec autant de sévérité que l'empereur (2). Il prétendit à la propriété et à la domination entière de l'Espagne, et la partagea entre les guerriers qui entreprirent de conquérir ce pays sur les Sarrasins, à condition d'en rendre foi et hommage au saint-siége (3). Les évêques eux-mêmes, sur le secours desquels Grégoire comptait pour asservir les souverains, s'aperçurent que son projet était de les réduire à l'esclavage, et, en s'attribuant la puissance législative et juridique de l'église, de concentrer toute l'autorité entre ses mains (4).

Au milieu de ses succès éclatants, Guillaume-le-Conquérant, le plus puissant, le plus fier et le plus intrépide prince de l'Europe, ne fut pas à l'abri des attaques de ce pape entreprenant. Grégoire lui écrivit pour le sommer de remplir sa promesse, en faisant hommage de sa couronne d'Angleterre au siége de Rome, et en lui envoyant le tribut que tous les rois ses prédécesseurs avaient coutume de payer au vicaire de Jésus-Christ. Par ce tribut, le pape voulait parler du denier de saint Pierre, que la pieuse

---

(1) Fra-Paolo, sopra Benef. eccles. p. 113.—(2) Epist. Greg. VII, epist. 32, 35, l. 2, epist. 5 (3) Epist. Greg. VII, l. 1, epist. 7.— (4) Greg. Epist. l. 2, epist. 55.

charité des princes saxons avait accordé autrefois, mais que, selon son usage de tirer parti de tout, la cour de Rome interprétait comme une marque du vasselage de ce royaume. Guillaume répondit que l'argent serait donné comme à l'ordinaire, mais qu'il n'avait jamais promis de faire hommage de sa couronne au saint-siége, et que rien n'était plus éloigné de son intention que d'imposer une pareille servitude sur ses états. Pour mieux montrer son indépendance à Grégoire, le roi refusa aux évêques anglais, malgré les plaintes fréquentes du saint-père, la permission de se rendre au concile général que ce pontife avait convoqué pour condamner ses ennemis.

Quoique le roi marquât tant de fermeté à soutenir la dignité royale, il était imbu de la superstition générale de ce siècle, et ne démêlait pas le but ambitieux de ces institutions que le saint-siége introduisait ou favorisait, sous le manteau de la religion. Ce pontife, tandis qu'il jetait toute l'Europe dans le trouble par sa violence et ses impostures, affectait une sollicitude particulière pour la pureté des mœurs, jusqu'à regarder les chastes douceurs de l'amour conjugal comme incompatibles avec la sainteté du sacerdoce. Il avait prohibé le mariage des prêtres, excommunié tous les ecclésiastiques qui garderaient leurs femmes, mis au rang du péché de fornication ce commerce illégitime, et déclaré coupable tout laïque qui entendrait l'office célébré par d'aussi profanes ministres des autels. Cette nouvelle discipline était un objet important dans la politique de la cour de Rome, et lui coûta infiniment plus de peine à établir que toutes les absurdités spéculatives qu'elle eût jamais tenté d'introduire. Plusieurs synodes furent convoqués en différentes parties de l'Europe avant que le clergé consentît à cette réforme. On observa même que, parmi les ecclésiastiques, ce furent constamment les plus jeunes qui acquiescèrent volontiers à ce décret du pape, tandis que les plus âgés témoignèrent la plus forte répugnance ; ce qui parut si peu conforme à l'effet auquel le public s'attendait, que, malgré l'aveugle superstition du siècle, on ne put s'empêcher d'en plaisanter. Guillaume permit au légat du pape d'assembler en son absence un synode à Winchester, pour régler le célibat du clergé ; mais l'église d'Angleterre ne fut pas aussi docile qu'on s'en était flatté, le synode se contenta de statuer que désormais les évêques n'ordonneraient plus de prêtres ou de diacres sans exiger d'eux la promesse de rester célibataires ; mais, excepté ceux qui appartenaient aux églises collégiales ou cathédrales, on n'en obligea aucun de se séparer de sa femme.

Le roi passa quelques années en Normandie : le long séjour qu'il y fit ne fut pas totalement l'effet de sa préférence pour ce duché ; sa présence y était nécessaire pour pacifier les troubles qui s'étaient élevés au sein de sa propre famille, et qui agitaient la plus chérie de ses possessions. Robert, son fils aîné, surnommé *Courtes-Jambes*, semblait avoir hérité de toute la bravoure de sa maison et de sa nation ; mais il n'était pas doué de cette politique adroite, de cette dissimulation profonde, qui avaient rendu son père si supérieur et n'avaient pas eu moins de part à ses succès que sa valeur et son habileté militaire. Avide de gloire, impatient de la moindre contradiction, ami sans réserve, ennemi ardent, ce jeune prince ne pouvait soutenir aucune sorte de contrainte, pas même de la part de son impérieux père, et il aspirait ouvertement à cette indépendance à laquelle son caractère et quelques circonstances de sa position l'invitaient fortement. Lorsque Guillaume reçut d'abord les soumissions de la province du Maine, il promit aux habitants que Robert les gouvernerait. A la prière de la cour de France, il l'avait même déclaré son successeur en Normandie dès avant d'entreprendre l'expédition qu'il projetait contre l'Angleterre, et lui avait fait prêter serment de fidélité par les barons de ce duché, comme à leur futur souverain. A la faveur de tous ces artifices, Guillaume s'était efforcé d'apaiser la jalousie de ses voisins, en paraissant déterminé à séparer un jour de ses états conquis les possessions qu'il avait sur le continent ; mais lorsque Robert lui demanda l'exécution de ses engagements, il n'en tira qu'un refus positif, appuyé de la maxime vulgaire, « *qu'il ne fallait pas se déshabiller avant l'heure de se mettre au lit.* » Robert fit éclater alors son mécontentement, et fut soupçonné d'avoir secrètement excité le roi de France et le comte de Bretagne à protéger la ville de Dol contre Guillaume, qu'ils avaient forcé en effet d'en lever le siége. Cette désunion s'aigrissant de jour en jour, Robert prit de l'ombrage contre ses deux frères, Guillaume et Henri (car Richard, le troisième, avait été tué par un cerf à la chasse), qui, à force de soumission et de complaisances, s'étaient emparés de toute l'affection de leur père. Dans une pareille disposition d'esprit, le plus léger incident suffisait pour produire une rupture ouverte entre eux ; et cet incident se présenta.

Les trois princes demeuraient avec le roi au château de l'Aigle, en Normandie. Un jour qu'ils se divertissaient ensemble familièrement, après plusieurs plaisanteries, les deux plus jeunes imaginèrent de jeter quelques gouttes d'eau sur leur aîné, dans le moment qu'il traversait la cour en sortant de son appartement. Ce badinage aurait naturellement été regardé comme innocent, si un courtisan ne l'eût envenimé. Albert de Grantmesnil, fils de ce Hugues de Grantmesnil que Guillaume avait dépouillé autrefois de toute sa fortune, lorsque ce baron l'abandonna dans le moment le plus critique de ses affaires en Angleterre, saisit cette occasion de brouiller la famille royale, pour venger la sienne. Ce jeune seigneur fit entendre à Robert que la prétendue plaisanterie de ses frères était une insulte publique dont il devait, par honneur, tirer raison. L'impétueux Robert se laissa persuader, mit l'épée à la main, et monta l'escalier dans l'intention de ne garder aucun ménagement avec les princes. Tout le château fut en rumeur, le roi même sortit au bruit, et n'apaisa le tumulte qu'avec peine. Il ne put calmer le ressentiment de son fils aîné, qui, se plaignant de la partialité de son père, et mécontent de la satisfaction qu'on lui avait faite pour l'injure qu'il imaginait avoir reçue, quitta la cour le même soir, et se rendit à Rouen, avec le dessein de se rendre maître de la citadelle de cette ville. Mais la vigilance et les précautions de Roger d'Ivry, qui en était gouverneur, ayant déconcerté ce projet, Robert se réfugia auprès de Hugues de Neufchâtel, baron normand, très puissant dans son pays, qui lui donna asile dans ses châteaux, d'où il déclara ouvertement la guerre au roi son père. La sympathie de mœurs et le caractère affable de Robert engagèrent toute la jeune noblesse de Normandie, du Maine, d'Anjou et de Bretagne, à se jeter dans son parti : on soupçonna même que Mathilde, dont il était l'enfant le plus cher, le favorisait sous main dans sa révolte, en lui faisant tenir secrètement de l'argent, et en encourageant ses partisans.

Toutes les provinces héréditaires de Guillaume, ainsi que sa famille, furent agitées pendant plusieurs années par cette guerre : ce monarque fut obligé à la fin d'avoir recours à l'Angleterre, où l'espèce de gouvernement militaire qu'il y avait établi lui donnait plus d'autorité que l'ancien gouvernement féodal ne lui permettait d'en exercer en Normandie. Il mit sur pied une armée d'Anglais, dont il donna le commandement à ses anciens capitaines, qui chassèrent Robert et ses adhérents de leur retraite, et rétablirent l'autorité souveraine dans toutes ces provinces. Le jeune prince fut obligé de se retirer dans le château de Gerberoy, en Beauvoisis, où le roi de France, qui avait fomenté secrètement tous ces troubles, lui avait assuré un asile. Il fut assiégé vigoureusement par son père, contre lequel, soutenu d'une forte garnison, il fit une brave défense. Il se passa sous les murailles de cette place plusieurs actions qui ressemblaient plutôt aux combats singuliers de la chevalerie qu'à des combats entre des armées ; mais il y en eut une surtout remarquable par ses circonstances et par l'événement qu'elle produisit. Robert se trouva lui-même aux mains avec le roi, que son armure l'empêchait de reconnaître. Tous deux, d'une valeur égale, combattirent avec intrépidité jusqu'à ce que le jeune prince blessa son adversaire au bras, et le renversa de son cheval. Guillaume appela du secours ; son fils le reconnut à la voix · frappé de l'horreur du crime qu'il avait commis, du crime plus terrible encore dont il avait été si près de se rendre coupable, il se précipita aux genoux de son père, implora sa miséricorde, offrit d'acheter son pardon par tout ce qu'il lui plairait d'ordonner de son sort. La colère qui animait Guillaume était si grande, que, loin de répondre avec tendresse à cette marque de repentir, il donna sa malédiction à Robert, et partit pour son camp sur le cheval de ce prince, qui l'aida lui-même à y monter. Le roi leva bientôt le siége, et marcha avec son armée en Normandie, où la médiation de la reine et d'autres amis communs acheva une réconciliation que Robert avait déjà préparée par sa conduite généreuse dans l'action et ses regrets sur ses fautes passées. Guillaume parut si sincèrement apaisé, qu'il l'emmena avec lui en Angleterre, où il lui confia le commandement d'une armée pour repousser l'invasion de Malcolm, roi d'Écosse, et s'en venger en entrant dans son pays. Robert remplit parfaitement sa mission, et força l'ennemi de demander la paix. A peu près dans le même temps, les Gallois, hors d'état de résister à la puissance de Guillaume, furent contraints de lui donner toutes les satisfactions qu'il voulut pour leurs incursions (1), et la tranquillité fut entièrement rétablie dans cette île.

Cette situation calme des affaires donna à Guillaume le loisir de commencer et de finir une entreprise qui prouve le vaste génie de ce monarque, et fait honneur à sa mémoire. Ce fut un état de toutes les terres du royaume, de leur étendue dans chaque district, de leurs propriétaires, de leurs redevances, de leur valeur, de la quantité de prairies, de pâturages, de bois et de terres labourables qu'elles contenaient; et, dans quelques provinces, du nombre des fermiers, des paysans et des esclaves qui vivaient dessus. Il nomma pour cet effet des commissaires qui entrèrent dans tous ces détails, les inscrivirent sur leur registre en conséquence du rapport des jurés, et, après six ans que cet ouvrage dura, portèrent au roi un état exact de toutes les propriétés terriennes de son royaume (2). Ce monument, appelé Domesday-book, le morceau d'antiquité le plus précieux qu'aucune nation puisse posséder, se conserve encore dans l'Échiquier. Quoiqu'on n'en ait publié jusqu'à présent qu'un petit nombre d'extraits, il sert à nous éclaircir plusieurs particularités de l'ancien état de l'Angleterre. Le grand Alfred avait fait un terrier de son royaume tel qu'il était de son temps, qu'on avait gardé long-temps à Winchester, et qui probablement fut le modèle que Guillaume suivit pour le sien.

Ce monarque était naturellement économe; quoique aucun prince n'eût jamais paru si libéral pour ses officiers et les gens de

---

(1) Chron. Sax. p. 148. Matth. West. p. 227.
(2) Chron. Sax. p. 190. Ingulf. p. 79. Chron. T. Wikes, p. 23. H. Hunting, p. 370. Hoveden, p. 460. Matth. West. p. 229. Flor. Wigorn. p. 641. Abb. S. Petri de Burgo, p. 51. M. Paris, p. 8. Les trois provinces du nord, le Westmoreland, le Cumberland, et le Northumberland, ne furent pas comprises dans cet état. Il est à supposer que ce fut à cause de leur état inculte.

sa maison, il ne les récompensa avec tant de profusion que parce qu'il était devenu propriétaire universel de l'Angleterre, et qu'il avait un royaume entier à partager entre ses créatures. Il réserva un revenu considérable à la couronne, et, dans la distribution générale qu'il fit des terres parmi ceux qui l'avaient suivi, il retint la propriété de quatorze cent vingt-deux fiefs en différentes provinces (1), qui lui payaient une rente en argent ou en blé, en bestiaux, et autres productions du sol. Un ancien historien calcule que son revenu annuel fixe, sans compter les aubaines, les amendes, les reliefs, et d'autres profits casuels d'une grande valeur, se montait à 400,000 livres sterling (2), somme qui, si l'on fait attention à toutes les circonstances, paraît tout à fait incroyable. Nous avons déjà observé que, dans ces temps-là, une livre contenait trois fois le poids de la livre d'aujourd'hui, et que le même poids d'argent, selon le calcul le plus probable, suffirait pour acheter près de dix fois davantage des choses nécessaires à la vie, quoique non dans la même proportion des objets travaillés avec soin. Le revenu de Guillaume équivaudrait donc au moins à neuf ou dix millions d'à présent : or, comme ce prince n'entretenait ni flotte, ni armée, la dépense de sa marine n'étant qu'accidentelle, et celle de ses troupes étant à la charge de ses vassaux militaires, et non à la sienne, il faudrait conclure que jamais prince ou empereur, dans aucun temps et dans aucun pays, ne pourrait être comparé, pour ses richesses, à ce conquérant. Cette réflexion nous conduit à soupçonner quelque grande erreur dans le calcul de l'historien. Cependant, si nous considérons l'avarice constamment attribuée à Guillaume (3), et que s'étant rendu maître, à la pointe de l'épée, de toutes les terres de son royaume, il en avait gardé une grande portion pour lui-même, nous ne risquerons pas de nous tromper en assurant qu'aucun roi d'Angleterre n'a jamais été plus opulent, plus en état de soutenir de son revenu une cour splendide et magnifique, et de se montrer libéral dans ses plaisirs, et envers ses domestiques et ses favoris.

L'amusement que Guillaume, comme tous les Normands et les

---

(1) Recherches de West sur la manière de créer les pairs, p. 24.
(2) Order. Vitalis, p. 523, dit 1,060 liv. sterl. et quelques schellings et pence par jour.
(3) Chron. Sax. p. 188, 191. H. Hunting. p. 370. Brompton, p. 979.

anciens Saxons, aimait passionnément, était celui de la chasse; mais il s'en procura le plaisir bien moins à ses frais qu'aux dépens de ses malheureux sujets, dont les intérêts lui furent toujours fort indifférents. Peu content des vastes forêts que les anciens rois possédaient dans toutes les parties de l'Angleterre, il résolut d'en planter une nouvelle près de Winchester, lieu ordinaire de sa résidence. En conséquence de ce projet, il dévasta environ trente milles du pays de Hampshire, chassa les habitants de leurs maisons, s'empara de leurs biens, démolit même les églises et les monastères, et n'accorda aucun dédommagement aux propriétaires si inhumainement dépossédés. Il publia en même temps de nouvelles lois, par lesquelles il était défendu à tous ses sujets de chasser dans aucune de ses forêts, sous des peines d'une sévérité sans exemple pour de telles fautes. On crevait les yeux à quiconque tuait un cerf, un sanglier, ou même un lièvre (1); et cela dans un temps où le meurtre d'un homme n'était puni que par une amende modérée ou un dédommagement à la partie civile.

Ce qui se passa dans le reste de ce règne peut être considéré plutôt comme affaires domestiques, qui regardaient le prince seulement, que comme des événements nationaux. Eudes, évêque de Bayeux, frère utérin du roi, qui avait été créé comte de Kent, et aux mains duquel Guillaume avait toujours confié une grande partie de l'autorité royale, s'était excessivement enrichi. Bientôt il commença, selon le progrès ordinaire des désirs humains, à ne regarder sa fortune prodigieuse que comme un premier pas vers une grandeur à laquelle il aspirait. Il avait formé le chimérique projet d'acheter, pour ainsi dire, le saint-siége : quoique Grégoire, le pape régnant alors, ne fût pas très âgé, Eudes se fiait si fort aux prédictions d'un astrologue, qu'il comptait sur la mort prochaine du pontife, et sur la possibilité d'acquérir la tiare, l'objet de tous ses vœux, à force d'intrigues et d'argent. Il résolut donc de transporter toutes ses richesses en Italie, et persuada à plusieurs barons, entre autres à Hugues, comte de Chester, de faire le même voyage, dans l'espoir que, lorsqu'il serait monté au trône pontifical, il pourrait leur pro-

(1) Chron. Sax. p. 191 Anglia Sacra, t. 1, p. 258.

curer ces établissements considérables dans ce pays. Le roi, à qui on avait soigneusement caché toute cette trame, en fut instruit à la fin, et donna l'ordre d'arrêter Eudes. Ses officiers, par respect pour les immunités auxquelles les ecclésiastiques prétendaient alors, se firent tant de scrupule d'exécuter cet ordre, que Guillaume fut obligé d'aller lui-même se saisir de la personne d'Eudes. Ce dernier ayant allégué qu'à titre de prélat il ne pouvait être soumis à aucune puissance temporelle, le roi lui répondit qu'il l'arrêtait, non pas comme évêque de Bayeux, mais comme comte de Kent (1). Il fut conduit en Normandie, et, malgré les prières et les menaces de Grégoire, y fut retenu prisonnier pendant le reste de ce règne.

Un autre événement domestique affecta beaucoup plus le roi; ce fut la mort de la reine Mathilde, son épouse, qu'il avait toujours tendrement aimée. Trois ans après, il passa en Normandie; Edgar Atheling l'accompagna, et obtint de lui la permission d'aller en pèlerinage à la Terre-Sainte.

Guillaume fut retenu sur le continent par la mésintelligence qui se mit entre le roi de France et lui à l'occasion de quelques incursions faites en Normandie par des barons français établis sur la frontière. Il était assez difficile aux souverains de ces temps-là de contenir l'indocile noblesse de leurs états; mais Guillaume soupçonna que ces barons n'auraient cependant pas osé encourir sa colère, s'ils n'eussent été certains de l'appui et de la protection de Philippe. Une raillerie échappée à ce prince sur son compte lui parvint et l'irrita encore. Il était devenu d'un embonpoint énorme; une indisposition l'avait obligé de garder le lit quelque temps; Philippe l'apprit, et dit en badinant qu'il était surpris que son frère d'Angleterre restât si long-temps en couches. Guillaume, piqué du mot, lui fit dire que, dès qu'il serait relevé, il irait présenter tant de cierges à Notre-Dame, que le roi de France ne s'en réjouirait guère; faisant allusion à la cérémonie des relevailles, pratiquée ordinairement par les femmes en pareil cas. Immédiatement après sa guérison, il conduisit en effet une armée dans l'Ile-de-France, où il porta le fer et la flamme, et prit la

---

(1) Chron. Abb. S. Petri de Burgo, p. 51.

ville de Mantes, qu'il réduisit en cendres. Mais les succès de ce prince furent interrompus par un accident qui lui coûta la vie. Son cheval, en s'élançant tout à coup, lui donna une secousse si violente, qu'il se meurtrit le ventre sur le pommeau de la selle. Comme il n'était pas en bonne santé, et qu'il était déjà avancé en âge, il craignit les suites de cette contusion, et se fit porter en litière au monastère de Saint-Gervais. Sa maladie augmenta; il sentit les approches de la mort, et aperçut alors la vanité des grandeurs humaines. Le souvenir vengeur des cruautés et des injustices horribles qu'il avait commises pendant le cours de son règne en Angleterre l'agita des remords les plus vifs; il tâcha de tacheter ses crimes par des legs pieux aux églises et aux monastères, donna ordre de rendre la liberté au comte Morcar, à Siward Beorn et à d'autres Anglais qu'il retenait en prison; consentit même, non sans répugnance, qu'à son dernier soupir on relâchât son frère Eudes, contre lequel il était extrêmement courroucé; laissa la Normandie et le Maine à son fils aîné Robert; écrivit à Lanfranc, pour lui marquer le désir que son fils Guillaume fût couronné roi d'Angleterre; ne donna rien à Henri que le bien de sa mère Mathilde, mais prédit qu'il surpasserait un jour ses frères en puissance et en richesses, et expira (le 9 de septembre) dans la soixante-troisième année de son âge, après en avoir régné vingt-et-une sur l'Angleterre, et cinquante-quatre sur la Normandie.

Peu de princes furent aussi favorisés de la fortune que ce monarque, et eurent autant de droits que lui à l'extrême grandeur et prospérité où il parvint par la supériorité d'âme et de talents qu'il déploya dans toute sa conduite. Son esprit était entreprenant et hardi, mais toujours guidé par la prudence; son ambition excessive, peu subordonnée aux lois de l'équité, encore moins à celles de l'humanité, fut toujours soumise aux règles d'une saine politique. Né dans un siècle où les esprits étaient intraitables et peu accoutumés à l'obéissance, il eut l'art de les diriger selon ses projets; et, partie par l'effet de son caractère véhément, partie par son habileté et par sa profonde dissimulation, il réussit à se procurer une autorité sans bornes. Quoiqu'il ne fût pas incapable de générosité, il n'était guère susceptible de compassion, et semblait mettre autant d'ostentation à faire éclater sa sévérité que sa clémence. Les maximes de son administration étaient austères ; elles auraient pu être utiles dans un gouvernement affermi, si elles eussent été appliquées seulement au maintien du bon ordre ; mais elles étaient mal entendues pour adoucir les rigueurs qui, sous la domination la plus sage, sont toujours les suites de la conquête d'un état. Celle de l'Angleterre est la dernière de cette espèce qui ait parfaitement réussi en Europe, pendant le cours de sept cents ans. Le vaste génie de Guillaume osa franchir les limites que les institutions féodales, alors le chef-d'œuvre de la politique des princes, avaient d'abord fixées dans les divers états de la chrétienté. Quoiqu'il se fût rendu odieux à ses sujets anglais, il transmit sa puissance à sa postérité, et le trône est encore rempli par ses descendants. Rien ne prouve mieux que les fondements qu'il en avait jetés étaient fermes, solides, et que, tandis qu'il paraissait ne suivre que sa passion dans tous ses actes de violence, il portait ses vues sur l'avenir.

Quelques écrivains ont prétendu refuser à ce prince le titre de conquérant dans le sens où il est communément entendu, et, sous prétexte que ce mot est quelquefois employé dans de vieux livres pour désigner celui qui acquiert un territoire de quelque manière que ce soit, ont contesté à Guillaume le droit de conquête sur la couronne d'Angleterre. Il est inutile d'entrer dans cette discussion, qui, par sa nature, dégénérerait nécessairement en une dispute de mots. Il suffit de dire que la première invasion du duc de Normandie dans l'île fut comme ennemi, et son gouvernement tout à fait militaire ; que, dans la forme même de ses lois, il distingua les Normands des Anglais à l'avantage des premiers ; qu'il régna en maître absolu sur les naturels du pays, dont il dédaignait les intérêts et l'affection ; et que s'il y eut un moment où il affecta les apparences d'un souverain légal, ce moment très court ne fut qu'un sacrifice passager qu'il se crut obligé de faire de ses inclinations à sa politique, comme la plupart des conquérants. On trouve à peine une de ces révolutions connues dans l'histoire et dans le langage ordinaire sous le nom de conquêtes, qui paraisse aussi violente et mieux caractérisée par le changement subit dans le pouvoir et la propriété, que la conquête de l'Angleterre faite par Guillaume. Les Romains, qui étendirent leur domination sur l'Europe, ne donnèrent, pour ainsi dire, aucune atteinte aux droits des particuliers. Ces conquérants civilisés, qui faisaient de leur propre pays le siége de l'empire, trouvèrent plus avantageux pour eux de laisser les habitants des provinces assujetties jouir avec sécurité de leurs lois et de leurs possessions. Si les barbares qui subjuguèrent l'empire romain, encore accoutumés à une vie grossière, s'établirent dans le pays conquis, ils jugèrent qu'une portion du territoire suffirait pour fournir à tous leurs besoins, et ne furent pas tentés de s'emparer de possessions plus étendues, qu'ils n'auraient su ni cultiver ni employer ; mais les Normands et les autres étrangers conduits par Guillaume, en faisant du royaume subjugué le siége de leur domination, étaient assez policés pour connaître les avantages d'une vaste propriété. Lorsqu'ils eurent entièrement asservi les naturels du pays, ils poussèrent les droits de conquête (aussi étendus aux yeux de l'ambition et de la cupidité qu'ils sont bornés à ceux de la raison) jusqu'à leurs dernières extrémités. Excepté la première conquête de l'Angleterre par les Saxons mêmes, que des circonstances particulières excitèrent à exterminer la nation, il serait difficile de trouver dans toute l'histoire une révolution plus destructive, et suivie d'un asservissement plus complet des anciens habitants. Une raillerie insultante semble même avoir été jointe à l'oppression. Ces peuples furent réduits à un tel excès d'avilissement et d'indigence, que le nom d'Anglais devint un reproche. Plusieurs générations se succédèrent avant qu'aucune famille d'origine saxonne parvînt à quelques honneurs, pas même au rang de barons du royaume (1). Ces faits sont prouvés si clairement dans toute l'histoire d'Angleterre, que personne n'aurait été tenté de les nier ou de les éluder, si les disputes à cet égard n'avaient pas été échauffées par l'esprit de faction, lorsqu'un parti poussait l'absurdité jusqu'à craindre les conséquences aussi absurdes que le parti contraire voulait tirer de cet événement.

---

(1) Même encore sous le règne d'Étienne, le comte d'Albemarle, avant la bataille de l'Etendard, s'adressa aux officiers de son armée en ces termes : *Proceres Angliæ clarissimi, et genere Normanni*, etc. Brompton, p. 1026. Voyez encore Abbas Rieval. p. 339, etc. Tous les barons et les chevaliers d'Angleterre se donnaient à eux-mêmes le nom de Normands.

Mais il est évident que les droits et les priviléges actuels du peuple, formé du mélange des Anglais et des Normands, n'ont rien à redouter de ce qui s'est passé il y a sept cents ans. Ainsi, comme tous les anciens auteurs qui vivaient aux environs de ces temps-là (1), et qui connaissaient le mieux l'état du pays, parlent unanimement de la domination normande comme établie par le droit de conquête et la force des armes, nul homme raisonnable ne rejettera jamais leur témoignage certain, par la crainte de conséquences imaginaires.

Guillaume eut, outre les trois fils qui lui survécurent, cinq filles : Cécile, d'abord religieuse dans le monastère de Fécamp, ensuite abbesse de la Sainte-Trinité, à Caen, où elle mourut en 1127 ; Constance, mariée à Alain Fergan, comte de Bretagne, et qui ne laissa point d'enfants ; Alix, promise à Harold ; Adélaïde, qui épousa Étienne, comte de Blois, dont elle eut quatre fils, Guillaume, Théobald, Henri et Étienne, desquels l'aîné figura peu dans le monde, parce qu'il était imbécile ; Agathe, qui mourut vierge, mais qui fut fiancée au roi de Galice, qu'elle allait joindre pour l'épouser, lorsque la mort la surprit en chemin.

(1) Ingulf, p. 70. H. Hunting. p. 370, 372. *A.* West, p. 225. Gul. Neub. p. 357. Alur Beverl. p. 124. De Gest. Angl. p. 333. M. Paris, pag. 4. Simeon Dunelm. p. 206. Brompton, p. 962, 980, 1161. Gervase Tilb. l. 1, cap. 16. Textus Roffensis, apud Seld. Spicileg. ad Eadm. p. 179. Gul. Pict. p. 206. Order. Vitalis, p. 521, 666, 853. Epist. S. Thom. p. 801. Gul. Malm. p. 52, 67. Knyghton, p. 2354. Eadmer, p. 110. Thom. Rudborne, in Angliâ Sacrâ, tom. 1, p. 248. Monach. Roff. in Angliâ Sacrâ, tom. 2, p. 276. Girald. Camb. in eâdem, tom. 2, p. 413. Hist. Elyensis, p. 516. Les paroles de ce dernier historien, qui est très ancien, sont remarquables : *Rex itaque factus Willielmus, quid in principes Anglorum, qui tantæ cladi superesse poterant, fecerit, dicere, cum nihil prosit, omitto. Quid enim prodesset, si nec unum in toto regno de illis dicerem pristina potestate uti permissum, sed omnes aut in gravem paupertatis ærumnam detrusos, aut exhæredatos, patriâ pulsos, aut effossis oculis, vel cœteris amputatis membris, opprobrium hominum factos, aut certè miserrimè afflictos, vitâ privatos! Simili modo utilitate carere existimo dicere quid in minorem populum, non solum ab eo, sed à suis actum sit, cum id dictu sciamus difficile, et ob immanem crudelitatem fortassis incredibile.*

# GUILLAUME-LE-ROUX.

## CHAPITRE V.

Avénement de Guillaume II, surnommé le Roux, à la couronne. — Conspiration contre ce prince. — Invasion en Normandie. — Croisades. — Acquisition de la Normandie. — Brouillerie avec le primat Anselme. — Mort et caractère de Guillaume-le-Roux.

Guillaume, surnommé le Roux à cause de la couleur de ses cheveux, n'eut pas plutôt obtenu la lettre de recommandation que son père avait écrite au primat Lanfranc, qu'il se hâta de prendre ses mesures pour s'assurer la couronne d'Angleterre. Persuadé qu'une entreprise si hors des formes, si peu préparée, et qui tendait à dépouiller son frère Robert du droit d'aînesse, trouverait de grands obstacles, il ne fonda l'espoir de réussir que sur la célérité de ses démarches. Il partit de Saint-Gervais pendant que Guillaume rendait les derniers soupirs, arriva en Angleterre avant que la nouvelle de la mort de ce monarque y fût parvenue, supposa des ordres du roi pour s'assurer des forteresses de Douvres, de Pevensey et d'Hastings, que leur situation rendait fort importantes, et s'empara du trésor de son père, déposé à Winchester, et qui se montait à 60,000 livres sterling, avec lesquelles il se flatta de multiplier et d'encourager ses partisans (1). Le primat, à qui son rang et sa réputation donnaient un grand crédit dans le royaume, avait pris soin de l'éducation du jeune Guillaume, et lui avait conféré l'honneur de la chevalerie. Attaché fortement à ce prince par ces liens, et jugeant sans doute que ses prétentions étaient justes, il déclara qu'il obéirait à la dernière volonté du feu roi, son bienfaiteur et son ami. Il assembla donc quelques évêques et quelques-uns des principaux de la noblesse, avec lesquels il procéda à la cérémonie du couronnement du nouveau souverain, et prévint par cette activité

(1) Chron. Sax. p. 192, Brompton, p. 985.

tous les dangers des cabales et des oppositions. Dans ces entrefaites, Robert, qui avait déjà été reconnu successeur de son père en Normandie, prit paisiblement possession de ce duché.

Quoique ce partage parût s'être fait sans violence et sans difficulté, il restait en Angleterre plusieurs causes de mécontentement qui semblaient menacer ce royaume d'une révolution prochaine. Les barons normands, propriétaires à la fois de terres immenses en Angleterre et dans leur propre pays, furent fâchés de voir la Normandie ainsi disjointe de ce royaume; ils prévirent qu'il leur serait impossible d'être long-temps sujets fidèles de leurs maîtres, et qu'il faudrait nécessairement finir par abandonner ou leur ancien patrimoine ou leurs nouvelles acquisitions. Les droits de Robert à ce duché leur paraissaient incontestables, et ses prétentions au trône très plausibles ; tous désiraient que ce prince, qui seul aurait pu les réunir, fût mis en possession de tous deux. La comparaison des qualités personnelles des deux frères conduisait encore à donner la préférence à l'aîné. Il était brave, ouvert, sincère, généreux ; et même ses défauts dominants, l'indolence et la facilité extrême, le rendaient plus agréable à ces barons impérieux, qui affectaient l'indépendance et ne pouvaient supporter une administration sévère dans leur souverain. Le roi, quoique aussi brave que son frère, était violent, hautain, tyrannique, et paraissait disposé à gouverner son peuple plutôt par l'empire de la crainte que par celui de l'affection. Eudes, évêque de Bayeux, et Robert, comte de Mortagne, frères naturels de Guillaume-le-Conquérant, qui ne voyaient qu'avec un œil jaloux le crédit de Lanfranc encore augmenté par le dernier service qu'il venait de rendre à son élève, firent valoir tous ces motifs à leurs partisans, et les engagèrent dans une conspiration pour détrôner le roi. Ils communiquèrent leur dessein à Eustache, comte de Boulogne, à Roger, comte de Shrewsbury et d'Arundel, à Robert de Bélesme, son fils aîné, à Guillaume, évêque de Durham, à Robert de Mowbray, à Roger Bigod, à Hugues de Grantmesnil, et mirent aisément ces grands seigneurs dans leur parti. Les conjurés se retirèrent dans leurs châteaux, se hâtèrent de faire leurs préparatifs, et, s'attendant à être bientôt soutenus par une forte armée venue de Normandie, commencèrent de suite les hostilités en plusieurs endroits (1).

Le roi sentit tout le péril de sa situation, et tâcha de gagner l'affection des Anglais. Ce peuple, si entièrement subjugué alors qu'il n'aspirait plus à recouvrer son ancienne liberté, trop heureux seulement de pouvoir espérer quelque adoucissement à la tyrannie des princes normands, se jeta dans ses intérêts avec zèle, sur la promesse vague d'un bon traitement et de la permission de chasser dans les forêts royales (2). Guillaume se trouva bientôt en état de tenir la campagne; et, comme il connaissait le danger des délais, il marcha sur-le-champ sur le comté de Kent, où ses oncles s'étaient déjà emparés des forts de Pevensey et de Rochester. Il reprit successivement l'un et l'autre par famine. Le comte de Chester, Guillaume de Varenne et Robert Fitz-Hammon, qui avaient embrassé sa cause, obtinrent de lui qu'il épargnât la vie des rebelles; mais il confisqua leurs biens et les bannit du royaume (3). Ce succès avança celui de ses négociations avec Roger, comte de Shrewsbury, qu'il détacha des autres confédérés. Comme sa flotte formidable, secondée par l'indolence de Robert, empêcha l'arrivée du secours attendu de Normandie, tous les autres rebelles ne se virent plus d'autres ressources que la fuite ou la soumission. Quelques-uns d'eux obtinrent leur grâce; mais la plupart des autres subirent la confiscation de leurs biens, et le roi accorda leurs dépouilles aux barons normands qui lui étaient restés fidèles.

Une fois délivré du péril dont cette révolte le menaçait, il se mit peu en peine de tenir ses promesses aux Anglais, et ils se trouvèrent exposés à la même oppression qu'ils avaient soufferte sous Guillaume-le-Conquérant, ou plutôt elle était augmentée par le caractère violent et fougueux du monarque régnant. La mort de Lanfranc, prélat qui avait conservé un grand ascendant sur lui, laissa bientôt un libre cours à sa tyrannie, et tous les ordres de l'état eurent lieu de se plaindre d'une administration illégale et arbitraire. Les priviléges même de l'église, que l'on regardait alors comme si sacrés, devinrent un faible rempart contre ses usurpations. Il se saisit du temporel de tous les évê-

(1) Chron. Sax. p. 193. Hoveden, p. 461. M. Paris, p. 10. (2) Chron Sax. p. 194.
(3) Chron. Sax. p. 195.

chés et de toutes les abbayes qui venaient à vaquer, et différait d'y nommer pour jouir plus long-temps de leurs revenus. Il osa même distraire quelques terres appartenant à l'église, pour les donner en propriété à ses capitaines et à ses favoris, et vendit pour ainsi dire à l'enchère les crosses et les bénéfices qui tombaient à sa disposition. Quoique les murmures des ecclésiastiques, qui se répandaient rapidement dans tout le royaume, y échauffassent les esprits contre de tels attentats, la crainte de l'autorité de Guillaume, redoublée par l'extinction de la dernière révolte, retenait tout le monde dans le devoir et maintenait la tranquillité générale en Angleterre.

Le roi jouissait donc d'une si grande sécurité, qu'il se crut en état de troubler son frère dans la possession de la Normandie. L'administration faible et relâchée du prince Robert avait enhardi les barons normands à se conduire d'une manière indépendante dans leurs gouvernements; leurs inimitiés et leurs hostilités mutuelles faisaient de tout le duché un théâtre de troubles et de violences. Guillaume corrompit deux de ces barons factieux, Walter et Eudes, qui lui livrèrent les forteresses de Saint-Valeri et d'Albemarle. Plusieurs autres imitèrent bientôt leur exemple; Philippe, roi de France, obligé naturellement à protéger son vassal dans la possession de son fief, après avoir fait quelques efforts en sa faveur, se laissa gagner lui-même par des présents magnifiques, et consentit à rester neutre (1). Le duc de Normandie avait aussi des raisons d'appréhender les intrigues de son frère Henri. Ce jeune prince, qui, de tout ce qui avait appartenu à son père, n'avait hérité que d'une partie de son argent, avait fourni à Robert la somme de trois mille marcs, dans le temps que ce dernier faisait ses préparatifs contre l'Angleterre. En échange de ce modique secours, Henri avait été mis en possession du Cotentin, qui comprenait près du tiers de la Normandie; mais il devint ensuite suspect à Robert, qui le fit arrêter. Cependant, lorsque celui-ci se vit menacé d'une invasion de la part du roi d'Angleterre, il craignit que ses deux frères ne se réunissent contre lui, se réconcilia avec Henri, lui rendit la

---

(1) Chron. Sax. p. 196. Will. Malm.. p. 121. Chron. Abb. S. Petri de Burgo, p. 53.

liberté, et le mit assez dans ses intérêts pour en être secouru contre ses sujets rebelles. Conon, riche bourgeois de Rouen, était entré dans un complot par lequel il s'engageait à livrer cette ville à Guillaume : Henri découvrit ce projet, se saisit du traître, le conduisit au faîte d'une tour très élevée, et l'en précipita de sa propre main.

Le roi parut en Normandie à la tête de son armée, et les choses semblaient au moment d'être portées aux dernières extrémités entre lui et le duc, lorsque la noblesse, engagée dans les deux partis, mais étroitement unie par les intérêts et les alliances, interposa ses bons offices auprès des princes, et parvint à les amener à un accommodement. L'avantage que Guillaume retira de ce traité fut de se faire céder la propriété du territoire d'Eu, des villes d'Aumale, de Fécamp, et d'autres places ; mais il promit de son côté d'aider son frère à réduire le Maine, qui s'était révolté, et de rétablir dans leurs biens en Angleterre les barons normands, qui s'en trouvaient dépouillés pour s'être déclarés en faveur de Robert. Les deux frères stipulèrent aussi qu'au défaut d'enfant de part ou d'autre, le survivant d'entre eux hériterait des états de celui qui mourrait sans postérité. Douze barons des plus puissants qui fussent de chaque côté se rendirent garants du traité, et jurèrent d'employer tout leur pouvoir à en assurer l'exécution (1) : preuve remarquable de l'indépendance et de l'autorité dont la noblesse jouissait alors.

Le prince Henri, mécontent qu'on eût eu si peu d'égard pour ses intérêts dans cet accommodement, se retira au mont Saint-Michel, place forte située sur les côtes de Normandie, d'où il fit des excursions sur tout le pays voisin. Robert et Guillaume joignirent leurs forces et l'assiégèrent. Ils étaient prêts à le réduire par la disette d'eau, qu'il ne pouvait plus supporter, lorsque Robert, apprenant ce qu'il souffrait de cette privation, lui permit de se pourvoir d'eau, et lui envoya même quelques pièces de vin pour sa table. Guillaume ayant désapprouvé une générosité si déplacée : *Quoi !* lui répondit Robert, *souffrirai-je que mon frère meure de soif ? où en trouverions-nous un autre si celui-ci n'était*

---

(1) Chron. Sax. p. 197. Will. Malm. p. 121. Hoveden, p. 462.

*plus ?* Pendant ce siége, le roi fit aussi un acte de générosité, quoique cette vertu fût la moins compatible avec son caractère. Un jour il était monté à cheval pour aller seul observer la forteresse : deux soldats ennemis l'attaquèrent et le démontèrent ; l'un d'eux levait déjà le bras pour lui passer son épée au travers du corps, lorsque ce prince s'écria : *Arrête, coquin ! je suis le roi d'Angleterre.* Le soldat s'arrêta en effet, et, avec beaucoup de respect, l'aida à se relever. Guillaume le récompensa magnifiquement et le prit à son service. Le prince Henri fut obligé, peu de jours après, de capituler, et se trouvant alors dépouillé de tout ce qu'il possédait, il erra quelque temps en différentes contrées, suivi d'un fort petit nombre de personnes, et souvent exposé à l'indigence.

Dans ce siècle, la discorde intestine et continuelle entre les barons fut seule meurtrière. Les guerres publiques, courtes et languissantes, coûtaient peu de sang, et ne produisaient pas d'événements mémorables. A cette guerre de Normandie, si tôt terminée, succédèrent des hostilités du côté de l'Écosse, qui ne durèrent pas davantage. Robert commanda l'armée de son frère dans cette occasion, contraignit Malcolm à demander la paix et à rendre hommage à la couronne d'Angleterre (1). Cette paix ne fut pas de durée; deux ans après, Malcolm leva des troupes, fondit sur l'Angleterre, ravagea le Northumberland, et assiégea ensuite Alnwick. Ce fut là le terme de ses succès et son tombeau : un parti des troupes du comte Mowbray le surprit ; l'action fut vive, et Malcolm y périt. Cet événement interrompit pour quelque temps l'ordre de la succession à la couronne d'Écosse. Quoique Malcolm laissât des fils légitimes, Donald, son frère, s'empara du trône sous le prétexte de l'extrême jeunesse des princes, mais le conserva peu. Duncan, fils naturel du feu roi, conspira contre Donald, et, secondé par les petits secours que Guillaume lui fournit, se rendit maître du royaume (2). De nouvelles brouilleries s'élevèrent en Normandie. Le caractère franc, ouvert, indolent, de Robert, était peu propre à résister au caractère avide et intéressé de Guillaume, qui, déjà beaucoup plus puissant,

---

(1) Chron. Sax. p. 198. H. Hunting. p. 462. Hoveden, p. 373.
(2) Chron. Sax. p. 199. Hoveden, p. 463.

tendait encore à usurper les possessions de son frère et à soulever contre lui ses turbulents barons. Le roi passa donc en Normandie pour y soutenir ses partisans ; il ordonna la levée de vingt mille hommes en Angleterre, et les fit marcher sur les côtes, comme s'ils étaient prêts à s'embarquer : là Ralph Flambard, ministre et principal instrument des extorsions de ce prince, exigea dix schellings de chacun d'eux à la place de leur service militaire, et les renvoya tous dans leurs différentes provinces (1). Cet argent fut employé si adroitement par Guillaume, qu'il en tira un meilleur parti qu'il n'aurait pu faire de son armée même. Il engagea le roi de France, par de nouveaux présents, à cesser de protéger Robert, et gagna de même plusieurs barons normands, qui abandonnèrent le service de leur souverain. Mais les projets de Guillaume contre son frère furent interrompus par une incursion des Gallois, qui le rappela en Angleterre. Il repoussa sans peine les ennemis, mais il ne put faire de progrès considérables dans leur pays, défendu par sa situation montagneuse. Une conspiration de ses propres barons, qui fut découverte dans ces entrefaites, parut plus importante, et captiva toute son attention. Robert Mowbray, comte de Northumberland, chef de cette intrigue, y avait fait entrer le comte d'Eu, Richard de Tunbridge, Roger de Lacy, et plusieurs autres. Le but de cette conjuration était de détrôner le roi, et de couronner à sa place Étienne, comte d'Aumale, et neveu de Guillaume-le-Conquérant. La célérité du roi prévint l'effet du complot et déconcerta ceux qui l'avaient formé. Mowbray se défendit quelque temps ; mais ayant été fait prisonnier, on confisqua ses biens et on le mit en prison, où il mourut environ trente ans après (2). Le comte d'Eu nia d'avoir eu part à la conjuration, et, pour s'en justifier, se battit contre Geoffroi Bainard, son accusateur, à Windsor, en présence de la cour ; mais il fut vaincu dans le combat, et, en conséquence du mauvais succès de l'épreuve, condamné à subir la castration et à avoir les yeux crevés. On supposa que l'on traitait William d'Aldéri, l'un des conjurés, avec plus de rigueur en le condamnant à être pendu (3).

---

(1) Chron. Sax. p. 201. H. Hunting. p. 373.
(2) Chron. Sax. p. 202, 203. Will. Malm. p. 124. (3) Chron. Sax. p. 204.

Le bruit de ces petites guerres et de ces légères fermentations se perdit totalement dans le fracas des croisades : elles fixaient alors l'attention de toute l'Europe, et, après qu'elles eurent cessé, ont encore occupé les esprits, comme le monument le plus extraordinaire et le plus durable de la folie humaine. Lorsque Mahomet, à la faveur de ses prétendues révélations, eut rassemblé sous un seul chef les Arabes dispersés, ces peuples sortirent en foule de leurs déserts; animés du zèle de leur nouvelle religion, et soutenus par la vigueur de leur nouveau gouvernement, ils ébranlèrent l'empire d'Orient, qui touchait à sa décadence, tant du côté de la discipline militaire que de celui du gouvernement civil, et y marquèrent leurs traces par leurs victoires. La situation de Jérusalem la rendit une de leurs premières conquêtes, et les chrétiens eurent la douleur de voir le saint sépulcre et les autres lieux consacrés par la présence de leur divin fondateur tomber au pouvoir des infidèles. Les Arabes ou Sarrasins, tout entiers à leurs entreprises militaires, qui, en peu d'années, étendirent leur empire des bords du Gange au détroit de Gibraltar, n'avaient pas de loisir à donner aux controverses théologiques : quoique le Coran, cette règle primitive de leur foi, semble contenir quelques préceptes violents, ces guerriers étaient bien moins infectés de l'esprit de superstition que les indolents et spéculatifs Grecs, qui subtilisaient continuellement sur les divers articles de leur système de religion. Les Arabes ne troublèrent pas la piété ardente de la multitude de pèlerins qui accouraient journellement à Jérusalem : au moyen d'une légère imposition par tête qu'on exigeait, ils pouvaient visiter le saint sépulcre, accomplir leurs vœux, et s'en retourner en paix; mais les Turcomans ou Turcs, tribu de Tartares qui avait embrassé le mahométisme, ayant chassé les Sarrasins de Syrie, et s'étant emparés de Jérusalem en 1065, rendirent les pèlerinages beaucoup plus difficiles et plus dangereux aux chrétiens. Les mœurs barbares des Turcs, et les désordres inséparables de leur gouvernement peu fixe, exposaient les pèlerins aux insultes, aux pillages, et à des vexations insupportables. Ces pieux voyageurs, excédés de leurs fatigues et de leurs souffrances méritoires, remplissaient, à leur retour, toute la chrétienté d'indignation contre les infidèles qui profanaient la cité sainte de leur présence et se moquaient des saints mystères dans les lieux mêmes où ils s'étaient accomplis. Grégoire VII, entre les vastes idées dont il était préoccupé, avait eu celle de liguer tous les chrétiens occidentaux contre les mahométans; mais les attentats de ce pontife sur l'autorité civile des princes lui avaient attiré tant d'ennemis et avaient rendu ses plans si suspects, qu'il ne put parvenir à exécuter celui-ci. Ce grand ouvrage était réservé à un plus mince instrument, que son état obscur n'exposait à aucune jalousie, et dont l'extravagance était analogue aux préjugés du temps.

Pierre, appelé communément l'Ermite, né dans la ville d'Amiens, en Picardie, avait fait le pèlerinage de Jérusalem : profondément touché des dangers qui accompagnaient alors cet acte de piété, non moins ému du spectacle de l'oppression sous laquelle les chrétiens d'Orient gémissaient, il conçut le projet hardi, et, selon toutes les apparences, impraticable, de conduire en Asie, des extrémités de l'Occident, une armée capable de subjuguer ces nations puissantes et guerrières qui tenaient la Terre-Sainte sous leur tyrannique domination. Il communiqua ses vues à Martin II, qui occupait alors le trône pontifical. Ce pape sentait assez les avantages qu'une guerre religieuse pouvait procurer au chef de la religion chrétienne; mais, quoiqu'il regardât le zèle aveugle de Pierre comme un agent très propre à faire réussir cette entreprise, il ne voulut pas compromettre son autorité avant d'apercevoir une plus grande probabilité de succès. Il convoqua d'abord un concile à Plaisance, où se trouvèrent quatre mille ecclésiastiques et trente mille séculiers. Aucune salle ne pouvant contenir une multitude si nombreuse, on fut obligé de tenir l'assemblée dans une plaine. Le pape, et Pierre lui-même, parlèrent avec force de la triste situation de leurs frères d'Orient, et peignirent énergiquement les outrages que le nom chrétien recevait pendant que la cité sainte restait entre les mains des infidèles. Les esprits étaient déjà si heureusement disposés, qu'à cette image un cri unanime s'éleva tout à coup pour demander la guerre; et tous les membres de l'assemblée se dévouèrent solennellement à cette expédition, qu'ils croyaient si méritoire aux yeux de Dieu et de la religion.

Quoique l'Italie parût embrasser ce projet avec le zèle le plus vif, Martin pensa judicieusement que, pour en assurer le succès, il était nécessaire de faire contracter le même engagement aux nations les plus puissantes et les plus belliqueuses. Il exhorta Pierre à visiter les principales villes et les principaux souverains de la chrétienté, et convoqua un autre concile à Clermont en Auvergne. Le bruit de ce grand et pieux dessein étant alors universellement répandu, tous les prélats du premier ordre, les grands et les princes, se rendirent à ce concile, et lorsque le pape et l'ermite renouvelèrent leurs pathétiques exhortations, l'assemblée entière, comme cédant à une inspiration subite, et non aux impressions reçues précédemment, s'écria tout d'une voix : *Dieu le veut! Dieu le veut!* Ces paroles furent jugées si mémorables, et si évidemment l'effet de l'influence divine, qu'elles devinrent le mot de ralliement dans les batailles, et le signal des exploits futurs des croisés. Les hommes de tous les rangs, de tous les états, coururent aux armes avec transport; ces dévots combattants se choisirent une marque extérieure pour se distinguer; chose très importante. La figure de la croix, signe qu'ils chérissaient passionnément, révéré de tout temps parmi les chrétiens, et en horreur aux infidèles, devint celui de l'union sainte qui se formait, et fut fixée sur l'épaule droite de tous ceux qui s'enrôlèrent dans cette milice sacrée.

L'Europe était plongée alors dans les ténèbres profondes de l'ignorance et de la superstition : les ecclésiastiques avaient pris le plus grand ascendant sur les esprits; les peuples, peu contenus par l'honneur, et encore moins par les lois, s'abandonnaient aux plus grands crimes et aux plus grands désordres, et ne connaissaient d'autres moyens de les expier que ceux que leur imposaient leurs pasteurs : il était aisé de représenter la guerre sainte comme l'équivalent de toutes les pénitences et la compensation de tous les actes d'injustice et de cruauté. Mais, au milieu de cette superstition abjecte qui régnait alors, l'esprit militaire s'était aussi étendu universellement : quoiqu'il ne fût pas dirigé par la science et par une exacte discipline, il était devenu la passion générale des nations gouvernées par les lois féodales. Tous les grands seigneurs avaient droit de paix et de guerre; ils commettaient sans cesse des hostilités les uns contre les autres ; les campagnes étaient devenues le théâtre des violences et des brigandages les plus énormes. Les villes, encore faibles, pauvres, n'étant pas gardées par des murailles, ni protégées par des priviléges, se trouvaient exposées à toutes les insultes ; chaque citoyen était obligé de pourvoir à sa sûreté par ses propres forces ou par ses alliances particulières : la seule valeur obtenait de la considération ou donnait à un homme la prééminence sur un autre. Lorsque toutes les superstitions particulières se réunirent sur un grand objet, l'ardeur pour les entreprises militaires prit la même direction ; et l'Europe, poussée par ses deux passions les plus fortes, se détacha pour ainsi dire de ses fondements, et sembla se précipiter en une seule masse sur l'Orient.

Tous les ordres de la société, regardant les croisades comme l'unique chemin du ciel, se rangèrent sous ses drapeaux sacrés, impatients de s'ouvrir, l'épée à la main, la route de la cité sainte. Les nobles, les artisans, les villageois, les prêtres même, firent inscrire leurs noms ; et se dispenser de servir dans une entreprise si méritoire, était s'exposer au reproche d'impiété, ou, ce qu'on regardait encore comme plus déshonorant, à celui de lâcheté. Les vieillards et les infirmes contribuèrent à cette expédition par des secours d'argent ou d'autres choses utiles ; plusieurs d'entre eux, peu satisfaits encore des mérites attachés à ces contributions, servaient en personne, résolus d'aller au moins expirer, s'il était possible, à la vue de cette ville où leur Sauveur était mort pour eux. Des femmes même, déguisant leur sexe sous une armure, et communément en oubliant encore plus la pudeur, suivirent l'armée, et s'y prostituèrent sans réserve (1). Les plus grands scélérats entraient volontiers dans un service qu'ils regardaient comme l'absolution de leurs forfaits ; d'où il arriva que, pendant le cours de cette guerre, des gens accoutumés au vice, encouragés par l'exemple et pressés par la nécessité, commirent les désordres les plus énormes. La multitude des croisés devint bientôt si prodigieuse, que les chefs les plus sages, Hugues, comte de Vermandois, frère du roi de France, Raimond, comte

---

(1) Vertot, Hist. des Chevaliers de Malte, t. 1, p. 46.

de Toulouse, Godefroi de Bouillon, prince de Brabant, et Etienne, comte de Blois, craignirent que l'immensité même de l'armement ne nuisît à son objet. Ils en détachèrent une portion non disciplinée, que l'on fait monter à 300,000 hommes, et l'envoyèrent devant eux, sous le commandement de Pierre l'Ermite, et de Gautier, surnommé *Sans-Avoir*. Ce nombreux détachement prit son chemin vers Constantinople, à travers la Hongrie et la Bulgarie; et comptant que le ciel lui prodiguerait des secours surnaturels pour sa subsistance pendant sa marche, ne s'approvisionna de rien. Ces malheureux se trouvèrent bientôt réduits à se procurer par le pillage tout ce qu'ils avaient vainement attendu des miracles. Les habitants des contrées qu'ils traversèrent, furieux des dégâts qu'ils en avaient soufferts, s'attroupèrent, s'armèrent, attaquèrent cette multitude éparse, et la massacrèrent sans résistance. Les armées plus disciplinées la suivaient, et, passant le détroit de Constantinople, on en fit la revue dans les plaines de l'Asie; le nombre total se trouva de 700,000 combattants.

Au milieu de cette folie universelle et contagieuse répandue par toute l'Europe, spécialement en France et en Allemagne, personne n'oubliait tout à fait ses intérêts présents. Les hommes qui marchaient à l'expédition, et ceux qui restaient en arrière, comptaient également en tirer un parti avantageux pour leur ambition ou leur cupidité. La plupart des nobles qui s'étaient croisés avaient été séduits par l'esprit romanesque du temps, et espéraient de riches établissements dans l'Orient, alors le centre des arts et du commerce. Enivrés de ces projets chimériques, ils avaient vendu à bas prix leurs anciens châteaux et leurs héritages, qui n'avaient plus de valeur à leurs yeux. Les princes les plus puissants, qui étaient demeurés dans leurs états, non-seulement y jouirent de la paix, en occupant au dehors le génie inquiet et martial de leurs sujets, mais saisirent encore l'occasion d'annexer à leur couronne plusieurs fiefs considérables, soit en les achetant, soit par la mort de ceux qui devaient en hériter. Le pape même sut habilement distraire le zèle des croisés de la guerre contre les infidèles, pour le tourner contre ses propres ennemis, qu'il représentait comme aussi coupables que ceux de Jésus-Christ. Les couvents et les autres sociétés religieuses achetaient les possessions de quiconque allait chercher fortune en Asie ; et comme les contributions des fidèles leur étaient ordinairement confiées, ils détournaient fréquemment pour cet usage l'argent destiné aux frais de la guerre contre les Turcs (1). Mais personne n'exploita mieux et plus immédiatement à son profit la fureur épidémique des croisés que le roi d'Angleterre, qui se tint éloigné de toute communication avec ces guerriers fanatiques et romanesques.

Robert, duc de Normandie, animé par son courage naturel et l'extravagant héroïsme de son caractère, s'était engagé un des premiers dans la croisade ; mais ce prince, toujours dépourvu d'argent, sentit qu'il lui serait impossible de paraître d'une manière convenable à son rang et à son nom à la tête de ses vassaux et de ses nombreux sujets, qui, pleins de l'ivresse générale, étaient résolus de le suivre en Asie. Il se détermina donc à engager, ou plutôt à vendre ses états, qu'il n'avait plus le talent de gouverner, et les offrit à son frère Guillaume pour la modique somme de dix mille marcs. Le marché fut conclu aussitôt ; le roi leva de l'argent sur tous ses sujets par les plus violentes extorsions ; les couvents même furent obligés de fondre leur argenterie pour fournir leur contingent. Il fut mis en possession de la Normandie et du Maine ; et Robert, suivi d'un cortége magnifique, partit pour la Terre-Sainte, où il croyait assurer à la fois sa gloire et son salut.

La médiocrité de la somme qu'il reçut, et la difficulté qu'eut Guillaume à la lever, sont des circonstances suffisantes pour réfuter le calcul que les historiens ont adopté, trop legèrement, des revenus énormes de Guillaume-le-Conquérant. Serait-il croyable que Robert eût déposé entre les avides mains de son frère une souveraineté si considérable, pour une somme qui, selon ce calcul, ne faisait pas le revenu d'une semaine de son père, en Angleterre seulement, et que le roi d'Angleterre ne pût payer cette somme sans opprimer ses sujets ? On convient que Guillaume-le-Conquérant était aussi économe qu'intéressé ; cependant, à sa mort, son trésor n'excédait pas 600,000 livres sterling, qui n'auraient été, au plus, que son revenu de deux mois, autre réfutation certaine de ce calcul exagéré.

---

(1) Fra-Paolo, Hist. delle Benef. eccles. p. 128.

La manie des croisades, pendant ce siècle, infecta moins l'Angleterre que les royaumes voisins, probablement parce que les Normands qui s'y étaient établis après la conquête ne croyaient pas leurs établissements assez affermis pour les abandonner en allant chercher si loin des aventures. Le caractère personnel et intéressé du roi ne s'était point embrasé de l'ardeur universelle, et son exemple en avait arrêté le progrès parmi ses sujets. Comme on l'accuse d'impiété déclarée, et que son esprit était naturellement caustique, il est vraisemblable qu'il tournait souvent en dérision la chevalerie errante des croisés. On rapporte comme un exemple de son irréligion, qu'il reçut une fois soixante marcs d'un juif, dont le fils avait fait abjuration, pour l'aider à ramener ce nouveau chrétien au judaïsme; qu'il employa tour à tour à cet effet les menaces et les exhortations; mais que le jeune converti restant très ferme dans sa foi, ce prince envoya chercher alors le père, et lui dit que, n'ayant pu remplir son intention, il n'était pas juste qu'il retînt la somme donnée; mais aussi qu'ayant fait tous ses efforts pour réussir, il était équitable qu'il fût payé de sa peine; qu'ainsi il garderait la moitié de l'argent. On raconte encore qu'une autre fois il fit venir en sa présence de savants théologiens et des rabbins habiles; qu'il leur ordonna de discuter devant lui les dogmes de leur religion, déclarant qu'il était parfaitement neutre entre eux; que ses oreilles étaient ouvertes à la raison et à la conviction, et qu'il embrasserait la doctrine qui, après comparaison, se trouverait fondée sur les meilleurs arguments. Si cette histoire est vraie, il y a beaucoup d'apparence que Guillaume ne voulait que s'amuser en tournant les uns et les autres en ridicule. Mais il ne faut admettre qu'avec circonspection ce que les moines historiens rapportent au désavantage de ce prince. Il eut le malheur de se brouiller avec les ecclésiastiques, et particulièrement avec Anselme, connu sous le nom de saint Anselme, archevêque de Canterbury; ainsi il n'est pas étonnant que sa mémoire ait été noircie par les écrivains de cet ordre.

Après la mort de Lanfranc, le roi s'empara pendant plusieurs années des revenus du siége de Canterbury, ainsi que de ceux de divers autres évêchés vacants; mais dans le cours d'une maladie dangereuse dont il fut attaqué il sentit des remords; les ecclésiastiques lui représentèrent qu'il était en danger d'une damnation éternelle, si, avant de mourir, il n'expiait ses impiétés et ses sacriléges. Il résolut donc de nommer incessamment à l'évêché de Canterbury : dans cette intention, il fit venir Anselme, Piémontais de naissance, abbé du Bec, en Normandie, et célèbre par son savoir et sa piété. L'abbé refusa la dignité, se jeta aux pieds du roi, et le conjura, les larmes aux yeux, de faire un autre choix. Lorsqu'il vit que ce prince s'obstinait à le forcer d'accepter la crosse, il ferma la main, de manière que les assistants furent obligés d'employer la violence pour la lui ouvrir et lui faire recevoir ce signe d'une dignité spirituelle. Guillaume n'eut pas plutôt recouvré sa santé, que, ses passions reprenant leur empire ordinaire, il revint à ses premières vexations, retint en prison plusieurs personnes dont il avait ordonné l'élargissement pendant son accès de dévotion, continua de piller les bénéfices ecclésiastiques et de vendre les dignités spirituelles aussi ouvertement que jamais, et garda une grande partie des revenus de l'archevêque de Canterbury ; mais ce prince trouva dans Anselme l'opposition persévérante qu'il devait attendre de la fastueuse humilité que ce prélat avait montrée en refusant la crosse.

Cette résistance était d'autant plus redoutable, qu'il s'était bientôt acquis une grande réputation de sainteté en Angleterre, par son zèle contre tous les abus, et surtout ceux du luxe et de la parure. C'était alors la mode dominante en Europe, parmi les hommes et les femmes, de porter des souliers d'une longueur démesurée, terminés en pointe, dans la forme d'un bec d'oiseau, ou quelque autre recourbée en dehors, et soutenue souvent par une chaîne d'or ou d'argent attachée sur le genou. Les ecclésiastiques se scandalisèrent de cet ornement, prétendirent que c'était tenter de démentir l'Écriture, où il est dit que nul ne peut ajouter une coudée à sa taille, déclamèrent avec véhémence contre les souliers pointus, et assemblèrent même plusieurs synodes qui les condamnèrent absolument. Mais, telles sont les inconséquences humaines ! quoique le clergé pût alors renverser les trônes, et envoyer des millions d'hommes, sur un ordre de sa part, dans les déserts de l'Asie, il ne put triompher des souliers pointus. Loin de céder aux attaques qu'on lui porta, contraire en ceci à toutes les autres modes, celle-là se soutint pendant plusieurs siècles; et, si le clergé n'avait pas enfin renoncé à la persécuter, cette mode régnerait peut-être encore.

Mais Anselme fut plus heureux à en discréditer une autre qui ne lui plaisait pas, et à laquelle sans doute on s'était moins affectionné. Il prêcha fortement contre les cheveux longs et frisés que les courtisans portaient, et refusa même des cendres un mercredi saint à ceux qui se présentèrent coiffés ainsi. Son éloquence et son autorité eurent tant d'ascendant sur les esprits, que les jeunes gens renoncèrent tous à cette coiffure, et ne parurent plus qu'en cheveux plats et courts, tels que le primat le recommandait dans ses sermons. Le célèbre historien d'Anselme, qui était aussi son compagnon et son secrétaire, vante avec emphase cet effort du zèle et de la piété de son maître.

Lorsque l'irréligion fut, pour ainsi dire, revenue à Guillaume avec la santé, il se trouva engagé dans quelques différends avec ce prélat austère. Il s'était élevé vers ce temps-là un schisme dans l'église au sujet d'Urbain et de Clément, qui prétendaient tous deux à la papauté. Anselme, qui, comme abbé du Bec, avait déjà reconnu le premier, osa vouloir, sans le consentement du roi, le faire reconnaître en Angleterre. Guillaume, à l'exemple de son père, avait défendu à ses sujets de reconnaître aucun pape avant qu'il l'eût reconnu lui-même: il s'irrita de l'audace d'Anselme, et convoqua un synode à Rockingham, dans l'intention de le déposer; mais les suffragants de ce prélat déclarèrent que, sans l'autorité du souverain pontife, ils n'avaient pas celle d'infliger une pareille censure à leur primat. Le roi fut déterminé dans la suite par d'autres motifs à se déclarer en faveur d'Urbain; Anselme reçut de lui le pallium, et le différend paraissait accommodé entre Guillaume et le primat, lorsqu'un nouveau sujet de brouillerie les divisa encore. Le roi se préparait à une expédition contre les Gallois; il somma l'archevêque de fournir son contingent de troupes; mais celui-ci, regardant cette demande comme une vexation pour l'église, et cependant n'osant refuser d'obéir, envoya ses soldats si misérablement équipés, que le roi en fut indigné, et le menaça de tous les effets de sa colère. D'un autre côté, Anselme pressa ce monarque de lui restituer tous les revenus de l'archevêché de Canterbury, et porta sa cause au tribunal de Rome. Ces deux affaires en vinrent à de telles extrémités, que le primat, ne se croyant plus en sûreté dans le royaume, demanda et obtint la permission d'en sortir. Tout son temporel fut confisqué; mais Urbain, qui le regardait comme un martyr, le reçut avec de grands égards, et menaça même Guillaume de venger le primat et l'église par une sentence d'excommunication contre lui. Anselme assista au concile de Bari, où l'on termina la dispute des églises grecque et latine sur la procession du Saint-Esprit. On y décida aussi le droit de nomination aux dignités ecclésiastiques, et il fut déclaré appartenir au clergé seul; on prononça des censures contre tout ecclésiastique qui rendrait hommage de son siége ou de son bénéfice à des laïques, et contre tout laïque qui l'exigerait. Le cérémonial de l'hommage réglé par les coutumes féodales était que le vassal se mît à genoux, tînt ses mains jointes entre celles de son supérieur, et dans cette posture lui jurât fidélité; mais le concile jugea qu'il était exécrable que des mains pures, qui pouvaient créer Dieu et l'offrir comme un sacrifice d'expiation pour le salut du genre humain, fussent mises d'une manière si humiliante entre des mains profanes, non-seulement accoutumées à la rapine et au carnage, mais encore souillées jour et nuit par des attouchements obscènes. Tels étaient les sublimes raisonnements de ce siècle; raisonnements qu'on ne peut passer sous silence sans omettre la partie la plus curieuse, et celle qui n'est peut-être pas la moins instructive de l'histoire, mais qu'à peine on peut rapporter avec la décence et la gravité convenables.

La cession de la Normandie et du Maine agrandissait les possessions du roi, mais augmentait peu sa puissance, attendu la fermentation continuelle de ces provinces, le caractère mutin des barons, et le voisinage du roi de France, qui les soutenait dans toutes leurs révoltes. Hélie même, seigneur de la Flèche, petite ville d'Anjou, lui donna de l'inquiétude; et ce monarque puissant tenta plus d'un effort sans pouvoir accabler un petit seigneur dont le principal appui était la confiance et l'affection des habitants du Maine. Guillaume eut cependant le bonheur de le faire prisonnier dans un combat; mais l'ayant relâché à la prière du roi de France et du comte d'Anjou, la province du Maine fut de nouveau exposée aux intrigues et aux incursions de ce seigneur remuant. Hélie fut introduit dans la ville du Mans par les citoyens, et assiégea la garnison renfermée dans la citadelle. Guillaume chassait dans la nouvelle forêt, lorsqu'on vint lui donner avis de cette entreprise : furieux de tant d'audace, il tourna bride sur-le-champ, et se rendit au galop à Dartmouth, sur le bord de la mer, en jurant qu'il ne s'arrêterait pas qu'il ne fût vengé. Le temps était si couvert et si orageux, que les mariniers l'assurèrent qu'il y aurait du danger à s'embarquer; mais ce prince s'élança dans le vaisseau, et leur commanda de mettre à la voile, en leur disant qu'il n'avait jamais ouï dire qu'un roi se fût noyé. Au moyen de cette vigueur et de cette célérité, il délivra la ville du Mans du péril qui la menaçait, poursuivit Hélie jusque dans son propre territoire, et assiégea Majol, petit château situé de ce côté; mais une blessure que Guillaume reçut à l'assaut le força de lever le siége et de retourner en Angleterre.

La faiblesse des plus grands monarques pendant ce siècle, dans leurs expéditions militaires contre leurs plus proches voisins, paraît surprenante, surtout lorsque l'on considère le nombre prodigieux de troupes que les plus petits princes même, en secondant l'enthousiasme du peuple, étaient en état d'assembler et de conduire aux entreprises les plus périlleuses dans les contrées lointaines de l'Asie. Guillaume, comte de Poitiers et duc de Guienne, enflammé d'un désir de gloire, et non découragé par les malheurs des premiers croisés, s'était mis à la tête d'une multitude immense, portée par quelques historiens à soixante mille hommes de cavalerie, et à un nombre beaucoup plus considérable d'infanterie (1), et se proposait de les conduire à la Terre-Sainte contre les infidèles. Il manqua d'argent pour achever les préparatifs nécessaires, et proposa à Guillaume de lui engager ses états pour une certaine somme, sans se défier des mains avides entre lesquelles il se déterminait à les remettre. Le

---

(1) La totalité se montait, selon Ordericus Vitalis, à trois cent mille hommes.

roi accepta cette offre; il avait déjà préparé une flotte et une armée pour escorter l'argent, et pour aller prendre possession des riches provinces de Guienne et de Poitou, lorsqu'un accident mit fin à sa vie et à ses projets ambitieux. Il était à la chasse, le seul amusement, et presque la principale occupation des princes qui vivaient dans ces temps grossiers, où les charmes de la société étaient peu connus, et où les arts offraient peu d'objets dignes d'attention. Gautier Tyrrel, gentilhomme français, renommé par sa supériorité à tirer de l'arc, avait suivi le roi dans la nouvelle forêt où la chasse était indiquée : Guillaume venait de mettre pied à terre; Tyrrel, impatient de montrer son adresse, décoche une flèche contre un cerf qui s'élance tout à coup devant lui; la flèche, repoussée par un arbre qu'elle effleure, frappe le roi dans le sein, et le tue sur-le-champ. Cet accident arriva le 2 août. Tyrrel, sans le porter à la connaissance de personne, donna de l'éperon à son cheval, se hâta de gagner le rivage de la mer, s'embarqua pour la France, et se joignit aux croisés qui partaient pour Jérusalem : pénitence qu'il s'imposa lui-même en expiation de son crime involontaire. Le corps de Guillaume fut trouvé dans la forêt par les gens de la campagne; on l'enterra sans pompe et sans cérémonie à Winchester. Ses courtisans négligèrent de rendre les derniers devoirs à un maître si peu aimé : chacun était trop occupé du choix intéressant de son successeur pour songer à lui faire des funérailles.

La mémoire de Guillaume II nous a été transmise sous des couleurs peu avantageuses par les ecclésiastiques qu'il avait irrités. Mais, quoique en général on puisse soupçonner d'exagération le tableau qu'ils font de ses vices, la conduite de ce prince fournit peu de raisons pour réfuter le caractère qu'ils lui donnent, et pour lui supposer quelques qualités estimables. Il paraît avoir été roi violent et tyrannique, voisin perfide, dangereux, et toujours prêt à empiéter sur ce qui ne lui appartenait pas; enfin parent dur et peu généreux. Il fut à la fois avide et prodigue dans l'administration de ses finances; s'il eut quelques talents pour régner, ses passions impétueuses le dominaient trop pour qu'il pût les employer utilement; sa politique, conforme à son caractère, fut de vouloir tout maîtriser : politique qui, lorsqu'elle est soutenue comme elle l'était en lui par la valeur et la fermeté, réussit souvent mieux dans les temps de troubles que la prévoyance la plus étendue et les artifices les plus profonds.

Les monuments qui restent de ce prince en Angleterre sont la Tour, (Westminster-Hall), et le pont de Londres, qu'il bâtit. L'expédition la plus louable de celles qu'il entreprit au dehors fut d'envoyer Edgar Atheling, trois ans avant sa mort, en Écosse, avec une petite armée, pour rétablir sur le trône le prince Edgar l'héritier légitime, fils de Malcolm et de Marguerite, sœur de ce même Edgar Atheling. Cette expédition réussit (1).

Une remarque fut faite dès ces temps-là même, c'est-à-dire que Richard, frère aîné de Guillaume-le-Roux, avait péri accidentellement dans la nouvelle forêt, et que Richard, son neveu, fils naturel du duc Robert, y perdit aussi la vie, et de la même manière. Lorsqu'on apprit le genre de mort du roi, tout le monde s'écria, que, comme Guillaume-le-Conquérant s'était rendu coupable d'une violence extrême en chassant tous les habitants de ce vaste terrain pour étendre ses plaisirs, le ciel vengeur signalait sa justice dans le même endroit, en l'arrosant du sang de sa postérité.

Guillaume mourut dans la treizième année de son règne, et environ la quarantième de son âge. Comme il n'avait jamais été marié, il ne laissa point d'enfants légitimes.

Deux ans auparavent, Magnus, roi de Norvége, fit une descente dans l'île d'Anglesea, et en fut repoussé par Hugues, comte de Shrewsbury. Ce fut la dernière entreprise des nations du nord contre l'Angleterre.

(1) Chron. Sax. p. 206. Chron. Abb. S. Petri de Burgo, p. 56.

# HENRI I.

## CHAPITRE VI.

Croisades. — Avénement de Henri à la couronne. — Mariage de ce prince. — Le duc Robert fait une invasion en Angleterre. — Accommodement avec lui. — Attaque de la Normandie. — Conquête de cette province. — Continuation de la brouillerie avec le primat Anselme. — Compromis passé avec lui. — Guerres étrangères. — Mort du prince Guillaume. — Second mariage du roi. — Sa mort et son caractère.

Après que les croisés se furent rassemblés sur les rives du Bosphore opposées à Constantinople, ils commencèrent leurs opérations; mais ils rencontrèrent bientôt les difficultés que leur zèle leur avait cachées jusqu'alors, et qu'il eût été presque impossible de surmonter, quand même ils les auraient prévues. L'empereur grec, Alexis Comnène, qui avait demandé aux chrétiens occidentaux du secours contre les Turcs, espérait, mais faiblement, qu'on lui enverrait tout au plus quelques troupes pour agir sous ses ordres, et le mettre seulement en état de repousser l'ennemi. Mais il fut extrêmement étonné de voir ses états couverts tout à coup d'une foule de soldats effrénés, qui, se prétendant ses amis, n'en méprisaient pas moins ses sujets comme peu guerriers, et les haïssaient comme hérétiques. Il employa toutes les ruses de la politique, dans laquelle il excellait, pour tâcher de détourner le torrent. Tandis qu'il mettait en usage les protestations, les caresses et les bons offices apparents avec les chefs des croisés, il regardait secrètement ces alliés arrogants comme plus à craindre que les ennemis déclarés qui avaient naguère envahi son empire. Lorsque les croisés furent débarqués en Asie, chose assez difficile, Alexis Comnène entama une négociation particulière avec Soliman, empereur des Turcs, et se servit de tous les artifices que son génie, son pouvoir et sa situation lui permettaient d'employer pour déconcerter les projets des Latins, et les dégoûter de faire dans la suite des migrations si prodigieuses. Sa dangereuse adresse fut secondée par les désordres inévitables chez une multitude indocile, non réunie sous un seul général, mais conduite par différents chefs d'un esprit indépendant et intraitable, sans aucune idée de la discipline militaire, et ennemis décidés de l'autorité civile et de la soumission. La disette des provisions, l'excès des fatigues, l'influence des climats étrangers, joints au défaut de concert dans les opérations militaires, et au fer d'un ennemi belliqueux, détruisirent les croisés par milliers, et auraient éteint l'ardeur de quiconque eût fait la guerre pour des motifs moins puissants. Cependant leur zèle, leur courage et leurs forces irrésistibles avançaient toujours leurs progrès vers la fin importante de leur entreprise. Après un siége opiniâtre, ils emportèrent Nicée, capitale de l'empire de Turquie, défirent Soliman dans deux batailles, se rendirent maîtres d'Antioche, et délivrèrent entièrement ces contrées de la domination des Turcs. Le soudan d'Égypte, dont les croisés avaient jusqu'alors sollicité l'alliance, à la chute de la puissance ottomane, recouvra sa première autorité dans Jérusalem; il leur fit dire alors par ses ambassadeurs que, s'ils venaient désarmés dans cette ville, ils y pourraient accomplir leur vœu, et que tous les pèlerins chrétiens qui visiteraient désormais le saint sépulcre y recevraient un aussi bon traitement que celui qu'ils avaient toujours reçu de ses prédécesseurs. Cette offre fut rejetée; on somma le soudan d'abandonner la cité sainte aux chrétiens, et sur son refus les croisés commencèrent le siége de Jérusalem, qu'ils regardaient comme le terme de leurs travaux. Les détachements que les croisés avaient faits, et les désastres qu'ils avaient essuyés, avaient réduit leur nombre à vingt mille hommes d'infanterie et à quinze cents chevaux. Mais ils étaient devenus formidables par leur bravoure, l'expérience qu'ils avaient acquise, l'obéissance à laquelle ils se plièrent, et dont leurs premières calamités étaient d'excellentes leçons. Après un siége de cinq semaines, ils prirent Jérusalem d'assaut, et, poussés par un mélange de zèle et de férocité, passèrent au fil de l'épée la garnison et les habitants, sans distinction. La résistance courageuse et l'humble soumission n'en garantirent aucun : ni âge ni sexe ne fut épargné; on poignardait du même coup la mère et son enfant sur son sein, tandis qu'elle demandait miséricorde : environ dix mille personnes qui s'étaient rendues d'elles-mêmes, et auxquelles on avait promis quartier, furent massacrées de sang-froid. Les rues de Jérusalem étaient jonchées de cadavres; et lorsque les ennemis furent tous domptés ou égorgés, les croisés triomphants marchèrent au saint sépulcre avec de grands sentiments d'humilité et de contrition. Ils quittèrent leurs armes encore ruisselantes de sang, s'avancèrent le corps incliné, la tête et les pieds nus, vers ce monument sacré, et chantèrent des hymnes au divin Rédempteur, dont l'agonie et la mort avaient opéré leur salut dans ces mêmes lieux : leur dévotion, ranimée à l'aspect des lieux saints où il avait souffert, amortit tellement leur fureur, qu'ils fondirent en larmes et parurent éprouver les sentiments de piété les plus doux et les plus tendres, tant la nature humaine est inconséquente, et tant elle allie aisément les superstitions les plus efféminées avec le courage le plus héroïque et la barbarie la plus horrible !

Ce grand événement arriva le 5 juillet de la dernière année du onzième siècle. Les princes et les autres seigneurs chrétiens, après avoir élu Godefroi de Bouillon roi de Jérusalem, commencèrent à s'établir dans leurs conquêtes. Quelques-uns revinrent en Europe pour y jouir sur leurs foyers de la gloire qu'ils avaient acquise dans cette sainte expédition. Entre ces derniers était Robert, duc de Normandie, qui, ayant fait plus de sacrifices que personne au zèle des croisades, s'était encore constamment distingué par un courage intrépide, un caractère affable et une générosité inépuisable, qui lui gagnaient le cœur des soldats, et qui font toujours briller un prince dans la carrière des armes. En passant par l'Italie, il fit connaissance avec Sibylle, fille du comte de Conversana, jeune personne d'une rare beauté et d'un grand mérite, et il l'épousa. Livré aux premiers transports de cette nouvelle passion, et avide de goûter le repos et les plaisirs après de si rudes campagnes, il séjourna un an dans ce délicieux climat. Ses amis du nord attendaient en vain son retour à chaque instant; aucun d'eux n'en put savoir précisément le temps : ce délai fit perdre à Robert le royaume d'Angleterre, que la grande renommée que ce prince avait obtenue pendant les croisades, le droit de sa naissance, et celui qu'il avait encore acquis par le traité précédemment fait avec le feu roi son frère, lui auraient infailliblement assuré.

Le prince Henri chassait dans la nouvelle forêt au moment où Guillaume venait d'être tué : averti de la mort inopinée du roi, il vit d'un coup d'œil l'avantage qu'il pouvait tirer de la conjoncture, et se rendit sur-le-champ à Winchester, dans l'intention de se saisir du trésor royal, comme d'un moyen nécessaire pour faciliter le succès de ses desseins sur la couronne. A peine entrait-il dans cette place, que Guillaume de Breteuil, garde du trésor, y arriva de son côté, afin de s'opposer à ses projets. Étant de la même partie de chasse, il n'avait pas plus tôt appris la mort de son maître, qu'il s'était hâté de venir veiller sur le dépôt confié à ses soins. Il dit à Henri que ce trésor, ainsi que la couronne, appartenaient à son frère aîné, dès ce moment leur nouveau souverain, à qui il était résolu, malgré toutes autres prétentions, de garder la fidélité qui lui était due. Furieux de la résistance de Breteuil, Henri mit l'épée à la main, et le menaça de le tuer s'il osait lui désobéir. Enfin, le reste de la suite du feu roi arrivant successivement à Winchester, et grossissant le parti du prince, Breteuil fut obligé de céder à cette espèce de violence.

Sans perdre un moment, et emportant avec lui le trésor, Henri se rend à Londres, assemble quelques-uns des grands et des prélats du royaume, que son adresse, son habileté ou ses présents mettent dans ses intérêts; élu, ou plutôt salué roi, il prend aussitôt les rênes du gouvernement, et, moins de trois jours après la mort de son frère, est couronné solennellement par Maurice, évêque de Londres, à qui l'on persuada d'officier dans cette occasion (1). C'est ainsi que le courage et la célérité de ce prince le placèrent sur le trône vacant. Personne n'eut assez de courage et d'amour de son devoir pour défendre les droits de l'héritier absent; tous étaient séduits ou intimidés, et la possession actuelle devint un titre suffisant pour Henri, qui n'était en effet qu'un usurpateur.

---

(1) Chron. Sax. p. 208. Order. Vitalis, p. 783.

Les barons et le peuple acquiescèrent à des prétentions qui ne pouvaient ni se justifier ni se comprendre, mais qu'il ne leur paraissait plus possible de combattre sans s'exposer aux inconvénients et aux dangers d'une guerre civile.

Comme Henri prévoyait qu'une couronne usurpée contre toutes les règles de la justice serait chancelante sur sa tête, il résolut de tâcher de l'affermir en gagnant l'amour de tous ses sujets, du moins par de belles promesses : non-seulement il s'était engagé, par le serment ordinaire du sacre, de maintenir les lois et la justice, il accorda encore une charte qui remédiait à la plupart des abus d'administration dont on s'était plaint sous les règnes de son père et de son frère (1). Dans cette charte il promet qu'à la mort des évêques ou des abbés il ne s'emparera jamais du revenu des siéges ou des abbayes pendant leur vacance; qu'il en laissera toucher la totalité au successeur, et n'affermera ni ne vendra aucun bénéfice ecclésiastique. Après cette concession à l'église, dont il lui était si important de se concilier la faveur, il passe à l'énumération des abus civils qu'il se propose de corriger; et promet aussi qu'à la mort des comtes, barons ou tenanciers militaires, leurs héritiers seront mis en possession de leurs biens, en payant à la couronne une redevance légitime et modérée, sans être exposés aux exactions exorbitantes qu'ils souffraient sous les derniers règnes : il se dépouille de la garde noble ou tutelle des mineurs, et permet qu'on leur nomme des tuteurs qui seront comptables envers eux seuls : il promet de ne disposer de la main d'aucune héritière pour la marier que de l'avis de tous les barons : il déclare que tout baron qui voudra donner sa fille, sa sœur, sa nièce ou sa parente en mariage à quelqu'un, se bornera à consulter le roi, qui s'engage à ne point vendre son agrément, et à ne jamais le refuser, à moins que l'époux proposé ne soit son ennemi. Il laisse à ses barons ou à ses vassaux militaires la liberté de léguer par testament leurs biens meubles et immeubles; et, s'ils négligeaient de tester, promet que leurs héritiers leur succéderont sans trouble : il renonce aux droits qu'il pourrait prendre sur les monnaies, et à

---

(1) Chron. Sax. p. 208. Simeon Dunelm. p. 225. Brompton, p. 997.

celui d'imposer des taxes arbitraires sur les fermes que les barons retenaient dans leurs propres mains. Il donne quelques espérances vagues de modérer les amendes, accorde une amnistie générale, et remet toutes les sommes dues à la couronne; il exige que les barons accordent à leurs vassaux les priviléges qu'il leur accorde à eux-mêmes, et promet de confirmer et de tenir désormais en vigueur toutes les lois d'Édouard. Telle est la substance des principaux articles de cette fameuse charte.

Pour lui donner plus d'authenticité, Henri en déposa une copie dans une abbaye de chaque province, comme s'il eût désiré qu'elle fût sous les yeux de ses sujets pour servir perpétuellement de règle et de bornes à son administration : cependant il est certain qu'après avoir atteint le but qu'il se proposait il ne pensa jamais, pendant le reste de son règne, à en observer un seul article; elle fut même si négligée, et tomba dans un tel oubli, que, le siècle suivant, lorsque les barons, qui en avaient conservé une tradition obscure, voulurent la faire servir de modèle à la grande charte qu'ils exigèrent du roi Jean, ils purent à peine en trouver une copie dans tout le royaume : aussi les abus que Henri se proposait d'y détruire, continuèrent-ils dans toute leur étendue, et l'autorité royale ne souffrit aucune restriction. La redevance des héritiers, cet article si important, ne fut fixée qu'au temps de la *magna charta* (1). Il est évident que la promesse générale faite dans la charte de Henri, de se contenter d'un relief ou redevance juste et légitime, aurait dû être spécifiée avec plus de précision, pour donner plus de sécurité aux sujets. L'oppression de la garde noble, ou du droit de disposer des pupilles en les mariant d'autorité, se perpétua jusqu'au temps de Charles II. Il paraît, par ce que dit Glanville (2), le fameux justicier de Henri II, qu'alors, dès qu'un homme mourait sans tester, ce qui

---

(1) Glanv. l. 2, cap. 36. Ce qui est appelé *relief*, ou redevance dans les lois de Guillaume-le-Conquérant, conservées par Ingulf, paraît avoir été le *herriot* *, puisque les redevances, aussi bien que les autres charges féodales, étaient inconnues du temps d'Edouard-le-Confesseur, dont ces lois étaient originairement tirées.

(2) L. 7, cap. 16. Cette pratique était contraire aux lois d'Edouard, ratifiées par Guillaume-le-Conquérant, comme nous l'apprenons d'Ingulf, p. 91. Mais les lois avaient peu d'empire alors : le pouvoir et la violence gouvernaient tout.

* *Herriot*. Ce mot signifie le meilleur meuble, comme le cheval, le bœuf, etc., qui se trouve dans la succession d'un vassal, et que la coutume donnait alors au seigneur.

devait être très-fréquent dans un temps où l'art d'écrire était si peu connu, le roi, ou le seigneur du fief, prétendait se saisir de tout le mobilier du mort, et exclure de cette partie de la succession jusqu'aux enfants mêmes : marque certaine d'un gouvernement arbitraire et tyrannique.

En effet, les Normands établis en Angleterre étaient alors tellement effrénés, qu'on pouvait les regarder comme incapables de goûter une liberté véritable et régulière, laquelle demande des lois et des institutions si finement combinées, des vues si vastes, des sentiments d'honneur si sublimes, tant d'esprit de subordination, un tel sacrifice des intérêts particuliers au bien général, et des liens si étroits avec l'ordre public, qu'elle ne peut être que le résultat de mûres réflexions et d'une longue expérience, et qu'il faut pour la perfectionner plusieurs siècles d'un gouvernement légal et fixe. Des peuples assez insensibles aux droits de leur souverain pour rompre sans nécessité l'ordre de la succession, pour souffrir qu'un cadet usurpât la place de son aîné qu'ils estimaient, et dont l'absence était le seul crime, ne devaient pas s'attendre que l'usurpateur eût plus d'égards pour leurs priviléges, laissât mettre des entraves à son pouvoir, et s'engageât lui-même à renoncer à tout ce qui serait de son intérêt et à sa bienséance. Ils avaient, il est vrai, entre leurs mains des armes capables d'empêcher l'établissement du despotisme : ils étaient en état de transmettre à leur postérité assez de puissance pour qu'elle acquît une vraie liberté, si elle avait assez de raison ; mais leur caractère turbulent leur fit faire un tel usage de ces armes, et ils en abusèrent si souvent, qu'ils parvinrent plutôt à gêner l'exécution de la justice qu'à mettre une barrière à l'oppression et à la violence. Le prince, s'apercevant qu'il trouvait plus d'obstacle à maintenir les lois qu'à les violer, fit bientôt de sa volonté suprême l'unique règle de son gouvernement, et dans toutes les occasions considéra davantage le pouvoir que les droits de ceux qu'il lui plaisait d'offenser. La forme même de la charte de Henri prouve que les barons normands (car ils y étaient plus intéressés que les Anglais) ignoraient tout à fait la nature d'une monarchie limitée, et qu'ils n'étaient nullement propres à concourir avec leur souverain à diriger les ressorts de cette machine. Cet acte de sa pleine puissance fut l'effet de sa pure bonté : il renferme plusieurs articles qui lient les autres aussi bien que lui-même, et par conséquent n'est pas l'acte d'un prince qui n'est point revêtu de tout le pouvoir législatif, et qui ne peut à son gré révoquer toutes ses concessions.

Pour se rendre encore plus agréable au peuple, Henri fit dégrader et conduire en prison Ralph Flambard, évêque de Durham, qui avait été le principal instrument des vexations du roi son frère (1). Mais cette action fut suivie d'une autre qui violait directement sa propre charte, et devenait un mauvais pronostic de la sincérité de ses intentions. Il garda cinq ans l'évêché de Durham, et s'en appropria tous les revenus pendant cette vacance. Le roi, instruit du grand crédit qu'Anselme avait acquis en Angleterre par sa piété et par les persécutions qu'il avait souffertes sous Guillaume, lui envoya plusieurs courriers à Lyon, où ce prélat résidait, pour l'inviter à revenir et à rentrer dans ses dignités. A son arrivée, il lui proposa de renouveler l'hommage qu'il avait rendu de son archevêché au feu roi son frère, et que jamais aucun évêque anglais n'avait refusé ; mais Anselme, qui avait pris d'autres sentiments pendant son séjour à Rome, refusa positivement ce qu'on exigeait de lui. Il allégua, pour appuyer sa résistance, les décrets du concile de Bari, auquel il avait assisté lui-même, et déclara que, loin de rendre hommage de la dignité spirituelle, il ne voulait communiquer avec aucun ecclésiastique qui donnerait cette marque de soumission, ou qui recevrait l'investiture des mains d'un laïque. Henri, qui méditait, dans sa situation délicate, de tourner à son avantage le respect et l'amour du peuple pour Anselme, n'osa pas insister sur cette demande. Il se retrancha donc à laisser pour le présent la question indécise, et à dépêcher quelqu'un à Rome pour accommoder ce différend avec le pape, et obtenir qu'il confirmât les lois et les coutumes d'Angleterre.

Une affaire importante survint immédiatement après, dans laquelle le roi fut obligé d'avoir recours à l'autorité d'Anselme. Mathilde, fille de Malcolm III, roi d'Écosse, et nièce d'Edgar

---

(1) Chron. Sax. p. 208. Will. Malm. p. 156. M. Paris, p. 39.

Atheling, avait été conduite en Angleterre après la mort de son père, et pendant les révolutions du gouvernement écossais : elle y était élevée auprès de sa tante Christine, dans le couvent de Ramsey. Henri se proposa d'épouser cette princesse; mais comme elle avait porté le voile, quoiqu'elle n'eût jamais fait de vœux, il pouvait s'élever des doutes sur la légitimité de ce mariage, et il était essentiel au nouveau roi de ne heurter aucun des pieux préjugés de ses sujets. Anselme examina ce point dans un concile de prélats et de nobles convoqués à Lambeth. Mathilde y prouva qu'elle avait pris le voile, non dans l'intention d'embrasser la vie religieuse, mais seulement selon l'usage familier aux dames anglaises, pour mettre leur chasteté à l'abri des brutales insultes des Normands, en se revêtant d'un habit qui, au milieu de l'horrible licence du temps, était encore généralement respecté. Le concile, sachant qu'une princesse même n'avait pas d'autres moyens de se soustraire aux violences, reçut cette raison pour suffisante, et prononça que Mathilde était encore libre de se marier. Ses noces avec Henri furent célébrées par Anselme avec toute la pompe et la solennité possibles. De tout ce que le roi fit pendant le cours de son règne, rien ne lui attira plus l'affection de ses sujets anglais que cette alliance, et rien ne pouvait mieux l'affermir sur le trône. Quoique Mathilde ne fût pas l'héritière de la maison saxonne, tant que son oncle et ses frères vivaient, la nation anglaise chérissait en elle le sang dont elle était issue. Cette nation, tombée avant la conquête dans une espèce d'indifférence pour l'ancienne maison royale, avait éprouvé si cruellement la tyrannie des Normands, qu'elle regrettait amèrement sa première liberté; elle se flatta donc d'une administration plus douce et plus égale lorsque le sang de ses princes naturels serait uni à celui de ses nouveaux souverains.

La prudence et la politique de Henri, qui, aidés par le temps, suffisaient pour lui assurer la couronne, pensèrent être déconcertées par l'invasion soudaine de Robert, arrivé en Normandie un mois après la mort de son frère Guillaume. Il prit possession de ce duché sans résistance, et fit immédiatement après ses préparatifs pour recouvrer le trône dont les intrigues de Henri l'avaient si injustement privé pendant son absence. La grande renommée qu'il s'était acquise dans l'Orient favorisait ses prétentions. Les barons normands, frappés des conséquences qu'entraînait la séparation du duché et du royaume, marquèrent, lorsqu'elle se fit, le même mécontentement qu'ils avaient témoigné à l'avénement de Guillaume-le-Roux. Robert de Bellesme, comte de Shrewsbury et d'Arundel, Guillaume de Garenne, comte de Surrey, Arnolf de Montgomery, Gautier Giffard, Robert de Pontefract, Robert de Mallet, Yve de Grantmesnil, et plusieurs autres de la plus haute noblesse, l'invitèrent à faire une tentative sur l'Angleterre, et promirent de se joindre à lui avec toutes leurs forces dès qu'il y serait descendu. Les matelots mêmes, prévenus en sa faveur par sa réputation guerrière, lui amenèrent la plus grande partie d'une flotte qui avait été équipée pour s'opposer à son passage (1). Au milieu de ces périls pressants, Henri, inquiet pour sa vie aussi bien que pour sa couronne, tenta de faire servir l'esprit superstitieux de ses sujets à étouffer leurs sentiments d'équité : il fit sa cour à Anselme, dont il affecta de révérer la sainteté et la sagesse, le consulta dans toutes les circonstances difficiles, parut ne se laisser gouverner que par ses conseils, promit de ne jamais enfreindre les priviléges ecclésiastiques, étala un grand attachement pour Rome, et exprima une ferme résolution d'obéir implicitement aux décrets des conciles et aux volontés du souverain pontife. Au moyen de ces caresses et de ces protestations, ce prince gagna entièrement la confiance du primat, dont l'influence sur le peuple et l'autorité sur les barons pouvaient lui être utiles dans les circonstances présentes. Anselme ne se fit aucun scrupule d'assurer les grands de la sincérité du roi, lorsqu'il s'engageait à renoncer au gouvernement oppressif et tyrannique de son père et de son frère. Il parcourut même les rangs de l'armée, recommanda aux soldats la défense de leur prince, leur représenta le devoir d'observer leur serment de fidélité, et leur présagea le gouvernement le plus heureux sous un roi si juste et si sage. Cet expédient, joint au crédit des comtes de Warwic et de Mellent, de Richard Bigod, Richard de Redvers, et Robert Fitz-Hamon, barons puissants qui tenaient encore au parti du roi, retint l'armée dans ses intérêts; elle

---

(1) Chron. Sax. p. 209. Hoveden, p. 469. Drompton, p. 998.

marcha donc avec l'apparence de l'union et de la fermeté contre Robert, qui venait de débarquer à Portsmouth avec ses troupes.

Les deux armées se tinrent en présence pendant quelques jours sans en venir aux mains; et les deux princes, également inquiets d'un événement qui ne pouvait être que décisif, acceptèrent volontiers la médiation d'Anselme et d'autres grands qui s'offrirent à les accorder. Après quelques négociations, on convint que Robert se désisterait de ses prétentions sur l'Angleterre, et recevrait en dédommagement une pension annuelle de 3000 marcs; que si l'un de ces princes mourait sans postérité, l'autre succéderait à ses états; que les adhérents de chaque parti seraient absous et rétablis dans leurs possessions, soit en Normandie, soit en Angleterre, et que Henri et Robert n'encourageraient, ne recevraient, ni ne protégeraient les ennemis l'un de l'autre.

Henri, à qui ce traité était le plus avantageux, fut cependant le premier à le violer. Il rétablit à la vérité dans leurs biens tous les partisans de Robert; mais il avait secrètement résolu que ces seigneurs, si puissants et si mal affectionnés, qui étaient disposés à troubler son gouvernement et avaient assez d'habileté pour y réussir, jouiraient peu de leur grandeur et de leur opulence actuelles. Le comte de Shrewsbury, après avoir été surveillé quelque temps par des espions, fut attaqué sur quarante-cinq chefs d'accusation. Ce seigneur turbulent, connaissant son crime, les préventions de ses juges et le pouvoir de son accusateur, eut recours aux armes pour sa défense. Mais l'adresse et l'activité de Henri l'eurent bientôt réduit: il fut banni du royaume, et ses vastes possessions furent confisquées (1). Sa ruine entraîna celle de ses deux frères, Arnolph de Montgomery et Roger de Lancaster. Roger de Pontefract et Robert de Mallet, qui s'étaient distingués entre les partisans zélés du duc de Normandie, ne tardèrent pas à être poursuivis et condamnés. Guillaume de Garenne fut ensuite la première victime qu'on immola: le comte de Cornouailles même, fils du comte de Mortagne, oncle du roi, ayant donné lieu à quelques soupçons contre lui, perdit les acquisitions immenses que sa famille avait faites en Angleterre (2).

---

(1) Chron. Sax. p. 210.—(2) Chron. Sax. p. 212.

Quoique la conduite violente et tyrannique des seigneurs normands ne donnât que trop de prise sur eux, et qu'ils méritassent assez les sentences qui les condamnaient, tout le monde vit ou conjectura que leur plus grand crime, et le vrai motif des poursuites qu'ils éprouvaient, n'était pas leurs vexations habituelles. Robert, outré du sort de ses amis, hasarda de passer en Angleterre, et se plaignit amèrement à son frère de l'infraction du traité; mais il fut si mal reçu, qu'il trembla pour sa propre liberté, et se crut trop heureux d'acheter la permission de sortir du royaume, en renonçant à la pension qu'on lui avait promise par le dernier accommodement.

Le voyage indiscret de Robert eut encore pour lui des suites plus cruelles. Ce prince, que sa bravoure et sa candeur avaient fait respecter et chérir lorsqu'il était éloigné, n'eut pas plus tôt été investi du pouvoir, et n'eut pas plus tôt goûté les douceurs de la paix, que toute la vigueur de son ame parut affaissée, et qu'il devint un objet de mépris pour tous ceux qui approchaient de sa personne ou qui étaient soumis à son autorité : livré tour à tour aux plaisirs les plus dissolus et aux pratiques de dévotion les plus minutieuses, il mit tant d'indolence dans le soin de ses finances et dans son gouvernement en général, que ses domestiques pillèrent impunément son argent, lui volèrent jusqu'à ses habits, et commirent ensuite toutes les extorsions possibles sur ses sujets sans défense.

Les barons, qu'une administration sévère pouvait seule contenir, accablaient leurs vassaux de vexations, et étaient toujours armés les uns contre les autres, de manière que toute la Normandie, pendant le règne de ce prince trop facile, ne fut qu'un théâtre de troubles et de déprédations continuelles. A la fin, les Normands, témoins des avantages du gouvernement régulier que Henri, quoique usurpateur, avait su établir en Angleterre, eurent recours à sa protection pour faire cesser les désordres dont ils gémissaient, et cette sollicitation lui fournit un prétexte de se mêler des affaires de la Normandie (1). Au lieu d'employer sa médiation à faire respecter le gouvernement de son frère ou à remédier aux maux dont se plaignaient les Normands, Henri ne

---

(1) Chron. Abb. S. Petri de Burgo, p. 60.

songea qu'à se faire un parti chez eux, et qu'à le grossir par les présents, les intrigues et les insinuations qu'il put mettre en usage. Lorsqu'il se fut assuré, pendant un voyage qu'il fit dans ce duché, que la noblesse était plus disposée à passer sous sa domination qu'à rester fidèle à son légitime souverain, il se servit des moyens les plus rigoureux et les plus despotiques pour lever une armée nombreuse et de grosses sommes d'argent en Angleterre ; il retourna l'année d'après en Normandie, en état de s'en rendre maître ou par la force ou par la corruption, et prit Bayeux d'assaut après un siége opiniâtre. Les habitants de Caen lui livrèrent eux-mêmes leur ville ; mais il fut repoussé à Falaise, et la saison avancée l'obligea de lever le siége et de s'en retourner dans son royaume, après avoir assuré ses partisans qu'il continuerait de les soutenir et de les protéger.

L'année suivante il ouvrit la campagne par le siége de Tinchebray, et il devint évident, par ses préparatifs et ses progrès, que son but était de se rendre maître de la Normandie entière. Robert sortit enfin de son sommeil léthargique, et, secondé par le comte de Mortagne et par Robert de Bellesme, ennemis implacables du roi, leva une armée considérable, et s'approcha du camp ennemi, résolu de terminer ces différends par une bataille décisive. Il entrait alors sur une scène d'action, la seule où il fût en état de se signaler. Son exemple anima tellement les troupes normandes, qu'elles firent plier l'armée anglaise : déjà elles touchaient au moment de remporter la victoire, lorsque la fuite du comte de Bellesme les mit en désordre, et occasionna leur défaite totale. Outre le grand nombre que Henri en massacra, il fit près de dix mille prisonniers, parmi lesquels étaient le duc Robert même et les barons les plus considérables de ceux qui avaient défendu ses intérêts (1). La réduction entière de la province suivit cette victoire : Rouen se soumit immédiatement au vainqueur ; après quelques négociations, Falaise lui ouvrit ses portes, et non-seulement le rendit maître d'une forteresse importante, mais aussi de la personne du prince Guillaume, le fils et l'unique héritier de Robert. Le roi assembla les états de Normandie, et, ayant reçu l'hommage de tous les vassaux de ce duché, réglé le gouvernement, révoqué

---

(1) Eadmer, p. 90. Chron. Sax. p. 214. Order. Vitalis, p. 821.

toutes les donations faites par son frère, démantelé les châteaux récemment bâtis, s'en retourna triomphant dans ses états, et emmena le duc avec lui, comme prisonnier de guerre. Cet infortuné prince fut enfermé le reste de sa vie, qui dura encore vingt-huit ans. Il mourut au château de Cardiff, dans le comté de Glamorgan: heureux si, sans perdre sa liberté, il eût renoncé à un pouvoir qu'il n'était capable ni de conserver ni d'exercer. On confia le prince Guillaume à la garde d'Hélie de Saint-Saen, qui avait épousé une fille naturelle de Robert. Ce seigneur, plus délicat sur les lois de l'honneur et de la probité qu'on ne l'était ordinairement alors, s'acquitta de cet emploi de confiance avec autant de zèle que de fidélité. Edgar Atheling, qui avait suivi Robert à l'expédition de Jérusalem, et qui avait toujours vécu auprès de lui en Normandie depuis leur retour, avait été aussi fait prisonnier à la bataille de Tinchebray. Henri lui rendit la liberté, et lui assigna une petite pension, avec laquelle il se retira de la cour. Il vécut en Angleterre jusque dans une grande vieillesse, négligé et oublié de tout le monde. Ce prince se distingua par sa bravoure personnelle; mais rien ne prouve mieux sa médiocrité à tous autres égards, que d'avoir vécu tranquille, et d'être mort en paix pendant le règne de tant d'usurpateurs cruels et défiants, quoiqu'il fût aimé des Anglais et qu'il eût seul un droit légitime au trône.

Peu de temps après que Henri eut achevé la conquête de la Normandie et réglé le gouvernement de cette province, il termina une discussion qui subsistait depuis long-temps entre lui et le pape sur l'article des investitures des bénéfices ecclésiastiques. Malgré l'abandon qu'il fut obligé de faire de quelques anciens droits de la couronne, il se tira de cette difficulté à de meilleures conditions que la plupart des princes qui, dans ces temps-là, étaient assez malheureux pour s'engager dans des contestations avec le siége apostolique. La situation du roi au commencement de son règne l'avait contraint à faire sa cour à Anselme. Les fruits qu'il recueillit des bons offices de ce prélat lui prouvèrent jusqu'où allait le fanatisme du peuple, et quel ascendant les ecclésiastiques avaient acquis sur les esprits. Henri avait remarqué, à l'avénement de son frère Guillaume-le-Roux, qu'en dépit du droit d'aînesse de Robert et de l'inclination de presque tous les barons, le crédit de Lanfranc l'avait emporté sur toute autre considération et décidé du sort de la couronne. Le cas où il se trouvait lui-même était encore moins favorable, et démontrait plus évidemment l'influence et l'autorité du clergé sur la nation. Quoique ces exemples récents rendissent ce prince attentif à ne pas irriter un corps si formidable, il n'était que mieux convaincu que son propre intérêt exigeait qu'il conservât l'ancienne prérogative de la couronne, de disposer de dignités si importantes, et qu'il réprimât l'indépendance à laquelle les ecclésiastiques aspiraient hautement. Le choix que, dans un accès de pénitence, Guillaume avait fait d'Anselme contrariait d'autant plus les vues de Henri, que ce prélat était célèbre par sa piété, son zèle et l'austérité de ses mœurs. Quoique ses pratiques de dévotion monacale et ses petites idées n'annonçassent pas une grande connaissance du monde ni une profonde politique, il n'en devenait par-là même qu'un instrument plus dangereux entre les mains des politiques plus habiles que lui, et il n'en avait que plus d'empire sur la populace superstitieuse. Jamais la prudence et la dextérité du roi ne se montrèrent mieux que dans la conduite de cette affaire délicate, où il se voyait toujours obligé de risquer sa couronne pour en sauver le fleuron le plus précieux.

Anselme ne fut pas plus tôt revenu de son exil, que son refus de rendre hommage au roi éleva une contestation dont Henri éluda l'effet, dans ces conjonctures critiques, en promettant d'envoyer quelqu'un à Rome pour conférer à ce sujet avec Pascal II, pape alors régnant. L'envoyé revint, comme vraisemblablement on l'avait prévu, avec un refus absolu de la part du saint-père, fortifié de raisons bien faites pour agir sur les esprits dans ces temps-là. Pascal citait l'Écriture sainte pour prouver que Jésus-Christ était la *porte*, d'où il inférait que tous les ecclésiastiques devaient entrer dans l'église par Jésus-Christ seul, et non par le magistrat civil ou tout autre profane laïque. « Il est mon-
« strueux, ajoutait le pontife, qu'un fils prétende engendrer son
« père, ou un homme créer son Dieu. Les prêtres sont appelés
« dieux dans l'Écriture, comme étant les vicaires de Dieu; vou-

« driez-vous, par votre abominable prétention de leur donner
« l'investiture, vous arroger le droit de les créer (1)? »

Quelque convaincantes que fussent ces applications des livres saints, elles ne persuadèrent pas Henri de céder une prérogative si importante; peut-être aussi que ce prince, instruit et capable de réflexion, pensa que l'absurdité *de l'homme créant son Dieu*, en accordant même que les prêtres fussent des dieux, n'était pas décente dans la bouche du souverain pontife; mais, comme le roi désirait éviter, ou du moins différer d'en venir à des moyens extrêmes avec l'Église, il persuada au primat qu'on parviendrait à l'accommodement de cette affaire en commençant de nouvelles négociations. Pour cet effet, Henri envoya trois évêques à Rome, tandis qu'Anselme y dépêcha de son côté deux personnes de confiance, afin de s'assurer des intentions du saint-père. Pascal écrivit des lettres aussi positives qu'arrogantes au roi et au primat, reprocha au premier qu'en s'attribuant le droit des investitures il commettait une espèce d'adultère spirituel avec l'Église, qui était l'épouse de Jésus-Christ, et qui ne pouvait se permettre un tel commerce avec un autre que son époux, et répéta au dernier que la prétention des rois de conférer les bénéfices était une source de simonie; observation trop bien fondée dans ces temps-là.

Henri ne vit plus alors d'autre expédient que de supprimer la lettre qui lui était adressée, et de corrompre les trois évêques, pour qu'ils affirmassent sur leur foi épiscopale que le pape les avait assurés en particulier de ses intentions favorables à l'égard de Henri. Ils attestèrent donc que Pascal permettait à ce prince d'exercer sa prérogative en accordant des investitures; mais qu'il n'osait lui donner cette permission écrite de sa main, de peur qu'elle ne devînt pour les autres princes un exemple qui les autorisât à s'arroger le même privilége. Les deux moines agents d'Anselme lui protestèrent que ce récit était une fable; mais leur rapport ne put balancer celui de trois évêques : ainsi le roi

---

(1) Eadmer, p. 61. Je soupçonne que ce texte de l'Écriture est une invention du saint-père; car je ne l'ai pu trouver dans les livres saints. Cependant il passa dans ce temps-là comme une autorité sacrée, et fut souvent cité par les ecclésiastiques comme le fondement de leur puissance. *Voyez* Epist. S. Thom. p. 169.

procéda, comme s'il eût enfin gagné sa cause, à remplir les siéges d'Hereford et de Salisbury, et il investit les nouveaux évêques de la manière accoutumée. Anselme, qui avait de bonnes raisons pour ne pas ajouter foi au rapport des ambassadeurs du roi, refusa non-seulement de sacrer les prélats que ce prince avait nommés, mais même d'avoir aucune communication avec eux: ceux-ci, voyant combien ils étaient devenus odieux, renvoyèrent au roi les marques de leur dignité (1). Cette contestation continua de s'aigrir tous les jours : malgré la prudence et la modération de son caractère, le roi laissa échapper des menaces contre quiconque prétendrait s'opposer à ce qu'il exerçât les anciennes prérogatives de sa couronne, et Anselme, sentant le danger de sa position, demanda la permission d'aller à Rome soumettre ce différend au souverain pontife. Henri, très content de son côté de se délivrer sans violence d'un adversaire si inflexible, lui donna promptement son congé. Il partit en effet, suivi, jusqu'au rivage de la mer, d'une multitude infinie, non-seulement d'ecclésiastiques et de moines, mais encore de gens de toute espèce, qui se déclaraient ainsi sans scrupule pour le primat contre leur souverain, et qui regardaient ce départ comme le signal de l'extinction de la religion et de la vraie piété dans le royaume. Cependant le roi ne laissa pas de confisquer le temporel d'Anselme, et envoya William de Warelwast négocier avec Pascal, pour tâcher d'accommoder cette affaire.

Le ministre anglais dit au pape que son maître perdrait plutôt sa couronne que de se désister du droit des investitures. « Et « moi, répondit Pascal, je perdrai plutôt ma tête que de per- « mettre qu'il le conserve. » Henri fit défendre secrètement à Anselme de revenir, à moins qu'il ne fût résolu de se conformer aux lois et aux usages du royaume. Le prélat fixa donc sa résidence à Lyon, en attendant que le roi fût obligé d'abandonner enfin le point qui était en discussion. Peu de temps après, le primat obtint la permission de retourner dans son abbaye du Bec, en Normandie; Henri lui rendit les revenus de son archevêché, le traita avec le plus grand respect, et eut même plusieurs conférences avec lui, pour essayer d'amollir sa résistance

(1) Hoveden, p. 470. Chron. S. Petri de Burgo, p. 59.

et de l'engager à se soumettre. Dans ces entrefaites, le peuple anglais, persuadé que toutes les discussions étaient accommodées, penchait à blâmer le primat de s'absenter si long-temps de son troupeau, et journellement Anselme recevait des lettres de ses partisans, qui lui représentaient la nécessité de hâter son retour : tout sentiment de christianisme et de piété, lui disaient-ils, allait s'éteindre, faute de ses soins paternels ; les modes les plus extravagantes dominaient en Angleterre ; et, comme on ne craignait plus sa sévérité, la sodomie et les cheveux longs reprenaient racine chez les hommes de tous les rangs, et ces désordres affreux se répandaient ouvertement partout, sans pudeur, et sans crainte de châtiments.

La politique de la cour de Rome a long-temps été un sujet d'admiration : ceux qui jugent des choses par le succès ont prodigué les plus grands éloges à la rare prudence qui, sans le secours des armes, avait conduit une puissance si faible dans son commencement à établir une monarchie universelle et presque absolue en Europe ; mais une sagesse héréditaire dans tant d'hommes différents d'âge, de caractère et d'intérêt, dont le siége pontifical a été rempli, ne peut se concevoir, et paraît hors de la nature. L'ignorance et la superstition des peuples, que les papes ont employées, est au contraire un ressort si commun, si grossier, d'une efficacité si générale, si peu sujet à des accidents qui le détraquent, qu'il peut réussir dans les mains même les plus maladroites ; à peine est-il des imprudences capables d'en empêcher l'effet. Tandis que la cour de Rome était ouvertement abandonnée aux désordres les plus honteux, tandis même qu'elle était déchirée par les schismes et par les factions, la puissance de l'église faisait journellement des progrès sensibles en Europe : la témérité de Grégoire, la circonspection de Pascal y contribuèrent toutes deux également. Le clergé, éprouvant souvent le besoin d'un appui contre la violence des princes ou contre la sévérité des lois, s'attachait volontiers à un chef étranger, qui, à l'abri de la crainte de l'autorité civile, pouvait exercer librement toute celle de l'église à défendre les propriétés et les priviléges antiques ou usurpés, lorsqu'ils étaient menacés dans quelque pays. Les moines, pressés de se soustraire à la dépendance de leurs diocésains, témoignaient encore un zèle plus ardent pour la tiare; le peuple stupide n'avait ni science ni raison à opposer aux prétentions les plus outrées : les choses les plus absurdes étaient celles dont on doutait le moins; les moyens les plus criminels se trouvaient sanctifiés dès que la piété paraissait être leur fin; la foi des traités était supposée ne lier personne, et si les prétendus intérêts de Dieu demandaient qu'on les violât, les anciennes lois et coutumes des états devenaient sans force contre un droit appelé divin; les faussetés les plus impudentes étaient reçues comme des monuments authentiques de l'antiquité. On célébrait les champions de la sainte église comme des héros, s'ils réussissaient; on les honorait comme des martyrs, s'ils succombaient dans la lutte. De cette manière, tous les événements tournaient à l'avantage des usurpations cléricales. Pascal même, le pape régnant, se trouvait, pendant le cours des contestations sur les investitures, embarrassé dans des circonstances et forcé à tenir une conduite qui auraient déshonoré et perdu tout souverain temporel assez malheureux pour tomber dans une pareille situation. L'empereur Henri V se rendit maître de sa personne, et le contraignit, par un traité formel, de lui reconnaître le droit d'accorder les investitures, sur lequel ils avaient si long-temps disputé. Pour ajouter une plus grande solennité à cet accommodement, l'empereur et le pape communièrent ensemble de la même hostie qu'on leur partagea : les plus terribles imprécations furent publiquement appelées sur la tête de celui des deux qui enfreindrait le traité; cependant Pascal ne fut pas plus tôt libre qu'il rétracta toutes ses concessions et excommunia l'empereur. Ce monarque se vit à son tour réduit à se soumettre aux conditions qu'on lui imposa, et obligé à la fin d'abandonner des prétentions qu'il ne put jamais reproduire (1).

Il s'en fallut peu que le roi d'Angleterre ne tombât dans une situation aussi critique que celle de l'empereur : Pascal avait déjà excommunié le comte de Mellent et les autres ministres de Henri, qui soutenaient la cause de leur maître. Il menaçait journellement ce prince de le traiter de même, et ne suspendait ses coups que pour lui laisser le temps de s'y dérober par la sou-

---

(1) Fra-Paolo, sopra Benef. eccl. p. 112. Abb. S. Petri de Burgo, p. 63.

mission. Les mécontents attendaient avec impatience l'occasion de conspirer et de se révolter contre le gouvernement. Les plus grands amis du roi redoutaient un événement qui mettrait aux prises leur religion et leur fidélité. La comtesse de Blois, sa sœur, princesse extrêmement pieuse, et qui avait un grand ascendant sur lui, frémissait du danger où allait tomber le salut de son frère. D'un autre côté, Henri paraissait résolu de tout hasarder plutôt que de renoncer à une prérogative si importante, dont tous ses prédécesseurs avaient joui : il était d'ailleurs vraisemblable que sa prudence et son habileté sauraient soutenir ses droits, et prendre enfin le dessus dans la dispute. Pendant que Pascal et Henri se tenaient ainsi mutuellement en crainte, il était plus facile de les amener à un accommodement, et de trouver un tempérament qui pût concilier leurs intérêts respectifs.

Avant que les évêques prissent possession de leur dignité, ils étaient autrefois dans l'usage de subir deux cérémonies : ils recevaient d'abord des mains de leur souverain un anneau et une crosse, comme symbole de leur office, et c'est ce qu'on appelait leur *investiture*; puis ils rendaient à leur prince les soumissions prescrites à tous vassaux par les lois féodales, ce qu'on appelait *hommage*. Comme le roi pouvait à la fois refuser d'accorder l'*investiture* et de recevoir l'*hommage*, quoique le chapitre eût obtenu, par quelques canons du moyen âge, le droit d'élection, le souverain possédait seul en réalité le pouvoir de choisir les prélats. Urbain II avait également dépouillé les laïques des droits d'investiture et d'hommage. Les empereurs ne purent jamais réussir, ni par les armes, ni par les négociations, à faire admettre une distinction entre ces droits différents en eux-mêmes. L'interposition des profanes laïques, à quelque égard que ce fût, était toujours représentée comme impie et abominable : l'église aspirait ouvertement à une indépendance absolue du pouvoir temporel. Mais Henri avait mis l'Angleterre et la Normandie sur un pied qui donnait plus de poids à ses négociations, et Pascal se contenta pour le moment du droit qui lui fut cédé, d'accorder des investitures, en vertu desquelles le spirituel de l'épiscopat était censé conféré; mais il consentit que les évêques rendissent hommage au roi pour leurs possessions et leurs priviléges temporels. Le pontife s'applaudit de l'avoir emporté sur ce point, et se flatta qu'avec le temps il envahirait l'autorité tout entière; et le roi, pressé de se tirer d'un si mauvais pas, se contenta de sauver une partie de la sienne, quoique ce fût la moins importante dans l'élection des prélats.

Cette dispute principale terminée, il ne fut pas difficile d'arranger les autres différends. Le pape permit à Anselme de communiquer avec les évêques qui avaient déjà reçu leur investiture de la couronne, et d'exiger seulement d'eux quelque acte de soumission pour l'irrégularité de leur conduite passée. Il lui accorda aussi le pouvoir de réformer tous les autres désordres qui pouvaient naître, disait-il, parmi une nation barbare : car telle était l'idée que les papes avaient alors des Anglais; et rien en effet ne prouve mieux l'ignorance excessive où ils étaient plongés, que de voir un homme assis sur la chaire pontificale, et n'y subsistant que d'absurdités, se croire en droit de les traiter de barbares.

Pendant le cours de ces altercations, on tint un synode à Westminster, où le roi, occupé seulement de son objet principal, laissa passer plusieurs canons moins importants, quoiqu'ils tendissent à favoriser les usurpations du clergé. On prohiba le mariage des prêtres, point de discipline toujours très difficile à établir. On défendit aux laïques d'épouser leurs parents jusqu'au septième degré : défense ingénieusement imaginée pour augmenter les revenus du pape par le produit des dispenses ou des divorces qu'il accordait : car comme l'art d'écrire n'était pas commun alors, et que les registres des paroisses n'étaient pas tenus exactement, on ne pouvait guère constater les degrés d'affinité, même parmi les gens de haute naissance; tout homme qui avait assez d'argent pour faire dissoudre son mariage, n'avait qu'à se servir du prétexte que sa femme lui était parente au degré prohibé par les canons. Ce synode dressa encore un statut qui interdisait les cheveux longs aux laïques. L'aversion du clergé pour cette mode ne se concentrait pas seulement en Angleterre : lorsque le roi alla en Normandie, avant de conquérir cette province, l'évêque de Seez le supplia instamment, par une harangue étudiée, de réformer divers abus du gouvernement, et d'obliger les peuples à couper leurs cheveux d'une manière décente. Quoique Henri ne fût nullement disposé à céder ses prérogatives à l'église, il voulut bien sacrifier ses cheveux ; il se les fit donc couper à la longueur qu'on lui prescrivit, et obligea tous ses courtisans à suivre son exemple.

L'acquisition de la Normandie avait été le grand objet de l'ambition de Henri : cette province, l'ancien patrimoine de sa maison, était le seul territoire qui, tant qu'il fut en sa puissance, lui donnât du poids et de la considération sur le continent ; mais son usurpation devint pour ce prince une source de vives inquiétudes, l'engagea dans plusieurs guerres, et l'obligea d'accabler ses sujets anglais de ces impôts énormes et arbitraires dont tous les historiens de son temps s'accordent à se plaindre (1). Guillaume, son neveu, n'avait que six ans lorsqu'il fut confié à la garde d'Hélie de Saint-Saen ; il est vraisemblable que l'intention de Henri, en remettant ce dépôt entre les mains d'un homme d'une probité si reconnue, était de prévenir tout soupçon injurieux, si quelque accident mettait en danger la vie du jeune prince. Mais le roi se repentit bientôt d'un tel choix, et lorsqu'il voulut se ressaisir de son pupille, Hélie le lui déroba en le conduisant à la cour de Foulques, comte d'Anjou, qui lui donna asile. A mesure que ce prince avançait vers l'âge de raison, il se développait en lui des qualités dignes de sa naissance : il parcourut plusieurs cours de l'Europe, et excita en même temps, dans le cœur de plusieurs souverains, un tendre intérêt pour ses malheurs, et une vive indignation contre son oncle qui l'avait si injustement dépouillé de ses héritages. Louis-le-Gros, fils de Philippe, régnait alors sur la France. Ce prince brave et généreux, ayant été réduit pendant la vie de son père à se réfugier en Angleterre, pour se soustraire aux persécutions de sa belle-mère Bertrade, avait été protégé par Henri, et s'était lié personnellement d'amitié avec lui ; mais ces nœuds se rompirent lorsque Louis parvint à la couronne : les intérêts de ce monarque étaient si opposés à ceux du monarque anglais, il sentit si bien ce qu'il avait à craindre de la réunion de la Normandie à l'Angleterre, qu'il se joignit aux comtes d'Anjou et de Flandre pour

---

(1) Eadmer, p. 83. Chron. Sax. pag. 211, 212, 213, 219, 220, 228.

inquiéter Henri, qui fut obligé de passer dans son duché, où il résida deux ans occupé à défendre ses possessions du continent. La guerre allumée entre ces princes ne fut accompagnée d'aucun événement mémorable, et ne produisit que des escarmouches sur les frontières, par suite de la faiblesse des souverains de ce siècle, quand leurs sujets n'étaient pas remués par quelques circonstances essentielles et pressantes. Henri, en accordant son fils aîné Guillaume à la fille de Foulques, détacha ce prince de ses confédérés, et les obligea d'en venir à un accommodement. Cette paix ne fut pas de longue durée; Guillaume, neveu de Henri, se retira auprès de Baudouin, comte de Flandre, qui le prit sous sa protection. Le roi de France, excité par d'autres motifs, s'étant joint à leur parti, une nouvelle guerre s'alluma en Normandie, où il ne se passa rien de plus éclatant que dans la précédente. A la fin, la mort de Baudouin, tué dans une action près d'Eu, donna quelque relâche à Henri, et le mit en état de combattre le reste de ses ennemis avec plus d'avantage.

Louis, convaincu qu'il ne pourrait réussir à dépouiller le roi de la Normandie par la force des armes, eut recours au dangereux expédient de faire intervenir la puissance spirituelle, et de fournir aux ecclésiastiques un prétexte de se mêler des affaires temporelles des princes. Il mena le jeune Guillaume au concile général que le pape Calixte II avait assemblé à Reims, le présenta lui-même, se plaignit de l'usurpation et des injustices manifestes de Henri, implora l'assistance de l'église pour faire restituer la souveraineté usurpée à l'héritier légitime, et déclama contre la cruauté qu'il y avait à retenir en prison un prince aussi brave que Robert, l'un des plus célèbres et des plus considérables croisés, et qui, à ce titre, était sous la protection immédiate du saint-siége. Henri savait à la fois défendre les droits de sa couronne avec vigueur et avec adresse. Il avait envoyé des évêques anglais à ce concile, mais en les avertissant que, si le pape et les ecclésiastiques hasardaient encore quelques prétentions contraires à son autorité, il était résolu de maintenir les lois et les coutumes d'Angleterre, et les prérogatives que ses ancêtres lui avaient transmises. « Allez, dit-il à ces prélats; sa-
« luez le pape de ma part, écoutez ses préceptes apostoliques;

« mais gardez-vous de rapporter dans mon royaume aucune de
« ses nouvelles inventions. » Néanmoins ce prince, jugeant plus
facile pour lui d'éluder les efforts de Calixte que d'y résister,
ordonna à ses ambassadeurs de le gagner, ainsi que ses favoris,
par des présents et des promesses : dès qu'on eut fait usage de
cette instruction, le concile n'écouta plus les plaintes du prince
normand qu'avec la plus grande froideur, et le souverain pontife
convint, après une conférence qu'il eut le même été avec Henri,
et où probablement ce dernier renouvela ses présents, que, de
tous les princes qu'il avait connus, celui-là était sans comparaison le plus éloquent et le plus persuasif.

Les opérations militaires de Louis n'eurent pas plus d'effet que
ses intrigues : il avait formé le projet de surprendre Noyon ;
mais Henri, ayant été averti de ce dessein, marcha au secours
de la place, et attaqua subitement les Français à Audely, comme
ils avançaient pour exécuter leur projet. Il y eut une action vive,
où Guillaume, fils de Robert, se conduisit avec un courage intrépide ; le roi même fut blessé à la tête par Crispin, brave officier
normand qui s'était attaché à la fortune de Guillaume ; mais le
monarque, plus animé qu'étourdi par le coup, terrassa son
ennemi, et encouragea tellement ses troupes par son exemple,
qu'elles mirent les Français en déroute, et furent au moment de
faire leur roi prisonnier. Le rang des personnes qui se distinguèrent dans cette escarmouche la fit regarder comme l'action la
plus mémorable de cette guerre ; car, à tout autre égard, elle ne
fut pas d'une grande importance. Neuf cents chevaux combattirent des deux côtés, et cependant il n'y eut que deux cavaliers
de tués ; le reste fut défendu par les armures pesantes que la cavalerie portait alors. Le roi de France et celui d'Angleterre
s'accommodèrent peu de temps après, et les intérêts du jeune
Guillaume furent totalement négligés dans cet accommodement.

La prospérité de Henri dans ses affaires publiques fut bientôt
contre-balancée par le malheur qui lui arriva dans sa famille. Son
fils unique Guillaume était alors âgé de dix-huit ans ; le roi son
père, jugeant, par la facilité avec laquelle il avait usurpé la
couronne, qu'une révolution semblable pouvait la ravir à ses
descendants, avait pris la précaution de le faire reconnaître pour

son successeur par les états du royaume, et l'avait mené en Normandie pour qu'il y reçût l'hommage des barons de ce duché. Lorsque Henri revint en Angleterre, il partit de Harfleur, et, secondé d'un vent favorable, perdit bientôt de vue le rivage. Le prince y était retenu par quelque accident; ses matelots, aussi bien que le capitaine, ayant employé cet intervalle à boire, s'échauffèrent tellement la tête, que, dans le désordre où ils étaient, voulant se presser de rejoindre le roi, ils portèrent imprudemment leur vaisseau sur une pointe de rocher, où il se brisa tout à coup. Le prince sauta dans une chaloupe, et gagnait déjà le large, lorsqu'il entendit les cris de la comtesse de Perche, sa sœur naturelle : il en fut ému, et ordonna à ses matelots de retourner au navire pour tâcher de la sauver; mais la foule qui se jeta alors dans la chaloupe la fit couler à fond, et Guillaume périt avec toute sa suite. Plus de cent quarante jeunes seigneurs des premières maisons d'Angleterre et de Normandie furent enveloppés dans ce désastre. Un boucher de Rouen eut seul le bonheur d'échapper à la mort; il s'accrocha au mât du vaisseau, et fut retrouvé le lendemain matin par des pêcheurs. Fitz-Stephens, le capitaine, s'était saisi aussi de ce mât; mais ayant appris du boucher que le prince Guillaume avait péri, il s'écria qu'il ne voulait pas survivre à ce malheur, et se précipita dans la mer. Henri espéra pendant trois jours que son fils avait pu être jeté sur quelque plage éloignée de l'Angleterre; mais lorsqu'on lui apporta des nouvelles certaines de sa perte, il s'évanouit, et on remarqua que, depuis cet événement fatal, il ne lui échappa jamais le plus léger sourire, et qu'il ne reprit plus sa gaieté ordinaire.

La mort de Guillaume peut être regardée, à quelque égard, comme une infortune pour les Anglais, parce qu'elle fut la cause immédiate des guerres civiles qui, après le décès du roi, désolèrent si cruellement la nation. Cependant il est bon d'observer que le jeune prince nourrissait une aversion violente pour les naturels du pays : on lui avait même même entendu dire que lorsqu'il serait roi, il les ferait atteler à une charrue, et les métamorphoserait en bêtes de somme. Il tenait ces préventions de son père; malgré la petite ruse dont ce monarque savait se servir à propos, de se féliciter, comme d'un avantage, d'être né en Angleterre, il montra dans le cours de son gouvernement des préjugés extrêmement défavorables aux Anglais. Toute espérance de parvenir aux dignités ecclésiastiques ou civiles leur fut interdite pendant son règne; et tout étranger, quelque ignorant ou corrompu qu'il fût, était sûr d'être préféré à ses concurrents. Comme les Anglais n'avaient point troublé le gouvernement depuis cinquante ans, cette antipathie invétérée dans un prince aussi modéré que pénétrant, nous fait présumer que ce peuple était encore grossier et barbare en comparaison des Normands, et ne nous donne pas une idée très avantageuse des mœurs des Anglo-Saxons.

Le prince Guillaume ne laissait point d'enfants, et le roi se trouvait alors sans postérité légitime, excepté Mathilde, sa fille, qu'en 1110 il avait accordée à l'empereur Henri V, quoiqu'elle n'eût que huit ans (1), et envoyée élever en Allemagne (2). Comme l'absence de cette princesse et son mariage dans une maison étrangère mettaient la succession de Henri, alors veuf, en danger d'être envahie, il projeta de se remarier, dans l'espoir d'avoir des enfants mâles. Il rechercha et obtint Adélaïde, jeune princesse aimable, fille de Godefroi, duc de Louvain, et nièce du pape Calixte (3); mais elle ne lui donna point d'enfants, et le prince qui avait le plus de droit pour disputer la succession, ou même la possession actuelle de la couronne, se vit l'expectative de renverser à son tour un rival qui l'avait privé par degrés de tout son patrimoine. Guillaume, le fils du duc Robert, était toujours protégé à la cour de Louis-le-Gros; et comme l'alliance de Henri avec Foulques, comte d'Anjou, était rompue

---

(1) Chron. Sax. p. 215. Will. Malm. p. 166. Orderic. Vitalis. p. 858. — (2) Par les coutumes féodales, Henri avait le droit de lever une taxe sur le peuple pour marier sa fille aînée, et il imposa à cet effet trois schellings par hyde de terre sur toute l'Angleterre. H. Hunting. p. 379. Quelques historiens, comme Brady, p. 270, et Tyrrel, t. 11, p. 482, font monter inconsidérément cette somme à plus de 800,000 livres sterl. de notre monnaie actuelle; mais elle ne peut pas avoir été plus haut que 135,000 livres sterl. Cinq hydes, et quelquefois moins, composaient un fief chevalier, dont il y avait environ 60,000 en Angleterre, et par conséquent il y avait aussi environ 300,000 hydes de terre. Or, à trois schellings par hyde, la somme devait se monter à 45,000 livres sterl. de ce temps-là, ou à 135,000 livres de notre monnaie actuelle. (*Voyez* Rudborne, p. 257.) Du temps des Saxons, on ne comptait en Angleterre que deux cent quarante-trois mille six cents hydes de terre.

(3) Chron. Sax. p. 223. Will. Malm. p. 155.

par la mort du fils de ce monarque, ce comte se joignit au parti du prince dépouillé, lui donna sa fille en mariage, et l'aida à fomenter des troubles en Normandie. Mais Henri trouva le moyen de détacher encore Foulques de cette confédération, en formant avec lui des liens plus étroits et plus importants que les premiers pour les intérêts de la maison du comte. L'empereur, gendre du roi d'Angleterre, mourut sans enfants. Henri disposa une seconde fois de sa fille, la donna en mariage à Godefroi, fils aîné du comte d'Anjou, et tâcha de lui assurer sa succession en la faisant reconnaître héritière de tous ses États, et en obligeant la noblesse d'Angleterre et de Normandie à prêter serment de fidélité à cette princesse. Henri se flattait que le choix de cet époux serait plus agréable à tous ses sujets que celui de l'empereur ne l'avait été, en ce qu'il les délivrait de la crainte de tomber sous la domination d'un souverain puissant et éloigné, qui aurait pu les asservir, et réduire leur pays au rang de province de ses États; mais les barons furent irrités qu'une démarche si essentielle pour l'intérêt national eût été faite sans les consulter (1), et Henri avait une expérience trop réelle de leur caractère turbulent pour ne pas redouter les effets de leur ressentiment. Il paraissait vraisemblable que le parti de son neveu se grossirait du nombre des mécontents. Un accroissement de puissance, que ce prince acquit peu de temps après, rendit encore ses prétentions plus inquiétantes. Charles, comte de Flandre, ayant été assassiné pendant le service divin, Louis-le-Gros mit sur-le-champ Guillaume en possession de ce comté, auquel il avait droit du chef de sa grand'mère Mathilde, femme de Guillaume-le-Conquérant; mais le nouveau comte survécut peu à cet événement, qui semblait lui ouvrir une carrière plus heureuse. Il fut tué dans une escarmouche où il combattait contre le landgrave d'Alsace, son compétiteur au sujet de la Flandre, et sa mort délivra pour le moment Henri de ses craintes.

Le plus grand mérite du gouvernement de ce monarque fut la profonde tranquillité qu'il établit et qu'il maintint dans tous ses États pendant la plus grande partie de son règne. Il sut retenir

---

(1) Will. Malm. p. 175. Les Annales de Waverly, p. 150, disent que le roi demanda et obtint le consentement de tous les barons.

dans le devoir ses barons mutins et factieux, et toutes les tentatives de ses voisins contre lui le trouvèrent toujours si bien préparé, qu'ils furent découragés de les poursuivre ou de les renouveler. Henri, dans le dessein de réprimer les incursions des Gallois, transplanta chez eux, en 1111, quelques Flamands, qu'il établit dans le Pembrokeshire, où ils conservèrent long-temps une langue, des coutumes et des mœurs différentes de celles de leurs voisins. Quoique son gouvernement paraisse avoir été despotique en Angleterre, il était judicieux et prudent, et aussi peu oppressif que la nécessité de ses affaires le permettait. Jamais ce prince ne manqua d'attention à corriger les abus, et les historiens citent particulièrement à ce sujet ceux de la pourvoirie, qu'il s'efforça de modérer et de restreindre. A cette époque, les tenanciers des domaines du roi étaient obligés de fournir gratuitement à la cour toutes les provisions nécessaires à la vie, ainsi que les charrois, quand le roi se transportait dans quelques-unes de ses provinces; ce qui lui arrivait fréquemment. Ces exactions devinrent si onéreuses et s'exerçaient avec tant de licence, que les fermiers désertaient leurs habitations lorsqu'ils entendaient dire que la cour s'en approchait, comme si c'eût été un corps d'ennemis qui vînt fondre sur eux, et ils se réfugiaient dans les bois pour mettre eux et leurs familles à l'abri des insultes de la suite du roi. Henri défendit ces vexations énormes, et punit les gens qui s'en rendirent coupables par la perte de quelqu'un de leurs membres. Mais la prérogative était perpétuelle, et les remèdes qu'il apportait ne pouvaient être que momentanés : leur rigueur même, loin de donner de la sécurité au peuple, ne fit que prouver la férocité du gouvernement de ces temps-là, et présager le prompt retour des mêmes abus.

L'objet le plus important et le plus délicat qui exerçât la prudence du roi, était de se garantir des usurpations de la cour de Rome, et de défendre les libertés de l'église anglicane. En 1101, le pape avait envoyé Gui, archevêque de Vienne, en qualité de légat en Angleterre. Quoiqu'il fût le premier depuis un grand nombre d'années qui s'y fût montré revêtu de ce caractère, et que la commission causât une surprise générale, Henri, alors au commencement de son règne, et surchargé d'affaires et d'embarras, se crut obligé de souffrir cette atteinte sur son autorité; mais en 1116, Anselme, abbé de Saint-Sabas, qui arrivait avec une commission de légat, eut défense d'entrer dans le royaume. Le pape Calixte, qui se trouvait alors dans une situation difficile, ayant à combattre les prétentions de l'antipape Grégoire, promit que dorénavant il n'enverrait plus de légat en Angleterre, à moins que le roi ne le désirât lui-même. Malgré cet engagement, le pontife ne fut pas plus tôt délivré de son concurrent, qu'il accorda une commission nouvelle au cardinal de Crema, pour aller l'exercer dans ce royaume. Henri, inquiété alors par les intrigues et les entreprises de son neveu, se vit forcé de consentir à cette légation. Le légat convoqua donc un concile à Londres, où, entre autres canons, on en dressa un qui prononçait des peines sévères contre les mariages du clergé. Le cardinal déclara dans une harangue publique que c'était un crime impardonnable à un prêtre d'oser toucher et consacrer le corps de Jésus-Christ immédiatement après être sorti du lit d'une prostituée; car tel fut le nom peu décent qu'il donna aux femmes des ecclésiastiques. Mais il arriva la nuit suivante que les officiers de police, en faisant leur visite nocturne, surprirent ce cardinal même au lit avec une courtisane, dans une maison de débauche (1). Cet incident jeta tant de ridicule sur lui, qu'il sortit promptement du royaume. Le concile se sépara, et les canons contre les mariages des ecclésiastiques furent plus mal exécutés que jamais.

Pour prévenir désormais ces révolutions alternatives de concessions et d'empiétements de la part du pape, Henri envoya Guillaume, alors archevêque de Canterbury, faire des remontrances à la cour de Rome contre ces abus, et y soutenir les libertés de l'église anglicane. C'était la maxime ordinaire de tous les souverains pontifes, que, lorsqu'ils échouaient dans quelques-unes de leurs prétentions, ils accordaient aux princes ou aux états les droits que ces puissances avaient toujours exercés, et qu'ils n'avaient pu leur ravir. A la faveur de cette adresse, ils attendaient un temps plus favorable pour se ressaisir de ce qu'ils semblaient

---

(1) Hoveden, p. 478. M. Paris, p. 48. Matth. West. ad ann. 1125. H. Hunting, p. 382. On remarquera que ce dernier écrivain, qui était ecclésiastique, ainsi que les autres, s'excuse d'oser parler avec tant de liberté des Pères de l'église ; mais il ajoute que le fait était si notoire qu'il n'était pas possible de le cacher.

abandonner, et prétendaient que le magistrat civil n'était en possession de telle ou telle portion d'autorité qu'en vertu d'une indulgence spéciale du saint-siége. En conséquence de cette politique, le pape, voyant que la nation française n'était pas disposée à lui reconnaître le droit d'investiture, avait donné, par une bulle, cette autorité au roi. Sa sainteté en usa de même pour éluder les plaintes du roi d'Angleterre, nomma l'archevêque de Canterbury son légat, renouvela de temps en temps sa commission, et prétendit toujours que les droits que ce prélat exerçait comme métropolitain émanaient entièrement de l'indulgence du siége apostolique. Les rois d'Angleterre, et particulièrement Henri, trop heureux d'éviter des contestations d'une nature si dangereuse, acquiescèrent communément par leur silence à cette prétention de la cour de Rome (1).

Comme l'Angleterre jouissait de la tranquillité la plus profonde, Henri choisit ce moment pour passer en Normandie, où il était appelé par son affection pour cette province, et par sa tendresse pour sa fille, l'impératrice Mathilde, qu'il aima toujours avec prédilection. Peu de temps après, cette princesse accoucha d'un fils qui reçut le nom de Henri. Le roi, pour assurer encore mieux sa succession à Mathilde, lui fit renouveler par toute la noblesse d'Angleterre et de Normandie le serment de fidélité qu'on lui avait déjà prêté. La joie de cet événement et la satisfaction de voir sa fille, qui lui donna encore successivement deux autres petits-fils, lui rendirent le séjour de Normandie si agréable, qu'il paraissait résolu à y demeurer le reste de ses jours, lorsqu'une incursion des Gallois l'obligea de songer à retourner en

___

(1) Les légats *à latere*, comme on les appelait, étaient une espèce de députés revêtus de la puissance du pape dans toutes les provinces commises à leur charge, et étaient très occupés à l'étendre aussi bien qu'à l'exercer. Ils nommaient à tous les bénéfices vacants ; ils assemblaient des synodes, s'appliquaient à maintenir les priviléges ecclésiastiques, qui ne pouvaient jamais être pleinement protégés sans empiéter sur l'autorité civile. S'il se rencontrait quelque concurrence ou quelque opposition entre les deux puissances, il était toujours mis en principe que la puissance civile devait céder. Chaque action qui pouvait tenir par le moindre fil à la puissance spirituelle, comme mariages, testaments et serments obligatoires, était portée devant la cour spirituelle, et ne pouvait être discutée devant aucun magistrat civil. Telles étaient les lois établies de l'église : partout où un légat était envoyé de Rome immédiatement, il était certain qu'il maintiendrait les droits du pape avec la plus grande vigueur. Mais c'était un avantage pour le roi que l'archevêque de Canterbury fût nommé légat, parce que les liaisons de ce prélat avec le royaume tendaient à modérer ses mesures.

Angleterre. Comme il faisait ses préparatifs pour ce voyage, il fut saisi tout à coup, à Saint-Denis-le-Forment, d'une maladie causée par une indigestion de lamproies, aliment qu'il avait toujours aimé, mais qui était très contraire à sa constitution. Il mourut dans la soixante-septième année de son âge et la trente-cinquième de son règne, laissant par son testament sa fille Mathilde héritière de tous ses états, sans faire aucune mention de son époux Geoffroi, dont il avait eu plusieurs sujets de se plaindre.

Ce prince fut un des plus accomplis de ceux qui ont occupé le trône d'Angleterre ; il posséda toutes les grandes qualités de l'esprit et du corps, naturelles et acquises, qui convenaient à son rang. Sa figure était mâle, son air gracieux ; il avait les yeux brillants, sereins et pénétrants ; l'affabilité de ses manières tempérait ce que sa dignité ou sa profonde sagesse pouvait avoir de trop imposant pour ceux qui désiraient d'approcher de lui ; mais, quoiqu'il se permit souvent des saillies de gaieté, jamais elles ne passaient les bornes de la prudence, et jamais il ne descendit à une familiarité indécente avec ses courtisans. La supériorité de son éloquence et de son jugement lui aurait donné de l'ascendant sur les autres hommes, quand même le sort l'eût fait naître dans une condition privée, et son courage personnel l'eût fait respecter sans le secours de l'adresse et de la politique. Il s'était acquis le surnom de *Beau-Clerc*, c'est-à-dire de savant, par ses progrès dans la littérature ; mais son application à ses études sédentaires ne dérobait rien à la vigilance et à l'activité de son administration. Quoique le genre de savoir de ce siècle fût plus capable de corrompre que de perfectionner l'esprit, le bon sens naturel de ce prince lui fit éviter le pédantisme et la superstition, qui dominaient si excessivement alors parmi les gens de lettres. Son cœur était également susceptible d'amitié et de ressentiment. Son ambition, malgré ce qu'elle avait de vaste, aurait pu paraître raisonnable et modérée, si sa conduite avec son frère et son neveu n'avait pas montré qu'il était trop disposé à y sacrifier tout sentiment de justice et d'humanité. Il est vrai que l'incapacité totale de Robert pour le gouvernement fournit à son jeune frère un prétexte de s'emparer de l'Angleterre et de la

Normandie. Lorsque la violence et l'usurpation ont fait les premiers pas, la nécessité oblige ensuite un prince d'avancer dans la carrière criminelle où elles l'ont entraîné, et l'engage à des mesures que des réflexions plus sages et des principes plus sûrs lui auraient fait rejeter avec indignation.

Henri aima passionnément les femmes; et les historiens rapportent qu'il eut treize enfants naturels, sept garçons et six filles. La chasse était un de ses amusements favoris, et il usa d'une grande rigueur contre ceux qui osèrent empiéter sur les forêts royales, dont on augmenta l'étendue sous son règne, quoiqu'elles fussent déjà immenses. L'action de tuer un cerf était punie comme le meurtre d'un homme. Le roi faisait mutiler tous les chiens que l'on trouvait sur les lisières de ses forêts. Quelquefois il privait ses sujets de la liberté de chasser sur leurs propres terres, ou même de couper leurs bois. A tous autres égards, il rendait justice, et la portait jusqu'à la rigueur; maxime la plus sûre que les princes de ce siècle pussent suivre. Le vol emporta pour la première fois peine capitale sous son règne. Les faux monnayeurs, alors très communs, et qui avaient extrêmement altéré les monnaies, furent sévèrement punis; près de cinquante criminels de cette espèce furent pendus ou mutilés en une fois; et malgré la façon arbitraire dont ces châtiments paraissent avoir été infligés, ils furent très agréables au peuple, plus attentif à son intérêt présent que jaloux de l'observation des lois. Il y a un code qui porte le nom de Henri I$^{er}$, mais les meilleurs antiquaires s'accordent à ne le pas croire son ouvrage. C'est cependant une compilation très ancienne, et qui peut nous instruire des mœurs et des coutumes de ces temps-là. On y voit que l'on faisait une grande distinction entre les Anglais et les Normands, et fort à l'avantage de ces derniers. Les pactes de famille ou *inimitiés mortelles*, et les vengeances particulières avouées par les lois saxonnes, continuaient toujours, et n'étaient pas encore devenues entièrement illicites.

A son avénement à la couronne, Henri accorda à Londres une charte qui semble avoir été un premier pas vers la corporation de cette ville. Par cette charte, les habitants étaient autorisés à tenir les fermes de Middlesex à 300 livres sterling par an, à élire leur propre shérif et leur justicier, et à tenir la cour des plaidoyers de la couronne. Ils étaient exempts du scot, du danegelt, des jugements par combat, et du logement de la suite du roi. Ces prérogatives et la confirmation des priviléges de leurs cours d'*hustings*, des *quarteniers* et *common-halls*, jointes à la liberté de la chasse dans les forêts de Middlesex et de Surrey, composaient les principaux articles de cette charte.

# ÉTIENNE.

## CHAPITRE VII.

Avénement d'Étienne à la couronne. — Guerre avec l'Écosse. — Révolte en faveur de Mathilde. — Étienne fait prisonnier. — Mathilde couronnée. Étienne mis en liberté, ensuite rétabli sur le trône. — Continuation des guerres civiles. — Transaction entre Étienne et le prince Henri. — Mort du roi.

Dans les progrès et l'établissement de la loi féodale, la succession des mâles aux fiefs avait eu lieu quelque temps avant que la succession des femmes fût établie. Les terres, considérées comme bénéfices militaires et non comme propriétés, ne se transmettaient qu'à ceux qui pouvaient servir dans les armées, et remplir en personne les conditions auxquelles elles avaient été originairement accordées; mais après qu'une continuité de droits héréditaires pendant plusieurs générations dans une même famille eut en quelque sorte effacé cette idée primitive, les femmes furent admises peu à peu à la possession des propriétés féodales. La même révolution de principes qui leur procura l'héritage des biens particuliers introduisit naturellement l'usage de les appeler aussi à la succession des états. Le défaut d'héritier mâle, tant pour la couronne d'Angleterre que pour le duché de Normandie, semblait donc laisser la succession de Henri ouverte à l'impératrice Mathilde sans aucune concurrence. Comme ce prince lui avait fait prêter serment de fidélité par tous ses vassaux de l'un et de l'autre pays, il présumait qu'ils ne trahiraient pas à la fois le droit héréditaire de sa fille et leurs serments réitérés; mais la façon irrégulière dont il avait lui-même acquis la couronne pouvait l'instruire que ni ses sujets normands ni ses sujets anglais n'étaient encore capables de se conformer à une règle stricte de gouvernement; et comme chaque exemple de cette espèce paraît autoriser de nouvelles usurpations, il avait raison de craindre, de sa propre famille même, quelque entreprise sur les droits de sa fille, qu'il avait pris tant de peine à établir.

Adela, fille de Guillaume-le-Conquérant, mariée à Étienne, comte de Blois, en avait eu plusieurs fils. Étienne et Henri, les deux plus jeunes, invités par le feu roi de passer en Angleterre, y avaient été comblés par lui des honneurs, des richesses et des grâces que son ardente amitié prodiguait à quiconque savait lui plaire et mériter son estime. Henri, qui était engagé dans l'état ecclésiastique, obtint l'abbaye de Glastenbury et l'évêché de Winchester. Quoique ces dignités fussent considérables, Étienne son frère tint des libéralités de son oncle des établissements encore plus durables et plus solides. Le roi l'avait marié à Mathilde, fille et unique héritière d'Eustache, comte de Boulogne; elle lui apporta en dot, non-seulement cette souveraineté féodale en France, mais aussi des possessions immenses en Angleterre, que dans le temps du partage des terres de ce royaume Guillaume-le-Conquérant avait conférées à la maison de Boulogne. Étienne acquérait de plus par ce mariage une nouvelle alliance avec la famille royale d'Angleterre, puisque Marie, mère de sa femme, était sœur de David, alors roi d'Écosse, et de Mathilde, la première femme de Henri, mère de l'impératrice. Le roi, persuadé qu'il fortifiait sa maison par l'agrandissement d'Étienne, prit plaisir à l'enrichir de nouveaux bienfaits ; il lui donna les vastes terres confisquées sur Robert Mallet en Angleterre, et sur le comte de Mortagne en Normandie. Étienne s'empressa de signaler sa reconnaissance en marquant le plus grand attachement à son oncle ; il parut même si dévoué aux intérêts de Mathilde, que, lorsque les barons jurèrent fidélité à cette princesse, il disputa à Robert, comte de Glocester, fils naturel de Henri, l'honneur d'être admis le premier à lui donner ce témoignage de zèle. Il s'efforça en même temps de cultiver par tous les moyens possibles l'affection de la nation anglaise ; et les vertus qu'il paraissait rassembler en lui, favorisaient le succès de ses intentions. Sa bravoure, son activité et sa fermeté lui captivèrent l'estime de la noblesse ; sa générosité, son accès facile, gracieux et familier, mérite rare alors parmi les hommes de son rang, lui attirèrent l'amour du peuple, surtout de celui de Londres. Quoique Étienne n'osât risquer des pas plus hardis pour arriver à la grandeur où il aspirait, de peur d'exciter la défiance d'un prince aussi pénétrant que Henri, il espéra toujours qu'en accumulant des richesses et du crédit, et en se faisant chérir du peuple, il pourrait un jour s'ouvrir le chemin du trône.

Henri ne fut pas plus tôt expiré, qu'Étienne, oubliant les devoirs de la reconnaissance et de la fidélité, et fermant les yeux sur ses propres périls, s'abandonna tout entier à son ambition criminelle. Il compta que, sans avoir dressé préalablement aucune batterie, la célérité de ses démarches et la hardiesse de son entreprise triompheraient du faible attachement que les Normands et les Anglais de ce siècle conservaient pour leurs lois et pour les droits de leurs souverains. Il se hâta donc de se rendre en Angleterre : les habitants de Douvres et ceux de Canterbury, instruits de son dessein, lui fermèrent leurs portes ; mais, sans s'arrêter, il continua sa route jusqu'à Londres, où quelques gens du bas peuple, excités par ses émissaires et par l'affection générale qu'on avait pour lui, le saluèrent roi sur-le-champ. Son premier soin fut de s'assurer de la bonne volonté du clergé, et, en procédant à son couronnement, de se mettre en possession du trône, duquel il se flattait qu'ensuite on ne l'expulserait pas aisément. Son frère, l'évêque de Winchester, lui fut très utile dans cette occasion importante, et lui gagna Roger, évêque de Salisbury. Ce prélat, qui devait sa fortune prodigieuse et son avancement aux bontés du feu roi, n'en conserva pas plus de reconnaissance pour la famille de ce prince, et, s'unissant à l'évêque de Winchester, sollicita William, archevêque de Canterbury, de couronner Étienne. Le primat, lié comme tous les autres par le serment de fidélité qu'il avait prêté à Mathilde, refusa de faire cette cérémonie ; mais sa résistance fut vaincue par un expédient aussi déshonorant que les autres moyens par lesquels cette grande révolution s'opéra : Hugues Bigod, grand-maître de la maison du roi, affirma, en présence du primat, qu'au lit de la mort Henri avait témoigné qu'il était mécontent de l'impératrice sa fille, et exprimé l'intention d'instituer le comte de Boulogne héritier de tous ses états. Soit que William crût, soit qu'il feignît de croire le témoignage de Bigod, il sacra Étienne et le couronna (22 décembre). A la faveur de cette cérémonie religieuse, sans avoir l'ombre d'un droit héréditaire, et sans y suppléer par le consentement de la noblesse ou du peuple, ce prince fut autorisé à prendre les rênes de l'état. Très peu de barons assistèrent à son sacre; mais il n'y en eut point qui s'opposassent à son usurpation, quelque injuste et quelque notoire qu'elle fût. Le sentiment de la religion, souvent peu efficace pour fortifier les devoirs de la société civile, quand il dégénère en superstition, ne fut pas réveillé par les serments multipliés qu'on avait faits à Mathilde, et porta seulement le peuple à obéir à un prince dont le seul titre était d'être appuyé du clergé et d'avoir reçu l'onction royale des mains du primat (1).

Pour affermir davantage son trône chancelant, Étienne accorda une charte dans laquelle il faisait les promesses les plus libérales à tous les ordres de l'état : au clergé, de remplir promptement tous les bénéfices vacants, et de ne jamais en prendre le temporel pendant leur vacance; à la noblesse, de réduire les forêts royales dans leurs anciennes limites, et de supprimer toutes les usurpations; et au peuple, de supprimer l'impôt du danegelt, et de remettre en vigueur les lois d'Édouard. Le feu roi avait à Winchester un trésor considérable, qui se montait à 100,000 livres sterling; Étienne se saisit de cet argent, et tourna contre la famille de Henri la précaution même que ce prince avait prise pour en assurer la grandeur et la force : événement qui résulte ordinairement de la politique de thésauriser. Avec ce secours, l'usurpateur acheta la docilité, si ce ne fut l'attachement des principaux du clergé et de la noblesse; mais, ne se fiant pas encore à cette fragile sécurité, il tira du continent, et surtout de la Bretagne et de la Flandre, une multitude de ces soldats indisciplinés et vagabonds que la mauvaise police et les gouvernements turbulents de l'Europe rendaient partout très nombreux. Étienne hérissa donc, pour ainsi dire, son trône de la pointe des épées

(1) On attachait tant d'importance autrefois à la cérémonie du sacre, que les écrivains moines ne donnent jamais le titre de roi à aucun prince tant qu'il n'est pas couronné, quoiqu'il ait été quelque temps en possession du trône et ait exercé tous les droits de la souveraineté.

de ces troupes mercenaires; et, empruntant encore les armes de la religion pour imposer à tous les mécontents, il se procura une bulle de Rome qui ratifiait son élection. Le pape, voyant ce prince en possession de la couronne, lui accorda d'autant plus volontiers ce nouveau titre, qu'il était très content qu'on eût recours à son autorité dans les contestations civiles.

Mathilde et Geoffroi son époux étaient aussi infortunés en Normandie qu'ils l'avaient été en Angleterre. La noblesse normande, animée d'une haine héréditaire contre les Angevins, implora d'abord l'assistance de Théobald, comte de Blois, et frère aîné d'Étienne; mais lorsque les grands seigneurs normands surent ensuite qu'Étienne avait acquis la couronne d'Angleterre, la plupart d'entre eux, ayant les mêmes raisons qu'autrefois de souhaiter que le duché continuât d'être annexé à ce royaume, reportèrent leur bonne volonté sur ce monarque, et le mirent en possession de leur gouvernement. Louis-le-Jeune, alors roi de France, accepta l'hommage d'Eustache, fils aîné d'Étienne, pour la Normandie; et, afin de resserrer son union avec cette maison, accorda sa sœur Constance en mariage à ce jeune prince. Le comte de Blois abandonna toutes ses prétentions pour une pension de deux mille marcs, et Geoffroi même fut obligé de consentir à une trêve de deux ans, à condition que le roi lui paierait annuellement cinq mille livres sterling jusqu'à son expiration. Étienne, qui était passé en Normandie, termina lui-même tous ces arrangements, et retourna immédiatement après en Angleterre.

Robert, comte de Glocester, fils naturel du feu roi, était un homme habile et rempli d'honneur. Comme il embrassait avec chaleur les intérêts de sa sœur Mathilde, et qu'il montrait un zèle ardent pour maintenir la succession à la couronne dans la ligne directe, c'était principalement de ses intrigues et de sa résistance que le roi avait raison de craindre une nouvelle révolution dans le gouvernement. Quand ce seigneur, qui était alors en Normandie, apprit l'avénement d'Étienne, il fut fort embarrassé des mesures qu'il devait prendre dans cette circonstance critique: jurer fidélité à l'usurpateur lui paraissait une action honteuse, après avoir fait un pareil serment à Mathilde; mais refuser ce gage de son obéissance au souverain actuel, c'était se bannir d'Angleterre, et se mettre tout à fait hors d'état de servir la famille royale et de contribuer à son rétablissement. Il offrit à Étienne de lui rendre foi et hommage sous la condition expresse que ce monarque maintiendrait tout ce qu'il avait stipulé, et ne s'emparerait jamais d'aucun des droits ou des dignités de Robert. Étienne ne se dissimula pas que cette réserve, si inusitée en elle-même et si peu convenable de la part d'un sujet, ne tendait qu'à fournir à Robert un prétexte de se révolter à la première occasion favorable : cependant il fut engagé par le grand nombre d'amis et de créatures de ce seigneur à recevoir cet hommage conditionnel. Les ecclésiastiques, qu'on pouvait à peine regarder alors comme sujets de la couronne, suivirent ce dangereux exemple. Ils ajoutèrent à leur serment de fidélité, qu'ils ne s'en tiendraient liés qu'aussi long-temps que le roi protégerait les immunités et la discipline de l'église. Les barons exigèrent, pour le prix de leur soumission, des conditions encore plus contraires à la paix publique et à l'autorité royale. Plusieurs d'entre eux demandèrent qu'il leur fût permis de fortifier leurs châteaux, et de se mettre ainsi en état de défense ; le roi se vit forcé de consentir à cette demande exorbitante. Toute l'Angleterre fut aussitôt couverte de ces forteresses, où les grands mirent en garnison leurs vassaux, ou de ces volontaires vagabonds qui venaient s'offrir à eux de toutes parts. Le peuple fut vexé et pillé pour fournir à l'entretien de ces troupes ; les dissensions particulières, que les lois avaient eu tant de peine à réprimer, éclatèrent sans contrainte, et firent du royaume un théâtre continuel de meurtres, de brigandages et de dévastations. De tous côtés les grands se firent une guerre furieuse. Les barons s'arrogèrent jusqu'au droit de battre monnaie, et d'exercer une autorité souveraine et sans appel. La noblesse inférieure et le peuple, ne trouvant plus de protection dans les lois pendant cette dissolution entière du gouvernement, furent obligés, pour leur sûreté, de faire la cour aux feudataires les plus puissants de leur voisinage, et d'en acheter l'appui en se soumettant à leurs exactions et en secondant leurs rapines sur d'autres. L'érection d'un château devint la cause immédiate qui en fit bâtir plusieurs ; les seigneurs qui n'en obtinrent pas la permission du roi se crurent autorisés, par le grand principe de la défense personnelle, de se mettre sur le même pied que leurs voisins, qui étaient communément aussi leurs ennemis et leurs rivaux. Le pouvoir aristocratique, ordinairement si oppressif dans les gouvernements féodaux, se déploya dans tous ses excès; aucune digue ne pouvait lui être opposée pendant le règne d'un prince qui, malgré sa vigueur et son habileté, ayant usurpé le trône sans le moindre titre, était contraint de tolérer dans les autres la même violence dont il s'était servi pour y monter.

Mais Étienne n'était pas d'humeur à souffrir long-temps ces usurpations sans faire quelque effort pour recouvrer l'autorité royale. Comme il éprouvait une juste résistance aux prérogatives vraiment légales de sa couronne, et qu'on ne tendait qu'à les retrancher, il fut tenté à son tour de ne prendre que son pouvoir pour mesure de sa conduite; il résolut de violer toutes les concessions qu'on lui avait extorquées à son avénement au trône, et de ne pas respecter davantage les priviléges anciens de ses sujets; les troupes mercenaires, son principal appui, subsistèrent de pillage après avoir épuisé les finances, et tout le royaume retentit des plaintes les mieux fondées contre l'administration. Le comte de Glocester, ayant formé avec ses amis le plan d'une révolte, se retira au delà de la mer, envoya un défi au roi, renonça solennellement à son obéissance, et lui reprocha de n'avoir rempli aucune des conditions auxquelles il lui avait fait serment de fidélité.

David, roi d'Écosse, parut à la tête d'une armée pour soutenir les droits de sa nièce, et, pénétrant dans le Yorkshire, ravagea cette province avec la dernière barbarie. L'excès de sa cruauté irrita la noblesse du côté du nord, qu'avec plus de modération il aurait aisément engagée à se joindre à lui. William, comte d'Albemarle, Robert de Ferrers, William Piercy, Robert de Brus, Roger de Mowbray, Ilbert Lacy, Walter d'Espée, barons puissants dans ces contrées, prirent les armes, allèrent camper à North-Allerton, et attendirent l'ennemi. Il s'y donna une grande bataille, appelée la bataille de l'Étendard, d'un crucifix que les Anglais avaient élevé sur un chariot, et qu'ils conduisaient au milieu de leur armée comme une enseigne (1). Ils mirent le roi d'Écosse en déroute, et firent un carnage horrible de ses troupes. Ce prince même et son fils pensèrent tomber entre les mains des Anglais. Ce succès imposa aux mécontents d'Angleterre, et aurait affermi Étienne sur son trône, s'il ne s'était enivré de sa prospérité jusqu'à s'engager dans des contestations avec le clergé, corps si redoutable alors qu'aucun roi ne pouvait se trouver à forces égales contre lui.

Quoique dans ces temps reculés la puissance excessive de l'église affaiblit l'autorité de la couronne et interrompît le cours des lois, il est incertain si, au milieu de ces siècles orageux, ce n'était pas un avantage que le pouvoir de l'épée eût des bornes, soit qu'elle fût entre les mains du prince ou de la noblesse, et s'il n'était pas nécessaire qu'on apprît aux hommes à respecter quelques principes et quelques priviléges. Mais, par malheur, dans certaines occasions, les prélats agissaient comme les barons, employaient des forces militaires contre leur souverain et leurs voisins, et par-là augmentaient souvent les désordres qu'il était de leur devoir de réprimer. L'évêque de Salisbury, à l'exemple de la noblesse, avait bâti deux châteaux forts, l'un à Sherborne, l'autre aux Devizes, et jeté les fondements d'un troisième à Malmesbury. Son neveu Alexandre, évêque de Lincoln, avait aussi construit une forteresse à Newark. Étienne, instruit alors par son expérience des inconvénients dangereux de tant de citadelles, résolut de commencer par détruire celles du clergé, qui, par état, devait avoir moins de droits que les barons à ces places de sûreté militaires. Il prit donc le prétexte d'une rixe qui s'était élevée entre les gens de l'évêque de Salisbury et ceux du comte de Bretagne, fit arrêter ce prélat et l'évêque de Lincoln, les tint en prison, et les contraignit par des menaces à lui remettre les deux places fortes qu'ils venaient de bâtir (2).

Henri, évêque de Winchester, frère du roi, armé d'une commission de légat, se considéra alors comme un souverain ecclésiastique aussi puissant que le souverain civil. Au mépris des liens du sang qui l'attachaient à Étienne, il résolut de venger les

(1) Chron. Sax. p. 241. Chron. Norm. p. 977.
(2) Chron. Sax. p. 288. Chron. Norm. p. 978.

privilèges de l'église, selon lui violés ouvertement dans cette occasion. Il assembla un synode à Westminster le 30 août, et s'y plaignit de l'attentat impie que le roi avait osé faire aux immunités des dignitaires de l'église sans attendre la sentence d'une cour spirituelle, qui seule, à son avis, pouvait les juger et les condamner légitimement, si leur conduite était répréhensible. Le synode hasarda de sommer le roi de comparaître en sa présence, et de justifier les mesures qu'il avait prises. Étienne, au lieu de châtier cette témérité, envoya Aubrey de Vère plaider sa cause devant l'assemblée : de Vère accusa les deux prélats de trahison et de sédition ; mais le synode refusa de juger le procès, et même d'examiner leur conduite, jusqu'à ce que les châteaux dont on les avait dépossédés leur fussent rendus. L'évêque de Salisbury déclara qu'il appellerait au pape ; et cette affaire allait en venir aux dernières extrémités entre la couronne et la tiare, si le roi et ses partisans n'avaient eu recours aux menaces, et ne s'étaient montrés disposés à envoyer des soldats contre ces rebelles.

Tandis que cette altercation, jointe à tant d'autres griefs, augmentait les mécontentements du peuple, l'impératrice, invitée par l'occasion, et secrètement encouragée par le légat même, passa en Angleterre avec Robert, comte de Glocester, et suivie de cent quarante chevaliers. Elle fixa sa résidence au château d'Arundel, dont Adélaïde, reine douairière, nouvellement remariée à William d'Albany, comte de Sussex, lui ouvrit les portes. De là, faisant agir ses émissaires, elle excita ses partisans à se soulever dans toutes les provinces. Adélaïde, qui s'attendait que sa belle-fille allait envahir le royaume avec des forces beaucoup plus considérables, s'effraya bientôt du danger où elle s'exposait elle-même en la recevant. Mathilde, pour la tranquilliser, alla d'abord à Bristol, qui appartenait à son frère Robert, et ensuite à Glocester, où elle resta sous la protection de Milo, brave gentilhomme de cette province, qu'elle avait mis dans ses intérêts. Peu de temps après, Geoffroi Talbot, William Mohun, Ralph Lovel, William Fitz-John, William Fitz-Alan, Paganell, et plusieurs autres barons, se déclarèrent pour elle ; et son parti, déjà favorisé généralement dans le royaume, parut prendre chaque jour de nouvelles forces contre celui de son adversaire.

Si nous rapportions tous les événements militaires qui nous sont transmis par les historiens contemporains, il serait aisé d'étendre l'histoire de ce règne jusqu'à un énorme volume ; mais ces faits, peu mémorables en eux-mêmes, et si confus à l'égard des temps et des lieux, n'instruiraient ni n'amuseraient le lecteur. Il suffit de dire que la guerre s'alluma de toutes parts : la noblesse séditieuse, qui avait déjà secoué en grande partie le joug du gouvernement, se couvrant alors du prétexte de la chose publique, redoubla la fureur de ses déprédations, déchira son propre sein par les vengeances implacables que les grands exercèrent les uns contre les autres, et opprima le peuple sans ménagement. Les châteaux forts des différents seigneurs devinrent les réceptacles d'une foule de brigands, qui, faisant des sorties jour et nuit, saccageaient les campagnes, les villages et même les villes, et soumettaient à la torture les malheureux qu'ils avaient enlevés, pour savoir où était leur argent, les vendaient comme esclaves, et mettaient le feu à leurs maisons après les avoir pillées. L'emportement même de ces forcenés nuisait à leur avarice, en les entraînant à détruire de gaieté de cœur ce qui aurait pu les enrichir. La nécessité les contraignit bientôt à traiter comme le reste du royaume les biens et les personnes des ecclésiastiques, en général si révérés. Les terres demeurèrent sans culture, et les instruments du labourage furent brisés ou abandonnés ; une famine horrible, effet naturel de ces désordres, désola également les deux partis, et réduisit les pillards, aussi bien que le pauvre peuple, à la plus extrême misère (1).

Après plusieurs négociations et plusieurs traités de paix inutiles, qui n'interrompaient seulement pas ces ruineuses hostilités, il arriva un dernier événement qui parut annoncer la fin des calamités publiques. Ralph, comte de Chester, et son frère utérin, William de Roumara, tous deux partisans de Mathilde, avaient surpris le château de Lincoln (2) ; mais les habitants, plus affectionnés à Étienne, l'appelèrent à leur secours, et ce prince assiégea la place dans l'espoir de la prendre d'assaut ou par la famine. Le comte de Glocester accourut de son côté avec une

---

(1) Chron. Sax. p. 238. (2) Order. Vitalis, p. 921.

armée pour dégager ses amis : Étienne, informé de son approche, s'avança vers lui dans l'intention de lui livrer bataille. Après un choc violent, les deux ailes de l'armée royale furent mises en fuite; et le roi, environné d'ennemis, après avoir fait des prodiges de valeur, se trouva enfin accablé par le nombre, et obligé de se rendre prisonnier. On le conduisit à Glocester; et quoique d'abord on le traitât avec humanité, peu de temps après on le mit en prison sur quelques soupçons, et on le chargea de chaînes.

Le parti d'Étienne fut entièrement abattu par la détention du chef, et les barons vinrent de toutes parts rendre hommage à Mathilde. Cependant cette princesse, au milieu de sa prospérité, ne se dissimulait pas que ses succès ne pouvaient être assurés tant qu'elle n'aurait pas acquis la confiance du clergé : comme la conduite ambiguë du légat prouvait plutôt le dessein d'humilier son frère que celui de le perdre, Mathilde employa tous ses soins à mettre ce prélat dans ses intérêts. Elle eut une conférence avec lui dans une plaine près de Winchester, où elle lui promit avec serment que, s'il voulait la reconnaître pour souveraine, acquiescer au droit qu'elle réclamait, comme seule descendante du feu roi, et lui renouveler le serment de fidélité qu'elle avait déjà reçu de lui ainsi que de tout le royaume, elle le placerait à la tête de l'administration, en reconnaissance de ses bons offices, et le laisserait disposer à son gré de tous les évêchés et de toutes les abbayes qui viendraient à vaquer. Le comte Robert, frère de Mathilde, Brian Fitz-Count, Milo de Glocester et d'autres seigneurs, se rendirent garants de ces promesses, et le prélat s'engagea de son côté à ce qu'on exigeait de lui, mais toujours sous condition que l'impératrice lui tiendrait parole. Il l'accompagna donc à Winchester, la conduisit en procession à la cathédrale, et avec la plus grande solennité, en présence de plusieurs évêques et abbés. prononça des malédictions sur quiconque la maudirait, et des bénédictions en faveur de ceux qui la béniraient; donna l'absolution aux sujets qui consentaient à lui obéir, et excommunia ceux qui lui seraient rebelles. Théobald, archevêque de Canterbury, arriva bientôt après à la cour, et prêta serment de fidélité à cette princesse.

Pour s'assurer encore plus de l'attachement des ecclésiastiques, Mathilde voulut recevoir la couronne de leurs mains : au lieu d'assembler les états du royaume, formalité que les constitutions de l'état, si elles eussent été fixées ou respectées, auraient rendue nécessaire, l'impératrice se contenta que le légat assemblât un conseil ecclésiastique pour y reconnaître et confirmer ses droits au trône. Le légat dit, dans un discours adressé à l'assemblée, qu'on avait permis à Étienne, son frère, de régner pendant l'absence de Mathilde ; qu'avant de monter sur le trône, ce prince avait séduit le clergé par de belles promesses d'honorer et d'élever l'église, de maintenir les lois, de réformer tous les abus ; que lui, légat, avouait avec douleur qu'Étienne avait trahi ses engagements à tous égards ; que la paix publique était troublée ; que toute espèce de crimes se commettaient chaque jour impunément ; qu'on jetait les évêques en prison, en les forçant de céder toutes leurs propriétés ; que l'on vendait les abbayes à l'enchère ; que l'on pillait les églises, et que les désordres les plus énormes étaient autorisés ou exercés par l'administration ; que, pour y remédier, il avait déjà sommé le roi de comparaître dans un concile d'évêques ; qu'au lieu de l'amener par ce moyen à réformer sa conduite, il n'avait réussi qu'à l'offenser ; que ce prince, malgré ses égarements, était toujours son frère et l'objet de son affection, mais qu'il se croyait obligé de sacrifier ces intérêts à ceux de leur Père céleste, qui avait rejeté Étienne, et l'avait livré entre les mains de ses ennemis ; que le droit d'élire et de sacrer les rois appartenait principalement au clergé ; qu'il avait convoqué cette assemblée pour cet effet ; et qu'après avoir invoqué l'assistance divine, il nommait Mathilde reine d'Angleterre, comme seule descendante de Henri, leur dernier souverain. Tous les membres du conseil, par leurs acclamations ou par leur silence, donnèrent ou parurent donner leur consentement à ce choix (1).

Les seuls laïques admis à cette assemblée qui décida du sort de la couronne, furent les députés de Londres ; encore leur recommanda-t-on, non pas de dire leur avis, mais de se soumettre

(1) Will. Malm. p. 188. Cet auteur, homme judicieux, était présent, et dit qu'il fut très attentif à ce qui se passa. Ce discours peut donc être regardé comme authentique.

aux décrets qu'on y rendrait. Cependant ces députés ne s'en tinrent pas à un rôle si passif; ils demandèrent instamment que le roi fût délivré de prison; mais le légat répondit qu'il était indécent à des citoyens de Londres, regardés en Angleterre comme de niveau avec la noblesse, de s'associer au parti de ces barons, qui avaient honteusement abandonné leur maître dans le combat, et d'ailleurs traité la sainte Église avec tant de mépris. C'était à juste titre que les citoyens de Londres s'arrogeaient beaucoup de prétentions, si ce que Fitz-Stephen, auteur contemporain, rapporte est vrai, que cette ville pouvait mettre alors en campagne quatre-vingt mille combattants (1).

Malgré sa puissance et son attachement pour Étienne, elle fut enfin obligée de se soumettre à Mathilde, dont l'autorité, grâce à la conduite prudente du comte Robert, parut s'établir sur tout le royaume. Mais les affaires ne restèrent pas longtemps dans cette situation : au désavantage de son sexe, qui affaiblissait son empire sur un peuple mutin et belliqueux, cette princesse joignait encore celui d'un caractère emporté, dur et impérieux, et ne savait jamais tempérer par un air affable l'amertume d'un refus. La reine, épouse d'Étienne, secondée de plusieurs grands de la cour, sollicita la liberté de son époux, et promit qu'à cette condition il renoncerait à la couronne, et se retirerait dans un couvent; le légat demanda que le prince Eustache, son neveu, pût hériter de Boulogne et des autres biens du patrimoine de son père; les citoyens de Londres présentèrent une requête pour obtenir le rétablissement des lois d'Édouard au lieu de celles du roi Henri, dont ils ne pouvaient, disaient-ils, supporter l'oppression; mais l'impératrice refusa toutes ces grâces avec autant de hauteur que de despotisme.

Le légat, qui vraisemblablement n'avait jamais été son partisan sincère, mit à profit le mécontentement qu'une conduite si impérieuse avait excité, et fomenta secrètement l'esprit de révolte à Londres. Il y eut une conspiration formée pour se saisir de la per-

(1) Si l'on pouvait s'en rapporter à cet auteur, il faudrait qu'alors Londres eût contenu près de quatre cent mille habitants, ce qui serait plus du double de ce qu'elle contenait à la mort d'Élisabeth; mais ces calculs hasardés, ou plutôt conjecturés, méritent très peu de confiance.

sonne de l'impératrice, qui n'échappa qu'à la faveur d'une fuite précipitée. Elle se réfugia d'abord à Oxford, puis à Winchester, où le légat, voulant sauver les apparences et attendre une occasion plus sûre de la perdre, la suivit aussitôt ; mais lorsqu'il eut rassemblé tout son monde, il joignit ouvertement ses forces à celles de la ville de Londres, ainsi qu'aux troupes mercenaires d'Étienne, qui n'avaient pas encore évacué le royaume, et assiégea Mathilde. Cette princesse, vivement pressée par la disette des vivres, sortit furtivement de la place ; mais, en accompagnant sa fuite, le comte Robert, son frère, tomba entre les mains des ennemis. Ce seigneur, quoique sujet, était autant la vie et l'âme du parti de sa sœur, qu'Étienne pouvait l'être du parti contraire : elle sentit assez le besoin qu'elle en avait pour consentir à l'échange de ces deux prisonniers à des conditions égales (1), et la guerre civile fut rallumée avec plus de fureur que jamais.

Le comte Robert, voyant que les succès, de part et d'autre, se balançaient presque également, passa dans la Normandie, qui, pendant la détention d'Étienne, s'était soumise au comte d'Anjou, et engagea Geoffroi à permettre que son fils aîné Henri, jeune prince de grande espérance, vînt en Angleterre se montrer à la tête des partisans de Mathilde (2). Cependant cet expédient ne produisit rien de décisif. Étienne prit Oxford après un long siége. Il fut vaincu à Wilton par Robert ; et l'impératrice, malgré son courage mâle, fatiguée des vicissitudes de la fortune, alarmée des dangers auxquels sa personne et sa famille étaient continuellement exposées, se retira en Normandie, où elle avait envoyé son fils quelque temps auparavant. La mort de son frère, ce prince si vaillant et si fidèle, arrivée peu de temps après, aurait été fatale aux intérêts de cette princesse, si les événements qui la suivirent n'eussent pas troublé le cours de la renaissante prospérité d'Étienne. Ce prince, s'apercevant que les châteaux forts, bâtis par les grands de son propre parti, encourageaient l'esprit d'indépendance et n'étaient guère moins à craindre que ceux qui restaient entre les mains de l'ennemi, tâcha de se les faire re-

(1) Chron. Sax. p. 242. (2) Chron. Norm. p. 779.

mettre, et, par cette demande équitable, s'aliéna l'affection de la plupart de ces seigneurs. L'artillerie de l'église, que son frère avait ramenée de son côté, après quelque intervalle repassa aussi dans le parti contraire. Eugène III, élevé au trône apostolique, avait retiré à l'évêque de Winchester la commission de légat, pour en revêtir Théobald, archevêque de Canterbury, l'ennemi et le rival de ce prélat. Le pontife ayant convoqué un concile général à Reims, en Champagne, au lieu de laisser à l'Église d'Angleterre, selon l'usage ordinaire, l'élection de ses propres députés, nomma cinq évêques anglais pour la représenter, et exigea qu'ils se rendissent au concile. Étienne, qui, malgré ses embarras actuels, était jaloux des droits de sa couronne, défendit à ces évêques de partir; et le pape, convaincu de son avantage dans une contestation avec un prince à qui l'on disputait le trône, se vengea en mettant tout le parti d'Étienne sous l'interdit. Par cette sentence, chose encore inconnue en Angleterre, le service divin fut défendu, et toutes les fonctions religieuses cessèrent, excepté le baptême des enfants et l'absolution des mourants. Les mécontentements des royalistes, lorsqu'ils se virent dans cette situation, s'accrurent par le parallèle des bénédictions de l'Église, dont le parti de Mathilde jouissait, et Étienne fut obligé à la fin de plier sous l'autorité du saint-siége, pour soustraire les siens à l'opprobre du nom d'excommuniés.

L'affaiblissement des deux partis, plus que la diminution de leur haine réciproque, ayant fait cesser le bruit des armes en Angleterre, Roger de Mowbray, Guillaume de Garenne, et plusieurs autres grands du royaume, ne trouvant plus à occuper leur valeur chez eux, s'enrôlèrent dans une nouvelle croisade, que saint Bernard prêchait avec un succès étonnant après les revers et les malheurs des précédentes. Mais il arriva bientôt un événement qui menaça de ranimer les troubles de l'Angleterre. Le prince Henri, parvenu à sa seizième année, désira d'être reçu chevalier, cérémonie qu'alors tout gentilhomme subissait avant de pouvoir porter les armes, et que l'on regardait comme nécessaire aux plus grands princes. Il proposa à David, roi d'Écosse, son grand-oncle, de lui donner l'accolade, et pour cet effet traversa l'Angleterre avec un cortége magnifique, et fut accompagné des plus considérables de ses partisans. Il séjourna quelque temps auprès du roi d'Écosse, fit quelques incursions en Angleterre; et, par son adresse et sa force dans tous les exercices, son courage à la guerre, et sa prudence dans toutes les occasions, releva les espérances de son parti, et développa le germe des grandes qualités qu'il fit éclater lorsqu'il fut monté sur le trône. Immédiatement après son retour en Normandie, il fut investi de ce duché, du consentement de Mathilde; à la mort de Geoffroi, son père, arrivée l'année suivante, il prit possession de l'Anjou et du Maine, et conclut un mariage qui, en ajoutant encore beaucoup à sa puissance, le rendit très redoutable à son rival. Éléonore, fille et héritière de Guillaume, duc de Guyenne et comte de Poitou, avait été mariée à seize ans à Louis VII, roi de France, et l'avait suivi à une croisade où il commandait les troupes chrétiennes contre les infidèles; mais cette princesse y perdit la tendresse de son époux, et fut même soupçonnée de quelque galanterie avec un Sarrasin. Louis, plus délicat que politique, obtint son divorce, et rendit à Éléonore les riches provinces qu'il avait annexées à la couronne de France par son mariage. Le jeune Henri ne fut repoussé ni par la disproportion d'âge, ni par les bruits répandus au sujet des galanteries de cette princesse; il rechercha sa main avec succès, l'épousa six semaines après son divorce avec Louis VII, et se mit en possession de tout ce qu'elle apportait en dot. L'éclat qu'il reçut de ces vastes acquisitions et la perspective de sa fortune naissante firent un tel effet en Angleterre, que lorsque Étienne, pour assurer la couronne à son fils Eustache, voulut le faire sacrer par l'archevêque de Canterbury, ce prélat refusa d'obéir, et s'enfuit hors du royaume pour éviter la colère et la vengeance du roi.

Henri, informé de ces dispositions du peuple, fit une invasion en Angleterre, remporta quelque avantage sur Étienne à Malmesbury, et prit cette place. De là il s'avança pour jeter du secours dans Wallingford, dont le roi s'approchait avec une armée supérieure pour en former le siége. On s'attendait tous les jours à une action décisive, lorsque des deux côtés les grands, prévoyant avec horreur les suites sanglantes et fatales qui en résulteraient, interposèrent leurs bons offices, et entamèrent une négociation entre les princes rivaux. La mort d'Eustache, qui arriva dans cet intervalle, facilita le traité. On conclut enfin un accommodement, par lequel il fut convenu qu'Étienne posséderait la couronne pendant sa vie ; que la justice serait administrée en son nom dans les provinces même soumises à Henri ; que ce dernier prince, à la mort de l'autre, succéderait au royaume d'Angleterre, et Guillaume, fils d'Étienne, à Boulogne et à ses autres biens de patrimoine. Après que tous les barons eurent garanti l'observation de ce traité, et rendu hommage à Henri, comme à l'héritier de la couronne, il évacua le royaume. Étienne mourut l'année suivante, le 25 octobre, d'une maladie qui l'emporta en peu de jours, et sa mort prévint les défiances et les différends qui vraisemblablement auraient été inséparables d'une situation si délicate.

L'Angleterre souffrit de grandes calamités pendant le règne de ce monarque : mais à l'égard de son caractère (en lui passant l'injustice et la témérité de son usurpation), il ne paraît pas mériter de grands reproches. Il semble au contraire que, s'il eût eu des droits légitimes à la couronne, il était né pour augmenter le bonheur et la prospérité de ses sujets. Industrieux, actif et courageux au suprême degré, quoiqu'il n'eût pas un esprit supérieur, il ne manquait pas d'habileté dans les affaires, possédait l'art de se faire aimer, et, malgré sa position critique, ne se permit jamais de cruauté ou de vengeance. La grandeur souveraine ne lui procura ni félicité ni repos ; quoique la situation de l'Angleterre empêchât les états voisins de tirer des avantages durables des troubles dont elle fut agitée, ses guerres intestines et ses désordres domestiques la ruinèrent et la déchirèrent cruellement. Ils furent aussi la cause des progrès que firent les usurpations de la cour de Rome ; et les appels au pape, qui avaient toujours été rigoureusement défendus par les lois anglaises, devinrent alors communs dans toutes les contestations ecclésiastiques.

# HENRI II.

## CHAPITRE VIII.

État de l'Europe et de la France. — Premiers actes du gouvernement de Henri. — Disputes entre la puissance civile et la puissance ecclésiastique. — Thomas Becket archevêque de Canterbury. — Querelle entre le roi et ce prélat. — Constitutions de Clarendon. — Bannissement de Becket. — Accommodement avec lui. — Son retour. — Son assassinat. — Chagrin et soumission du roi. — Sa mort.

On ne connaissait point autrefois ces grandes confédérations qui maintiennent à la fois l'union et l'équilibre entre les puissances européennes, et qui, tout en ayant l'inconvénient d'étendre à l'Europe entière la moindre étincelle de discorde, ont du moins l'avantage de mettre chaque état en particulier à couvert des conquêtes ou des révolutions violentes. Les principes de la politique étrangère formaient dans chaque pays un système beaucoup moins compliqué qu'aujourd'hui. Le commerce n'avait pas encore lié d'une aussi étroite chaîne les nations les plus distantes les unes des autres. Les mouvements des états éloignés n'avaient qu'une faible influence sur les guerres, ordinairement terminées dans une campagne, et souvent dans une bataille. Le peu de communication entre les différents peuples, et l'ignorance où ils étaient de leurs forces réciproques, les mettaient pour la plupart dans l'impossibilité de concerter entre eux aucune entreprise, aucune tentative; et, par-dessus tout, l'esprit remuant et l'état d'indépendance des barons ou des grands vassaux, dans chaque royaume, donnaient tant d'occupation au souverain, qu'ayant besoin de toute son attention pour ses affaires intérieures et pour son propre système de gouvernement, il avait naturellement plus d'indifférence pour tout ce qui se passait chez ses voisins. Ce fut la religion seule, et non la politique, qui étendit au dehors les vues des souverains, en tournant leurs regards vers la Terre-Sainte, dont la conquête et la défense étaient considérées comme un point d'honneur et un objet d'intérêt général, ou en les engageant dans des intrigues avec la cour de Rome, à laquelle ils avaient abandonné la direction des affaires ecclésiastiques, et qui, chaque jour, s'arrogeait plus d'autorité qu'ils n'auraient voulu.

Avant que le duc de Normandie fît la conquête de l'Angleterre, cette île était autant séparée du reste du monde par sa politique que par sa situation. Excepté par suite des incursions des pirates danois, les Anglais, heureusement confinés chez eux, n'avaient ni ennemis ni alliés sur le continent; ils n'eurent de relations avec les rois et les grands vassaux de France qu'à l'occasion des états que Guillaume y possédait; tandis que les prétentions opposées du pape et de l'empereur en Italie produisaient une correspondance continuelle entre elle et l'Allemagne, les deux grands monarques de France et d'Angleterre formaient, dans une autre partie de l'Europe, un système totalement séparé, et conduisaient leurs guerres et leurs négociations sans recevoir des autres puissances ni opposition ni appui.

Vers le déclin de la race carlovingienne, les nobles de toutes les provinces de France, abusant de la faiblesse du souverain, et se trouvant obligés de pourvoir chacun à leur propre défense contre les pirateries des Normands, avaient usurpé dans les affaires civiles et militaires une autorité presque indépendante, et avaient resserré celle du roi dans les limites les plus étroites. Lorsque Hugues Capet parvint au trône, il ajouta quelque degré de puissance à la dignité royale, en annexant un grand fief à la couronne; mais ce fief, quoique considérable pour un sujet, était une faible base pour fonder le pouvoir d'un prince placé à la tête d'un si grand état. Paris, Orléans, Étampes, Compiègne, et quelques autres places répandues dans les provinces septentrionales, composaient le domaine royal : dans tout le reste du royaume l'autorité du roi était plus nominale que réelle. Les vassaux de la couronne avaient la coutume et même le droit de se faire la guerre les uns aux autres sans la permission du souverain, et, qui plus est, de tourner leurs armes contre lui-même, s'ils croyaient avoir quelque sujet de plainte : ils exerçaient une autorité souveraine et sans appel sur leurs tenanciers et leurs vassaux inférieurs : leur commune jalousie de l'autorité royale les tenait aisément tous unis contre la moindre entreprise sur leurs énormes priviléges; comme quelques-uns de ces seigneurs étaient parvenus au degré de puissance des grands princes, la petite noblesse trouvait toujours en eux une protection immédiate et effective. Outre les six pairies ecclésiastiques, dont les prérogatives, jointes aux autres immunités de l'Église, gênaient extrêmement l'exécution générale de la justice, il y avait encore six pairies laïques, la Bourgogne, la Normandie, la Guyenne, la Flandre, Toulouse et la Champagne, qui formaient des souverainetés très étendues et très puissantes. Quoique les pairs et les barons coalisés pussent dans l'occasion rassembler des forces redoutables, il était cependant très difficile de mettre cette grande machine en mouvement, et presque impossible de conserver de l'harmonie dans toutes ses parties. Le sentiment d'un commun intérêt pouvait seul les retenir pendant quelque temps unis sous leur souverain contre un ennemi commun; mais si le roi voulait diriger ces mêmes forces contre un de ces vassaux mutins, ce même sentiment de commun intérêt les engageait tous à s'opposer au succès des prétentions du roi. Louis-le-Gros marcha une fois vers ses frontières contre les Allemands, à la tête d'une armée de deux cent mille hommes; mais un petit seigneur de Corbeil, de Puiset et de Couci, fut capable une autre fois de défier ce prince, et de soutenir une guerre ouverte contre lui.

L'autorité du monarque anglais était beaucoup plus étendue dans son royaume, et la disproportion beaucoup plus grande entre lui et ses vassaux les plus puissants : son domaine et ses revenus étaient aussi bien plus vastes, eu égard à la grandeur de son état : il était accoutumé à lever des taxes arbitraires sur ses sujets : ses cours de judicature exerçaient leur autorité dans toutes les parties du royaume : il pouvait accabler par son pouvoir ou par ses sentences, bien ou mal fondées, un baron dangereux : quoique les institutions féodales tendissent dans son royaume, ainsi que dans les autres états, à favoriser l'aristocratie, et par conséquent à restreindre la monarchie, il fallait en Angleterre, selon sa constitution actuelle, une grande fédération des vassaux entre eux, pour qu'ils fussent en état de résister à leur seigneur suzerain ; jusqu'alors il n'y avait eu aucun baron assez puissant pour faire seul la guerre au roi et pour protéger les barons inférieurs.

Tandis que telles étaient les différentes situations de la France et de l'Angleterre, et que celle-ci avait tant d'avantages sur l'autre, l'avénement de Henri II, prince très habile, et possesseur de plusieurs riches provinces sur le continent, pouvait paraître un événement dangereux, pour ne pas dire fatal, à la monarchie française, et capable de rompre entièrement l'équilibre entre les deux états. Il héritait, du chef de son père, de l'Anjou et de la Touraine ; il était maître, aux droits de sa mère, de la Normandie et du Maine, et par ceux de sa femme, de la Guyenne, du Poitou, de la Saintonge, de l'Auvergne, du Périgord, de l'Angoumois et du Limousin. Peu de temps après il annexa encore la Bretagne à ses autres états : il avait déjà le droit de suzeraineté sur cette province, que, lors de la première cession de la Normandie au Danois Rollo, Charles-le-Simple avait accordée en vasselage à ce guerrier redoutable. Ces provinces composaient plus d'un tiers de la monarchie française, et étaient supérieures de beaucoup en étendue et en opulence aux autres contrées assujetties au gouvernement immédiat du roi. Le vassal était plus puissant que le seigneur lige. La situation qui avait permis à Hugues Capet de déposer les princes carlovingiens semblait se renouveler, et avec encore plus d'avantages du côté du vassal. Lorsque l'Angleterre fut encore ajoutée à tant de provinces, le roi de France eut raison de craindre de cette conjoncture quelque grand désastre pour lui et pour sa maison ; mais en réalité ce fut cette circonstance même si formidable en apparence qui sauva la race des Capétiens, et qui l'éleva au faîte de la grandeur dont elle jouit à présent.

L'autorité limitée du prince dans les constitutions féodales empêcha le roi d'Angleterre d'employer avec avantage les forces de tant d'états qui lui étaient soumis : les diverses parties de ce tout, disjointes par leur situation, et discordantes par leurs lois, leurs langues et leurs mœurs, ne furent jamais assez bien cimentées pour former l'ensemble d'une monarchie. Il résulta bientôt de l'éloignement de sa résidence et de l'incompatibilité des intérêts, que ce prince devint en quelque sorte un étranger pour ses possessions françaises, et que ses sujets du continent considérèrent leur obéissance comme plus naturellement due à leur seigneur suzerain, vivant dans leur voisinage, et reconnu pour le chef suprême de la nation. Celui-ci était toujours à portée de les envahir; leur seigneur immédiat se trouvait souvent trop éloigné d'eux pour les protéger, et le moindre désordre qui arrivait dans quelque partie de ses états dispersés donnait des avantages contre lui. Les autres vassaux puissants de la couronne de France étaient bien aises de l'expulsion de l'Anglais; il ne les échauffait pas du même zèle qu'ils auraient eu pour un co-vassal d'un rang égal au leur, et qu'on aurait tenté d'opprimer. Par ce moyen, le roi de France pouvait plus aisément conquérir les provinces dépendantes de l'Angleterre que soumettre un duc de Normandie ou de Guyenne, ou un comte d'Anjou, du Maine, ou du Poitou. Lorsqu'il eut réduit ces vastes territoires qui faisaient partie du corps de la monarchie, il trouva beaucoup plus de facilité à réunir ensuite à la couronne les autres grands fiefs qui en restaient encore séparés et indépendants.

Mais comme ces conséquences importantes ne pouvaient être prévues par la sagesse humaine, le roi de France vit avec effroi la grandeur naissante de la maison d'Anjou ou de Plantagenet, et, pour en retarder les progrès, il s'était tenu toujours étroitement uni avec Étienne, et avait tâché de soutenir la fortune chancelante de ce téméraire usurpateur; mais après sa mort il était trop tard pour s'opposer à ce que Henri lui succédât, et pour empêcher qu'il ne consommât les arrangements que, du consentement unanime de la nation, il avait faits avec son prédécesseur. Les Anglais, fatigués des guerres civiles et des horreurs qu'elles avaient traînées à leur suite pendant le cours de tant d'années, étaient peu disposés à violer leur serment en excluant l'héritier légitime de la couronne. La plupart des forteresses les plus considérables se trouvaient entre les mains de ses partisans; toute la nation avait eu l'occasion de remarquer les grandes qualités dont il était doué, et de les comparer aux médiocres talents de Guillaume, fils d'Étienne ; enfin on connaissait aussi l'étendue des possessions dont Henri jouissait déjà ; et les Anglais, s'applaudissant de voir tant de souverainetés étrangères annexées à leur couronne, n'avaient jamais eu la moindre intention de s'y opposer. Henri lui-même, persuadé des avantages attachés à sa situation actuelle, n'avait nulle impatience d'arriver en Angleterre pour y établir ses droits. Il assiégeait un château sur les frontières de la Normandie lorsqu'il apprit la mort d'Étienne, et se fit un point d'honneur de ne pas abandonner son opération qu'il ne l'eût terminée. Il partit alors pour l'Angleterre, où il fut reçu aux acclamations de tous les ordres de l'état, qui lui prêtèrent serment d'obéissance et de fidélité avec une joie sincère.

Les premiers actes de l'administration de Henri répondirent à la haute idée qu'on avait de sa vigueur et de son habileté, et présagèrent le rétablissement de la justice et de la tranquillité, dont le royaume avait été privé si long-temps. Il renvoya aussitôt toutes ces troupes mercenaires qui avaient commis tant de désordres dans le pays, et congédia Guillaume d'Ypres, leur chef, qui avait été le plus grand ami et le confident d'Etienne. Il révoqua tous les dons faits par son prédécesseur, et même ceux que la nécessité avait extorqués de l'impératrice Mathilde. Cette princesse, ayant renoncé à ses droits en faveur de Henri, n'apporta nulle opposition à une mesure si nécessaire pour soutenir la dignité de la couronne. Il régla le titre de l'argent monnayé, qui avait été fort altéré pendant le règne précédent, et se précautionna contre le retour de cet abus. Il fut rigoureux dans l'exécution de la justice, attentif à prévenir les violences et extirper les brigandages, et pour remettre les lois en vigueur il fit démolir tous les châteaux forts nouvellement bâtis, qui étaient devenus autant d'asiles pour les brigands et les rebelles. Le comte d'Albemarle, Hugues Mortimer, et Roger, fils de Miles de Glocester, paraissaient disposés à résister à cette sage mesure ; mais l'approche du roi et de son armée les fit rentrer dans le devoir.

Aussitôt que le bon ordre et la tranquillité furent rétablis en Angleterre, Henri marcha contre son frère Geoffroi, qui, pendant son absence, ayant fait une incursion dans l'Anjou et le

Maine, élevait des prétentions sur ces provinces, d'une grande partie desquelles il s'était emparé (1). Mais dès que le roi parut, les peuples rentrèrent sous son obéissance; Geoffroi abandonna ses droits pour une pension annuelle de mille livres sterling, et alla prendre possession du pays de Nantes, que les habitants remirent entre ses mains, après en avoir chassé leur prince Hoel. Henri retourna en Angleterre l'année suivante : de nouvelles courses des Gallois l'excitèrent à aller les châtier chez eux; mais leur pays aride et montagneux lui fit souffrir une extrême disette, et l'exposa même à d'assez grands dangers. Son avant-garde, engagée dans un défilé étroit, fut mise en déroute. Henri d'Essex, guidon héréditaire du royaume, saisi d'une terreur panique, jeta son étendard, prit la fuite, répandit le bruit que le roi était tué; et si ce prince, se montrant sur-le-champ à ses troupes, ne les eût dirigées avec la plus grande bravoure, cet incident pouvait causer la perte de son armée entière. D'Essex ne commit pas cette faute impunément : accusé dans la suite de félonie à ce sujet par Robert de Montfort, il fut vaincu en combat singulier. Ses biens furent confisqués, et on le confina dans un couvent. La soumission des Gallois leur procura un accommodement avec l'Angleterre.

Le génie martial des princes de ce siècle les engageait à se mettre à la tête de leurs armées dans leurs expéditions même les plus frivoles; et la faiblesse de leur autorité les réduisait communément à ne pas oser, dans l'occasion, confier le commandement de leurs troupes à leurs généraux. Geoffroi, le frère du roi, mourut presque aussitôt qu'il eut pris possession de Nantes; et quoiqu'il n'eût pas d'autres droits sur ce pays que la soumission volontaire ou le choix des habitants, qui s'étaient donnés à lui deux ans auparavant, Henri réclama ce territoire comme lui

---

(1) William de Newbridge (qui est copié par les derniers historiens) assure, p. 383, que Geoffroi avait quelques droits aux comtés de Maine et d'Anjou. Il prétend que le comte Geoffroi, son père, lui avait laissé ces provinces par un testament secret, et ordonné que son corps restât sans sépulture jusqu'à ce que Henri eût juré d'obéir à sa dernière volonté : ce prince, ignorant cette disposition, fit le serment demandé. Mais, outre que ce fait n'est pas vraisemblable en lui-même, et qu'il sent la fiction monacale, on ne le trouve dans aucun autre écrivain ancien, et il est contredit par quelques-uns d'entre eux, particulièrement par le moine de Marmoutier, qui était plus à portée que Newbridge de savoir la vérité. Voyez Vita Gaufr. duc. Norm. p. 103.

étant dévolu par droit de succession, et il s'avança pour soutenir ses prétentions les armes à la main. Conan, duc ou comte de Bretagne, car les historiens donnent indifféremment à ces princes l'un ou l'autre titre, prétendit que Nantes s'était séparée récemment de sa principauté par une rébellion, et que cette ville lui appartenait de droit. Henri, voulant éviter que Louis, roi de France, ne prît parti dans la querelle, alla lui rendre visite, et fit si bien par ses caresses et ses prévenances, que le fruit de cette entrevue fut une étroite alliance entre eux. Ils convinrent que le jeune Henri, héritier du royaume d'Angleterre, serait fiancé à Marguerite de France, quoique le premier eût à peine six ans, et que la princesse fût encore au berceau. Henri, alors certain de n'avoir aucun obstacle à craindre de ce côté, s'avança en Bretagne avec son armée; et Conan, se voyant hors d'état de lui résister, lui abandonna le comté de Nantes. L'habileté de ce monarque sut tirer encore des avantages plus considérables de cet événement : Conan, fatigué du caractère remuant de ses sujets, désira se procurer l'appui d'un si grand roi; il fiança donc sa fille unique encore enfant à Geoffroi, troisième fils de Henri, et dans un âge aussi tendre qu'elle. Le duc de Bretagne mourut environ sept ans après, et Henri, sous le prétexte qu'il était tuteur de son fils et de sa belle-fille, se mit en possession de la principauté, qu'il annexa au reste de ses vastes états.

Le roi avait la perspective de faire encore d'autres acquisitions, et son caractère actif ne lui en laissa pas échapper une occasion. Philippe, duchesse de Guienne et mère de la reine Éléonore, était fille unique de Guillaume IV, comte de Toulouse, et devait hériter de sa souveraineté, si ce prince, désirant de la conserver dans la branche masculine de sa maison, n'en avait pas transporté la propriété à Raimond de Saint-Gilles son frère, par une vente que l'on regarda alors comme simulée et illusoire. Par suite de cet arrangement, le titre de comte de Toulouse devint un objet de contestation entre les héritiers mâles et femelles, et ils s'en emparèrent tour à tour, selon que les circonstances les favorisèrent. Alphonse, fils de Raimond, en était revêtu lorsque Henri voulut faire revivre les prétentions de la reine son épouse; ce seigneur implora la protection du roi de France, que la bonne politique intéressait si fort à empêcher le monarque anglais de s'agrandir davantage. Louis avait déjà, dans le temps de son mariage avec Éléonore, soutenu la justice des droits de cette princesse, et demandé la possession du comté de Toulouse; mais, ses sentiments changeant avec ses intérêts, il se détermina alors à défendre de tout son pouvoir et de toutes ses forces les prétentions d'Alphonse. Henri sentit qu'il était nécessaire de soutenir les siennes contre des adversaires si puissants, et qu'une armée formidable pouvait seule donner du poids à des raisons qu'il avait en vain établies dans ses manifestes.

Une armée composée de vassaux que les lois féodales obligeaient à servir, était ordinairement très difficile à conduire et très mal disciplinée, tant à cause de l'esprit d'indépendance de ceux qui la composaient, que parce que les officiers n'obtenaient leurs grades ni par le choix du souverain, ni par leur expérience et leur capacité. Chaque baron commandait ses propres vassaux, et son rang se réglait sur l'étendue de ses possessions : le commandement en chef, sous le prince, était même souvent attaché à la naissance. Comme les vassaux militaires n'étaient contraints à servir que quarante jours à leurs frais, quoique ces courtes campagnes leur fussent très à charge si elles se faisaient dans un pays lointain, le prince en tirait peu d'avantages. Henri, convaincu de ces inconvénients, leva sur ses vassaux de Normandie et des autres provinces éloignées de Toulouse une somme d'argent à la place de leur contingent de troupes ; et, attendu la grande distance, cet équivalent devint encore plus avantageux à ses vassaux anglais. Il imposa donc une taxe de trois livres par chaque fief de chevalier : cette condition, quoique inusitée, et dont c'est ici peut-être le premier exemple que l'histoire rapporte, fut acceptée volontiers des tenanciers militaires. Avec cet argent, Henri leva une armée beaucoup plus soumise à ses ordres, et dont le service était aussi plus long et plus constant. Secondé par Bérenger, comte de Barcelone, et par Trincaval, comte de Nîmes, qu'il avait attirés dans son parti, il avait envahi le comté de Toulouse : après avoir pris Verdun, Castelnau, et d'autres places, il assiégeait la capitale de la province avec l'apparence d'un succès balancé, lorsque Louis, devançant le principal corps de son armée, se jeta lui-même dans la ville avec un petit renfort. Quelques-uns des ministres de Henri lui conseillaient de continuer le siége pour faire le roi de France prisonnier, et se rendre ainsi le maître des conditions d'un accommodement ; mais, soit que ce prince crût qu'il était de son intérêt de maintenir les principes féodaux sur lesquels portait la sûreté de ses souverainetés étrangères, ou qu'il eût réellement cet excès de respect pour son seigneur, il déclara qu'il n'attaquerait pas une place que le roi de France défendait en personne, et leva immédiatement le siége. Il marcha ensuite en Normandie pour protéger cette province, où le comte de Dreux était entré à main armée, à l'instigation de Louis-le-Jeune, son frère. La guerre fut alors ouvertement déclarée entre les deux monarques ; mais elle ne produisit aucun événement mémorable. Une suspension d'armes l'interrompit et fut suivie d'un traité de paix qui ne rétablit ni la confiance ni la bonne intelligence entre ces princes rivaux. La forteresse de Gisors, faisant partie de la dot de Marguerite de France, avait été, d'un commun consentement, remise entre les mains des Templiers, à condition de la livrer à Henri après la célébration des noces de cette princesse. Henri, impatient de se faire un prétexte d'exiger la délivrance de la place, fit solenniser ce mariage ; quoique les époux fussent encore dans leur tendre enfance, et détermina le grand-maître du Temple, à force de présents, comme on le soupçonna unanimement, à le mettre en possession de Gisors. Louis, indigné de cette infidélité du grand-maître, bannit les Templiers de son royaume, et aurait recommencé la guerre à ce sujet avec le roi d'Angleterre, sans la médiation et l'autorité du pape Alexandre III, qui, chassé de Rome par l'anti-pape Victor IV, résidait alors en France. Il est bon d'observer, pour avoir une notion de l'empire qu'exerçaient les pontifes romains dans ces temps-là, que les deux rois s'étant trouvés l'année précédente avec le pape au château de Torci, sur la Loire, ils avaient porté les témoignages de leur respect pour Sa Sainteté jusqu'à mettre pied à terre, à prendre chacun un côté de la bride de son cheval, et à l'escorter de cette manière jusqu'au château.

Aussitôt que Henri eut accommodé ses différends avec Louis,

par l'entremise du pape, il retourna en Angleterre, où il commença une entreprise qui, toute fondée qu'elle fût sur la saine politique, et même en total conduite avec prudence, lui causa des inquiétudes infinies, le jeta dans un grand danger, et ne se termina pas sans coûter à ses intérêts et à sa gloire.

Les usurpations du clergé qui avaient été d'abord lentes et mesurées, étaient alors si rapides et portées à un tel excès, que les contestations entre la puissance royale et la puissance pontificale devenaient réellement un état de crise en Angleterre, où il fallait enfin décider lequel du roi ou des prêtres, surtout l'archevêque de Canterbury, serait le souverain du royaume. Le génie ambitieux de Henri, qui causait tant d'inquiétude à ses voisins, n'était pas d'une trempe à se prêter longtemps avec docilité aux attentats de ses sujets sur son autorité; et comme rien n'ouvre aussi promptement les yeux des hommes que leur intérêt, ce prince ne pouvait guère tomber dans la méprisable superstition qui asservissait ses sujets. Dès le commencement de son règne, il avait montré dans l'administration de ses états du continent, ainsi que de l'Angleterre, le ferme dessein de réprimer les empiétements de la puissance ecclésiastique, et de maintenir les prérogatives que ses prédécesseurs lui avaient transmises. Pendant le schisme des deux papes, Alexandre et Victor, il s'était contenté quelque temps de rester neutre; mais lorsqu'il sut que l'archevêque de Rouen et l'évêque du Mans avaient reconnu Alexandre de leur propre autorité, il en fut si indigné, que, en ménageant l'archevêque, à cause de son grand âge, il ordonna sur-le-champ d'abattre la maison de l'évêque du Mans et celle de l'archidiacre de Rouen (1). Ce ne fut qu'après avoir examiné avec attention la question par les côtés que l'on considère ordinairement dans les conseils des princes, qu'il consentit qu'Alexandre

(1) Fitz-Stephen, p. 18. Cette conduite paraît violente et despotique; mais elle était conforme à l'esprit du gouvernement qui dominait alors. Geoffroi, père de Henri, quoique représenté comme un prince fort doux, lui avait laissé un exemple de sévérité bien plus excessive. Lorsque Geoffroi fut maître de la Normandie, le chapitre de Séez osa procéder, sans son consentement, à l'élection d'un évêque; sur quoi le prince condamna cet évêque et tous les chanoines à souffrir la castration, et se fit apporter dans un bassin la preuve de l'exécution de ses ordres. Fitz-Stephen, page 44. Pendant la guerre de Toulouse, Henri mit une taxe arbitraire et très onéreuse sur toutes les églises de ses états. Voyez Epist. S. Thom. pag. 232.

exerçât les droits du saint-siége sur ses états. Le caractère paisible de Théobald, archevêque de Canterbury, sa vieillesse vénérable, et le mérite de sa résistance à couronner Eustache, fils d'Étienne, avaient empêché Henri, pendant la vie de ce primat, de prendre aucune mesure contre les usurpations multipliées du clergé d'Angleterre ; mais, après la mort de Théobald, le roi résolut d'agir avec plus de vigueur et d'activité, et, pour trouver moins d'obstacles à ses intentions, il donna l'archevêché vacant à Becket, son chancelier, sur la condescendance duquel il croyait pouvoir compter sans réserve.

Thomas Becket, le premier homme d'origine anglaise qui, depuis la conquête normande et pendant le cours d'un siècle, eût été élevé à quelque emploi considérable, était né de parents honnêtes de la ville de Londres. Aussi adroit que capable, il s'insinua dès sa jeunesse dans les bonnes grâces de l'archevêque Théobald, qui le protégea et le plaça : les bienfaits de ce prélat le mirent en état de voyager pour se former l'esprit. Il passa en Italie, et s'arrêta à Bologne, où il étudia le droit civil et le droit canon. Il parut avoir tellement étendu ses connaissances, qu'à son retour son protecteur lui donna l'archidiaconat de Canterbury, place de confiance aussi lucrative qu'honorable. Théobald l'employa ensuite avec succès à négocier quelques affaires à Rome ; et, à l'avénement de Henri à la couronne, on recommanda Becket à ce prince, comme un sujet digne d'être avancé. Henri, qui lui avait l'obligation d'avoir soutenu cette fermeté de l'archevêque qui lui avait si bien aplani le chemin du trône, était déjà prévenu en sa faveur. Il trouva, en l'approfondissant davantage, que ses lumières et son habileté méritaient sa confiance, et bientôt l'éleva à la place de chancelier, l'une des premières charges civiles du royaume. Dans ces temps-là le chancelier avait non-seulement la garde du grand sceau, mais encore la jouissance de tous les évêchés et de toutes les abbayes qui venaient à vaquer ; il était le tuteur de tous les mineurs et de tous les pupilles vassaux du roi ; toutes les baronnies qui tombaient à la couronne étaient sous son administration ; il avait le droit d'entrer au conseil sans y être appelé particulièrement ; et comme il exerçait aussi l'office de secrétaire d'état, et qu'il scellait, contre-signait toutes les commissions, les ordres, et les lettres patentes, c'était une espèce de premier ministre, que les dépêches de toutes les affaires importantes regardaient nécessairement. Après avoir obtenu cette grande charge, Becket, tous les jours plus en faveur, fut encore nommé prevôt de Beverley, doyen de Hastings, et gouverneur de la Tour. On lui accorda les honneurs de Eye et de Berkham, vastes baronnies échues à la couronne par droit d'aubaine; et, pour mettre le comble à sa grandeur, l'éducation du prince Henri, fils aîné du roi, et héritier de la monarchie, lui fut confiée. La pompe de son cortége, la somptuosité de ses équipages et de ses ameublements, le luxe de sa table, sa munificence, ses nombreuses aumônes, répondaient à l'élévation de son rang et de sa fortune, ou plutôt surpassaient tout ce que jamais un sujet avait osé étaler de faste en Angleterre. Son historien et son secrétaire Fitz-Stephen nous apprend, entre autres particularités, que ses appartements étaient, pendant tout l'hiver, couverts de paille fraîche ou de foin renouvelés chaque jour; et l'été, de joncs verts ou de feuillées, pour que les gentilshommes qui venaient lui faire leur cour, et qui étaient souvent en trop grand nombre pour avoir tous place à table, ne fussent pas exposés à salir leur beaux habits en s'asseyant sur un plancher poudreux (1). Un nombre considérable de chevaliers était attaché à son service; les plus grands barons se faisaient gloire de manger avec lui; sa maison était un lieu d'éducation pour les fils des hommes de la plus haute noblesse; et le roi lui-même daignait souvent lui rendre visite et s'associer à ses plaisirs. Comme sa manière de vivre était splendide et opulente, ses amusements et ses occupations n'avaient rien que de riant, et tenaient de l'esprit chevaleresque, qu'il ne croyait pas incompatible avec le caractère dont il était revêtu, n'étant encore que simple diacre. Il remplissait ses heures de loisir par les divertissements de la chasse, du jeu, ou de l'équitation. Il exposa sa personne en plusieurs expéditions militaires : dans la guerre de Toulouse il équipa et conduisit sept cents chevaliers au service du roi; pendant les

---

(1) John Baldwin tenait la ferme d'Oterasfee en Aylesbury, en roture, du roi, à la charge de fournir la litière du lit de S. M.; savoir, en été, des herbes et deux oies grises; en hiver, de la paille, et trois anguilles trois fois l'année, si le roi venait ce nombre de fois à Aylesbury. Madox, Bar. anglica, p. 247.

guerres suivantes, sur les frontières de la Normandie, il entretint pendant quarante jours douze cents chevaliers et quatre mille personnes de leurs équipages; enfin, dans une ambassade dont il fut chargé en France, il étonna cette cour par le nombre et la magnificence des gens de sa suite.

Non-seulement Henri confiait ses affaires les plus importantes à la conduite de Becket, mais il l'honorait d'une amitié et d'une intimité particulières. Dans quelque espèce d'amusement qu'il plût au roi de se délasser du travail, son chancelier était toujours de la partie. Fitz-Stephen cite un exemple de cette familiarité, qui, en ce qu'il nous montre les mœurs de ce siècle, n'est pas inutile à rapporter. Un jour que le roi et le chancelier traversaient à cheval les rues de Londres, ils remarquèrent un mendiant qui tremblait de froid : « Ne serait-ce pas une très bonne « œuvre, dit Henri, de donner un habit chaud à ce pauvre « homme dans cette saison rigoureuse? — Assurément, répondit « le chancelier; et vous faites très bien, sire, de songer ainsi à « de bonnes actions. — Hé bien! il en aura donc un tout à l'heure, « s'écria le roi; » et, à ces mots, saisissant le pan de l'habit du chancelier, qui était de couleur écarlate, et doublé d'hermine, il le tira de toutes ses forces; le chancelier se défendit quelque temps; et tous deux étaient près de perdre les étriers, lorsque Becket, cédant à une secousse violente, lâcha son habit; le roi le donna au mendiant, qui, ne connaissant pas la qualité des personnages, ne fut pas médiocrement surpris de ce présent.

Becket, qui s'était rendu aussi agréable à son maître par sa complaisance et sa gaieté qu'utile par son habileté et son adresse, lui parut l'homme le plus convenable pour succéder à Théobald dans le siége épiscopal que la mort de ce prélat laissa vacant. Le chancelier connaissait l'intention où était le roi, de retrancher ou du moins de resserrer dans leurs anciennes limites les priviléges ecclésiastiques; comme il semblait toujours disposé à seconder ces vues, Henri, qui ne s'attendait à aucune opposition de son côté, envoya immédiatement l'ordre de l'élire archevêque de Canterbury; mais cette résolution, prise contre le sentiment de Mathilde et de plusieurs ministres, tourna très malheureusement pour ce prince, et jamais souverain, doué d'une si grande pénétration, ne parut avoir si mal connu le génie et le caractère de son ministre, si l'on en juge d'après l'événement.

A peine Becket fut installé dans cette dignité éminente, qui le rendait pour toute sa vie la seconde personne de l'État, et lui donnait des facilités pour devenir la première, qu'il changea totalement de conduite. Il tâcha d'acquérir la réputation de sainteté dont ses premières occupations et sa vie fastueuse avaient dû naturellement le priver aux yeux du peuple. Sans consulter le roi sur cette démarche, il lui renvoya immédiatement la commission de chancelier, en affectant de dire qu'il devait désormais renoncer aux affaires du monde pour se livrer tout entier à l'exercice de ses fonctions sacrées, mais dans le vrai, pour rompre toutes liaisons avec Henri, et lui faire sentir que Becket, comme primat d'Angleterre, était un nouveau personnage. Il conserva seulement dans son cortége et ses domestiques l'ancienne pompe qu'il y avait eue, et qui lui servait à imposer au vulgaire; mais, à l'égard de sa propre personne, il prit les apparences de la plus grande austérité, et l'air de la mortification la plus rigide, bien sûr que cet extérieur différent tendrait aussi bien, et encore mieux, à la même fin. Il porta donc un cilice sur sa peau, qu'il fit remarquer par le soin affecté de le cacher, et dont il changea si rarement qu'il égala bientôt en malpropreté la dépouille dégoûtante d'un mendiant. Il réduisit sa nourriture ordinaire à du pain, et sa boisson à de l'eau qu'il rendait encore moins agréable au goût par le mélange d'herbes amères; il se déchirait très souvent les épaules à coups de discipline, et lavait tous les jours à genoux, en imitation de notre Sauveur, les pieds de treize pauvres qu'il renvoyait ensuite avec des aumônes considérables. Il gagna l'affection des moines par ses bienfaits multipliés aux couvents et aux hôpitaux; quiconque faisait profession de piété était admis à sa conversation, et s'en retournait pénétré d'admiration pour l'humilité, la ferveur et la mortification du saint primat. Il paraissait perpétuellement occupé à réciter des prières, à faire des lectures pieuses, ou à parcourir des ouvrages sur la religion; son aspect annonçait en apparence la gravité, le recueillement, et la dévotion intérieure; mais les gens pénétrants voyaient clairement qu'il méditait quelque grand dessein, et que l'ambition et l'ostentation de son caractère se dirigeaient vers un objet nouveau et plus dangereux.

Becket n'attendit pas l'exécution du plan qu'il savait que Henri avait formé contre la puissance ecclésiastique. Il devint lui-même l'agresseur, et tâcha d'intimider son maître par la hardiesse et l'intrépidité de ses démarches. Il somma le comte de Clare de restituer la baronnie de Tunbridge, toujours demeurée depuis la conquête dans la maison de ce seigneur, mais qui précédemment appartenait à l'archevêché de Canterbury, et que le primat réclamait comme n'ayant pu, selon les canons, être aliénée par ses prédécesseurs. Le comte de Clare, indépendamment de sa naissance illustre et de ses biens immenses, était allié aux plus grandes maisons du royaume ; sa sœur, beauté célèbre, avait encore augmenté son crédit parmi la noblesse, et passait même pour avoir subjugué le cœur du roi. Becket ne pouvait mieux signaler sa résolution de soutenir avec vigueur les droits réels ou prétendus de son siége qu'en attaquant un homme si puissant dans l'État, et si en faveur à la cour.

William d'Eynsford, un des vassaux militaires de la couronne, était patron d'un bénéfice dépendant d'un fief qui relevait de l'archevêque de Canterbury ; Becket, sans égard aux droits de William, présenta, sous un prétexte illégal et nouveau, un nommé Laurence à ce bénéfice, dont Eynsford l'expulsa violemment. Le primat se faisant lui-même juge et partie, selon l'usage dans les tribunaux ecclésiastiques, lança très précipitamment une sentence d'excommunication contre Eynsford. Ce seigneur s'en plaignit au roi, et lui représenta que selon la loi établie par Guillaume-le-Conquérant, et toujours maintenue depuis par ses successeurs, quiconque tenait des terres *in capite* de la couronne ne devait point être sujet à cette terrible sentence, sans que le souverain y eût consenti auparavant. Henri, qui avait alors rompu tout commerce personnel avec Becket, lui envoya ordre d'absoudre William Eynsford ; mais le primat se contenta de répondre qu'il n'appartenait point au roi de lui prescrire qui il devait absoudre ou excommunier. Ce ne fut qu'après plusieurs remontrances et des menaces que Becket, de la plus mauvaise grâce imaginable, consentit enfin d'obéir.

Quoique Henri se vît si cruellement trompé sur l'opinion qu'il avait eue de Becket en l'élevant à la primatie, il ne se désista point de sa première intention de réduire les prétentions du clergé ; ce prince était entièrement le maître de ses vastes états ; la prudence et la vigueur de son gouvernement, suivies d'un succès continuel, avaient porté la gloire de son règne au-delà de celle de tous ses prédécesseurs ; la puissance du saint-siége était affaiblie par un schisme qui divisait toute l'Europe ; et il sentait judicieusement que, s'il laissait échapper cette occasion favorable, la superstition dominante du peuple exposerait bientôt la couronne à subir les lois de la mitre.

L'union des puissances civile et ecclésiastique contribue beaucoup chez toutes les nations civilisées à maintenir la paix et le bon ordre ; et elle prévient ces usurpations réciproques qui deviennent d'autant plus dangereuses qu'il ne peut y avoir de juge en dernier ressort entre ces deux rivales. Il importe peu que le magistrat suprême, qui réunit ces deux puissances dans sa main, soit appelé prince ou prélat : le poids des intérêts temporels, emportant ordinairement la balance sur les intérêts spirituels dans l'opinion des hommes, fait toujours prévaloir l'autorité civile que ce magistrat exerce, et empêche aussi, dans l'occasion, les impostures grossières et les persécutions fanatiques qui, dans toutes les fausses religions, sont le principal fondement de l'autorité des prêtres. Mais, pendant le progrès des usurpations ecclésiastiques, la résistance du magistrat civil jette naturellement l'état dans une fermentation convulsive ; et c'est au prince à se pourvoir à propos, pour son intérêt et pour celui du public, d'une barrière que ne puisse franchir le pouvoir du clergé, rival insidieux et redoutable de l'autorité suprême. Jusqu'alors cette précaution avait été aussi négligée en Angleterre que dans les autres pays catholiques ; et à la fin les affaires semblaient être parvenues à leur plus dangereuse crise : un souverain de la plus grande habileté était alors sur le trône : un prélat du caractère le plus inflexible et le plus intrépide était revêtu de la primatie : les puissances contendantes paraissaient armées de toutes leurs forces, et il était naturel d'attendre de leur choc quelque événement extraordinaire.

Entre autres inventions propres à tirer de l'argent des consciences timorées, le clergé avait inculqué la nécessité des pénitences pour expier les péchés, et il introduisit ensuite la pratique de racheter ces pénitences par de grosses sommes, en forme de commutation de peines : par ce moyen les péchés du peuple étaient devenus une rente pour les prêtres ; et le roi calcula qu'ils levaient plus d'argent sur ses sujets, à la faveur de cette ruse, que tous les capitaux et les taxes n'en faisaient entrer dans ses coffres. Pour soulager ses peuples de ces impositions onéreuses et arbitraires, Henri exigea qu'un officier civil, qu'il nommerait, fût présent aux séances des cours ecclésiastiques, et donnât désormais son consentement à toutes les amendes auxquelles les pécheurs seraient condamnés.

Les ecclésiastiques de ce siècle avaient secoué le joug de la puissance souveraine, et prétendaient ouvertement qu'ils étaient de droit exempts de paraître devant les tribunaux séculiers en matières criminelles; peu à peu ils étendirent cette exemption jusque dans les causes civiles : ils ne pouvaient plus être punis que par des peines canoniques; comme le clergé s'était extrêmement multiplié en Angleterre, plusieurs de ceux qui le composaient étaient conséquemment tirés d'une populace corrompue, et se familiarisaient aisément avec les plus grands crimes; les assassinats, les vols, les adultères, les rapts, se commettaient impunément tous les jours par des ecclésiastiques : on vérifia, d'après des recherches exactes, que depuis l'avénement du roi à la couronne ils étaient auteurs de cent meurtres, pour lesquels ils n'avaient jamais été inquiétés par la justice, et que les saints ordres étaient devenus une protection pour tous ces forfaits. Il arriva qu'un ecclésiastique, dans le Worcestershire, après avoir débauché la fille d'un gentilhomme, assassina le père de cette infortunée : l'indignation générale qui s'éleva contre ce crime porta le roi à tenter de remédier à un abus si palpable. Il ordonna que cet ecclésiastique fût livré au bras séculier, et en reçût le châtiment qu'il méritait; mais Becket réclama les immunités de l'église, confina le criminel dans la prison de l'évêque, pour le soustraire aux officiers du roi, et soutint qu'il ne devait subir d'autre peine que la dégradation. Henri ayant demandé qu'après que ce scélérat serait dégradé il fût jugé par la puissance civile, le primat soutint encore que ce serait une chose inique de juger deux fois un homme sur la même accusation et pour le même crime.

Henri, saisissant l'avantage que lui fournissait une si bonne cause, résolut d'alarmer le clergé à l'égard de tous ses priviléges, parvenus à un excès intolérable, et de terminer à la fois toutes les disputes qui se multipliaient chaque jour entre les juridictions ecclésiastique et civile. Il convoqua donc une assemblée de tous les prélats d'Angleterre, et leur fit cette question laconique et précise : Voulez-vous ou ne voulez-vous pas vous soumettre aux lois et aux coutumes anciennes du royaume? Les évêques répondirent unanimement qu'ils y consentaient, *sauf les droits de l'église :* réponse captieuse à la faveur de laquelle ils croyaient éluder une question trop pressante, et se réserver la faculté de faire valoir leurs prétentions dans des circonstances plus favorables. Henri démêla cet artifice, et en fut indigné. Il quitta l'assemblée avec l'air du mécontentement le plus vif, et somma le primat de lui remettre incessamment les honneurs et les châteaux d'Eye et de Berkham. Les évêques, épouvantés, s'attendirent à des effets encore plus terribles du ressentiment de ce prince : Becket seul demeura inflexible; il n'y eut que l'intervention de Philippe, légat et aumônier du pape, qui, craignant une rupture avec un monarque si puissant, et dans une conjoncture si hors de saison, obligea le primat de retirer la clause échappatoire, et de faire une promesse générale et absolue d'observer les anciennes coutumes.

Mais Henri était peu satisfait encore d'une déclaration en termes si généraux; il résolut, avant qu'il fût trop tard, de définir expressément ces coutumes auxquelles il voulait que l'on se conformât, et de mettre une digue aux usurpations cléricales avant qu'elles fussent totalement consolidées, et que les ecclésiastiques pussent, comme ils avaient déjà fait, invoquer l'antique possession en leur faveur, à titre d'autorité sacrée. Les prétentions de l'église se montraient alors à découvert; après un progrès graduel et insensible pendant plusieurs siècles, elle avait enfin jeté le masque; plusieurs conciles, dont on prétendait les canons infaillibles et irrévocables, avaient positivement spécifié ces priviléges et ces immunités, si évidemment contraires à l'intérêt général, et si redoutables au souverain. Henri crut donc nécessaire de spécifier à son tour, avec la même précision, les limites de la puissance civile, d'opposer les coutumes légales aux ordonnances de l'église, et de régler exactement les bornes des deux juridictions rivales. Dans cette intention, il convoqua un concile général de la noblesse et des prélats du royaume à Clarendon, et il y soumit cette grande et importante décision.

Les barons étaient tous du parti du roi, soit qu'ils fussent frappés des raisons dont il s'appuyait, soit qu'ils respectassent son autorité supérieure : les évêques se trouvèrent intimidés par la ligue générale formée contre eux ; et les lois suivantes, appelées communément *constitutions de Clarendon*, passèrent sans opposition dans cette assemblée. On statua que tous les procès concernant le droit de patronage et de présentation aux églises seraient décidés dans les tribunaux civils; que les églises dépendantes des domaines du roi ne pourraient être accordées à perpétuité sans son consentement; que les ecclésiastiques accusés de quelque crime seraient jugés par les cours civiles; que quiconque ce fût, surtout du haut clergé, ne sortirait du royaume sans la permission du roi; qu'on n'obligerait plus les personnes excommuniées à donner caution ; qu'elles ne quitteraient pas le lieu actuel de leur demeure ; que les laïques ne seraient pas traduits dans les cours spirituelles, à moins que ce ne fût par un promoteur et des témoins considérés et juridiques; qu'aucun des principaux tenanciers de la couronne ne serait excommunié, ni ses terres mises sous l'interdit, excepté avec la permission du roi; que dans les causes ecclésiastiques tous les appels seraient portés de l'archidiacre à l'évêque, de l'évêque au primat, du primat au roi, et n'iraient pas plus loin sans le consentement de sa majesté ; que si quelques contestations s'élevaient entre un laïque et un ecclésiastique, au sujet d'un tenancier, et que l'on disputât pour savoir si telle terre était un fief laïque ou ecclésiastique, le rapport de douze jurisconsultes déciderait d'abord à quelle classe elle appartenait; et que si c'était un fief laïque, la cause serait jugée en dernier ressort par les tribunaux civils ; qu'aucun habitant de terres domaniales ne pourrait être excommunié, pour n'avoir pas comparu devant les tribunaux ecclésiastiques, avant qu'on eût consulté le principal magistrat du lieu où il résidait, lequel devait employer l'autorité civile pour lui faire donner satisfaction à l'église; que les archevêques, évêques et autres dignitaires, seraient regardés comme barons du royaume, en posséderaient les priviléges, en supporteraient les charges, seraient tenus à servir le roi dans ses grands conseils, assisteraient à l'instruction de tous les procès, jusqu'à ce que l'on prononçât une sentence de mort ou de mutilation contre les coupables; que les revenus des siéges vacants appartiendraient au roi; que les chapitres ou les membres de ces chapitres qu'il plairait au roi de convoquer, siégeraient dans sa chapelle jusqu'à ce qu'ils eussent fait la nouvelle élection avec son agrément, et que l'évêque élu rendrait hommage à la couronne; que si quelque baron ou tenancier *in capite* refusait de se soumettre aux cours ecclésiastiques, le roi emploierait son autorité pour l'y contraindre; que si quelqu'un d'entre eux dérogeait à son serment d'obéissance au roi, les prélats seconderaient sa majesté, par leurs censures, pour le réduire; que tous les effets confisqués au profit du roi ne seraient point mis à couvert dans les églises ou leurs dépendances; que le clergé ne pourrait plus prétendre au droit d'exiger de sa propre autorité le paiement d'une dette contractée par promesse ou par serment; mais qu'il laisserait ces discussions, aussi bien que les autres, au jugement des cours civiles; enfin que les fils de paysans ne seraient point ordonnés clercs sans le consentement de leur seigneur.

Ces articles, au nombre de seize, avaient pour objet de prévenir les principaux abus qui se passaient dans les affaires ecclésiastiques, et de mettre une barrière aux usurpations de l'église, dont l'accroissement graduel menaçait de détruire totalement la puissance civile. Henri fit donc écrire et recueillir ces anciens statuts en un corps, pour tâcher de prévenir désormais toutes disputes à leur égard; en faisant émaner d'une assemblée civile et nationale tant d'ordonnances ecclésiastiques, il établissait pleinement la supériorité de la législation sur tous les décrets des papes, ou les canons des conciles, et remportait une victoire signalée sur le clergé. Mais comme ce prince ne doutait pas que les évêques, intimidés dans ce moment par l'union du roi et des barons, ne saisissent la première occasion favorable de se relever en réclamant contre l'autorité qui venait de faire ces constitutions, il exigea qu'ils y missent tous leur sceau, et qu'ils signassent une promesse de les observer. Pas un des prélats n'osa résister à cet ordre, excepté Becket, qui, malgré les instances des comtes de Cornouailles et de Leicester, les deux plus grands seigneurs du royaume, refusa constamment d'obéir. A la fin, Richard d'Hastings, grand-prieur de l'ordre des Templiers en Angleterre, se mit à genoux devant lui, et le conjura, les yeux baignés de larmes, s'il avait quelque égard pour sa propre sûreté et pour les intérêts de l'église, de ne pas s'attirer, par une opposition inutile, l'indignation d'un grand monarque, qui était fermement résolu d'obtenir cette marque d'obéissance, et déterminé à se venger de quiconque oserait lui résister. Becket, se voyant abandonné de tout le monde, et même de ses propres confrères, fut enfin obligé de céder. Il promit *loyalement, de bonne foi, et sans fraude et réserve* (1), d'observer les constitutions, et en prêta le serment. Le roi, jugeant alors qu'il avait définitivement le dessus dans cette entreprise, envoya les constitutions au pape Alexandre, qui résidait alors en France, et lui en demanda la ratification. Ce pontife avait les plus grandes obligations au roi ; mais sentant que ces lois tendaient directement à soustraire l'Angleterre à la dépendance du saint-siége, et la puissance royale à la dépendance du clergé, il les condamna, les abrogea, les annula, et les rejeta dans les termes les plus expressifs. Il n'y eut que six articles, des moins importants, que, pour l'amour de la paix, il voulut bien ratifier.

Lorsque Becket remarqua qu'il pouvait espérer de l'appui dans sa résistance, il affecta la douleur la plus profonde d'avoir eu la faiblesse de céder au roi, contre le cri de sa conscience, et tâcha d'attirer tous les évêques dans une espèce de confédération pour soutenir leurs communes prétentions et les priviléges ecclésiastiques, qui intéressaient si essentiellement, selon lui, la majesté de Dieu. Il redoubla ses austérités, pour se punir, di-

(1) Fitz-Steph. p. 38. Epist. S. Thom. p. 25.

sait-il, de sa complaisance criminelle. Il proportionna ses macérations à l'énormité de sa faute prétendue ; il s'interdit lui-même toutes les fonctions épiscopales, jusqu'à ce qu'il eût obtenu l'absolution du pape, qui ne la lui fit pas attendre. Henri, instruit des dispositions actuelles du primat, se promit de tirer vengeance de ce réfractaire, et tenta de le chagriner par le moyen de cette même puissance que Becket se faisait tant de mérite de soutenir. Il sollicita le pape d'accorder à l'archevêque d'York une commission de légat dans ses états. Mais celui-ci, politique aussi délié que le roi, en accordant cette commission, y ajouta la clause qu'elle n'autoriserait aucunement le légat à rien entreprendre au préjudice de l'archevêque de Canterbury (1). Henri, voyant à quoi se réduirait ce pouvoir limité avec une telle adresse, renvoya la commission par le même courrier qui l'avait apportée.

Cependant le primat, qui se trouvait toujours exposé à la colère de son souverain, tenta deux fois de sortir secrètement du royaume, et fut retenu chaque fois par les vents contraires. Henri se hâta de lui faire éprouver les effets d'une obstination qui paraissait si criminelle à ce prince : il excita John, maréchal de l'échiquier, à poursuivre Becket dans la cour archiépiscopale, au sujet de quelques terres dépendantes de la seigneurie de Pageham, et d'appeler ensuite à la cour du roi, pour avoir justice (2). Le jour indiqué pour juger cette cause, le primat envoya quatre chevaliers représenter en son nom quelques irrégularités qui se trouvaient dans l'appel, et en même temps s'excuser de ne pas comparaître, sur ce qu'il était malade. Cette légère faute, si même elle en mérite le nom, fut interprétée comme la preuve d'un mépris formel pour le tribunal : on menaça les quatre chevaliers, et ce ne fut qu'avec peine qu'ils échappèrent à un emprisonnement, comme en ayant imposé à la cour. Henri, déterminé à persécuter Becket à outrance, convoqua à Northampton un grand conseil, qu'il se proposa de rendre l'instrument de sa vengeance contre l'inflexible prélat.

Le roi avait élevé Becket d'une condition obscure aux plus grandes places, l'avait honoré de son appui et de son amitié, et avait compté sur lui pour seconder son projet favori contre le

(1) Epist. S. Thom. p. 13, 14. (2) Hoveden, p. 494. M. Paris, p. 72.

clergé. Lorsque ce prince trouva que sa créature était devenue tout à coup son adversaire le plus rigide, tandis que tout le monde fléchissait sous sa volonté souveraine, le dépit de voir son attente trahie, et l'indignation d'une ingratitude si marquée, transportèrent ce prince au-delà des bornes de la modération : aussi parut-il mettre plus de passion que d'équité ou même de politique dans cette persécution violente. Cependant les barons qui assistèrent à ce conseil rendirent la sentence qu'il plut à Henri de leur dicter; les évêques même, qui indubitablement favorisaient secrètement Becket, et le regardaient comme le martyr de leurs priviléges, n'en concoururent pas moins à l'opprimer. En vain il prétendit que son officialité se conduisait avec la plus grande régularité et la plus exacte justice dans le jugement de la cause du maréchal, dont le rapport du shérif prouvait, disait-il, l'iniquité; en vain se justifia-t-il d'avoir montré du mépris pour la cour du roi, puisqu'au contraire, en y envoyant quatre gentilshommes pour excuser son absence, il avait réellement reconnu l'autorité de ce tribunal; en vain fit-il valoir que, pour exécuter les ordres du roi, il y comparaissait en personne, prêt à démontrer son bon droit contre le maréchal, et à soumettre sa conduite à l'examen de ses juges; en vain fit-il observer que, si c'était une faute de ne pas comparaître au temps préfix, les lois ne la punissaient que très légèrement; que son domicile étant à Kent, où son palais archiépiscopal était situé, elles l'autorisaient à espérer plus d'indulgence qu'à l'ordinaire sur la somme à laquelle son amende devait être portée en pareil cas; il fut condamné, malgré sa défense, comme coupable d'irrévérence pour la cour du roi, et comme ayant dérogé au serment d'obéissance qu'il avait fait à son souverain : on confisqua tous ses biens et ses châteaux; et, pour rendre ce triomphe sur l'église plus éclatant, Henri, évêque de Winchester, qui avait eu tant de crédit sous le règne précédent, fut, malgré ses remontrances, obligé par la cour de prononcer la sentence qu'elle rendait contre le primat. Il se soumit au décret; et tous les prélats, excepté Folliot, évêque de Londres, qui fit sa cour au roi par cette singularité, se rendirent ses garants. Il est remarquable que plusieurs barons normands opinèrent dans ce conseil; et nous pouvons conclure, avec quelque probabilité, que cet usage avait eu lieu dans d'autres assemblées de cette espèce postérieurement à la conquête : car l'historien contemporain qui nous a transmis ces détails avec étendue, ne parle pas de cette circonstance comme d'une chose singulière. Becket même, dans toutes les remontrances qu'il fit ensuite sur le traitement sévère qu'il avait essuyé, ne fonde aucune de ses plaintes sur une irrégularité qui aujourd'hui nous paraîtrait manifeste, et qui prouve le peu de précision qu'il y avait alors dans le gouvernement et la constitution de l'état.

Le roi ne fut pas encore content de cette sentence, quelque rigoureuse qu'elle fût. Le jour suivant il demanda à Becket la somme de trois cents livres sterling, que le primat avait touchée des honneurs d'Eye et de Berkham, tandis qu'il en avait été en possession. Après avoir d'abord objecté qu'il n'était pas obligé de répondre à cette demande, parce qu'elle n'était pas comprise dans la sommation qui lui avait été faite ; après avoir remarqué qu'il avait dépensé plus que cette somme en réparations de ces châteaux et du palais royal de Londres, Becket ajouta que sa résolution n'était cependant pas que de l'argent pût devenir le fond d'une contestation avec son souverain, et donna sur-le-champ des sûretés à cet effet. Dans l'assemblée suivante, le roi demanda cinq cents marcs, qu'il affirma avoir prêtés à Becket pendant la guerre de Toulouse, et une autre somme pareille dont ce prince avait répondu pour lui à un juif. Immédiatement après avoir intenté ces deux actions, il en fit succéder une troisième encore plus importante, et le somma de lui rendre compte de son administration pendant qu'il avait été chancelier, ainsi que des revenus de tous les évêchés, de toutes les abbayes et les baronnies qu'il avait gérés à ce titre. Le primat représenta que cette demande étant imprévue, il ne s'était pas préparé à y répondre ; mais il promit, si on lui accordait un délai, de donner satisfaction sur cet objet. Le roi insista pour qu'il fournît des sûretés, et le primat supplia la cour de permettre qu'il consultât ses suffragants dans une affaire si grave.

Il est vraisemblable, d'après le caractère connu de Henri et sa vigilance dans les affaires, que, lorsqu'il éleva Becket à l'archevêché de Canterbury, il avait lieu d'être satisfait de l'administration de son favori dans la première grande place qu'il lui avait confiée; que même, si ce prélat avait dépensé au-delà des émoluments de sa place, le roi savait que cette dépense n'était pas répréhensible, et qu'elle avait en grande partie pour objet le bien de son service. Deux ans s'étaient écoulés depuis que Becket avait rendu les sceaux, sans qu'on l'eût inquiété à cet égard; ce ne fut qu'au moment de la dispute sur les priviléges ecclésiastiques qu'on en éleva la prétention, et qu'il fut tout à coup requis de produire un compte si embrouillé, d'une si grande étendue, et devant un tribunal qui venait de montrer à découvert la résolution de l'opprimer et de le perdre. Il n'était pas possible que le primat trouvât des cautions pour une somme exorbitante et incertaine, qui, à l'estimation du roi, se montait à 44,000 marcs; les suffragants de Becket furent très embarrassés à lui donner des conseils dans une affaire si épineuse : l'évêque de Winchester lui suggéra seulement d'offrir 2,000 marcs, à condition d'être désormaais à l'abri de toutes recherches; mais le roi rejeta cette offre. Quelques prélats conseillèrent au primat de résigner son siège pour obtenir à ce prix une quittance générale; d'autres furent d'avis qu'il se soumît entièrement à la miséricorde de son maître; mais plus cette persécution était rigoureuse, plus son courage l'animait à la soutenir sans faiblesse, il se détermina donc à braver tous ses ennemis, et, se reposant sur la sainteté de son caractère, à lier sa cause avec celle de Dieu et de la religion, et à attendre tranquillement les derniers efforts de l'indignation du roi.

Après quelques jours passés à délibérer, Becket alla à l'église, et y célébra la messe, dont il avait auparavant ordonné de commencer l'introït par ces mots : *Les princes se sont levés, et ont parlé contre moi;* passage consacré à la fête du martyr saint Étienne, auquel le primat se comparait ainsi tacitement, comme souffrant de même pour l'amour de la vérité. De là il se transporta au palais, revêtu de ses habits pontificaux; et dès qu'il fut arrivé aux portes, il prit sa crosse, la porta élevée devant lui, comme sa sauvegarde, et marcha de cette manière à l'appartement du roi. Ce prince, qui était dans un arrière-cabinet, étonné de l'appareil avec lequel le primat semblait menacer lui et sa cour d'une sentence d'excommunication, envoya quelques prélats lui remontrer l'audace d'une semblable démarche : ils lui reprochèrent de les avoir entraînés par son exemple à signer les constitutions de Clarendon, et de vouloir, maintenant qu'il était trop tard, secouer toute subordination à la puissance civile, et les envelopper dans le crime de violer ces lois établies de leur consentement, et ratifiées par leurs signatures. Becket répondit qu'il avait en effet signé les constitutions de Clarendon *loyalement, de bonne foi, et sans fraude ou réserve;* mais que le *sauf les droits de l'église* restait toujours sous-entendu dans ces mots, et, étant lié avec la cause de Dieu et de son église, ne devait jamais être annulé par aucun serment ni engagement quelconque; que s'ils avaient erré en renonçant aux priviléges ecclésiastiques, la meilleure façon d'expier cette faute était de rétracter leur promesse, qui, en pareil cas, ne pouvait être obligatoire; qu'ils ne devaient reconnaître sur cet article que l'autorité du pape, qui avait solennellement abrogé ces constitutions, et relevé de leur serment ceux qui avaient juré de les observer; qu'il était prouvé évidemment qu'on avait pris la résolution d'opprimer l'église; que l'orage s'était d'abord formé sur sa tête; que pour une faute légère en elle-même, et qu'on lui avait imputée à faux, il s'était vu tyranniquement condamné à une peine rigoureuse; que depuis on lui avait encore suscité un procès inouï, sur lequel il ne pouvait attendre aucune justice; qu'enfin il se regardait comme la victime choisie pour préparer par sa perte l'abrogation prochaine de toutes les immunités du clergé; qu'il défendait positivement à tous les évêques, ses suffragants, d'assister à l'instruction d'un semblable procès, et de donner leur sanction à aucune sentence contre lui; qu'il se mettait, lui et son siège, sous la protection du souverain pontife, et appelait à sa sainteté de toutes les peines qu'il plairait à ses iniques juges de lui infliger; que, quelque redoutable que fût l'indignation d'un aussi grand roi que Henri, son épée ne pouvait tuer que le corps, tandis que celle de l'église, confiée aux mains du primat, pouvait tuer l'âme, et précipiter l'indocile dans les feux éternels de l'enfer.

Les appels au pape, même dans les causes ecclésiastiques, avaient été abolis par les constitutions de Clarendon, et étaient devenus criminels devant la loi; mais un appel dans une affaire civile telle que la demande du roi à Becket était une hardiesse tout à fait nouvelle, sans exemple, et qui tendait directement à renverser le gouvernement. On ne pouvait trouver l'ombre d'une excuse que dans la résolution trop visible où étaient le roi et le grand-conseil de consommer injustement, mais sous les formes de la justice, la ruine de l'inflexible primat. Henri, ayant en ce moment un meilleur prétexte pour justifier les effets de son ressentiment, aurait sans doute poussé cette affaire à la rigueur; mais Becket ne lui laissa pas le temps de le poursuivre, et refusant d'écouter la sentence que les barons siégeant séparément des évêques, et joints à quelques shérifs et barons du second ordre (1), avaient rendue sur la réclamation du roi, il sortit du palais, demanda permission au roi de quitter Northampton, et, sur le refus de sa majesté, partit furtivement, erra quelque temps déguisé, et à la fin s'embarqua pour Gravelines, où il arriva sans accident.

La persécution injuste et violente exercée contre Becket ne servit qu'à tourner le public en sa faveur, à faire oublier sa première ingratitude à l'égard du roi, la violation de son serment, de ses promesses, et l'énormité des priviléges dont il affectait d'être le champion. Plusieurs autres raisons lui procurèrent encore de la considération et de l'appui dans les pays étrangers. Philippe, comte de Flandre, et Louis, roi de France, jaloux de la grandeur de Henri, se plaisaient à lui susciter des embarras, et, ne faisant pas attention que sa cause actuelle était celle de tous les souverains, affectèrent de plaindre la situation du prélat expatrié; Louis l'honora même d'une visite à Soissons, où il l'avait invité à fixer sa retraite. Le pape encore plus immédiatement intéressé à le soutenir, reçut assez mal une ambassade magnifique que Henri lui envoyait pour accuser le primat, tandis

---

(1) Fitz-Stephen, p. 40. On suppose que cet historien veut dire les plus considérables vassaux des principaux barons. Or ces vassaux n'avaient pas le droit de siéger dans le grand-conseil, et les y admettre était une irrégularité palpable, sur laquelle cependant Becket n'insiste dans aucune de ses remontrances. C'est une nouvelle preuve combien peu les constitutions étaient fixes alors.

qu'au contraire sa sainteté comblait de distinctions celui-ci, qui s'était rendu à Sens pour justifier sa conduite au pied du trône pontifical. Le roi se vengea en séquestrant les revenus de l'archevêché de Canterbury, et, par une conduite qui aurait pu être regardée comme tyrannique s'il y avait eu alors des bornes régulièrement prescrites à l'autorité royale, il bannit tous les parents et les domestiques du primat, au nombre de quatre cents, qu'il contraignit, avant leur départ, de jurer qu'ils rejoindraient incessamment leur patron ; mais cette politique, au moyen de laquelle Henri tâchait de presser la ruine de Becket, n'eut pas l'effet qu'il s'en était promis. Aussitôt que ces exilés eurent passé la mer, le pape ne manqua pas de les absoudre de leur serment, et il les distribua dans plusieurs couvents de France et de Flandre. La résidence de Becket même lui fut assignée au monastère de Pontigni, où il vécut pendant quelques années avec beaucoup de splendeur, en partie d'une pension qu'on lui accorda sur les revenus de cette abbaye, et en partie des bienfaits du monarque français.

Pour faire encore mieux sa cour au pape Alexandre, Becket résigna entre ses mains l'archevêché de Canterbury, auquel il prétendit n'avoir pas été canoniquement élu par un mandat du roi. Alexandre récompensa une pareille déférence pour son autorité en l'investissant de nouveau de cette dignité, et s'arrogea le droit d'annuler par une bulle la sentence que le grand-conseil d'Angleterre avait prononcée contre le primat. Après avoir tenté vainement de se procurer une conférence avec le pape, qui partit pour Rome, où l'appelait l'heureuse situation de ses affaires, Henri prit des précautions contre la rupture qui se préparait entre son royaume et le saint-siége. Il envoya des édits à tous ses officiers de justice pour interdire, sous des peines sévères, tous les appels au pape ou à l'archevêque ; pour défendre à toute personne de recevoir aucun mandat de l'un ou de l'autre, ni d'avoir recours en aucun cas à leur autorité ; pour déclarer criminel de trahison quiconque publierait de leur part un interdit sur le royaume ; pour décerner contre les ecclésiastiques séculiers, coupables d'infraction à cet égard, la peine de perdre les yeux ou celle de la castration ; contre les réguliers celle d'avoir les pieds coupés, et contre les laïques celle de mort ; pour menacer de confiscation des biens et du bannissement les personnes et leurs familles qui obéiraient à de tels interdits ; enfin, pour obliger tous ses sujets à jurer d'observer ces ordres. Ces édits étaient de la plus grande conséquence, intéressaient la vie et les propriétés des sujets, changeaient même pour le moment la religion nationale, en rompant toute communication avec Rome ; et cependant ils passèrent en vertu de la seule autorité du roi, et comme entièrement émanés de sa volonté suprême.

La puissance spirituelle, qui dans la primitive église était en grande partie subordonnée à la civile, avait atteint, par un progrès insensible, à l'égalité, et enfin à l'indépendance. Quoique les limites des deux juridictions fussent difficiles à déterminer et à constater, il n'eût pas été impossible qu'avec de la modération des deux côtés le gouvernement se fût toujours soutenu dans cet état d'imperfection et d'irrégularité inséparable de toutes les institutions humaines ; mais comme l'ignorance du siècle encourageait les ecclésiastiques à étendre journellement leurs priviléges, et même à établir des maximes totalement contraires au gouvernement civil, Henri crut qu'il était plus que temps de mettre fin à leurs prétentions, et de régler formellement dans un grand conseil l'autorité qui appartenait au souverain, et que désormais il était résolu de maintenir. Pour cet effet, il fut obligé de rappeler d'anciennes coutumes qui commençaient à être abolies par un usage contraire, et qui trouvaient les plus grands obstacles dans les opinions dominantes et les sentiments de son temps. La règle était donc d'un côté et le pouvoir de l'autre ; de manière que, si les Anglais avaient été guidés par leur conscience au lieu de l'être par leurs intérêts présents, la dispute se serait bientôt décidée contre Henri par la défection de tous ses sujets. Pour accélérer cet événement, Becket fit retentir partout ses plaintes sur les violences qu'il avait éprouvées, se compara à Jésus-Christ, condamné autrefois par un tribunal laïque, et maintenant crucifié de nouveau par l'oppression sous laquelle son église gémissait ; mit en principe, comme une chose incontestable, que sa cause était celle de Dieu, se constitua le défenseur du patrimoine de la Divinité, prétendit être le père spirituel du roi et de tout le peuple d'Angleterre (1), osa même dire à Henri que les rois ne régnaient que par l'autorité de l'église; et quoique de son côté il eût déchiré le voile plus ouvertement que Henri du sien, le vœu général de tous les ecclésiastiques parut toujours lui assurer l'avantage du combat. Cependant le roi, attentif à conserver dans ses mains les armes de la puissance temporelle, et à saisir les occasions de les employer, suspendit le paiement du denier de Saint-Pierre, fit des avances pour s'allier à l'empereur Frédéric Barberousse, alors en guerre avec le pape Alexandre; marqua quelque penchant à reconnaître l'antipape. Pascal III, protégé par cet empereur, et tâcha, au moyen de tous ces expédients, d'épouvanter l'audacieux mais prudent pontife, et de le détourner d'en venir aux dernières extrémités contre lui.

Mais le caractère violent de Becket, encore plus que la nature de la contestation, empêcha les affaires de rester long-temps en suspens entre les parties contendantes. Ce prélat, animé d'un esprit de vengeance, et enivré de la gloire qu'il recueillait de sa position, poussa les choses vers leur crise décisive; il publia une censure par laquelle il excommuniait nommément les principaux ministres du roi, et en général tous ceux qui favorisaient ou observaient les constitutions de Clarendon; il abrogea et annula ces constitutions, releva de son serment quiconque avait juré de s'y conformer, et annonça qu'il ne suspendait les foudres spirituelles sur la tête de Henri même que pour laisser à ce prince le temps d'éviter le coup par un prompt repentir.

Telle était la malheureuse situation de Henri, qu'il ne pouvait recourir à d'autres moyens pour dérober ses ministres à cette terrible censure que d'en appeler au pape même. C'était se mettre à la merci d'un tribunal dont il avait tenté de réduire l'autorité, précisément sur l'article des appels, et qu'il savait être entièrement disposé en faveur de son adversaire. D'ailleurs cet expédient même ne devait vraisemblablement pas être long-temps efficace. Becket avait obtenu du pape une commission de légat en Angleterre, et, en vertu de cette puissance qui n'admettait aucun appel, il somma les évêques de Londres, de Salisbury, et

---

(1) *Quis dubitet*, dit Becket au roi, *sacerdotes Christi regum et principum, omniumque fidelium patres et magistros censeri?* Epist. S. Thom. p. 97, 148.

d'autres, de le seconder, et ordonna que dans l'espace de deux mois tous les ecclésiastiques dépouillés de leurs bénéfices par rapport à lui y fussent réinstallés. Cependant John d'Oxford, agent du roi à Rome, eut l'adresse d'obtenir la suspension de cette sentence; il donna de telles espérances au pontife d'une prochaine réconciliation entre le roi et Becket, que deux légats, Guillaume de Pavie et Otho, furent envoyés en Normandie, où Henri était alors, et s'efforcèrent de préparer les voies de cet accommodement. Mais les prétentions des deux parties étaient encore trop opposées pour le rendre possible. Le roi demandait que toutes les constitutions de Clarendon fussent ratifiées; Becket, que, avant tout, lui et ses adhérents fussent rétablis dans leurs biens et dans leurs places; et comme les légats n'avaient aucun pouvoir de prononcer le jugement définitif sur l'un ou l'autre objet, la négociation se réduisit à néant. Le cardinal de Pavie, fort attaché aux intérêts de Henri, cherchait aussi à la tirer en longueur pour avoir le temps d'adoucir le pape, par le compte qu'il lui rendait de la conduite de ce prince, et pour tâcher de lui procurer toute l'indulgence possible de la part de la cour de Rome. Vers le même temps le roi eut l'adresse d'obtenir une dispense pour le mariage de son troisième fils Geoffroi avec l'héritière de Bretagne, grâce qui, relativement aux démérites de Henri à l'égard de l'église, scandalisa beaucoup Becket et son protecteur le roi de France.

Les clauses embrouillées de la loi féodale rendaient alors les bornes du pouvoir entre un prince et ses vassaux, et entre un prince et un autre prince, aussi incertaines que celles entre la couronne et la mitre. Toutes les disputes de cette nature, qui avaient été la source de tant de guerres, auraient pu ne faire que la matière d'un procès juridique, s'il y avait eu quelque tribunal revêtu du droit de les juger, et capable de faire exécuter ses jugements. Henri, se trouvant dans le cas d'avoir un de ces différends avec le comte d'Auvergne, vassal du duché de Guienne, avait envahi le territoire de ce comte, qui recourut à la protection du roi de France, son seigneur suzerain, et alluma ainsi la guerre entre les deux monarques. Mais cette guerre fut comme à l'ordinaire aussi languissante dans ses opérations qu'elle était frivole dans sa cause et dans son objet. Après avoir occasionné quelques déprédations de part et d'autre, et quelques soulèvements des seigneurs du Poitou et de la Guienne, elle se termina par une paix dont les conditions furent au désavantage de Henri, et prouvèrent que les contestations de ce prince avec l'église lui avaient fait perdre la supériorité qu'il avait eue jusqu'alors sur la couronne de France; ce qui devint un nouveau motif pour lui de les accommoder.

Le pape et le roi commencèrent enfin à s'apercevoir que, dans la situation actuelle des affaires, aucun d'eux ne pouvait attendre une victoire décisive sur l'autre, et qu'ils avaient plus à craindre qu'à espérer de la durée de leur mésintelligence. Quoique la vigueur de l'administration de Henri eût affermi son autorité dans tous ses états, son trône pouvait encore être ébranlé par une sentence d'excommunication. Si l'Angleterre, à la faveur de sa situation, se trouvait plus aisément garantie de la contagion des préjugés superstitieux, du moins ses provinces du continent, dont la communication était ouverte avec les états voisins, étaient à cet égard fort exposées à des révolutions et à des convulsions dangereuses. Henri ne pouvait donc raisonnablement se flatter que, tandis que le pape le tenait si bien en échec de ce côté-là, il voulût reconnaître formellement les constitutions de Clarendon; en même temps qu'elles mettaient un terme à toutes les prétentions du saint-siége sur l'Angleterre, elles auraient donné un exemple aux autres puissances, qui s'en seraient autorisées pour prétendre à la même indépendance. D'un autre côté, le pape Alexandre, toujours en guerre avec l'empereur Frédéric, pouvait craindre avec raison que Henri ne se joignît à son ennemi plutôt que d'abandonner des droits d'une si grande importance. Comme jusqu'alors l'essai que Becket avait fait des armes spirituelles n'avait pas rempli son attente, que tout était resté tranquille dans les états du roi, rien ne paraissait plus impossible à la capacité et à la vigilance d'un si grand monarque. La disposition des esprits de part et d'autre, qui résultait de ces circonstances, produisit de fréquentes tentatives d'accommodement; mais comme les deux adversaires savaient que les articles essentiels de la dispute ne pouvaient être terminés alors, ils conservaient une défiance réciproque et continuelle, et craignaient de perdre le moindre avantage dans la négociation. Les nonces Gratian et Vivian, ayant reçu une commission pour tâcher de concilier les parties, eurent une entrevue avec le roi à Domfront en Normandie. Lorsque tous les différends parurent ajustés, Henri offrit de signer le traité, en y ajoutant un *sauf les droits de la royauté;* cette addition donna tant d'ombrage à Becket, qu'à la fin la négociation devint infructueuse, et que les excommunications furent renouvelées contre les ministres de la cour d'Angleterre. On entama une autre négociation à Montmirail, en présence du roi de France et des prélats français, où Becket, imitant l'exemple de Henri, offrit de se soumettre, moyennant un *sauf l'honneur de Dieu et des libertés de l'église*, ce qui, par la même raison, déplut fort au roi, et fit avorter le traité. Une troisième conférence sous la même médiation fut encore rompue par l'obstination de Becket à insister sur la même réserve. Enfin on en tint une quatrième, où l'on convint de toutes les conditions; mais lorsque Becket s'attendait à être présenté au roi et à recevoir le baiser de paix, que les princes étaient alors dans l'usage d'accorder, et que l'on regardait comme un gage certain d'une réconciliation sincère, Henri refusa cet honneur au primat, sous le prétexte que pendant sa colère il avait fait vœu de ne lui jamais donner cette marque d'amitié. La dispute sur une minutieuse formalité fut suffisante à ces esprits jaloux pour empêcher la conclusion du traité. Vainement le pape voulut lever la difficulté en relevant Henri de ce vœu indiscret, il ne put déterminer ce prince à s'écarter de la résolution qu'il avait prise.

Dans une de ces conférences où le roi de France était présent, Henri dit à ce monarque : « Il y a eu plusieurs rois d'Angleterre « dont les uns ont été plus puissants que moi et les autres moins; « il y a eu aussi plusieurs archevêques de Canterbury sages et « saints hommes, dignes de toutes les sortes de respects. Que « Becket n'agisse envers moi qu'avec la même soumission que le « plus grand de ses prédécesseurs a marquée au moindre des « miens, et il n'y aura nulle dispute entre nous. » Louis fut si frappé de cette manière de présenter la question et de l'offre que fit Henri de soumettre sa cause à la décision du clergé français, qu'il ne put s'empêcher de condamner le primat, et de lui montrer de la froideur pendant quelque temps ; mais le fanatisme de ce prince et leur commune animosité contre Henri rétablirent bientôt leur bonne intelligence.

A la fin, toutes les difficultés s'aplanirent entre les parties, et le roi permit à Becket de retourner en Angleterre à des conditions qui pouvaient être regardées comme honorables et avantageuses à ce prélat. Il ne fut obligé d'abandonner aucun des droits de l'église, ni de renoncer à aucune des prétentions qui avaient été originairement le fond de la querelle. On convint que toutes ces questions seraient mises en oubli, mais qu'on rétablirait Becket et ses adhérents dans leurs bénéfices ou dignités, sans qu'ils fissent d'autre acte de soumission ; que même les possesseurs des bénéfices dépendant de l'archevêché de Canterbury, qui pouvaient y avoir été promus pendant l'absence du primat, en seraient expulsés, et que Becket les remplacerait à son choix. En retour de ces concessions qui blessaient si profondément l'honneur et la dignité de la couronne, Henri obtint seulement l'avantage de voir ses ministres absous de l'excommunication lancée contre eux, et de prévenir l'interdit qui, si ces dures conditions n'avaient pas été acceptées, était près d'être jeté sur tous ses états. Il était aisé de s'apercevoir à quel point il craignait cet événement, puisqu'un prince d'un caractère si altier se soumettait, pour s'en garantir, à un traité si honteux.

Mais il ne se procura pas même la tranquillité momentanée qu'il se flattait d'acquérir par ce moyen. Pendant la chaleur de sa querelle avec Becket et dans le temps qu'il s'attendait tous les jours à un interdit sur ses états, et à une sentence d'excommunication contre sa personne, il avait cru qu'il était prudent d'associer son fils Henri à la royauté, et de le faire sacrer par les mains de Roger, archevêque d'York. Par cette précaution il assurait le droit héréditaire de ce prince, qu'attendu les irrégularités précédentes sur cet article, on pouvait regarder comme assez incertain ; et il conservait du moins quelqu'un de sa famille sur le trône, si la sentence d'excommunication qu'il craignait avait eu lieu, et qu'elle eût engagé ses sujets à renoncer à la fidélité qu'ils lui devaient. Quoique son projet fût conduit avec autant de secret que de promptitude, Becket en eut connaissance avant qu'il fût mis à exécution. Ardent à traverser toutes les mesures de Henri, et désirant se réserver le droit exclusif, auquel il prétendait comme archevêque de Canterbury, d'officier au couronnement des princes, il avait défendu à tous les prélats d'Angleterre d'assister à cette cérémonie, s'était fait appuyer d'un bref du pape pour le même effet, et avait porté le roi de France à protester contre le couronnement du jeune Henri, à moins que la princesse, fille de ce monarque, ne fût couronnée en même temps. Une opinion dominante dans ce siècle, et de même nature que les autres superstitions de ce temps-là, faisait regarder l'onction royale comme essentielle à l'exercice de la puissance souveraine. Il paraissait donc naturel que le roi de France, occupé de l'établissement de sa fille, et Becket, jaloux des prérogatives de sa propre dignité, demandassent quelque satisfaction à Henri sur ce point important. Henri s'excusa à l'égard de Louis, de n'avoir pas fait couronner Marguerite, sur le secret et la célérité dont il avait eu besoin pour conduire cette affaire, et promit que la cérémonie serait renouvelée dans la personne du prince et de la princesse. Ensuite il assura Becket que non-seulement Roger et les évêques répareraient par leurs soumissions l'outrage apparent fait au siége de Canterbury; mais que, pour plus grande satisfaction, le primat recouvrerait ses droits en officiant à ce second couronnement. Becket, naturellement impérieux, et enorgueilli par la puissance de l'église et par la victoire qu'il avait déjà remportée sur son souverain, ne fut pas content de cette compensation volontaire, et se proposa de donner à l'injure qu'il prétendait avoir reçue des suites capables de le venger de tous ses ennemis. A son arrivée en Angleterre il rencontra l'archevêque d'York et les évêques de Londres et de Salisbury, qui allaient joindre le roi en Normandie; il notifia à l'archevêque la sentence de suspension, et aux deux évêques celle d'excommunication, qu'à sa prière le pape avait prononcées contre eux. Reginald de Garenne et Gervase de Cornhill, deux des ministres du roi qui se trouvaient alors dans la province de Kent, ayant appris cette nouvelle hardiesse du primat, lui demandèrent s'il prétendait porter le fer et le feu dans le royaume. Mais Becket, insensible à ce reproche, se prépara à prendre possession de son diocèse avec toute l'ostentation imaginable. A Rochester et dans toutes les villes où il passa il fut reçu aux cris et aux acclamations de la populace (1). Dès qu'il approcha du faubourg Southwark, le clergé, les laïques, les gens de tout état et de tout âge accoururent au-devant de lui et célébrèrent son entrée triomphante en chantant des hymnes. Quoiqu'il fût obligé par les ordres du jeune prince, qui résidait à Woodstoke, de retourner dans son diocèse, il vit qu'il ne s'était pas trompé lorsqu'il avait compté sur l'extrême vénération du public pour sa personne et pour sa dignité. Il continua donc avec plus d'intrépidité que jamais de lancer ses foudres spirituelles; il fulmina la sentence d'excommunication contre Robert de Broc, Nigel de Sackville, et plusieurs des prélats et des ministres les plus considérables qui avaient assisté au couronnement du jeune prince, ou qui avaient eu part aux dernières persécutions du clergé. Ces procédés violents, par lesquels il déclarait réellement la guerre au roi même, sont communément attribués au caractère impérieux de Becket, et au désir qu'il avait de se venger; mais comme ce prélat était d'ailleurs un homme d'une habileté reconnue, ce n'est pas uniquement dans la véhémence de ses passions qu'il faut chercher la cause de sa conduite emportée à l'égard de ses ennemis; sa pénétration lui avait fait découvrir les intentions de Henri, et certainement son but était d'en prévenir l'exécution par ces attaques aussi imprévues qu'audacieuses.

Le roi venait de se convaincre, par l'expérience qu'il avait faite des dispositions de ses sujets, que son entreprise avait été trop hardie, en voulant établir les constitutions de Clarendon, distinguer toutes les branches de l'autorité royale, et extorquer de l'église d'Angleterre, ainsi que du pape, un aveu formel de ces prérogatives contestées. Éclairé sur les mauvais effets de sa propre violence dans la tentative d'accabler ou de subjuguer l'inflexible primat, il n'était donc pas mécontent de pouvoir révoquer cette mesure qui avait donné tant d'avantages contre lui à ses ennemis, et de sortir d'embarras de cette façon ambiguë, succès le plus heureux dont les souverains d'alors pussent se flatter dans leurs contestations avec la cour de Rome. Mais, si ce

(1) Beaulieu, vie de saint Thomas, p. 307. Epist. S. Thom. p. 395.

prince laissait tomber pour le moment la poursuite de Becket, il se réservait toujours le droit de soutenir que les constitutions de Clarendon, ce fondement primitif de la dispute, étaient à la fois les anciennes coutumes et les lois actuelles du royaume. Quoiqu'il sût que le clergé romain les qualifiait d'impies en elles-mêmes, et prétendait que la sentence du souverain pontife les avait abrogées, il se proposait de les mettre à exécution malgré les clameurs (1), et de se fier à son habileté et au cours des événements, du succès de cette périlleuse résolution. Il espérait que six ans d'exil auraient appris à Becket à mettre plus de modération dans sa résistance, surtout lorsque l'orgueil de ce prélat serait satisfait par son rétablissement; du moins ce prince comptait, s'il s'élevait encore quelque orage, qu'il rendrait sa cause plus favorable, et soutiendrait avec avantage les coutumes antiques et incontestables du royaume contre les usurpations du clergé, quand il aurait le primat en son pouvoir; mais Becket, déterminé de son côté à ne pas trahir par sa complaisance les intérêts des immunités ecclésiastiques (2), redoutant la politique profonde d'un prince qui arriverait enfin à son but s'il n'était pas attentif à le traverser, se promit de profiter de l'avantage qu'il avait actuellement sur lui, et de déconcerter, à force de rigueur et de véhémence, toutes les précautions qu'il pourrait prendre. Ce prélat, certain de l'appui de Rome, se voyait peu de dangers à craindre; d'ailleurs son courage naturel le portait à les braver, et ne lui montrait dans les suites les plus fatales, quand même il les aurait envisagées, que l'éclat de la gloire et de la célébrité dont il était avide.

Lorsque les prélats excommuniés et suspendus arrivèrent à Bayeux, où le roi résidait alors, et qu'ils se plaignirent des procédés violents de Becket, Henri en aperçut dans l'instant les conséquences, et sentit que tout son plan d'opérations était renversé; il prévit que la dispute entre la puissance civile et la puissance spirituelle, qu'il avait lui-même provoquée, mais qu'ensuite il s'était efforcé d'assoupir par ses dernières négociations, et par tout ce qu'il avait accordé, allait se terminer d'une manière décisive; il entra dans un état alarmant. L'archevêque d'York lui

(1) Epist. S. Thom. p. 857, 859.  (2) Epist. S. Thom. p. 345.

dit imprudemment que, tant que Becket serait en vie, il ne devait s'attendre à jouir d'aucune paix, d'aucune tranquillité. Henri même, dans un mouvement de colère, s'emporta contre les gens attachés à sa personne, qui, faute de zèle, l'avaient, dit-il, laissé exposé si long-temps aux entreprises de ce prélat ingrat et impérieux. Quatre gentilshommes de sa maison, Réginald Fitz-Hurse, Guillaume de Tracy, Hugues de Moreville et Richard Brito, prirent ces expressions trop hasardées pour un ordre tacite de le délivrer de Becket : ils se communiquèrent leur idée, jurèrent de venger leur maître, et se retirèrent secrètement de la cour. Quelques paroles menaçantes qui leur étaient échappées firent soupçonner leur dessein, et le roi dépêcha un courrier après eux pour leur défendre d'attenter à la personne du primat; mais ces ordres arrivèrent trop tard pour prévenir leur fatale résolution. Quoique ces quatre assassins eussent pris chacun une route différente en partant, ils arrivèrent presque en même temps à Saltwoode, près de Canterbury, d'où ils se rendirent précipitamment au palais archiépiscopal, après avoir été joints par quelques personnes qui leur étaient dévouées. Ils trouvèrent le primat, qui, se reposant entièrement sur la sainteté de son caractère, n'avait qu'une faible suite; et quoiqu'ils osassent lui faire des reproches et des menaces, il fut si inaccessible à la crainte que, sans prendre aucune précaution contre eux, il alla sur-le-champ à l'église Saint-Benoît pour entendre les vêpres. Ils le suivirent, l'attaquèrent devant l'autel, et, lui ayant fendu la tête de plusieurs coups, se retirèrent sans obstacle. Telle fut la fin tragique de Thomas Becket, prélat du caractère le plus altier, le plus intrépide, le plus inflexible qu'il y ait jamais eu; capable de couvrir aux regards du monde, et probablement de se dissimuler à lui-même les entreprises de l'orgueil et de l'ambition, sous le voile de la sainteté et du zèle pour la piété et la religion; personnage certainement extraordinaire s'il fût resté dans sa première place, et qu'il eût dirigé la véhémence de son caractère au soin de maintenir les lois de la justice, au lieu d'adopter les préjugés du temps jusqu'à sacrifier les devoirs personnels et les nœuds de la société générale à des liens qu'il regardait ou qu'il représentait comme au-dessus de toutes les considérations civiles et politiques. Il n'est pas possible à quiconque saisit l'esprit de ce siècle de douter raisonnablement de la bonne foi de ce prélat. Le fanatisme était si dominant, qu'il enivrait infailliblement tout esprit superficiel, et bien plus ceux dont l'intérêt, l'honneur ou l'ambition étaient engagés à le soutenir. La pitoyable littérature de ces temps-là n'avait point d'autre objet : à peine quelques faibles rayons de sens commun pouvaient-ils percer quelquefois les nuages épais de l'ignorance, ou, ce qui était encore pis que l'ignorance, les illusions de la science pervertie, qui, semblables à des vapeurs grossières, obscurcissaient le soleil et enveloppaient la nature. Ceux qui se préservaient de la contagion générale ne devaient pas ce bonheur à des principes dont ils pussent se glorifier, c'était plus par le défaut total d'instruction que par le progrès de leurs connaissances, que leur entendement restait encore un peu sain. La sottise présidait dans toutes les écoles aussi bien que dans toutes les églises, et ses sujets arboraient le manteau du philosophe en même temps que les marques des dignités ecclésiastiques. Parmi cette collection immense de lettres qui portent le nom de saint Thomas, on voit dans tous les sectateurs de cet ambitieux prélat autant que dans lui-même une conviction entière et absolue de la justice et de la piété de leur propre cause, ainsi qu'un extrême dédain pour leurs antagonistes. Ils ne mettent pas moins d'affectation et de duperie dans leur style, lorsqu'ils s'écrivent l'un à l'autre, que lorsqu'ils composent des manifestes pour le public. L'esprit de vengeance, de violence, et d'ambition, qui accompagnait leur conduite, au lieu de les faire soupçonner d'hypocrisie, est au contraire la preuve la plus sûre de leur sincère attachement pour une cause qui flattait si bien ces passions dominantes.

Aux premiers rapports des procédés violents de Becket, après son retour, Henri s'était proposé de le faire arrêter, et avait déjà pris quelques mesures pour l'exécution de ce dessein ; mais la nouvelle du meurtre de ce prélat jeta le roi dans la plus grande consternation, et il comprit aussitôt toutes les suites terribles qu'il avait lieu d'attendre d'un événement aussi imprévu. Un archevêque d'une sainteté célèbre, assassiné devant l'autel, dans l'exercice de ses fonctions sacrées, par rapport à son zèle pour soutenir les priviléges ecclésiastiques, devait obtenir les honneurs les plus éclatants du martyre, tandis que son meurtrier serait placé parmi les tyrans les plus sanguinaires qui eussent jamais été dévoués à la haine et à l'exécration du genre humain. Henri prévoyait que les interdits, les excommunications, armes en elles-mêmes si redoutables, auraient une double force lorsqu'elles seraient employées dans une cause si propre à émouvoir les passions humaines, et si particulièrement adaptée au genre d'éloquence des prédicateurs et des déclamateurs populaires. En vain il tenterait de défendre son innocence et d'assurer même qu'il ignorait le fait; il était assez coupable si l'église jugeait à propos de le traiter comme tel; sa complicité du martyre de Becket, devenant une opinion religieuse, serait reçue avec une crédulité aussi aveugle que celle qui est due aux articles de foi les mieux établis. Ces réflexions causèrent au roi la douleur la plus vraie; et comme il était de son intérêt de se disculper de tout soupçon, il ne prit aucun soin de la cacher; il s'enferma seul, et ne voulut seulement pas voir la lumière du soleil; il refusa même pendant trois jours toute espèce d'aliment : ses courtisans, craignant les dangereux effets de son désespoir, furent obligés à la fin de forcer sa retraite. Ils employèrent toutes les consolations que leur zèle put leur suggérer, l'engagèrent à prendre de la nourriture, et l'occupèrent à se précautionner contre les conséquences qu'il appréhendait si justement du meurtre du primat.

Le point le plus important pour Henri était de convaincre le pape de son innocence, ou plutôt de persuader à sa sainteté qu'elle tirerait plus d'avantages des soumissions de l'Angleterre, que d'agir avec rigueur contre ce royaume. L'archevêque de Rouen, les évêques de Worcester et d'Évreux, et cinq autres personnes de moindre qualité, furent immédiatement envoyées à Rome, et on leur donna ordre de faire toute la diligence possible. Mais tandis que le nom et l'autorité de cette cour faisaient trembler les contrées lointaines de l'Europe, plongées dans une profonde ignorance, et ne sachant rien de sa conduite et de son génie, le pape était si peu révéré chez lui, que ses ennemis invétérés environnaient les portes de sa capitale, et osaient même y blâmer les actes de son gouvernement. Les ambassadeurs partis d'une des extrémités de l'Europe pour lui apporter les humbles ou plutôt les rampantes soumissions du plus grand potentat de ce siècle, trouvèrent beaucoup de difficulté à parvenir jusqu'au souverain pontife, pour se jeter à ses pieds. Ils convinrent à la fin que Richard Barre, l'un d'entre eux, laisserait les autres derrière lui, et courrait seul les risques du passage (1), pour prévenir les conséquences qu'on avait à craindre si l'on différait de donner satisfaction à sa sainteté. Il sut en arrivant qu'Alexandre était déjà animé de la plus vive indignation contre le roi; que les partisans de Becket l'excitaient tous les jours à la vengeance; que le roi de France l'avait exhorté à fulminer la plus terrible sentence contre l'Angleterre, et que le sacré collége n'entendait prononcer le nom de Henri qu'avec horreur et exécration. Le jeudi saint s'approchait, jour où le pape est dans l'usage de dénoncer les malédictions annuelles contre ses ennemis, et l'on s'attendait que Henri recevrait le feu de cette artillerie sacrée, qu'on aurait particulièrement pointée contre lui, et qu'il serait compris solennellement dans le nombre des maudits du saint père; mais Barre trouva le moyen de l'apaiser et de le détourner d'une démarche qui, si elle ne réussissait pas, ne pourrait être aisément réparée dans la suite. L'anathème fut donc publié seulement en général contre tous les auteurs, fauteurs et complices du meurtre de Becket. L'abbé de Valasse, les archidiacres de Salisbury et de Lisieux, et les autres ambassadeurs de Henri, qui arrivèrent peu de temps après, non-seulement attestèrent l'innocence de leur prince, mais firent serment, en présence du consistoire assemblé, qu'il soumettrait cette affaire à la décision du pape et obéirait à tout ce que sa sainteté exigerait de lui. C'est ainsi qu'on écarta adroitement la foudre : les cardinaux Albert et Théodin furent nommés légats, et eurent ordre d'aller en Normandie pour examiner cette cause; et quoique les possessions de Henri sur le continent eussent déjà été mises sous l'interdit par l'archevêque de Sens, grand partisan de Becket et légat du pape en France, l'attente où l'on était généralement que ce prince se disculperait aisément d'avoir eu part à l'assassinat

(1) Hoveden, p. 526. Epist. S. Thom. p. 863.

du primat, tint tout le monde en suspens, et empêcha l'effet dangereux de cette sentence.

Quoique la fureur du clergé eût été heureusement détournée du roi, il ne négligeait pas, dans ces entrefaites, de vanter la sainteté de Becket, d'exagérer les mérites de son martyre, et de l'élever lui-même au-dessus de la foule de ces victimes de la foi, qui, en différents siècles, cimentèrent de leur sang les murs de la maison du Seigneur. En effet, les autres saints avaient seulement rendu témoignage par leurs souffrances aux dogmes du christianisme; mais Becket avait sacrifié sa vie à la puissance et aux priviléges de l'église, et ce mérite particulier militait en sa faveur, et ne militait pas en vain pour faire honorer convenablement sa mémoire. On s'épuisa en panégyriques de ses vertus : les miracles que ses reliques opérèrent furent plus nombreux, plus extravagants, et plus impudemment attestés qu'aucun de ceux qui remplissent les légendes de tous les autres martyrs ou confesseurs. Deux ans après sa mort, le pape Alexandre le canonisa; on établit un jubilé solennel en son honneur; son corps fut déposé dans une châsse magnifique, enrichie des offrandes de toute la chrétienté; on fit des pèlerinages pour implorer son intercession auprès de Dieu, et, dans le cours d'une année, plus de cent mille pèlerins vinrent à Canterbury rendre leurs pieux hommages sur sa tombe. C'est un sujet de réflexions assez mortifiantes pour ceux qu'anime l'amour de la renommée, si justement défini la dernière faiblesse des grandes âmes, que le législateur le plus sage ou le génie le plus sublime qui ait réformé ou éclairé le monde, ne doit jamais s'attendre à un tribut de louanges tel qu'on le prodigue à la mémoire de prétendus saints dont la conduite a été probablement, ou très odieuse, ou très méprisable, et dont les efforts n'ont eu pour but que des objets pernicieux au genre humain. Il n'y a que le conquérant seul, ce fléau de l'humanité, non moins digne de notre haine, qui puisse aspirer au même degré de gloire et de célébrité.

Il n'est pas inutile d'observer, avant de finir l'article de Thomas Becket, que le roi, pendant sa dispute avec ce prélat, fut plus attentif que jamais à marquer son zèle pour la religion, et à éviter toutes les apparences d'une négligence profane à cet égard.

Il consentit à l'imposition d'une taxe sur tous ses états pour la délivrance de la Terre-Sainte, menacée alors par le fameux Saladin. Cette taxe était de deux pence pour livre sterling, la première année, et d'un penny pendant les quatre suivantes (1). Presque tous les princes de l'Europe mirent cette imposition sur leurs sujets : on lui donna le nom de taxe saladine. Ce fut vers ce même temps qu'arrivèrent d'Allemagne environ trente hérétiques des deux sexes, sous la direction d'un certain Gérard : ces gens simples et ignorants ne pouvaient rendre aucune raison de leur croyance, mais se déclaraient prêts à tout souffrir pour l'opinion de leur maître. Ils ne firent d'autres prosélytes en Angleterre qu'une femme aussi ignorante qu'eux ; cependant ils donnèrent tant d'ombrage au clergé, qu'on les livra au bras séculier ; ils furent marqués d'un fer rouge au front, et fouettés dans toutes les rues de la ville. Ces malheureux semblaient se réjouir de leur supplice, et chantaient en le subissant : *Bénis êtes-vous lorsque les hommes vous haïssent et vous persécutent !* Après leur châtiment on les chassa presque nus dans le cœur de l'hiver, et ils périrent de froid ou de faim, personne n'osant ou ne voulant leur donner le moindre secours. Nous ignorons les opinions particulières de ces pauvres gens ; car il serait peu sage de s'en rapporter à ce que les ecclésiastiques assurent, qu'ils niaient l'efficacité des sacrements et l'unité de l'église. Il est vraisemblable que les points où ils s'écartaient de l'orthodoxie étaient encore moins importants. Ils paraissent avoir été les premiers qu'on ait punis en Angleterre pour cause d'hérésie (2).

Aussitôt que Henri ne se vit plus immédiatement exposé aux foudres du Vatican, il entreprit une expédition contre l'Irlande, projet qu'il avait formé depuis long-temps, et au moyen duquel il espérait recouvrer son crédit, un peu altéré par tout ce qui s'était dernièrement passé entre lui et la hiérarchie.

---

(1) Chron. Gervas, p. 1399. M. Paris, p. 74.
(2) Neubr. p. 391. M. Paris, p. 74. Heming. p. 494.

## CHAPITRE IX.

État de l'Irlande. — Conquête de cette île. — Accommodement du roi avec la cour de Rome. — Révolte du jeune Henri et de ses frères. — Guerre avec l'Écosse. — Pénitence de Henri pour le meurtre de Becket. — Guillaume, roi d'Écosse, battu et fait prisonnier. — Accommodement de Henri avec ses fils. — Équité de l'administration du roi. — Croisades. — Révolte du prince Richard. — Mort et caractère de Henri. — Divers événements de son règne.

De même que la Bretagne fut d'abord peuplée par les Gaules, probablement l'Irlande le fut par la Bretagne; et les habitants de toutes ces contrées paraissent avoir été des colonies de Celtes, dont l'origine remonte à une antiquité inconnue à l'histoire et à la tradition. Dès leur commencement, les Irlandais avaient été ensevelis dans les ténèbres les plus profondes de la barbarie et de l'ignorance. Comme les Romains, par qui toutes les nations occidentales avaient été civilisées, ne les avaient ni conquis, ni même attaqués, ils étaient restés dans l'état de société le plus grossier et le plus informe, et ne se distinguaient que par ces vices auxquels la nature humaine est sujette, tant que l'éducation ne l'adoucit pas, ou qu'elle n'est pas réprimée par les lois. Les petites principautés dans lesquelles l'Irlande était divisée exerçaient des rapines et des violences perpétuelles les unes contre les autres; la succession incertaine de leurs princes devenait une source inépuisable de troubles domestiques; le droit de chacun de ces petits souverains ne se fondait ordinairement que sur le meurtre de son prédécesseur; le courage et la force, quoique signalés par des crimes, étaient plus honorés que les vertus pacifiques, et ces peuples féroces ignoraient presque entièrement les arts les plus simples de la vie, même le labourage, et toute espèce d'agriculture. Ils avaient éprouvé les invasions des Danois et des autres peuples du nord; mais ces invasions, qui jetèrent tant d'autres parties de l'Europe dans la barbarie, devaient plutôt en tirer les Irlandais, plus barbares encore que leurs ennemis : les seules villes qui existaient en Irlande avaient été bâties le long des côtes par les pirates de Norwége et du Danemark. Les autres habitants ne s'occupaient que du pâturage dans le plat pays, se réfugiaient dans leurs bois ou dans leurs marais au moindre péril qui les menaçait, et, toujours divisés par leurs animosités mutuelles, s'appliquaient bien plus à se nuire réciproquement qu'à veiller à l'intérêt commun ou même particulier.

Sous le règne de Henri II, outre plusieurs petites tribus, il y avait en Irlande cinq souverainetés principales, Munster, Leinster, Meath, Ulster et Connaught. Comme il était d'usage que l'un ou l'autre de ces souverains les commandât tous en temps de guerre, il y avait presque toujours quelque prince qui semblait être monarque de l'Irlande. Roderic O'Connor, roi de Connaught, était alors revêtu de cette dignité; mais son autorité, peu respectée même sur son propre territoire, n'était pas capable de maîtriser ces peuples jusqu'à leur faire prendre unanimement des mesures pour l'établissement de l'ordre, ou pour la défense commune contre l'ennemi étranger. L'ambition de Henri s'était éveillée, dès le commencement de son règne, à l'idée des avantages qu'il trouverait à subjuguer l'Irlande; il ne lui manquait qu'un prétexte pour attaquer une nation qui, toujours confinée dans son île, n'avait jamais donné aucun sujet de plainte à ses voisins. Le roi eut donc recours à Rome, qui s'arrogeait le droit de disposer des royaumes et des empires; il ne prévoyait pas les disputes violentes qu'il aurait un jour à soutenir contre le saint-siége; et, pour des avantages présents, ou plutôt imaginaires, il contribua à sanctionner des prétentions devenues dangereuses pour tous les souverains. Adrien III, qui remplissait alors le trône pontifical, était Anglais de naissance: disposé par cette raison à obliger Henri, on lui persuada facilement d'agir en maître du monde, et de soumettre, sans frais et sans danger, une grande île à sa juridiction spirituelle. Plusieurs missionnaires de Bretagne avaient autrefois converti imparfaitement les Irlandais au christianisme, et, ce que le pape regardait comme la preuve la plus sûre du défaut de leur conversion, ils suivaient les opinions de leurs premiers catéchistes, et ne reconnaissaient au siége de Rome aucune prééminence. Adrien, en 1156, expédia donc une bulle en faveur de Henri, dans laquelle, après avoir loué les soins que ce prince s'était toujours donnés pour étendre l'Église de Dieu sur la terre, et pour accroître le nombre des saints et des élus dans le ciel, il représente le dessein de subjuguer l'Irlande comme une suite de ce zèle pieux. Il considère l'attention du roi à solliciter d'abord la sanction du siége apostolique, comme le plus sûr garant du succès et de la victoire; il établit, comme un point incontestable, que tous les royaumes chrétiens appartiennent au patrimoine de saint Pierre; il reconnaît qu'il est de son devoir de répandre parmi eux les semences de l'Évangile, qui pourront, dans le dernier jour, fructifier au profit de leur salut éternel, et exhorte le roi à s'emparer de l'Irlande pour en extirper les vices et la corruption, et pour en obliger les habitants à payer annuellement un *penny* par maison au siége de Rome; il donne à ce prince tout droit et toute autorité sur cette île, et commande aux insulaires de lui obéir comme à leur souverain: enfin il accorde pleins pouvoirs à tous les pieux instruments que Henri croira nécessaire d'employer dans une entreprise consacrée à la gloire de Dieu et au salut des ames. Cependant Henri, quoique armé de cette autorité, ne commença pas encore l'exécution de son projet; il se trouva retenu sur le continent par des affaires plus pressantes, et attendit des circonstances plus favorables.

Dermot Macmorrogh, roi de Leinster, s'était rendu si odieux à ses sujets par l'excès de sa tyrannie, qu'ils saisirent avec ardeur la première occasion de secouer un joug dont ils ne pouvaient plus supporter le poids. Ce prince était devenu amoureux de Dovergilda, épouse d'Ororic, roi de Breffny; il profita de l'absence de son époux, qui, étant obligé de visiter une de ses provinces éloignées, avait cru laisser la reine en sûreté dans une île environnée de marais. Dermot l'attaqua tout à coup, et enleva la princesse. Cet exploit, quoique assez famillier aux Irlandais, et regardé même comme une preuve de galanterie et d'adresse, irrita au plus haut degré l'époux outragé; Ororic entreprit de se venger, rassembla ses forces, les augmenta par l'alliance de Roderic, roi de Connaught, entra dans les états de Dermot, et l'en chassa lui-même. Le prince dépouillé eut recours à Henri, qui était alors en Guienne, implora son assistance pour remonter sur son trône, et lui offrit, en cas de succès, de tenir son royaume en vasselage de la couronne d'Angleterre. Henri, dont les vues étaient déjà tournées vers l'acquisition de l'Irlande, s'empressa d'accepter cette offre, mais comme il se trouvait alors occupé par la révolte de ses sujets français et par sa querelle avec le saint-siége, il différa de s'embarquer dans une nouvelle entreprise. Tout le secours qu'il put donner à Dermot, ce fut des lettres-patentes, par lesquelles il permettait à ses sujets d'aider le prince irlandais à recouvrer ses états. Dermot, autorisé par ces lettres, vint à Bristol, et après avoir essayé quelque temps en vain d'engager les aventuriers du pays dans cette expédition, fit à la fin un traité avec Richard, surnommé Strongbow, comte de Strigul. Ce grand-seigneur, descendu de l'illustre maison de Clare, avait dissipé sa fortune dans des plaisirs dispendieux, et, n'ayant plus rien à perdre, était prêt à tout entreprendre; il donna sa parole de secourir Dermot, à condition que ce prince lui accorderait Éva, sa fille, en mariage, et le déclarerait héritier de ses états. Pendant que Richard assemblait ses troupes, Dermot alla dans le pays de Galles, s'y aboucha avec Robert Fitz-Stephens, gouverneur d'Abertivie, et Maurice Fitz-Gerald, et les engagea tous deux à son service, pour l'invasion de l'Irlande. Assuré de ces secours, il s'en retourna dans son pays, et, se cachant dans le monastère de Fernez, qu'il avait fondé (car ce brigand fut aussi un fondateur de monastères), fit tous ses préparatifs pour recevoir ses alliés anglais.

Les troupes de Fitz-Stephens furent bientôt prêtes; il débarqua en Irlande, avec trente chevaliers, soixante écuyers, et trois cents archers. Ce petit corps, composé d'hommes braves, assez bien disciplinés, et armés complétement, chose presque inconnue en Irlande, répandit la plus grande terreur parmi ces peuples barbares, qui se crurent au moment d'une révolution terrible. La jonction de Maurice de Pendergast se fit environ dans le même temps; il amena dix chevaliers et soixante archers, avec lesquels Fitz-Stephens se vit en état d'assiéger Wexford, ville habitée par les Danois, et, après avoir gagné une bataille, se rendit maître de la place. Immédiatement après, Fitz-Gerald arriva, suivi de dix chevaliers, trente écuyers et cent archers, et, étant joint par les premiers aventuriers, se trouva des forces auxquelles rien ne pouvait résister en Irlande. Roderic, le monarque en chef de cette île, fut défait dans plusieurs combats; le prince d'Ossory se soumit et donna des otages pour sûreté de sa conduite future, et Dermot, peu satisfait encore d'être rétabli dans son royaume de Leinster, projeta de détrôner Roderic, et aspira à la domination générale de l'île.

Pour suivre ses nouvelles vues, il dépêcha un courrier au comte de Strigul, et, le sommant de remplir sa promesse, lui étala les avantages qu'un renfort de troupes anglaises leur ferait actuellement recueillir. Richard, peu content de la liberté vague que Henri avait donnée à ses sujets de s'enrôler pour cette expédition, l'alla trouver en Normandie, et, n'ayant encore obtenu qu'une permission froide et ambiguë, se prépara à exécuter son projet. Il envoya d'abord Raymond, gentilhomme de sa suite, avec dix chevaliers et soixante-dix archers, qui prirent terre près de Waterford, et défirent un corps de trois mille Irlandais qui osa les attaquer. Comme Richard vint en personne, peu de jours après, accompagné de deux cents hommes de cavalerie, et de cent archers, ces troupes, réunies aux Anglais victorieux, s'emparèrent de Waterford, et marchèrent sur Dublin, qu'elles emportèrent d'assaut. Roderic s'en vengea en faisant couper la tête au fils de Dermot, qui lui avait été livré comme otage. Richard épousa Éva, et devenu peu de temps après, par la mort de Dermot, maître du royaume de Leinster, se disposa de même à étendre son empire sur toute l'Irlande. Roderic et les autres princes irlandais, alarmés de leur péril commun, unirent leurs forces et assiégèrent Dublin avec une armée de trente mille hommes; mais le comte Richard fit une sortie imprévue à la tête de quatre-vingt-dix chevaliers et de leur suite, mit cette nombreuse armée en déroute, la chassa du champ de bataille, et la poursuivit, en faisant un grand carnage. Dès-lors personne en Irlande n'osa plus résister aux Anglais.

Henri, jaloux des progrès de ses propres sujets, les rappela tous, et fit ses préparatifs pour attaquer lui-même l'Irlande. Mais Richard et les autres volontaires trouvèrent le secret de l'apaiser, en lui faisant les soumissions les plus humbles, et en lui offrant de rendre foi et hommage de toutes leurs acquisitions à sa couronne. Ce monarque débarqua en Irlande à la tête de cinq cents chevaliers, outre les autres soldats, et il trouva les Irlandais si découragés par leurs derniers revers, qu'en s'avançant dans l'île il n'eut d'autre occupation que de recevoir l'hommage de ses nouveaux sujets. Il laissa presque tous les *chieftains*, ou princes irlandais, en possession de leurs anciens territoires, donna quelques terres aux aventuriers anglais, accorda la commission de sénéchal d'Irlande au comte Richard, et, après un séjour de peu de mois, retourna triomphant en Angleterre. Ce fut par ces exploits si médiocres, qu'à peine mériteraient-ils d'être rapportés, si ce n'était l'importance de la conquête, que l'Irlande fut subjuguée et annexée à l'Angleterre.

La langueur du commerce et de l'industrie dans ces temps reculés rendait impossible aux princes d'entretenir des armées régulières capables de contenir dans le devoir le pays conquis. La barbarie et la pauvreté extrême de l'Irlande pouvaient encore moins procurer les moyens de fournir à cette dépense : le seul expédient qu'il y eût alors pour faire des conquêtes durables, ou pour les conserver, était d'y répandre de nouveaux habitants, de les établir dans toutes les charges qui donnent de l'autorité, de leur partager les terres des vaincus, et par-là de transformer les naturels du pays en un nouveau peuple. Ce n'est que par cette politique que les anciens conquérants venus du nord, et en dernier lieu le duc de Normandie, avaient réussi à établir leur domination, et à ériger sur des fondements solides des royaumes qu'ils pussent transmettre à leur postérité. Mais l'état actuel de l'Irlande rendait le séjour de cette île si peu agréable aux Anglais, qu'il n'y avait que ceux dont la fortune était absolument ruinée qui se laissassent persuader. Au lieu de polir les mœurs grossières des naturels du pays, ils les adoptèrent insensiblement eux-mêmes, et abandonnèrent les coutumes de leur propre nation. On crut nécessaire aussi de donner une autorité absolue et militaire à des chefs qui commandaient une poignée de gens établis au milieu d'une multitude ennemie, et en peu de temps les lois et l'équité devinrent aussi inconnues aux colonies d'Anglais qu'elles l'avaient jamais été parmi les tribus irlandaises. On érigea des palatinats en faveur des nouveaux aventuriers que l'on rendit indépendants; les naturels, plutôt tenus en respect qu'entièrement domptés, conservèrent toute leur animosité contre leurs vainqueurs; les effets de leur haine provoquèrent des représailles; et, au moyen de toutes ces causes réunies, les Irlandais restèrent toujours sauvages et intraitables pendant le cours de quatre siècles. Ce ne fut que vers la fin du règne d'Élisabeth que l'Irlande fut totalement subjuguée, et ce ne fut que sous le successeur de cette princesse qu'on put espérer de rendre cette conquête utile à la nation anglaise.

La soumission prompte et facile des Irlandais ne laissait plus rien à faire dans leur île à Henri, mais il fut encore rappelé par un autre incident de la plus grande importance pour ses intérêts et sa sûreté. Les deux légats, Albert et Théodin, auxquels on avait commis l'examen de sa conduite dans l'affaire du meurtre de l'archevêque Becket, étant arrivés en Normandie, s'impatientèrent d'y attendre le roi, et lui écrivirent des lettres remplies de menaces, s'il différait de comparaître devant eux. Il hâta donc son retour, et eut avec eux à Savigny une conférence, où leurs premières demandes furent si exorbitantes, qu'il rompit la négociation, les menaça de retourner en Irlande, les défiant de rien entreprendre contre lui. Ils s'aperçurent alors que le moment était passé de tirer avantage de cet événement tragique, qui, s'il eût été poursuivi chaudement par des interdits et des excommunications, aurait mis tout le royaume en combustion. Mais le temps que, par bonheur, Henri avait gagné ayant contribué à calmer les esprits, l'assassinat du prélat ne pouvait plus avoir la même influence sur eux que lorsqu'il était récent. Comme le clergé espérait chaque jour un accommodement avec le roi, il ne s'était pas opposé aux efforts que les partisans de Henri avaient faits pour justifier ce prince dans l'opinion publique, en répandant parmi le peuple qu'il n'avait eu aucune part à ce crime, et qu'il ignorait la résolution des assassins. Les légats se trouvèrent donc obligés de rabattre de leurs prétentions, et le roi fut assez heureux pour conclure son accommodement. Il jura sur des reliques que, loin d'avoir ordonné ou souhaité la mort de l'archevêque, il avait été profondément affligé en l'apprenant; mais comme la chaleur qu'il avait marquée à l'égard de la conduite de ce prélat pouvait avoir donné occasion au meurtre, il stipula les conditions suivantes en expiation de cette faute. Il promit de pardonner à tous ceux qui avaient été bannis comme adhérents de Becket, et de les rétablir dans leurs bénéfices; de rendre à l'archevêché de Canterbury toutes ses anciennes possessions; de donner une somme d'argent à l'ordre des templiers, suffisante pour l'entretien de deux cents chevaliers, pendant un an, dans la Terre-Sainte; de se croiser lui-même à la prochaine fête de Noël, et, si le pape l'exigeait, de servir trois ans contre les infidèles, ou en Espagne, ou en Palestine; de ne plus insister sur l'observance de toutes coutumes dérogatoires aux priviléges ecclésiastiques, comme on l'avait tenté de son temps; de ne point s'opposer aux appels de la cour de Rome dans les causes ecclésiastiques, et de se contenter d'exiger des ecclésiastiques qui sortiraient du royaume pour vaquer à la poursuite d'un appel, les sûretés convenables, qu'ils n'entreprendraient rien contre les droits de sa couronne. Après avoir signé ces conventions, Henri fut absous par les légats, qui lui confirmèrent le don qu'Adrien lui avait fait de l'Irlande; et rien ne prouve mieux l'extrême habileté de ce monarque, que d'avoir su se tirer, à des conditions si douces, d'un pas si dangereux. Il avait toujours soutenu que les constitutions de Clarendon ne contenaient que les anciennes coutumes du royaume, et, malgré les articles de son accommodement, il était toujours en liberté de maintenir ses prétentions à cet égard : il est vrai que, par son traité, les appels à Rome étaient permis; mais, comme il avait aussi, par le même acte, le droit d'exiger des parties des sûretés suffisantes, et pouvait étendre ses demandes, à ce sujet, aussi loin qu'il lui plairait, il ne tenait qu'à lui de priver Sa Sainteté des avantages qu'elle comptait recueillir de cette concession apparente. En total, les constitutions de Clarendon demeuraient toujours lois du royaume. Le souverain pontife et ses légats conçurent si peu que l'autorité du roi pût avoir des bornes légales, que, satisfaits de lui voir abandonner dans ce traité un des principaux articles des constitutions de Clarendon, ils ne demandèrent point la ratification des états d'Angleterre.

Henri, délivré de ces différends dangereux avec les ecclésiastiques et avec la cour de Rome, semblait avoir atteint le faîte de la grandeur et de la félicité humaine, et être aussi heureux dans sa situation domestique que dans son gouvernement politique : une nombreuse postérité de fils et de filles donnait de l'éclat et de l'appui à sa couronne, prévenait le danger d'une succession incertaine, et réprimait toutes les prétentions de la noblesse ambitieuse. La précaution que ce prince avait eue d'établir les différentes branches de sa famille était la mieux entendue pour écarter toute jalousie entre les frères et perpétuer la grandeur de sa maison. Il avait désigné Henri, son fils aîné, pour lui succéder au royaume d'Angleterre, au duché de Normandie, aux comtés d'Anjou, du Maine et de Touraine, provinces contiguës, et qui, par ce moyen, pouvaient se fortifier mutuellement contre les fermentations intérieures et les invasions étrangères; Richard, son second fils, était apanagé du duché de Guienne et du comté de Poitou; Geoffroy, le troisième, avait hérité, du chef de sa femme, du duché de Bretagne ; et la nouvelle conquête de l'Irlande était réservée pour former l'apanage de Jean, son quatrième fils. Henri avait encore négocié en faveur de ce jeune prince un mariage avec Adélaïde, fille unique de Humbert, comte de Savoie et de Maurienne; elle devait apporter pour sa dot des terres considérables dans le Piémont, la Savoie, la Bresse et le Dauphiné. Mais tant d'élévation excita l'inquiétude et l'envie de tous ses voisins, qui rendirent ces mêmes fils, dont il avait si soigneusement établi la fortune, les artisans des chagrins qui troublèrent le reste de sa vie et son administration.

Le prince Henri, qui touchait alors à l'âge d'homme, commença bientôt à développer son caractère et à montrer qu'il aspirait à l'indépendance. Brave, ambitieux, libéral, magnifique, affable, il étalait ces qualités brillantes qui prêtent tant d'éclat à la jeunesse, qui présagent une si haute fortune, mais qui sont aussi les avant-coureurs des plus grandes calamités, à moins que la prudence de l'âge mûr ne les tempère. On rapporte que, lorsque ce prince fut sacré, son père, pour donner plus de majesté à la cérémonie, le servit à table comme un de ses officiers, et lui fit remarquer que jamais roi n'avait été servi plus royalement. « Il n'y a rien d'extraordinaire, dit le jeune Henri à un de « ses courtisans, que le fils d'un comte serve le fils d'un roi. » Ce mot, qui pouvait passer seulement pour une plaisanterie, ou même pour un compliment indirect à son père, fut cependant regardé comme le symptôme d'un caractère ambitieux, et sa conduite justifia bientôt cette conjecture.

Conformément à la promesse faite au pape et au roi de France, Henri consentit que son fils fût couronné de nouveau par les mains de l'archevêque de Rouen, et associa la princesse Marguerite, épouse de ce jeune prince, à la cérémonie. Il lui permit ensuite d'aller visiter à Paris son beau-père, qui saisit cette occasion d'inspirer à son gendre les sentiments d'ambition auxquels il n'était naturellement que trop enclin. Quoique depuis que la race capétienne était montée sur le trône, ce fût un usage constant, en France, de couronner le fils pendant la vie du père, sans qu'il en résultât néanmoins aucun partage de l'autorité royale, Louis persuada à son gendre que, par cette cérémonie, regardée alors comme si importante, il avait acquis un droit à l'exercice de la souveraineté, et que le roi son père ne pouvait sans injustice ne lui pas céder ses états, ou du moins une partie. En conséquence de cette idée extravagante, le jeune Henri, à son retour, demanda au roi de lui remettre, ou le royaume d'Angleterre, ou le duché de Normandie. Il parut fort mécontent du refus qu'il en reçut, parla de son père dans les termes les moins respectueux, et peu de temps après, comme il en était convenu avec Louis, vint furtivement à Paris, où il fut soutenu et protégé par le monarque français.

Tandis que Henri, alarmé de cet événement, s'attendait à se voir sur les bras des intrigues difficiles à débrouiller, et peut-être une guerre qui, quel qu'en fût le succès, ne pouvait que l'affliger et l'inquiéter beaucoup, il apprit encore un nouveau malheur, fait pour lui causer le chagrin le plus vif. La reine Éléonore, qui, par ses galanteries, avait donné lieu au divorce avec son premier époux, ne tourmentait pas moins le second par sa jalousie : portant ainsi à l'extrême, dans différents périodes de sa vie, toutes les faiblesses de son sexe. Elle communiqua son mécontentement contre Henri à ses deux plus jeunes fils, Geoffroi et Richard;

leur persuada qu'ils étaient en droit d'exiger aussi la possession actuelle des états qu'on leur avait assignés, et les engagea à se retirer secrètement en France. Elle méditait de s'y réfugier elle-même, et, dans cette intention, s'était déjà déguisée en homme, lorsqu'elle fut arrêtée et renfermée par l'ordre du roi. Ainsi l'Europe vit avec étonnement, d'un côté, le meilleur et le plus indulgent des pères et des époux en guerre avec toute sa famille ; de l'autre, trois enfants, à peine arrivés à l'adolescence, exiger d'un grand monarque dans toute la vigueur de l'âge et au sommet de sa gloire, qu'il se détrônât lui-même en leur faveur, et plusieurs princes les soutenir sans honte dans ces prétentions absurdes et dénaturées.

Henri, réduit à une situation si désagréable et si périlleuse, eut recours à la cour de Rome. Malgré les inconvénients qu'il savait être attachés à l'intervention de l'autorité ecclésiastique dans les affaires temporelles, il s'adressa au pape, comme à son seigneur supérieur, pour qu'il excommuniât ses ennemis, et que ses censures ramenassent à l'obéissance des enfants rebelles, qu'il lui serait trop douloureux de punir par la rigueur de la loi (1). Alexandre, enchanté d'une si belle occasion d'exercer sa puissance, accorda au roi les bulles qu'il demandait : mais on se convainquit bientôt que ces armes spirituelles n'avaient pas la même force que lorsque l'église les employait dans sa propre cause, et que le clergé se souciait peu d'appuyer une sentence dont l'objet principal n'était pas l'intérêt direct des ecclésiastiques. Après avoir fait cette démarche humiliante, le roi fut obligé de prendre les armes et de soudoyer ces sortes de troupes mercenaires, ressource ordinaire des tyrans, et qui avaient rarement servi à un monarque aussi juste et aussi sage que lui.

La faiblesse du gouvernement dans tous les états de l'Europe, les guerres particulières entre les grands seigneurs voisins, l'impossibilité de tenir la main à l'exécution générale des lois, avaient encouragé une multitude de bandits à troubler le repos public, à

---

(1) Epist. S. Petri Bles. Epist. 136, in Bibliot. Patr. t. 24, p. 1048. Voici ses paroles : *Vestræ jurisdictionis est regnum Angliæ, et quantùm ad feudatorii juris obligationem, vobis duntaxat obnoxius teneor.* Les mêmes paroles sont rapportées dans Rymer, t. I, p. 55, et dans Trivet, t. I, p. 62.

infester les grands chemins, à piller les campagnes, à braver tous les efforts de l'autorité civile, et même les excommunications de l'église, lancées contre eux. Des troupes de ces vagabonds s'engageaient tantôt au service d'un prince ou d'un baron, et tantôt à celui d'un autre; souvent ils faisaient la guerre pour leur propre compte, et d'une manière indépendante, sous la conduite de chefs qu'ils se choisissaient : les habitants industrieux et paisibles, réduits à l'indigence par les ravages de ces brigands, étaient fréquemment obligés de s'adonner aux mêmes désordres qu'eux pour se procurer leur subsistance. Une guerre intestine et continuelle, aussi funeste à l'industrie qu'au bon ordre, déchirait ainsi le cœur des royaumes. On donna plusieurs noms à ces forcenés : quelquefois celui de Brabançons, et quelquefois celui de Routiers ou de Cottereaux ; mais les historiens ne s'accordent pas sur la raison qui les faisait appeler ainsi. Ils formaient entre eux une espèce d'association ou de gouvernement, qui n'était, pour ainsi dire, qu'une ligue contre le reste du genre humain. Les plus grands monarques ne rougissaient pas d'avoir recours à leur assistance dans l'occasion ; et, comme par l'habitude de faire la guerre ils avaient acquis de l'expérience, de la vigueur et du courage, ils composaient généralement la partie la plus formidable des armées qui décidaient les querelles politiques des princes. Les ennemis de Henri en avaient plusieurs à leur solde parmi leurs troupes. Mais l'argent que ce monarque avait amassé le mit en état d'en prendre à son service encore un plus grand nombre qu'eux, et la situation de ses affaires se trouva telle, qu'ils furent les seuls corps sur la fidélité desquels il pût compter. Les barons, irrités du frein qu'il opposait à leur licence, las d'une administration vigilante et ferme, préféraient avoir pour maîtres de jeunes princes sans expérience des affaires publiques, indolents dans leur conduite, et prodigues dans leurs dons. Comme le roi avait assuré à ses fils la succession dans chaque province particulière de sa domination, les grands ne voyaient rien à craindre en s'attachant au prince qui devait être un jour leur souverain. Excitée par ces motifs, la plus grande partie de la noblesse normande s'était dévouée au jeune Henri ; celle de Bretagne et de Gascogne paraissait disposée à prendre le parti de

Geoffroi et de Richard. Les mécontentements de la noblesse anglaise, après avoir fermenté sourdement, commençaient à éclater; les comtes de Leicester et de Chester en particulier venaient de se déclarer ouvertement contre le roi. Vingt mille Brabançons, quelques autres troupes que ce prince amena d'Irlande, et un petit nombre de barons d'une fidélité éprouvée, furent donc les seules forces avec lesquelles il se proposa de faire tête à ses ennemis.

Louis, pour unir plus étroitement les confédérés, convoqua à Paris une assemblée de grands vassaux de sa couronne, leur fit approuver les mesures qu'il prenait, et jurer de soutenir le parti du jeune Henri. En retour, ce prince s'engagea de même à ne jamais abandonner ses alliés français; et, ayant fait faire un grand sceau nouveau, il leur distribua libéralement, par des patentes, la plus grande partie des territoires qu'il se promettait de conquérir sur son père. Philippe, comte de Flandre; Mathieu, comte de Boulogne, son frère; Thibault, comte de Blois; Henri, comte d'Eu, aiguillonnés d'un côté par la jalousie que la puissance et l'ambition du roi d'Angleterre leur inspiraient, séduits de l'autre par l'expectative des avantages qu'ils tireraient du caractère inconsidéré et des besoins continuels de son fils, se déclarèrent ouvertement en faveur du dernier. Guillaume, roi d'Écosse, entra aussi dans cette grande confédération, et l'on concerta le plan d'une invasion générale des différentes parties des vastes états du roi.

Les comtes de Flandre et de Boulogne commencèrent les hostilités sur les frontières de Normandie. Ils assiégèrent la ville d'Aumale, qui leur fut livrée par la perfidie du comte d'Aumale même; il se rendit prisonnier, et, sous prétexte de payer sa rançon de cette manière, il ouvrit les portes de toutes ses autres forteresses. Les deux comtes allèrent ensuite mettre le siége devant Drincourt, et s'emparèrent de cette place; mais le comte de Boulogne y fut blessé mortellement dans une des attaques, et cet événement interrompit les progrès de l'armée flamande.

Le roi de France, fortement secondé par ses vassaux, assembla d'un autre côté une armée formidable, composée de sept mille chevaliers, de leur suite à cheval, et d'un nombre proportionné de gens de pied. Il mena le jeune Henri avec lui, et assiégea Verneuil, que Hugues de Beauchamp et Hugues de Lacy, qui tous deux y commandaient, défendirent vigoureusement. Après un mois de siége, la garnison, manquant de provisions, fut obligée de capituler. Elle s'engagea, si elle n'était pas secourue dans trois jours, à rendre la ville et à se retirer dans la citadelle. Vers la fin du troisième jour, Henri parut avec son armée sur les hauteurs qui commandaient Verneuil : Louis, craignant d'être attaqué, envoya l'archevêque de Sens et le comte de Blois au camp des Anglais, demander une conférence pour le lendemain, afin de convenir d'une paix générale et de terminer les différends entre Henri et ses fils. Ce prince, qui désirait ardemment de s'accommoder avec eux, et ne soupçonnait aucune fourberie, consentit à la proposition; mais Louis, se tenant littéralement aux termes de la capitulation faite précédemment avec la garnison, la somma le lendemain matin de rendre la ville, y mit le feu, et commença de se retirer avec son armée. Henri, indigné de cet artifice, tomba vigoureusement sur l'arrière-garde des Français, la mit en déroute, en massacra une partie, et fit quelques prisonniers. Comme le temps du service de l'armée française était expiré alors, ces troupes se dispersèrent d'elles-mêmes, chacune dans sa province, et laissèrent Henri en liberté de poursuivre ses avantages contre ses autres ennemis.

Toute la noblesse de Bretagne, excitée par le comte de Chester et Raoul de Fougères, avait pris les armes; mais ses progrès furent arrêtés par un corps de Brabançons qu'après la retraite de Louis le monarque envoya contre elle. Les deux armées en vinrent aux mains près de Dol. Les rebelles y furent défaits; quinze cents des leurs périrent sur le champ de bataille, et les deux chefs, Chester et Fougères, furent obligés de se réfugier dans Dol. Henri se hâta de l'assiéger, et poussa l'attaque avec tant de vivacité, qu'il contraignit le gouverneur et la garnison de se rendre prisonniers de guerre. Au moyen de ces opérations vigoureuses et de ces succès heureux, le feu de la révolte fut entièrement éteint en Bretagne; et le roi, aussi heureux de tous les autres côtés, accorda volontiers une conférence à Louis, dans l'espoir que ses ennemis, voyant tous leurs efforts infructueux, consentiraient à terminer les hostilités à des conditions raisonnables.

Les deux monarques se réunirent entre Trie et Gisors, et là Henri eut la mortification de voir ses trois fils faire cortége à son ennemi mortel. Comme Louis n'avait d'autre prétexte pour faire la guerre que celui de soutenir leurs prétentions, Henri fit des propositions si avantageuses, que ses enfants auraient dû en être honteux, et qu'il n'y avait que sa tendresse paternelle, ou la nécessité de ses affaires, qui pût les lui arracher. Il n'insista que pour se réserver l'autorité souveraine sur tous ses états; mais il offrit au jeune Henri la moitié des revenus de l'Angleterre, avec quelques places de sûreté dans le royaume; ou, s'il préférait de résider en Normandie, la moitié des revenus de ce duché, avec tous ceux de l'Anjou. Il en usa de même avec Richard pour la Guienne, promit de céder toute la Bretagne à Geoffroi, et, si ces concessions n'étaient pas encore suffisantes, convint d'y ajouter tout ce qu'il plairait aux légats du pape, présents à cette entrevue, d'exiger de lui. Le comte de Leicester y avait aussi été admis; et, soit qu'il fût emporté par l'impétuosité de son caractère, ou qu'il désirât rompre brusquement une conférence qui couvrait les alliés de confusion, il fit tout à coup les reproches les plus outrageants à Henri, et porta même la main sur la garde de son épée, comme s'il eût voulu attenter à la personne de ce monarque : cette action furieuse jeta le désordre dans l'assemblée, qui se sépara sans conclure le traité.

Les principales espérances des ennemis de Henri reposèrent alors sur l'état des affaires en Angleterre, où son autorité courait les plus grands risques. Une des conventions du jeune Henri avec ses confédérés étrangers était qu'il remettrait Kent, Douvres, et toutes ses autres places fortes, entre les mains du comte de Flandre. L'amour du bien public et l'esprit national avaient si peu d'empire sur les grands seigneurs anglais, chacun d'eux était si entièrement livré au soin de sa propre fortune et de l'agrandissement de sa famille, que, malgré le danger de la cession de ces places importantes, qui auraient entraîné la ruine totale du royaume, presque tous avaient promis de se révolter pour appuyer les prétentions de ce prince. La principale ressource du roi consistait dans l'appui de l'église et des évêques, avec lesquels il était alors en bonne intelligence, soit que le pape et les ecclésiastiques eussent rougi d'avilir leur caractère en protégeant une rébellion dont la nature rougissait elle-même, ou qu'ils fussent satisfaits de la manière dont le roi avait expié le meurtre de Becket et les premières atteintes portées aux immunités de l'église. Cependant ce monarque n'avait abandonné dans son accommodement aucun des droits essentiels de sa couronne. Il conservait toujours prudemment la même défiance de la cour de Rome ; il n'admettait point le légat en Angleterre, sans lui faire jurer auparavant de ne rien attenter contre les prérogatives royales ; et il avait obligé les moines de Canterbury, qui se prétendaient en droit de remplir à leur choix le siége vacant par la mort de Becket, d'élire Roger, prieur de Douvres, à la place de ce prélat turbulent.

Dans ces entrefaites, le roi d'Écosse fit une irruption dans le Northumberland et le dévasta ; Richard de Lucy, à qui Henri avait laissé la régence, le contraignit de se retirer dans ses états, et convint avec lui d'une suspension d'armes. Cette trêve mit Lucy en état de se porter vers le midi avec son armée pour s'opposer à une invasion du comte de Leicester à la tête d'un corps considérable de Flamands, dans la province de Suffolk. Les Flamands avaient été joints par Hugues Bigod, qui les rendit maîtres de son château à Framlingham ; de là, marchant dans le cœur du royaume, où ils espéraient d'être soutenus par les vassaux du comte de Leicester, ils furent rencontrés par Lucy, qui, secondé de Humphrey Bohun, gouverneur de la province, et des comtes d'Arundel, de Glocester, et de Cornouailles, s'était avancé à Farnham pour repousser les ennemis avec une armée inférieure en nombre, mais supérieure par le courage. Les troupes flamandes, composées en grande partie de tisserands et d'autres artisans (car différentes manufactures commençaient alors à s'établir en Flandre), furent rompues en un instant. On en passa dix mille hommes au fil de l'épée ; le comte de Leicester fut fait prisonnier, et le reste se trouva trop heureux qu'en composant on lui permît de retourner dans son pays.

Ce grand revers n'abattit point les mécontents ; soutenus par l'alliance de tant de princes étrangers, et encouragés par les propres fils de leur souverain, ils se déterminèrent à persévérer dans leur entreprise. Le comte de Ferrars, Roger de Mowbray, Architel de Mallory, Richard de Morreville, Hamo de Mascie, et plusieurs amis de Leicester et de Chester, coururent aux armes : la fidélité des comtes de Clare et de Glocester devint suspecte ; et le régent, quoique fortifié par les secours de Geoffroi, évêque de Lincoln, fils naturel du roi et de la belle Rosamonde, se soutint avec peine de tous côtés contre tant d'ennemis déclarés et couverts. Pour augmenter encore les troubles par une nouvelle diversion, le roi d'Écosse, à l'expiration de la trêve, fondit dans les provinces du nord avec une armée de quatre-vingt mille hommes. Ces troupes, quoique sans discipline, sans ordre, et plus propres à dévaster un pays qu'à faire une guerre régulière, ne laissèrent pas que d'alarmer, attendu la disposition factieuse et turbulente de tout le royaume. Henri, pour qui la défaite de ses ennemis de France n'avait presque été qu'un jeu, et qui avait mis ses frontières en état de défense, trouvait alors le siége du danger en Angleterre même : il se détermina d'imposer aux mécontents par sa présence, ou de les soumettre par son courage et sa prudence. Il revint donc dans son royaume, et débarqua à Southampton; mais connaissant l'empire de la superstition sur l'esprit du peuple, il se hâta de se rendre à Canterbury pour faire satisfaction aux cendres de Thomas Becket, et s'humilier devant son ennemi mort. Aussitôt que ce prince fut arrivé à la vue de l'église de Canterbury, il descendit de cheval, y marcha pieds nus, se prosterna devant la châsse du saint, jeûna et pria un jour entier, passa la nuit auprès des reliques, et, peu content de cette hypocrite dévotion pour un homme dont la violence et l'ingratitude avaient si longtemps troublé son règne, et qui avait été l'objet de sa haine la plus invétérée, il se soumit à une pénitence encore plus singulière et plus humiliante : il assembla le chapitre des moines, se dépouilla lui-même de ses habits en présence des révérends, donna un fouet ou une discipline à chacun d'eux, et présenta ses épaules nues aux coups qu'ils jugèrent à propos d'y appliquer successivement. Le lendemain il reçut l'absolution, et partit pour Londres, après avoir appris l'agréable nouvelle d'une grande victoire que ses généraux venaient de remporter sur les Écossais le jour même qu'il avait été absous : ce qui fut regardé comme le gage de sa réconciliation avec le ciel et avec Thomas Becket.

Guillaume, roi d'Écosse, quoique repoussé de devant le château de Prudhow et d'autres places fortifiées, n'en avait pas moins ravagé impitoyablement les provinces septentrionales. Mais à l'approche de Ralph de Glanville, jurisconsulte et justicier fameux, secondé par Bernard de Baliol, Robert de Stuteville, Odonel d'Umfreville, William de Vesci, et autres barons des provinces du nord, ainsi que du brave évêque de Lincoln, Guillaume jugea à propos de se retirer plus près de son propre pays, et fixa son camp à Alnwic. Ce fut là qu'il eut l'imprudence d'affaiblir extrêmement son armée, en envoyant de très gros détachements pour étendre ses ravages, se croyant à l'abri de toute entreprise de l'ennemi. Mais Glanville, instruit de la position de ce prince, fit faire une marche forcée à ses troupes jusqu'à Newcastle, où il ne leur laissa que le temps de se reposer, et il se remit en chemin vers le soir pour Alnwic. Il fit pendant cette nuit plus de trente milles, et, à la faveur d'un brouillard, arriva le matin près du camp des Écossais. Alors, sans être intimidé par la multitude des ennemis, il commença l'attaque avec son corps de cavalerie, peu nombreux, mais d'une valeur déterminée. Guillaume était dans une si grande sécurité, qu'il prit d'abord les Anglais pour une troupe de ses propres fourrageurs qui revenait au camp. L'aspect des enseignes le tira de son erreur; il n'entama cependant l'action qu'avec un corps de cent hommes de cavalerie tout au plus, persuadé que l'armée nombreuse dont il était environné viendrait toujours assez tôt à son secours. Mais, au premier choc, il fut démonté et fait prisonnier. Ses troupes, apprenant son désastre, s'enfuirent de tous côtés avec la plus grande précipitation. Ces dévastateurs, dispersés, regagnèrent chacun leur pays comme ils purent, et la discorde s'étant mise entre eux, ils en vinrent jusqu'à se massacrer les uns les autres, de manière qu'il en périt davantage par leurs propres armes que par celles de l'ennemi.

Cette grande et importante victoire devint à la fin décisive en faveur de Henri, et abattit entièrement l'ardeur des Anglais rebelles. L'évêque de Durham, qui se préparait à la révolte, se soumit ; Hugues Bigod, malgré le renfort qu'il avait reçu des Flamands, fut obligé de rendre tous ses châteaux et de se remettre à la miséricorde du roi ; aucune autre ressource ne resta au comte de Ferrars et à Roger de Mowbray. Les rebelles d'un ordre inférieur, imitant bientôt leur exemple, toute l'Angleterre fut pacifiée en quelques semaines ; et, comme le roi parut être sous la protection immédiate du ciel, on mit l'audace de lui résister au rang des impiétés. Le clergé exalta de nouveau les mérites et l'intercession puissante de Becket : loin de combattre cette superstition, Henri eut la présence d'esprit de se parer de la prétendue bienveillance de ce saint, et d'accréditer une opinion si favorable à ses intérêts.

Le jeune Henri, prêt à s'embarquer à Gravelines avec le comte de Flandre et une armée considérable, ayant appris que tous ses partisans en Angleterre étaient rentrés dans le devoir, abandonna son projet. Il rejoignit le roi de France, qui, pendant l'absence du vieil Henri, avait fait irruption en Normandie et assiégeait Rouen. Les habitants de cette ville la défendaient courageusement. Louis désespérant de s'en emparer à force ouverte, essaya de la surprendre par un stratagème qui, dans ce temps de superstition, ne lui fit pas d'honneur ; il proclama dans son camp une suspension d'armes sous le prétexte de célébrer la fête de saint Laurent, mais en effet pour profiter de la sécurité des assiégés. Ils la portèrent imprudemment jusqu'à négliger de poser des sentinelles ; heureusement pour eux, quelques prêtres, par pure curiosité, étant montés au clocher du tocsin, aperçurent du mouvement dans le camp des Français, sonnèrent la cloche et donnèrent l'alarme aux habitants, qui coururent à leurs différents postes. Dès que les Français entendirent le son de cette cloche, ils se hâtèrent aussitôt de monter à l'assaut ; ils avaient déjà escaladé les murailles en plusieurs endroits ; mais les assiégés les repoussèrent avec tant de fureur, qu'ils se retirèrent avec une perte considérable. Le lendemain, Henri, qui était accouru à la défense de son duché, passa le pont en triomphe, et entra dans Rouen à la vue de l'armée française. Cette ville se trouva alors en pleine sûreté ; et le roi, pour braver encore mieux Louis, ordonna que les portes, qu'on avait murées, fussent ouvertes, et se prépara à pousser ses avantages contre l'ennemi. Louis se dégagea de sa situation périlleuse par une nouvelle fourberie, moins excusable que la première : il proposa une conférence pour traiter des conditions de la paix générale, à laquelle il savait que Henri se prêterait avec empressement, et, tandis qu'il l'amusait par ses promesses, il se retira avec son armée dans son royaume.

On sentit cependant des deux côtés la nécessité d'un accommodement. Henri ne pouvait supporter plus longtemps de voir ses trois fils entre les mains de ses ennemis, et Louis craignait que ce monarque, victorieux de toutes parts, comblé de gloire et maître absolu dans ses états, ne se vengeât enfin des dangers et des inquiétudes que lui avaient causés les armes, et encore plus les intrigues de la France, pendant ses disputes avec Becket et ses propres enfants. Après une suspension d'armes, on convint d'une conférence près de Tours, où Henri accorda à ses fils des conditions beaucoup moins favorables que celles qu'il avait offertes la première fois, et il reçut leurs soumissions. Les grâces les plus importantes qu'ils obtinrent alors de lui furent des pensions qu'il leur assigna, quelques places pour leur résidence, et une amnistie pour tous leurs adhérents, qu'il rétablit dans leurs biens et dans leurs dignités.

De tous ceux qui avaient embrassé l'injuste parti des jeunes princes, le roi d'Écosse fut celui qui paya le plus chèrement cette imprudence. Henri rendit la liberté sans rançon à neuf cents chevaliers ; mais il en coûta à Guillaume l'ancienne indépendance de sa couronne, Il s'engagea d'en faire hommage au roi d'Angleterre, comme au seigneur lige de l'Écosse et de toutes ses autres possessions ; il promit que tous les barons et toute la noblesse de ce royaume rendraient aussi hommage à ce monarque ; que les évêques lui jureraient fidélité ; que tous s'engageraient par serment à prendre son parti contre leur propre souverain, si ce dernier manquait à ses promesses, et que les forteresses d'Edimbourg, de Stirling, de Berwick, de Roxborough et de Jedborough, seraient livrées entre les mains de Henri jusqu'à l'entière exécution de ces articles. Ce traité dur et humiliant fut exécuté à la rigueur. Dès que Guillaume fut relâché, il amena tous ses barons, ses prélats, ses abbés, à la cathédrale d'York, où ils rendirent hommage à Henri, et le reconnurent lui et ses successeurs pour leur seigneur suzerain. Le monarque anglais étendit encore plus loin la rigueur des conditions qu'il avait exigées : il engagea le roi et les états d'Écosse à lui faire une cession perpétuelle des forteresses de Berwick et de Roxborough, et à consentir que le château d'Édimbourg restât entre ses mains pendant un temps limité. Ce fut le premier ascendant marqué que l'Angleterre obtint sur l'Écosse, et en effet la première transaction importante qui eut lieu entre ces deux royaumes. Peu de princes ont eu le bonheur d'acquérir des avantages considérables sur une puissance inférieure et voisine, avec si peu de violence et d'injustice que n'en avait exercé Henri envers le roi d'Écosse, qu'il avait fait prisonnier dans une bataille, et qui s'était engagé témérairement dans une guerre où tous les voisins du monarque anglais, et même sa propre famille, s'étaient ligués contre lui sans provocation.

Henri s'étant ainsi contre toute attente tiré avec honneur d'une position où son trône avait chancelé, s'appliqua pendant plusieurs années à faire fleurir la justice et les lois ; il prit aussi des mesures pour se garantir des dangers que les troubles passés de ses états, ou les institutions politiques de son temps, rendaient inévitables. L'étendue de sa prévoyance à cet égard prouve un esprit si vaste et si fécond, qu'elle doit le placer au rang des législateurs ; et les règlements qu'il fit, embrassèrent le bonheur futur comme le bonheur présent de son royaume.

Il établit des peines sévères contre les voleurs, les meurtriers, les faux monnayeurs, et les incendiaires. Il ordonna que ces criminels fussent punis par l'amputation de la main droite et du pied droit. Ces châtiments étaient sans doute regardés comme plus rigoureux que la mort ; la commutation de peine afflictive en peine pécuniaire, qui avait une fausse apparence de douceur, était devenue peu à peu hors d'usage, et semble avoir été totalement abolie par la sévérité de ces lois. Les jugements superstitieux par l'épreuve de l'eau subsistaient encore, quoique l'église les eût condamnés ; mais Henri ordonna que tout homme accusé de meurtre ou de quelque grave félonie, sur la déposition juridique et attestée par serment des chevaliers ou députés de la province, serait, quoique justifié par l'épreuve, banni du royaume.

Tous les pas vers la raison et le bon sens sont lents et graduels. En vain Henri sentait l'absurdité de l'épreuve du duel ou du combat, il n'osa risquer de l'abolir. Il permit seulement à celle des deux parties qui le voudrait, de demander à être jugée par une assise de douze francs-tenanciers. Cette méthode de juger paraît avoir été très ancienne en Angleterre, et les lois du roi Alfred la prescrivaient; mais le génie barbare et fougueux des temps postérieurs à ce prince avait plus accrédité l'épreuve du combat; elle était devenue la manière générale de décider toutes les contestations importantes, et elle n'a jamais été abolie en Angleterre par aucune loi : on en trouve encore un exemple jusque sous le règne d'Élisabeth; mais l'institution remise en vigueur par Henri, étant enfin reconnue plus raisonnable et plus convenable à un peuple civilisé, prit peu à peu le dessus.

Le partage de l'Angleterre en quatre divisions, et l'établissement de ses juges ambulants destinés à faire leur tournée et à tenir leurs assises dans chacune, pour décider les contestations des particuliers, fut une autre ordonnance importante de ce prince. Elle tendait directement à contenir la tyrannie des barons, et à protéger la noblesse inférieure et le peuple dans leurs propriétés. Ces juges étaient tirés du corps des prélats, ou de la haute noblesse, et pouvaient, indépendamment de l'autorité de la commission du roi, donner, par leur considération personnelle, du poids et du crédit aux lois.

Pour qu'il y eût encore moins d'obstacles à l'exécution de la justice, il prit le soin le plus vigilant de faire démolir tous les nouveaux châteaux forts bâtis par la noblesse, soit en Angleterre, soit dans ses autres possessions, et ne souffrit qu'aucun restât entre des mains qui lui fussent suspectes.

Mais, dans la crainte que cette démolition des places fortes n'exposât la sûreté du royaume, le roi fit des règlements d'armes par lesquels tous ses sujets furent obligés de se pourvoir de toutes les choses nécessaires à leur propre défense et à celle de l'état. Tout homme qui possédait un fief noble, c'est-à-dire l'étendue de terre suffisante à l'entretien d'un chevalier, eut ordre d'avoir une cotte de mailles, un casque, un bouclier et une lance. Chaque homme libre possédant en biens la valeur de seize marcs devait être armé de même. Quiconque en avait dix se fournissait d'un hausse-col de fer, d'un bonnet de même métal, d'une lance et d'un *wambais*, c'est-à-dire d'une espèce de cuirasse de laine cordelée, ou d'étoupe, ou de quelque autre matière. Il paraît que l'art de tirer de l'arc, dans lequel les Anglais furent depuis si célèbres, n'était pas encore très-cultivé parmi eux, et qu'ils se servaient principalement de la lance dans les batailles.

Le clergé et les laïques étaient respectivement alors dans une position si étrange, qu'elle paraît incompatible, non-seulement avec un gouvernement civilisé, mais avec toute espèce de gouvernement. Si un ecclésiastique commettait un meurtre, on ne pouvait le punir que par la dégradation; s'il était tué, le meurtrier ne subissait d'autre peine que l'excommunication et les censures spirituelles; de manière que le crime se trouvait expié par des pénitences et des actes de soumission. D'où il résulta que les assassins de Thomas Becket, quoique coupables d'une action atroce et plus révoltante encore dans ces temps-là que dans tout autre, vécurent paisiblement dans leurs maisons sans être inquiétés par Henri même, que l'honneur et son intérêt engageaient également à punir un forfait pour lequel il avait ou affectait en toute occasion d'avoir la plus grande horreur. Ce ne fut que lorsque tout le monde les évita comme gens excommuniés qu'ils prirent le parti d'aller à Rome, de se jeter aux pieds du pape, et de se soumettre à la pénitence qu'il leur imposa; après quoi ils rentrèrent sans trouble dans la jouissance de leurs biens et de leur rang; et il paraît même qu'ils recouvrèrent la considération publique. Mais, comme par les constitutions de Clarendon, que le roi tâchait toujours de tenir en vigueur, il avait assujetti les ecclésiastiques à être jugés par le magistrat civil, il était juste qu'ils fussent protégés par le pouvoir auquel on les soumettait; ainsi il fut statué que le procès de tout meurtrier d'un ecclésiastique serait fait devant le juge séculier, en présence de l'évêque ou de son official, et que, outre la punition ordinaire du meurtre, on le condamnerait à la confiscation de ses terres, de ses châteaux et de tous ses biens.

Le roi fit encore une loi fort équitable pour que les biens d'un vassal ne fussent pas saisis par le créancier de son seigneur, à moins qu'il n'eût été caution de la dette, mais aussi pour que les rentes dues par les vassaux fussent payées aux créanciers du seigneur, au lieu de l'être au seigneur même. On remarquera que cette loi passa dans un conseil que le roi tint à Verneuil, et composé de quelques prélats et barons d'Angleterre, de Normandie, de Poitou, d'Anjou, du Maine, de Touraine, et de Bretagne, et que par conséquent elle fut applicable à ces différentes provinces (1) : preuve certaine de l'irrégularité de l'ancien gouvernement féodal, et du despotisme dont l'autorité royale approchait en quelques occasions, tandis qu'en d'autres les rois n'avaient presque aucun pouvoir. Il suffisait à un prince aussi redouté et aussi respecté que Henri d'obtenir l'apparence d'un consentement général à toute ordonnance équitable et sage qu'il proposait, pour qu'elle devînt sur-le-champ une loi constante à laquelle tout le monde acquiesçait. Mais si le prince était haï et méprisé; si les nobles qui le soutenaient avaient peu de crédit; si l'effervescence du temps disposait les peuples à douter de l'équité de ses ordonnances, le conseil le plus nombreux et le plus authentique n'avait plus aucune autorité; l'état tombait dans le désordre et la confusion; aucune idée de constitution régulière ne restait, et la force et la violence décidaient de tout.

Les succès de Henri dans les guerres qu'il avait soutenues n'encourageaient pas ses voisins à faire de nouvelles entreprises contre lui; et les objets qu'il eut à traiter avec eux pendant le reste de son règne furent peu importants. L'Écosse resta dans l'état de sujétion féodale où il l'avait réduite, et ne l'inquiéta plus. Il envoya Jean, son quatrième fils, en Irlande, pour achever la conquête de cette île; mais la pétulance et l'incapacité de ce jeune prince déplurent tellement aux *chieftains* irlandais, que le roi son père fut obligé de le rappeler. Le roi de France, entraîné par un mouvement de piété superstitieuse, mais plus sincère que celle de Henri, fit un pèlerinage au tombeau de Becket, pour

---

(1) Les rois d'Angleterre, après la conquête de l'Irlande, avaient coutume d'appeler les barons et d'autres représentants de ce pays au parlement d'Angleterre. *Case of Ireland*, de Molineux, p. 64, 65, 66.

obtenir par son intercession la guérison de son fils Philippe. Ce monarque croyait probablement avoir des droits à la faveur de ce saint, à cause de leur première intimité, et il espérait sans doute que son protégé sur la terre n'oublierait pas sur le trône de gloire où il était placé dans le ciel son ancien ami et son bienfaiteur. Les moines, ne se dissimulant pas que l'honneur de leur saint était intéressé à cette cure, ne manquèrent pas de publier que les prières de Louis étaient exaucées, et que le jeune prince avait recouvré la santé. Peu de temps après, le monarque français fut frappé lui-même d'une attaque d'apoplexie qui lui ôta l'usage de ses facultés intellectuelles. Philippe, quoique n'ayant encore que seize ans, se chargea des soins de l'administration jusqu'à la mort de son père : elle lui ouvrit bientôt le chemin du trône, et il devint le plus habile et le plus grand roi qui eût gouverné la France depuis Charlemagne. Cependant la supériorité d'âge et d'expérience qu'avait Henri, en modérant sa propre ambition, lui donna un tel ascendant sur Philippe, qu'il n'y eut pendant longtemps entre eux aucune rivalité dangereuse. Le roi d'Angleterre, au lieu d'abuser de ses avantages, employa ses bons offices à pacifier les différends qui s'étaient élevés dans la famille royale de France, et il réussit à ménager une réconciliation entre Philippe, sa mère et ses oncles. Ces services furent mal récompensés par ce jeune monarque : dès qu'il eut atteint l'adolescence, il fomenta toutes les discordes intestines de la famille royale d'Angleterre, et encouragea les fils de Henri dans leur conduite ingrate et rebelle envers leur père.

Le jeune Henri, aussi impatient qu'incapable de gouverner, demanda de nouveau au roi de lui céder la Normandie. Sur le refus qu'il s'attira, il se réfugia avec la princesse son épouse à la cour de France; mais, ne trouvant pas Philippe disposé à entreprendre une guerre uniquement en sa faveur, il accepta les offres d'accommodement qui lui furent faites par son père, et se soumit. C'était une des cruautés du sort de Henri, que ce prince ne pût être à couvert un moment des entreprises criminelles de ses fils que par leurs discordes et leurs haines mutuelles, qui jetaient sa famille et ses états dans le trouble et l'agitation. Richard, qu'il avait rendu maître de la Guienne, après avoir signalé sa valeur et ses talents militaires en réprimant les révoltes de ses barons mutinés, refusa d'obéir aux ordres de son père et de rendre hommage de ce duché à son frère aîné. Henri et Geoffroi unirent leurs armes et portèrent la guerre dans les possessions de Richard. Le roi parvint avec peine à concilier ces différends ; mais immédiatement après il sut que son fils aîné s'était engagé dans une conspiration contre lui et se préparait à prendre les armes. Tandis que ce jeune prince suivait ses desseins criminels, il fut saisi d'une fièvre violente, à Martel, château près de Turenne, où il s'était retiré dans l'accès de son nouveau mécontentement. Il sentit les approches de la mort, et à la fin se reprocha l'horreur de sa conduite avec son père. Il dépêcha un courrier à ce monarque, qui n'était pas éloigné, pour l'assurer du regret de ses fautes, et implorer de lui la faveur d'une visite, afin qu'il eût la satisfaction de recevoir son pardon avant de rendre le dernier soupir. Henri, qui avait fait trop souvent l'expérience de l'ingratitude et de l'emportement de son fils, craignit que cette maladie ne fût une feinte de sa part pour l'attirer dans quelque piége, et n'osa se remettre entre ses mains. Mais lorsque, peu de temps après, il apprit sa mort et les marques qu'il avait données d'un repentir sincère, ce bon prince fut pénétré de la douleur la plus profonde ; il s'évanouit trois fois, se reprocha la dureté du refus dont il avait affligé son fils mourant, et se désespéra de l'avoir privé de la dernière occasion d'expier ses fautes et d'épancher son âme dans le sein d'un père attendri. Le jeune Henri mourut dans la vingt-huitième année de son âge.

La conduite des enfants qui restaient au roi n'était pas assez satisfaisante pour le consoler de cette perte. Comme le prince Henri n'avait laissé aucune postérité, Richard son frère devenait l'héritier présomptif, et le roi comptait que Jean, le troisième de ses fils survivants, et celui qu'il chérissait le plus, aurait la Guienne pour apanage ; mais Richard s'y opposa, s'enfuit dans ce duché, et fit même des préparatifs pour déclarer la guerre à son père et à son frère Geoffroi, qui était alors en possession de la Bretagne. Henri envoya la reine son épouse, héritière de la Guienne, sommer Richard de rendre cette province à sa légitime souveraine. Soit que Richard craignît que les Gascons ne se révoltassent en faveur de cette princesse, ou qu'il conservât quelque respect pour elle, il obéit, et s'en retourna paisiblement à la cour. Cette querelle ne fut pas plus tôt arrangée, que Geoffroi, le plus vicieux peut-être des malheureux enfants de Henri, se livra de nouveau à la violence de son caractère, demanda audacieusement qu'on annexât l'Anjou à sa souveraineté de Bretagne, et, sur le refus qui lui en fut fait, s'enfuit à la cour de France, et arma contre son père. Mais Henri se vit bientôt délivré de cet orage par la mort du prince rebelle, qui fut tué dans un tournoi à Paris. La veuve de Geoffroi, peu de temps après avoir perdu son époux, accoucha d'un fils qui eut le nom d'Arthur, et qu'on investit du duché de Bretagne sous la tutelle de son grand-père paternel, qui, comme duc de Normandie, était seigneur supérieur de cette province. Philippe allégua aussi quelque temps ses droits à cette tutèle, comme seigneur suzerain ; mais il fut obligé de les faire céder à l'inclination des Bretons, qui préférèrent le gouvernement de Henri.

La rivalité de ces princes puissants et tous leurs petits intérêts parurent s'évanouir pour laisser agir la fureur générale de délivrer la Terre-Sainte, et d'en expulser les Sarrasins. Ces infidèles s'étaient trouvés forcés de céder à l'inondation des chrétiens au temps de la première croisade ; mais, sitôt que ce torrent fut passé, ils reprirent courage, et, attaquant de toutes parts les établissements des Européens, ils les réduisirent aux plus grandes extrémités, et les obligèrent à demander encore du secours aux puissances de l'Occident. Une seconde croisade, faite sous l'empereur Conrad et Louis VII, roi de France, et où périrent plus de deux cent mille hommes, ne leur donna qu'une assistance passagère : ces princes, après avoir perdu des armées si formidables, et vu moissonner la fleur de la noblesse de leurs états, revinrent en Europe avec peu de gloire. Mais ces infortunes répétées, qui avaient épuisé l'Occident de sa population et de ses trésors, n'étaient pas encore suffisantes pour guérir les esprits de la manie de ces pieuses prouesses. Un nouvel incident ralluma la flamme dévorante du zèle des ecclésiastiques et des aventuriers militaires du pays latin. Saladin, prince généreux, brave et prudent, monta sur le trône de l'Égypte, et commença d'étendre ses conquêtes sur tout l'Orient. Les établissements des croisés en Palestine formant un obstacle au progrès de ses armes, il dirigea tous les efforts de sa politique et de sa valeur à subjuguer ce territoire étroit et aride, mais important pour lui. Ce soudan, habile à profiter des dissensions des chrétiens, ayant gagné secrètement le comte de Tripoli, général de leurs armées, attaqua leurs frontières avec des troupes nombreuses : secondé par la perfidie de ce comte, il remporta à Tibériade une victoire complète, qui anéantit totalement les forces du royaume de Jérusalem, déjà languissant. La ville sainte même tomba entre ses mains après une faible résistance ; il soumit presque entièrement le royaume d'Antioche ; et, à la réserve de quelques villes maritimes, rien d'important ne resta de ces conquêtes tant vantées, qui, près d'un siècle auparavant, avaient coûté les plus grands efforts à toute l'Europe.

Les chrétiens occidentaux furent consternés en apprenant cette déplorable nouvelle, et l'on prétend que le pape Urbain III en mourut de chagrin. Grégoire VIII, son successeur, employa le peu de temps que dura son pontificat à exciter tous les chrétiens qui reconnaissaient son autorité à courir aux armes. Le cri général était que ceux qui n'arrachaient pas aux infidèles l'héritage de Dieu sur la terre, et qui ne délivraient pas de l'esclavage une terre consacrée par les pas du Sauveur, devenaient indignes de posséder aucun héritage dans le ciel. Guillaume, archevêque de Tyr, ayant ménagé une conférence entre Henri et Philippe, près de Gisors, appuya sur ces motifs pressants, fit une description pathétique de l'état déplorable des chrétiens orientaux, et mit en usage tout ce qui pouvait échauffer les passions dominantes de ce siècle, c'est-à-dire la superstition et l'amour de la gloire. Les deux monarques se croisèrent sur-le-champ, et leurs vassaux les plus considérables imitèrent leur exemple. Comme l'empereur Frédéric entra dans la même confédération, les espérances de succès parurent assez bien fondées ; et l'on se flatta qu'une entreprise qui avait échoué sous la conduite de chefs indépendants et de princes faibles, pourrait à la fin réussir par les efforts réunis de ces monarques si puissants et si habiles.

Les rois de France et d'Angleterre levèrent une imposition du dixième des biens mobiliers sur tous ceux qui ne quittaient pas leurs foyers pour la sainte expédition. Mais comme on exempta le clergé régulier de cette taxe, le clergé séculier aspira au même privilége, et prétendit n'être obligé d'aider les croisés que de ses prières; ce ne fut qu'avec peine que l'on vainquit sa résistance, d'autant plus inconvenante de sa part, qu'il avait été le principal promoteur des croisades. Cette répugnance des ecclésiastiques est peut-être une preuve que l'enthousiasme dont le peuple avait été d'abord animé pour les croisades, était très affaibli par le temps et les mauvais succès, et que cette frénésie ne se soutenait plus que par l'esprit guerrier et l'amour de la renommée, encore subsistant chez les grands monarques.

Mais avant que cette machine immense pût être mise en mouvement, il se trouvait une foule d'obstacles à surmonter. Philippe, jaloux de la puissance de Henri, se ligua secrètement avec le jeune Richard. Adroit à manier le caractère impatient et ambitieux de ce prince, il lui persuada de préférer au soin de soutenir et d'agrandir la monarchie, dont il devait hériter un jour, l'avantage actuel d'acquérir du pouvoir et de l'indépendance en la troublant et en la démembrant. Pour donner un prétexte aux hostilités entre les deux rois, Richard ravagea tout à coup les terres de Raymond, comte de Toulouse, qui en porta sur-le-champ ses plaintes au roi de France, comme à son seigneur suzerain. Philippe en demanda raison à Henri; mais toute la réponse qu'il reçut fut que Richard avait avoué à l'archevêque de Dublin que l'insulte dirigée contre le comte de Toulouse avait été concertée avec le roi de France, et faite sous sa protection. Philippe, qui aurait dû se trouver confondu et humilié en voyant ses intrigues découvertes, suivit au contraire son premier plan, et fondit sur les provinces de Berri et d'Auvergne, toujours comme vengeur de Raymond. Henri usa de représailles en faisant une incursion sur les frontières de la France, et brûla Dreux. Comme cette guerre, en traversant le projet des croisades, donnait un grand scandale, les deux rois résolurent de s'accommoder, et tinrent à cet effet une conférence dans le lieu accoutumé, entre Gisors et Trie; mais ils se séparèrent plus irréconciliables que jamais, et Philippe marqua sa mauvaise humeur en faisant abattre l'orme sous lequel les conférences se tenaient ordinairement, comme s'il avait renoncé à toutes voies de pacification, et qu'il voulût pousser la guerre à outrance contre le roi d'Angleterre. Mais ses propres vassaux refusèrent de servir sous lui pour une guerre aussi injuste, et il fut obligé de rechercher une entrevue avec Henri, et d'offrir les conditions de la paix. Elles achevèrent d'ouvrir les yeux au roi d'Angleterre, et lui prouvèrent la perfidie de son fils, et son alliance secrète avec Philippe, dont auparavant il n'avait eu que des soupçons. Le roi de France demandait que Richard fût couronné roi d'Angleterre du vivant de son père; qu'il fût investi de toutes les souverainetés que Henri possédait sur le continent, et qu'il épousât incessamment Alix, sœur de Philippe, avec laquelle il était déjà fiancé, et qu'on avait conduite en Angleterre. Henri avait fait une si cruelle expérience par les funestes effets qu'avait produits le couronnement de son fils aîné, et par l'alliance de ce prince avec la maison royale de France, qu'il rejeta ces propositions. Richard, en conséquence de ses conventions secrètes avec Philippe, consomma sa révolte, rendit hommage à ce prince pour toutes les possessions que Henri tenait de la couronne de France, et en reçut l'investiture comme s'il en était déjà le légitime propriétaire. Quelques historiens assurent que Henri était devenu amoureux de la jeune Alix, et que ce fut une raison de plus pour lui de refuser les conditions qu'on lui avait proposées : mais sa conduite dans cette occasion était justifiée par tant d'autres motifs justes et bien fondés, qu'il n'est pas nécessaire de lui en supposer un pareil, que d'ailleurs la prudence et l'âge avancé de ce grand prince rendent peu vraisemblable.

Le cardinal Albano, légat du pape, fut si mécontent de ces obstacles multipliés mis à l'exécution de la croisade, qu'il excommunia Richard, comme étant la source principale de la discorde. Mais ces sentences d'excommunication, souvent si puissantes dans ces temps-là lorsqu'elles étaient préparées et soutenues avec zèle par le clergé, n'eurent aucun effet dans cette circonstance. Les principaux barons du Poitou, de Guienne, de Normandie et d'Anjou, attachés au jeune prince, et voyant qu'il avait reçu l'investiture de leur seigneur suzerain, se déclarèrent en sa faveur, et firent des incursions sur les terres de tous ceux qui soutenaient le parti de Henri. Ce monarque, tourmenté par les révoltes journalières de ses sujets, et craignant que leur disposition à se soulever ne produisît encore des effets plus cruels, eut recours de nouveau à l'autorité du souverain pontife. Il engagea le cardinal Anagni, qui avait succédé à Albano en qualité de légat, de menacer Philippe de mettre tous ses états sous l'interdit. Mais Philippe, aussi ferme qu'habile, méprisa ces menaces, et répondit qu'il ne convenait point au pape de se mêler des contestations des princes, et encore moins de celles qui pouvaient s'élever entre lui et ses vassaux rebelles ; il ne craignit même point de reprocher au légat de s'être laissé corrompre par les présents de Henri, et d'agir dans cette affaire avec partialité. Richard, encore plus violent, tira son épée contre Anagni, et l'en aurait frappé si les personnes présentes à cette scène ne l'eussent retenu.

Le roi d'Angleterre se vit forcé alors de défendre ses états par les armes, et, dans une position si désavantageuse, d'entrer en guerre avec la France, et avec son fils aîné, prince d'une valeur reconnue. La Ferté-Bernard tomba d'abord entre les mains de l'ennemi ; la ville du Mans fut ensuite prise d'assaut ; et Henri, qui s'était jeté dans cette place, ne s'échappa que difficilement. Amboise, Chaumont et Château-du-Loir ouvrirent leurs portes dès que Philippe et Richard parurent. Tours fut investi, et le roi, qui s'était retiré à Saumur, et qui éprouvait journellement la lâcheté ou la perfidie de ses gouverneurs, s'attendait à échouer dans toutes ses opérations. Tandis qu'il était dans cet état d'abattement, le duc de Bourgogne, le comte de Flandre, l'archevêque de Reims, offrirent leur médiation pour négocier la paix. Henri, ayant reçu dans ces entrefaites la nouvelle de la prise de Tours, qui achevait de ruiner ses affaires, tomba dans un tel découragement, qu'il accepta les conditions rigoureuses qu'on voulut lui imposer. Il consentit au mariage de Richard avec la princesse Alix, permit que ce prince reçût l'hommage et le serment de fidélité des Anglais et de tous ses autres sujets des provinces d'outre-mer, convint de payer vingt mille marcs d'argent au roi de France pour le dédommager des frais de la guerre, consentit que ses barons lui fissent observer ce traité par la force, en cas qu'il voulût le violer, et s'engageassent à se joindre alors à Philippe et Richard contre lui; enfin, il promit une amnistie à tous ceux de ses vassaux qui s'étaient jetés dans le parti de Richard.

Mais la mortification que ces articles humiliants et désavantageux causèrent à Henri, accoutumé à imposer la loi dans la plupart des traités, ne fut pas la plus poignante qu'il éprouva. Lorsqu'il demanda la liste des barons auxquels il s'était engagé de pardonner leur ligue avec Richard, il fut étonné de voir à leur tête le nom de son second fils Jean, ce fils qui avait toujours été son favori, dont il avait eu les intérêts si fort à cœur, et dont même l'ascendant sur lui avait souvent donné de la jalousie à Richard. Le malheureux père, déjà trop accablé d'embarras et de chagrins, fit éclater le désespoir le plus violent à la découverte de cette nouvelle amertume portée au fond de son cœur; il maudit alors le jour où il avait reçu l'existence, et prononça contre ses enfants ingrats et rebelles une malédiction qu'on ne put jamais l'engager à rétracter. Plus son âme était sensible et tendre, plus il fut indigné de la cruelle ingratitude par laquelle ses quatre fils avaient successivement payé ses soins paternels. Ce dernier coup, en rompant l'unique lien qui l'attachait à la vie, épuisa ses forces et lui causa une fièvre lente, dont il mourut peu de temps après, le 6 juillet, au château de Chinon, près de Saumur. Son fils naturel, Geoffroi, qui seul lui était demeuré fidèle, suivit son corps à l'abbaye de Fontevrault, dans l'église de laquelle il fut exposé. Le lendemain Richard vint rendre les derniers devoirs à son père, et, malgré sa conduite criminelle, n'étant pas tout à fait dépourvu de sentiment, fut pénétré d'horreur et de remords à son aspect. En sa présence, le sang sortit tout à coup par la bouche et les narines du cadavre; à cette vue, cédant à un préjugé vulgaire, Richard s'écria douloureusement qu'il était le meurtrier de son père, et reconnut en gémissant, mais trop tard, que sa conduite dénaturée avait précipité au tombeau l'infortuné monarque.

Ainsi mourut dans la cinquante-huitième année de son âge, et la trente-cinquième de son règne, le plus grand prince de son temps par la sagesse, la vertu et l'habileté, et, par l'étendue de ses états, le plus puissant de tous ceux qui eussent jamais rempli le trône d'Angleterre. Son caractère, soit qu'on l'examine dans sa vie privée ou dans sa vie publique, était presque sans tache, et il paraît avoir réuni toutes les perfections du corps et de l'âme qui constituent l'homme aimable et estimable. Il était d'une taille moyenne, robuste et bien proportionnée; sa physionomie était vive et ouverte, sa conversation douce et intéressante, son élocution aisée, persuasive, et toujours convenable à la chose et au moment. Il aimait la paix, mais il possédait l'art de la guerre, et y déployait autant de valeur que de talents. Enfin il savait être prévoyant sans timidité, sévère dans l'exécution de la justice sans y porter une trop grande rigueur, et modéré sans affectation. Il conserva sa santé, et, par une vie très sobre et des exercices fréquents, surtout celui de la chasse, se garantit de l'excès d'embonpoint dont il semblait menacé. Lorsqu'il lui restait quelques loisirs, il les consacrait volontiers à des entretiens avec des savants ou à la lecture; il cultiva par l'étude ses talents naturels, plus qu'aucun autre prince de son temps. Ses affections, ainsi que ses inimitiés, étaient vives et durables; cependant sa longue expérience de l'ingratitude et de la mauvaise foi des hommes ne put détruire la sensibilité de son cœur, qui le disposait à goûter les charmes de l'amitié et les plaisirs de la société. Plusieurs auteurs, ses contemporains, nous ont donné son portrait; et dans les traits les plus remarquables, il paraît avoir ressemblé extrêmement à son aïeul maternel Henri I<sup>er</sup>. Cependant l'ambition, leur passion dominante, n'employa pas toujours chez le premier des deux des moyens honnêtes pour parvenir à ses fins; elle lui en suggéra même de criminels qui occasionnèrent des crimes plus grands encore, dont heureusement la conduite de son petit-fils ne fut jamais souillée.

Ce prince, ainsi que la plupart de ses prédécesseurs de la maison de Normandie, excepté Étienne, passa plus de temps dans ses états du continent que dans son royaume. Il se faisait suivre de la noblesse anglaise lorsqu'il venait en France, et de la noblesse française lorsqu'il retournait en Angleterre : les deux nations avaient part égale dans le gouvernement, et, en plusieurs occasions, la législation paraît avoir été la même pour toutes deux. Comme le roi et les barons d'Angleterre étaient originaires de France, les mœurs françaises prirent de l'ascendant et furent regardées comme des modèles qu'il fallait suivre. Tous les perfectionnements étrangers, quels qu'ils fussent, soit dans la littérature, soit dans la civilisation, la politesse, les lois, ou les arts, semblaient être en grande partie transplantés alors en Angleterre; et cette nation n'était inférieure, dans toutes les choses d'agrément et de mode, à aucune des nations ses voisines sur le continent. Ce qu'il y avait de plus grossier, mais aussi de plus sensé dans les mœurs et les principes des Saxons, fit place aux affectations de la chevalerie et aux subtilités de la philosophie scolastique; les idées féodales du gouvernement civil et les sentiments de la religion romaine s'étaient absolument emparés du peuple : les unes diminuaient en quelque sorte dans les barons la soumission due aux souverains; les autres augmentaient parmi le clergé l'attachement enthousiaste à l'autorité du pape. Les familles de Normandie, ou d'autres pays, établies en Angleterre, y avaient alors jeté de profondes racines; dès qu'une fois elles firent corps avec le peuple qu'elles avaient d'abord opprimé et méprisé, elles s'imaginèrent que la protection de la couronne ne leur était plus nécessaire pour jouir de leur fortune, et cessèrent de regarder leurs tenures comme incertaines et dépendantes; elles aspirèrent à la même liberté qu'elles voyaient à leurs anciens compatriotes du continent, et désirèrent de restreindre les prérogatives exorbitantes et l'administration despotique que les besoins de la guerre et les violences inséparables d'un temps de conquête les avaient obligées autrefois d'encourager dans leur monarque. Le souvenir, encore vif parmi les Anglais, d'un gouvernement plus égal sous les princes saxons répandait aussi l'amour de la liberté, et excitait les barons à souhaiter plus d'indépendance pour eux personnellement, et à favoriser le même esprit dans le peuple. Bientôt cette révolution, d'abord renfermée dans les cœurs, produisit des convulsions violentes dans l'état, et de là une altération évidente dans le système du gouvernement.

L'histoire de tous les précédents rois d'Angleterre, depuis la conquête, offre des preuves évidentes des désordres que le gouvernement féodal entraînait, de la licence des barons, de leur esprit de rébellion contre le prince et les lois, et de leurs haines réciproques les uns contre les autres. La conduite de la noblesse dans les états que ces monarques possédaient au-delà de la mer fournit peut-être des exemples encore plus frappants de ces troubles, et l'histoire de France, pendant plusieurs siècles, ne contient presque que des récits de cette nature. Tant que dura ce gouvernement violent, les villes ne purent être ni en grand nombre, ni peuplées; et, quoiqu'elles fussent toujours le siége principal de la loi et de la liberté, une multitude de faits semblent prouver que leur police était si relâchée, si irrégulière, qu'elles se trouvaient exposées aux mêmes désordres dont les campagnes gémissaient généralement. On voyait fréquemment à Londres les fils et les parents des citoyens les plus considérables former entre eux une confédération réprouvée par les lois, quelquefois au-de là de cent, fondre sur les maisons riches pour les piller, voler et assassiner les passants, et commettre avec impunité les plus grandes horreurs; il y avait tant de danger à sortir dans les rues la nuit, que les bourgeois n'osaient pas plus quitter leurs maisons après le coucher du soleil que s'ils avaient eu à craindre les incursions d'un ennemi public. Le frère du comte de Ferrars ayant été assassiné par une bande de ces brigands nocturnes, la mort d'un personnage de si haute naissance fit beaucoup plus de sensation que celle de mille autres d'un rang inférieur : elle irrita si vivement le roi, qu'il jura de la venger sur les coupables. En effet, de ce moment il tint plus sévèrement la main à l'exécution des lois.

Les historiens rapportent un autre fait qui prouve de quels excès ces bandits étaient capables, et avec quelle impudence ils volaient. Une de leurs troupes voulant forcer la maison d'un homme opulent, dans l'intention de la piller, perça le mur à coups de marteau : ils avaient déjà pénétré par cette brèche, l'épée à la main, lorsque le propriétaire, armé de pied en cap, et soutenu de ses fidèles serviteurs, se présenta devant eux en attitude de se défendre. Il coupa la main droite au premier de ces brigands qu'il rencontra, et fit une résistance si ferme, que ses voisins eurent le temps de s'assembler et de venir à son secours. L'homme qui avait eu la main coupée fut pris; on l'engagea, en lui promettant sa grâce, à dénoncer ses complices, parmi lesquels se trouva un nommé John Senex, d'une des plus riches et des meilleures familles de Londres. Il fut convaincu par l'épreuve de l'eau, et quoiqu'il offrît cinq cents marcs pour racheter sa vie, le roi refusa cette somme, et ordonna qu'il fût pendu. Il paraît, d'après un statut d'Édouard I$^{er}$, que ces désordres ne furent pas entièrement supprimés sous son règne : quiconque alors sortait de sa maison après le *couvre-feu* sonné, en portant une arme, ou en marchant sans lumière ou lanterne, était puni. Le préambule de cette loi nous apprend que, la nuit comme le jour, il y avait des rixes continuelles dans les rues de Londres.

L'intégrité de Henri dans l'administration de la justice lui avait donné une si grande réputation à cet égard, que les princes même des pays éloignés le prenaient pour arbitre de leurs différends, et se soumettaient à ses décisions. Sanche, roi de Navarre, ayant quelques contestations avec Alphonse, roi de Castille, consentit que ce prince, quoique gendre de Henri, le choisît pour juge, et les deux parties consignèrent chacune trois châteaux entre des mains tierces, comme gage de l'exécution de son arrêt. Henri voulut que son grand-conseil examinât la cause, et il prononça ensuite son jugement, auquel les deux monarques acquiescèrent. Chacun d'eux avait envoyé un champion à la cour d'Angleterre, pour soutenir leurs droits par les armes, en cas que Henri choisît la voie du duel.

Ce monarque abolit si positivement l'usage absurde et barbare de confisquer les vaisseaux qui avaient fait naufrage sur la côte, que, pourvu qu'il restât un homme ou un animal vivant dans le navire, on le rendait aux propriétaires avec toute la cargaison.

Le règne de Henri fut remarquable par une innovation que ses successeurs portèrent encore plus loin, et qui eut des suites importantes pour le gouvernement. Ce prince voyait avec peine le genre de forces militaires établies par les institutions féodales, et qui, très à charge aux sujets, rendaient cependant fort peu de services au souverain. Les barons, ou les tenanciers militaires, entraient tard en campagne, n'étaient obligés de servir que quarante jours ; leurs opérations se faisaient sans intelligence et sans ordre, et ils portaient dans le camp le même défaut de subordination, le même esprit d'indépendance qui les caractérisait dans leur gouvernement civil. Henri introduisit l'usage de les faire contribuer de leur bourse, au lieu de leur personne, pour former ses armées, et il levait des impôts sur ses baronnies et sur ses fiefs, au lieu de faire marcher ses vassaux. L'histoire de l'échiquier parle de ces taxes dans la seconde, la cinquième et la dix-huitième année du règne de ce prince. D'autres écrivains en comptent trois exemples de plus. Lorsque le roi se fut ainsi assuré d'une certaine somme, il fit un accord avec quelques-uns de ces aventuriers dont l'Europe abondait alors ; ils lui trouvèrent des soldats de la même trempe qu'eux, qui s'engagèrent à le servir pendant un temps spécifié. Ses armées furent beaucoup moins nombreuses, mais plus utiles que lorsqu'elles étaient composées de tous les vassaux de sa couronne. Les institutions féodales commencèrent à se relâcher ; les rois devinrent plus avides d'argent lorsque l'argent fut le nerf de leur puissance; les barons, ne voyant plus de terme aux exactions qu'ils souffraient, prirent les armes pour défendre leurs propriétés ; et comme la même cause eut à peu près les mêmes effets dans les différents pays de l'Europe, les différentes couronnes perdirent ou gagnèrent de l'autorité, selon les divers succès qu'elles eurent dans ces sortes de débats.

Henri fut aussi le premier qui leva un impôt sur les biens mobiliers ou personnels de ses sujets nobles ou roturiers. Leur zèle pour les guerres de Terre-Sainte fit qu'ils se soumirent à cette innovation ; et, l'exemple une fois donné, cette taxe devint, sous les règnes suivants, le mode ordinaire des contributions destinées à subvenir aux besoins de la couronne. L'impôt du *danegelt*, si généralement odieux à la nation, fut supprimé sous ce règne.

C'était une coutume des rois d'Angleterre de répéter la cérémonie de leur couronnement trois fois l'année, c'est-à-dire dans le temps de l'assemblée des états, qui se faisait aux trois grandes fêtes. Henri, après les premières années de son règne, renonça à cette cérémonie aussi dispendieuse que superflue, et aucun de ses successeurs n'en ramena l'usage. On regarda comme un grand acte de modération de la part de ce prince d'avoir adouci les rigueurs des lois forestières, et de n'avoir puni plusieurs des infractions qui y furent faites que par des amendes, des emprisonnements, ou d'autres peines plus modérées, au lieu de la peine capitale.

Puisque nous rassemblons quelques faits détachés qui montrent l'esprit de ce siècle, et qui ne pourraient guère entrer dans le corps de l'histoire, il ne sera pas hors de propos de rapporter ici la querelle de Roger, archevêque d'York, avec Richard, archevêque de Canterbury. Nous pouvons juger de l'emportement des militaires, et en général des laïques, par celui des ecclésiastiques même, en voyant à quelles extrémités ils étaient capables de se porter. Le cardinal Haguezun, ayant été envoyé légat en Angleterre en 1176, convoqua une assemblée du clergé à Londres. Comme les deux archevêques prétendirent l'un et l'autre y siéger à sa droite, cette question de préséance fit naître une dispute entre eux. Les moines et les clients de l'archevêque Richard tombèrent sur Roger en présence du cardinal et du synode, le terrassèrent, le foulèrent aux pieds, et le chargèrent si violemment de coups, qu'il fut emporté à demi mort, et qu'on eut peine à le dérober à leur fureur. L'archevêque de Canterbury fut obligé de donner une somme considérable au légat, pour obtenir que cette affaire fût assoupie.

Henri ne laissa que deux fils légitimes : Richard, qui lui succéda, et Jean, qui n'hérita d'aucun apanage, quoique son père eût eu souvent l'intention de lui assurer quelque portion de ses vastes états. De là vint le surnom de Jean *Sans-Terre* donné communément à ce prince. Henri laissa aussi trois filles légitimes : Mathilde, née en 1156, et mariée à Henri, duc de Saxe; Éléonore, née en 1162, et mariée à Alphonse, roi de Castille; et Jeanne, née en 1165, et mariée à Guillaume, roi de Sicile.

Les anciens historiens prétendent que Henri II aima excessivement les femmes, et parlent de deux fils naturels qu'il eut de Rosamonde, fille du lord Clifford : l'un, Richard Longue-Épée, ainsi appelé à cause de l'épée qu'il portait ordinairement, épousa Ela, fille et héritière du comte de Salisbury; l'autre, appelé Geoffroi, fut d'abord évêque de Lincoln, et ensuite archevêque d'York. Toutes les autres circonstances de la vie de Rosamonde paraissent être fabuleuses.

# RICHARD I.

## CHAPITRE X.

Préparatifs du roi pour la croisade. — Son embarquement. — Détail de ce qui se passa en Sicile. — Arrivée du roi en Palestine. — Ses actions héroïques dans ce pays. — Son départ. — Sa captivité en Allemagne. — Guerre avec la France. — Délivrance du roi. — Son retour en Angleterre. — Guerre avec la France. — Mort et caractère du roi. — Divers événements de son règne.

Les regrets qu'eut Richard de sa conduite criminelle envers son père furent constants, et influèrent sur le choix qu'il fit de ses ministres et des gens de sa maison à son avénement à la couronne. Ceux qui avaient secondé et favorisé sa révolte, au lieu de posséder la faveur et la confiance du nouveau roi, comme ils s'y attendaient, tombèrent dans sa disgrâce, et en toute occasion ne reçurent de lui que des marques de mépris et de haine. Mais les ministres fidèles de Henri, qui s'étaient opposés vigoureusement aux entreprises de ses fils, furent au contraire reçus de Richard à bras ouverts, et continués dans les emplois dont ils s'étaient honorablement acquittés sous leur premier maître. Cette conduite prudente pouvait être le résultat de la réflexion ; mais dans un prince tel que Richard, toujours si entraîné par ses passions et si peu guidé par la politique, on l'attribua communément à un principe plus vertueux et plus honorable.

Pour réparer avec l'un des auteurs de ses jours les torts qu'il avait eus avec l'autre, le premier soin de Richard fut de faire rendre la liberté à la reine douairière, retenue en prison depuis si long-temps, et de lui confier le gouvernement de l'Angleterre jusqu'à ce qu'il pût revenir dans le royaume. Sa libéralité envers son frère Jean fut poussée jusqu'à la profusion et à l'imprudence. Non seulement il lui donna le comté de Mortagne en Normandie, lui accorda une pension de quatre mille marcs par an, et lui fit épouser Avisa, fille du comte de Glocester, qui lui apportait en héritage les biens immenses de cette maison, mais par d'autres bienfaits et d'autres concessions il augmenta encore le riche apanage que le feu roi lui avait destiné. Il lui abandonna toutes les terres de Guillaume Peverell, qui étaient échues à la couronne; il le mit en possession de huit châteaux, avec toutes les forêts, les droits, les honneurs qui en dépendaient; il lui céda six comtés, Cornouailles, Devon, Sommerset, Nottingham, Dorset, Lancaster et Derby, et en tâchant, à force de faveurs, de retenir ce prince vicieux dans son devoir, le mit trop en état de s'en écarter quand il lui plairait.

Le roi, plus dominé par l'amour de la gloire que par la superstition, agit, dès le commencement de son règne, comme si le seul but de son gouvernement eût été de secourir la Terre-Sainte et d'enlever Jérusalem aux Sarrasins. Ce zèle contre les infidèles s'étant communiqué à ses sujets, éclata le jour de son couronnement à Londres, et leur fit envisager une croisade comme une expédition lucrative et presque sans danger. Selon les préjugés de ces temps-là, le prêt de l'argent à intérêt passait pour usure, et en portait le nom détesté; cependant les besoins des emprunteurs en maintenaient l'usage. Cette espèce de trafic était en grande partie et partout entre les mains des juifs, qui, déjà notés d'infamie pour leur religion, n'ayant point d'honneur à perdre, choisissaient sans honte une profession odieuse en elle-même par les rigueurs de toutes sortes qu'elle faisait exercer, et quelquefois même par les friponneries et les extorsions. L'industrie et l'économie de ce peuple l'avaient mis en possession de presque tout l'argent comptant, que la paresse et la profusion des Anglais, ainsi que des autres nations européennes, leur procuraient l'occasion de prêter à gros intérêts. Les moines, dans leurs écrits, reprochent à Henri II, comme une tache dans son administration équitable et sage, d'avoir protégé avec sollicitude cette race maudite contre toute espèce d'outrages et d'insultes. Mais le zèle de Richard fournit bientôt au peuple un prétexte pour signaler sa haine contre les juifs. Le roi avait rendu un édit qui leur défendait de paraître à son couronnement; quelques uns d'entre eux lui ayant apporté un présent considérable au nom de tous, osèrent, à la faveur de ce don magnifique, approcher de la salle où dînait le monarque. Les spectateurs les aperçurent et les insultèrent : ces malheureux députés prirent la fuite; le peuple les poursuivit; et le bruit s'étant répandu que le roi avait ordonné de massacrer tous les juifs, un ordre si agréable fut exécuté dans l'instant sur tous ceux qui tombèrent entre les mains de la populace. Ceux qui s'étaient tenus chez eux furent exposés aux mêmes dangers; le peuple, poussé par le fanatisme et la cupidité, força leurs maisons, et les pilla après en avoir égorgé les propriétaires. Partout où ils barricadèrent leurs portes et se défendirent avec courage, il y mit le feu, et se fit jour au travers des flammes pour tuer ou voler tout ce qu'il rencontra. La licence qui régnait à Londres, et que l'autorité du souverain réprimait à peine, éclata avec fureur, et continua tous les désordres; les citoyens les plus riches, quoique chrétiens, virent à leur tour leurs maisons attaquées et pillées; enfin ce brigandage ne cessa que lorsque ceux qui l'exerçaient en furent eux-mêmes las et rassasiés. Cependant, lorsque le roi autorisa le grand-justicier Glanville à faire des perquisitions pour connaître les auteurs de ces crimes, un si grand nombre des principaux habitants s'y trouva enveloppé, que l'on crut qu'il était prudent d'en abandonner la recherche, et peu de gens furent punis de tant d'horreurs. Mais elles ne se concentrèrent pas dans Londres; les habitants des autres villes d'Angleterre entendirent parler de ce massacre des juifs, et suivirent cet exemple barbare. Cinq cents de ces malheureux s'étaient retirés dans le château d'York pour se mettre en sûreté : ne se trouvant pas en état de défendre la place, ils égorgèrent de leurs propres mains leurs femmes et leurs enfants, jetèrent ces cadavres sanglants à la populace par-dessus les murailles, mirent eux-mêmes le feu aux bâtiments, et périrent dans les flammes. Tous les nobles du voisinage, qui avaient emprunté des Juifs, coururent à la cathédrale, où leurs billets étaient en dépôt, et devant l'autel même firent un feu de joie de ces papiers.

La situation de l'Angleterre dans ces temps reculés, où le peuple était peu riche, et où le crédit public n'était pas encore créé, ne permettait pas aux souverains de soutenir les frais d'une longue guerre, même sur les frontières ; à plus forte raison trouvaient-ils moins de ressources légitimes pour supporter la dépense d'expéditions aussi lointaines que celles de la Palestine, inspirées plutôt par la frénésie populaire que par les vues sages d'une politique réfléchie. Richard n'ignorait donc pas qu'il fallait porter avec lui tout l'argent dont il aurait besoin, et que l'éloignement et la pauvreté de son royaume ne permettraient pas qu'on lui continuât les secours qu'une guerre si périlleuse exigerait indispensablement. Il avait trouvé dans les coffres de son père plus de cent mille marcs ; et, négligeant tout autre intérêt que celui de la gloire présente, il ne songea qu'à augmenter cette somme par tous les expédients possibles, quelque contraires qu'ils fussent au bien public ou dangereux pour l'autorité royale. Il aliéna les revenus et les domaines de la couronne ; les charges et les places de confiance, celles qui donnaient le plus de pouvoir, celles même de forestiers et de shérifs, jadis si importantes (1), devinrent vénales. La dignité de grand-justicier, dont dépendait entièrement l'exécution des lois, fut vendue mille marcs à Hugues de Puzas, évêque de Durham ; le même prélat acheta à vie le comté de Northumberland. Plusieurs croisés qui se repentirent de leur vœu, achetèrent la liberté de ne pas le remplir, et, à ces conditions, Richard qui manquait moins d'hommes que d'argent, les dispensa volontiers de le suivre. Avide d'acquérir cette glorieuse renommée que ne procurait alors aucune autre guerre que celle contre les infidèles, ce prince ferma les yeux à toute considération étrangère ; et quand ses ministres les plus éclairés lui représentèrent quels inconvénients devaient naître de cette dissipation des revenus et des forces de la couronne, il répondit qu'il vendrait Londres même, s'il pouvait trouver un acquéreur. La vente qu'il fit, pour la modique somme de 10,000 marcs, du vasselage de l'Écosse et des forteresses de Roxburgh et de Berwick, l'une des plus belles acquisitions de son père pendant le cours d'un règne victorieux ; enfin son acceptation de l'hommage de Guillaume sur l'ancien pied, c'est-à-dire seulement pour les possessions que ce prince avait en Angleterre, prouvent en effet que tout intérêt

---

(1) Le shérif avait anciennement l'administration de la justice, et celle des revenus du roi dans la province.

s'anéantissait à ses yeux, devant celui de la croisade. On mit à contribution les Anglais de tout rang et de tout état ; on employa les menaces contre l'innocent et contre le coupable pour tirer d'eux de l'argent ; et lorsque les prétextes manquaient contre les riches, le roi les obligeait, par la crainte de lui déplaire, à lui prêter des sommes qu'il savait très bien ne pouvoir jamais rendre.

Malgré tout ce qu'il sacrifiait au succès de la guerre sainte, sa conduite était si peu édifiante, que Foulques, curé de Neuilly, zélé prédicateur de la croisade, et, à ce titre, autorisé à dire des vérités hardies, l'avertit audacieusement de se corriger de ces vices notoires, l'orgueil, l'avarice et la volupté, qu'il appelait les trois filles favorites du roi : « Votre conseil est bon, répondit « Richard, en conséquence je donne la première aux templiers, « la seconde aux bénédictins, et la troisième à mes prélats. »

Inquiet des mouvements qui pourraient s'opérer en Angleterre pendant son absence, il exigea que le prince Jean, et Geoffroi, archevêque d'York, son frère naturel, lui promissent, et confirmassent leur parole par serment, de ne point entrer dans ce royaume jusqu'à son retour. Cependant il jugea à propos, avant son départ, de lever cette défense. Il laissa l'administration entre les mains de Hugues, évêque de Durham, et de Longchamp, évêque d'Ély, qu'il nomma grand-justicier et régent du royaume. Ce dernier était Normand, d'une naissance obscure et d'un caractère emporté ; l'intrigue et l'adresse l'avaient fait parvenir à la faveur. Le roi lui avait donné les sceaux, et avait engagé le pape à lui accorder une commission de légat, afin qu'en réunissant toute espèce d'autorité dans sa personne il pût mieux assurer la tranquillité publique. Tout ce qu'il y avait de jeunesse fougueuse et animée de l'ardeur guerrière accourait en foule auprès du roi, et témoignait la plus vive impatience de se distinguer en Asie, où il était appelé par ses inclinations et ses engagements, et les courriers du roi de France, prêt à s'embarquer dans cette entreprise.

L'empereur Frédéric, prince aussi recommandable par ses grands talents que par sa bravoure, était déjà parti pour la Palestine, à la tête de cent cinquante mille hommes, tirés de l'Allemagne et de tous les états septentrionaux. Après avoir surmonté tous les obstacles que les artifices des Grecs et les forces des infidèles opposaient à son passage, il avait pénétré jusqu'aux frontières de la Syrie, lorsque, s'étant baigné un jour dans les froides eaux du Cydnus pendant les plus grandes chaleurs de l'été, il fut attaqué d'une maladie mortelle, qui termina sa vie et sa téméraire entreprise. Son armée, sous le commandement de son fils Conrad, arriva en Palestine, mais si diminuée par les fatigues, la disette, les maladies et le fer des ennemis, qu'elle se montait à peine à huit mille hommes, et se trouva trop faible pour faire aucun progrès contre la puissance, la valeur et la tactique de Saladin. Les calamités multipliées que ces croisés avaient souffertes apprirent aux rois de France et d'Angleterre la nécessité d'essayer un autre chemin pour se rendre à la Terre-Sainte; ils résolurent donc d'y conduire leurs troupes par mer, de porter avec eux toutes les provisions nécessaires, et, au moyen de leurs forces maritimes, d'entretenir une communication libre avec leurs propres états et les parties occidentales de l'Europe. Le premier lieu de rendez-vous fut indiqué dans les plaines de Vezelay, sur les confins de la Bourgogne. Lorsque Philippe et Richard y arrivèrent, leurs armées se montaient à cent mille hommes, forces qui devaient être invincibles, animées comme elles l'étaient par la gloire et la religion, conduites par deux monarques guerriers, et pourvues de toutes les choses que leurs différents états pouvaient fournir, si leur mauvaise conduite même ou les obstacles insurmontables de la nature ne les rendaient vaines.

Les rois de France et d'Angleterre se réitérèrent à cette entrevue les protestations d'amitié mutuelle, se donnèrent parole de ne rien entreprendre sur les états l'un de l'autre pendant la croisade, reçurent respectivement le même serment de leurs barons et de leurs prélats, et se soumirent les premiers à la peine des interdits et des excommunications, si jamais ils violaient cet engagement public et solennel. Ensuite ils se séparèrent; Philippe prit le chemin de Gênes, et Richard celui de Marseille, avec le dessein de rejoindre leurs flottes, qui, chacune en particulier, avaient ordre de se rendre dans ces ports. Ils mirent à la voile le 14 septembre, et peu de temps après furent tous deux obligés par la saison orageuse de relâcher à Messine, où ils passèrent l'hiver. Cet incident donna lieu à la discorde qui s'alluma entre ces princes, et qui devint si fatale à leur entreprise.

Richard et Philippe, rivaux en puissance par la situation et l'étendue de leurs états, l'étaient encore personnellement par leur âge, leurs penchants, et leur amour pour la gloire. Ces motifs d'émulation, qui, s'ils eussent été employés contre l'ennemi commun, auraient produit des exploits mémorables, divisèrent bientôt, pendant ce dangereux moment de loisir, deux monarques si fiers. Également altiers, ambitieux, intrépides et inflexibles, l'un et l'autre s'irritaient à la moindre apparence d'injure, et ne pouvaient se plier à ces condescendances mutuelles capables d'effacer les sujets de plaintes qui s'élevaient inévitablement entre eux. Richard, plein de candeur, sans art, sans malignité, imprudent et fougueux, se mettait à découvert en toute occasion, de manière à favoriser les desseins de son antagoniste; et celui-ci, prévoyant, intéressé et perfide, ne manquait pas d'en tirer avantage. Ainsi les rapports et les oppositions de leurs caractères servirent également à leur rendre impossible de persévérer dans cette harmonie si essentielle au succès de leur expédition.

Le feu roi de Sicile et de Naples, Guillaume II, qui avait épousé Jeanne, sœur de Richard, et était mort sans postérité, avait légué ses états à Constance, sa tante paternelle, et seule descendante légitime de Roger, le premier souverain de ces contrées qui eût été honoré du titre de roi. Cette princesse, avec l'expectative d'un si riche héritage, avait épousé Henri VI, l'empereur alors régnant; mais Tancrède, frère naturel de Constance, s'était si fortement attaché la noblesse, que, profitant de l'absence de Henri, il avait usurpé le trône où sa sœur devait monter, et s'y maintenait par la force des armes contre tous les efforts des Allemands. L'approche des croisés l'alarma assez naturellement pour sa position déjà mal affermie, et il douta duquel il devait le plus craindre la présence, ou du monarque français, ou du roi d'Angleterre. Philippe était engagé dans une étroite alliance avec l'empereur, compétiteur de Tancrède; Richard avait à se plaindre des duretés qu'éprouvait la reine douairière de Sicile et de Naples, que le prince sicilien tenait confinée à Palerme, parce qu'elle s'était opposée à son usurpation. Au milieu de ces dangers égaux, Tancrède, qui les sentait, résolut de faire adroitement sa cour à ces deux princes redoutables, et réussit avec l'un et avec l'autre. Il eut l'art de persuader à Philippe qu'il lui conviendrait mal d'interrompre son entreprise contre les infidèles par des tentatives contre un prince chrétien : il rendit la liberté à la reine Jeanne, et trouva même le moyen de contracter une alliance avec le roi Richard, qui stipula dans le traité de marier son neveu Arthur, le jeune duc de Bretagne, à l'une des filles de Tancrède. Mais, avant que ces conventions amicales fussent faites, Richard, se défiant à la fois de ce prince et des habitants de Messine, avait établi son quartier dans les faubourgs, s'était emparé d'un petit fort qui commandait le havre, et se tenait attentivement sur ses gardes. Les citoyens avaient pris aussi de l'ombrage sur son compte; des insultes et des attaques réciproques avaient lieu journellement entre eux et les Anglais; Philippe, qui avait logé ses troupes dans la ville, voulut se rendre médiateur de ces différends, et eut une conférence à ce sujet avec Richard. Tandis que l'entrevue des deux rois se faisait en pleine campagne, qu'ils discutaient ensemble cette affaire, un corps de Siciliens parut s'avancer vers eux : Richard alla lui-même en avant pour savoir le motif de ce mouvement extraordinaire. Les Anglais, fiers de leur supériorité, enflammés de leur vieille haine, et ne cherchant qu'un prétexte pour la satisfaire, tombèrent sur les Messinois, les chassèrent dans leur ville, et y entrèrent pêle-mêle avec eux. Le roi empêcha ses troupes de piller et de massacrer les paisibles habitants; mais il ordonna qu'en signe de sa victoire les drapeaux d'Angleterre fussent déployés sur les murailles. Philippe, qui regardait cette place comme son quartier, s'indigna de cette insulte, et donna ordre à quelques-uns de ses soldats d'arracher les drapeaux : Richard se hâta de l'informer, avec hauteur, qu'il était disposé à faire enlever cet objet de discorde, mais qu'il ne souffrirait pas que d'autres osassent l'entreprendre, et que, si le roi de France essayait de lui faire cette injure, il n'y réussirait qu'après avoir versé des flots de sang. Philippe, satisfait de cette espèce de soumission impérieuse, révoqua ses ordres. Mais cette querelle, accommodée en apparence, laissa toujours des germes de dépit et de jalousie dans le sein de ces deux monarques.

Tancrède, qui, pour sa propre sûreté, désirait d'aigrir leur mésintelligence, se servit d'un artifice dont les suites auraient pu devenir plus funestes encore. Il montra à Richard une lettre signée du roi de France, remise entre ses mains, à ce qu'il prétendait, par le duc de Bourgogne, et dans laquelle Philippe paraissait souhaiter que Tancrède tombât sur le quartier des Anglais, et promettait son assistance pour les passer au fil de l'épée, comme des ennemis communs. L'inconsidéré Richard accueillit cette délation, mais fut trop franc pour dissimuler son mécontentement à Philippe, qui désavoua la lettre formellement, et accusa le prince sicilien de l'avoir inventée. Après cette explication, Richard fut désabusé ou feignit de l'être.

Pour éviter que désormais ces défiances et ces sujets d'aigreur ne se multipliassent entre eux, on proposa de prévenir toutes disputes futures par un traité solennel, où l'on ajusterait, autant qu'il serait possible, tous les points capables d'amener des contestations. Mais cet expédient en éleva une nouvelle qui pouvait devenir plus dangereuse qu'aucune des précédentes, et dans laquelle l'honneur même de la maison de Philippe était fortement intéressé. Lorsque Richard, dans tous les traités faits avec Henri II, avait insisté expressément pour qu'il lui fût permis de conclure son mariage avec Alix de France, il ne cherchait qu'un refus dont il pût autoriser sa révolte, et ne se souciait point de recevoir dans son lit une princesse soupçonnée d'un amour criminel pour le père de son futur époux. Dès qu'une fois il fut le maître, il ne parla plus d'accomplir cette union, et prit même des mesures pour épouser Bérengère, fille de Sanche, roi de Navarre, dont il était devenu amoureux pendant son séjour en Guienne. On attendait journellement la reine Éléonore avec cette princesse à Messine, et lorsque Philippe renouvela ses instances pour que le mariage de sa sœur Alix fût célébré, Richard se vit contraint à s'en défendre positivement. Hoveden et d'autres historiens prétendent qu'il produisit des preuves si convaincantes de la fragilité d'Alix, et même de la naissance d'un enfant qu'elle avait eu de Henri II, que Philippe se désista de sa poursuite, et prit le parti d'ensevelir dans l'oubli la honte de sa famille. Il est certain, par le traité même qui subsiste encore, que, quels que fussent les motifs du monarque français, il consentit que Richard donnât sa main à Bérengère; et, ayant terminé toutes les autres discussions avec ce prince, il s'embarqua aussitôt pour la Terre-Sainte. Richard attendit quelque temps l'arrivée de sa mère et de sa future épouse : dès qu'elles l'eurent joint, il divisa sa flotte en deux escadres, et mit à la voile pour exécuter son grand projet. La reine Éléonore retourna en Angleterre, mais Bérengère et la reine douairière de Sicile, sœur de ce prince, le suivirent. Une tempête furieuse accueillit la flotte anglaise en quittant le port de Messine; l'escadre sur laquelle les deux princesses étaient embarquées fut jetée sur les côtes de Chypre; quelques vaisseaux échouèrent dans cette île, près de Limisso. Isaac, prince de Chypre, qui s'arrogeait le magnifique titre d'empereur, les pilla, fit mettre aux fers les matelots et les passagers, et, malgré ce que la situation des deux princesses avait de touchant et de périlleux, leur refusa la permission d'entrer dans le port. Mais Richard arriva peu de temps après, et tira une vengeance éclatante de cette barbarie. Il débarqua ses troupes, défit le tyran qui s'opposait à sa descente, enleva Limisso d'assaut, remporta le lendemain une seconde victoire, obligea Isaac de se rendre à discrétion, et installa des gouverneurs dans cette île. Le prince grec, jeté dans une prison et chargé de chaînes, s'étant plaint d'être traité avec si peu d'égards, Richard ordonna qu'on lui fît des chaînes d'argent. L'empereur, flatté d'une pareille distinction, en remercia son vainqueur. Ce fut là que le roi épousa Bérengère. Cette princesse remonta immédiatement après sur ses vaisseaux, et emmena avec elle en Palestine la fille d'Isaac, rivale dangereuse, que l'on soupçonna de lui avoir dérobé le cœur de son époux; car tels étaient l'humeur libertine et les écarts des héros engagés dans cette pieuse expédition.

L'armée anglaise arriva précisément assez tôt pour partager la gloire du siége d'Acre, ou Ptolémaïs, attaquée depuis plus de deux ans par les forces réunies des croisés en Palestine, et que Saladin défendait de tous ses efforts. Les débris de l'armée allemande, conduite par l'empereur Frédéric, et les flots de croisés dont l'Occident inondait sans cesse la Terre-Sainte, avaient mis le roi de Jérusalem en état de former cette entreprise importante.

Mais Saladin ayant jeté une forte garnison dans la place, sous le commandement de Caracos, son maître dans l'art de la guerre, et harassant les assiégeants par des sorties continuelles, avait prolongé le siége et épuisé les forces de ses ennemis. L'arrivée de Philippe et de Richard inspira une nouvelle ardeur aux chrétiens ; et les princes, agissant de concert, et partageant l'honneur et le danger de chaque action, firent espérer enfin une victoire décisive. Voici l'ordre qu'ils convinrent de suivre durant le siége : lorsque le monarque français attaquait la ville, Richard gardait la tranchée ; lorsque, le jour suivant, le prince anglais conduisait l'assaut, Philippe à son tour avait le soin de pourvoir à la sûreté des assiégeants. L'émulation entre les deux rois antagonistes et entre les deux nations rivales produisit des actes de valeur extraordinaires. Richard, en particulier, animé d'un courage plus impétueux que Philippe, et plus conforme à l'esprit romanesque de ce siècle, attira sur lui l'attention universelle, et s'acquit une réputation éclatante. Mais leur harmonie fut de courte durée, et les occasions de discorde se présentèrent bientôt à ces princes fiers et jaloux.

La branche de la maison de Bouillon qui avait été d'abord placée sur le trône de Jérusalem, finissant dans une femme, Foulques, comte d'Anjou, grand-père de Henri II, roi d'Angleterre, épousa l'héritière de ce royaume, et le transmit à la branche cadette de sa maison ; cette maison n'ayant non plus d'autres descendants que Sybille et Isabelle, Guy de Lusignan avait épousé l'aînée de ces princesses, dont il exerçait les droits. Quoiqu'il eût perdu son royaume par l'invasion de Saladin, les croisés le reconnaissaient toujours pour roi de Jérusalem ; mais comme Sybille mourut sans enfants pendant le siége d'Acre, Isabelle, sa sœur cadette, fit valoir ses prétentions à ce vain titre, et somma Lusignan de le céder à Conrad, marquis de Montferrat, son époux. Lusignan soutint que le caractère de roi était indélébile, et qu'on ne pouvait l'en dépouiller. Il eut recours à la protection de Richard, qu'il décida, avant de quitter Chypre, à embrasser sa cause. Il n'en fallut pas davantage pour jeter Philippe dans le parti de Conrad : les vues opposées de ces grands monarques mirent le trouble et la dissension dans l'armée chrétienne, et retardèrent toutes ses opérations. Les templiers, les Génois et les Allemands se déclarèrent pour Philippe et Conrad, tandis que les Flamands, les Pisans et les chevaliers de Saint-Jean, prirent les intérêts de Richard et de Lusignan. Mais, malgré ces disputes, les Sarrasins, réduits enfin à la dernière extrémité, se rendirent prisonniers de guerre, et, pour avoir la vie sauve, accordèrent dans la capitulation divers avantages aux croisés : il y fut stipulé que l'on rendrait les prisonniers chrétiens, et qu'on livrerait le bois de la vraie croix. Tel fut l'heureux succès de cette grande entreprise, qui avait si long-temps captivé l'attention de l'Europe et de l'Asie, et coûté trois cent mille hommes.

Cependant, au lieu de pousser plus loin ses conquêtes et de tirer la Terre-Sainte d'esclavage, Philippe, fatigué de l'ascendant que Richard affectait et s'était réellement acquis sur lui, ayant d'ailleurs des intérêts à ménager qui demandaient sa présence en Europe, déclara sa résolution de retourner en France, et colora sa désertion du prétexte de sa mauvaise santé. Il laissa cependant à Richard dix mille hommes de ses troupes, sous le commandement du duc de Bourgogne, et jura de nouveau de ne jamais commettre d'hostilités contre les états de ce monarque pendant son absence. Mais Philippe ne fut pas plus tôt en Italie, qu'il sollicita le pape Célestin III de le relever de son serment. Quoique cette grâce lui fût refusée, il n'en suivit pas moins, mais d'une manière plus mystérieuse, un projet qui satisfaisait à la fois sa vengeance et son ambition, et que l'état actuel de l'Angleterre favorisait.

Immédiatement après que Richard se fut mis en route pour la Terre-Sainte, les deux prélats qu'il avait établis régents du royaume se brouillèrent entre eux, et jetèrent l'état dans le trouble et la division. Longchamp, d'un caractère naturellement présomptueux, enorgueilli de la faveur de son maître, armé de l'autorité de légat, ne pouvait souffrir aucune égalité entre l'évêque de Durham et lui. Il porta l'audace jusqu'à faire arrêter son collègue, et lui extorquer une cession du comté de Northumberland et de ses autres dignités, pour le prix de sa liberté. Le roi, informé de ces dissensions, ordonna par des lettres qu'il écrivit de Marseille, que l'évêque fût rétabli dans tous ses emplois; mais Longchamp eut encore la hardiesse de désobéir, sous prétexte qu'il était mieux instruit que personne des intentions secrêtes de sa majesté. Il continua de gouverner seul le royaume, de traiter la noblesse avec la plus grande arrogance, et d'étaler son pouvoir et ses richesses avec l'ostentation la plus choquante. Il ne marchait jamais sans une garde de quinze cents hommes de ces troupes mercenaires et indisciplinées dont tous les états étaient alors infestés. Sa suite était celle d'un souverain par la magnificence ; et lorsqu'en visitant les diverses parties du royaume il logeait dans quelque monastère, son cortége, où les nobles et les chevaliers se faisaient gloire d'être admis, dévorait, à ce qu'on prétend, dans une soirée, le revenu de plusieurs années. Le roi, retenu en Palestine plus longtemps que le fier prélat ne comptait, apprenant l'excès de cette ostentation, portée au-delà de ce que les préjugés mêmes de ce siècle autorisaient chez les ecclésiastiques, informé de sa conduite insolente et tyrannique comme ministre, jugea nécessaire d'en restreindre l'autorité. Il envoya de nouveaux ordres pour nommer Gautier, archevêque de Rouen, William Mareschal, comte de Strigul, Geoffroi Fitz-Peter, William Briewere, et Hugues Bardolf, conseillers de Longchamp, auquel il défendit de prendre aucune mesure importante sans les consulter, et sans avoir leur approbation. Mais le régent avait répandu dans les esprits une terreur si générale par sa conduite violente, que l'archevêque de Rouen et le comte de Strigul n'osèrent même produire les ordres qu'ils avaient reçus du roi, et Longchamp conserva toujours son autorité sans bornes sur la nation. Mais lorsqu'il en abusa jusqu'à faire mettre en prison Geoffroi, archevêque d'York, qui s'était opposé à ses desseins, cet attentat aux priviléges ecclésiastiques excita une fermentation si universelle, que le prince Jean, déjà mécontent d'avoir si peu de part aux affaires, et personnellement désobligé par Longchamp, prit sur lui d'assembler à Reading un conseil général, composé de la noblesse et des prélats du royaume, et de sommer le ministre d'y venir rendre compte de sa conduite. Longchamp craignit qu'il n'y eût pour lui du danger à comparaître en personne devant ce tribunal, et s'enferma dans la tour de Londres, où il se crut plus en sûreté ; mais il fut bientôt contraint de rendre cette forteresse, d'où il se sauva, et passa la mer, déguisé en habit de femme. On le destitua de sa place de chancelier et de celle de grand-justicier; celle-ci fut donnée à l'archevêque de Rouen, prélat dont la prudence et la modération étaient connues. Cependant la commission de légat, qui avait été renouvelée à Longchamp par le pape Célestin III, lui laissa toujours, malgré son absence, une grande autorité dans le royaume, le mit en état de troubler le gouvernement, et servit les vues du roi de France, qui épiait toutes les occasions de ruiner les états de Richard. Philippe tenta d'abord de porter ouvertement la guerre en Normandie; mais comme la noblesse française refusa de le suivre dans une expédition contre un pays qu'il avait juré de protéger, et que le pape, en quelque sorte tuteur général de tous les princes croisés, le menaça des censures ecclésiastiques, il fut obligé de renoncer à son entreprise. Il n'employa donc contre l'Angleterre que les ruses de la politique et les ressources de l'intrigue. Il corrompit la fidélité de Jean, lui promit sa sœur Alix en mariage, et lui offrit de le mettre en possession de toutes les souverainetés que Richard avait sur le continent; mais les menaces de la reine Eléonore, celles du conseil d'Angleterre, intimidèrent ce prince turbulent, déjà prêt à traverser la mer pour exécuter ses projets criminels.

La jalousie de Philippe était ranimée à chaque instant par les actions héroïques de Richard en Orient, qui, comparées à sa retraite, jetaient un double éclat sur son rival. L'envie le porta donc à tâcher d'obscurcir la réputation qu'il n'avait pu égaler; et il saisit toutes les occasions de répandre les calomnies les moins vraisemblables contre le roi d'Angleterre. Il y avait un petit prince en Asie, appelé communément *le Vieux de la Montagne*, qui s'était acquis un tel empire sur l'esprit de ses fanatiques sujets, qu'ils lui obéissaient aveuglément, et regardaient l'assassinat comme une œuvre méritoire lorsqu'il était sanctifié par ses ordres; ils bravaient les dangers les plus évidents, la mort même la plus certaine, pour les exécuter, et s'imaginaient qu'après avoir sacrifié leur vie, les plus grandes béatitudes du paradis seraient le prix infaillible de leur obéissance. C'était la coutume de ce prince, lorsqu'il se croyait offensé, d'envoyer secrètement quelques-uns de ses sujets vers son agresseur, en les chargeant du soin de sa vengeance. Instruits dans l'art infernal de déguiser leurs desseins, aucune précaution n'était suffisante pour se garantir, quelque puissant que l'on fût, des embûches de ces scélérats adroits et déterminés. Les plus grands monarques redoutaient le prince des Assassins (tel était le nom de ce peuple, qui devint celui des meurtriers dans la plupart des langues européennes), et ce fut une imprudence extrême de la part de Conrad, marquis de Montferrat, de s'être attiré sa colère. Les habitants de Tyr, que ce seigneur gouvernait, avaient tué quelques-uns de ces dangereux émissaires; le Vieux de la Montagne en demanda satisfaction, car il se piquait de ne jamais insulter le premier, et il employait des formalités réglées et constantes pour demander raison des injures dont il avait à se plaindre. Conrad traita les envoyés avec mépris; le prince vindicatif donna l'ordre fatal : deux de ses agents travestis, qui s'étaient glissés parmi les gardes du marquis de Montferrat, l'égorgèrent publiquement dans les rues de Sidon. Arrêtés, et condamnés aux plus cruelles tortures, ces misérables poussèrent le fanatisme jusqu'à se faire un triomphe de leur crime au milieu de leur agonie, et se réjouir d'avoir été destinés par le ciel à périr pour une cause si juste et si sainte.

Personne n'ignorait en Palestine de quelle main le coup était parti, et Richard n'en avait jamais été soupçonné. Quoique ce monarque eût d'abord soutenu le parti de Lusignan contre Conrad, il avait senti le mauvais effet que ces divisions pouvaient produire, et avait conféré volontairement le royaume de Chypre au premier, à condition qu'il céderait à son rival toutes ses prétentions à la couronne de Jérusalem. Conrad même, en rendant le dernier soupir, avait recommandé sa veuve à la protection de Richard. Le prince des Assassins avait avoué le meurtre du marquis de Montferrat dans une relation formelle envoyée de sa part en Europe : cependant le roi de France crut pouvoir baser la calomnie la plus odieuse sur ce fondement que Richard s'était seul opposé à l'élévation de Conrad, et imputer à ce monarque la mort du marquis de Montferrat; il fit retentir l'Europe de ses clameurs à ce sujet, créa une garde auprès de sa personne comme pour se mettre à l'abri d'un pareil attentat, et s'efforça par ces artifices de couvrir l'infamie qu'il encourait en attaquant les états d'un prince qu'il avait lâchement abandonné, et qui était occupé d'une manière si glorieuse dans une guerre généralement regardée comme la cause commune de la chrétienté.

Mais les exploits héroïques de Richard en Palestine faisaient assez son apologie; les croisés se déterminèrent à ouvrir la campagne sous ses ordres par le siége d'Ascalon, pour assurer le succès de celui de Jérusalem, et marchèrent le long des côtes dans cette intention. Saladin se proposa d'arrêter leur marche, et se plaça sur leur passage à la tête d'une armée de trois cent mille hommes. Là fut donnée une des plus grandes et des plus célèbres batailles de ce siècle, soit par l'habileté des généraux, et par le nombre et la valeur des troupes, soit par la diversité des événements. L'aile droite des chrétiens, commandée par Davesnes, et la gauche par le duc de Bourgogne, avaient été enfoncées et défaites dans le commencement de l'action, lorsque Richard, qui conduisait le corps de bataille, rétablit le combat, attaqua l'ennemi avec une intrépidité et une présence d'esprit admirables, remplit les devoirs d'un général consommé et d'un brave soldat, et non-seulement donna aux deux ailes le temps de se rallier, mais remporta une victoire complète sur les Sarrasins, dont il resta quarante mille hommes sur le champ de bataille. Ascalon tomba immédiatement après entre les mains des chrétiens; d'autres siéges eurent le même succès. Richard se trouvait enfin à la vue de Jérusalem, seul objet de son entreprise, lorsqu'il eut la mortification d'apprendre qu'il fallait renoncer à l'espoir d'une conquête prochaine, et s'arrêter au milieu de sa glorieuse carrière. Au début de l'expédition, animés d'une ardeur enthousiaste pour la guerre sainte, foulant aux pieds toutes considérations sur leur sûreté ou leurs intérêts, se confiant à la protection immédiate du ciel, les croisés n'envisageaient que renommée et victoire dans ce monde, et que couronnes de gloire immortelle dans l'autre : mais lorsque, loin de leurs foyers, les fatigues, les maladies, la disette, et le mélange des revers et des succès, inséparable de la guerre, eurent peu à peu ralenti cette fureur que rien n'avait pu arrêter d'abord, tous ces guerriers, excepté le roi d'Angleterre, marquèrent le désir de retourner promptement en Europe. Les Allemands et les Italiens déclarèrent qu'ils étaient résolus d'abandonner l'entreprise; les Français se montrèrent encore plus fermement résolus à prendre le même parti. Le duc de Bourgogne, pour faire sa cour à Philippe, saisit toutes les occasions de chagriner et de traverser Richard. Il parut absolument nécessaire de renoncer pour le moment à tout espoir de pousser plus loin les conquêtes, et l'on se contenta d'assurer les acquisitions des chrétiens par un accommodement avec Saladin. Richard conclut donc une trêve, et stipula qu'Acre, Joppé, et les autres villes maritimes de la Palestine, resteraient entre les mains des croisés, et que tous les chrétiens auraient la liberté d'aller en pèlerinage à Jérusalem sans courir aucuns risques. Cette trêve fut conclue pour trois ans trois mois trois semaines trois jours et trois heures, nombre mystérieux qui avait été imaginé sans doute par les Européens, et suggéré par une superstition digne de l'objet de la guerre.

La liberté que Saladin accorda aux chrétiens d'aller en pèlerinage à Jérusalem était un médiocre sacrifice de sa part. Les guerres furieuses qu'il soutenait pour défendre l'aride territoire de la Judée, loin d'être en lui, comme dans les croisés, l'effet d'un zèle de religion, n'étaient que l'ouvrage de la politique. L'avantage du savoir, de la modération, de l'humanité, était alors entièrement du côté des Sarrasins, et leur brave empereur particulièrement fit briller pendant le cours de la guerre un esprit et une magnanimité que ses ennemis même, tout dévots qu'ils étaient, ne purent s'empêcher de reconnaître et d'admirer. Richard, son égal en activité et en bravoure, avait quelque chose de plus féroce dans le caractère, et souilla ses victoires les plus glorieuses par des actes de cruauté. Lorsque Saladin refusa de ratifier la capitulation d'Acre, le roi d'Angleterre ordonna que tous les prisonniers, au nombre de cinq mille, fussent massacrés; il en résulta que les Sarrasins usèrent de représailles sur les prisonniers chrétiens. Saladin mourut à Damas bientôt après avoir conclu cette trêve avec les croisés. Une circonstance mémorable de sa mort, est qu'avant d'expirer il fit porter dans toutes les rues de la ville son drap mortuaire comme un étendard, précédé d'un homme qui criait à haute voix : *Voilà tout ce qui reste au puissant Saladin, le vainqueur de l'Orient*. Il ordonna par son testament que l'on distribuât des aumônes aux pauvres, sans distinction de juifs, de chrétiens, ou de mahométans.

La trêve conclue, il ne restait plus d'affaires importantes qui dussent retenir Richard en Palestine, et la nouvelle qu'il reçut des intrigues de son frère Jean et du roi de France lui fit sentir que sa présence était nécessaire en Europe. Comme il n'osait traverser la France, il prit sa route par la mer Adriatique, et, ayant fait naufrage près d'Aquilée, se couvrit de l'habit de pèlerin, dans le dessein de continuer secrètement son voyage par l'Allemagne. Le gouverneur d'Istrie le poursuivit, le força de se détourner du chemin direct de l'Angleterre et de passer par Vienne; mais sa dépense et ses libéralités trahirent le monarque, malgré le soin qu'il prenait de se cacher sous une fausse apparence, et il fut arrêté par l'ordre de Léopold, duc d'Autriche. Ce prince avait servi sous Richard au siége d'Acre, et ayant éprouvé quelques hauteurs de la part de ce monarque, il eut assez peu de générosité pour saisir l'occasion qui se présentait de satisfaire à la fois son avarice et son ressentiment, et il jeta le roi en prison le 20 de décembre. L'empereur Henri VI, qui regardait aussi Richard comme un ennemi, parce qu'il s'était ligué avec Tancrède, roi de Sicile, dépêcha des courriers au duc d'Autriche, pour demander qu'il lui livrât son prisonnier, et lui promit une somme considérable en récompense de ce bon office. Ainsi le roi d'Angleterre, qui remplissait le monde entier de sa renommée et de sa gloire, se trouva, au moment le plus critique de ses affaires, précipité au fond d'un cachot dans le cœur de l'Allemagne, chargé de chaînes et entièrement à la merci de ses ennemis, les deux hommes les plus vils et les plus sordides qui fussent au monde.

Le conseil d'Angleterre fut consterné en recevant cette nouvelle affreuse, et prévit les conséquences funestes que cet événement devait avoir. La reine douairière écrivit au pape Célestin plusieurs lettres consécutives, en se récriant contre l'outrage que l'on faisait à son fils, et contre l'impiété de retenir dans les fers le plus illustre prince qui eût encore porté l'étendard de la foi dans la Terre-Sainte, en réclamant pour lui la protection du saint-siége, due même au plus abject des croisés, et en reprochant au souverain pontife que, dans une affaire où la justice, la religion, et l'honneur de l'église, étaient si vivement intéressées, lorsqu'il serait digne de Sa Sainteté de se transporter elle-même en Allemagne, les foudres du Vatican restassent si longtemps suspendues sur la tête des coupables.

Le zèle de Célestin ne répondit pas à l'impatience de la reine-mère, et la régence d'Angleterre fut long-temps réduite à se défendre contre les ennemis étrangers et domestiques.

Le roi de France, promptement informé par un courrier de l'empereur de la détention de Richard, se prépara bientôt à tirer avantage de cet événement, et employa tout ce que la force et la ruse, la guerre et les négociations purent lui fournir contre la personne et les états de son infortuné rival. Il réveilla la calomnie de l'assassinat du marquis de Montferrat, et, sous ce prétexte absurde, engagea ses barons à violer le serment qu'ils avaient fait de ne jamais attaquer, pour quelque raison que ce fût, les possessions du roi d'Angleterre pendant la croisade. Il fit les offres les plus fortes à l'empereur, s'il voulait lui livrer le roi prisonnier, ou du moins le retenir dans une prison perpétuelle; il cimenta par un mariage une étroite alliance avec le roi de Danemark, demanda que les anciennes prétentions des Danois sur la couronne d'Angleterre lui fussent cédées, et sollicita un secours en vaisseaux pour les faire valoir. Mais la plus heureuse des négociations de Philippe fut celle qu'il ouvrit avec Jean : ce prince, foulant aux pieds les liens du sang et les lois du devoir à l'égard de son frère, de son souverain et de son bienfaiteur, ne songea qu'à profiter des calamités publiques. A la première invitation de la cour de France, ce traître vint s'aboucher avec Philippe, et fit un traité dont l'objet était la ruine totale du malheureux Richard. Il s'engagea à remettre une grande partie de la Normandie entre les mains du monarque français, à condition qu'il recevrait de celui-ci l'investiture de toutes les autres souverainetés que son frère possédait au-delà des mers; et plusieurs historiens rapportent même que Jean rendit hommage à Philippe pour la couronne d'Angleterre.

En conséquence de ce traité, Philippe entra en Normandie, et, par la perfidie de son nouvel allié, se rendit maître sans obstacle de plusieurs forteresses, telles que Neufchâtel, Neauflé, Gisors, Passey, et Ivrée. Il soumit les comtés d'Eu et d'Aumale, et, s'avançant pour former le siège de Rouen, menaça les habitants de les passer au fil de l'épée, s'ils lui opposaient la moindre résistance. Heureusement Robert, comte de Leicester, parut dans ce moment critique. Ce vaillant homme, déjà illustré par ses belles actions pendant la croisade, et plus heureux que son maître, ayant pu revenir librement dans sa patrie, se chargea de défendre Rouen, et par sa présence et son exemple réussit à ranimer le courage des Normands consternés. Philippe fut repoussé dans toutes les attaques; et le temps du service de ses vassaux étant expiré, il consentit à signer une trêve avec la régence d'Angleterre, se contentant d'une promesse de la somme de 20,000 marcs, pour sûreté de laquelle on lui livra quatre châteaux.

Le prince Jean, qui, dans l'intention d'augmenter les troubles, était passé en Angleterre, eut encore moins de succès dans son entreprise. Il parvint seulement à s'emparer des châteaux de Windsor et de Wallingford : mais lorsqu'il vint à Londres réclamer la couronne comme héritier de son frère, dont il prétendit avoir appris la mort certaine, tous les grands s'élevèrent contre lui, et prirent des mesures pour lui résister et le réduire. Les justiciers pourvurent si bien à la défense du royaume, qu'après quelques efforts inutiles, Jean fut obligé de conclure une trêve avec eux, et, avant qu'elle expirât, de repasser en France : c'était avouer ouvertement son alliance avec Philippe.

Dans ces entrefaites, l'âme impétueuse et altière de Richard avait à dévorer en Allemagne toutes les insultes imaginables. Au nom de leur maître, les ambassadeurs de France déclarèrent ce prince déchu du rang de son vassal, et tous ses fiefs confisqués au profit de son seigneur lige. Pour faire désirer plus ardemment la liberté à son prisonnier, et le déterminer à payer une plus forte rançon, l'empereur le traita avec la dernière rigueur et comme le plus vil des scélérats. On le fit même comparaître devant la diète de l'empire, assemblée à Worms; là Henri l'accusa de plusieurs crimes, tels que de s'être ligué avec Tancrède, usurpateur de la Sicile; d'avoir tourné les armes des croisés contre un prince chrétien, et s'être emparé de Chypre; d'avoir insulté le duc d'Autriche devant Acre, et retardé les progrès des armées chrétiennes par ses querelles avec le roi de France; d'être l'auteur de l'assassinat de Conrad, marquis de Montferrat; enfin, en concluant une trêve avec Saladin, d'avoir laissé Jérusalem entre les mains des infidèles. Richard, dont l'âme n'était point abattue par toutes ses infortunes, et que des accusations frivoles ou scandaleuses ne faisaient qu'indigner, après avoir d'abord déclaré que sa dignité royale le dispensait de répondre devant tout autre tribunal que celui de l'Être suprême, dit qu'il consentait cependant, par égard pour sa propre gloire, à justifier sa conduite en présence de cette auguste assemblée : il fit observer qu'il n'avait eu aucune part à l'élévation de Tancrède, et qu'on ne pouvait lui reprocher d'avoir traité avec un prince qui était alors établi sur le trône; que le roi, ou plutôt le tyran de Chypre, s'était attiré sa colère par les procédés les plus injustes et les plus inhumains, et que le châtiment qu'il en avait tiré n'avait pas différé d'un moment l'exécution de son entreprise principale; il ajouta que s'il lui était arrivé d'avoir manqué d'égards pour le duc d'Autriche, cette saillie de vivacité avait déjà été suffisamment punie; qu'il serait plus convenable à des hommes réunis pour une expédition aussi sainte que la croisade d'oublier réciproquement leurs faiblesses, que de vouloir tirer une vengeance implacable d'une légère offense; que l'événement prouvait assez lequel du roi de France ou de lui avait le plus de zèle pour la conquête de la Terre-Sainte, et était plus disposé à sacrifier à ce grand objet ses passions et ses animosités particulières; que si toute sa vie n'avait pas prouvé combien il était incapable d'un lâche assassinat, et ne le disculpait pas d'un pareil soupçon aux yeux de ses ennemis, il ne s'abaisserait pas jusqu'à faire actuellement son inutile apologie, et étaler toutes les preuves qu'il pouvait invoquer en sa faveur; qu'à l'égard de la trêve qu'il avait conclue avec Saladin, il regrettait qu'elle fût devenue nécessaire, et que, loin d'être obligé d'en rougir, il ne pouvait que se glorifier de cet événement; qu'il croyait très honorable pour lui qu'abandonné de tout le monde, soutenu seulement par son propre courage et les débris de ses propres troupes, il eût obtenu de telles conditions de l'empereur le plus puissant et le plus belliqueux que l'Orient eût jamais produit. Après avoir daigné entrer ainsi dans les détails de sa conduite, Richard éclata en reproches amers sur les traitements indignes qu'il avait essuyés, lui le défenseur de la croix et qui en portait encore le signe respectable; lui qui, pour prix du sang et des trésors de ses sujets, prodigués dans la cause commune de la chrétienté, se voyait, en retournant dans sa patrie, arrêté par des princes chrétiens, jeté dans un cachot, chargé de fers, et réduit à se justifier comme un sujet et un malfaiteur; mais ce qui l'affligeait le plus, continuat-il, était qu'on l'empêchât par-là de faire ses préparatifs pour une nouvelle croisade qu'il projetait d'entreprendre dès que la trêve serait expirée, et de délivrer le sépulcre du Christ, profané depuis si long-temps par la domination des infidèles. L'éloquence véhémente de ce monarque fit une impression si vive sur les princes allemands, qu'ils se récrièrent hautement contre la conduite de l'empereur : le pape menaça Henri de l'excommunier. Quoiqu'il eût prêté l'oreille aux propositions du roi de France et du prince Jean, ce prince sentit qu'il ne pouvait remplir ni leurs vues honteuses, ni les siennes, en retenant encore le roi d'Angleterre prisonnier ; il traita donc de sa rançon avec lui : elle fut fixée à 150,000 marcs, c'est-à-dire environ 300,000 livres de notre monnaie actuelle, dont 100,000 livres devaient être payées avant de lui rendre la liberté ; et soixante-sept otages furent donnés pour sûreté du reste. En même temps, et comme s'il eût voulu jeter un manteau sur l'infamie de cette convention, il lui fit présent du royaume d'Arles, qui comprenait la Provence, le Dauphiné, Narbonne, et d'autres états, sur lesquels l'empire avait quelques prétentions antiques ; présent que le roi négligea très sagement.

La captivité du seigneur suzerain était un des cas prévus par les tenures féodales : tous les vassaux étaient obligés de contribuer au prix de sa rançon. On leva donc vingt schellings par fief de chevalier en Angleterre ; mais comme cet impôt se percevait avec lenteur, et ne suffisait pas à son objet, le zèle du peuple y suppléa promptement. Les églises et les monastères fondirent leur argenterie, qui se monta à 30,000 marcs. Les abbés, les évêques et les nobles, donnèrent un quart de leurs revenus annuels ; le clergé paroissial abandonna un dixième de sa dîme ; et la somme nécessaire étant ainsi complétée, la reine Éléonore et Gaultier, évêque de Rouen, partirent pour l'Allemagne, payèrent ce dont on était convenu à l'empereur et au duc d'Autriche à Metz, donnèrent des otages pour le reste, et délivrèrent Richard. Sa liberté courait cependant encore des risques ; on savait que Henri avait trempé dans l'assassinat de l'évêque de Liége, et dans un attentat de la même nature sur le duc de Louvain : tant d'actions horribles le rendaient odieux aux princes d'Allemagne, et il ne l'ignorait pas ; il comptait s'étayer d'une alliance avec le roi de France, et avait résolu de retenir Richard, l'ennemi de ce monarque, dans une captivité perpétuelle, de garder l'argent qu'il avait déjà reçu pour sa rançon, et d'extorquer de nouvelles sommes de Philippe et du prince Jean, qui lui faisaient pour cet effet les offres les plus considérables. Il donna ordre que Richard fût poursuivi et arrêté ; mais ce prince fit tant de diligence, et s'embarqua si à propos à l'embouchure de l'Escaut, qu'il était déjà hors de vue des côtes lorsque les émissaires de l'empereur arrivèrent à Anvers.

La joie des Anglais fut extrême en revoyant un monarque qui avait éprouvé tant de malheurs, acquis tant de gloire, rendu leur nation célèbre jusqu'aux extrémités de l'Orient, où elle n'avait jamais encore porté sa renommée. Dès que ce prince fut arrivé, il procura à ses sujets une occasion de signaler publiquement leur allégresse, en se faisant couronner une seconde fois à Winchester, comme s'il eût voulu par cette cérémonie se réinstaller sur le trône, et effacer, pour ainsi dire, la marque de ses fers. La satisfaction universelle ne fut pas même refroidie lorsqu'il déclara son dessein d'annuler les aliénations onéreuses que la nécessité l'avait contraint de faire avant son départ pour la Terre-Sainte. Il tint aussi un grand conseil où tous les barons opinèrent à confisquer les possessions du prince Jean, pour punir sa trahison ; ils aidèrent même le roi à réduire les forteresses qui restaient entre les mains des adhérents de son frère. Aussitôt que Richard eut mis ordre à tout en Angleterre, il passa en Normandie avec une armée, impatient de faire la guerre à Philippe, et de se venger de toutes les injures qu'il en avait reçues. Dès que ce monarque apprit la délivrance du roi d'Angleterre, il écrivit à son confédéré le prince Jean : « Prenez garde, « le diable a brisé sa chaîne. »

Lorsqu'on se représente deux souverains si puissants et si belliqueux, enflammés d'une haine personnelle l'un contre l'autre, irrités par des outrages réciproques, excités par la rivalité, poussés par des intérêts opposés, aiguillonnés par l'orgueil et la violence de leur caractère, la curiosité se réveille, on s'attend à une guerre furieuse et obstinée, marquée par les plus grands événements, et terminée par quelque catastrophe surprenante. Cependant les incidents de ces hostilités furent si frivoles que l'historien le plus passionné pour les descriptions militaires hasarderait à peine d'en offrir le détail : preuve certaine de la faiblesse des rois de ce temps-là, et du peu d'autorité qu'ils avaient sur leurs vassaux insoumis. Les exploits de part et d'autre se réduisirent à la prise d'un château, à la défaite d'un parti de soldats écartés et surpris, et à une rencontre de cavalerie, qui ressembla plutôt à une déroute qu'à un combat. Richard obligea Philippe de lever le siége de Verneuil, prit Loches, petite ville d'Anjou, se rendit maître de Beaumont et de quelques autres places peu importantes ; et après ces minces prouesses, les deux rois entamèrent des négociations d'accommodement. Philippe voulait que, si on concluait une paix générale, il fût défendu aux barons des deux côtés de se faire la guerre les uns aux autres ; mais Richard répondit que c'était un droit de ses vassaux dont il ne pouvait les dépouiller. A la suite de ces négociations, qui furent inutiles, il y eut un engagement entre la cavalerie française et la cavalerie anglaise à Fretteval, où la première fut mise en déroute, et les chartes, les archives de la France, qui suivaient ordinairement la personne du roi, furent prises. Philippe eut sa revanche de cet échec par l'avantage qu'il remporta devant Vaudreuil ; après quoi les deux monarques furent enfin obligés par leur propre impuissance de conclure une trêve d'un an.

Pendant le cours de cette guerre, le prince Jean abandonna Philippe, se jeta aux pieds de son frère, implora sa clémence, et, à la prière de la reine Éléonore, rentra en grâce auprès de lui. « Je lui pardonne, dit le roi, et j'espère que j'oublierai aussi ai-

« sément ses torts qu'il oubliera mon pardon. » Jean était incapable de rentrer dans son devoir sans flétrir cette démarche même par quelque horreur. Avant de quitter le parti de Philippe, il invita à dîner tous les officiers de la garnison que ce monarque avait placée dans la citadelle d'Évreux, les fit massacrer pendant le repas, tomba sur la garnison avec le secours des bourgeois, la passa au fil de l'épée, et rendit la place à son frère.

Le roi de France était le principal objet du ressentiment et de l'animosité de Richard ; la conduite de son frère Jean, de l'empereur et du duc d'Autriche avait été si basse, si honteuse, avait inspiré une indignation si générale, et les déshonorait à tel point, qu'il s'en croyait assez vengé. Comme il est impossible de haïr violemment ceux que l'on méprise, il paraît qu'il ne conserva aucun projet de les punir davantage. Le duc d'Autriche, environ dans ce même temps, fit une chute de cheval dans un tournoi, et se froissa la jambe ; la fièvre se joignit à cet accident et le rendit dangereux. Les approches de la mort éclairèrent ce prince sur son injustice à l'égard du roi d'Angleterre : il en eut des remords, et ordonna par son testament que tous les otages anglais fussent mis en liberté, et qu'on n'exigeât rien du reste de la dette. Son fils parut disposé à ne pas remplir ses dernières volontés ; mais le clergé le contraignit à s'y soumettre. L'empereur fit aussi des avances d'amitié à Richard, et lui offrit de lui donner quittance de ce qui était encore dû de sa rançon, pourvu qu'il voulût entrer avec lui dans une ligue contre le roi de France. Une pareille proposition était trop agréable au monarque anglais pour être refusée ; il l'accepta avec empressement : ce traité n'eut aucune exécution ; mais il servit à rallumer la guerre entre la France et l'Angleterre avant l'expiration de la trêve. Il ne se passa rien de plus mémorable dans cette guerre que dans la précédente : après avoir respectivement ravagé les campagnes, et pris quelques châteaux de peu d'importance, les deux rois conclurent la paix à Louviers, et se cédèrent réciproquement quelques territoires. Leur impuissance de faire la guerre avait occasionné cette paix, et leur antipathie mutuelle les engagea de nouveau dans la guerre avant que deux mois se fussent écoulés. Richard imagina qu'il avait acquis la force de porter un coup accablant à son rival, en formant une alliance avec les comtes de Flandre, de Toulouse, de Boulogne, de Champagne, et d'autres grands vassaux de la couronne de France. Mais il fit bientôt l'expérience du peu de sincérité de ses alliés, et ne put entamer un royaume gouverné par un prince aussi courageux et aussi actif que Philippe. L'événement le plus remarquable de cette campagne fut la prise de l'évêque de Beauvais, fait prisonnier dans un combat. Ce prélat, d'un caractère martial, était de la maison de Dreux, et proche parent de Philippe. Richard, qui le haïssait, le fit mettre en prison et charger de chaînes. Lorsque le pape sollicita sa liberté, et le réclama comme son fils, le roi envoya à sa sainteté la cotte de mailles encore teinte de sang que le prélat portait le jour de la bataille, et répondit en faisant allusion aux paroles des enfants de Jacob : « Voici une robe que « nous avons trouvée; voyez si c'est celle de votre fils ou non. » Cette guerre entre l'Angleterre et la France, commencée avec tant de fureur que les deux rois firent fréquemment crever les yeux à leurs prisonniers, fut bientôt interrompue par une trêve de cinq ans. Le traité était à peine signé, que, sur quelques nouveaux griefs, on fut au moment de recommencer les hostilités; la médiation du cardinal de Sainte-Marie, légat du pape, apaisa le différend; le prélat engagea même les parties belligérantes à négocier une paix durable : mais la mort de Richard termina la négociation.

Vidomar, vicomte de Limoges, vassal de la couronne d'Angleterre, avait trouvé un trésor dont il avait envoyé une partie à Richard en forme de présent; mais ce prince, comme seigneur supérieur, prétendit que la totalité lui en appartenait, et, à la tête d'une armée de Brabançons, assiégea le vicomte dans le château de Chalus, près de Limoges, pour le forcer d'acquiescer à sa demande. La garnison offrit de se rendre; mais le roi répondit que, puisqu'il avait pris la peine de venir attaquer la place en personne, il voulait la prendre d'assaut, et faire pendre sur la brèche tous ceux qui la défendaient. Le même jour, Richard, accompagné de Marcadée, chef de ces Brabançons, s'approcha du château pour le reconnaître : un arbalétrier, appelé Bertrand de Gourdon, le visa, décocha sa flèche, et lui perça l'épaule (28 mars). Cependant le roi ordonna l'attaque, prit la place, et fit pendre réellement toute la garnison excepté Gourdon, qu'il voulut réserver à un supplice plus lent et plus cruel.

La blessure de Richard n'était pas dangereuse en elle-même; mais la maladresse d'un chirurgien la rendit mortelle. Il envenima tellement la plaie en retirant la flèche, que la gangrène s'y mit. Ce prince sentit qu'il touchait au terme de ses jours; il envoya chercher Gourdon, et lui dit : « Malheureux, que t'avais-« je fait pour t'obliger d'attenter à ma vie ? — Ce que vous m'avez « fait ? répondit froidement le prisonnier. Vous avez tué de vos « propres mains mon père et mes deux frères, et vous comptiez « me faire pendre moi-même; je suis maintenant en votre pou-« voir, il ne tient qu'à vous de vous venger en me condamnant « aux tourments les plus cruels; je les souffrirai tous avec plai-« sir, pourvu que je puisse penser que j'ai délivré le monde « d'un fléau tel que vous. » Richard, frappé de la vérité et de la fermeté de cette réponse, et amolli par les approches de la mort, commanda qu'on mît Gourdon en liberté, et qu'on lui donnât une somme d'argent. Cependant Marcadée, à l'insu du roi, s'assura de cet infortuné, le fit écorcher vif, et ensuite attacher à une potence. Richard mourut le 6 avril, dans la dixième année de son règne, et la quarante-deuxième de son âge, sans laisser de postérité.

Le côté le plus brillant du mérite de ce prince, ce fut ses talents militaires. Aucun homme, même dans ce siècle romanesque, ne porta plus loin que lui la valeur et l'intrépidité. Ces qualités lui firent donner le surnom de *Cœur-de-Lion*. Il aimait passionnément la gloire, et surtout celle des armes. Comme son habileté à la guerre n'était pas inférieure à sa bravoure, il semble avoir réuni tout ce qui assure cette espèce d'immortalité. Sa haine était violente, et son orgueil indomptable; ses sujets, aussi bien que ses voisins, avaient lieu de craindre que la suite de son règne ne fût une scène perpétuelle de sang et de ravages. Né avec un esprit impétueux et véhément, il se distinguait par toutes les bonnes et les mauvaises qualités attachées à ce caractère : il était ouvert, franc, généreux, brave, mais vindicatif, impérieux, ambitieux, fier et cruel; enfin plus propre à éblouir les hommes par des entreprises éclatantes qu'à les rendre heureux, ou à augmenter sa propre grandeur par les combinaisons d'une politique sage et bien fondée. Comme les talents militaires font beaucoup de sensation parmi le peuple, il paraît avoir été fort aimé de ses sujets anglais, et l'on a remarqué qu'il fut le premier prince de la race normande qui eût pour eux une affection et des égards sincères : cependant il ne passa en Angleterre que quatre mois de son règne. Les croisades l'occupèrent près de trois ans; il fut retenu quatorze mois prisonnier, et le reste se passa ou à faire la guerre contre la France, ou à s'y préparer. La renommée qu'il avait acquise en Orient le flattait si agréablement, qu'il était résolu, à ce qu'il semble, malgré toutes ses infortunes précédentes, d'épuiser encore son royaume et de s'exposer lui-même à de nouveaux hasards, pour entreprendre une autre expédition contre les infidèles.

Quoique les Anglais fussent enorgueillis de la gloire qui rejaillissait sur eux des exploits militaires de Richard, ils eurent à gémir sous son gouvernement oppressif, et en quelque sorte arbitraire, des taxes exorbitantes qu'il leva, et souvent sans le consentement des états ni du grand conseil. Dans la neuvième année de son règne, il mit un impôt de cinq schellings sur chaque hyde de terre; et le clergé ayant refusé sa part de la contribution, Richard le priva de la protection des lois, et ordonna aux cours civiles de ne rendre aucune sentence en faveur des ecclésiastiques qui voudraient actionner leurs débiteurs. Il fit sceller une seconde fois toutes les chartes qu'il avait accordées, et obligea les parties de payer les droits de ce renouvellement des sceaux. On prétend que Hubert, son justicier, fit passer en France à ce prince, dans l'espace de deux ans, plus de 1,100,000 marcs, outre le produit des charges du gouvernement d'Angleterre. Mais ce fait est peu croyable, à moins qu'on ne suppose de sa part une effroyable déprédation des domaines de la couronne; ce qu'il n'eût sans doute pu faire avec avantage après la révocation de toutes ces concessions. Un roi jouissant d'un pareil revenu n'aurait pas souffert quatorze mois de prison faute de payer 150,000 marcs à l'empereur, et laissé des otages pour sûreté du dernier tiers de cette somme. Le taux des denrées sous son règne prouve encore évidemment qu'il ne pouvait faire des levées si énormes sur le peuple. Une hyde de terre, c'est-à-dire cent vingt-cinq acres, était affermée communément vingt schellings par an, monnaie de ce temps-là ; le prix général et fixe d'un bœuf était de quatre schellings, de même que d'un cheval de labour; celui d'une vache d'un schelling; d'une brebis à fine laine de dix pence, ou à grosse laine de six. Ces denrées paraissent n'avoir pas haussé de beaucoup depuis le temps de la conquête.

Richard renouvela les lois forestières, dont la sévérité était extrême : tous les contrevenants furent punis de la perte des deux yeux ou de celle d'un membre, comme sous le règne de son bisaïeul. Il régla les poids et les mesures dans toute l'étendue de son royaume ; institution utile, dont les besoins et l'avidité de son successeur firent perdre le fruit en procurant des dispenses de ce règlement à qui voulut les acheter.

Dans Londres, les désordres, fruits d'une mauvaise police, furent portés aux plus grands excès du temps de Richard. Il y eut, en 1196, une espèce de conspiration formée par les malfaiteurs, et dont cette ville parut avoir tout à craindre. Un certain William Fitz-Osbert, surnommé *Longbeard*, c'est-à-dire Longue-Barbe, avocat de profession, s'était rendu agréable à la populace, et, en prenant sa défense en toute occasion, avait acquis le titre d'avocat ou de sauveur des pauvres. Il affectait d'insulter impunément les bourgeois les plus considérables, avec lesquels il vivait en état de guerre, et qui se trouvaient exposés à tout moment à ses violences et à celles de ses vils partisans. Chaque jour de nouveaux meurtres se commettaient dans les rues. On prétend que cinquante-deux mille personnes au moins avaient formé une association où elles s'engageaient à exécuter tous les ordres de cet homme dangereux. L'archevêque Hubert, alors grand-justicier, somma ce séditieux de comparaître devant le conseil pour y rendre compte de sa conduite : mais il vint si bien accompagné, qu'on n'osa l'accuser, ni produire aucune preuve contre lui ; et le primat, voyant l'autorité des lois si impuissante, se contenta d'exiger des citoyens des otages pour garants de leur bonne conduite future. Il tint pourtant un œil attentif sur William

Fitz-Osbert, et, saisissant la première occasion favorable, tenta de le faire arrêter; mais le criminel tua un des officiers publics, et se réfugia avec sa concubine dans l'église de Sainte-Marie-de-l'Arc, où il se défendit les armes à la main. A la fin, il fut forcé dans sa retraite, condamné et exécuté, au grand regret du bas peuple, qui porta tant de respect à sa mémoire, qu'il enleva son gibet, le révéra comme le bois de la vraie croix, et publia avec un zèle ardent une foule de miracles qui lui furent attribués. Quoique les sectateurs de cette superstition fussent punis par le justicier, elle reçut si peu d'encouragement du clergé, dont cette dévotion séditieuse blessait les droits, qu'elle se refroidit tout à coup.

Ce fut pendant les croisades que s'introduisit pour la première fois en Europe l'usage des cottes d'armes. Les chevaliers, tout couverts de leur armure, n'avaient pas d'autres moyens pour se faire reconnaître et distinguer dans les batailles, que les devises gravées sur leurs boucliers; et, avec le temps, ces devises ont été adoptées par leur postérité et leurs familles, fières des entreprises pieuses et guerrières de leurs ancêtres.

Richard aimait beaucoup la poésie; on conserve même encore des poëmes de sa composition, et il tient un rang parmi les poëtes provençaux, ou *troubadours*, les premiers des Européens modernes qui se sont distingués par des essais de ce genre.

# JEAN.

## CHAPITRE XI.

Avénement de Jean à la couronne. — Son mariage. — Guerre avec la France. — Assassinat d'Arthur, duc de Bretagne. — Le roi est expulsé de toutes les provinces de France. — Ses différends avec la cour de Rome. — Le cardinal Langton nommé archevêque de Canterbury. — Interdit du royaume. — Excommunication du roi. — Sa soumission au pape. — Mécontentement des barons. — Leur révolte. — Grande charte. — Renouvellement des guerres civiles. — Le prince Louis appelé en Angleterre. — Mort et caractère de Jean.

Le noble esprit de liberté des anciens leur avait toujours fait regarder le gouvernement d'un seul comme une espèce de tyrannie et d'usurpation. De là vint qu'ils ne se formèrent jamais l'idée d'une monarchie légale et régulière, et qu'ils ignorèrent totalement les droits de primogéniture et de représentation dans les successions; droits si bien imaginés pour conserver l'ordre de celle des princes, pour garantir des maux qu'entraînent les discordes civiles, les usurpations, et pour rendre le gouvernement monarchique plus modéré en établissant la sécurité du souverain régnant : ce fut la loi féodale qui produisit ces changements. Le droit de primogéniture qu'elle introduisit d'abord mit une telle distinction entre les familles de l'aîné de la maison royale et de ses frères cadets, que le fils du premier succédait à son aïeul de préférence à ses oncles, quoique ceux-ci fussent plus proches parents du monarque dernier mort. Cette progression d'idées, si naturelle en elle-même, ne se fit cependant que peu à peu. Il est vrai que dans le siècle dont nous parlons l'usage de la représentation commença de s'introduire, mais non pas incontestablement ; et les esprits flottaient encore entre ces principes et les principes opposés. Lorsque Richard entreprit l'expédition de la

Terre-Sainte, il désigna pour lui succéder son neveu Arthur, duc de Bretagne ; et par un acte formel exclut en sa faveur les prétentions de son propre frère Jean, cadet de Geoffroy, père d'Arthur. Mais Jean souscrivit si peu à cette disposition, que, dès qu'il eut pris de l'ascendant sur le ministère anglais en chassant Longchamp, alors chancelier et grand-justicier du royaume, il engagea tous les barons anglais à lui jurer qu'ils soutiendraient ses droits à la succession. Richard, à son retour, ne fit rien pour rétablir ou affermir l'ordre qu'il avait d'abord voulu prescrire : il eut même soin par son testament de déclarer son frère Jean héritier de tous ses états, soit qu'alors il pensât qu'Arthur, n'ayant que douze ans, n'était pas capable de défendre ses droits contre la faction du prince Jean, ou qu'il se fût laissé gagner par la reine Éléonore, qui haïssait Constance, mère du jeune duc, et qui craignait la part que cette princesse aurait naturellement aux affaires sous le règne de son fils. L'autorité d'un testament était très imposante à cette époque, même lorsqu'il s'agissait de la succession d'un royaume ; et Jean avait droit d'espérer que ce titre joint à son droit, plausible sous d'autres rapports, lui assurerait la succession. Mais le droit de la représentation paraît avoir fait dans ce temps-là de plus grands progrès en France qu'en Angleterre, et les barons des provinces d'outre-mer, telles que l'Anjou, le Maine et la Touraine, se déclarèrent pour Arthur, et réclamèrent l'appui du roi de France, comme leur seigneur suzerain. Philippe, qui ne désirait qu'une occasion d'embarrasser Jean et de démembrer ses états, entra dans le parti du jeune duc de Bretagne, le prit sous sa protection, et l'envoya élever à Paris avec son fils Louis. Dans cette conjoncture pressante, Jean se hâta d'affermir son autorité sur les principaux membres de la monarchie, et après avoir envoyé Éléonore dans le Poitou et dans la Guyenne, sur lesquels les droits de cette princesse étaient incontestables, et où ils furent aussitôt reconnus, il alla promptement à Rouen, et, dès qu'il eut pris possession de la Normandie, il passa en Angleterre. Hubert, archevêque de Canterbury, William Mareschal, comte de Strigul, autrement appelé comte de Pembroke, et Geoffroi Fitz-Peter, grand-justicier, trois ministres favoris du feu roi, étaient déjà attachés aux intérêts de Jean ; le reste de la noblesse se soumit, ou reconnut les droits de ce prince, qui monta ainsi sans obstacle sur le trône.

Le roi retourna immédiatement en France pour conduire lui-même la guerre contre Philippe, et pour recouvrer les provinces qui s'étaient révoltées en faveur de son neveu Arthur. Les alliances que Richard avait formées avec le comte de Flandre et d'autres seigneurs français très puissants, quoiqu'elles ne lui eussent pas été fort utiles, subsistaient encore, et mirent Jean en état de faire face à son ennemi. L'évêque de Cambrai fut fait prisonnier par les Français dans une action qui eut lieu entre eux et les Flamands. Lorsque le cardinal de Capoue demanda sa liberté à Philippe, ce prince, au lieu de le rendre, se plaignit au prélat des faibles efforts qu'il avait faits en faveur de l'évêque de Beauvais, qui était dans une situation semblable. Le légat montra son impartialité en mettant à la fois en interdit le royaume de France et le duché de Normandie : ainsi les deux rois furent obligés de faire un échange de ces prélats guerriers.

Rien ne favorisa tant les heureux succès que Jean devait attendre de cette guerre que le caractère intrigant et avide de Philippe; ce monarque se conduisit dans les provinces qui s'étaient déclarées pour Arthur avec si peu d'égards pour l'intérêt de ce prince, que Constance se défia de son intention et crut qu'il voulait les usurper. Elle trouva moyen de faire sortir secrètement de Paris son fils, et le remit entre les mains de son oncle, auquel il rendit hommage du duché de Bretagne, regardé comme un arrière-fief de la Normandie, et livra les provinces qui avaient pris les armes en sa faveur. Philippe comprit par cet événement qu'il ne devait plus espérer aucun succès contre Jean; et comme il se voyait alors menacé d'un interdit par rapport à l'irrégularité de son divorce avec Ethelburga, princesse danoise qu'il avait épousée, il desira de faire la paix avec l'Angleterre. Après quelques conférences inutiles on convint enfin des articles; il parut même par le traité que les deux rois avaient sincèrement envie non seulement de terminer les contestations actuelles, mais d'en prévenir toutes les causes possibles à l'avenir, et d'obvier à tous les sujets de disputes qui pourraient s'élever désormais entre eux. Ils fixèrent les limites de leurs territoires, assurèrent les intérêts de leurs vassaux; et, pour rendre l'union encore plus durable, Jean accorda sa nièce, Blanche de Castille, à Louis, fils aîné de Philippe, avec les baronies d'Issoudun et de Graçai, ainsi que d'autres fiefs en Berri, pour sa dot. Neuf barons du côté du roi d'Angleterre, et autant de celui du roi de France, se rendirent garants du traité. Tous jurèrent que si leurs souverains en violaient les articles, ils se déclareraient contre l'infracteur, et embrasseraient la cause du prince offensé. Telle était l'indépendance que les vassaux s'attribuaient alors, et que les souverains ne leur contestaient pas.

Jean, assuré maintenant de la France, du moins à ce qu'il imaginait, se livra tout entier à sa passion pour Isabelle, fille et héritière d'Aymar Taillefer, comte d'Angoulême, de laquelle il était devenu éperdument amoureux. Son épouse, héritière de la maison de Glocester, vivait encore; Isabelle était mariée aussi au comte de La Marche, et même remise entre les mains de ce seigneur, quoique, vu son extrême jeunesse, son mariage ne fût pas consommé. Mais l'amour de Jean ne connut point d'obstacles. Ce prince persuada au comte d'Angoulême d'enlever sa fille à son époux; il fit lui-même divorce avec la reine, sur quelques prétextes frivoles, et épousa Isabelle, sans daigner s'inquiéter ni des menaces du pape, qui fulminait contre une conduite si coupable, ni du juste ressentiment du comte de La Marche, qui trouva bientôt les moyens de punir son puissant et audacieux rival.

Jean n'avait l'art de s'attacher ses barons ni par l'affection, ni par la crainte. Le comte de La Marche et le comte d'Eu son frère profitèrent de leurs mécontentements pour exciter des fermentations en Poitou et en Normandie. Le roi fut obligé de prendre les armes pour réduire ses vassaux. Il appela en conséquence tous les barons d'Angleterre à son secours, leur commanda de passer la mer sous ses drapeaux et de venir réprimer les rebelles. Mais il se convainquit que son autorité était aussi peu respectée dans son royaume que dans ses provinces du continent. Les barons anglais répondirent unanimement qu'ils ne le serviraient point dans cette expédition, s'il ne leur promettait de rétablir et de maintenir leurs priviléges; ce fut le premier symptôme d'une association régulière et d'un plan de liberté parmi la noblesse. Mais les affaires n'étaient pas encore au point de maturité convenable pour faciliter la révolution qu'elle projetait. Jean parvint à désunir les barons en les menaçant, et sut à la fois persuader à plusieurs de le suivre en Normandie, et tirer de ceux qui ne s'y rendirent pas une taxe de deux marcs sur chaque fief de chevalier, pour le prix de l'exemption de leur service.

Les forces qu'il conduisit avec lui et celles qui le joignirent le rendirent très supérieur aux mécontents, d'autant plus que Philippe ne donnait ouvertement à ceux-ci aucune assistance, et paraissait déterminé à demeurer en bonne intelligence avec l'Angleterre. Mais Jean, trop fier de sa supériorité, montra des prétentions qui alarmèrent tous ses vassaux, et qui augmentèrent le mécontentement général. Comme la jurisprudence de ce siècle admettait que les causes discutées dans les cours des seigneurs fussent principalement décidées par le duel, ce prince mena à sa suite quelques spadassins, qu'il retint comme champions destinés à combattre contre les barons, pour terminer les différends qu'il pourrait avoir avec eux. Le comte de La Marche et d'autres seigneurs regardèrent cet appareil comme une insulte, et déclarèrent hautement qu'ils ne tireraient point l'épée contre des gens de cette espèce. Le roi les menaça de sa vengeance ; mais il n'avait ni la vigueur nécessaire pour se confier à la force de son bras, ni pour consommer son injustice en accablant quiconque osait s'y opposer.

Ce gouvernement aussi faible que violent, inspira aux barons offensés l'audace et le désir de porter encore plus loin leur résistance : ils s'adressèrent au roi de France, se plaignirent du déni de justice dans les cours de Jean, demandèrent à Philippe, comme étant leur seigneur suzerain, de les protéger, et le supplièrent d'employer son autorité à prévenir leur perte totale, et l'oppression dont ils étaient menacés. Philippe vit ses avantages d'un coup d'œil, exerça son imagination à former de grands projets, s'entremit en faveur des barons français, et commença à parler avec hauteur et d'un style menaçant au roi d'Angleterre. Jean ne pouvait désavouer l'autorité supérieure de Philippe ; mais il se croyait en droit de faire d'abord juger les seigneurs mécontents par leurs pairs, et dans sa propre cour, et prétendait qu'à moins d'avoir refusé de les entendre de cette façon, il ne devait aucun compte au tribunal suprême du roi de France ; il promit de donner satisfaction à ses barons, en faisant instruire juridiquement et décider équitablement l'affaire dont il était question entre eux et lui. Lorsque ces seigneurs, en conséquence de cet engagement, demandèrent un sauf-conduit pour se rendre en sûreté à la cour de Jean, il le refusa d'abord ; ensuite, sur les menaces réitérées de Philippe, il le promit, mais il ne tint pas sa promesse : le roi de France le menaça de nouveau, et lui arracha celle de lui remettre les forteresses de Tillières et de Boutavant pour sûreté de sa première parole : Jean viola encore celle-ci ; et ses ennemis, s'apercevant de sa faiblesse et de sa mauvaise foi, se confirmèrent davantage dans le dessein de le pousser à bout. Bientôt parut un nouveau et puissant allié qui vint les encourager à braver un gouvernement si odieux et si méprisable.

Le jeune duc de Bretagne, parvenu alors à l'adolescence, et convaincu du caractère dangereux de son oncle, résolut de chercher à la fois sa sûreté et son agrandissement dans une étroite union avec Philippe et les barons mécontents. Il joignit l'armée française, qui avait déjà commencé les hostilités contre le roi d'Angleterre. Le monarque français l'accueillit avec les plus grandes marques de distinction, le reçut chevalier, lui donna sa fille Marie en mariage, et l'investit non seulement du duché de Bretagne, mais encore des comtés d'Anjou et du Maine, que ce prince avait précédemment rendus à son oncle. Toutes les opérations de la campagne réussirent aux confédérés ; Philippe prit Tillières et Boutavant après une légère résistance. Mortemar et Lion ne se défendirent presque pas, et tombèrent entre ses mains. Il bloqua ensuite Gournai, et, lâchant les écluses d'un lac du voisinage, inonda tellement la place, que la garnison fut obligée de l'abandonner, et que ce monarque s'empara d'une forteresse si importante sans tirer l'épée. Le progrès des armes françaises fut très rapide, et promit des succès plus considérables que n'en avaient ordinairement alors les entreprises militaires. Philippe ne répondait autre chose à toutes les avances que le monarque anglais faisait pour la paix, sinon qu'il fallait qu'il cédât ses provinces du continent à son neveu, et se réduisit au seul royaume d'Angleterre : mais il arriva un événement qui fit pencher la balance en faveur de Jean, et lui donna une supériorité décidée sur ses ennemis.

Le jeune Arthur, passionnément avide de gloire militaire, était entré dans le Poitou à la tête d'une petite armée. En passant auprès de Mirebaut, il apprit que son aïeule, la reine Éléonore, qui avait toujours été contraire à ses prétentions, se trouvait dans cette place, dont la garnison était très faible, et les fortifications ruinées; il résolut de l'assiéger sur-le-champ, et de se rendre maître de sa personne. Mais Jean, réveillé de son sommeil léthargique par une circonstance si pressante, rassembla une armée d'Anglais et de Brabançons, et, quittant la Normandie, accourut à la hâte au secours de sa mère. Il tomba sur le camp d'Arthur avant que ce prince se doutât du danger qui le menaçait, dispersa son armée, le fit prisonnier, ainsi que le comte de La Marche, Geoffroi de Lusignan, et les plus considérables du parti des barons révoltés, et s'en retourna triomphant en Normandie. Philippe, qui était devant Arques, dans ce duché, leva le siége, et à son approche se retira. On envoya la plus grande partie des prisonniers en Angleterre, et on enferma Arthur dans le château de Falaise.

Il eut une conférence avec le roi, qui lui représenta la folie de ses prétentions, et le pressa de renoncer à l'alliance de la France, qui l'avait excité à se brouiller avec toute sa famille; mais le courageux prince, devenu plus fier sous le poids de l'infortune, soutint la justice de sa cause, défendit ses droits non seulement sur les provinces françaises, mais sur la couronne d'Angleterre, et à son tour somma le roi de restituer l'héritage échu au fils de son frère aîné. Jean, frappé de la noble hardiesse que son neveu, quoique prisonnier, osait faire paraître, et jugeant qu'il pourrait devenir, avec le temps, un ennemi redoutable, résolut de prévenir ce danger, et on n'entendit plus parler d'Arthur. Les circonstances d'une action si noire furent sans doute soigneusement cachées par ses auteurs, et sont rapportées diversement par les historiens. En voici le détail le plus probable : le roi, dit-on, proposa d'abord à Guillaume de La Braye, un des commensaux de sa maison, de poignarder Arthur; mais Guillaume répondit qu'il était gentilhomme et non pas bourreau, et se refusa positivement à cette lâche complaisance : on trouva un homme moins scrupuleux, qui fut envoyé à Falaise avec des ordres précis : Hubert de Bourg, chambellan du roi, et gouverneur du château, feignit de vouloir les exécuter lui-même, renvoya l'assassin, répandit le bruit de la mort du jeune prince, et fit publiquement les cérémonies de sa pompe funèbre; mais voyant ensuite les Bretons déterminés à venger le meurtre d'Arthur, et les barons révoltés plus obstinés que jamais dans leur rébellion, il jugea nécessaire de révéler son secret, d'apprendre à tout le monde que le duc de Bretagne vivait et était encore sous sa garde : cette découverte devint fatale au jeune prince; Jean le fit transférer au château de Rouen, se rendit dans cette ville pendant la nuit, et ordonna que son prisonnier lui fût amené : l'infortuné Arthur, ne doutant plus alors du péril qui le menaçait, abattu enfin par la durée de ses malheurs et par l'approche de la mort, se jeta aux genoux de son oncle, et implora sa pitié, mais le barbare ne lui répondit qu'en lui plongeant un poignard dans le sein; après quoi on attacha une pierre au cadavre, et on le jeta dans la Seine.

Tout le monde fut frappé d'horreur à la nouvelle de cette action atroce, et depuis ce moment, le roi, détesté de tous ses sujets, n'eut plus sur la noblesse et sur le peuple qu'une autorité très chancelante. Les Bretons, furieux d'avoir perdu l'objet de leurs plus chères espérances, déclarèrent à Jean une guerre implacable, fixèrent eux-mêmes l'ordre de la succession dans leur gouvernement, et se mirent en mesure de venger la mort de leur souverain. Jean avait trouvé le moyen de s'assurer de la personne d'Éléonore sa nièce, et sœur d'Arthur, appelée vulgairement *la demoiselle de Bretagne*. Il la fit conduire en Angleterre, où il la retint toujours captive. Les Bretons, ne se flattant plus que cette princesse leur fût rendue, choisirent pour leur souveraine Alix, née du second mariage de Constance avec Gui de Thouars, et confièrent l'administration du duché à ce seigneur. Dans ces entrefaites, Constance, mère du prince assassiné, appuyée de tous les états de Bretagne, porta ses plaintes à Philippe, comme au seigneur lige de cette province, et demanda justice contre Jean, souillé du sang d'Arthur son proche parent, et, quoiqu'il relevât de la Normandie, regardé comme un des grands vassaux de la couronne de France. Philippe reçut cette requête avec plaisir, et somma Jean de comparaître devant lui ; ce prince, n'ayant point comparu, fut jugé par défaut à la cour de ses pairs, déclaré coupable de parricide et de félonie, et toutes ses seigneuries, tous ses fiefs en France furent confisqués au profit de son seigneur supérieur.

Philippe, dont l'âme active et ambitieuse avait été jusqu'alors contenue ou par la politique profonde de Henri, ou par le génie martial de Richard, jugea que le moment de la déployer était favorable pendant le règne d'un prince si méprisable et si détesté. Il forma donc le dessein d'expulser les Anglais, ou plutôt leur roi, de la France, et d'annexer à cette couronne tant de fiefs considérables qui en étaient démembrés depuis si long-temps. La plupart des grands vassaux dont il aurait pu craindre des obstacles à son projet n'étaient pas alors en état de le traverser, et les autres, ou ne le considéraient qu'avec indifférence, ou secondaient ce dangereux agrandissement de leur seigneur supérieur. Les comtes de Flandre et de Blois étaient occupés à la guerre de la Terre-Sainte ; le comte de Champagne, encore enfant, était sous sa tutelle ; le duché de Bretagne, irrité jusqu'à la rage du meurtre de son souverain, favorisait de tout son pouvoir celui qui s'en montrait le vengeur ; la défection générale des vassaux de Jean facilitait toutes les entreprises que l'on voudrait faire contre lui : Philippe prit plusieurs châteaux et forteresses au-delà de la Loire, qu'il démantela, ou dans lesquels il mit garnison ; il reçut ensuite les soumissions du comte d'Anjou, qui abandonna le parti du roi d'Angleterre, et remit au roi de France toutes les places renfermées dans son commandement. Alors ce monarque sépara son armée, afin qu'elle se reposât des fatigues de la campagne. Jean rassembla subitement quelques troupes, et vint assiéger Alençon. Philippe, dont les forces étaient dispersées, ne pouvait les réunir assez tôt pour secourir la place, et se trouvait exposé à voir opprimer son ami et son allié. Mais le génie actif et fertile du monarque lui fournit un expédient contre cette contrariété. On donnait alors, à Moret dans le Gâtinois, un tournoi où toute la noblesse de France et des contrées voisines accourait signaler son adresse. Philippe s'y rendit lui-même, demanda le secours de ces braves seigneurs dans la conjoncture pressante où il était, et leur marqua les plaines d'Alençon comme le champ le plus honorable où ils pussent déployer leur générosité et leur génie belliqueux. Les valeureux chevaliers se dévouèrent en effet à punir le lâche parricide qui était à la fois la honte du caractère militaire et de la chevalerie; et se mettant, avec toute leur suite, sous les ordres de Philippe, marchèrent sur-le-champ pour aller faire lever le siége d'Alençon. Jean, instruit de leur approche, prit la fuite si précipitammeut, qu'il abandonna à l'ennemi ses tentes, ses machines et son bagage.

Ce faible effort fut le dernier exploit que ce prince indolent et peu courageux fit pour défendre ses possessions. Il se tint désormais à Rouen, dans une inaction absolue, et passa tout son temps avec sa jeune épouse, au milieu des fêtes et des plaisirs, comme si ses états eussent joui de la plus profonde paix, et que ses affaires eussent été dans la situation la plus florissante. S'il lui arrivait de parler de guerre, ce n'était jamais que pour étaler des fanfaronnades qui, aux yeux de tous les gens sensés, le rendait encore plus méprisable et plus ridicule. « Laissez faire les « Français, disait-il, je reprendrai en un jour ce qui leur aura « coûté des années à acquérir. » Sa stupidité et son indolence parurent si extraordinaires, que le peuple les attribua à quelque pouvoir magique, et crut qu'un sortilége l'avait jeté dans cette léthargie. Les barons anglais, las de perdre leur temps dans une pareille inaction, et d'être témoins des progrès qu'on laissait faire sans résistance aux armes françaises, quittèrent leurs drapeaux et se retirèrent secrètement dans leur pays. Personne ne songea plus à défendre un prince qui semblait s'oublier le premier, et ses sujets regardèrent le sort qui l'attendait avec la même indifférence à laquelle, dans une situation si pressante, ils le voyaient s'abandonner complètement.

Tandis que Jean négligeait toutes les ressources domestiques qu'il aurait pu employer pour sa sûreté, il s'abaissait à en mendier d'étrangères. Il eut recours au pape Innocent III, et le sollicita d'interposer son autorité entre lui et le roi de France. Ce souverain pontife, charmé d'une occasion d'exercer sa suprématie, envoya ordre à Philippe de mettre bas les armes et de faire la paix avec le roi d'Angleterre : mais les barons français n'apprirent cette démarche du pape qu'avec indignation ; ils s'élevèrent contre le pouvoir temporel qu'il s'arrogeait, et jurèrent de servir leur souverain jusqu'à la dernière extrémité, contre tous ses ennemis. Philippe seconda l'ardeur de la noblesse, et, au lieu d'obéir au bref du pape, assiégea Château-Gaillard, la plus considérable forteresse qui restât pour garder les frontières de la Normandie.

Château-Gaillard, situé partie sur une île de la Seine, et partie sur un roc opposé, était fortifié par tous les moyens que l'art et la nature pouvaient fournir. Le feu roi, ayant reconnu l'avantage de sa situation, n'avait épargné ni soins ni dépenses pour tâcher de le rendre imprenable ; et Roger de Lacy, gouverneur de Chester, le défendait à la tête d'une nombreuse garnison. Philippe, désespérant de pouvoir s'emparer de cette place par la force, résolut de la réduire par la famine ; et, afin de lui couper toute communication avec les contrées voisines, jeta un pont sur la rivière, tandis qu'à la tête de son armée il en fit lui-même le blocus par terre. Le comte de Pembroke, l'homme le plus capable et le plus courageux qu'il y eût à la cour d'Angleterre, forma le plan hardi de fondre sur les travaux des Français et de jeter du secours dans la place. Il marcha avec quatre mille hommes d'infanterie et trois mille de cavalerie, et tomba tout à coup sur le camp de Philippe, pendant l'obscurité de la nuit, avec le plus grand succès. Il avait laissé l'ordre que soixante et dix bateaux plats remontassent la Seine, et allassent dans le même moment détruire le pont : mais le vent et le courant de la rivière retardèrent les bateaux, et par-là déconcertèrent ce plan d'opérations. Le jour parut avant la flotte : Pembroke, quoique heureux au commencement de l'action, fut alors repoussé avec une perte considérable ; et le roi de France eut le loisir de se défendre contre ces nouveaux assaillants, qu'il repoussa aussi. Jean ne fit plus aucune tentative pour secourir Château-Gaillard après cet échec ; et Philippe eut tout le temps d'en continuer le siège. Roger de Lacy le soutint un an avec beaucoup de fermeté : après avoir courageusement résisté aux troupes des assiégeants, et supporté patiemment les rigueurs de la disette, il fut enfin forcé dans un assaut donné la nuit, et fait prisonnier de guerre avec toute la garnison. Le monarque français, qui savait estimer la valeur même dans un ennemi, traita Roger avec tous les égards possibles, et lui donna la ville de Paris pour prison.

Lorsque ce boulevard de la Normandie fut une fois renversé, toute la province fut ouverte aux armes de Philippe, et le roi d'Angleterre se vit hors d'état de la défendre plus long-temps. Il fit préparer secrètement des vaisseaux pour prendre une fuite honteuse ; et afin que les Normands ne doutassent point qu'il était résolu de les abandonner, il fit démolir les fortifications du Pont de l'Arche, de Moulineaux et de Montfort-l'Amaury. Comme il n'osait compter sur la fidélité d'aucun des barons, qu'il croyait tous engagés dans une conspiration contre lui, il confia le gouvernement de la province à Archas Martin, et à Lupicaire, deux Brabançons mercenaires qu'il avait engagés à son service. Philippe, assuré alors de sa proie, poussa vigoureusement ses avantages sur les Normands consternés. Il assiégea d'abord Falaise ; Lupicaire, qui commandait dans cette place imprenable, la rendit, passa lui et ses troupes au service du roi de France, et dirigea des hostilités contre son ancien maître. Caen, Coutances, Séez, Évreux et Bayeux tombèrent aussitôt entre les mains de Philippe, et toute la Basse-Normandie fut soumise à sa domination. Pour étendre ses succès sur les autres parties de la province, Gui de Thouars, à la tête des Bretons, fondit sur tout le territoire qui en dépendait, et prit le Mont Saint-Michel, Avranches, et toutes les places fortes des environs. Les Normands, qui abhorraient le joug de la France, et qui se seraient défendus jusqu'à la dernière extrémité, si leur souverain s'était mis à leur tête, ne trouvèrent plus de ressource que dans la soumission au vainqueur, et toutes les villes ouvrirent leurs portes dès que Philippe s'y présenta. Rouen, Arques et Verneuil, résolurent seules de maintenir leur liberté, et se liguèrent ensemble pour se prêter une assistance mutuelle. Il commença par attaquer Rouen. Les habitants étaient si enflammés de haine contre la France, qu'au premier aspect de son armée ils tombèrent sur tous les Français qui se trouvèrent dans leurs murs, et les massacrèrent. Mais lorsque Philippe eut entamé ses opérations avec succès et emporté les dehors de la place, les citoyens, ne voyant plus d'espoir de lui échapper, offrirent de capituler; ils demandèrent seulement trente jours pour informer leur souverain du danger où ils étaient, et pour lui donner le temps de les secourir. A l'expiration de ce terme, aucun secours n'étant arrivé, ils ouvrirent leurs portes à l'ennemi, et tout le reste de la province, imitant leur exemple, passa sous sa domination. C'est ainsi que ce territoire important fut réuni à la couronne de France, trois siècles après la cession que Charles-le-Simple en avait faite à Rollo, le premier duc. Les Normands, ne doutant pas que cette réunion ne fût définitive, sollicitèrent le privilége d'être gouvernés par les lois françaises, ce qu'en faisant quelques légères altérations aux anciennes coutumes normandes le roi leur accorda volontiers. Mais le génie et l'ambition de ce prince étaient trop vastes pour souffrir qu'il s'arrêtât au milieu de sa carrière; il porta ses armes victorieuses dans les provinces occidentales, et rangea bientôt sous son obéissance l'Anjou, le Maine, la Touraine, et partie du Poitou. De cette manière la couronne de France acquit sous le règne d'un monarque si actif et si habile un degré de grandeur et de puissance que, suivant le cours ordinaire des choses, elle ne devait acquérir qu'en plusieurs siècles.

Jean, à son arrivée en Angleterre, s'efforça de voiler la honte de sa propre conduite, en se plaignant hautement des barons, qu'il accusa d'avoir causé tous ses malheurs en l'abandonnant en Normandie : il extorqua d'eux despotiquement la septième partie de leurs biens mobiliers, comme un châtiment de leur faute. Peu de temps après, il les força encore de lui accorder la levée de deux marcs et demi sur chaque fief de chevalier, pour aider aux frais d'une expédition en Normandie; et il ne songea seulement pas à faire de cette somme l'emploi pour lequel il l'avait exigée. L'année suivante, il convoqua tous les barons de son royaume pour le servir dans l'exécution de ce même projet, et rassembla à cet effet les vaisseaux de tous les ports de mer; mais quelques-uns de ses ministres s'opposèrent à sa résolution; lui-même se repentit de l'avoir formée, et il congédia son armée et sa flotte, en renouvelant encore ses murmures contre les barons, auxquels il reprocha de l'abandonner. Ensuite il se mit en mer avec un petit corps de troupes, et ses sujets crurent qu'il était déterminé cette fois à s'exposer aux plus grands hasards pour défendre et pour recouvrer ses états ; mais ils furent surpris de le voir quelques jours après rentrer dans le port sans avoir rien entrepris. L'année suivante, il eut le courage de faire quelques pas de plus. Gui de Thouars, qui gouvernait la Bretagne, jaloux des progrès rapides du roi de France, son allié, promit de se joindre avec toutes ses forces au roi d'Angleterre ; Jean s'aventura pour lors à se mettre en campagne à la tête d'une armée nombreuse, et descendit à La Rochelle. Il marcha ensuite à Angers, qu'il prit et qu'il réduisit en cendres. L'approche de Philippe et de son armée lui rendit ses premières terreurs ; il se hâta de faire des propositions de paix, et marqua un lieu d'entrevue avec son ennemi ; mais, au lieu de tenir cet engagement, il décampa suivi de ses troupes, s'embarqua à La Rochelle, et retourna en Angleterre, chargé d'un nouvel opprobre et d'une nouvelle disgrâce. La médiation du pape lui procura enfin une trêve de deux ans avec le roi de France : presque toutes les provinces françaises furent enlevées à Jean ; et les barons anglais, déjà fatigués et vexés par tant d'expéditions infructueuses, et par des taxes arbitraires, eurent encore la douleur de se voir, eux et leur patrie, malheureux et humiliés dans toutes les entreprises.

Dans un siècle où la valeur était regardée comme la première des vertus, une conduite semblable à celle du roi d'Angleterre, déshonorante en tout temps, devait l'être encore davantage alors, et ce prince ne pouvait désormais espérer de gouverner ses vassaux inquiets qu'avec une autorité très-incertaine. Mais les princes normands avaient porté la puissance royale à un si haut degré, et si au-delà des bornes marquées par les institutions féodales, qu'il fallait que de nouveaux affronts et de nouveaux revers l'abaissassent avant que les barons osassent conspirer contre leur souverain, et resserrer ses prérogatives exorbitantes. L'église, qui dans ces temps-là ne refusait pas d'entrer en lice contre les monarques les plus puissants et les plus absolus, mit bientôt à profit la pusillanimité de Jean, et lui imposa son joug avec tout l'appareil de l'arrogance et du mépris.

La chaire pontificale était remplie par Innocent III. Parvenu à cette dignité à l'âge de trente-sept ans, ce pape, né avec un génie vaste et entreprenant, donna un libre essor à son ambition, et tenta, peut-être plus ouvertement qu'aucun de ses prédécesseurs, de convertir la prééminence que tous les princes européens lui cédaient en une domination réelle sur eux. La hiérarchie, protégée par le pontife romain, avait déjà énormément étendu ses usurpations sur la puissance civile; mais afin de les pousser encore plus loin, et de les rendre utiles à la cour de Rome, il était nécessaire de réduire les ecclésiastiques même sous une monarchie absolue, et de les rendre totalement dépendants de leur chef spirituel. Pour cet effet, Innocent essaya d'abord d'imposer des taxes arbitraires sur le clergé. Dès la première année de ce siècle, le saint-père, profitant de la frénésie répandue alors chez tous les peuples des croisades, avait envoyé par toute l'Europe des collecteurs, qui exigeaient par son ordre le quarantième des revenus ecclésiastiques pour secourir la Terre-Sainte, et qui recevaient, à titre de contributions volontaires, un tribut pareil de la part des laïques. La même année, Hubert, archevêque de Canterbury, tenta une autre innovation en faveur du pouvoir ecclésiastique et pontifical : pendant l'absence du roi, il convoqua, en vertu de son autorité de légat, un synode de tout le clergé anglais, malgré l'opposition de Geoffroi Fitz-Peter, grand-justicier; et le gouvernement garda toujours le silence sur cet attentat à la puissance royale, le premier de son espèce. Une occasion favorable se présenta peu de temps après, qui mit un pontife aussi audacieux que l'était Innocent à portée d'empiéter encore davantage sur un prince aussi méprisable que Jean.

Le primat Hubert était mort en 1205; et comme les moines ou le chapitre de Christ-Church de Canterbury avaient le droit de voter dans l'élection de leur archevêque, quelques-uns des plus jeunes d'entre eux, épiant cet événement, s'assemblèrent clandestinement la nuit même qu'il arriva, et, sans attendre l'autorisation du roi, élurent Reginald, leur sous-prieur pour remplir le siége vacant, l'installèrent avant minuit, et lui ayant recommandé le plus grand secret, l'envoyèrent sur-le-champ à Rome solliciter la confirmation de son élection. La vanité de Reginald l'emporta sur sa prudence; il ne fut pas plus tôt en Flandre qu'il révéla si indiscrètement le sujet de son voyage, qu'on le sut bientôt en Angleterre. Le roi n'apprit qu'avec la plus grande colère l'entreprise, aussi nouvelle que téméraire, de remplir un siége aussi important à son insu et sans sa permission : les évêques suffragants de Canterbury, accoutumés à concourir au choix de leur primat, ne furent pas moins irrités d'avoir été exclus de l'élection : les plus anciens moines de Christ-Church s'offensèrent aussi du procédé irrégulier des plus jeunes; ceux-ci même rougirent de leur propre conduite, et, mécontents de la légèreté de Reginald, qui leur avait manqué de parole, consentirent à ce que son élection fût regardée comme nulle; et tout le monde parut d'accord dans le dessein de remédier aux fausses mesures qu'on avait prises. Mais comme Jean savait que cette affaire serait discutée devant un tribunal supérieur où l'intervention de l'autorité royale dans la nomination aux bénéfices ecclésiastiques était odieuse, où la cause des évêques suffragants même serait moins favorisée que celle des moines, il résolut de faire en sorte que la nouvelle élection pût être à l'abri de tout reproche. Il l'abandonna entièrement au chapitre de Christ-Church, et, se désistant du droit réclamé par ses prédécesseurs, se réduisit à dire à chacun des membres en particulier qu'ils feraient une chose qui lui serait très-agréable s'ils choisissaient pour leur primat John de Gray, évêque de Norwich. Ce prélat fut en effet nommé d'une voix unanime; et, afin d'éviter toutes contestations, le roi fit ses efforts pour persuader aux évêques suffragants de ne pas insister sur leur droit de concourir à l'élection; mais ces prélats persévérèrent dans leurs prétentions, et dépêchèrent un agent pour les soutenir en présence du pape, tandis que le roi et le chapitre de Christ-Church envoyèrent douze moines de cet ordre, chargés de soutenir devant le même tribunal la nomination de l'évêque de Norwich.

Ainsi le pape se trouvait avoir à juger trois causes différentes, dont les parties s'accordaient à le reconnaître pour arbitre souverain. Le droit des suffragants était si opposé aux maximes ordinaires de la cour de Rome, qu'il y fut aussitôt rejeté : l'élection de Reginald était si frauduleuse et d'une irrégularité si évidente, qu'il n'y avait pas moyen de la défendre ; mais le pape prétendit que, quoiqu'elle fût nulle et non valide, elle aurait dû être préalablement déclarée telle par le souverain pontife, avant que les moines pussent procéder à une nouvelle élection, et que le choix de l'évêque de Norwich était aussi peu canonique que celui de son compétiteur. On prit donc avantage de cette subtilité pour introduire un exemple par lequel le siége de Canterbury, le plus important dans l'église après le trône de Saint-Pierre, devint dorénavant à la disposition de la cour de Rome.

Pendant que le pape tentait, au milieu de ces contestations violentes, de dépouiller les princes du droit d'accorder les investitures, et les laïques de celui de conférer les bénéfices ecclésiastiques, le clergé, aspirant à l'indépendance, secondait unanimement ses efforts, et combattait pour lui avec toute l'ardeur de l'ambition et tout le zèle du fanatisme. Mais ce point tant discuté ne fut pas plus tôt un peu solidement établi, après avoir coûté des flots de sang et produit des convulsions terribles dans la plupart des états, que le chef victorieux tourna, comme il arrive ordinairement, ses armes contre sa propre faction, et voulut concentrer toute la puissance uniquement dans sa personne. A la faveur des réserves, des provisions, des commendes et autres inventions de cette espèce, le pape s'arrogea peu à peu le droit de remplir tous les bénéfices vacants. La plénitude de sa puissance apostolique, qui ne connaissait point de bornes, parvint à suppléer à tout ce qui pouvait manquer dans les titres des sujets qu'il lui plaisait de placer. On embrouilla, on obscurcit exprès les canons qui réglaient les élections ; des disputes fréquentes s'élevèrent entre les candidats ; tous les jours il y eut des appels portés à la cour de Rome ; non seulement le siége apostolique faisait tourner ces discussions à son profit ; mais, sous le prétexte de pacifier les troubles, il exerçait souvent le pouvoir de rejeter les deux concurrents, et de nommer une troisième personne qui pouvait être plus agréable aux parties contendantes.

La dispute élevée au sujet du droit d'élire un archevêque de

Canterbury fournit à Innocent l'occasion de s'en saisir lui-même, et il ne manqua pas d'apercevoir l'avantage qu'il pouvait tirer de cette circonstance. Il envoya chercher les douze moines qu'on lui avait députés pour soutenir la cause de l'évêque de Norwich, et leur commanda, sous peine d'excommunication, de choisir pour leur primat le cardinal Langton, né en Angleterre, mais élevé en France, et attaché à la cour de Rome par intérêt autant que par affection. En vain les moines représentèrent à Sa Sainteté qu'ils n'avaient aucun pouvoir de leur maison pour cet effet; qu'une élection ainsi précipitée sans un *writ*, c'est-à-dire sans un ordre du roi, serait regardée comme très-irrégulière, et qu'ils n'agissaient que pour une autre personne dont ils ne pouvaient ni ne devaient abandonner le droit. Aucun d'eux n'eut le courage de persévérer dans cette opposition, excepté le seul Élias de Brantefield; tous les autres, intimidés par les menaces et l'autorité du pape, plièrent sous ses ordres, et firent l'élection qu'il exigeait.

Persuadé que la cour d'Angleterre serait indignée de cette usurpation évidente, Innocent essaya d'adoucir Jean par une lettre affectueuse; il lui envoya quatre anneaux montés d'or en pierres précieuses, et tâcha de rehausser la valeur de ce présent en lui donnant une interprétation mystique. Il pria le roi de considérer sérieusement la *forme* des anneaux, leur *nombre*, leur *matière* et leur *couleur*. Leur forme circulaire était, disait-il, l'emblème de l'éternité, qui n'a ni commencement ni fin; d'où Jean pouvait apprendre qu'il devait *aspirer* des objets terrestres aux célestes, et des choses temporelles aux choses éternelles. Le nombre quatre, formant un carré, signifiait la fermeté de l'âme, que l'adversité ou la prospérité n'ébranlaient jamais, lorsqu'elle était appuyée sur la base solide des quatre vertus cardinales : l'or, matière de ces anneaux, étant le plus précieux des métaux, représentait la sagesse, qui est le plus précieux des dons, et justement préférée par Salomon aux richesses, à la puissance, et à toutes les acquisitions mondaines; la couleur verte de l'émeraude figurait la foi, et le bleu du saphir l'espérance, le rouge du rubis la charité, et la splendeur de la topase les bonnes œuvres. Ce fut avec ces *concetti* qu'Innocent s'efforça de dédommager Jean de la prérogative la plus importante de sa couronne qu'il venait de lui ravir, *concetti* vraisemblablement admirés par le souverain pontife même : car il est assez possible qu'un homme, surtout dans un siècle barbare, unisse de grands talents pour les affaires à un goût faux dans les lettres et dans les arts.

Jean fut enflammé du plus grand courroux lorsqu'il sut l'attentat du saint-siége sur son autorité. Il exhala d'abord sa colère contre les moines de Christ-Church, qu'il trouva disposés à soutenir l'élection que leurs frères avaient faite à Rome. Il envoya Foulques de Cantelupe, et Henri de Cornhulle, deux chevaliers de sa suite, hommes d'un caractère violent et brutal, pour les expulser de leur couvent, et prendre possession de leurs revenus. Ces chevaliers entrèrent l'épée à la main dans le monastère, commandèrent au prieur et aux religieux de sortir du royaume, et les menacèrent, en cas de désobéissance, de les brûler dans leur maison. Innocent tira de ces violences imprudentes l'induction que Jean aurait finalement le dessous dans la dispute, et n'en persista que plus à la soutenir vigoureusement. Il exhorta le roi à ne pas lutter plus long-temps contre Dieu et son église, à ne pas persécuter une cause pour laquelle le saint martyr Becket avait combattu jusqu'à payer de sa vie la couronne que son courage lui avait procurée dans le ciel : avis indirect glissé à Jean de profiter de l'exemple de son père, et d'une manière à lui rappeler les préjugés et l'opinion constante de ses sujets à l'égard de ce martyr, dont ils révéraient si profondément les mérites, qu'ils les considéraient comme leur principale gloire.

Le pontife, s'apercevant que le roi n'était pas encore assez humblement résigné, envoya les évêques de Londres, d'Ély, et de Worcester, pour lui signifier que, s'il persévérait dans sa désobéissance, le pape serait obligé de mettre son royaume sous l'interdit. Tous les autres prélats se jetèrent aux pieds de Jean pour le supplier, les larmes aux yeux, de prévenir le scandale de cette sentence, en donnant promptement à son père spirituel ce témoignage de soumission de recevoir de sa main le primat nouvellement élu, et en rétablissant le chapitre de Christ-Church dans ses droits et ses possessions. Le roi s'emporta jusqu'à se permettre les invectives les plus indécentes contre les prélats. Il jura par *les dents de Dieu* (*God's teeth*), son jurement familier, que, si le pape osait exécuter sa menace, il lui enverrait tous les évêques et le clergé d'Angleterre, et confisquerait leur temporel. Il protesta même qu'il ferait arracher les yeux et couper le nez à tous les Romains qu'il pourrait désormais saisir dans ses états, pour leur imprimer une marque qui les distinguât de toutes les autres nations. Au milieu de cette vaine fureur, Jean se conduisait si mal avec la noblesse, qu'il n'osa jamais assembler les états du royaume, qui, dans une cause si juste, auraient sans doute soutenu tout autre monarque, et défendu avec vigueur les libertés de la nation contre ces usurpations évidentes de la cour de Rome. Innocent, apercevant donc la faiblesse du roi, lança enfin les foudres spirituelles qu'il avait suspendues quelque temps sur lui.

Les sentences d'interdit étaient alors le grand instrument des vengeances et de la politique de la cour de Rome; on les prononçait contre les souverains pour les fautes les plus légères; et le crime d'une seule personne entrainait la ruine de plusieurs millions d'autres, à qui on enlevait ainsi jusqu'à leur félicité éternelle. L'appareil avec lequel on lançait ces foudres était combiné de manière à frapper fortement les sens et à agir avec force sur l'esprit superstitieux du peuple : tout à coup une nation se voyait privée de tout exercice extérieur de sa religion; on dépouillait les autels de leurs ornements; les croix, les reliques, les images, les statues des saints, étaient descendues à terre; les prêtres s'en interdisaient l'approche après les avoir couvertes soigneusement, comme si l'air même était devenu impur, et qu'il pût les souiller par son impression; l'usage des cloches cessait dans toutes les églises; on détachait les cloches même de leurs clochers, et on les posait à terre avec les autres objets sacrés; on célébrait la messe portes fermées, et les prêtres seuls y assistaient; les laïques ne participaient à aucun sacrement, excepté le baptême qu'on administrait aux enfans nouveau-nés, et le viatique aux mourants : on n'enterrait point les morts en terre-sainte, on les jetait dans des fossés, ou on les enterrait dans les champs, sans faire de prières pour eux, ni aucune des cérémonies consacrées; on célébrait les mariages dans les cimetières; et, pour que toutes les actions de la vie portassent l'empreinte de cette situation terrible, l'usage de la viande était défendu comme en carême, tous les plaisirs et les amusements étaient proscrits de la société. Il n'était pas permis de se saluer lorsqu'on se rencontrait, pas même de se raser la barbe, ni de donner à sa personne la moindre attention de décence et de propreté. Tout annonçait la tristesse la plus profonde, et l'effroi des vengeances célestes.

Pour opposer les terreurs temporelles aux terreurs spirituelles, le roi confisqua les biens de tous les ecclésiastiques qui obéiraient à l'interdit, exila les prélats, confina les moines dans leurs couvents, et ne leur accorda sur leurs propres revenus que ce qui était absolument nécessaire à leur nourriture et à leur vêtement. Il traita plus rigoureusement encore les adhérents de Langton, et quiconque paraissait disposé à se soumettre aux ordres de la cour de Rome. Enfin, pour mortifier les ecclésiastiques dans le point le plus sensible, et les exposer en même temps aux reproches et au ridicule, il fit jeter toutes leurs concubines en prison, et ne leur rendit la liberté qu'en exigeant de grosses amendes.

Depuis que les canons qui prescrivaient le célibat au clergé étaient, par les efforts zélés de l'archevêque Anselme, plus exactement suivis en Angleterre, tous les ecclésiastiques se permettaient généralement et publiquement d'avoir des concubines ; et la cour de Rome, qui n'avait nul intérêt à condamner ce relâchement de mœurs, ne s'y opposait que très-légèrement. Il était devenu si dominant, que, dans quelques cantons de la Suisse avant la réformation, les lois, non seulement permettaient les concubines aux jeunes ecclésiastiques, mais leur en ordonnaient l'usage, pour en ôter le scandale, et partout les prêtres s'adressaient à leur ordinaire pour en obtenir une permission formelle. Communément les évêques prenaient soin que cette pratique ne dégénérât pas en licence : ils réduisaient le prêtre à une seule femme, l'obligeaient de lui être fidèle, et de pourvoir à sa subsistance ainsi qu'à celle de ses enfants. Quoique la naissance des fruits de ce commerce fût illégitime aux yeux de la loi, ce commerce même était réellement une espèce de mariage inférieur, tel qu'il s'en fait encore en Allemagne parmi la noblesse ; il peut être considéré, par toute personne sincère, comme un appel fait de la tyrannie des institutions ecclésiastiques et civiles aux lois plus vertueuses et plus sûres de la nature.

Les brouilleries du roi et de la cour de Rome durèrent plusieurs années. Quelques ecclésiastiques, frappés de la crainte des châtiments, obéissaient aux ordres de Jean, et célébraient le service divin; mais c'était avec la plus grande répugnance, et ils étaient regardés par le peuple, et se regardaient eux-mêmes comme trahissant leurs principes, et sacrifiant leur conscience aux égards et aux intérêts temporels. Au milieu de cette situation violente, le roi, pour donner plus d'éclat à son règne, tenta diverses expéditions militaires contre l'Écosse, l'Irlande, et le pays de Galles, et remporta des avantages plutôt par la faiblesse de ses ennemis que par son courage ou ses talents. Les troubles et les alarmes que les mécontentements du clergé lui occasionnaient continuellement augmentaient le penchant naturel de ce prince à la tyrannie; il paraît qu'il indisposa imprudemment contre lui tous les ordres de l'état, et particulièrement la noblesse, de qui seule il pouvait raisonnablement attendre du secours et de l'appui. Il souilla les plus grandes maisons de ses amours impurs, publia des édits pour défendre toute chasse de gibier à plume, et priva ainsi les gentilshommes de leur occupation ordinaire et de leur amusement favori; il ordonna que les haies et les clôtures des champs proches de ses forêts fussent arrachées, pour que ses bêtes fauves trouvassent plus aisément leur pâture, et chargea sans cesse la nation d'impositions arbitraires. Ce prince, ne pouvant se dissimuler la haine générale qu'il s'était attirée, exigea que la noblesse lui donnât des otages pour garants de sa fidélité; et les nobles furent obligés de remettre entre ses mains leurs fils, leurs neveux, ou autres proches parents. Lorsque les agents chargés de ses ordres à ce sujet se présentèrent au château de William de Braouse, baron très-distingué, l'épouse de ce seigneur répondit qu'elle ne confierait jamais son fils à celui qui avait égorgé son propre neveu tandis qu'il était son prisonnier. Le baron la réprimanda pour un mot si téméraire, et prévoyant le péril qu'il courait, s'enfuit avec elle et son fils en Irlande, où il tâcha de se cacher; mais le roi découvrit la retraite de cette malheureuse famille, fit arrêter la mère et le fils, et les laissa mourir de faim en prison. Le baron eut le bonheur d'échapper, et se réfugia en France.

L'église de Rome avait adroitement imaginé une gradation d'anathèmes qui lui servaient à tenir les réfractaires en crainte, à leur fournir les moyens, après avoir été frappés du premier, de prévenir le second en se soumettant, et, en cas d'obstination, à ranimer l'horreur du peuple pour eux par de nouvelles menaces de la colère et de la vengeance du ciel. Comme la sentence d'interdit n'avait pas produit sur Jean l'effet qu'on en désirait, et que son peuple, quoique très-mécontent, avait été contenu de manière à ne pas oser jusqu'alors éclater contre lui dans une rébellion ouverte, ce prince s'attendait à la sentence d'excommunication, et avait raison de craindre que, malgré toutes les précautions, elle n'eût les suites les plus dangereuses. Il était témoin des autres scènes de ce genre qui se jouaient alors en Europe, où la puissance illimitée du pape se déployait sans contrainte. Loin d'être inquiet de l'effet de ses contestations avec le roi d'Angleterre, Innocent avait excommunié l'empereur Othon, neveu de Jean, et forcé bientôt ce monarque altier et puissant de se soumettre à son autorité. Il publia une croisade contre les Albigeois, espèce d'enthousiastes qui habitaient le midi de la France, et les déclara hérétiques, parce qu'ils ne reconnaissaient point les droits de l'église ainsi que les autres enthousiastes, et résistaient au pouvoir et à l'influence du clergé : les peuples de toutes les parties de l'Europe, emportés par l'esprit de superstition et par leur passion pour la guerre et les aventures, accouraient sous les drapeaux du saint-père. Le comte de Montfort, général de la croisade, acquit une souveraineté dans ces provinces : le comte de Toulouse, qui protégeait ou peut-être tolérait seulement les Albigeois, fut dépouillé de ses états ; et ces malheureux sectaires, les plus innocents et les plus pacifiques des hommes, furent exterminés avec la barbarie la plus révoltante. Il y avait donc, dans ces quartiers-là, un général et une armée redoutables par le zèle et la valeur, que l'on pouvait faire agir d'un moment à l'autre contre Jean. Après avoir tenu long-temps la foudre suspendue, Innocent autorisa enfin les évêques de Londres, d'Ely et de Worcester, à la lancer sur la tête de ce prince. Ces prélats obéirent, mais les autres refusèrent de publier la sentence dans les églises de leurs diocèses, comme le pape l'exigeait.

L'excommunication ne fut pas plus tôt connue, que ses effets se firent sentir. Geoffroy, archidiacre de Norwich, qui remplissait une des premières places à la cour de l'échiquier, apprenant cette nouvelle au milieu de la séance, fit observer à ses collègues le danger qu'il y avait à servir sous un roi excommunié, se leva sur-le-champ de sa place, et sortit. Jean donna ordre de l'arrêter, de le mettre en prison, et de lui envelopper toute la tête de plomb. Ce traitement et d'autres cruautés terminèrent promptement la vie de Geoffroy, auquel il ne manquait que le rang et la dignité de Becket pour l'élever dans le ciel au niveau de ce célèbre martyr. Hugues de Wells, chancelier du roi, nommé par ce prince à l'évêché de Lincoln, alors vacant, sollicita la permission d'aller se faire sacrer par l'archevêque de Rouen; mais dès qu'il fut en France, il se rendit à Pontigny, où Langton demeurait, et lui fit ses soumissions comme à son primat. Les évêques, se voyant exposés également à la défiance du roi et à la haine du peuple, sortirent les uns après les autres du royaume, où il ne resta que trois prélats pour remplir les fonctions épiscopales : un grand nombre de nobles, épouvantés de la tyrannie de Jean, et qui avaient encouru sa haine à différents titres, suivirent l'exemple des évêques; et la plupart de ceux qui restèrent furent soupçonnés avec justice d'avoir conspiré contre lui. Jean s'alarma de sa situation dangereuse, qu'avec de la prudence, de la vigueur, et en se faisant aimer du peuple, il aurait pu prévenir, mais à laquelle alors toutes les vertus et l'habileté imaginables ne pouvaient plus remédier. Il désira d'avoir une conférence avec Langton à Douvres, et lui offrit de le reconnaître pour primat, de se soumettre au pape, de rétablir les ecclésiastiques exilés, et même de leur payer une somme fixée pour les indemniser de la confiscation de leurs revenus : mais Langton, apercevant tous ses avantages, ne se réduisit pas à ces conditions d'accommodement. Il demanda que le roi fît une restitution entière, et une satisfaction authentique à tout le clergé; condition si excessive, que le roi, qui se sentait vraisemblablement hors d'état de la remplir, et qui prévoyait que l'estimation de ces dommages monterait à des sommes immenses, rompit finalement la conférence.

La sentence du saint-père commençait par relever les sujets de Jean de leur serment de fidélité et d'obéissance, et finissait en déclarant excommunié quiconque entretiendrait des rapports avec lui, en public ou en particulier, à sa table, dans son conseil, ou même en simple conversation. Cette sentence fut donc prononcée contre lui avec toute la solennité possible : comme ce prince persistait toujours dans son insoumission, il ne restait plus que la sentence de déposition ; elle semblait intimement liée à la précédente ; mais l'église romaine avait eu l'adresse de la distinguer, et Innocent prit le parti de laisser tomber ce dernier carreau de son tonnerre sur le monarque indocile. Une sentence de cette espèce avait besoin qu'une armée en assurât l'exécution ; et le pontife, se cherchant un appui, jeta enfin les yeux sur Philippe, roi de France, comme sur le bras le plus redoutable auquel il pût confier cette arme, la dernière ressource de son autorité évangélique. Il offrit à ce monarque, non seulement la rémission de tous ses péchés et la béatitude éternelle, mais aussi la propriété et la possession du royaume d'Angleterre, pour récompense de ses travaux.

C'était l'intérêt commun de tous les souverains de s'opposer à ces prétentions audacieuses du pape, qui tendaient à les rendre vassaux, et vassaux totalement dépendants de la tiare : cependant Philippe même, le plus éclairé des monarques de son temps, fut séduit par son intérêt présent ; et, en se laissant tenter d'accepter l'offre libérale du saint-père, affermit cette autorité qui, s'il voulait s'opposer un jour à ses usurpations sans bornes, pouvait le lendemain le renverser lui-même de son trône. Il leva une armée nombreuse, somma tous ses vassaux de le suivre à Rouen, rassembla une flotte de dix-sept cents vaisseaux, grands et petits, dans les ports de la Normandie et de la Picardie, et, secondé par le fanatisme régnant et l'estime qu'on avait universellement pour sa personne, parvint à mettre sur pied des forces proportionnées à l'importance de son entreprise. D'un autre côté, Jean appela de toutes parts ses vassaux militaires, ainsi que tout homme capable de porter les armes, et leur ordonna de se rendre à Douvres, pour défendre le royaume dans une si pressante extrémité. Dans la foule innombrable qui se présenta, il choisit soixante mille hommes, armée invincible si elle eût été réunie par une affection sincère pour son prince, et animée d'un zèle véritable pour le salut de la patrie. Mais le peuple, égaré par la superstition, regardait le roi avec horreur depuis que le saint-père l'avait frappé d'anathème : les barons, partageant le même préjugé, étaient, de plus, las de son gouvernement tyrannique ; on suspectait une grande partie d'entre eux d'être en correspondance secrète avec l'ennemi ; et la lâcheté, l'incapacité du roi même, peu propres à le tirer de tant d'embarras, annonçaient les effets funestes de l'invasion des Français.

Pandolf, nommé légat par le pape, et chargé de diriger cette importante expédition, eut, avant de quitter Rome, une conférence particulière avec son maître ; il lui demanda si, dans le cas où le roi d'Angleterre, effrayé de sa situation désespérée, consentirait à se soumettre au siége apostolique, il lui accorderait, sans l'aveu de Philippe, quelques termes d'accommodement. Innocent, persuadé que, de toute manière, il tirerait meilleur parti de sa réconciliation avec un prince si faible, que de son alliance avec un prince habile et victorieux qui, après un tel accroissement de puissance, deviendrait peut-être trop altier pour tendre les mains aux chaînes spirituelles, expliqua les conditions auxquelles Pandolf pouvait traiter avec le roi d'Angleterre. Aussitôt que le légat fut arrivé dans le nord de la France, il dépêcha vers Jean deux chevaliers templiers, pour lui demander une entrevue à Douvres, qui lui fut promptement accordée. Il y représenta si fortement à ce prince, et sans doute avec des couleurs si vraies, l'état déplorable où il se trouvait réduit, le mécontentement de ses sujets, l'union secrète de ses vassaux contre lui, et l'armement formidable de la France, que Jean se remit à la discrétion de Pandolf, et souscrivit à toutes les conditions qu'il lui plut de lui imposer. Il promit, entre autres articles, de se soumettre entièrement au jugement du pape, de reconnaître Langton pour primat, de rétablir tous les ecclésiastiques et les laïques exilés par rapport à cette contestation, de leur restituer leurs biens, et de les dédommager de leurs pertes ; il consigna même sur-le-champ huit mille livres sterling à compte de ces indemnités, et promit que tous ceux qui étaient proscrits, ou retenus en prison pour avoir adhéré au pape, rentreraient immédiatement en grâce et en faveur. Quatre barons jurèrent avec le roi l'observation de ce traité ignominieux.

Mais la honte de Jean n'était pas encore à son dernier période : Pandolf exigea comme première preuve d'obéissance qu'il transportât la propriété de son royaume à l'église, et persuada à ce prince que le seul moyen de déconcerter l'entreprise des Français était de se mettre ainsi sous la protection immédiate du saint-siége. Jean, épouvanté de son péril actuel, ne se fit aucun scrupule d'acquiescer à cette condition. Il dressa une charte dans laquelle il dit que, sans être forcé par la crainte, mais au contraire de sa propre et libre volonté, et de l'avis et du consentement de ses barons, il a, pour l'expiation de ses péchés et de ceux de sa famille, résigné l'Angleterre et l'Irlande à Dieu, à saint Pierre, à saint Paul, au pape Innocent et à ses successeurs au siége apostolique ; qu'il consent à tenir ses états comme feudataire de l'église de Rome, par le paiement annuel de mille marcs ; sept cents pour l'Angleterre, et trois cents pour l'Irlande : il stipula encore que, si lui ou ses successeurs osaient jamais révoquer ou enfreindre cette charte, ils seraient déchus de tous leurs droits à ces états, à moins que sur la première admonition ils ne se repentissent de leur faute.

En conséquence de cette convention Jean rendit hommage à Pandolf, qui représentait le pape, avec toutes les formalités humiliantes que la loi féodale prescrivait aux vassaux devant leur seigneur-lige et supérieur. Il parut désarmé en présence du légat, qui était assis sur un trône, se prosterna à ses genoux, leva ses mains jointes et les mit dans les siennes, fit serment de fidélité au souverain pontife, et paya une partie du tribut qu'il reconnaissait devoir pour son royaume, comme étant le patrimoine de saint Pierre. Le légat, enorgueilli de ce triomphe suprême du sacerdoce, ne put s'empêcher de laisser éclater les transports d'une joie extravagante, et foula aux pieds l'argent qu'on lui donnait comme arrhes de l'assujettissement du royaume : quelque offensante que fût cette insolence pour tous les Anglais, aucun des spectateurs, excepté l'archevêque de Dublin, n'osa paraître s'en apercevoir. Le roi se dégrada inutilement par tant de bassesses : Pandolf n'en refusa pas moins de lever l'excommunication et l'interdit, jusqu'à ce que l'estimation des dommages soufferts par les ecclésiastiques fût réglée, et qu'on les eût pleinement rétablis et indemnisés.

Jean, réduit à une situation si abjecte sous une puissance étrangère, montra toujours la même disposition à tyranniser ses sujets, qui avait été la première cause de toutes ses infortunes. Un certain Peter de Pomfret, ermite, avait prédit que cette année même le roi perdrait sa couronne, et, pour cette prédiction indiscrète, était en prison dans le château de Corfe depuis ce temps : Jean résolut alors de le punir comme imposteur. Pomfret soutint que sa prophétie était accomplie, puisque ce prince ne possédait plus la couronne indépendante qu'il portait autrefois; mais on trouva que sa défense ne faisait qu'aggraver son crime; il fut traîné à la queue d'un cheval dans la ville de Warham, et y fut pendu avec son fils.

Après avoir reçu l'hommage de Jean, Pandolf revint à la cour de France. Il félicita Philippe du succès de sa pieuse entreprise, et l'informa que le roi d'Angleterre, effrayé des armées françaises, reconnaissait maintenant son crime, était retourné à l'obéissance au siége apostolique, et avait même consenti à rendre hommage de ses États au pape : ainsi, qu'ayant fait de son royaume une partie du patrimoine de saint Pierre, il devenait désormais impossible à aucun prince chrétien de l'attaquer sans l'impiété la plus manifeste et la plus évidente. Philippe apprit cette nouvelle avec fureur; il éclata en reproches de ce qu'ayant, à l'instigation du pape, entrepris une expédition qui lui coûtait plus de 60,000 livres sterling, il se voyait frustré du fruit de son projet au moment où le succès en était infaillible; il se plaignit de ce que toute la dépense était tombée sur lui, tandis qu'Innocent en recueillait seul les avantages, et menaça de n'être pas plus longtemps la dupe de ces prétextes hypocrites. Ayant assemblé ses vassaux il leur fit part du tort qu'on lui avait fait, peignit la conduite frauduleuse et intéressée du pape, et demanda leur secours pour exécuter son entreprise sur l'Angleterre; car, malgré toutes les défenses et les menaces du légat, il était, dit-il, résolu de la mettre à fin. Les barons français n'étaient guère moins ignorants et moins superstitieux que les Anglais. Mais combien l'influence des principes de religion ne dépend-elle pas de la disposition présente des esprits! Tous promirent de suivre leur prince dans l'expédition projetée, et résolurent de ne pas se laisser enlever la gloire et les richesses qu'ils en avaient si longtemps attendues. Le comte de Flandre seul, dont Jean s'était déjà assuré par un traité secret, se déclara contre l'injustice et l'impiété de cette guerre, et retira ses troupes. Mais Philippe, ne voulant pas laisser un ennemi si dangereux derrière lui, tourna d'abord ses armes contre les États de ce prince. Dans ces entrefaites, la flotte anglaise était réunie sous les ordres du comte de Salisbury, frère naturel du roi, et, quoique inférieure en nombre, eut ordre d'attaquer les vaisseaux français dans leurs ports. Salisbury s'acquitta de sa commission avec tant de succès, qu'il en prit trois cents, et en détruisit cent autres. Philippe, voyant qu'il était impossible d'empêcher que le reste ne tombât entre les mains de l'ennemi, y fit mettre le feu lui-même, et par-là se réduisit à ne pouvoir pousser plus loin son projet de conquête.

Jean, satisfait de sa sûreté présente, insensible à ses disgrâces passées, fut si vain de ce succès, qu'il ne se proposa pas moins que d'envahir la France à son tour, et de recouvrer toutes les provinces que les armes victorieuses de Philippe lui avaient enlevées autrefois. Il communiqua son dessein aux barons déjà assemblés pour la défense du royaume; mais la noblesse anglaise méprisait son souverain autant qu'elle le haïssait, et ne se promettait aucune réussite dans une entreprise conduite par un tel chef. Les barons prétendirent donc que le temps de leur service était expiré : que toutes leurs provisions étaient épuisées ; et, sous ces prétextes, refusèrent de seconder Jean. Cependant ce prince, constant dans sa résolution, s'embarqua seulement avec une poignée des gens de sa suite, et fit voile pour Jersey, dans la folle idée que les barons seraient honteux de rester en arrière. Mais, voyant son attente trompée, il retourna en Angleterre, leva quelques troupes, et menaça la noblesse de punir sa désertion et sa désobéissance. L'archevêque de Canterbury, secrètement ligué avec les grands, interposa son autorité dans cette occasion, défendit nettement au roi de hasarder une pareille tentative, et à son tour le menaça de renouveler l'excommunication, s'il osait déclarer la guerre à aucun de ses sujets avant que le royaume fût déchargé de la sentence d'interdit.

L'église avait révoqué les divers anathèmes prononcés contre Jean, comme elle l'en avait successivement frappé. En recevant son hommage et en l'admettant au rang de vassal, elle avait annulé sa déposition, et les sujets de ce prince se trouvaient de nouveau liés par leur serment de fidélité. Les prélats exilés, et Langton à leur tête, rentrèrent alors comme en triomphe. Dès que le roi sut leur approche, il alla au-devant d'eux, et, se jetant à leurs pieds, les conjura avec larmes d'avoir compassion de lui et du royaume d'Angleterre. Le primat, voyant ces marques d'un repentir sincère conduisit Jean au chapitre de Winchester (20 juillet), et lui dicta la formule d'un serment par lequel il jurait de nouveau obéissance et fidélité à Innocent et à ses successeurs; promettait d'aimer, de protéger, de défendre la sainte église et le clergé; s'engageait à remettre en vigueur les bonnes lois de ses prédécesseurs, particulièrement celles de saint Édouard, ainsi qu'à révoquer les mauvaises; et témoignait enfin la ferme résolution de maintenir la justice dans tous ses États. Le primat lui donna ensuite l'absolution avec les formalités nécessaires, et l'admit à l'honneur de dîner avec lui, au grand contentement du peuple. Cependant la sentence d'interdit sur le royaume subsistait encore. Un nouveau légat, Nicolas, évêque de Frescati, vint en Angleterre à la place de Pandolf, et annonça que l'intention du pape était de ne jamais se relâcher de cette sentence, jusqu'à ce qu'une pleine restitution fût faite au clergé de tout ce qui lui avait été enlevé, ainsi qu'une ample réparation pour tous les dommages qu'il avait soufferts. Il permit seulement que la messe fût célébrée à voix basse dans les églises, en attendant que l'on réglât l'estimation de ces pertes et de ces dommages à la satisfaction des parties. Des barons furent nommés pour prendre connaissance des réclamations; et Jean fut étonné des sommes énormes auxquelles le clergé fit monter cette évaluation. Les seuls moines de Canterbury demandèrent vingt mille marcs d'argent;

l'évêque de Lincoln vingt-trois mille ; et le roi, trouvant ces prétentions exorbitantes et sans fin, offrit au clergé la somme de cent mille marcs pour s'acquitter définitivement. Le clergé rejeta cette offre avec dédain ; mais le pape, voulant favoriser son nouveau vassal, qui lui jurait fidélité avec tant de zèle, et lui payait si régulièrement le tribut stipulé, donna ordre à son légat de terminer à quarante mille marcs. L'issue de cette opération fut que les évêques et les abbés les plus riches reçurent de plus forts dédommagements qu'ils n'avaient droit d'en demander, et que le clergé inférieur supporta ses pertes en entier. Après qu'on eut levé la sentence d'interdit, le roi réitéra de la manière la plus solennelle, et par une nouvelle charte scellée du grand sceau d'or, l'hommage et le serment d'obéissance au saint-siége.

Lorsque cette inquiétante affaire fut terminée, le roi, comme s'il ne devait plus s'attendre qu'à des victoires et des triomphes, partit pour le Poitou, province encore soumise à son gouvernement, et porta la guerre dans les États de Philippe. Il assiégea un château près d'Angers ; mais l'approche du prince Louis, fils de Philippe, l'obligea de lever le siége avec tant de précipitation, qu'il abandonna ses tentes, ses machines, son bagage, et retourna honteusement en Angleterre. Environ dans ce même temps, il apprit la grande et décisive victoire remportée par le monarque français à Bouvine sur l'empereur Othon, qui avait pénétré en France à la tête de cent cinquante mille Allemands, victoire dont le fruit était d'immortaliser le nom de Philippe et de garantir parfaitement la sûreté de son royaume. Jean ne pouvait donc songer dorénavant qu'à gouverner paisiblement ses sujets ; et son union intime avec le pape, qu'il se proposait d'entretenir à quelque prix que ce fût, lui assurait, selon lui, les moyens d'y réussir. Mais la dernière et la plus cruelle des infortunes de ce prince l'attendait ; il était destiné à parcourir le cercle des événements les plus humiliants que le sort eût fait tomber sur aucun monarque.

Le gouvernement féodal introduit en Angleterre par Guillaume-le-Conquérant avait considérablement empiété sur les libertés, déjà imparfaites, dont les Anglo-Saxons jouissaient sous leurs anciens souverains. Le peuple se trouvait réduit à l'état de vasselage sous le roi ou sous les barons, et même la plus grande partie à l'état de servitude. La nécessité de confier un pouvoir très étendu à un prince obligé de maintenir un gouvernement militaire sur une nation vaincue força aussi les barons normands de se soumettre alors à une autorité plus absolue, plus rigoureuse que celle qui était communément établie sur la noblesse dans les autres gouvernements féodaux. Les prérogatives de la couronne, une fois portées à ce haut période, ne purent être aisément réduites ; et, pendant le cours de cent cinquante ans, la nation eut à gémir sous une tyrannie inconnue, du moins au même degré, à tous les royaumes fondés par les conquérants septentrionaux. Henri I$^{er}$ avait accordé aux Anglais une charte assez favorable, à quelques égards, à leurs libertés, pour les déterminer à le préférer à son frère aîné Robert. Étienne l'avait renouvelée, Henri II l'avait confirmée ; mais les concessions de tous ces princes étaient toujours demeurées sans effet, et eux et leurs successeurs avaient continué d'exercer cette même autorité sans bornes, ou au moins irrégulière. Heureusement que les forces militaires furent constamment entre les mains de la noblesse et du peuple ; la nation pouvait toujours, en se liguant, venger ses priviléges, et il n'était guère possible que le caractère, la conduite et la situation de Jean ne produisissent pas cette réunion générale contre lui. Également odieux et méprisable dans sa vie publique et privée, il offensait les barons par ses hauteurs, déshonorait leurs familles par ses galanteries, les irritait par sa tyrannie, et mécontentait tous les ordres de l'État par ses exactions et ses impositions continuelles. La demande que tous les barons avaient faite du rétablissement de leurs priviléges décelait déjà l'effet d'un gouvernement si injuste : lorsque Jean se fut réconcilié avec le pape en sacrifiant l'indépendance du royaume, ses sujets envisagèrent ce prince sous un jour si défavorable, qu'ils crurent pouvoir, avec honneur et en sûreté, insister sur leurs prétentions.

Mais rien ne favorisa autant cette confédération des grands contre le roi que la connivence de Langton, archevêque de Canterbury, dont la mémoire, quoiqu'il eût été imposé à la nation par une usurpation palpable de la cour de Rome, doit être à jamais révérée des Anglais. Soit que ce prélat fût animé par sa magnanimité naturelle et par son amour pour le bien public ; soit qu'il conservât de l'animosité contre Jean, parce que ce prince avait été longtemps contraire à son élection ; soit qu'il crût que l'augmentation de la liberté du peuple contribuerait à accroître et à assurer les priviléges de l'église, il conçut le plan de réformer le gouvernement, et avait préparé les moyens d'amener cette grande révolution, en insérant les clauses singulières ci-dessus mentionnées dans le serment qu'il avait dicté au roi avant de l'absoudre de la sentence d'excommunication. Peu de temps après, il tint une conférence particulière à Londres avec quelques-uns des principaux barons ; il leur montra une copie d'une charte de Henri I*er*, qu'il dit avoir trouvée dans un monastère, et les exhorta fortement à insister pour qu'elle fût renouvelée et observée. Les barons jurèrent qu'ils perdraient plutôt la vie que de se désister d'une demande si raisonnable. De ce moment la ligue de la noblesse commença à s'étendre, et presque tous les barons d'Angleterre y entrèrent. Langton convoqua une assemblée plus nombreuse à Saint-Edmonsbury, sous prétexte de quelque dévotion. Il produisit encore à cette assemblée l'ancienne charte de Henri, réitéra ses exhortations pour que les barons suivissent cette affaire avec vigueur et unanimité, leur peignit, sous les couleurs les plus fortes, la tyrannie qui les assujettissait depuis si long-temps, ajoutant que le moment était venu d'en affranchir eux et leur postérité. Enflammés par son éloquence, excités par le ressentiment des injures qu'ils avaient reçues, et encouragés à la vue de leur puissance et de leur nombre, les grands jurèrent solennellement en face du grand autel de se tenir étroitement unis entre eux, de persister à demander le rétablissement de la charte, et de faire une guerre éternelle au roi, jusqu'à ce qu'il l'eût accordée. Ils convinrent qu'après la fête de Noël ils présenteraient en corps leur requête ; et ils se séparèrent en se promettant de se mettre en état de défense, de lever des troupes, d'acheter des armes, et de pourvoir leurs châteaux de toutes les munitions nécessaires.

Les barons se rendirent à Londres au jour marqué, le 6 janvier, demandèrent que le roi, en conséquence de son propre serment entre les mains du primat, aussi bien que par égard à l'équité de leurs droits, voulût remettre en vigueur la charte de Henri I*er*, et confirmer les lois de saint Édouard. Le roi, alarmé d'une prière faite avec tant de chaleur et d'unanimité par un corps aussi puissant que celui de la noblesse réunie, demanda un délai, promit de rendre aux fêtes de Pâques une réponse positive, et offrit la garantie de l'archevêque de Canterbury, de l'évêque d'Ély et du comte maréchal de Pembroke, pour sûreté de sa parole. Les barons y consentirent, et se retirèrent paisiblement dans leurs châteaux.

Pendant cet intervalle, le roi, dans la vue de subjuguer ou de désunir la ligue de ses barons, tâcha de s'appuyer de la puissance ecclésiastique, dont ses récentes infortunes lui avaient prouvé l'ascendant d'une manière si fatale. Il accorda une charte au clergé, par laquelle il lui abandonnait pour toujours l'importante prérogative que son père et tous ses ancêtres avaient disputée si courageusement, celle du droit d'élection aux évêchés ou bénéfices vacants : il ne se réservait que le pouvoir de donner l'autorisation d'élire, et de confirmer la nomination, déclarant que, y apportât-il quelque empêchement, elle ne serait pas moins regardée comme juste et valide. Il fit vœu de conduire une armée contre les infidèles en Palestine; et prit la croix, dans l'espoir d'obtenir de l'église la même protection qu'elle offrait à tous ceux qui contractaient ce saint engagement. Il envoya à Rome son agent, Guillaume Mauclerc, pour appeler au pape de l'audace des barons, et se procurer une sentence favorable de ce tribunal redouté. Les barons n'oublièrent pas de leur côté d'essayer de mettre le pape dans leurs intérêts : ils lui dépêchèrent Eustache de Vescey, chargé de l'instruire de leurs motifs, comme leur seigneur féodal, de le supplier d'interposer son autorité envers le roi, et d'obliger ce prince à rétablir et à confirmer les priviléges si justes, si incontestables, qu'ils réclamaient.

Innocent apprit avec peine les troubles qui s'élevaient en Angleterre, et penchait beaucoup à favoriser les intérêts de Jean. Il n'avait l'espoir d'étendre et de conserver la supériorité qu'il venait d'acquérir sur ce royaume qu'en soutenant un prince si méprisable, si avili, qui était prêt à tout sacrifier à sa sûreté présente. Le souverain pontife prévoyait que, si l'administration tombait entre les mains de ces barons courageux et fiers, ils vengeraient l'honneur, l'indépendance, et la liberté de la nation avec la même ardeur qu'ils montraient actuellement dans leur propre cause. Il écrivit donc aux prélats, à la noblesse, et au roi même. Il exhortait les premiers à employer leur médiation pour ramener la paix entre les parties contendantes, et pour terminer les discordes civiles ; il marquait aux barons combien il désapprouvait leur conduite lorsqu'ils osaient extorquer par la force des concessions auxquelles leur souverain répugnait ; enfin il conseillait à Jean de traiter la noblesse avec indulgence et bonté, et de lui accorder toutes les demandes qui paraîtraient justes et raisonnables.

Les barons jugèrent aisément par le ton de ces lettres qu'ils auraient le pape pour adversaire aussi bien que le roi ; mais les choses étaient déjà portées trop loin pour qu'ils reculassent, et leurs passions étaient tellement exaltées, que la superstition même n'avait plus le pouvoir de les modérer. D'ailleurs ils sentaient que lorsque les foudres du Vatican ne seraient pas secondées par le clergé d'Angleterre, l'effet n'aurait rien de bien terrible contre eux ; ils s'apercevaient assez que les prélats les plus considérables, ainsi que le clergé inférieur, applaudissaient hautement à leur conduite. Non seulement le haut clergé du royaume était animé de l'amour national pour les lois et la liberté dont il s'attendait à partager les avantages, mais il avait encore d'autres motifs de refroidissement pour les intérêts du siége apostolique : par ses dernières usurpations le pontife romain paraissait vouloir profiter seul des avantages acquis par la victoire qu'à leur propre péril, quoique sous ses étendards, les ecclésiastiques avaient remportée partout sur la puissance civile. Le pape s'arrogeait une autorité despotique sur toutes les églises, et traitait avec dédain leurs coutumes particulières, leurs priviléges et leurs immunités : son pouvoir de dispenser s'étendait jusque sur les conciles généraux ; l'administration de l'église se trouvait totalement concentrée dans la cour de Rome, et tous les bénéfices ne s'obtenaient que par le même canal : le clergé provincial sentait qu'il était nécessaire de limiter des prétentions si vastes. En remplissant le grand nombre de siéges devenus vacants en Angleterre pendant un interdit de six années, le légat Nicolas s'était conduit de la manière la plus arbitraire; en conférant les dignités, il n'avait eu égard ni au mérite personnel, ni au rang, ni à l'inclination des collateurs, ni aux coutumes du pays. Les églises anglaises étaient généralement mécontentes; Langton même, quoiqu'il dût son élévation à une usurpation du saint-siége, ne fut pas plus tôt installé dans cette place éminente, qu'il devint jaloux des priviléges qui lui appartenaient, et s'unit à ses diocésains pour s'en ressaisir. Quoique ces causes ne dessillassent que lentement les yeux des hommes, elles ne manquèrent pas de produire leur effet : elles mirent des bornes aux usurpations de la papauté; le flux s'arrêta d'abord, et remonta ensuite contre le souverain pontife; autrement on ne peut concevoir comment un siècle si porté à la superstition, si plongé dans l'ignorance, ou plutôt dans une fausse érudition, aurait pu échapper de tomber entièrement dans l'esclavage de la cour de Rome.

Environ dans le temps que les lettres du pape arrivèrent en Angleterre, et aux approches des fêtes de Pâques, terme que le roi avait pris pour répondre à la requête de la noblesse, les barons mécontents s'assemblèrent à Stamford, comme ils en étaient convenus, accompagnés de plus de deux mille chevaliers, outre leurs clients et une multitude de gens d'un état inférieur. Enorgueillis de leurs forces, ils s'avancèrent en corps à Brackley, à quinze milles d'Oxford, lieu où la cour résidait alors. Le roi députa vers eux l'archevêque de Canterbury et le comte de Pembroke, pour s'informer quelles étaient donc ces libertés et ces prérogatives réclamées avec tant de chaleur. Les barons remirent à ces députés une feuille contenant les principaux articles de leurs demandes. Le roi ne l'eût pas plus tôt vue qu'il entra en fureur, demanda pourquoi les barons n'exigeaient pas aussi qu'il leur résignât son royaume, et jura qu'il ne leur accorderait jamais des libertés qui le réduiraient lui-même à la servitude.

Dès que la noblesse confédérée sut le refus de Jean, elle choisit Robert Fitz-Walter pour général, et lui donna le titre de *maréchal de l'armée de Dieu et de la sainte église;* après quoi elle commença aussitôt la guerre contre le roi. Elle assiégea le château de Northampton pendant quinze jours, mais sans succès : Guillaume de Beauchamp, seigneur du château de Bedfort, en ouvrit volontairement les portes aux barons : ils s'avancèrent jusqu'à Ware, sur la route de Londres, et de là entretinrent une correspondance avec les principaux habitants, qui leur livrèrent sans obstacle l'entrée de cette capitale : pleins de confiance alors dans leur supériorité, ils publièrent diverses proclamations pour inviter les autres barons à se joindre à eux, les menaçant, en cas de refus ou de délai, de dévaster leurs maisons et leurs terres. Pour leur montrer en effet ce qu'ils avaient à craindre des armes victorieuses de la ligue, ils firent des incursions dans Londres même, et ravagèrent les parcs et les palais du roi. Tous les barons qui avaient conservé jusque là des apparences d'attachement au parti royaliste, saisirent avec joie ce prétexte d'embrasser ouvertement le parti contraire qu'ils avaient toujours favorisé en secret. Le roi se vit abandonné à Odiham, dans le Hampshire, avec sept chevaliers pour tout cortége. Après avoir essayé plusieurs expédients pour éviter le coup qui le menaçait, après avoir offert de s'en rapporter au pape seul de la décision de ces différends, ou à huit barons, dont quatre qu'il nommerait lui-même, et quatre au choix des confédérés, il fut enfin réduit à recevoir la loi de la ligue, et à se rendre à discrétion.

On indiqua une conférence du roi et des barons à Runnemède, entre Windsor et Staines, lieu devenu très-célèbre par ce grand événement. Les deux partis campèrent séparément comme des ennemis déclarés, et, après quelques jours de débats, le roi signa et scella, le 19 juin, avec une facilité pour ainsi dire suspecte, la charte qu'on exigeait de lui. Cet acte fameux, appelé communément *la grande charte*, accorda ou confirma des libertés et des priviléges très-importants à tous les ordres du royaume, au clergé, à la noblesse et au peuple.

La liberté des élections fut assurée au clergé : on confirma la première charte du roi, par laquelle il avait sursis à son droit royal de donner l'autorisation d'élire et de ratifier les nominations : toutes les entraves qu'on avait mises aux appels en cour de Rome furent levées par la permission accordée à tout homme de sortir du royaume quand il lui plairait; et il fut décidé qu'à l'avenir les amendes auxquelles le clergé pourrait être condamné seraient fixées proportionnellement aux biens de patrimoine, et non pas aux bénéfices ecclésiastiques.

Les priviléges qui regardaient la noblesse eurent pour objet d'adoucir les rigueurs de la loi féodale, et de déterminer les points laissés arbitraires ou ambigus par cette loi, ou devenus tels par suite des abus. On fixa les redevances de tout héritier succédant à un fief militaire : un comte et un baron à cent marcs, un chevalier à cent schellings. La charte ordonna de plus que si l'héritier était mineur, il entrerait en jouissance de son bien au moment de sa majorité, sans payer aucune redevance. Selon ces nouveaux règlements, il n'était pas permis au roi de vendre son droit de garde-noble; il pouvait seulement tirer un bénéfice modéré des biens de ses sujets tombés ainsi sous sa régie, mais sans les dévaster et sans attaquer la propriété; on l'obligeait aux réparations des châteaux, des maisons, des moulins, des parcs et des étangs : s'il confiait l'administration de ces gardes-nobles au shérif, ou à quelque autre, il devait préalablement exiger d'eux qu'ils donnassent caution de leur gestion à cet égard. Pendant la minorité d'un baron, et tandis qu'il était de cette manière sous la tutelle du roi, et non en possession de ses héritages, aucune somme due aux juifs par la succession ouverte ne portait intérêt; les héritiers devaient être mariés sortablement, et leurs proches parents informés du mariage avant qu'il fût contracté; une veuve entrait en jouissance de son douaire, fixé au tiers des rentes de son époux, sans payer de redevances. Elle était libre de vivre autant qu'il lui plaisait dans son état de veuvage; mais elle donnait seulement caution qu'elle ne passerait à de secondes noces qu'avec le consentement de son seigneur. Le roi ne pouvait réclamer la tutelle de tout mineur qui tenait des terres de quelque baron par tenure militaire, quoiqu'il tînt aussi des terres de la couronne, soit en roture, ou de quelque autre manière. Les *scutages*, c'est-à-dire les dons que le prince exigeait en certaines occasions, furent réglés au même taux que du temps de Henri I$^{er}$. On en réduisit la perception aux trois cas spécifiés par la loi féodale, lors de la captivité du roi, lorsqu'il créait son fils aîné chevalier, et lorsqu'il mariait sa fille aînée; toute autre taxe devait n'être imposée que par le grand-conseil du royaume; les prélats, les comtes, grands barons, devaient être invités à ce conseil, chacun par un *writ* ou mandat particulier, et les barons de second ordre, par un avis circulaire du shérif. Le roi ne pouvait saisir les terres d'un baron pour une dette de la couronne, si le débiteur possédait assez de biens-meubles et de châteaux pour répondre de la dette. Aucun vassal du roi n'était engagé à plus de services pour son fief que sa tenure n'en comportait. Les gouverneurs ou *constables* de châteaux ne pouvaient, pour la garde du château, exiger d'argent de tout chevalier qui offrait de la faire en personne, ou d'envoyer un remplaçant propre à ce service, et si le chevalier était employé à l'armée par l'ordre du roi, il était dispensé de tout autre service de cette nature. Il n'était permis à aucun chevalier de vendre une portion de sa terre assez considérable pour le mettre hors d'état de s'acquitter du service qu'il devait à son seigneur.

Tels étaient les principaux articles insérés dans la grande charte en faveur des barons ; si elle n'avait rien contenu de plus, le bonheur et la liberté de la nation n'en auraient reçu que très peu d'accroissement, puisqu'elle ne faisait qu'augmenter le pouvoir et l'indépendance d'un ordre d'hommes déjà trop puissants, et dont le joug serait devenu plus pesant au peuple que celui même d'un monarque absolu. Mais les barons, qui seuls arrachaient de leur souverain cette charte mémorable, furent obligés d'y insérer aussi d'autres clauses plus étendues et plus avantageuses au bien public ; ils ne pouvaient s'attendre à être appuyés du peuple sans travailler pour ses intérêts, en même temps que pour les leurs ; et toutes les précautions qu'ils prenaient pour s'assurer à eux-mêmes une administration équitable et libre de la justice tendaient directement à l'avantage de la nation. Les articles suivants furent les principaux de cette espèce.

On régla que tous les priviléges, toutes les immunités dont il est parlé ci-dessus, accordés aux barons contre le roi, s'étendraient aussi des barons à leurs vassaux inférieurs. Il s'engagea lui-même à ne jamais autoriser un baron, par aucun ordre, à lever des subsides sur ses vassaux, excepté dans les trois cas féodaux. On établit le même poids et la même mesure dans tout le royaume : on accorda aux marchands la liberté de consommer toutes leurs affaires de commerce sans être exposés à payer des droits ou des impositions arbitraires : il leur fut permis, ainsi qu'à tout homme libre, de sortir du royaume et d'y revenir quand ils le jugeraient à propos. On conservait à Londres et à toutes les villes et bourgs leurs anciennes libertés, immunités et franchises. On ne devait plus en exiger de subsides qu'avec le consentement du grand-conseil. Aucune ville ni aucune personne ne pouvait être contrainte à construire ou à réparer les ponts, à moins que d'anciens statuts ne l'y obligeassent. On ne pouvait répartir les biens de tout homme libre que conformément à son testament. S'il mourait sans avoir testé, ses héritiers devaient en prendre possession. Il n'était permis à aucun officier de la couronne d'enlever à qui que ce fût des chevaux, des charrettes ou du bois, sans le consentement du propriétaire. Les cours de justice du roi devaient être fixées dans un lieu permanent, et ne plus suivre sa personne. Elles devaient être accessibles à chacun, et ne pouvaient vendre, refuser ou différer la justice à quiconque la demandait. Il y aurait régulièrement chaque année des tournées judiciaires (*circuits*) dans tout le royaume. Les tribunaux inférieurs, la cour du comté, la tournée du shérif, et la cour foncière, se réuniraient aux temps et lieux déterminés. On ôtait aux shérifs le privilége de tenir les plaids de la couronne ; il leur fut également défendu d'actionner personne sur une rumeur ou sur un soupçon, et enjoint de procéder seulement sur la déposition de témoins dignes de foi : aucun homme libre ne pouvait être arrêté, emprisonné, dépossédé de ses libres tènements et franchises, proscrit, banni, insulté, lésé de quelque façon que ce fût, dans sa personne ou dans ses biens, que par un jugement légal de ses pairs, ou en vertu de la loi du pays. Tous ceux qui avaient à se plaindre d'un traitement contraire sous le règne actuel, et sous les deux règnes précédents, devaient être rétablis dans leurs droits et dans leurs possessions. Toute personne libre ne devait être condamnée qu'à une amende proportionnée à sa faute et à sa fortune, de manière que l'amende n'entraînât pas sa ruine totale. Nul vilain ou paysan ne pouvait être privé, pour l'acquit d'une amende, de ses charrettes, de sa charrue, ou autres instruments du labourage. Voilà l'unique article qui fut statué en faveur de cette classe d'hommes, vraisemblablement alors la plus nombreuse du royaume.

Il faut avouer que les premiers articles de la grande charte contiennent des adoucissements et explications très raisonnables et très justes des lois féodales : il faut convenir aussi que les derniers embrassent tous les principaux éléments d'un gouvernement légal, et pourvoient à la distribution égale de la justice, et à la libre jouissance de la propriété, les deux grands objets pour lesquels les hommes instituèrent la société politique ; objets que le peuple a le droit inaliénable et perpétuel de réclamer, et dont aucune circonstance, aucun exemple, aucun statut ou institution positive ne doit jamais détourner un instant son attention et sa pensée. Quoique les garanties obtenues par cette charte pussent paraitre, relativement à l'esprit du siècle, rédigées d'une manière trop concise ; quoiqu'il y manquât cette clarté de détail capable d'en assurer l'exécution contre les chicanes des gens de loi soutenues de la violence du pouvoir, le temps fixa peu à peu le sens de toutes les expressions ambiguës. Les barons courageux qui avaient d'abord arraché ces concessions s'attachèrent à les maintenir, et tinrent toujours l'épée hors du fourreau, prêts à la tourner contre tous ceux qui osaient, sous quelque prétexte que ce fût, s'écarter de l'esprit originel et de l'intention de cet acte authentique. Il est facile maintenant, par la teneur de cette charte, de reconnaître ce qu'étaient ces lois du roi Édouard, dont la nation anglaise, depuis tant de générations, et avec une persévérance si obstinée, désirait le rétablissement. Elles formaient principalement les derniers articles de la *grande charte* ; et les barons qui, dès le commencement de ces fermentations, avaient demandé que les lois saxonnes fussent remises en vigueur, croyaient sans doute avoir satisfait assez le peuple en lui procurant des concessions qui comprenaient les principaux objets auxquels il aspirait depuis si longtemps. Mais ce que l'on doit admirer davantage, c'est la prudence et la modération de cette fière noblesse, irritée par les outrages, enflammée par les obstacles, et glorieuse d'une victoire complète remportée sur son souverain : car ce fut au milieu de son triomphe et de sa puissance qu'elle se désista volontairement de quelques articles de la charte de Henri I<sup>er</sup>, qui étaient d'abord le fondement de sa requête, entre autres de l'abolition du droit de garde-noble, point si important; et elle parut attentive elle-même à ne pas trop diminuer les revenus et l'autorité de la couronne. S'il semble donc que les barons aient porté trop loin d'autres demandes, on ne doit l'attribuer qu'au caractère tyrannique et fourbe du roi même, dont ils avaient fait une si longue expérience. Ils prévirent que, s'ils ne pourvoyaient pas ainsi à leur sûreté, ce prince ne tarderait point à enfreindre leurs nouveaux priviléges et à rétracter ses concessions. Ce motif seul donna lieu à l'addition de quelques autres articles, excessifs en apparence, mais jugés nécessaires pour servir de rempart et de sauvegarde à la grande charte.

Les barons obligèrent le roi à consentir que Londres restât entre leurs mains, et que la tour fut confiée au primat jusqu'au 15 d'août suivant, ou jusqu'à l'exécution des différents articles de cette charte. Pour l'assurer encore mieux, le roi permit que les barons nommassent vingt-cinq d'entre eux, comme conservateurs des libertés publiques, et on ne mit aucune borne ni à la durée ni à l'étendue de leur autorité. Si on se plaignait d'atteintes données à la charte par le roi, les justiciers, les shérifs ou les forestiers, quatre de ces barons devaient avertir Sa Majesté de réparer l'infraction; mais s'ils n'obtenaient pas justice à cet égard, le conseil des vingt-cinq avait droit de s'assembler, et, joint au grand-conseil national, était autorisé à forcer le roi d'observer la charte, et, en cas de refus, à lui déclarer la guerre, à s'emparer de ses châteaux, et à se servir de toutes les ressources de la force, excepté contre sa personne royale, celles de la reine son épouse, et de ses enfants. Tous les habitants du royaume furent obligés, sous peine de confiscation, de prêter serment d'obéissance aux vingt-cinq barons; les francs-tenanciers de chaque province devaient choisir douze chevaliers, chargés de s'instruire et de faire leur rapport de tous les abus et usages pernicieux qui avaient besoin d'être corrigés, conformément à la teneur de la grande charte (1). Ces conservateurs furent les comtes de Clare, d'Albemarle, de Gloccster, de Winchester, de Hereford; Roger Bi-

---

(1) Ceci paraît une preuve très-forte que la chambre des communes n'existait pas alors. Autrement les chevaliers et les bourgeois de diverses provinces auraient donné aux seigneurs une liste des griefs dont ils demandaient la réparation au gouvernement, et n'auraient pas eu besoin de ces nouvelles élections.

god, comte de Norfolk ; Robert de Vere, comte d'Oxford; William Maréchal jeune, Robert Fitz-Walter, Gilbert de Clare, Eustache de Vescey, Guillaume de Moubray, Geoffroi de Say, Roger de Monbezon, William de Huntingfield Robert; de Ros, gouverneur de Chester; William d'Aubenie, Richard de Perci, William Malet, John Fitz-Robert, William de Lanvalay, Hugues de Bigod, et Roger de Montfichet. Au moyen de ces conventions, ils se trouvèrent réellement investis de la souveraineté du royaume, régner conjointement avec le roi, ou plutôt ils devinrent supérieurs à lui dans l'exercice de la puissance exécutrice : comme il n'y avait point dans le gouvernement d'affaires qui ne pussent directement ou indirectement se rattacher à la sûreté ou à l'observation de la grande charte, à peine pouvait-il se présenter un incident qui ne les mît dans le cas d'interposer légitimement leur autorité.

Jean parut se soumettre sans réserve à tous ces règlements, quelque injurieux qu'ils fussent à la majesté royale. Il écrivit aux shérifs de contraindre tous ses sujets à prêter serment d'obéissance aux vingt-cinq barons : il congédia toutes ses troupes étrangères, et annonça que désormais son administration serait mise sur un nouveau pied, et deviendrait plus favorable à la liberté et à l'indépendance de son peuple ; mais il ne tendait qu'à dissimuler jusqu'à ce qu'il trouvât une occasion propice d'annuler toutes ces concessions. Les torts et les outrages qu'il avait reçus précédemment du pape et du roi de France, n'étant partis que de son supérieur ou de son égal, semblaient ne lui avoir pas laissé d'impressions profondes ; mais le sentiment amer de son assujettissement entier et perpétuel sous le joug de ses rebelles vassaux remplissait son âme, et il était résolu, à tout hasard, de secouer des chaînes si flétrissantes. Il devint sombre, taciturne et réservé, évita le commerce de ses courtisans et des grands du royaume, et se retira dans l'île de Wight, comme s'il eût voulu cacher sa confusion; mais dans cette retraite il méditait de tirer une vengeance cruelle de ses ennemis. Il envoya secrètement ses agents dans les pays étrangers pour enrôler des soldats, et pour engager à son service les avides Brabançons, par l'appât du pillage de l'Angleterre et du partage des confiscations, dont tant de riches barons avaient encouru la peine en se révoltant à main armée contre lui. Il dépêcha aussi un courrier à Rome, pour communiquer au pape la grande charte qu'on l'avait forcé de signer, et pour se plaindre devant ce tribunal sacré de la violence qui lui avait été faite.

Innocent, se regardant comme seigneur suzerain du royaume d'Angleterre, s'emporta jusqu'à la fureur contre l'audace des barons qui, en admettant les appels à son autorité, avaient cependant osé, sans attendre son consentement, imposer de semblables lois à un prince qu'ils savaient être sous la protection immédiate du saint-siége depuis qu'il avait résigné sa couronne et son indépendance au souverain pontife. Il publia donc une bulle, dans laquelle, en vertu de sa pleine puissance apostolique, et de l'autorité que Dieu lui avait donnée, de fonder et de renverser les royaumes, il annulait toute la charte, comme injuste en elle-même, extorquée par la force, et dérogatoire à la dignité de la chaire du prince des apôtres. Il défendit aux barons d'en exiger l'exécution, et ordonna au roi même de n'y avoir aucun égard. Il releva ce prince et ses sujets de tous les serments dont on les avait contraints de se lier, et prononça une sentence d'excommunication contre quiconque persévérerait à soutenir des prétentions si iniques et si contraires à la fidélité due au souverain.

Le roi, à qui des secours étrangers arrivèrent en même temps que cette bulle, hasarda de lever le masque, et sous la sanction du décret du pape, révoqua toutes les libertés qu'il venait d'accorder à ses sujets, et qu'il avait solennellement juré d'observer. Mais il éprouva que, dans cette occasion, les armes spirituelles avaient moins de force qu'il ne devait s'y attendre, après les avoir trouvées si terribles contre lui. Le primat osa désobéir au pape, en refusant de fulminer l'excommunication contre les barons. Quoiqu'il fût cité à Rome pour se rendre au concile général qu'on y avait assemblé; quoiqu'on le suspendît de ses fonctions épiscopales pour le punir de sa désobéissance au pape et de ses correspondances mystérieuses avec les ennemis du roi; quoiqu'un nouvel anathème fût lancé contre les principaux barons nominativement, Jean n'en trouva pas moins la noblesse, le peuple, et même le clergé de son royaume, résolus à défendre leurs priviléges, et toujours unis contre lui. L'épée de ces mercenaires étrangers devint le seul appui sur lequel il pût compter pour rétablir son autorité.

Il paraît qu'après avoir obtenu la grande charte les barons s'étaient endormis dans une imprudente sécurité, et n'avaient pris aucune mesure efficace, en cas d'introduction de troupes étrangères, pour pouvoir rassembler à propos leurs armées. Le roi fut maître de la campagne le premier. Il assiégea d'abord le château de Rochester, que Guillaume d'Aubenie, à la tête de cent quarante chevaliers et de leur suite, défendit si obstinément, qu'il ne put être réduit que par la famine. Jean, irrité de cette résistance, voulait faire pendre le gouverneur et toute la garnison ; mais Guillaume de Mauléon lui représenta que ce serait s'exposer au danger des représailles ; et le roi, calmé par cette réflexion se contenta de se venger de cette manière barbare seulement sur les prisonniers d'un ordre inférieur. La prise de Guillaume d'Aubenie, le meilleur officier qu'il y eût parmi les barons ligués, fut une perte irréparable pour leur parti. Dès ce moment aucune opération régulière ne s'opposa aux progrès des armes royales. Les troupes mercenaires, naturellement avides et féroces, et excitées encore par un prince cruel et furieux, tombèrent sur les terres, les fermes, les maisons, les parcs de la noblesse, et répandirent la désolation par tout le royaume. On ne voyait plus dans les campagnes que les flammes des villages et des châteaux incendiés, la consternation et la misère des habitants, les tortures que les soldats épuisaient sur eux pour leur faire révéler l'endroit où leurs effets étaient cachés, et les représailles non moins barbares commises par les barons et leurs adhérents sur les domaines de la couronne et sur les biens de tous les royalistes. En traversant l'Angleterre d'une extrémité à l'autre, depuis Douvres jusqu'à Berwick, le roi mit tout à feu et à sang autour de lui ; et, regardant comme pays ennemi toute terre qui ne lui appartenait pas immédiatement, il y porta sans pitié le fer et la flamme. Les nobles des provinces septentrionales, en particulier, s'étaient montrés les plus ardents pour le recouvrement des libertés nationales, et ayant agi en corps séparé, n'avaient pas même paru satisfaits des concessions accordées par la grande charte; convaincus qu'ils ne devaient espérer aucune grâce du roi, ils prirent la fuite devant lui avec leurs femmes et leurs enfants, et coururent acheter la protection d'Alexandre, le jeune roi d'Écosse, en lui rendant foi et hommage.

Les barons, réduits à cette extrémité pressante, et menacés de perdre leur liberté, leurs propriétés, et la vie, employèrent un remède aussi désespéré que leur situation : ils s'adressèrent à la cour de France, et offrirent de reconnaître Louis, fils de Philippe, pour leur souverain, à condition qu'il les protégerait contre leur prince irrité. Quoique le droit de défense naturelle, seul droit absolument indestructible, eût pu en quelque sorte les excuser de vouloir déposer leur roi, ils colorèrent leur intention d'une autre apparence, et dissimulèrent devant Philippe une prétention odieuse à tous les souverains, et qui blesse toujours leurs oreilles. Ils prétendirent que Jean était inhabile à succéder à la couronne, attendu la sentence de proscription (*attainder*) rendue contre lui pendant le règne de son frère, quoique cette sentence eût été annulée, et que Richard, par son testament, eût même nommé ce prince pour son successeur. Ils soutinrent encore qu'il avait déjà été déposé légalement par les pairs de France, à raison du meurtre de son neveu, quoique ce jugement ne dût sans doute avoir d'effet qu'à l'égard de ses possessions françaises, qui seules relevaient de cette couronne. Ils attestèrent, mais sur des fondements plus solides, qu'il s'était déposé lui-même en rendant hommage de son royaume au pape, en changeant la nature de sa souveraineté, et en réduisant sous le vasselage d'une puissance étrangère une couronne indépendante. Comme Blanche de Castille, femme de Louis, descendait, par sa mère, de Henri II, ils assurèrent, quoique plusieurs autres princes la précédassent dans l'ordre de succession, qu'ils ne l'interrompaient pas en choisissant son époux pour leur monarque.

Philippe était extrêmement tenté de se saisir de la riche proie qui venait s'offrir à lui. Le légat du pape le menaça d'interdits et d'excommunications, s'il envahissait le patrimoine de saint Pierre, ou attaquait un prince que le saint-siége avait pris sous sa protection immédiate : mais comme Philippe était assuré de l'obéissance de ses propres vassaux, sa piété se pliait aux conjonctures des temps, et il dédaignait autant alors les censures du pontife romain, qu'il avait affecté autrefois de les respecter. Son principal scrupule n'était qu'une inquiétude sur le degré de fidélité qu'il devait attendre des barons anglais dans leur nouvel engagement, et sur le danger de confier son fils et son héritier à des hommes que le caprice ou la nécessité pouvaient porter à faire la paix avec leur souverain naturel, en sacrifiant un gage si précieux. Il exigea donc des barons vingt-cinq otages des plus grandes maisons d'Angleterre. Après avoir pris cette précaution, il commença par envoyer une petite armée au secours des confédérés, et ensuite des forces plus nombreuses, avec Louis même à leur tête.

Le premier effet de la présence de ce jeune prince en Angleterre fut la désertion des troupes étrangères de Jean, qui, ayant été levées pour la plupart en Flandre, et en d'autres provinces de France, refusèrent de servir contre l'héritier de cette monarchie. Les Gascons et les Poitevins, encore sujets de Jean, restèrent seuls dans son parti; mais ils étaient trop faibles pour conserver la supériorité qu'ils avaient eue pendant la campagne sur les barons confédérés. Plusieurs seigneurs de distinction, tels que les comtes de Salisbury, d'Arundel, de Warenne, d'Oxford, d'Albemarle, et William Maréchal le jeune, abandonnèrent les intérêts de Jean : ses châteaux tombaient journellement entre les mains de ses ennemis. Douvres fut la seule place que la valeur et la fidélité de Hubert de Burgh, qui en était gouverneur, sauvèrent des armes triomphantes de Louis. Les barons avaient la triste perspective de réussir enfin dans leur projet et d'échapper à la tyrannie de leur propre roi, en imposant à eux et à leur patrie un joug étranger; mais l'union entre la noblesse française et anglaise ne fut pas de longue durée. L'imprudence avec laquelle Louis marquait en toute occasion des prédilections aux premiers augmentait la jalousie dont il était si naturel que les autres fussent encore plus susceptibles dans les circonstances où ils se trouvaient. On prétend aussi que le vicomte de Melun, l'un des courtisans de ce prince, étant tombé malade à Londres, et sentant la mort s'approcher, envoya chercher quelques barons anglais de ses amis, les avertit du danger dont ils étaient menacés, et leur révéla l'intention où Louis était de les exterminer eux et leurs familles, comme traîtres à leur souverain, et de donner leurs biens et leur dignités à ses sujets naturels, sur la fidélité desquels il pouvait plus raisonnablement compter. Cette histoire, vraie ou fausse, se répandit et s'accrédita, et d'autres circonstances la rendirent si vraisemblable, qu'elle porta un préjudice infini aux intérêts de Louis. Le comte de Salisbury et d'autres grands rentrèrent dans ceux de Jean, et comme les hommes changent aisément de parti dans les guerres civiles, surtout quand leur crédit est fondé sur une autorité héréditaire et indépendante, et non pas dérivé de l'opinion et de la faveur du peuple, le prince français eut lieu de craindre un prompt revers de fortune. Le roi assemblait une armée considérable, dans l'intention de décider le sort de sa couronne dans une bataille rangée : mais, en passant de Lynne en Lincolnshire, il prit son chemin le long du rivage de la mer, encore inondé par les hautes marées, et n'ayant pas choisi un temps convenable pour cette marche, il perdit dans l'inondation tout son bagage, ses chariots, son trésor, et les ornements de la royauté. Le chagrin de ce désastre, et l'idée de ses malheureuses affaires, achevèrent de ruiner sa santé déjà dérangée. Il arriva au château de Newark, où il fut obligé de s'arrêter. Sa maladie fit des progrès si rapides qu'elle mit bientôt fin à ses jours : il mourut le 17 octobre dans la quarante-neuvième année de son âge, et la dix-huitième de son règne, et délivra la nation du péril dont ses succès ou ses infortunes la menaçaient également.

Le caractère de ce prince n'est qu'un assemblage de vices bas et révoltants, aussi funestes pour lui-même que pour son peuple. La lâcheté, l'indolence, la folie, la légèreté, la licence, l'ingratitude, la tyrannie, et la cruauté, se montrent avec tant d'évidence dans les divers événements de sa vie, qu'on ne peut soupçonner les anciens historiens d'avoir surchargé son portrait de couleurs odieuses par d'injustes préjugés : il est difficile de décider dans quel cas sa conduite fut plus criminelle avec son père, ses frères, son neveu, ou ses sujets, et même si tous ses crimes à leur égard ne furent pas encore surpassés par la bassesse de ses traités avec le roi de France, le pape, et les barons. Les états dont la mort de son père le mit en possession étaient plus étendus qu'ils ne l'ont été, depuis son temps, sous aucun monarque anglais : mais il perdit d'abord, par sa mauvaise conduite, les florissantes provinces françaises, antique patrimoine de sa maison ; il assujettit ensuite son royaume au vasselage honteux du siége de Rome ; et il vit les prérogatives de sa couronne restreintes par la loi, et encore plus par les factions. Il mourut enfin lorsqu'il allait être expulsé par une puissance étrangère et réduit à finir sa vie dans une prison, ou à se soustraire par la fuite aux atteintes de ses ennemis.

Les préventions contre ce prince étaient si fortes, que l'on crut qu'il avait envoyé une ambassade au miramolin de Maroc, pour acheter la protection de ce souverain, en lui offrant d'abjurer le christianisme et de se faire mahométan. Quoique Matthieu Paris rapporte cette anecdote sur des autorités assez plausibles, elle est tout à fait improbable en elle-même ; mais on est disposé à tout croire de la folie et de la corruption de Jean.

Les moines lui reprochent hautement son impiété, et même son incrédulité : ils en citent pour exemple qu'un jour ayant pris un cerf très-gras, il s'écria : « Que cet animal est dodu et bien « nourri ! cependant je jurerais qu'il n'a jamais entendu la « messe. » Cette plaisanterie sur l'embonpoint ordinaire des prêtres a plus contribué à le faire passer parmi eux pour un athée que ses crimes et ses iniquités les plus énormes.

Jean laissa deux fils légitimes, Henri, né le 1er d'octobre 1207, âgé alors de neuf ans ; et Richard, né le 6 de janvier 1209. Il eut aussi trois filles : Jeanne, mariée ensuite à Alexandre, roi d'Écosse ; Éléonore, qui épousa en premières noces William Maréchal le jeune, comte de Pembroke, et en secondes, Simon de Montfort, comte de Leicester ; et Isabelle, mariée à l'empereur Frédéric II. Tous ses enfants eurent pour mère Isabelle d'Angoulême, sa seconde femme. Ses enfants naturels furent nombreux, mais aucun ne s'est fait connaître particulièrement.

C'est le roi Jean qui, dans la neuvième année de son règne, donna le premier, par une charte, à la Cité de Londres, le droit d'élire annuellement un maire parmi ses citoyens. Le maire restait alors en fonctions toute sa vie. Jean accorda aussi à la Cité le droit d'élire et de déplacer à volonté ses shérifs, et annuellement les membres de son conseil-commun. Le pont de Londres fut achevé sous ce règne; le premier pont était en bois. L'impératrice Maud est la première qui fit construire en Angleterre un pont en pierre.

# CHAPITRE XII.

## GOUVERNEMENT FÉODAL ET MŒURS
### DES ANGLO-NORMANDS.

Origine de la loi féodale. — Ses progrès. — Gouvernement féodal d'Angleterre. — Parlement féodal. — Communes. — Puissance judiciaire. — Revenu de la couronne. — État du commerce et de l'Église. — Lois civiles. — Mœurs.

La loi féodale est le principal fondement du gouvernement politique et de la jurisprudence que les Normands établirent en Angleterre. Notre sujet exige donc que nous nous en formions une juste idée pour expliquer l'état de ce royaume, ainsi que de tous ceux de l'Europe qui, pendant ces temps-là, furent gouvernés par des institutions semblables. Je sens, à regret, qu'il faut que je répète plusieurs observations et réflexions déjà faites par d'autres (1). Cependant, comme tout livre doit, selon la remarque d'un grand historien, être aussi complet en lui-même qu'il est possible, et ne jamais, sur des choses essentielles, renvoyer à d'autres ouvrages, il devient nécessaire ici de tracer un plan raccourci de cette prodigieuse machine qui, pendant plusieurs siècles, conserva un mélange de liberté et d'oppression, d'ordre et d'anarchie, de stabilité et de révolutions, qu'on n'avait jamais vu en aucun autre siècle et en aucune autre partie du monde.

Après que les nations septentrionales eurent subjugué les provinces de l'empire romain, elles furent obligées d'établir un système de gouvernement capable d'assurer leurs conquêtes, de prévenir les révoltes de leurs nombreux sujets qui résidèrent dans ces provinces, et d'empêcher les incursions que les autres tribus pouvaient tenter pour leur ravir leurs nouvelles acquisitions. Le changement de circonstances fit qu'elles s'écartèrent ici

---

(1) L'Esprit des Lois, Histoire d'Écosse du docteur Robertson; d'Alrymple, des Tenures Féodales.

des institutions qu'elles avaient toujours suivies tant qu'elles étaient restées dans les forêts de la Germanie. Cependant il était naturel qu'elles retinssent dans leurs établissements actuels toutes celles de leurs anciennes coutumes que pouvait admettre leur nouvelle situation.

Les divers gouvernements germains, étant plutôt des confédérations de guerriers indépendants que des sociétés assujetties à un ordre civil, tiraient leur principale force de plusieurs associations inférieures et volontaires que différentes personnes formaient sous un chef, ou *chieftain*, et qu'il était du point d'honneur de maintenir avec une fidélité inviolable. La gloire du chef consistait dans le nombre, la valeur, et le degré d'attachement de ses clients : le devoir des clients était de suivre le chef dans toutes les expéditions militaires; d'en partager les dangers avec lui, de combattre, de mourir à ses côtés, et de regarder sa gloire ou sa faveur comme une récompense suffisante de leurs services. Le prince même n'était qu'un grand chieftain choisi entre ses pairs pour la supériorité de sa bravoure ou de sa noblesse, et qui recevait tout son pouvoir de l'association volontaire ou de l'attachement des autres chieftains.

Lorsqu'une tribu de Germains, gouvernée par ces idées, et conduite par ces principes, subjuguait un territoire vaste, il arrivait que, malgré la nécessité où elle était de se tenir en état de guerre, elle ne pouvait ni rester unie en un corps, ni prendre ses quartiers en plusieurs garnisons, et que ses mœurs et ses institutions l'empêchaient d'user des expédients ordinaires qu'une nation civilisée aurait employés en pareil cas. L'ignorance de ces peuples sur la science des finances, et peut-être les dévastations inséparables de conquêtes faites si violemment, leur rendaient impossible de lever des taxes suffisantes pour la paie de leurs nombreuses armées. D'ailleurs leur répugnance pour la subordination, et leur goût pour les plaisirs champêtres, faisaient que la vie du camp ou de la garnison, prolongée en temps de paix, leur était odieuse et rebutante. Ils s'emparaient donc d'une portion des terres conquises, telle qu'ils la jugeaient nécessaire, en assignaient ensuite une partie pour soutenir la dignité de leur prince et du gouvernement, et distribuaient les autres, sous le titre de fiefs, aux chefs. Ces chefs faisaient à leur tour un nouveau partage de leur lot entre leurs clients ou protégés (*retainers*). La condition expresse de tous ces dons était qu'ils pouvaient être révoqués à volonté, et que le possesseur serait obligé, tant qu'il en jouirait, de se tenir toujours prêt à se mettre en campagne pour la défense de la nation. Quoique ces conquérants se séparassent aussitôt pour aller jouir de leurs nouvelles acquisitions, leur caractère belliqueux les rendait exacts et prompts à remplir leur engagement. Ils se rassemblaient à la première alarme. Leur attachement habituel pour leur chieftain les disposait volontiers à se soumettre à ses ordres : ainsi des forces régulières, quoique cachées, étaient toujours sur pied, prêtes à défendre en toute occasion l'intérêt et l'honneur de la communauté.

Il ne faut pas imaginer que toutes les terres conquises fussent occupées par les conquérants venus du nord, ou que la totalité des terres occupées fût assujettie à ces services militaires. Cette supposition est réfutée par l'histoire de toutes les nations du continent. L'idée même que l'historien romain nous donne des mœurs des Germains peut nous convaincre que ce peuple fier ne se serait pas contenté d'une subsistance si incertaine, et n'aurait pas combattu pour se procurer des établissements précaires, dont la volonté de leur souverain pouvait les priver d'un moment à l'autre. Quoique les chieftains septentrionaux acceptassent des terres, qui, étant considérées comme une paie militaire, pouvaient leur être retirées, selon le bon plaisir du roi ou du général, ils prenaient aussi possession d'autres terres, héréditaires et indépendantes, qui les mettaient en état de conserver leur liberté naturelle, et de soutenir, sans les grâces de la cour, la dignité de leur rang et l'éclat de leurs maisons.

Mais il y a une grande différence pour les conséquences, entre la jouissance d'une solde quelconque, et la possession de terres assignées avec la condition du service militaire. Le paiement de la première à la semaine, au mois, ou à l'année, rappelle toujours l'idée d'un bienfait volontaire du prince, et fait souvenir le soldat qu'elle n'était que momentanée : mais l'attachement si facile à prendre pour une certaine portion de terre que l'on occupe, produit peu à peu l'idée de quelque chose d'assez semblable à la propriété, et fait oublier au possesseur sa situation dépendante, et la condition à laquelle il a d'abord accepté ce don. Il parut juste que celui qui avait cultivé et ensemencé un champ pût en ramasser la récolte; de là les fiefs, qui dans les commencements n'étaient qu'une possession passagère, devinrent une possession annuelle. Un homme qui avait employé son argent à bâtir, à planter, ou à d'autres améliorations, s'attendait à recueillir le fruit de son travail ou de sa dépense : de là les fiefs furent ensuite accordés pour un certain nombre d'années. Il aurait été dur d'expulser de ses possessions un homme qui avait toujours fait son devoir, et rempli les conditions auxquelles originairement il les avait reçues : de là les chieftains, par la suite des temps, se crurent en droit de demander la jouissance de leurs terres féodales pour toute leur vie. On fit réflexion qu'un homme hasarderait plus courageusement sa vie dans les combats, s'il était assuré que sa famille héritât de ses possessions, et ne fût pas exposée par sa mort aux tristes effets de l'indigence : de là les fiefs furent rendus héréditaires dans les familles, et passèrent pendant un siècle du père au fils, au petit-fils, puis aux frères, et ensuite aux parents plus éloignés. L'idée de la propriété prit peu à peu la place de celle de la paie militaire, et chaque siècle apporta quelque addition sensible à la stabilité des fiefs et des tenures.

Dans toutes ces acquisitions successives, le chef était soutenu par ses vassaux. Ils avaient déjà contracté originairement des liens étroits avec lui; ces liens se resserraient encore par une suite constante de bons offices réciproques, et par l'amitié que le voisinage et la dépendance produisent; il en résultait qu'ils étaient portés à servir ce chef contre tous ses ennemis, et lui vouaient volontairement la même obéissance dans ses querelles particulières, qu'ils lui devaient, comme vassaux, dans les guerres étrangères. Tandis qu'il travaillait journellement à s'assurer la possession de son fief supérieur, ils espéraient trouver le même avantage à l'égard de leurs fiefs subordonnés; en conséquence de cet intérêt personnel, ils s'opposaient avec zèle à l'intrusion d'un nouveau seigneur, qui pouvait pencher à transporter, comme il en avait le droit, la possession de leurs terres à ses propres favoris et à ses clients. C'est ainsi que l'autorité du souverain s'affaiblit graduellement ; chaque noble, fortifié dans son territoire, par l'attachement de ses vassaux, devint trop puissant pour être expulsé par un ordre émané du trône ; et il affermit par la loi ce qu'il avait d'abord acquis par usurpation.

Pendant cet état précaire du pouvoir suprême, on sentit bientôt la différence qu'il y avait entre les portions de terres assujetties aux engagements féodaux, et celles qui étaient possédées par un titre libre ou allodial. Quoique ces dernières possessions eussent d'abord été regardées comme infiniment préférables aux autres, les changements progressifs qui s'introduisirent dans la loi publique et particulière les firent bientôt trouver de beaucoup inférieures aux premières. Les possesseurs d'un territoire féodal, unis par une subordination régulière sous un chef, et par l'attachement mutuel des vassaux, avaient le même avantage sur les propriétaires des autres qu'une armée bien disciplinée a sur une multitude dispersée, et pouvaient commettre, avec impunité, toutes les hostilités qu'il leur plaisait sur leurs faibles voisins. Chacun se hâta donc de rechercher cette protection qu'il trouvait si nécessaire ; chaque propriétaire allodial remit ses possessions entre les mains du roi, ou de quelque seigneur respecté pour son pouvoir ou sa vaillance, et les reçut ensuite de lui, avec la condition des services féodaux ; quoique le vasselage fût à quelques égards un fardeau pesant, le nouveau vassal en était amplement dédommagé, en ce qu'il se trouvait uni aux propriétaires voisins, et placé sous la sauvegarde d'un chieftain puissant. La décadence du gouvernement politique occasionna ainsi nécessairement l'extension du féodal : les royaumes de l'Europe se divisèrent universellement en baronnies, et ces baronnies en fiefs inférieurs ; l'attachement des vassaux à leur chef, qui faisait d'abord une partie essentielle des mœurs germaines, se soutint par les mêmes causes dont il tirait son origine, la nécessité d'un appui mutuel, et le commerce continuel d'avantages et de services entre le chef et les membres.

Mais il y avait encore une autre circonstance qui affermissait ces dépendances féodales, et qui tendait à lier les vassaux à leur seigneur supérieur par un nœud indissoluble. Les conquérants septentrionaux, ainsi que les premiers Grecs et les premiers Romains, avaient adopté une politique nécessairement commune à toutes les nations dont la civilisation est encore très-peu avancée; ils unissaient partout la jurisprudence civile avec la puissance militaire. La loi, dans ces commencements, n'était pas une science embrouillée; elle était plutôt composée de maximes d'équité, toujours à la portée du bon sens, que de principes subtils et nombreux, appliqués à une multitude de cas, à force de raisonnements profonds tirés de l'analogie. Un officier vieilli dans les camps était en état de terminer toutes les discussions légales qui pouvaient naître dans le district commis à sa charge; et il était tout simple qu'on se soumît volontiers et promptement à la décision d'un homme dont on respectait la personne, et auquel on avait coutume d'obéir. Le profit qui lui revenait des châtiments, alors presque toujours pécuniaires, était encore un motif pour qu'il désirât de retenir l'autorité judiciaire; et, lorsque son fief devint héréditaire, cette autorité, l'une de ses appartenances essentielles, fut aussi transmise à sa postérité. Les comtes et les autres magistrats, dont le pouvoir était purement juridique, furent tentés, en imitation des seigneurs féodaux, auxquels ils ressemblaient à tant d'autres égards, de rendre leur dignité perpétuelle et héréditaire; et, dans le déclin de l'autorité royale, ils réussirent sans difficulté. De cette manière, la vaste machine de la subordination féodale devint entièrement solide et simple; elle forma partout une partie essentielle de la constitution politique; les Normands et les autres barons qui suivirent la fortune de Guillaume y étaient si accoutumés, qu'à peine avaient-ils une notion de quelque autre espèce de gouvernement civil (1).

Comme les Saxons qui conquirent l'Angleterre exterminèrent les anciens habitants, et se trouvèrent défendus par la mer contre de nouveaux conquérants, il leur fut moins nécessaire de se tenir en état de guerre : la quantité de terres qu'ils annexèrent aux offices semble avoir été de peu de valeur, et, par cette raison, gardée plus longtemps dans sa situation primitive, et toujours

---

(1) Les idées du gouvernement féodal étaient si enracinées, que les jurisconsultes même de ces temps-là ne pouvaient se former une notion de quelque autre consti ution. *Regnum* (dit Bracton, l. 2, cap. 34) *quod ex comitatibus et baronibus dicitur esse constitutum*.

possédée précairement par ceux à qui ces offices étaient confiés. Ces conditions, trop sujettes au changement, ne pouvaient satisfaire les barons normands, dont les possessions étaient plus indépendantes et la juridiction plus étendue dans leur propre pays. Guillaume fut obligé, lors de la nouvelle distribution des terres, de copier les tenures qui étaient alors universelles sur le continent. L'Angleterre devint tout à coup un royaume féodal, et elle reçut tous les avantages et fut exposée à tous les inconvénients attachés à cette espèce de police civile.

Selon les principes de la loi féodale, le roi était le seigneur suprême de la propriété terrienne. Tous les possesseurs qui jouissaient des fruits ou des revenus de certaines portions de terre tenaient leurs priviléges, ou médiatement, ou immédiatement, de lui, et leur propriété était censée en quelque sorte conditionnelle. Les terres étaient toujours considérées comme une espèce de *bénéfices*, conformément à l'idée primitive de la propriété féodale. Le vassal, en retour des terres qu'il occupait, devait un service réglé à son baron, comme le baron en devait un pareil à la couronne pour celles qu'il en tenait. Le vassal était obligé de défendre son baron en temps de guerre, et le baron de combattre à la tête de ses vassaux pour la défense du roi et du royaume. Mais, outre ces services militaires, qui n'étaient qu'accidentels, il y avait encore des redevances civiles plus constantes et plus continuelles qui leur étaient imposées.

Les peuples du nord n'imaginaient pas qu'aucun homme élevé dans le sentiment de l'honneur, et exercé aux armes, pût être gouverné, sans son aveu, par la volonté absolue d'un autre. Ils ne croyaient pas non plus que l'administration de la justice pût être exercée par l'opinion particulière d'un magistrat suprême, sans le concours de quelques autres personnes qui eussent intérêt de s'opposer à ses décisions iniques ou arbitraires. Lorsque le roi jugeait nécessaire de demander quelques services à ses barons, ou à ses principaux tenanciers, au-delà des services réglés par leurs tenures, il était donc obligé de les assembler pour obtenir leur *consentement* : lorsqu'il fallait terminer quelques contestations entre les barons mêmes, la question devait être discutée en leur présence, et décidée selon leur opinion ou leur *avis*.

Les services civils des anciens barons consistaient principalement dans ces deux fonctions, celle de *consentir*, et celle d'*opiner* : et elles embrassaient tous les incidents considérables du gouvernement. Les barons regardaient ces services sous un double aspect : d'un côté, comme leur principal privilége, de l'autre, comme un fardeau pesant. On considérait en général, comme la plus grande sûreté de leurs possessions et de leurs dignités, qu'aucune affaire importante ne pût être décidée sans leur consentement et leur avis; mais aussi, comme ils ne tiraient aucun salaire de leur service dans le conseil, et qu'ils étaient exposés à des inconvénients et à des frais considérables par l'obligation de s'absenter de leurs terres, tous se dispensaient avec joie de chaque occasion particulière d'exercer ce droit; chacun d'eux désirait d'être convoqué rarement, et qu'un autre le fût à sa place. D'une autre part, le roi était ordinairement très attentif, par plusieurs raisons, à ce que l'assemblée régulière ou accidentelle des barons fût complète : ce service était le gage le plus essentiel de leur subordination à la couronne, et les arrachait à l'espèce d'indépendance qu'ils affectaient dans leurs châteaux et sur leurs foyers. D'ailleurs, lorsque l'assemblée était peu nombreuse, ses décisions avaient moins de poids, et n'étaient pas suivies si docilement par toute la communauté.

Il en était de même des barons dans leurs cours inférieures que du roi dans le conseil suprême de la nation. Il fallait qu'ils assemblassent leurs vassaux pour décider, à la pluralité des voix, toutes les questions relatives à la baronnie; ces vassaux siégeaient avec leur chef pour juger tous les procès civils ou criminels qui s'élevaient dans l'étendue de leur ressort. Ils étaient obligés de plaider et de se trouver à la cour de leur baron; et, comme leurs tenures étaient militaires, et par conséquent honorables, il les admettait dans sa société, et les recevait au rang de ses amis. Ainsi un royaume n'était regardé que comme une grande baronnie, et une baronnie était considérée comme un petit royaume. Les barons étaient pairs les uns des autres au conseil national, et pour ainsi dire collègues du roi : leurs vassaux étaient pairs les uns des autres dans la cour de la baronnie, et pour ainsi dire collègues de leur baron.

Mais quelque loin qu'allât cette similitude, par le cours naturel des choses, les vassaux dans les constitutions féodales devinrent généralement plus subordonnés aux barons que les barons mêmes au roi ; et cette nature de gouvernement avait une tendance directe et nécessaire à augmenter le pouvoir de la noblesse. Le grand chieftain, en résidant à sa terre ou dans son château, qu'il lui était communément permis de fortifier, perdait, en grande partie, ses liaisons avec le prince, et ajoutait chaque jour de nouvelles forces à son autorité sur les vassaux de la baronnie. Il les formait à tous les exercices militaires : son hospitalité les invitait à vivre chez lui, et à y partager les plaisirs de la société ; leurs loisirs peu interrompus les attachaient perpétuellement à sa suite, et les mettaient toujours à portée de s'associer à ses amusements champêtres : ils n'avaient aucun autre moyen de flatter leur ambition que de figurer dans son cortége ; sa faveur et son appui étaient pour eux le comble de l'honneur : son mécontentement à leur égard les exposait au mépris et à la honte ; ils sentaient à tout moment le besoin de sa protection, ou dans les disputes qui s'élevaient entre eux, ou, ce qui était encore plus important, contre les incursions et les hostilités journalières des autres barons voisins. Pendant le temps des guerres générales, le souverain, qui marchait à la tête de ses armées, et qui était le suprême protecteur de l'État, acquérait toujours quelque accroissement à son autorité, qu'il perdait pendant les intervalles de paix et de repos ; mais une police relâchée, inhérente aux constitutions féodales, entretenait une division perpétuelle, quoique secrète, entre les différents membres de l'État ; et les vassaux n'avaient point d'autres moyens de se garantir des hostilités, auxquelles ils se trouvaient exposés continuellement, que de s'attacher étroitement à leur chef, et de se soumettre à sa dépendance.

Si le gouvernement féodal était si peu favorable à la vraie liberté, même des vassaux militaires, il détruisait encore davantage l'indépendance et la sûreté des autres membres de l'État, c'est-à-dire ce que, dans le sens propre, nous appelons le *peuple*. Ils étaient serfs pour la plupart, et réduits absolument à la condition d'esclaves. Les autres habitants de la campagne payaient leurs rentes en services exigés presque arbitrairement, et ne pouvaient attendre nulle justice, dans la cour des baronnies, sur les vexations que leur faisaient éprouver des seigneurs qui croyaient avoir le droit de les opprimer et de les tyranniser. Les villes situées ou dans les domaines du roi, ou dans les terres des grands barons, étaient presque entièrement assujetties à la volonté absolue de leur maître. La langueur du commerce rendait leurs habitants pauvres et misérables, et les institutions politiques n'étaient que trop bien combinées pour perpétuer cette indigence. Les barons et la noblesse du second ordre, ne connaissant que l'abondance et l'hospitalité rustique, n'encourageaient point les arts, et ne faisaient aucune consommation de tout ce que les manufactures pouvaient produire de plus achevé. Toute autre profession que celle des armes était méprisée; et si quelques négociants ou manufacturiers parvenaient à l'opulence par leur industrie et leur frugalité, ils n'en étaient que plus exposés à devenir les victimes de l'envie et de la cupidité des nobles militaires.

Le concours de ces différentes causes donna aux gouvernements féodaux une pente si forte vers l'aristocratie, que l'autorité royale en fut extrêmement éclipsée dans tous les États de l'Europe. Loin de craindre l'accroissement du pouvoir monarchique, on doit plutôt s'attendre à voir partout la communauté se pulvériser pour ainsi dire en un si grand nombre de baronnies indépendantes, et perdre l'union politique qui la cimentait d'abord. L'événement a communément répondu à cette attente dans les monarchies électives. Les barons, gagnant du terrain chaque fois que le trône devenait vacant, s'élevaient presque à un état de souveraineté, et sacrifiaient également à leur agrandissement les droits de la couronne et les libertés du peuple. Mais les monarchies héréditaires avaient un principe d'autorité qui ne fut pas si aisément détruit, et plusieurs causes en conservèrent toujours une partie entre les mains du souverain.

Le baron de la première classe ne pouvait jamais perdre entièrement de vue les principes de la constitution féodale, qui l'engageaient, comme vassal, à la soumission et à la fidélité envers son prince, parce qu'il était à tout moment obligé d'avoir recours à ces mêmes principes pour exiger la soumission et la fidélité de ses propres vassaux. Les barons du second ordre, s'apercevant que l'anéantissement de l'autorité royale les laisserait exposés sans appui aux insultes et aux hostilités de voisins plus puissants qu'eux, soutenaient les droits de la couronne, et favorisaient l'exécution des lois justes et générales. Le peuple avait encore un intérêt plus fort pour désirer la grandeur du souverain ; et le roi, qui souffrait des convulsions intérieures de ses États, et de l'oppression qu'exerçait la haute noblesse, qui d'ailleurs regardait les grands comme ses rivaux, affectait, à titre de magistrat légal, l'office salutaire de tuteur général ou de protecteur des communes. Indépendamment des prérogatives que la loi lui accordait, ses vastes domaines et le nombre considérable de ses *retainers* le rendaient, en un sens, le plus grand baron de son royaume ; et lorsqu'il était personnellement doué de vigueur et de talents, car sa situation avait besoin de ces avantages, il parvenait ordinairement à conserver son autorité, et à maintenir son rang comme chef de l'État, et comme la principale source des lois et de la justice.

Les premiers rois de la race de Normandie furent favorisés par une autre circonstance qui les garantit des usurpations de la noblesse. Ils commandaient des armées conquérantes, obligées de se tenir toujours prêtes à combattre et de se soumettre à la plus grande subordination sous leur chef, pour se trouver en force contre la révolte des nombreux naturels du pays qu'ils avaient dépouillés de toutes leurs propriétés et de tous leurs priviléges. Mais, quoique cette circonstance soutînt l'autorité de Guillaume et de ses successeurs immédiats, quoiqu'elle les rendît très-absolus, elle perdit son influence aussitôt que les barons normands commencèrent à faire corps avec la nation, à s'assurer leurs possessions, et à tâcher d'affermir leurs droits sur leurs vassaux, leurs tenanciers et leurs esclaves. Les dons immenses dont Guillaume-le-Conquérant récompensa ses principaux capitaines servirent à étayer leur indépendance, et les rendirent formidables à leur souverain même.

Il donna, par exemple, à Hugues d'Abrincis, fils de sa sœur, toute la province de Chester, qu'il érigea en palatinat, et dont la propriété rendait ce seigneur presque indépendant de la couronne. Robert, comte de Mortaigne, eut 973 fiefs ou seigneuries; Allan, comte de Bretagne et de Richemond, 442; Odo, évêque de Bayeux, 439; Geoffroi, évêque de Coutances, 280; Walter Giffard, comte de Buckingham, 107; Guillaume de Warrenne, 298, outre vingt-huit villes ou hameaux dans la province d'Yorkshire; Todenei, 81; Roger Bigod, 123; Robert, comte d'Eu, 119; Roger Mortimer, 132, sans compter plusieurs hameaux; Robert de Stafford, 130; Walter d'Eurus, comte de Salisbury, 46; Geoffroi de Mandeville, 118; Richard de Clare, 171; Hugues de Beauchamp, 47; Baudoin de Ridvers, 164; Henri de Ferrars, 222; Guillaume de Percy, 119; Normand d'Arcy, 33 (1). Henri Spelman calcule que dans la vaste province de Norfolk il n'y avait pas plus de soixante-six propriétaires de terres du temps de Guillaume-le-Conquérant. Des hommes devenus aussi puissants que des princes par l'immensité de leurs revenus et l'étendue de leur juridiction, ne pouvaient être retenus longtemps au rang de sujets. Le grand comte de Warrenne, lorsqu'on l'interrogea, sous un des règnes suivants, sur ses droits aux terres qu'il possédait, tira son épée, et la montra comme son titre, en ajoutant que Guillaume-le-Bâtard n'avait pas conquis seul son royaume, mais que les barons, et entre autres un de ses ancêtres, s'étaient associés à lui dans cette entreprise.

Le suprême pouvoir législatif d'Angleterre résidait dans le roi et dans le grand conseil, c'est-à-dire l'assemblée qu'on appela ensuite parlement. Il n'est pas douteux que les archevêques, les évêques et les abbés les plus considérables, étaient membres nécessaires de ce conseil. Ils y siégeaient à un double titre : par prescription, comme ayant toujours eu ce privilége pendant tout le temps des Saxons, et dès le premier établissement du christianisme; et par leur droit de baronnie, comme tenants du roi *in capite* par service militaire. Ces deux titres ne furent jamais soigneusement distingués dans les prélats. Lorsque les usurpations de l'Église furent parvenues au point où les évêques crurent pouvoir affecter une domination séparée, et regarder leur séance au

---

(1) Dugd. Bar. p. 369. On remarquera que cette famille d'Arcy semble être la seule descendante, par les mâles, des barons conquérants, qui reste aujourd'hui parmi les pairs. Lord Holderness est l'héritier de cette famille.

parlement comme une dégradation de leur dignité épiscopale, le roi insista sur ce qu'étant barons ils étaient obligés, en vertu des principes généraux de la loi féodale, de le servir dans son grand conseil. Cependant il restait encore quelques usages qui semblaient ne faire dériver leur titre que de l'ancienne possession : par exemple, lorsqu'un évêque était élu, il prenait séance au parlement avant que le roi l'eût mis en possession du temporel, c'est-à-dire des revenus qui lui appartenaient comme pair du royaume ; et pendant la vacance d'un siège, le curateur du spirituel, c'est-à-dire des revenus de l'évêque, comme évêque, était convoqué à cette assemblée, ainsi que tous les prélats.

Les barons formaient une autre partie constituante du grand conseil de la nation. Ceux-ci tenaient leurs terres immédiatement de la couronne par tenures militaires ; ils occupaient le premier rang dans l'État, et avaient *droit* d'être consultés dans toutes les délibérations publiques. Ils étaient vassaux immédiats de la couronne, et devaient, à titre de *service*, leur présence à la cour souveraine de leur suprême seigneur. Toute résolution prise sans leur consentement ne pouvait être que mal exécutée : aucune décision de différends, ou de procès survenus entre eux, n'avait de validité, à moins que le corps entier n'eût donné sa voix et son avis. La dignité d'*earl* ou de comte était officiale et territoriale, ainsi qu'héréditaire ; et, comme tous les comtes étaient aussi barons, on les regardait comme vassaux militaires de la couronne ; on les admettait à ce titre dans le conseil général, et ils en formaient la portion la plus honorée et la plus puissante.

Mais il y avait une autre classe de tenanciers immédiats et militaires de la couronne, aussi et peut-être plus nombreuse que celle des barons : les tenanciers *in capite* par service de chevaliers. La tenure de ceux-ci, quoiqu'ils fussent inférieurs en puissance ou en propriété, n'était pas moins honorable que celle des autres. Une baronnie se composait ordinairement de plusieurs fiefs de chevaliers ou fiefs nobles ; et quoique le nombre semble n'en avoir pas été exactement déterminé, elle comprenait au moins cinquante *hydes* de terre (1). Pourvu qu'un homme tînt du roi

---

(1) Quatre hydes de terre faisaient un fief de chevalier : le relief ou redevance d'une

un ou deux de ces fiefs seulement, il était toujours son vassal immédiat, et comme tel avait droit de siéger aux conseils généraux. Mais comme l'exercice de ce droit devenait un fardeau trop lourd à porter assidument pour quelqu'un qui ne jouissait que d'une fortune très médiocre, il est vraisemblable que s'il était permis à ces fiéfataires de prendre séance au parlement, du moins on ne les obligeait, sous aucune peine, ainsi que les barons, à s'y rendre avec exactitude. Tous les tenanciers militaires et immédiats de la couronne ne se montaient pas tout à fait à 700, lorsqu'on rédigea le *Domesday-Book*, et comme les membres du conseil national saisissaient volontiers les prétextes de se dispenser de ce service, les assemblées ne devinrent jamais trop nombreuses pour dépêcher les affaires publiques.

Jusque là, la nature d'un conseil général ou de l'ancien parlement est définie sans incertitude et sans contradiction. La seule question indécise parait être si, dès les premiers temps, les communes ou les représentants des provinces et des bourgs faisaient partie nécessaire du parlement. Cette question a été autrefois agitée en Angleterre avec beaucoup de chaleur : mais telle est la force du temps et de l'évidence, qu'elle l'emporte quelquefois sur l'esprit de faction même ; et la question semble être à la fin décidée du consentement général contre le parti dominant, et même de son propre aveu. Il est donc reconnu que les communes ne furent admises au grand conseil que quelques siècles après la conquête, et que les tenanciers militaires de la couronne composaient seuls cette assemblée suprême et législative.

Les vassaux d'un baron dépendaient immédiatement de lui par leur tenure ; ils devaient former sa juridiction ; et tous leurs devoirs à l'égard du roi se trouvaient compris dans la dépendance où leur seigneur, par sa propre tenure, se reconnaissait être de son souverain et de son supérieur ; leurs terres, faisant partie de la baronnie, étaient représentées au parlement par le baron même, qui était supposé, selon les fictions de la loi féodale, en posséder la propriété directe ; et il aurait paru déplacé de la considérer sous un autre aspect. Ces vassaux étaient à l'égard du baron ce

---

baronnie était douze fois plus considérable que celle d'un fief de chevalier ; d'où nous pouvons conjecturer sa valeur ordinaire. Spelm. Gloss. in verb. *Feodum*.

que lui et les autres barons étaient à l'égard du roi. Les premiers étaient pairs de la baronnie, les seconds pairs du royaume. Les vassaux avaient un rang subordonné dans leur district; le baron jouissait d'une dignité suprême dans la grande assemblée; ils étaient en quelque sorte ses égaux chez lui, il était de même à peu près l'égal du roi à sa cour; et rien ne répugne plus évidemment à toutes les idées féodales et à cette subordination graduelle, si essentielle à ces anciennes institutions, que d'imaginer que le roi demandât l'avis ou le consentement de gens d'un rang ou d'un ordre si inférieur, et qui relevaient immédiatement d'un seigneur servant, interposé entre eux et le trône.

S'il est déraisonnable de penser que les vassaux d'une baronnie, quoique leur tenure fût militaire, noble et honorable, aient été convoqués pour donner leur voix dans les conseils nationaux, on doit encore beaucoup moins supposer que les artisans et habitants des bourgs, dont la condition était bien plus subalterne, eussent ce privilége. Il paraît par le Domesday-Book qu'au temps de la conquête les plus grands bourgs n'étaient presque que des villages; que leurs habitants vivaient dans une entière dépendance du roi ou des grands seigneurs, et que leur condition était à peine au-dessus de la servitude (1). Ils n'avaient pas même la consistance de l'incorporation, et ne formaient point de communauté; on ne les regardait point comme un corps politique, et ils n'étaient réellement rien que des artisans asservis dans une basse dépendance, et qui, vivant dans le voisinage les uns des autres, sans aucun lien civil particulier, ne pouvaient être représentés dans les États du royaume. En France même, où les arts et la politesse ont fait des progrès plus tôt qu'en Angleterre, la première corporation qui se forma est postérieure de soixante ans à la conquête par le duc de Normandie : ce fut Louis-le-Gros qui imagina l'érection de ces communautés, pour délivrer le peuple de la tyrannie des grands, et pour le protéger, par le moyen de certains priviléges et d'une juridiction séparée. Un ancien auteur français appelle les communautés un nouveau et

---

(1) *Liber homo* signifiait anciennement un gentilhomme, car à peine quelque autre était-il libre entièrement. Spelm. Gloss. in verb. *Homo.*

détestable expédient pour procurer la liberté aux esclaves, et pour les enhardir à secouer la domination de leurs maîtres. La fameuse charte, comme on la nomme, que le Conquérant accorda à la ville de Londres, quoique ce fût dans un temps où il affectait de la douceur et de la bonté, n'est qu'une patente de protection, et une déclaration que les citoyens ne doivent pas être traités en esclaves. Par la loi féodale anglaise il était défendu à un seigneur supérieur de marier sa pupille à un bourgeois ou à un vilain : tant ces deux conditions paraissaient être rapprochées et au-dessous de la haute noblesse, et de la noblesse du second ordre. Non-seulement les grands et les gentilshommes avaient l'avantage de la naissance, des richesses, des priviléges, et de l'autorité civile; mais eux seuls étaient armés, circonstance qui leur donnait une supériorité importante, dans un siècle où l'état militaire était le seul honorable, et quand la négligence à exécuter les lois favorisait la violence ouverte, et la rendait si décisive dans toutes les affaires et les contestations.

La grande similitude entre tous les gouvernements féodaux de l'Europe est bien connue de quiconque est un peu instruit de l'histoire ancienne. Ceux qui ont le plus étudié l'antiquité dans tous les pays où la question sur la représentation du tiers-état n'a jamais été embrouillée par des disputes de parti, conviennent qu'on n'associa que fort tard les communes au pouvoir législatif. En Normandie particulièrement, dont les constitutions furent sans doute le modèle de Guillaume lorsqu'il traça son nouveau plan de gouvernement pour l'Angleterre, les états étaient entièrement composés du clergé et de la noblesse. Les premiers bourgs incorporés, ou les premières communautés de ce duché, furent Rouen et Falaise, auxquelles Philippe-Auguste donna leurs priviléges en 1207. Tous les anciens historiens anglais, lorsqu'ils parlent du grand conseil de la nation, l'appellent l'assemblée des barons, de la noblesse, ou des grands. Aucune de leurs expressions, en plusieurs centaines de passages qu'il serait facile de citer, ne peut, sans la plus grande violence, signifier que les communes fussent membres constitués de ce corps (1). Si,

---

(1) Quelquefois les historiens parlent du peuple, *populus*, comme d'une partie du

pendant deux cents ans qui s'écoulèrent entre la conquête et la dernière partie du règne de Henri III, période féconde en factions, en révolutions et en troubles de tout genre, la chambre des communes ne fit pas un seul acte législatif assez considérable pour être une fois cité par les nombreux historiens de cette époque, les communes n'avaient donc aucune importance, et alors pour quel motif auraient-elles jamais été assemblées? Comment supposer que des hommes si nuls aient pu avoir voix négative contre le roi et les barons? Chaque page de l'histoire des siècles suivants découvre leur existence, quoique cette histoire ne soit pas écrite avec plus d'exactitude que celle des temps précédents, et même à cet égard puisse à peine lui être comparée. La *magna charta* du roi Jean statue qu'aucune taxe, aucun droit ne devra être imposé sur la campagne ou sur les villes que du consentement du grand conseil; et, pour plus de sûreté, elle fait l'énumération des personnes qui ont droit de siéger à cette assemblée, c'est-à-dire les prélats et les tenanciers immédiats de la couronne, sans parler en aucune façon des communes. Une semblable autorité est si imposante, si certaine, si précise, qu'il n'y a que le délire de l'esprit de faction qui puisse avoir accrédité l'opinion contraire.

Ce fut probablement l'exemple des barons français qui enhardit d'abord les Anglais à vouloir se rendre plus indépendants de leur souverain : il est probable aussi que les bourgs et les corporations d'Angleterre s'établirent à l'imitation de ceux de France. On peut donc proposer comme une conjecture, qui n'est pas sans vraisemblance, que les priviléges des pairs et la liberté des communes prirent originairement naissance dans ce royaume.

Dans ces temps reculés on avait peu d'ardeur pour obtenir une place aux assemblées législatives : on la regardait plutôt comme une charge qui n'était pas compensée, par l'honneur et le profit, proportionnément à la peine et à la dépense qu'elle occasionnait. La seule raison pour instituer les conseils publics, était, du côté des sujets, le désir de se mettre à couvert des attentats

---

parlement; mais ils entendent toujours par ce mot les laïques en opposition au clergé. On trouve aussi quelquefois le mot *communitas*, mais il signifie toujours *communitas baronagii*. Ces points sont clairement prouvés par le docteur Brady.

du pouvoir arbitraire; et du côté du souverain, le peu d'espoir de pouvoir gouverner des hommes d'un esprit si indépendant, sans qu'ils y consentissent et y concourussent eux-mêmes. Mais les communes ou les habitants des bourgs n'avaient pas encore atteint à un assez haut degré de considération pour oser désirer d'avoir une *sûreté* contre leur prince, ni pour imaginer que, même s'ils étaient rassemblés en corps représentatif, ils auraient assez d'importance et de pouvoir pour l'exiger : l'unique protection à laquelle ils aspirassent était contre les violences et les injustices immédiates de leurs propres concitoyens. Chaque particulier l'attendait, ou des cours judiciaires, ou de l'autorité de quelque grand seigneur à qui la loi ou un choix libre l'attachait. D'un autre côté, le souverain était suffisamment assuré de l'obéissance de toute la communauté, s'il se procurait le concours des nobles; et il n'avait pas lieu de craindre qu'aucun ordre de l'État pût résister à son autorité réunie à la leur. Les sous-vassaux militaires ne pouvaient nourrir le projet de résister à la fois à leur prince et à leurs seigneurs supérieurs; les bourgeois et les artisans pouvaient encore moins concevoir une pareille idée : ainsi, quand l'histoire même se tairait sur cet article, nous aurions encore lieu de conclure de l'état connu de la société dans ces temps-là, que les communes ne furent jamais admises comme membres du corps législatif.

Le pouvoir exécutif du gouvernement anglo-normand résidait dans le roi. Outre les assemblées régulières du conseil national aux trois grandes fêtes de Noël, de Pâques et de la Pentecôte, le prince était accoutumé, dans les cas pressants, à en convoquer d'extraordinaires. Il pouvait exiger, quand il lui plaisait, le service de ses barons et de leurs vassaux, dans lesquels consistaient les forces militaires du royaume, et les employer pendant quarante jours, soit à repousser l'ennemi étranger, soit à réduire ses sujets rebelles. Mais ce qui était encore plus important, le pouvoir judiciaire se trouvait entièrement et en dernier ressort entre ses mains, et s'exerçait par des officiers et des ministres de son choix.

Le plan général du gouvernement anglo-normand était que la cour d'une baronnie décidât les différends qui s'élevaient entre les vassaux ou sujets de cette baronnie; que la cour des cent ( *hundred-court*) et la cour du comté (*county-court*), tenues comme du temps des Saxons, jugeassent les contestations entre les sujets des différentes baronnies (1) ; et que la *curia regis*, ou cour du roi, rendît sentence entre les barons mêmes. Mais ce plan, quoique simple en soi, fut accompagné de circonstances qui, dérivées de l'autorité très-étendue que Guillaume s'arrogea, contribuèrent à augmenter les prérogatives royales, et réduisirent tous les ordres de la communauté à une sorte de dépendance et de subordination, tant que l'État ne fut point troublé par les armes.

Le roi siégeait souvent dans sa cour, qui suivait toujours sa personne. Il entendait les causes, et prononçait le jugement ; et quoique les autres membres opinassent, il est difficile d'imaginer qu'ils ne fussent pas de son avis, et qu'ils contrariassent son inclination. En son absence, le grand justicier présidait à cette cour ; c'était le premier magistrat de l'État, et une espèce de vice-roi, de qui toutes les affaires civiles du royaume dépendaient. Les autres principaux officiers de la couronne, le connétable (*constable*), le maréchal, le sénéchal, le chambellan, le trésorier, et le chancelier (2), étaient des membres de ce tribunal, conjointement avec les barons féodaux qui jugeaient à propos de s'y rendre, et les barons de l'échiquier, qui d'abord avaient été aussi des barons féodaux, nommés par le roi. Cette cour, quelquefois appelée la cour du roi, et quelquefois la cour de l'échiquier, connaissait de toutes les causes civiles et criminelles, et embrassait toutes les affaires que se partagent aujour-

---

(1) Aucun des gouvernements féodaux de l'Europe n'avait d'institutions comme la cour du comté, que la grande autorité de Guillaume-le-Conquérant conserva des coutumes saxonnes. Tous les francs-tenanciers de la province, même les plus grands barons, étaient obligés d'y faire le service avec les shérifs, et de les seconder dans l'administration de la justice. Par conséquent leur mémoire était souvent et sensiblement rafraîchie de la dépendance où ils étaient à l'égard du roi ou magistrat suprême ; ils formaient une espèce de communauté avec leurs collègues les barons et les francs-tenanciers : on les tirait fréquemment de leur état individuel et indépendant, particulier au système féodal, et on les rendait membres d'un corps politique ; peut-être cette institution des cours de comté en Angleterre eut-elle de plus grands effets sur le gouvernement que les historiens et les antiquaires ne nous l'ont encore exactement spécifié. Les barons ne se dégagèrent de ce service avec les shérifs et les juges ambulants que sous le règne de Henri II.

(2) Madox, Hist. of Exch. p. 27, 29, 33, 38, 41, 54. Les Normands introduisirent l'usage de sceller les chartes ; et l'office du chancelier fut de tenir le grand sceau. Ingulf. Dugd. p. 33, 34.

d'hui quatre cours : la chancellerie, le banc du roi, les plaids communs, et l'échiquier.

Une attribution si étendue était elle-même une grande source d'autorité, et rendait la juridiction de ce tribunal terrible à tous les sujets. Mais les changements qui furent faits dans les formes judiciaires bientôt après la conquête, servirent encore davantage à augmenter son pouvoir et les prérogatives royales. Entre les innovations les plus considérables que Guillaume tenta et effectua, est l'introduction de la loi de Normandie en Angleterre : il ordonna que tous les plaidoyers se fissent en la langue de son pays, et introduisit dans la jurisprudence anglaise toutes les maximes, tous les principes que les Normands, peuple plus instruit que les Anglais, et naturellement processif, observaient dans la distribution de la justice. La connaissance de la loi devint alors une science qui fut cultivée d'abord exclusivement par les Normands, et qui même, lorsqu'elle fut communiquée aux Anglais, demandait tant d'étude et d'application, que, dans ces temps d'ignorance, les laïques étaient hors d'état de l'acquérir. C'était un mystère révélé presque au seul clergé, et principalement aux moines. Les grands officiers de la couronne et les barons féodaux, tous militaires, se trouvèrent incapables de pénétrer dans ce dédale d'obscurités, et, quoiqu'ils eussent le droit d'occuper une place dans la suprême judicature, toutes les affaires dont cette cour avait connaissance n'étaient maniées que par le grand justicier et par les barons-juges, nommés par le roi, et entièrement à sa disposition. Ce cours naturel des choses fut encore pressé par la multitude des procès portés à ce tribunal, et journellement augmentée par les appels de toutes les juridictions subordonnées du royaume.

Au temps des Saxons, aucun appel n'était reçu à la cour du roi, que dans le cas de déni ou de délai de justice de la part des cours inférieures ; et le même usage était encore suivi dans la plus grande partie des royaumes féodaux de l'Europe. Mais le conquérant de l'Angleterre eut assez de puissance pour s'y procurer d'abord un degré d'autorité, que les monarques français n'atteignirent qu'au règne de saint Louis, près de deux cents ans plus tard. Guillaume autorisa sa cour à recevoir les appels des cours de baronnie et des cours de comté; et de cette manière il porta l'administration de la justice en dernier ressort entre les mains du souverain. Mais, pour que la dépense et la fatigue des voyages ne dégoûtassent pas les plaideurs d'appeler à ce tribunal suprême, et ne les fissent pas acquiescer plus volontiers aux jugements des cours inférieures, il établit dans la suite des juges ambulants, qui faisaient leur tournée par tout le royaume, et jugeaient tous les procès portés devant eux (1) : au moyen de cet expédient, les cours des baronnies étaient tenues en crainte : et si elles conservèrent encore quelque influence, ce ne fut qu'autant que les vassaux craignirent de désobliger leur seigneur immédiat, en appelant de sa juridiction à celle du roi; mais les cours de comté furent fort discréditées. Les francs-tenanciers ignorant les principes compliqués et les formes des nouvelles lois, les avocats attirèrent peu à peu toutes les affaires aux juges royaux, et abandonnèrent l'ancienne et simple jurisprudence, si favorable au peuple. Ce fut ainsi que les formalités de la justice, qui, quelque ennuyeuses et embarrassantes qu'elles paraissent, sont regardées comme nécessaires pour protéger la liberté dans tous les États monarchiques, devinrent d'abord, par la combinaison de plusieurs causes, très-avantageuses à l'autorité royale en Angleterre.

Le pouvoir des rois de la race normande était étayé aussi sur des revenus immenses, fixes, perpétuels, et indépendants des sujets. A moins que le peuple mutiné ne courût aux armes, il ne pouvait opposer nulle digue au souverain, et n'avait aucun garant légal que la justice distributive qui lui était due lui serait dispensée. Dans ces jours malheureux où régnait la violence, la tyrannie s'arma ouvertement elle-même des exemples d'oppression qu'elle avait donnés, et les cita bientôt comme un droit qu'elle s'était acquis, et qu'il devenait illicite de lui contester. Les princes et les ministres étaient trop ignorants pour sentir les avantages attachés à une administration équitable; on n'avait éta-

---

(1) Madox, Hist. of Exch. p. 83, 84, 100. Gerv. Dorob. p. 1410. Ce qui déterminait plus volontiers les barons anglo-normands à trouver bon qu'on appelât de leurs juridictions particulières à la cour de l'échiquier du roi, était leur habitude, déjà contractée en Normandie, d'appels semblables à la cour ducale de l'échiquier. *Voyez* Gilbert, Hist. of the Exch. p. 1 et 2. Cependant l'auteur pense (p. 6) qu'on peut douter si cette cour de Normandie n'avait pas plutôt été créée à l'exemple de celle d'Angleterre.

bli ni conseil, ni assemblée qui pût protéger le peuple, et qui, en refusant des subsides, pût régulièrement et paisiblement avertir le roi de ses devoirs, et assurer l'exécution des lois.

La première branche des revenus fixes du roi était le domaine royal ou les terres de la couronne. Leur étendue très-considérable comprenait non seulement un grand nombre de seigneuries, mais encore les principales villes du royaume. La loi ne laissait pas au souverain la liberté d'aliéner aucune portion de son domaine, et, dans le cas où il l'aurait démembré, elle permettait qu'en tout temps ces aliénations pussent être révoquées par lui ou par ses successeurs. Mais cette loi, qui dans la suite a rendu la couronne moins indépendante, n'était jamais régulièrement observée. Les terres domaniales, considérées uniquement comme richesses, étaient une source de puissance que l'influence du roi sur ses tenanciers et sur les habitants de ses villes augmentait encore; mais outre que les autres branches nombreuses de ses revenus remplissaient ses coffres, elles donnaient, par leur nature même, une grande latitude à l'autorité arbitraire, et appuyaient la prérogative royale, comme on le verra par leur énumération.

Le roi ne se bornait jamais aux rentes fixes, mais levait aussi des tailles considérables, à discrétion, sur les habitants des villes et de la campagne qui vivaient dans ses domaines. Toute vente à l'enchère étant défendue, excepté dans les bourgs et dans les marchés publics; pour éviter les friponneries, il prétendait exiger des droits sur tous les effets qu'on y vendait. Il prenait deux tonneaux (*hogsheads*), l'un devant et l'autre derrière le mât de chaque vaisseau qui apportait des vins dans le royaume. Toutes les marchandises payaient à sa douane une partie proportionnelle de leur valeur (1); il imposait à volonté un droit de péage sur tous les ponts et sur toutes les rivières; et, quoique les bourgs achetassent peu à peu la liberté d'affermer ces impositions, les revenus du roi s'augmentaient encore par ces conventions, en ce qu'il exigeait souvent de nouvelles sommes pour renouveler ou

---

(1) Madox, p. 529. Cet auteur dit un quinzième; mais il n'est pas aisé de concilier son rapport à cet égard avec d'autres autorités.

confirmer les priviléges, et retenait ainsi le peuple dans une perpétuelle dépendance.

Telle était la situation des habitants des domaines royaux : mais quoique les possesseurs des terres, ou tenanciers militaires, fussent mieux protégés et par la loi et par le grand privilége de porter les armes, la nature de leurs tenures les exposait encore beaucoup aux entreprises de l'autorité royale, et ils ne possédaient pas ce que nous appelons dans notre siècle une sécurité constante. Guillaume-le-Conquérant accorda par ses lois que les barons ne payassent rien au-delà de leurs services réglés, excepté un secours raisonnable pour payer sa rançon, dans le cas où il serait fait prisonnier à la guerre, pour armer son fils aîné chevalier, ou pour marier sa fille aînée. Ce que dans ces occasions on entendait par un secours raisonnable n'était pas spécifié; et en général les demandes de la couronne n'observaient guère une sage modération.

Le roi pouvait exiger qu'en temps de guerre ses vassaux servissent en personne, ce qui comprenait tous les propriétaires de terres; et s'ils voulaient s'en dispenser, ils étaient obligés de lui donner une somme que l'on appelait *scutage*, en compensation de leur service. Cette somme fut pendant quelques règnes très-variable et très-arbitraire. Souvent on la levait sans laisser au vassal la liberté de la donner ou de servir. C'était même un artifice familier au roi, que de supposer le projet d'une expédition, pour avoir un prétexte de lever le droit de scutage sur ses tenanciers militaires. Le *danegelt* était une autre espèce d'impôt, levé sur les terres par les premiers rois de la race normande, arbitrairement et contre les lois de Guillaume-le-Conquérant. Le monnayage était aussi une taxe générale et de la même nature, mise sur les terres par les deux premiers rois normands, et abolie par la charte de Henri Ier. Elle consistait en un schelling tous les trois ans, payé par chaque feu, pour engager le roi à ne pas user de la prérogative qu'il avait d'altérer les monnaies. Il semble en effet par cette charte que, si le Conquérant avait affranchi ses tenanciers militaires de toute espèce de taxe et de taille, lui-même et son fils Guillaume ne s'étaient jamais crus obligés à observer cette règle, et qu'au contraire ils mirent des impôts à discrétion sur toutes les possessions terriennes du royaume. Ce que Henri Ier accorda de plus doux à ce sujet, fut que les terres que le tenancier militaire ferait valoir lui-même ne supporteraient aucune charge; mais il se réserva le pouvoir de taxer les fermiers. Comme on sait que la charte de Henri n'eut d'exécution dans aucun de ses articles, nous pouvons être certains que ce prince et ses successeurs se rétractèrent même de cette légère indulgence, et levèrent des impositions arbitraires sur toutes les terres de tous leurs sujets. Ces taxes furent quelquefois très-onéreuses, puisque Malmesbury rapporte que, sous le règne de Guillaume-le-Roux, les fermiers s'en trouvèrent si surchargés qu'ils abandonnèrent le labourage, et qu'il en résulta une famine.

Le droit d'aubaine était encore une branche féconde de richesses et de puissance pour le roi, surtout pendant les premiers règnes qui suivirent la conquête. Les terres des grands barons étaient reversibles à la couronne, au défaut de leurs descendants, et augmentaient ainsi continuellement les possessions du prince. La loi lui permettait, à la vérité, d'aliéner les terres qui lui échéaient ainsi; cette liberté le mettait à portée de faire la fortune de ses favoris et des gens attachés à sa personne, et par là d'étendre son autorité. Quelquefois il retenait les aubaines dans ses propres mains, et peu à peu elles se confondirent avec le domaine royal, de manière qu'il devint très-difficile de les distinguer. Cette confusion fut vraisemblablement la raison pour laquelle le roi acquit le droit d'aliéner ses biens domaniaux.

Outre les aubaines que le défaut d'héritier dans les familles procurait au roi, toutes les confiscations ordonnées dans les cas de crimes, ou de fautes des vassaux envers leur seigneur supérieur, étaient à son profit, et elles étaient très-fréquentes dans ces temps reculés. Si le vassal, ayant été convoqué trois fois pour se rendre à la cour de son supérieur et prêter serment de fidélité, négligeait ou refusait d'obéir, ses terres étaient confisquées; s'il niait les conditions de sa tenure, ou ne les remplissait pas, il était sujet à la même peine; s'il vendait ses terres sans la permission de son seigneur, ou s'il les vendait sur quelque autre tenure ou titre que celui en vertu duquel il les tenait lui-même, il perdait tout droit sur elles; celui qui entrait dans les intérêts des ennemis de son seigneur, ou l'abandonnait en temps de guerre, ou trahissait ses secrets, ou corrompait sa femme ou ses proches parentes, ou même qui prenait des libertés indécentes avec elles, pouvait être puni par la confiscation de ses biens. Les plus grands crimes, tels que le rapt, le vol, le meurtre, les incendies prémédités, etc., étaient mis au rang de félonie, interprétés comme défaut de fidélité envers son seigneur, et faisaient perdre au coupable la possession de son fief. Lors même que le félon était vassal d'un baron, quoique celui-ci, à titre de seigneur immédiat, jouît du bénéfice de la confiscation, le roi pouvait s'emparer, pendant un an, du fief confisqué, et avait le droit de le dévaster et de le détruire, à moins que le baron ne lui payât une composition raisonnable. Nous n'avons pas fait ici l'énumération de toutes les espèces de félonies ou de crimes qui emportaient la peine de confiscation; nous en avons dit assez pour prouver que la possession des biens féodaux était anciennement peu assurée, et qu'on ne perdit jamais l'idée primitive qu'on en avait eue en la regardant comme une sorte de *fief* ou de *bénéfice*.

Lorsqu'un baron mourait, le roi prenait immédiatement possession de sa terre; l'héritier naturel était obligé, avant d'entrer dans ses droits, de s'adresser à la couronne pour être admis à lui rendre foi et hommage pour cette terre, et payait un dédommagement au roi. Ce dédommagement ne fut pas d'abord fixé par la loi, ou du moins par l'usage; souvent le prince exigeait des sommes immenses, et gardait la terre jusqu'à ce qu'on les eût acquittées.

Si l'héritier était mineur, le roi jouissait de tout le revenu de ses terres jusqu'à sa majorité, et réglait à son gré la pension qu'il jugeait à propos d'assigner pour son entretien et son éducation. Cet usage se fondait aussi sur le principe qu'un fief était un bénéfice, et que, pendant que l'héritier ne pouvait remplir lui-même les devoirs du service militaire auquel il était tenu, ses revenus devaient retourner à son seigneur, qui employait un autre homme à sa place. Il est aisé de sentir que, par ce moyen, une grande partie des propriétés terriennes se trouvait continuellement entre les mains du prince, et qu'il tenait ainsi toutes les familles nobles dans une dépendance perpétuelle. Lorsque le roi accordait la garde-noble d'un riche héritier à quelqu'un, c'était une manière d'enrichir un favori ou un ministre; et s'il la vendait il en pouvait tirer une somme considérable. Simon de Montfort donna dix mille marcs d'argent à Henri III, somme immense dans ces temps-là, pour la garde-noble de Gilbert d'Umfreville. Geoffroi de Mandeville paya au même prince vingt mille marcs, afin de pouvoir épouser Isabelle, comtesse de Glocester, et prendre possession de toutes ses terres et de tous ses fiefs nobles. Cette somme équivaudrait aujourd'hui à 30,000 et peut-être à 40,000 livres sterling.

Si l'héritage tombait à une femme, le roi était en droit de proposer à sa pupille un époux de son rang, et, si elle le refusait, de confisquer sa terre. Les barons mineurs ne pouvaient même se marier sans l'agrément du souverain, et il était d'usage qu'ils achetassent de lui très chèrement la permission de s'engager dans les liens du mariage à leur propre choix. Aucun homme ne pouvait disposer de sa terre, soit pour la vendre, ou pour la léguer par son testament, sans le consentement de son supérieur. Le possesseur n'était jamais considéré comme vraiment propriétaire : on le regardait toujours comme une sorte d'usufruitier, et il ne pouvait obliger son supérieur à consentir d'avoir pour vassal quiconque ne lui serait pas agréable.

Les diverses sortes d'amendes et les *oblata*, comme on les appelait, formaient aussi une branche considérable des revenus et de la puissance du roi. Les anciens registres de l'échiquier, qui subsistent encore, étonnent par le nombre prodigieux d'amendes légales ou arbitraires dont il est fait mention comme imposées alors. On n'est pas moins surpris des inventions étranges qu'on y voit employées pour tirer de l'argent du peuple. Il paraît que les premiers rois d'Angleterre imitaient absolument les princes de l'Orient, qu'on ne pouvait approcher les mains vides, qui vendaient tous leurs bons offices, et se mêlaient de toutes les affaires de leurs sujets, pour avoir des prétextes de les mettre à contribution. La justice même était vendue et achetée sans mystère; la cour du roi, quoiqu'elle fût le tribunal suprême du royaume, ne s'ouvrait point à qui n'apportait pas de riches présents au roi : ce qu'il en coûtait aux parties pour obtenir l'expédition, les délais, les sursis, et sans doute la perversion de la justice, était porté sur les registres publics des revenus royaux, et reste comme monument de l'iniquité et de la tyrannie de ces temps-là. Les barons de l'échiquier, par exemple, c'est-à-dire la première noblesse du royaume, ne rougissaient pas d'inscrire sur leurs registres, entre autres articles, que la province de Norfolk payait telle somme afin d'être traitée équitablement ; le bourg d'Yarmouth, telle autre, afin que la charte qu'il avait obtenue du roi en faveur de ses priviléges ne fût pas violée; Richard, fils de Gilbert, afin que le roi le protégeât pour recouvrer le titre de créance que les juifs avaient porté contre lui; Serlo, fils de Terlavaston, afin qu'il lui fût permis de se défendre dans une affaire où il était accusé d'homicide; Walter de Burton, afin d'échapper à la loi s'il était accusé d'avoir blessé quelqu'un; Robert d'Essart, afin de pouvoir informer si Roger, le boucher, Wace et Humphrey l'accusaient de vol et de larcin, par envie et malveillance ou non; William Buhust, afin qu'il lui fût permis de faire une enquête pour découvrir s'il était accusé à juste titre ou méchamment de la mort de Godwin. J'ai choisi ce peu d'exemples entre un grand nombre de la même espèce, que Madox a tirés d'un plus grand nombre encore, conservés dans les anciennes archives de l'échiquier.

Quelquefois un de ces plaideurs offrait au roi une certaine portion, comme la moitié, le tiers, le quart de la somme contestée, pour qu'à titre de chef de la justice ce prince voulût bien l'aider à en faire le recouvrement. Théophania de Westland convint de donner 106 marcs d'argent au roi, afin de pouvoir actionner James de Fughleston, qui lui en devait 212. Salomon, juif, s'engagea de même à sacrifier le septième de ce qui lui était dû par Hugues de la Hose : Nicolas Morrel promit 60 livres sterling, afin de pouvoir faire une saisie sur le comte de Flandre, pour la somme de 343, dont il était son créancier ; et ces 60 livres sterling devaient être payées sur le premier argent que Nicolas toucherait du comte.

Comme le roi s'attribuait une autorité entière sur le commerce, on achetait de lui la permission de commercer, ou de faire valoir son industrie en tout genre. Hugues Oisel paya 400 marcs pour avoir la liberté de commercer en Angleterre ; Nigel de Havenne en donna 50 pour la société de commerce qu'il avait formée avec Gervase de Hanton ; les habitants de Worcester payèrent 100 schellings pour acquérir le privilége de vendre et d'acheter des draps de couleur, comme autrefois. Plusieurs autres villes s'abonnèrent pareillement pour le même objet. En effet, le commerce du royaume dépendait si fort du roi, qu'il créait des compagnies, faisait des corporations, établissait des monopoles par tout où bon lui semblait, et vendait à discrétion ces priviléges exclusifs.

Aucun profit, si médiocre qu'il fût, n'était au-dessous de l'attention du roi. Il reçut dix dogues de Henri, fils d'Arthur, pour lui accorder une reconnaissance contre la comtesse Copland, à l'égard d'un fief de chevalier. Roger, fils de Nicolas, donna vingt lamproies et vingt aloses à Sa Majesté, pour découvrir, par la voie de l'enquête, si Gilbert, fils d'Alured, avait livré volontairement deux cents moutons à Roger, afin d'être conservé en possession de certaines terres, ou si Roger avait extorqué ces moutons de lui avec violence; Geoffroi Fitz-Pierre, le grand justicier, fit présent de deux faucons de Norwége, pour obtenir à Walter de Madine la permission d'exporter hors des états du roi un cent pesant de fromage.

Il est plaisant de jeter un coup d'œil sur les affaires étranges dont le roi se mêlait quelquefois, et toujours pour en tirer un présent. La femme de Hugues de Neville promit à Sa Majesté deux cents poules pour avoir la liberté de passer une nuit avec son époux, et mena deux cautions avec elle, qui répondirent chacune d'un cent : apparemment que l'époux était prisonnier, et que l'amour conjugal ne pouvait s'ouvrir autrement quelque accès auprès de lui. L'abbé de Rucford paya dix marcs d'argent pour qu'il lui fût permis de bâtir des maisons et de mettre des gardes sur sa terre près de Welhang, afin de veiller à la sûreté de son bois. Hugues, archidiacre de Wells, donna une tonne de vin pour avoir le droit de transporter six cents charges de blé où il voudrait ; et Pierre de Peraris, vingt marcs pour pouvoir saler du poisson, comme Pierre Chevalier en avait eu le privilége.

Il était d'usage de payer des amendes considérables pour s'attirer la bonne volonté du roi, ou pour calmer sa colère : sous le règne de Henri II, Gilbert, fils de Fergus, paya 919 liv. sterl. et 9 schellings pour obtenir la faveur de ce prince; Guillaume de Chataignes, mille marcs, pour dissiper son mécontentement. Sous le règne de Henri III, la Cité de Londres ne donna pas moins de 20,000 liv. sterl. dans la même vue.

La protection et les bons offices du roi, de quelque nature qu'ils fussent, étaient achetés et vendus. Il en coûta vingt marcs d'argent à Robert Grislet pour s'en procurer l'appui contre le comte de Mortaigne, dans un certain procès qu'ils avaient ensemble. Robert de Cundet parvint, en payant trente marcs, à se ménager un accommodement avec l'évêque de Lincoln. Ralph de Brekham s'assura de la protection du roi, au prix d'un faucon dont il lui fit présent; et cette protection était une source abondante de profits pour Sa Majesté. John, fils d'Ordgar, lui donna un faucon de Norwége, pour l'engager à prier le roi de ce pays de permettre qu'il prît possession des terres de son frère Godard. Richard de Neville paya de vingt palefrois superbes la démarche que le roi daigna faire pour lui, en sollicitant Isolda Biset de l'accepter pour époux : ce prince accepta trois chevaux de main de Roger Fitz-Walter, pour négocier de même son mariage avec la mère de Roger Bertram; le doyen Eling paya cent marcs pour faire relâcher, sur caution, sa concubine et ses enfants : il en coûta une tonne de vin à l'évêque de Winchester, pour n'avoir pas fait souvenir le roi de donner une ceinture à la comtesse d'Albemarle : Robert de Veaux acheta le silence du roi, sur le compte de la femme de Henri Pinel, des cinq plus beaux chevaux qu'il put trouver. Il y a encore dans les registres de l'échiquier plusieurs autres exemples singuliers de cette espèce (1). Cependant il est

---

(1) Nous satisferons la curiosité du lecteur en joignant quelques exemples de plus tirés de Madox, page 352. Hugues Oisel donna au roi deux robes de belle couleur verte, pour obtenir des lettres-patentes adressées aux marchands de Flandre, requérant qu'ils lui rendissent mille marcs que ledit Oisel avait perdus dans leur pays. L'abbé de Hyde paya trente marcs pour que le roi écrivît à l'archevêque de Canterbury, et l'engageât d'éloigner certains moines dont l'abbé avait à se plaindre. Le roi tira vingt marcs et un beau cheval de Roger de Trihanton, pour vouloir bien inviter Richard d'Umfreville à lui accorder sa sœur en mariage, et cette sœur à l'accepter pour époux. William de Cheveringworth paya cinq marcs une lettre du roi à l'abbé de Persore, par laquelle il lui

juste d'observer que ces usages ridicules et ces abus dangereux régnaient en Normandie, et vraisemblablement dans tous les autres états de l'Europe ; ainsi, à cet égard, l'Angleterre n'était pas plus barbare que ses voisins.

Cette cupidité inique des rois normands était si bien connue, qu'à la mort de Hugues Bigod, sous le règne de Henri II, le meilleur et le plus équitable de ces princes, le fils aîné et la veuve de ce seigneur vinrent à la cour, et, mettant pour ainsi dire la bonne volonté du roi à l'enchère, tâchèrent, chacun en particulier, de le gagner par des présents considérables, pour en obtenir la possession de ce riche héritage. Le roi fut assez juste pour vouloir que leurs droits fussent jugés par le grand conseil ; mais dans ces entrefaites il ne laissa pas de s'emparer de tout l'argent et de tout le mobilier précieux du défunt. Pierre de Blois, écrivain judicieux, et assez élégant pour ce siècle, fait une peinture pathétique de la vénalité de la justice et de l'oppression des pauvres sous le règne de Henri, et n'hésite pas à se plaindre au roi même de ces abus. Nous pouvons inférer de là jusqu'où ils étaient portés sous le gouvernement des mauvais princes. Les articles des recherches sur la conduite des shérifs, que Henri promulgua en 1170, prouvent quel était l'excès de l'autorité et de la licence de ces officiers.

Les amendes ou *amerciaments* pour les crimes et les délits étaient une autre branche de revenus royaux d'un très-grand rapport. On expiait la plupart des crimes avec de l'argent ; les amendes que l'on imposait n'étaient limitées par aucune règle, ni aucun statut ; elles ruinaient souvent ceux que l'on y condam-

---

permit de jouir paisiblement de ses dîmes comme autrefois. Matthieu de Hereford, ecclésiastique, obtint pour la somme de dix marcs une lettre de recommandation à l'évêque de Landaff, afin que ce prélat le conservât dans la jouissance tranquille de son église de Schenfrith. Le roi reçut trois bonnets flamands d'André Neulun, pour demander au prieur de Chikesand d'exécuter les conditions d'un accommodement fait entre eux. Henri *de Fontibus* donna un cheval de Lombardie d'un grand prix, pour que le roi déterminât Henri de Fitz-Harvey à le choisir pour gendre. Roger, fils de Nicolas, promit toutes les lamproies qu'il pourrait avoir, à condition que le roi porterait le comte William Maréchal à lui affermer le manoir de Langeford. Les bourgeois de Glocester promirent trois cents lamproies pour n'être pas contraints à fournir aux prisonniers de Poitou les nécessités de la vie. (*Ibid*. p. 352.) Jordan, fils de Reginald, paya vingt marcs afin que le roi s'intéressât en sa faveur auprès de Will. Paniel, pour qu'il lui donnât la terre de Mil-Nièrenuit et la tutelle de ses héritiers, bien entendu que Jordan paierait les vingt marcs s'il obtenait sa demande, et qu'il ne les paierait pas si elle lui était refusée. (*Ibid*. p. 333.)

nait pour des fautes même très-légères. Les lois forestières particulièrement étaient une source inépuisable d'oppression. Le roi possédait soixante-huit forêts, treize cantons de réserve, et sept cent quatre-vingt-un parcs en différentes parties de l'Angleterre; et si l'on considère la passion des Anglais et des Normands pour la chasse, on sentira que c'étaient autant de piéges qui leur étaient tendus pour les prendre en faute, et leur faire subir les lois rigoureuses et arbitraires qu'il avait jugé à propos d'établir de sa propre autorité.

Mais les actes de tyrannie les plus manifestes furent ceux qu'on exerça contre les juifs, gens totalement privés de la protection des lois, odieux par eux-mêmes au peuple fanatique, et abandonnés à la cupidité insatiable du souverain et de ses ministres. Entre les outrages auxquels les juifs étaient continuellement exposés, il paraît qu'une fois on les mit tous en prison, et qu'ils n'obtinrent leur liberté qu'en payant soixante-six mille marcs qu'on exigea d'eux. Une autre fois, le juif Isaac donna seul 5,100 marcs, Brun 3,000, Jurnet 2,000, Bennet 500; une autre fois encore, Licorica, veuve de David, juif d'Oxford, fut condamnée à payer 6,000 marcs, dont six de ses compatriotes les plus riches et les plus considérés d'Angleterre se rendirent caution pour la tirer de prison. Henri III emprunta 5,000 marcs du comte de Cornouailles, et lui assigna le recouvrement de cette somme sur tous les juifs d'Angleterre. Les revenus provenant des exactions que l'on pratiquait sur cette nation étaient si considérables, qu'il y avait une cour particulière de l'échiquier pour les percevoir.

Nous pouvons juger de la langueur du commerce des Anglais, sur ce que les juifs, quelque opprimés qu'ils fussent, trouvaient encore leur compte à trafiquer en Angleterre et à prêter leur argent. Comme les progrès de l'agriculture étaient arrêtés par les possessions immenses de la noblesse, par les désordres du temps et par l'état incertain des propriétés féodales, il semble qu'il ne pouvait y avoir alors nulle espèce d'industrie dans ce royaume (1).

(1) Nous apprenons par les extraits que le docteur Brady nous a donnés du Domesday-Book, dans son *Traité des Bourgs*, que presque tous les bourgs d'Angleterre avaient beaucoup souffert de la secousse que la conquête produisit, et qu'ils étaient tombés dans

Sir Harry Spelman assure, comme une vérité incontestable, que, pendant les règnes des premiers princes normands, tous les édits du roi, rendus avec le consentement de son conseil privé, avaient force de loi. Mais les barons n'étaient sûrement pas assez dociles pour confier un pouvoir entièrement arbitraire et despotique entre les mains de leur souverain. Il paraît seulement que les constitutions n'avaient pas fixé les bornes précises de l'autorité royale; que le droit de rendre des déclarations dans quelques circonstances, et d'exiger que l'on s'y soumît, droit toujours regardé comme inhérent à la couronne, et très difficile à distinguer de la puissance législative; que l'imperfection extrême des anciennes lois et les circonstances pressantes qui s'offraient souvent dans un gouvernement si orageux, obligeaient le prince d'employer souvent aussi les pouvoirs cachés de sa prérogative; que l'acquiescement du peuple le portait volontiers à s'attribuer, dans les cas particuliers et importants, une autorité à laquelle il avait renoncé lui-même par des statuts exprès, des chartes ou des concessions, et qui répugnait surtout à l'esprit général de la constitution; enfin, que la vie, la liberté personnelle et les propriétés de tous ses sujets étaient moins assurées par la loi contre son autorité arbitraire que par les forces indépendantes et les liaisons particulières de chaque individu. Il semble, par la grande charte même, que non seulement Jean, ce prince si tyrannique, et Richard, ce prince si violent, mais Henri leur père, sous le règne duquel il dut y avoir moins d'abus considérables, étaient en possession, de leur seule autorité et sans formes judiciaires, d'emprisonner, de bannir et de flétrir toute personne libre du royaume.

Un grand baron se considérait lui-même, dans ces temps reculés, comme une espèce de souverain dans son territoire; ses courtisans et tous ceux qui dépendaient de lui le servaient avec plus de zèle, et lui étaient plus attachés que les ministres d'état et les grands officiers ne l'étaient d'ordinaire à leur roi. Le baron affectait souvent dans sa cour l'appareil de la royauté en y éta-

---

une extrême décadence depuis la mort d'Édouard-le-Confesseur jusqu'au temps où l'on rédigea le Domesday-Book.

blissant un justicier, un connétable, un maréchal, un chambellan, un sénéchal et un chancelier, à chacun desquels il assignait un département distinct et une autorité particulière. Il était ordinairement très assidu à exercer sa juridiction, et se plaisait si fort à cette image de la souveraineté, qu'il devint nécessaire de contenir son activité, et de lui défendre, par une loi expresse, de tenir aussi fréquemment son tribunal. Il n'est pas douteux que l'exemple des extorsions sordides et mercenaires que le prince donnait au baron n'en fût imité fidèlement, et que ses bons et ses mauvais offices, sa justice et son injustice ne fussent également mis en vente. Il avait le pouvoir, avec le consentement du roi, d'imposer à la taille, même les citoyens libres qui vivaient dans sa baronnie; et comme ses besoins le rendaient plus avide, on trouvait son autorité encore plus oppressive, plus tyrannique que celle du souverain. Il était toujours engagé dans des querelles, ou des confédérations personnelles ou héréditaires avec ses voisins; souvent il accordait un refuge et sa protection à tous les aventuriers et les criminels qui pouvaient servir utilement ses projets violents. Il était capable dans les temps de tranquillité d'empêcher seul l'exécution de la justice sur ses terres, et, en se liguant avec un petit nombre de barons mécontents, qui fussent puissants et d'une grande naissance, il pouvait bouleverser l'état. En total, quoique l'autorité royale fût resserrée dans des limites souvent très étroites, le frein qui la contenait n'était cependant pas régulier, et devenait fréquemment la source de grands désordres; il ne se formait pas de la liberté du peuple, mais des forces militaires de plusieurs petits tyrans aussi dangereux au prince qu'oppressifs pour le sujet.

La puissance de l'église était un autre rempart contre l'autorité royale, mais causait aussi de grands maux et de grands inconvénients. Les dignitaires ecclésiastiques n'étaient peut-être pas si portés que les barons à dominer par les voies promptes de la violence; mais, comme ils prétendaient à une indépendance absolue, et qu'ils pouvaient toujours couvrir leurs vues ambitieuses du voile de la religion, ils devinrent, à quelques égards, un obstacle à la tranquillité du royaume et à l'exécution régulière des lois. La politique de Guillaume-le-Conquérant mérite quelque reproche sur cet article. Il augmenta la vénération superstitieuse que dans ce siècle on n'était déjà que trop porté à avoir pour Rome; brisa les liens qui, au temps des Saxons, avaient conservé l'union entre l'ordre clérical et l'ordre laïque; défendit aux évêques de siéger dans les cours de comté; permit que les causes ecclésiastiques ne fussent jugées que dans les cours spirituelles; et exalta tellement la puissance du clergé, que de soixante mille deux cent quinze fiefs de chevaliers, dans lesquels ce monarque divisa l'Angleterre, il n'en plaça pas moins de vingt-huit mille quinze sous la main de l'église (1).

Le droit de primogéniture s'introduisit en Angleterre avec le gouvernement féodal : pratique nuisible en ce qu'elle produit et maintient une division inégale des propriétés particulières, mais avantageuse sous un autre rapport en ce qu'elle accoutume le peuple à une préférence en faveur du fils aîné, et prévient ainsi le partage de la succession à la couronne, ou les disputes des concurrents. Les Normands introduisirent l'usage des surnoms, qui sert à conserver la connaissance des familles et des généalogies. Ils n'abolirent aucune des anciennes et absurdes épreuves de la croix et de l'eau (*ordeal*); ils y ajoutèrent une nouvelle absurdité, celle du combat singulier qui devint une partie de la jurisprudence, et qui se passait avec tout l'ordre, toute la méthode, la dévotion et la solennité possibles (2). Les idées de chevalerie paraissaient aussi avoir été apportées par les Normands. On ne trouve aucune trace de ces imaginations fantastiques parmi les simples et rustiques Saxons.

Les institutions féodales, en élevant les tenanciers militaires à une espèce de dignité souveraine, en rendant nécessaires la valeur et la force personnelle, et en laissant à chaque chevalier ou baron le soin de sa vengeance ou de sa sûreté, donnèrent naissance à cette fierté militaire et à ces principes sur l'honneur, qui, cultivés et embellis par les poëtes et les romanciers du siècle,

---

(1) Spel. Gloss. in verb. *Manus mortua*. Nous n'imaginerons pas, comme quelques autres, que l'église possédait des terres dans cette proportion; mais nous croyons seulement qu'elle et ses vassaux jouissaient d'une partie ainsi proportionnée de la propriété terrienne.

(2) Spel. Gloss. in verb. *Campus*. Le dernier exemple de ces duels fut dans la quinzième année du règne d'Élisabeth, tant cette absurdité se maintint.

formèrent enfin l'esprit de la chevalerie. Un preux chevalier ne combattait pas seulement pour sa propre querelle, il prenait encore la défense de l'innocent, de l'opprimé, et surtout de la beauté, qu'il supposait être particulièrement sous la garde de son bras vengeur : le chevalier discourtois qui de son château pillait les voyageurs ou insultait les vierges était l'objet de son indignation perpétuelle, et, sans scrupule, sans formalités, sans appel, il le tuait partout où il pouvait le rencontrer. L'extrême indépendance de ces guerriers faisait que l'honneur et la probité personnels étaient le principal lien qu'ils reconnussent entre eux, et les vertus capitales de tout vrai chevalier, ou aspirant à la gloire de l'être. L'appareil solennel des combats singuliers, comme établi par la loi même, bannissait tous avantages de mauvaise foi ou d'inégalité qui peuvent se trouver dans les luttes, et conservait une apparence de politesse entre les combattants jusqu'au moment où ils en venaient aux mains. La crédulité du siècle greffait pour ainsi dire sur cette souche l'idée des géants, des enchanteurs, des dragons, des magiciens (1), et d'une foule de prodiges, qui se multiplièrent encore au temps des croisades : les croisés, revenant de pays si lointains, usaient de la liberté de faire accroire des merveilles à leurs crédules auditeurs. Ces idées de chevalerie infectèrent les écrits, la conversation et la conduite des peuples pendant plusieurs siècles ; et, lorsque la renaissance du savoir les eut dissipées en grande partie, elles laissèrent à leur place la *galanterie* moderne et le *point d'honneur*, qui conservent encore leur influence, et sont les fruits de ces antiques affectations.

La concession de la grande charte, ou plutôt son entier établissement, car il y eut un long intervalle entre l'un et l'autre, donna lieu par degrés à une nouvelle espèce de gouvernement, et introduisit plus d'ordre et d'équité dans l'administration. Les scènes que notre histoire présentera dans la suite différeront donc en quelque sorte des précédentes. Cependant la grande charte n'établissait ni tribunaux, ni magistrats, ni sénat nou-

(1) **Dans ces duels permis par la loi, une partie du serment de chaque champion était qu'il ne portait sur lui aucune herbe, aucun charme ou enchantement qui pût lui procurer la victoire.** Dugd. Orig. jurid. p. 82.

veaux, et n'abolissait aucun des anciens. Elle n'introduisit aucune nouvelle distribution des pouvoirs de la communauté, et ne fit nulle innovation dans la loi publique ou politique du royaume. Elle défendait seulement, encore n'était-ce que par des clauses verbales, contre ces usages tyranniques qui sont incompatibles avec un gouvernement civilisé, et qui, s'ils deviennent très-fréquents, le sont avec tout gouvernement quelconque. La licence effrénée des rois, et peut-être de la noblesse, en fut un peu réprimée par la suite. La liberté et les propriétés des sujets se trouvèrent un peu mieux assurées, et le gouvernement approcha davantage de la fin, pour laquelle on l'avait institué originairement, c'est-à-dire une distribution équitable de la justice et une protection égale pour tous les citoyens. Les actes de violence et d'iniquité de la part du souverain, qu'on ne regardait autrefois que sous l'aspect d'injures faites à des particuliers, et qui ne semblaient dangereuses qu'en proportion du nombre, de la puissance et du rang de ceux sur qui ils tombait, parurent alors, jusqu'à un certain point, des injures publiques et des transgressions d'une charte accordée pour la sûreté générale. Ainsi l'établissement de la grande charte, sans paraître en aucune manière changer la distribution du pouvoir politique, devint une espèce d'époque dans la constitution.

**FIN DU TOME PREMIER.**

# TABLE DES MATIÈRES

## CONTENUS DANS LE TOME PREMIER.

Essai sur la vie et les écrits de David Hume. 1

### CHAPITRE PREMIER.

Les Bretons. — Les Romains. — Les Bretons. — Les Saxons. — L'Heptarchie. — Royaumes de Kent, de Northumberland, d'Est-Anglie, de Mercie, d'Essex, de Sussex, de Wessex. 1

### CHAPITRE II.

Les Anglo-Saxons. — Egbert. — Ethelwolph. — Ethelbald et Ethelbert. — Ethelred. — Alfred-le-Grand. — Édouard I$^{er}$, surnommé l'Ancien. — Athelstan. — Edmund. — Edred. — Edwy. — Edgar. — Édouard-le-Martyr. 56

### CHAPITRE III.

#### GOUVERNEMENT ET MŒURS DES ANGLO-SAXONS.

Premier gouvernement des Saxons. — Succession des rois. — Wittenagemot. — Aristocratie. — Différents ordres de l'état. — Cours de justice. — Lois criminelles. — Règle des épreuves. — Forces militaires. — Revenus publics. — Valeurs des monnaies. — Mœurs. 164

## CHAPITRE IV.

### GUILLAUME-LE-CONQUÉRANT.

Suites de la bataille d'Hastings. — Soumission des Anglais. — Établissement du gouvernement. — Retour du roi en Normandie. — Mécontentement des Anglais. — Leurs révoltes. — Rigueurs de l'administration normande. — Nouvelle révolte. — Nouvelles rigueurs du gouvernement. — Introduction de la loi féodale. — Innovation dans le gouvernement ecclésiastique. — Révolte des barons normands. — Dispute à l'égard des investitures. — Révolte du prince Robert. — Domesday-Book, ou terrier du royaume. — Nouvelle forêt. — Guerre avec la France. — Mort et caractère de Guillaume-le-Conquérant.   194

## CHAPITRE V.

### GUILLAUME-LE-ROUX.

Avénement de Guillaume II, surnommé le Roux, à la couronne. — Conspiration contre ce prince. — Invasion en Normandie. — Croisades. — Acquisition de la Normandie. — Brouillerie avec le primat Anselme. — Mort et caractère de Guillaume-le-Roux.   240

## CHAPITRE VI.

### HENRI I<sup>er</sup>.

Croisades. — Avénement de Henri à la couronne. — Mariage de ce prince. — Le duc Robert fait une invasion en Angleterre. — Accommodement avec lui. — Attaque de la Normandie. — Conquête de cette province. — Continuation de la brouillerie avec le primat Anselme. — Compromis passé avec lui. — Guerres étrangères. — Mort du prince Guillaume. — Second mariage du roi. — Sa mort et son caractère.   260

## CHAPITRE VII.

### ÉTIENNE.

Avénement d'Étienne à la couronne. — Guerre avec l'Écosse. — Révolte en faveur de Mathilde. — Étienne fait prisonnier. — Mathilde couronnée.

Étienne mis en liberté, ensuite rétabli sur le trône. — Continuation des guerres civiles. — Transaction entre Étienne et le prince Henri. — Mort du roi. 293

## CHAPITRE VIII.

### HENRI II.

État de l'Europe et de la France. — Premiers actes du gouvernement de Henri. — Disputes entre la puissance civile et la puissance ecclésiastique. — Thomas Becket archevêque de Canterbury. — Querelle entre le roi et ce prélat. — Constitutions de Clarendon. — Bannissement de Becket. — Accommodement avec lui. — Son retour. — Son assassinat. — Chagrin et soumission du roi. 310

## CHAPITRE IX.

État de l'Irlande. — Conquête de cette île. — Accommodement du roi avec la cour de Rome. — Révolte du jeune Henri et de ses frères. — Guerre avec l'Écosse. — Pénitence de Henri pour le meurtre de Becket. — Guillaume, roi d'Écosse, battu et fait prisonnier. — Accommodement de Henri avec ses fils. — Équité de l'administration du roi. — Croisades. — Révolte du prince Richard. — Mort et caractère de Henri. — Divers événements de son règne. 354

## CHAPITRE X.

### RICHARD I<sup>er</sup>.

Préparatifs du roi pour la croisade. — Son embarquement. — Détail de ce qui se passa en Sicile. — Arrivée du roi en Palestine. — Ses actions héroïques dans ce pays. — Son départ. — Sa captivité en Allemagne. — Guerre avec la France. — Délivrance du roi. — Son retour en Angleterre. — Guerre avec la France. — Mort et caractère du roi — Divers événements de son règne. 394

## CHAPITRE XI.

### JEAN.

Avénement de Jean à la couronne. — Son mariage. — Guerre avec la France. — Assassinat d'Arthur, duc de Bretagne. — Le roi est expulsé de toutes ses provinces de France. — Ses différends avec la cour de Rome. — Le cardinal

Langton nommé archevêque de Canterbury. — Interdit du royaume. — Excommunication du roi. — Sa soumission au pape. — Mécontentement des barons. — Leur révolte. — Grande charte. — Renouvellement des guerres civiles. — Le prince Louis appelé en Angleterre. — Mort et caractère de Jean. 422

## CHAPITRE XII.

### GOUVERNEMENT FÉODAL ET MOEURS DES ANGLO-NORMANDS.

Origine de la loi féodale. — Ses progrès. — Gouvernement féodal d'Angleterre. — Parlement féodal. — Communes. — Puissance judiciaire. — Revenu de la couronne. — État du commerce et de l'Église. — Lois civiles. — Moeurs. 472

FIN DE LA TABLE.

www.ingramcontent.com/pod-product-compliance
Lightning Source LLC
Chambersburg PA
CBHW051353230426
43669CB00011B/1627